AF125151

Angelika Winter

Flachwurzler

Siebzig Jahre Leben leben

novum pro

Dieses Buch ist auch als
e-book
erhältlich.

Bibliografische Information
der Deutschen Nationalbibliothek:

Die Deutsche Nationalbibliothek
verzeichnet diese Publikation in
der Deutschen Nationalbibliografie.
Detaillierte bibliografische Daten
sind im Internet über
http://www.d-nb.de abrufbar.

Gedruckt in der Europäischen Union
auf umweltfreundlichem, chlor- und
säurefrei gebleichtem Papier.

© 2024 novum Verlag

ISBN 978-3-99146-567-6
Lektorat: Volker Wieckhorst
Umschlagfoto:
Siambizkit I Dreamstime.com
Umschlaggestaltung, Layout & Satz:
novum Verlag
Innenabbildungen: Angelika Winter

Die von der Autorin zur Verfügung
gestellten Abbildungen wurden in der
bestmöglichen Qualität gedruckt.

www.novumverlag.com

Druckprodukt mit finanziellem
Klimabeitrag
ClimatePartner.com/16547-2311-1001

Dieses Buch habe ich
wegen mir und für mich geschrieben.

Inhaltsverzeichnis

Schlaglichter

- Mein eigenes Jahr für Jahr – auf der Weltbühne.
- Wie viele Zeilen werden in Geschichtsbüchern über die Jahre 1949 bis 1989 und einen kleinen Staat namens DDR stehen?
- Von heute zurück – als ich mich noch spürte.
- Wurzelarme Stammbäume.
- Sieben oder neun Leben hat die Katze.
- Die innere Stimme und ich.
- Opfer – Täter – Retter.
- Wie ich mich unsichtbar machte.
- Diejenigen, die gegen etwas sind, sind immer lauter als die vielen Sprachlosen.
- Einsicht in die Gegebenheiten.
- Vertrauen? Geschenkt, vergiss es!
- Der bunte Vorhang – Was nie jemand wissen wollte und manches auch nicht sollte, s. Peinlichkeiten!
- Prägestempel
- Kultivierung der Einsamkeit – Wege zur Erstarrung.
- ... und für den abgerissenen Fetzen Seele gibt es die Auster.
- Hätte ich je eine Wahl gehabt, ich wäre nicht auf die Welt gekommen.

Nun fang doch endlich an! Vier Anläufe sind genug

In mir sitzt ein schwerer schwarzer Klumpen, der sich immer mehr zusammenzieht und immer mehr in sich hineinzieht. Er lähmt mich, endlich das Buch zu sortieren, er lähmt mich, mein Leben weiter zu ordnen und in Ordnern mit Fotos und Erinnerungspapieren einzusortieren. Es ist wie eine Spirale – schreib erst, wenn die Ordner fertig sind, nein, schreib, was du schon hast und arbeite nebenbei oder danach an den Ordnern ... Es ist furchtbar. Ich nehme jede Ablenkung wahr und finde zig Ausflüchte, noch nicht anzufangen. Immer fange ich alles an, und irgendwann stoppe ich an einer Stelle – dann zieht es mich in den Sog der Faulheit. Es ist so viel, ich weiß gar nicht, ob ich der ganzen Sache Herr werden werde. Wollen ist das eine, Können das andere, doch Mögliche, jedoch dabei bleiben ein Kreuz. Ich zweifle und behindere mich selbst. Vorwand für Vorwand finde ich und tue nichts.

Mach endlich – Schritt für Schritt. Vielleicht hast du doch etwas zu sagen.

Wie lange will ich schon ein Buch, mein Buch schreiben? Jahrzehntelang. Ich habe immer wieder angefangen, einzelne Kapitel geschrieben, abgeheftet. Wenig systematisch, immer wenn ich glaubte, jetzt unbedingt schreiben zu müssen, schrieb ich, geriet ich in Fahrt, nahm mir die nächsten Schritte vor – und schon kam wieder etwas dazwischen.

Dieses Jahr soll es nun endgültig werden, denn ich vollende mein 70. Lebensjahr. In dieser Zeit hat sich allerhand Leben angesammelt, auch wenn ich es nicht immer als Leben angesehen habe. Ich weiß, dass ich ewig darauf gewartet habe, dass mir jemand sagt, wann das Leben anfängt. Ich war schon Anfang zwanzig, als mir allmählich dämmerte, dass es ja schon mein Leben ist. Irgendwie fühlte ich mich nicht lebenstüchtig, nicht lebensfähig und schon gar nicht in der Lage, mein Leben bewusst gestalten zu können. Ich habe eigentlich nicht gelebt, ich wurde gelebt. Auch wenn es diese Passivform nicht gibt und sie sowohl grammatischer als erst recht semantischer Unsinn ist, so sagt sie doch am besten aus, was Leben für mich bedeutete.

Und warum will ich unbedingt über mein Leben schreiben? Ist es denn so wichtig und interessant, dass es wert ist, beschrieben zu werden? Davon bin ich nun allerdings überzeugt, denn in jedem Leben spiegeln sich die Zeitenläufe wider, und ich bin in einer besonderen Zeit aufgewachsen und in einem besonderen Land, dessen Existenz eines Tages in nicht allzu ferner Zukunft in den Geschichtsbüchern immer weniger Zeilen einnehmen wird. Selbst jetzt, achtundzwanzig Jahre nach Aufgabe seiner Existenz, sind die Informationen darüber schon auf wenige Schlaglichter geschrumpft, aus denen keiner mehr ein farbiges Bild zusammensetzen kann. Irgendwie fühle ich mich als Zeitzeuge. Ich sollte jetzt mein Bild malen, mein Leben beschreiben, auch wenn es eines von Millionen ist, so hat es doch ganz persönliche Blickwinkel, das Einzelne im Gesamten, das Besondere im Allgemeinen. Hinzu kommt: Ich gehöre zu den leisen Millionen, für die dieses Land alles bedeutete, die ohne dieses Land nie zu dem geworden wären, was sie sind, die diesem Land alles zu verdanken haben, die es mochten und mitgestalten wollten, dass es für alle gut sei. Es gelang nicht. Was maßt sich auch ein Kind an, wissen zu wollen, was gut und richtig ist? Die Rufe der Schreihälse, die dagegen waren, werden definitiv in Erinnerung bleiben und das Bild verzerren. Freiheit – das höchste Gut der Menschen, wie wundervoll, wie herrlich, im Namen der Freiheit kann jedes Übel gerechtfertigt werden. Vergiss es, Freiheit ist so schwammig, so gar nicht fassbar, so interpretierbar wie Gut und Böse und Richtig und Falsch, alles Kategorien, von denen ich mich vor langer Zeit schon verabschiedet habe. Ich benutze diese Wörter nicht mehr, weil sie bedeutungslos sind und nur im Munde des Sprechers und im Auge des Betrachters etwas Bestimmtes sind, etwas Konkretes, doch nichts Absolutes. Halt, etwas vorsichtiger könnte ich vielleicht doch sein, denn es gibt sehr Weniges, was so charakterisiert werden könnte. Es kristallisiert sich möglicherweise noch heraus, typisch, allgemeingültig, abstrakt sind es für mich keine absoluten Werte. Ich bin ein abstrakter Denker, ein Skelettdenker, ich will sehen, was unter Haut, Fleisch, Muskeln, Organen der Bewegungsstimulator ist. Was bewirkt was? Wo ist die eigentliche Ursache für Änderungen? Ich denke in Ursache-Wirkung-Feldern, ein anderes Denkmodell steht mir nicht zur Verfügung, obwohl es durchaus so etwas geben soll. Also setze ich mein Erscheinen auf der Welt in die Zusammenhänge der Umgebung. Warum gibt es mich, was führte dazu? Wie war das Umfeld, in das ich hineingeboren wurde und in dem ich aufwuchs? Warum wurde ich so, wie ich geworden bin und nicht anders? Was hatte ich in mir, das diese und keine andere Richtung vorgab? Das ist ein weiterer Grund für mein Bedürfnis, mein Leben aufzuschreiben. Ich möchte mir gern selbst auf die Spur kommen. Ich weiß, wann und wo ich gravierende Fehler gemacht und damit Weichen gestellt habe, die mich in eine völlig andere als gewünschte – nicht etwa geplante oder gewollte – Richtung getrieben haben. Warum habe ich jene Entscheidungen getroffen? Welche Marionetten-Strippen haben an mir gezogen? Warum habe ich keinen Zugang zu mir gefunden? Warum ziehe ich mich in mich zurück? Nun gut, dass ist der zweite Grund, die ganze Seite der Psyche. Manchmal tritt meine innere Stimme in Aktion. Wann sprach sie mit mir, und was folgte daraus? Wann habe ich mit dem Kopf entschieden, wann aus dem Bauch heraus und wann überhaupt nicht?

Möchte ich meinen Kindern und Enkeln meine Lebenserfahrungen und Lebensweisheiten hinterlassen? Ich glaube kaum. Von mir ausgehend habe ich höchst selten gesprochen und erzählt. Am Anfang mehr, später immer weniger, dann habe ich nur noch Fragen beantwortet, meist ziemlich kurz, eher abstrakt. Und Fakten erzählt habe ich höchst selten. Ich fragte mich, ob sie es überhaupt wissen wollten, wie viel davon, ob es sie interessierte oder doch eher nicht, aber vor allem wollte ich keine Kommentare, kein Warum hören. Einen anderen Menschen verstehen zu können, scheint mir schier unmöglich, es sei denn, er verfügt über die Fähigkeit, sich in den anderen hineinversetzen zu können und zu wollen und sich selbst draußen zu lassen. Wer kann das schon.

Also erzähle ich lieber meine Geschichte und Geschichten aus meiner Sicht ohne Erwartung einer Gegenrede. Wen es interessiert, der liest es, wer zwischendurch aufhört, hört auf, ich möchte nichts darüber hören oder lesen. Ich möchte sie nur loswerden.

Aus einer Leserzuschrift entnahm ich folgenden Satz:
„Nein, das sind keine Kleinigkeiten. Sie sprechen mir aus der Seele. Man weiß von keinem Menschen weniger als von den eigenen Eltern oder Kindern."

Wie oft habe ich mich schon entschlossen: „Jetzt fängst du endlich an, dein Buch zu schreiben!" Wie viele Anfänge, erste Sätze mit „Aufhorchcharakter", mit Durchschlagskraft, die das Ventil öffnen und die Gedanken, Erinnerungen, Reflektionen nur so fließen lassen, habe ich entworfen – doch nie habe ich den Stift in die Hand genommen und einfach losgeschrieben. Warum eigentlich nicht? Tausend Ausflüchte vor mir und als objektive Gründe vorgeschobene Vorwände. Andere Dinge waren immer wichtiger. Der Alltag mit seinen wiederkehrenden und sich wiederholenden Kleinigkeiten, der ewige Haushalt, dessen Funktionieren so wichtig ist für das Freiwerden des Kopfes, der jedoch unersättlich frisst, nämlich Zeit, Kraft, Energie, Lust, Freude und einen müden Körper und Geist zurücklässt, der nun wieder die Entschuldigung liefert für den Einschluss der Gedanken in ihrer Hirnschale und den angeblich notwendigen Reifeprozess. Dabei sind Gedanken immer reif, sobald sie sich spüren lassen als formulierte Sätze oder bewegliche Bilder oder ausgelöste Erregungen. Es ist faszinierend, den Urknall eines Gedankens verwundert zu bemerken. Mit einer Plötzlichkeit und Unmittelbarkeit materialisiert er sich im Geiste und lässt sich kaum jemals auf die Quantitätsteilchen und den rührenden, brodelnden Strudel der Bewegung des Ganzen zurückführen, der ihn sprunghaft in die Qualität der Fasslichkeit einer Idee verwandelt hat. Wie schwer lässt er sich festhalten, lässt man ihn gewähren. Er ist klar, schön, eindeutig da, lässt sich hübsche Satzgewänder schneidern, doch soll er sich aufs Papier zwingen lassen, ist er flüchtig, leer, banal, einfach weg.

Meine Buchanfänge? Meine „Durchreißersätze"? Kein einziger fällt mir mehr ein. Nachzugrübeln über Titel nimmt einen auch wahnsinnig in Anspruch, überhaupt scheint es am schwierigsten zu sein, einen Titel zu finden.

Nehme ich einen Namen, worauf unzählige Schreiber zurückgegriffen haben, da sie sich sicherlich mit dem Titel länger herumgeplagt haben als nachher mit dem Aufschreiben der Geschichte, so weiß der Leser sofort: Aha, wieder eine Lebensgeschichte von der Wiege bis zum Grabe, im schlimmsten Falle, doch zumindest mit irgendeiner langen oder kurzen Katastrophe, die die Welt – doch es ist nur die Welt des Menschleins – zum sekundenlangen Stillstand bringt und danach alles ganz anders wird und er gereift oder geläutert oder zerstört den Leser verlässt. Er ist unendlich, der Vorrat an Menschenleben, wovon jedes anders verlaufen ist – und wieder von vielen gleich in seiner Eintönigkeit und Wiederholbarkeit, der Vorrat an Namen, der natürlich eine Aussagekraft haben soll, klangvoll sein soll er auch, Aufmerksamkeit erregen muss er. Gehen die Leute an den Buchauslagen vorbei, fragen sie sich: Wer ist schon Erwin Moorbach/Silke Ehlers? Was geht mich Frieder Richter/Hanna Seebohm an? Trotzdem haben Namenstitel Zugkraft.

Jedenfalls habe ich mich zu keinem Namen entschließen können, denn irgendwie sollte er nicht verraten, ob sich ein Mann oder eine Frau dahinter verbirgt. Warum eigentlich nicht? Weil ich schon die Vorverurteilung höre: „Wieder so ein Weiberroman, entweder romantisch und von der großen Liebe träumend, unerfüllte Gefühlsduselei und tragische Liebe", oder „eine Emanze hat das zwanghafte Bedürfnis, es der Welt aber mal richtig zu geben!" Sind Männernamen als Buchtitel genauso häufig verwendet wie Frauennamen? D. h. wurden Männerleben genauso häufig beschrieben wie Frauenleben? Was macht den Unterschied aus? Darüber werde ich demnächst mal nachdenken. Diese Namensüberlegphase hatte ich mit Anfang zwanzig, denn da saß ich mit voller Absicht, festem Willen und einem Kind im Bauch im Lesesaal der Staatsbibliothek Unter den Linden vor einem dicken, leeren Schreibblock und wollte mir all meinen Kummer von der Seele schreiben, bevor mich das Leben fortreißt. Ich habe sieben Stunden vor dem ersten weißen Blatt gesessen, mich nicht von meinem Platz gerührt, aus dem Fenster in den Lichthof gestarrt und mich dem November hingegeben, der mich auch genommen hat. Kein einziges Wort stand auf dem Papier. Mit einem tiefen Seufzer und dem bewussten Abkapseln des bis dahin Gelebten, Erfahrenen, Gefühlten im tiefsten Innern ließ ich mich willenlos und deprimiert vom Leben fortreißen.

Ich verzichtete.

Dann hatte ich einen wunderbaren Titel gefunden, fast zwanzig Jahre später.

„Abrechnung mit 40" sollte das Buch heißen. Und ich wollte abrechnen, erbarmungslos mit mir und meiner Umwelt. Und was hatte ich nicht alles abzurechnen … Habe ich etwas abgerechnet? Nichts habe ich aufgeschrieben. Ich habe zwar wieder Blöcke bereitgelegt, Platz geschaffen. Orte zum Schreiben gesucht, bis ich wieder in der Staatsbibliothek saß, wo ich viele andere Arbeiten dabeihatte und erledigte, bis ich mir zum Schluss das Bonbon des Aufschreibens der inneren aufreibenden Erlebnisse gönnen wollte. Was habe ich aufgeschrieben? Nichts. Erst muss ich Zeit für mich haben … Ich muss einen ungestörten Ort für mich haben. Ich weiß ja gar nichts vom Schreiben, ich kann doch nicht einfach so blindlings, ungeschult, spontan und unförmig dahinschreiben. Es wird von ich – ich – ich – ich nur so wimmeln, meine unmaßgeblichen Ergüsse werden sich eitel wie der Nabel der Welt schillernd drehen und wenden und glauben, sie wären wichtig. Welche Anmaßung! Bleib bescheiden, es interessiert sowieso niemanden!

Als ich fünfzig war, sollte der Titel lauten „Kreise, Ebenen und Winkel".

Ich sitze in der Staatsbibliothek Unter den Linden im Lesesaal, blicke nur hin und wieder in den novemberlich gefärbten Lichthof und schreibe mit meiner unverschämt verschmierenden Schrift, was mir in den Sinn kommt. Erstaunlicherweise halte ich den Stift nicht ganz so verkrampft wie einen Meißel, das Blatt Papier bedeckt sich von der ersten Minute an zügig mit ungleichmäßigen Schriftzügen, und ich bin gespannt, wohin mich der Tag bringt. Die heute Morgen noch klar vor mir stehenden Sätze habe ich nicht mehr auffinden können. Wo sie nur sein mögen? Ach, und warum schreibe ich nun plötzlich doch? Erschlagen mich etwa nicht nach wie vor die Buchhandlungen mit ihren Hunderten von Büchern, die ich unbedingt erst noch lesen muss, damit ich vielleicht doch irgendwann einmal etwas von der Welt verstehe? Haben etwa nicht schon mehr als genug Leute die Leserschaft mit ihren Erkenntnissen beglückt? Reichen etwa die Tausende von Büchern in diesen ehrwürdigen Räumen hier und Millionen anderswo in der Welt nicht, mich davon abzuschrecken, ein mickriges Elaborat hinzuzufügen, wo ich doch lieber Wissen in mir sammeln und endlich etwas aus meinem Leben machen sollte?

Ich weiß es nicht.

Ich will jetzt einfach wissen, warum aus mir nichts wurde, warum ich nicht bereit bin, einfach die Fakten meines Lebens zu nennen, weil ich sie selber nicht ertragen kann. Ich versuche manchmal in Gedanken, Sätze zu formulieren, um mich mit den Tatsachen meiner Lebensstationen bekannt zu machen, sie einfach nur zu akzeptieren. Entweder fange ich an zu heulen und zerfließe fast vor Mitleid mit mir, oder mich packt die Wut auf meine Umwelt zu der Zeit, und ich könnte sie heute noch unversöhnlich zum Teufel jagen. Irgendwie trage ich es nach, allein schon im Herumtragen in unversöhnlicher Wut – oder ich fühle mich dermaßen verzweifelt ob meiner Lebensunfähigkeit, Lebensuntüchtigkeit und Hilflosigkeit, mit dem Leben fertig zu werden und irgendetwas aus den vielen Plänen und Ansätzen zu machen, damit ich ruhig, friedlich und friedfertig, selbstbestimmt und zufrieden die Umwelt akzeptierend in Wellen von Spannung und Erholung dahinschwimmen kann und nur noch Quantität vermehrt wird.

Ich will endlich wissen, wissen warum. Ich will nicht alles wissen, ich will den Stein der Weisen nicht finden, ich will nur die Kreise meines kleinen Lebens nachziehen, nacherleben, wie die Kreise größer werden, die verschiedenen Ebenen erkennen, die sich plötzlich wie Abgründe auftun und die Winkel, von denen aus man auf die Dinge blicken kann, wählen und sehen.

Bevor ich eine erste Korrektur und Erweiterung des bereits Geschriebenen vornehme, möchte ich zur Selbstberuhigung, zur Befreiung von alptraumhaften Heimsuchungen bei Tageslicht, deren stereotype Wiederholung in festgestanzten Wort- und Satzfetzen meine Gedanken in einen immer schneller werdenden Strudel trudeln lassen, mir Bösartigkeiten von der Seele schreiben. Seitdem der Stein des Druckes und Stresses, der permanenten Angst, etwas nicht zu schaffen, von mir genommen wurde, gleicht mein Kopf im Inneren etwas, was ich für mich als die geöffnete Büchse der Pandora bezeichne. Da ich nur weiß, dass keiner die Büchse der Pandora je öffnen sollte, da sie nur Unheil birgt, möchte ich meine so schnell wie möglich wieder schließen. Vielleicht gelingt es, indem man Schlimm-Empfundenes hinauslässt? Ich weiß es nicht.

Wenn ich mein Leben in wenigen Sätzen zusammenfassen wollte – mit fünfzig Jahren bot sich die rückblickende Perspektive an –, kam Folgendes heraus:

In meiner Kindheit habe ich leidenschaftlich gern richtige Spiele nach Regeln gespielt, alle möglichen Bücher gelesen, Kindermädchen gemacht – immerhin war ich das bestbezahlte Kindermädchen im Wohnblock mit 0,50 Mark pro Nachmittag. Ich bin gern zur Schule gegangen, die Schule war mein Lebensinhalt, war meine Wohl- und Sicher-Gefühl-Welt. Zu Hause prügelte meine Mutter ihren Lebensfrust an mir und meinem Bruder aus. Mit der Pubertät wurde ich komisch, gehemmt und gehemmter, hilfloser und zurückhaltender, wobei Verschlossenheit bereits zu meinen Kindereigenschaften gehörte. Die Jugendzeit war nicht geprägt von typischen, altersmäßigen Vergnügungen – ich ging zur Schule, lernte, las und zog mich zurück – ganze zweimal war ich tanzen im umtriebigen Alter von 15 bis 19.

Mit 17 war ich in der „Klapsmühle" – besser klingt natürlich in stationärer neurologischer Behandlung. Während des Studiums befreite ich mich ruckartig von körperlichen Fesseln, nicht ohne auch in extreme Geschichten zu verfallen. Nach dem Studium bekam ich ein Kind, nicht bewusst und gewollt gezeugt, jedoch in vollem Bewusstsein der erfolgten Zeugung. Obwohl ich wusste, dass der Kindesvater und ich nicht zusammenpassten, ich ihn eigentlich auch nicht heiraten wollte, wuchsen die Sachzwänge sich zu einem solchen Wust aus, dass ich mich in die Heirat wider besseren Wissens dreinschickte, da ich als Einzige nicht deren Notwendigkeit und Problemlösung einzusehen gewillt war. Also blieb nur ich auf der Strecke, und alle waren zufrieden. Infolge dieser Verbindung gab ich meine Karriere auf, die mich in gerader Linie zum Doktortitel mit Job auf Lebenszeit und fachlicher Achtung gebracht hätte. Nach dreieinhalb Jahren Ehe beendet ich den Spuk Ehe, den Alptraum Alltags- und Berufsleben, denn jetzt schien mir die Entwicklung meiner Tochter bedroht. Meine Nerven waren lange vorher therapeutisch behandelt worden. Der kommunikative Blender-Ehemann mit Sonnenscheingemüt über jähzorniger Gewaltattitüde störte mein Leben so lange und so gut er konnte, bis ich mir den ihn abprallen lassenden Spezialpanzer angelegt hatte. Die Scheidung war eine Horrorveranstaltung.

Ich heiratete zwei Jahre später wieder, und wir zeugten ein weiteres Jahr später bewusst, gewollt und gewünscht einen Sohn. Mein Mann adoptierte meine Tochter, wir bauten uns unsere Familie, unser Leben und liebten uns ruhig, still, zurückgezogen. Es hätte bis ans Lebensende eine runde Sache werden können, wir passten zusammen. Eine widerliche Krankheit ergriff Besitz von meinem Mann. Nach und nach nahm diese Krankheit Besitz von unserem Leben, bis sie letztendlich alles dominierte. Dreizehn Jahre lang war die Epilepsie unser latenter und akuter Familienleben-Begleiter. Wieder waren es die Kinder, deretwegen ich den Mann aufgab, um sie nicht zu verlieren und ihnen ein normales Leben zu gewähren. Der Opferung war Genüge getan im Interesse der Zukunft der Kinder. Die Scheidung war Minutensache nach vierteljährlicher Therapie beim Psychologen. Sprechen konnte ich mit niemandem darüber, kann ich heute noch nicht. Es klumpt wie Schuld in mir und lässt keine Rechtfertigung zu. Denn ein reichliches halbes Jahr später starb mein kranker Mann. Hätte ich nach dreizehn Jahren nicht auch noch das vierzehnte und letzte ausgehalten? Wer würde mir schon abnehmen, dass er auch hätte hundert werden können, wie mir der Arzt versicherte – und wir alle drei verrückt?

Der Erste war kein Vater, der Zweite war ein Vater mit Zeit für die Interessen der Kinder, bis er zum Dressurakte durchsetzenden Pedanten wurde und die Kinder lieber seine Nähe mieden.

Der Dritte hatte sein mittleres Leben hinter sich, als wir mit 41 und 46 heirateten. Seine drei Kinder waren erwachsen, volljährig, er träumte von zweimaligem Urlaub im Jahr, Gartenwochenenden, kulturellen Unternehmungen in der Freizeit. Mein Sohn war erst zehn Jahre alt. Wir wurden eine Familie, nebeneinander, ich in der Mitte. Mein erwachsenes Mädchen zog in die Freiheit des selbstständigen Lebens. Ich versuchte, dem Mann und dem Sohn das zu geben, was sie brauchten und wünschten – zugleich ging es selten.

Am ersten Hochzeitstag brach die Wende über uns herein. Damit kam das berufliche Aus. Mein Mann schulte voller Energie und Einsatz um und fand nie eine Arbeit, ich fand Arbeit, gab sie auf, probierte andere Jobs, fand eine Arbeitsstelle, die fünf Jahre Arbeit und Lebensunterhalt gewährte. Ich wurde arbeitslos wegen Mangel an Arbeit und suchte wie besessen nach Ausweg und Job, zermürbt von nervlichem Stress. Nach sechs Wochen hatte ich einen artfremden Job über eine Zeitungsannonce, in den ich mit all meiner Verbissenheit einstieg, meinen Kopf vollkrachte mit Dingen, von denen ich vorher keinen blassen Dunst hatte. Ich ertrug die cholerischen Anfälle des Chefs und Gebieters mit zusammengebissenen Zähnen in Erwartung einer Gehaltserhöhung nach einem Jahr. Was ich erhielt, war die Kündigung mangels Arbeit. Ich durfte mich opfern, damit ein paar andere weitermachen konnten. Ein befristetes Teilzeitangebot lehnte ich wegen finanziellen Irrsinns ab. Mein vorheriger Arbeitgeber unterbreitete mir ein Angebot, sodass ich nur ein Vierteljahr Arbeitslosigkeit in Kauf nehmen musste. Mit Perspektive hielt ich das Vierteljahr ganz gut durch, finanziell mit Dispokredit und nervlich mit wenigen bezwingbaren Depressionen.

Da bei mir garantiert das nicht klappt, was klappen könnte, ging das Angebot nicht auf und ich depressiv fast unter. Nein, ich lass mich nicht unterkriegen. Ich bin wie Unkraut, hart und verbissen, Unkraut vergeht nicht, es kommt immer wieder.

Die Perspektive hieß leben von der Hand in den Mund, stundenweise Arbeit auf Honorarbasis, selbst gesucht, Kleinvieh zusammenzählen und Miete bezahlen, Strom etc. und sehen, ob etwas übrig bleibt. Keine Träume mehr haben, keine Pläne schmieden. Leben von heute auf morgen. Nichts wollen, nur sich dreinschicken.

Ich schickte mich drein.

Nun, ist es nicht großartig?

Drei Ehen, doch nie einen Mann, der mich nicht zwingt, den Lebensunterhalt der Familie selbst verdienen zu müssen – zu müssen – zu müssen. Ist gerecht, denn schließlich bin ich im Zeitalter der Segnungen der Gleichberechtigung aufgewachsen. Will ich etwa plötzlich die alte verschmähte Rollenverteilung genießen und es bequem haben oder gar versorgt werden? Das ist anmaßend. Mit keiner Rechtfertigung kann ich mir das anmaßen.

Gleichberechtigtes Leben ging doch gut, volle Berufstätigkeit, Haushalt, zwei Kinder großgezogen bis zum Abitur und Studium, Geld verdient, Wohnen, Ernährung, Kleidung, Urlaub gewährleistet. War ich irgendwann müde und erschöpft? Konnte ich irgendwann alle Viere gerade sein lassen und das nicht tun, was getan werden musste? Hätte ich irgendwann andere Regungen als Funktionstüchtigkeit spüren können, gar Schwäche, Krankheit, Launenhaftigkeit, Sich-gehen-lassen-wollen? Alle diese Fragen werden mit Nein beantwortet. So bin ich ein freundlicher, zurückhaltender Mensch, verbissen, zielgerichtet, pausenlos in der Arbeit, die toll verpackt wird, nicht sehr kommunikationswillig, nicht sehr normal menschlich, nicht Smalltalk-fähig, effizient unter großem, lang andauerndem Druck. Was ist von mir übrig? Wo bin ich? Ist von mir noch etwas da?

Was wäre ich für ein natürlich menschlicher Mensch geworden, wenn alle meine Anlagen gleiche Chancen gehabt hätten?
Ich mache mich wieder auf in die Vergangenheit. Vielleicht
finde ich es heraus. Vielleicht zeigt sich der Beweggrund des roten Fadens meines tendenziell selbstzerstörerischen Lebens.
Ursprünglich dachte ich auch an den Titel für meine Geschichte: „Weshalb aus mir nichts wurde".

Mach endlich – Schritt für Schritt. Vielleicht hast du doch etwas zu sagen.
Wie viele Zeilen werden im Geschichtsbuch über die Jahre
1949 bis 1989 und einen kleinen Staat namens DDR stehen?
Alle Stimmen zu diesen Jahren, die sich lauthals in den letzten 25 Jahren bemerkbar gemacht haben, hatten etwas zu sagen
gegen diesen Staat, diese Enklave in der deutschen Geschichte. Ich möchte die herabmindernden Adjektive nicht aufzählen oder gar wiederholen. Ich war nicht dagegen, nie wäre ich
ein Dissident oder Opponent geworden. Ich war froh, in diesem Land aufgewachsen zu sein. Ich hatte die besten Chancen,
die sich einem Menschen in seiner Entwicklung bieten können.
Ich war als junger Mensch froh, in diesem und keinem anderen
Land der Welt geboren worden zu sein, ich hätte mir kein besseres Land vorstellen können. All meine Kraft von Kindesbeinen an wollte ich für die DDR geben, damit es allen Menschen
immer besser geht.

Diese vierzig Jahre waren die wichtigsten meines Lebens, sie
waren mein erstes langes Leben. Ich gehörte in dieses Leben.

Der Anfang beginnt am Anfang – doch welchem?

2.1 August 1947

Später sollten die Wetterstatistiker berichten, es sei der heißeste Sommer des 20. Jahrhunderts gewesen, jener Sommer des Jahres 1947. In der sächsischen Kleinstadt stach die Sonne bereits in den frühen Morgenstunden unbarmherzig hernieder. Ein junges Mädchen, hochschwanger, zog gesenkten Kopfes einen Handwagen die steile Hauptstraße hinauf. Es ging langsam, nach vorn gebeugt, jedoch in der natürlichen Bewegung behindert durch das runde Bäuchlein, das an ihrer zierlichen Figur buchstäblich wie ein verschluckter Fußball, wie ein wirklicher Fremdkörper aussah.

Die wenigen Leute auf der Straße, deren Aufmerksamkeit die junge Frau allein durch das Poltern und Scheppern des Handwagens auf dem Kopfsteinpflaster der Langen Straße – die ihren Namen übrigens zu Recht trug – erregte, warfen einen kurzen Blick auf sie und dachten sicherlich Ähnliches wie: „Mein Gott, bei dieser Hitze und in dem Zustand …" Oder: „Selbst noch ein Kind …" Oder: „Das hat sie nun davon, ja, Strafe muss sein." Die Hebamme der Stadt kam schnellen Schrittes mit ihrer Instrumententasche die Straße auf der gegenüberliegenden Seite bergab und dachte bei sich: „Nun wird es sicher nicht mehr lange dauern." Das junge Mädchen senkte seinen Kopf blitzschnell noch tiefer und drehte ihn ruckartig zur Seite. Wenn es gekonnt hätte, hätte es sich vor Scham in sich selbst verkrochen. Schweren Herzens, bedrückt zog es das Wägelchen. Die Lange Straße machte jetzt einen kleinen Schwenk nach links, am großen viereckigen Hochbrunnen bog sie rechtwinklig nach links, jetzt wenigstens ein wenig abschüssig, um dann wieder im rechten Winkel nach rechts zu führen, wo sich nun eine sanfte Steigung andeutete. An der Post vorbei, daneben die Stadtparkeinfassung entlang, an den Bahnschranken vorbei, die Geräusche des Bahnhofs hinter sich lassend, zog das dunkelhaarige Mädchen den Handwagen unbeirrt die Hauptstraße entlang bis zum Ortsaugang. Dort bog es nach rechts ab in eine Schrebergartenkolonie, deren großes Eisentor es nur mit Mühe öffnen konnte. Im zweiten Querweg der zweite Garten links war sein Ziel. Auf der linken Hälfte des zweihundert Quadratmeter umfassenden Areals reihte sich eine Reihe Kartoffeln an die andere. Besser, die junge Frau nahm sich nicht die Zeit, sich etwas auszuruhen, denn im Inneren hörte sie die Stimme ihrer Mutter: „Wo das Mensch nur bleibt, wie lange die wieder braucht, die paar Kartoffeln zu holen. Zu nichts nütze, aber ein Kind in die Welt setzen. Und wie wir das Kind großkriegen sollen, interessiert sie nicht ..." Hastig machte sie sich an das Ausbuddeln, hoffentlich war der Mutter die Größe der Kartoffeln recht! Sie warf, schob, legte die „Ardäppel" in den mitgebrachten, braunen, dickfädrigen, geflickten Sack. Als er halb voll war, wollte sie ihn auf den Wagen heben, doch er war schon zu schwer. Sie zog und zerrte und mühte sich, doch dicker Bauch und Kartoffelsack waren sich wechselseitig im Wege. Endlich hatte sie es geschafft unter Zuhilfenahme der Knie und Schultern. Natürlich waren es noch lange nicht genug Kartoffeln, also buddeln, beugen, aufheben, Oberkörper hochstrecken, Kartoffeln in den Sack legen, noch einmal, noch einmal, weiter, weiter ... Die Entfernung zum Handwagen nahm innerhalb jeder Reihe zu. Plötzlich bildete sich eine Lache in der Kartoffelfurche unter ihr, ein stechender Schmerz durchschoss ihre Lenden, der ihr fast den Atem nahm, ihr schwindelte. „Die Fruchtblase ist geplatzt, ich muss zurück." Sie griff nach dem Handwagen, band den Sack zu und richtete ihn so auf, dass er nicht umfallen konnte. Sorgfältig verschloss sie die Gartenpforte und zog los. Wellenartig zog sich ihr Körper in Abständen zusammen, ihr gleichmäßig schleppender Gang wurde dadurch unterbrochen. Doch sobald der Schmerz wieder nachließ, biss sie die Zähne zusammen und griff mit konzentrierter Energie nach der Deichsel und setzte ihren Weg zurück fort entlang der sich schier endlos windenden Straße. Die glühende Hitze ließ ihre Lippen aufspringen, der Wehen-Schmerz betäubte ihre Sinne, doch wie aufgezogen strebte sie mit dem rumpelnden Handwagen und dem sich darauf befindlichen Kartoffelsack den zwei, drei, vier Kilometer langen Weg nach Hause zurück. Die Abstände zum Luftholen und Schmerzabfangen wurden immer kürzer, der Gang des Mädchens immer schneller. Die Sonne stand hoch am Himmel, die Stadt schien menschenleer zu sein, nur die zierliche Mädchengestalt in rhythmisch ungleichmäßigen Intervallen schien das einzig belebte Wesen zu sein, und das Gepolter und Geschepper, das Rumpeln des bergab schiebenden und rollenden Gefährts hallte vor dem Häuser-Geviert des Marktplatzes und sprang wie im Zickzack vom Haus zum gegenüberliegenden Haus die ganze Lange Straße hinunter.

Das Mädchen war wie von Sinnen, als es die Messingklinke der Haustür niederdrückte, den Karren mit letzter Kraft hineinbugsierte, den schmalen, langen, abschüssigen, aber wenigstens kühlen Hausflur hinunterlief, die hintere Tür aufriss, die Karre durchzog und im kleinen, viereckigen Hinterhof stehen ließ, dann schrie es laut auf. Die Mutter kam die Treppe des Hinterhauses heruntergelaufen, so schnell sie konnte, sie hatte das Gerumpel im Hausflur überlaut gehört, doch der Schrei hatte sie alarmiert. Sie sah das sich krümmende und windende Mädchen nur kurz an und verstand sofort, dass es höchste Zeit war. „Ich geh die Hebamme holen. Geh hoch und wasch dich ordentlich." Weg war die Mutter, die Hintertür schlug mehrmals an, ob des kräftigen Rückpralls.

Das Mädchen schleppte sich zur Treppe, die fünf hohen Steinstufen schaffte es nur auf allen vieren unter Einsatz des ganzen Körpers, bei den elf Holzstufen der Treppe zum ersten Stock konnte es sich am Geländer festhalten und sich hochziehen. Hinter der Eingangstür bückte es sich nach dem Nachttopf, der immer unter der untersten breiten Stufe der Treppe zur Schlafkammer stand. Sie, Dunja, zerrte ihn hinter sich her, als sie mühsam in die Küche kroch. Ein unerträglicher Druck auf Blase und After beherrschte ihren Körper. Sie zog ihren Schlüpfer aus, zerrte das Kleid über den Kopf und hockte sich auf das Nachtgeschirr, die Beine nach vorn gestreckt und abgespreizt, mit den Händen auf dem Fußboden hinter sich den Körper stabilisierend, denn der sich bewegende Bauch vollführte ein Eigenleben und machte ihren Körper zum Abfanghalter. Auf dem Topf sitzend rutschte sie zur Waschbank unter dem Fenster. Sie klappte den Deckel hoch, die darunter befindliche Waschschüssel war leer. In einer Minute des nachlassenden Schmerzes erhob sie sich, griff nach der Wasserkanne und goss Wasser in die Schüssel. Beim Absetzen der Kanne stach der Schmerz wieder zu. Sie krümmte sich, beugte und wand sich und begann, ihren Körper von oben bis unten mit dem Waschlappen, den sie immer wieder in die kleine Waschschüssel tunkte, abzureiben. Eilige Schritte trippelten die Treppe hoch. Die Küchentür wurde aufgerissen, die Hebamme setzte ihre Tasche ab und hatte nach wenigen Schritten Dunja unter den Armen gefasst. „Ja, ja, heute früh wolltest du mich nicht sehen, und jetzt brauchst du mich schon. Wo ist das Bett?" Die nach Atem ringende Mutter öffnete die Tür zum Nebenzimmer, das eigentlich die „gute Stube" war, wo statt des großen Tisches in der Mitte ein frisch bezogenes Bett im sonnendurchfluteten Zimmer stand. Hebamme und Mutter legten die wimmernde Dunja aufs Bett und deckten sie mit einem Laken zu. „Einen Moment musst du schon noch warten." Die Mutter bereitete der Hebamme frisches Wasser zum Händewaschen, dann setzte sie den großen Kessel auf den eisernen Küchenherd, um Wasser zu kochen. „Bei der Hitze auch noch feuern!" Die Hebamme griff nach ihrer Instrumententasche und nahm sie mit ins Nebenzimmer. Sie begann die Gebärende zu untersuchen. „Der Muttermund ist schon sehr weit auf. Wir können anfangen." Dunja hörte und sah wie durch einen Schleier, sie wälzte sich hin und her und wimmerte leise vor sich hin und atmete hastig, laut, mit angstgeweiteten Augen. „Ruhig, ganz ruhig. Gleichmäßig atmen, tief einatmen, ausatmen. Jetzt Beine anziehen, weiter, Luft anhalten und jetzt pressen, pressen, hecheln und noch einmal." Keiner wusste, wie viel Zeit verging. Ein vierzehnjähriger Junge, der gerade noch die Treppe heraufgetobt war, blieb wie angewurzelt in der Küche stehen, als er die ungewohnten Worte und das Stöhnen aus der guten Stube hörte. Die Mutter, die gerade wieder in die Küche kam, um nach dem Wasser zu sehen, bedeutete ihm hastig, wieder zu gehen und in ein, zwei Stunden erst wiederzukommen. Ohne ein Wort stürmte er davon. Aus dem Nebenzimmer waren immer ängstlichere Schreie zu hören, dazwischen die beruhigende Stimme der Hebamme. „Jetzt nimm deine Kraft zusammen und drücke ganz fest, pressen, es guckt schon, und pressen ... ja, ja, noch mal und jaaaaa ...“ Begleitet von einem lang gezogenen Seufzer. „Warte, ich muss dir erst die Nabelschnur vom Hals ablegen.“ Ein kurzer Klick, die Hebamme packte das Neugeborene bei den Füßen, hielt es hoch, mit dem Kopf nach unten, gab ihm einen leichten Klaps auf den Po. Der erste Babyschrei, zaghaft, eher jammernd, ließ alle sekundenlang erstarren. Dann emsiges Tun, Baby waschen, messen, wiegen, wickeln, anziehen: „Es ist ein Mädchen. 47 cm, 2500 gr, herzlichen Glückwunsch.“ Geschäftig taten die zwei Frauen das, was getan werden musste. Nachdem die Wöchnerin zum Ausruhen vorbereitet und das kleine Wesen in seinem Körbchen am Fußende des Bettes in Sichtweite seiner Mädchenmutter friedlich schlafend lag, schlossen Hebamme und Mutter leise die Tür hinter sich und setzten sich in der Küche an den großen Esstisch. Die Mutter stellte kühlen Johannisbeersaft, selbst gemachten, auf den Tisch, nach der Anstrengung eine Erfrischung. Dann flüsterten sie miteinander. „Und wie soll es weitergehen? Wer ist der Vater? Wird er sie heiraten?“ „Was soll nur werden ... Ach, wir werden sie schon durchkriegen.“

2.2 Mein Eintritt ins Leben

Die kleine Angelika – das war ich – hatte also am 28. August 1947 um 10:20 Uhr in der sächsischen Kleinstadt Pulsnitz das Licht der Welt erblickt.

Dunja schlief und wachte, träumte und lag mit offenen Augen inmitten der guten Stube, deren westwärts befindliche Fenster jetzt mehr und mehr Sonnenlicht hereinließen. Sie war erschöpft und ganz ruhig. Ihr Blick wanderte immer wieder zu dem Kinderkörbchen, in dem ein kleines Wesen ganz friedlich schlief. Es atmete gleichmäßig, wobei sich sein Brustkorb hob und senkte. Manchmal bewegte es die Händchen. Als sich die Tür einen Spaltbreit geöffnet hatte, schloss Dunja schnell die Augen. Leise Schritte schlichen zum Körbchen. Die Stimme des dreizehnjährigen Jungen flüsterte: „Nun guck mal, wer hier ist. Guck mal, hier ist dein Onkel. Ich bin dein Onkel Christian. Guck doch mal!"

Natürlich guckte das Baby nicht, doch ein Lächeln huschte über Dunjas Gesicht. Ihr Bruder hatte sich als Onkel zu ihrer Tochter bekannt.

Dunja lag halb wach und gab sich ganz und gar der Stille hin. Sie durfte liegen und ausruhen, und sie lag und spürte ihren ruhig gewordenen Körper, der sich von der Anstrengung erholte. Immer und immer wieder wanderten ihre Augen zum Babykörbchen, in dem das kleine Würmchen wohlig, rosig schlief, sich hin und wieder rekelte und dabei schwer aufseufzend atmete.

Ach, könnte es doch immer so sein ... Doch die Zeit vergeht, sie lässt sich durch nichts aufhalten.

Füllen wir die Kleinstadt in Sachsen mit lebendigen Menschen, soweit sie in meiner Geschichte von Bedeutung sind.

2.3 Richard

Als der Vater, Dunjas Vater, nach Hause kam, trotz seiner erst 38 Jahre schwer atmend und mit schlurfendem Gang, was nicht allein Ausdruck seiner Erschöpfung nach körperlich schwerer Arbeit und der entsetzlich brütenden, stehenden Hitze dieses Augusttages war, sagte ihm die Dora, Dunja sei von einem Mädchen entbunden worden, alle gesund und alles gut gegangen. Richard wusch sich den Kohlestaub vom Körper, Dora hatte ihm Wasser in die Waschschüssel gegossen. Er schnaufte und spritzte beim Waschen. Sein magerer Körper ließ alle Rippen erkennen. Die linke Brustseite war durch eine riesige Narbe auf dem Rücken verunstaltet, während vorn die glatten, verheilten Wundränder einer runden Narbe zu sehen waren. An beiden Oberschenkeln waren vorn und hinten ähnliche Narben. Nur wenn er mit Dora allein war, entblößte er seinen Körper. Er wollte nicht über den Scharfschützen auf dem Baum in einer Lichtung vor Stalingrad sprechen, dessen Schießkünsten er die beiden Oberschenkeldurchschüsse und den glatten Lungendurchschuss, der ihm fast das Leben gekostet hätte, zu verdanken hatte. Nur die an der Brust getragene Blechbüchse bremste den Schuss. Diese Geschichte wurde später von Generation zu Generation weitergegeben. Im Lazarett hatte man ihn wiederhergestellt, der Kessel von Stalingrad und damit eine Hölle waren ihm so erspart geblieben. Die Kriegsgefangenschaft in Russland erhielt ihn am Leben, denn leben, leben, leben wollte er und eines Tages nach Hause ins ferne Deutschland zu seiner Frau Dora und den beiden Kindern, Dunja und Christian, zurückkehren. Im Sommer 1947 war er bei einem Schub entlassener Kriegsgefangener dabei. Wochen und Monate waren sie unterwegs, ausgehungert, in zerschlissenen Uniformen, ausgetretenen Stiefeln und ohne jegliche Habe. Er war einer der Heimkehrer, seine Familie, das Land hatte er mehr als vier Jahre nicht mehr gesehen. Die Begrüßung fiel vorsichtig und unbeholfen aus. So hatte er es sich nie ausgemalt in seinen lebenserhaltenden Träumen von zu Hause. Seine Familie wohnte nicht mehr in der Schulstraße, er musste sich durchfragen, um sie zu finden. Sonja, seine siebzehnjährige Tochter, war hochschwanger und schlich nur mit gesenktem Kopf umher. Der dreizehnjährige Christian war ein munteres Bürschchen geworden, dessen Mundwerk nie stillstand, der dauernd mit irgendetwas beschäftigt war. Seine Frau Dora war von Kummer und Sorgen bedrückt und entlud sich in Keifen, Schimpfen und Jammern. Am ersten Abend seiner Heimkehr hatte er, als sich die Familie um den großen rechteckigen Tisch versammelt hatte zum spärlichen Abendessen – Pellkartoffeln mit Quark und Salz –, nach dem Essen seiner Familie verkündet, sie dürften nur heute nach seiner Kriegszeit fragen, er würde nur heute davon sprechen, später würde er nie mehr ein Wort darüber sagen, denn es sei das Furchtbarste, was einem Menschen widerfahren könne, der Krieg. Nie wieder wolle er vom Krieg hören, geschweige denn darüber reden. Dieses Gelöbnis befolgte er bis zu seinem Lebensende. Niemals sprach er vom Krieg. Er wollte leben, musste seine Familie ernähren, seine Frau sollte es ein bisschen leichter haben nach den schweren Jahren allein mit den beiden Kindern. Er wollte satt zu essen haben, er wollte Spaß haben und Lebensfreude genießen. Dass er nun gleich Großvater wurde, wo er doch selbst kaum gelebt hatte ... Mit 20 (geboren wurde er am 23. Januar 1909 in Pulsnitz auf der Meißner Seite als Sohn des Fabrikarbeiters Richard Nitz und dessen Frau, eine geborene Katzer, deren Familie immer zu Streichen und Scherzen aufgelegt und damit stadtbekannt war, fünf Kinder hatten sie, zwei Jungen, Georg und Richard, und drei Mädchen, Dora, Hildegard und Gertrud) hatte er eine sieben Jahre ältere Frau (Dora geboren am 17. August 1902) geheiratet, die er geschwängert hatte. Das Kind war zur Hochzeit schon ein Jahr alt – Dunja. Das Leben machte ihm viel Spaß, und das saubere, ruhige Dienstmädchen mit den hellblauen Augen und dem streng frisierten blonden Haar hatte es ihm angetan ... Damals hatte Dora nur für Richard Augen und für seine Mandoline, zu deren Klang er hingebungsvoll sang. Dunja war im Sommer 1929 geboren worden – unehelich, mit dem Nachnamen der Mutter. Die Weltwirtschaftskrise brachte auch die Welt in dem sächsischen Städtchen aus den Fugen. Richard verlor seine Arbeit, da sein Vater als aktiver Gewerkschafter für die Kollegen eintrat und der Name Nitz dadurch bei der Betriebsleitung sehr anrüchig war, sodass er sich mit Gelegenheitsjobs durchschlagen und sechs Jahre „stempeln" gehen musste. Dora musste Heimarbeit annehmen. Die Textilfabriken und Webereien hatten oftmals Kleinaufträge an Heimarbeiterinnen zu vergeben. Hätte Richard nicht manchmal den Spaßmacher, Witze-Erzähler, Zither- und Mandolinenspieler bei Familienfesten und

Hochzeiten auf den Dörfern der Umgebung gemacht, was wenigstens etwas zum Essen für die Familie einbrachte, wäre es noch schlimmer gewesen. Eines Tages war sein bester Freund, Frenzel Kurt, in brauner Uniform aufgetaucht und hatte zu ihm gesagt: „Richard, jetzt geht es aufwärts. Adolf macht Deutschland wieder zu etwas, der ist für uns einfache Arbeiter. Du solltest auch zu uns kommen." Irgendwie hatten Kurts Worte ihn erschreckt. Machthaber, die für die Armen etwas tun? So etwas hatte es nie gegeben. Er wollte erst einmal abwarten. Allmählich wurde die Schlange vor dem Arbeitsamt kürzer, die Farbe braun tauchte häufiger im Stadtbild auf, das Kleinstadtleben kam in ordentliche und geregelte Bahnen, die Leute gingen eiliger und geschäftiger, die Ströme zu den Werktoren flossen breiter und breiter, die Auftragslage in den Textilfabriken schien zunehmend besser zu werden. Es wurden Gummibänder, Gurte, Bänder, vorwiegend in Grau, gewebt, Bestandteile von Uniformen. 1936 wurde Richard beim Autobahnbau genommen, es gab zwei Mark die Stunde.

Würde es wieder Krieg geben? Es musste wieder Krieg geben. Dunja und Christian gingen zur Schule, Lehrer Frister unterrichtete sie in Zucht und Ordnung, mit Strenge, Gebrüll und dem berüchtigten Rohrstock, den auch er schon mehr als einmal auf seinen Fingerspitzen und dem Hinterteil hatte niederpfeifen spüren. Dunja erwischte es häufiger als den Jungen, Lehrer Frister hatte öfter ausrichten lassen, dass sie genauso viel Unsinn im Kopf habe wie ihr Vater. Immer nur Schabernack und Streiche, Gedanken, wie kann ich jemandem etwas auswischen, sodass dann die Lacher auf meiner Seite sind ...

Dann war er eingezogen worden in die Wehrmacht als Soldat. Und jetzt stand er hier in der Küche, frisch gewaschen, mit frischem Unterhemd, und im Nebenzimmer lagen sein Kind und seines Kindes Kind. Er ging hinüber. Ein winziges neues Leben. Lange schaute er auf das Baby.

Dora rief zum Essen. Es gab Suppe, Linsensuppe. Schweigend aßen sie zu dritt, bis Dora sagte: „Richard, nach dem Essen könntest du mit dem Fahrrad nach Lomnitz fahren und Gerold Bescheid sagen."

Richard holte das Fahrrad aus dem Schuppen und trat langsam in die Pedalen. Die Straße nach Lomnitz schlängelte sich zwölf Kilometer lang bergauf, bergab. Die Sonne stach immer noch vom Himmel. Die Leute arbeiteten auf den Feldern. Richard hielt Ausschau nach Gerold. Aus der Ferne und in der gleißenden Sonne waren die Leute schwer zu unterscheiden. Mager waren sie alle. Endlich erkannte er den Jungen. Er blieb am Feldrand stehen, an sein Fahrrad gelehnt, und wartete einfach, bis der Junge ihn erkennen würde. Oft gesehen hatte sie sich bisher nicht, einmal beim Stubbenschlagen im Wald, das Holz hatten sie dann zu Hause gemeinsam gesägt. Gerold redete viel, er drückte sich immer so fein aus. Vielleicht kam es daher, dass sein Vater etwas Besseres war, immerhin Gutsinspektor in Dittersbach. Die Russen hatten ihn zur Verwaltung des Gutes wieder eingesetzt, jemand musste sich schließlich um die Ernte und das Vieh kümmern, zu essen brauchten ja alle … Deswegen arbeitete Gerold auch in der Landwirtschaft, da gab es Essen, essen war auch anderthalb Jahre nach Kriegsende das Schwierigste.

„Du bist heute Vater einer gesunden Tochter geworden. Beide sind wohlauf."

Gerold freute sich: „Ich komme am Sonnabend."

Er ging zurück zur Arbeit auf dem Feld. Bis zum Einbruch der Dunkelheit würden sie gewiss arbeiten. Morgen, Freitag, in aller Herrgottsfrühe, würde es wieder hinaus aufs Feld gehen bis spätabends, aber Sonnabend nur bis Mittag, dann könnte er endlich nach Pulsnitz zu Dunja und dem Baby gehen. Seine Gedanken drehten sich nur noch um Dunja.

2.4 Gerold denkt an Dunja

Wie hatte sie ihm gefallen, als sie eines Tages 1946 an der Tür der Gesindeküche des Ritterguts in Lomnitz stand und der Bauer sagte: „Das ist Dunja, die macht jetzt ihr Pflichtjahr hier." Das dunkelhaarige Mädchen mit den riesengroßen grünen Augen und dem vorstehenden Oberkiefer hielt den Kopf gesenkt, die Hände auf dem Rücken verschränkt, schaute sie verschämt auf den Fußboden. Sie wirkte schüchtern und ängstlich. Der Bauer hatte zu ihr gesagt: „Setz dich da hin und iss mit, morgen früh geht's zeitig raus." Der Bauer war gegangen, und sie setzte sich an eine freie Stelle auf der Bank auf die Kante und wartete, bis ihr die Magd einen Teller hinstellte und Suppe, Kohlrübensuppe, auftat. Sie schaute niemanden an, als sie die Suppe widerwillig und mit langen Zähnen langsam aß. „Wer bist du?" „Ich bin Dunja aus Pulsnitz", antwortete sie kaum hörbar. „Bist du nicht die Cousine von Pohlischens Annemarie?" Sie nickte. „So einen komischen Namen hat hier niemand. Klingt so russisch." Was hätte sie darauf sagen sollen? Über ihren Namen hatte sich bisher jeder gewundert, sie konnte doch nichts dafür, dass sie Dunja gerufen wurde und nicht Edelgard, was ihr zweiter Vorname war, zwar ganz deutsch, aber langweilig.

Die acht bis zehn jungen Leute aßen ihre Suppe, Brot gab es nicht dazu. Gesprochen wurde wenig, der Arbeitstag auf dem Feld hatte sie müde gemacht. Nachdem die Küche aufgeräumt, das Vieh versorgt war, saßen sie noch ein bisschen auf dem Gutshof unter dem großen Baum herum und quatschten, dann gingen sie nach und nach schlafen. Gerold erinnerte sich an die vielen Wochen, die es gedauert hatte, bis Dunja auftaute. Bei der Arbeit hatte er immer wieder versucht, in ihre Nähe zu kommen, sie zu necken. Allmählich war sie lebhafter geworden, gab schlagfertige Antworten und hatte lustige Ideen. Sie band die Jackenärmel zusammen, vertauschte die Schuhe und noch ausgefallenere Scherze, dabei guckte sie wie ein Unschuldslamm. Sie nahm flink auf und verdrehte alles Mögliche zu einem Ulk. Bald war sie sehr beliebt, ihre Lebenslust wirkte ansteckend und mitreißend. Gerold hatte sich in sie verguckt, obwohl er noch oft mit Gretel abends zum Waldrand ging. Am Wochenende war im Erbgericht Tanz. Die jungen Leute gingen jeden Sonnabend zum Tanz. Auf dieses Ereignis freuten sie sich stets die ganze Woche über, sie träumten vom Tanzen in ganz schicken Klamotten, die sie alle nicht hatten, aber ihre Sachen durch Einfälle verschönerten, vom Tanzprinzen und davon, die Schönsten zu sein. Den ganzen Sonntag und die halbe Woche danach hechelten sie jeden Blick und jede Bewegung und wer mit wem durch. Der Tanz im Erbgericht war der Mittelpunkt ihres Lebens. Gerold fühlte sich nicht so recht wohl beim Tanzen, er stand lieber an der Theke mit 'nem Bier in der Hand und redete, Zuhörer hatte er immer viele, denn er sprach schnell und in gewählten Worten, wodurch er sich sehr von den Bauernjungen des Dorfes abhob. Die gaben sowieso nur an, wer das meiste verträgt, wie viel sie schon getrunken haben und was sie im Suff angestellt hatten. Am wohlsten fühlten sie sich, wenn sie über jemanden herziehen konnten, der sich bei irgendetwas dumm angestellt hatte, sodass sie ihre überragenden Fähigkeiten glänzen lassen konnten. Gerold verstand sich ausgezeichnet in der Schilderung von Tölpeln, die er dem Gelächter preisgab. Dann erinnerte er sich an den Schrecken, der ihn durchzuckte, als bei der Damenwahl die Mädchen seines Bauern ihn umringten, alle kicherten und Dunja ihn an der Hand fasste und artig sagte: „Darf ich bitten?" Er wusste überhaupt nicht, was er machen sollte, tanzen war seine schwache Seite. Er mied es. Dunja zog ihn zur Tanzfläche und tanzte mit ihm, plötzlich ging es ganz einfach. Sie zog ihn in den Rhythmus hinein, führte ihn ganz leicht und bedeutete ihm, ihre Schritte mitzumachen. Er kam sich plötzlich gar nicht mehr unbeholfen und dem Tanz ausgeliefert vor, Dunja tanzte ihn. Er empfand das Tanzen sogar als angenehm und bewunderteDunja, wie die tanzen konnte ...

Es hatte gefunkt, sie gefielen sich mehr und mehr und verbrachten die freie Zeit miteinander, wann immer es möglich war. Ihre Hände berührten sich beim Garbenbinden, wenn es keiner sah. Gerold trug die von Dunja vollgefüllten Kartoffelkörbe zum Leiterwagen, beim Essen in der großen Gesindeküche sahen sie sich immer länger in die Augen, unter dem Baum auf dem Gutshof rückten sie näher aneinander heran, manchmal gingen sie am Feldrand entlang ein Stück spazieren, ihre Finger verhakelten sich, sie fingen an, sich schüchtern zu küssen.

Im November war Kirmes, das größte Fest auf dem Lande. Die Ernte war eingebracht, der Boden erwartete den Winter. Die

Menschen feierten. Es gab zu essen und zu trinken, reichlich, jeder konnte satt werden. Es gab Fleisch und Wurst, sonst eine Seltenheit, wie für festliche Anlässe waren riesige Blechkuchen gebacken worden, Bier stand in Fässern bereit.

Es war eine Ausgelassenheit unter den Leuten, wie sie sonst das ganze Jahr über nicht herrschte. Gerold ließ Dunja nicht mehr los. Sie gingen in die Scheune, im Heu war es weich und unter der Decke warm. Er liebte sie mit allem jugendlichen Ungestüm, und sie erwiderte seine Berührungen, sie fanden sich im Gleichklang der Bewegungen.

Sonja wusste nicht, was mit ihr geschehen war, so hatten sie sich vorher noch nie berührt. Sie waren beide siebzehnjährige Jugendliche, eigentlich noch Kinder, im zweiten Jahr des Friedens nach dem verheerenden Weltkrieg, der die Menschen Tag für Tag ums Überleben hatte bangen lassen, dessen Zeit danach die Angst vor den Bomben genommen hatte, jedoch wieder ein Kampf ums Leben, ums tägliche Sattwerden. Ein Tag um den anderen wurde „abgelebt", das Dasein bestritten. Gab es Träume? Wovon träumten die Alten? Vielleicht von einem heilen Dach über dem Kopf, einer warmen Stube, satt zu essen? Wovon träumten die Jungen? Nicht von frühmorgens bis spätabends schwer arbeiten zu müssen, sodass man seinen Körper nicht mehr spürt, vom Feiern, Tanzen, Fröhlich-Sein, Lachen und Leben, neuen Schuhen, neuen Kleidern, schicken Hosen …

2.5 Mosaike

Bis hierher sehe ich alles wie einen Farbfilm vor meinen Augen. Bunte Mosaiksteinchen aus Omas kärglichen Berichten, aber gespickt mit reichlich Anweisungen und vor allem Urteilen, was richtig und was falsch ist. Steinchen aus Opas Husten, Blicken, schwerfälligem Atmen und Gehen, Steinchen aus Christians fantasievollen Ideen, Gedankenkombinationen und pausenlosem

Beschäftigt-Sein. Steine aus Dunjas verklärenden, wortreichen, ausschweifenden Erzählungen und rechtfertigenden Erklärungen fügten und fügen auch weiter dieses Bild ihrer Wurzeln, das sich vor meinem geistigen Auge abspielt, bevor meine eigene Erinnerung einsetzt. Bis dahin vergeht noch einige Zeit, und das Mosaik wird weiter in Buchstaben gesetzt.

2.6 Dora – Was weiß ich von Oma Doras Anfang?

Dora war das zweite Mädchen, die Mittlere von fünf Kindern, und wurde am 17. August 1902 in Großnaundorf geboren. Ihre Mutter starb, als Dora elf Jahre alt war. Ihre zwei Jahre ältere Schwester Lene und sie mussten die zwei jüngeren Brüder behüten. Ihr Vater August Wenk arbeitete seit Anfang der 1920er auf dem Bau als Maurer in Dresden und sorgte für den Lebensunterhalt der Kinder. Wer sich um diese tagsüber kümmerte, weiß ich nicht. Der Vater war jähzornig, aufbrausend und schlug kräftig zu, wenn die Kinder nicht folgten. Er litt sehr an Ischias. In einer Anwandlung brachte er den Kindern eine Staude Bananen als etwas ganz Besonderes mit. Sie kannten sie nicht, bissen gleich hinein mit Schale, und sie schmeckten ihnen nicht, nie wieder. Was sollten sie auch mit so komischem ausländischem Zeug? Irgendwann hatten die Schmerzen August fast zum Wahnsinn getrieben. Eines Sonntags nach dem Mittagessen, als er auf dem Kanapee in der Küche ruhte, die Kinder friedlich auf dem Boden spielten, schluckte er Arsen, eine große Dosis, und starb. Das Arsen konservierte seine Knochen, sodass in den 50er-Jahren bei der Friedhofsumgestaltung – alte Gräber können nach dreißig Jahren beseitigt werden, wenn kein Familieninteresse am Fortbestehen des Grabes besteht – sein vollständiger Totenschädel zum Vorschein kam.

Als Familienoberhaupt galt der älteste Sohn, der sich in Doberschütz niederließ. Der jüngste Bruder Paul beging auch irgendwann in den 20ern Selbstmord.

Dora ging nach der Dorfschule „in Stellung". Sie kam in einen Haushalt in Königsbrück, wo sie eine Dienstbotenkammer mit noch einem Mädchen bewohnte, und war Hausangestellte, Mädchen für alles, Kost und Logis frei, einen Samstag im Monat frei, ein paar Mark Verdienst, den sie eisern sparte für die Aussteuer. Heiraten wollte sie, wenn der Passende käme. Sie wartete. Sie ging von Stellung zu Stellung und wurde darüber sechsundzwanzig Jahre alt, ein altes Mädchen. Dann trat der lebenslustige Richard in ihr Leben, der so ganz anders war als sie, lebenslustig, unbeschwert und von ansteckender Fröhlichkeit. Richard hatte auch vier Geschwister, drei fröhliche Schwestern und einen Bruder, der beim Lachen stets Tränen weinte. Den größten Unsinn allerdings heckte ihre Mutter, Nitzens Mutter, eine geborene Kratzer, aus. Sie ließ den Wecker um zehn Uhr abends klingeln, um die Verehrer ihrer Töchter nach Hause zu schicken, sie legte ausgestopfte Figuren vor die Haustüren von Leuten, um diese zu erschrecken. Überhaupt, jemanden zu erschrecken, war der größte aller Späße. Dazu war jedes Mittel recht. Das Spaßmachen ließ sie uralt werden. So weiß ich vom Hörensagen, dass sie vor mir, ihrer Urenkelin, auch noch ihre unnachahmlichen Faxen machte.

2.7 Dora und Richard

Sie waren ein ungleiches Paar, entgegengesetzte Charaktere. Sie heirateten am 13. Juli 1930 in Großnaundorf, da war ihre Tochter Dunja schon ein Jahr alt (wie ich aus dem Familienstammbuch entnehmen konnte, gesagt hatte es keiner). Das sollte gut gehen? Enttäuschte Erwartungen hatten aus Dora eine strenge, bösartige Mutter für Dunja, die Ursache ihrer Lebensfessel gemacht sowie eine keifende, dirigierende, maßregelnde und reglementierende Frau für Richard, die „nur-seine-vergnügungssuchende-Spielernatur" hasste, aber auch eine liebevolle, hätschelnde Mutter für Christian, den sie viel lieber Waldemar-Ehrenfried genannt hätte, aber Richard hatte seine „Pferdenatur" durchgesetzt, als er die Geburt des Wunschsohnes anmelden gegangen war, und nicht zuletzt eine pedantisch auf Ordnung und Sauberkeit bedachte Hausfrau im armseligen Hinterhaus, das wie ein halbiertes Haus aussah, denn es hatte nur auf einer Seite ein Dach, dem Hinterhaus, dessen Parterre eine große Waschküche mit Kessel für die Vorderhausbewohner umfasste, Fahrradschuppen und Kaninchenbuchten sowie den Schuppen für Holz und Kohlen der Hinterhausbewohner. Im ersten Stock befand sich die Wohnküche mit zwei Fensterchen zum Innenhof-Geviert, an dessen linker Seite drei Plumpsklos familiengebunden für alle Vorder- und Hinterhausbewohner und die Konsumangestellten, daneben die überdachte Aschegrube, an der Rückwand des Vorderhauses befand sich der Wasserhahn, von dem das Wasser geholt und hochgeschleppt werden musste, denn Wasserleitung gab es nur im Vorderhaus auf den Treppenabsätzen, darüber die rückwärtigen Konsumfenster, dann kamen die knarrende Holztür, Ein- und Ausgangstür zum Hinterhof und ein langer Flur, durch den man auf die Straße gelangte. Rechts bildete ein hoher, brauner Lattenzaun auf einer Steinmauer die Begrenzung zum Nachbarhaus, dem Haus des Fotografen Kahle. Fotoatelier im Parterre, Wohnräume in den beiden darüber liegenden Etagen, das Labor im lang gestreckten Anbau parallel zum Lattenzaun, ein Baum am Haus festgewachsen, eine Birke, das einzige Grün beider Höfe, beim Fotografen gepflastert mit unzähligen kleinen Steinen, vor dem Hinterhaus mit großen Gesteinsquadern, gleichmäßig angeordnet um ein Gulli-Loch in der Hofmitte, abgedeckt mit einem Eisengitter, das zu durchklettern keine Kunst war für Ratten, die ihre Schleichwege vom Sumpfgelände des nahegelegenen Schlossteiches fanden.

Zurück ins Hinterhaus, eine Trennwand zwischen Küche und guter Stube dahinter, beide Räume die gesamte Hausbreite bildend. Aus den zwei Fenstern der guten Stube sah man nach unten auf den Gemüsegarten des Nachbarn, auf die Mauer des Schlosses gegenüber, auf einen den Schlossteich umgebenden Wald sowie Mauerstreifen nach rechts, das Dach eines flachen Gebäudes nach links.

Die steile Holztreppe nach oben führte zur Schlafkammer, so breit wie die beiden Räume darunter, jedoch so schräg, dass auf der Dachseite die beiden Luken nur noch auf dem Bauch liegend erreicht werden konnten. Eine noch steilere Stiege führte zum Dachboden, wo Feuerholz und Zwiebeln gelagert wurden. Das Hinterhaus hatte schon noch geheimnisvollere Ecken, die es später zu erkunden gilt.

Dieses Hinterhaus hatte Dora zugewiesen bekommen, weil Dunja ein Kind bekam und der Platz in der Schulstraße ganz und gar nicht mehr ausreichte für die größer werdende Familie. Das Hinterhaus war Doras Reich, das sie beherrschte und kommandierte. Dora wurde zu einem Zeitpunkt Großmutter, als sie nicht wusste, wie sie die Familie durchbringen sollte. Am liebsten hätte sie Dunja erschlagen, als sie merkte, dass das Mädel schwanger war. Und sie hat zugeschlagen, immer wieder mit dem Siebenriemen, der sowieso griffbereit am Türeingang hing. Sie hat gebrüllt und getobt und gewütet, Dunja im heißen Sitzbad fast verbrüht. Dunjas junger, fruchtbarer Körper hielt den Fötus fest, nährte ihn und ließ ihn gedeihen. Diese Schande, diese unsagbare Schande …

Dunja musste nach Hause und Heimarbeit machen, wie hätte sie sich das überhaupt gedacht? Wie sollte ein Kind ernährt werden in diesen schlechten Zeiten, wo es nicht genug zu essen gab?

2.8 Zurück zum 30. August 1947

Am Sonnabendnachmittag kam Gerold. Er hatte auf dem Wege ein Huhn beim Bauern gestohlen und brachte es nun Dora, damit sie für die Wöchnerin eine kräftige Mahlzeit bereiten könnte.

Er setzte sich vorsichtig bei Dunja auf den Rand des Bettes in der guten Stube und hielt ihre Hand, streichelte ihr Gesicht. Er flüsterte, als traute er sich nicht, laut zu sprechen, aus Furcht, das rosige, schlummernde Baby zu stören.

Es war ein Moment zum Zeitanhalten, ein Moment des Glücks – doch vergeblich. Das Schicksal nahm seinen Lauf ...

2.9 Meine Taufe

2.9.1 Fakten und Daten

Abschrift aus dem Kirchenbuch
Taufbuch 1947, Seite 105 Nr. 96
Ort, Tag und Stunde der Geburt
St.-A Pulsnitz Nr. 79/1947//28. August 10 Uhr 20, Pulsnitz, Lange Str. 12
Ort und Tag der Taufe
Pulsnitz, 19. Oktober Kü
Taufname des Kindes
Isolde Angelika 1.K 1.T.
Name, Beruf, Wohnort und Glaubensbekenntnis des ehelichen Vaters
Lt. Mitt. D. Sta.-A. Pu v. 15.01.1948 hat d. Kraftfahrer Ernst Gerold Krause, Wachau *24.01.1929, am 15.10.1947 v.de. A.-Ger. Radeberg (Abt.-Z. 8I 356/47) die Vaterschaft zu nebenbezeichnetem Kind anerkannt
Name und Glaubensbekenntnis der Mutter
Edelgard Dunja Nitz, Heimarbeiterin, Pulsnitz, Lange Str. 12, geb. 26.6.1929 Großnaundorf, ev.-luth.

Somit weiß ich nun durch diese Abschrift aus dem Jahre 2017, dass am 19. Oktober 1947 das Kind, also ich, in der Nikolai-Kirche zu Pulsnitz evangelisch-lutherisch getauft wurde auf den Namen Isolde *Angelika*. In Sachsen stand immer der zweite Name zuerst und der erste Name, der Rufname, unterstrichen an zweiter Stelle. Das wussten die deutschen Verwaltungsorgane sicher nicht, als sie die neuen Personalausweise erfanden, die Namen der Reihe nach auflisteten und davon ausgingen, der erste Name sei der Rufname. Seitdem kämpfe ich um meinen Namen Angelika, zumal ich Isolde verabscheue und mir keinen Reim darauf machen kann, wer ihn mir warum zugeordnet hat.

2.9.2 Vom Hörensagen und aus GKs-Erzählung

Trotz der strengsten Kontrollen und Bewachung durch die sowjetische Besatzungsmacht, genannt „die Russen", gab es Tricks, wie der Gutsinspektor Krause, der andere Großvater, zur Taufe seiner Enkelin zum Festmahl beitragen konnte. War eine Kuh trächtig und brachte statt des einen, erwarteten Kälbchens Zwillinge zur Welt, so wurde die Geburt des einen Kalbes gemeldet und registriert. Das zweite wurde im Verborgenen aufgezogen.

Zur Taufe im November 1947 wurde das zweite Kalb geschlachtet und zum feierlichen Anlass als Bratenfestessen aufgetragen. Wie viele Gäste und welche Personen da waren, wo die Feier stattfand, das entzieht sich meiner Kenntnis. Darüber wurde niemals gesprochen.

Allerdings wurde diesmal der Kälbertrick verraten, ein Deutscher denunzierte den Gutsinspektor bei den Russen – schließlich war es allen Deutschen von Kindesbeinen an eingebläut worden, dass die Dinge so zu laufen hatten, wie es der Staat, die Macht, die Machthaber per Gesetz und Erlass vorschrieben, und jede Abweichung müsse der Obrigkeit gemeldet werden, ohne Rücksicht, ob Vater oder Mutter die Vorschriften verletzt hatten. Er wurde nachts von den Russen abgeholt und ins berüchtigte Bautzener Gefängnis, im Volksmund „Das gelbe Elend" genannt, gebracht. Eine Gerichtsverhandlung fand nie statt. Seine Frau Gertrud durfte ihn nicht besuchen. Die Familie erhielt keine Nachricht. Durch eine Bekannte, die ihren Mann in Bautzen besuchen durfte, erfuhr sie, dass der Gutsinspektor Krause nach einigen Wochen oder wenigen Monaten gestorben war. Den offiziellen Totenschein erhielt seine Frau, ich kenne diesen Großvater nicht.

Meine ersten Erinnerungen

Mein Eintritt ins Leben ereignete sich im August 1947, mein bewusstes Dasein erwachte zwei Jahre später. Meine Erinnerung reicht so weit zurück, nicht eine in Worte gekleidete Erinnerung, sondern Bilder, Stimmen, Farben, Düfte und Gerüche, gespürtes Material von Gegenständen und Gefühle, vor allem traurige. Warum traurige? Sie haben sich eingedrückt, lautes Lachen und Fröhlichkeit kamen erst später hinzu und nicht häufig, eher als Besonderheiten. Ich gucke auf den meisten Fotos sehr ernst. Sehe ich meine Babybilder an, so sieht aus den Augen offene Neugier und Natürlichkeit, spätere Bilder zeigen mich eher ernst und nachdenklich. Wird man schon als Wesen mit besonderen Eigenschaften und Veranlagungen geboren? Heute gilt es als bekannt, dass das heranwachsende Kind im Mutterleib kein leeres Blatt, kein offenes Gefäß ist. Genauso wie es mit genetisch vererbten Anlagen ausgestattet ist, nehme ich an, ist es eine Mischung zu gleichen Teilen des biologischen Vaters und der biologischen Mutter, so ist es dort ebenso ein Prägeraum frei für die Gefühlsweit sowohl während der Zeugung und viel mehr noch während der neun Monate im Mutterleib und dabei wachsend, abhängig von den Gefühlen der Mutter. Mit voller Gewissheit kann ich sagen: Ich bin nicht bewusst mit dem Ziel einer Menschenschöpfung gezeugt worden. Ich war so unerwünscht wie eine Naturkatastrophe, eine menschliche Tragödie. Keiner hat mich gewollt, erwartet, mit Zuversicht begrüßt. Ich bin nicht in eine liebende Familie hineingeboren worden, weiß Gott nicht.

Mit dem Wort Familie habe ich dann auch mein ganzes Leben lang gerungen. Schon frühzeitig in meiner Kindheit kam ich zu dem Schluss, dass sich viele Probleme der Welt lösen ließen, gäbe es nur Wunschkinder.

Hier ist die Geschichte: Sie ist zusammengeklaubt aus Erzählfetzen meiner Mutter, einer Oma, sonstigem Verschweigen bei Verwandten und einer einzigen Erinnerungssequenz.

Meine Mutter heiratete ihren Mann am 30. Oktober 1948 in der St. Nikolaikirche in Pulsnitz. Ich war ein Jahr und zwei Monate alt. Meine Mutter trug ein weißes Spitzenhochzeitskleid, Haarkränzchen-Diadem, mein Vater einen schwarzen Anzug. Wahrscheinlich war beides geliehen, das Kleid ganz bestimmt. Ich war sicher in der Kirche nicht dabei, doch wer auf mich aufgepasst hat, kam mir nie zu Ohren. Auf den Fotos der Feier sind Verwandte, die ich nicht kenne. An der Wohnzimmerwand hängt ein Bild, das ich vergrößerte – es war ein hübsches Baby-Bild von mir, ich ein halbes Jahr alt. So ein Originalbild hatte ich immer in meinem Besitz. Meine Oma soll die Ehe eingefädelt haben, denn mein Erzeuger hatte Besuchsverbot, dieser Tunichtgut, und er kam weder von meiner Oma noch von seiner Mutter aus gesehen als Ehemann in Betracht. Keine meiner Großmütter wollte also, dass meine leiblichen Eltern heiraten. Der Tunichtgut hatte sich in den Westen aufgemacht. Meine Oma hatte, auf welchen Wegen auch immer, den „Langen" gefunden, der bereit war, meine Mutter mit Kind zu heiraten. Sie kannten sich alle drei vom Dorf, wo meine Mutter und der Tunichtgut im Pflichtjahr beim Bauern im „Erbgericht" waren und der „Lange" sowieso dort als Kutscher und Pferdeknecht arbeitete, er stammte aus dem Dorf. Also hatte er die Dürre, Gewitzte mit dem Überbiss gesehen.

Die Hochzeitsnacht zeugte den Jungen, meinen Bruder. Aus den Erzählungen meiner Mutter begriff ich, dass sie mit ihrem fleißigen, zuverlässigen Mann nie zufrieden war.

3.1 Pulsnitz in Sachsen

Denke ich an die Stadt, sehe ich die abschüssige Hauptstraße vor mir, gucke von rechts nach links, von oben nach unten – wir wohnten am unteren Ende, links daneben war ein freier Platz, der Weg links führte zur Lungenheilstätte, die Stirnseite bildete das Herrenhaus, in dem einige vielköpfige Familien, Umsiedler, wohnten, mit denen man besser nicht in Kontakt kam. Am unteren Ende des Platzes begann der Schlossteichweg und die Nur-für-Fußgänger-Zone. Den Schlossteichdamm und die Hauptstraße trennte ein Häuserkomplex, das Stirnseitenhaus war sehr schön und hoch, grün-weiß, unten war ein Lebensmittelgeschäft drinnen, wo wir eigentlich nie einkauften. Es war ein Privatladen und teurer als der Konsum, über dem wir wohnten. Die Gemüse- und Fischläden waren rechts oben am Ende der Hauptstraße. Bäcker gab es mehrere, wir gingen zu dem nächstgelegenen, raus aus der Haustür, rechts vorbei am Fotografen, dem Uhrenladen, der Kneipe, genannt „Strumpf", dann war schon der Bäcker da. Ich wünschte mir manchmal eine Zeilensemmel, aber meistens kauften wir Semmeln, aber nicht jeden Tag, lange nicht. In der Kindheit gab es zum Frühstück Mehlsuppe.

Zurück zu mir an der Haustür, Rücken gedrückt an die dunkelrot gestrichenen hohe Haustür, mein Kopf war noch unterhalb der entenförmigen, goldglänzenden Klinke. Geguckt – es kommt nichts, rüber über die Straße, Stufen hoch, durch den Hausdurchgang, und ich war auf dem Kirchhof. Es kommt nichts – mehrmals kam doch etwas. Ich soll mehrfach Radfahrer zum Stürzen gebracht haben, einmal sogar ein Auto mit quietschenden Bremsen zum Halten. Ich erinnere mich nur an einen stürzenden Radfahrer, wo auch ich Schürfwunden davontrug, die verdammt wehgetan haben, sodass ich nicht weiter zum Kirchhof rasen konnte, sondern mit hängendem Kopf, Tränen in den Augen und schmerzenden Knien und Händen zurück nach Hause humpelte. Während meine abgeschürften Hautstellen gereinigt und bepflastert wurden, konnte ich mir vielleicht etwas anhören! Ich bekam Verbot, den Hinterhof zu verlassen. Die anderen Kinder wollten aber nicht nur auf unserem kleinen Hinterhof unter den Augen meiner strengen Oma spielen. Nach ein paar Tagen bettelte und bettelte ich, dass ich ganz bestimmt an der Straße aufpassen würde und ganz bestimmt genau erzählen würde, wie viele Radfahrer wegen mir hätten anhalten müssen. War nicht nötig, die Leute haben sowieso gepetzt, und ein Radfahrer schleppte mich mal zu meiner Oma und beschimpfte diese. Irgendwann werde ich es schon gerafft haben. Meistens war die Straße damals ja sowieso leer, die großen Lastwagen, die die Geschäfte belieferten, kamen einmal in der Woche, ein Auto noch seltener, nur die Radfahrer kamen immer in einem Wahnsinnstempo die lange Straße hinunter, die irgendwann Stalinstraße hieß, dann wieder Lange Straße. M ein Opa meinte, es wäre am besten, sie in „Straße der Irrungen" umzubenennen. Das Städtchen hatte Glück, dass es nicht im Krieg zerstört wurde, denn die Bomber hatten das circa 50 km entfernte Dresden gewählt, weil es ein militärisches Ziel war, was sich später als Irrtum beim Kartenlesen herausstellte. Ich hörte oft meine Großeltern und deren Bekannte von jener Februarnacht 1945 sprechen, als der Himmel dröhnte und die blau leuchtenden Phosphorbomben wie Christbäume vom Himmel sanken. Sie waren damals alle salzsäulenartig erstarrt und schauten in den Himmel, stundenlang. Ich saß wie meist auf dem Fußboden und spielte leise vor mich hin, dabei sah ich in meiner Fantasie bunt geschmückte Weihnachtsbäume zu Hunderten aus den Wolken segeln. Dresden war in meiner damaligen Wirklichkeit große, leere Weite, in den Himmel ragende Häuserwände, schwarze Ruinen von Kirche und Schloss und die Elbe, der Fluss breit dahinfließend. Als ich so zwischen 2 und 4 Jahre alt war, mussten meine Eltern mit mir zwei-, dreimal im Jahr nach Dresden zum Orthopäden auf der Kesselsdorfer Straße ganz weit draußen. Ich war so neun Monate lang in einen Gipspanzer von der Taille bis zu den Knien gepackt. Nachdem er endlich entfernt worden war, bekam ich dann ein Eisengestell namens „Schienen" angepasst. Damit war ich am besten auf dem Fußboden sitzend aufgehoben. Verdammt kalt waren diese Schienen, im Winter habe ich geheult, wenn sie mir angelegt wurden. Ab wann ich endlich allein laufen durfte, weiß ich nicht. Jener Freudentag hat keine Spuren hinterlassen, nur die Geschichte: „Als sie mit einem Jahr laufen lernte, watschelte sie los wie eine Ente und fiel immer gleich um und auf den Hinterkopf. Mit ein und einem Vierteljahr wurde sie eingegipst, mit 2 Jahren kam sie für zwei Jahre in Schienen. Das war eine Tortur mit dem Mädel, in Gips musste sie immer getragen werden, mit den Schienen machte sie dann los wie eine Schildkröte, auf allen Vieren den Kindern hinterher. Wenn wir nach Dresden mussten zum Doktor mit dem Zuge, immer das schwere Kind schleppen, dann konnten wir nur zu zweit fahren. Dann wurde ihr auch noch schlecht, einmal hat sie einer Frau, die vor ihr ging, in den Kragen gekotzt."

Wie gesagt, die Geschichten habe ich oft gehört, sodass ich sie einfach wörtlich wiedergeben kann.

3.2 Die Jahre 1951/52

Es kam Erzeuger Tunichtgut mal wieder nach Sachsen. Er suchte meine Mutter auf, ich soll als Überraschungseffekt die Tür geöffnet haben, damit er gleich mal seine Tochter sieht. Beide vertrugen sich auf Anhieb und fanden sofort zueinander. Er wollte meine Mutter und mich in den Westen holen. Meine Mutter reichte die Scheidung ein. Als es zur Verhandlung kam, soll der Lange gesagt haben, dass er sich gar nicht scheiden lassen will. Die Ehe wurde nicht geschieden. „Kommen Sie wieder, wenn Sie wissen, was Sie wollen." Meine Mutter hatte noch keinen Ehebruch begangen, also gab es keinen Schuldigen, den es damals geben musste bei einer Scheidung. Meine Mutter wollte nicht schuldig geschieden werden. Erzeuger Tunichtgut holte meine Mutter und mich ab und brachte uns zu seiner Mutter in ein anderes sächsisches Dorf, nach Dittersbach. Ein Koffer mit Sachen wurde nach Hannover vorausgeschickt – angeblich. Da es in Hannover keine Bleibe für uns dreiköpfige „Familie" gab, beschloss Erzeuger Tunichtgut, allein zu fahren und eine Wohnung zu finden. Meine Mutter und ich blieben bei seiner Mutter. Wie lange, weiß ich nicht. Sicherlich nicht sehr lange, die beiden Frauen kamen überhaupt nicht miteinander klar. Woher sollte Geld für unseren Unterhalt kommen? Eine Informationskette durch die betroffenen sächsischen Orte mit Verwandten und Bekannten wurde aufgebaut, als deren Ergebnis stand, dass der Lange seine Frau und Tochter von der Gegenparteischwiegermutter abholte und nach Hause holte. Ich sehe eine Dampflok, höre einen Zug pfeifen, ich werde in einer warmen Decke in einen Schlitten mit Rückenlehne gepackt, nachdem wir aus dem Zug ausgestiegen waren. Es ist eisig kalt, meine Eltern ziehen den Schlitten. Wer mein Brüderchen wann zur Mutter und Schwester seines Vaters gebracht hatte und wie lange er dort war, habe ich bis heute nicht herausgefunden. Diese Tante Brigitte ist jetzt 86 Jahre alt, ich sehe sie zu Jahresbeginn und hoffe, dass ich mich traue, sie danach zu fragen. Auf alle Fälle liebte sie meinen Bruder über alle Maßen, auch die Oma liebte ihn, sodass er viele Wochen in den Schulferien dort verbrachte und immer willkommen war. Einmal habe ich eine gemeinsame Ferienwoche bei ihnen in Lomnitz abgetrotzt, weil ich auf täglich frische Buttersemmeln gehofft hatte, die es dann aber nicht gab, aber Holundersuppe, die gab es auch nirgendwo anders. Bei einem der Verwandtenbesuche trafen wir im Nachbardorf Verwandte meines Vaters, ein Ehepaar Börne. Wir gaben anständig die Hand, die Frau beugte sich zu mir herunter und fragte: „Wer bist du denn? Du bist doch gar nicht unser Mädel." Ich konnte mir auf vieles keinen Reim machen, weil ich zu diesem Zeitpunkt ja noch nichts wusste von meinem Erzeuger Tunichtgut und meinem Vater. Seit Längerem unterscheide ich zwischen biologischem und sozialem Vater. Meinen sozialen Vater kannte ich mein Leben lang. Wir kamen gut miteinander aus, er war immer freundlich und geduldig mit mir, filzte meine Haare aus, wenn mich meine Mutter schon in die Ecke schmeißen und mir eine Glatze schneiden lassen wollte. Ich hatte feines, dünnes Haar. Er hatte mich schon mit Gips und Schienen geschleppt, Butter und Margarine gemischt, weil ich das vertrug, mich mit dem Fahrrad eingefangen, weil ich nicht absteigen konnte. Wir beide aßen Leberwurst und Blutwurst am liebsten, ich kostete und aß auch Pferdewurst und Bückling, er brachte mir bei, dass man vom Brathering alles essen kann, auch die Mittelgräte, dass man vom Käse keinen Rand abschneiden muss. Ich revanchierte mich erstmals richtig gut, worauf ich sehr stolz war, aber niemandem davon erzählen konnte – siehe Cottbus 1956!

3.3 Das Jahr 1953

Ich sitze unter dem Küchentisch bei meinen Großeltern, Verwandte kommen leise angeschlichen, es werden immer mehr Leute in der Küche. Die Erwachsenen flüstern nur und sitzen beisammen. Es ist keine Feier. Das Radio wird eingeschaltet, es knarrt und ist kaum zu verstehen. Mit meinen gespitzten Ohren schnappe ich nur einzelne Wortfetzen auf: Panzer rollen – hoffentlich nicht ... Irgendwann, als es schon dunkel ist, gehen alle erleichtert nach Hause, es wird wieder normal gesprochen. Mich mussten sie vergessen haben, so spät war ich noch nie ins Bett gebracht worden. Es war der 17. Juni 1953, später hörte ich, dass es einen Umsturzversuch gegeben hätte und erst Ruhe war, nachdem die sowjetischen Panzer gerollt waren. In der Oberschule lernten wir dann, was am 17. Juni in Berlin passiert war. Dass es auch in vielen anderen Orten Umsturzversuche gegeben hatte, lernte ich noch viel, viel später. Höre ich das Datum 17. Juni, sehe ich mich als Erstes unter dem Küchentisch sitzen und spüre die Anspannung und Verunsicherung der Erwachsenen.

Mein Vater ging zur kasernierten Volkspolizei, was sich sehr interessant anhörte. Morgens fuhr er mit dem Fahrrad los, er trug einen neuen Anzug, dunkelblau, warm, und eine neue Mütze, bei der man die Ohrenklappen nach unten machen konnte. Abends kam er wieder. Jetzt gab es nicht mehr so viel Gezeter wegen „nichts zu essen da", wenn er heimkam. Meine Mutter erzählte häufig die Geschichte, dass „er einmal sogar das blanke Mehl gefressen habe, weil es nichts anderes im Hause gab". Meine Mutter arbeitete im Konsum, gelernte Verkäuferin war sie nicht, denn sie musste ja mit 17 „ein Balg anschleppen". Nachdem ihre Mutter sie mit dem „Langen" verkuppelt hatte, Zitat Dora: „Derer wollte sie heiraten mit dem Balg". – Zitat Dunja: „Er hat mich aber nur wie „die Katze im Sack" bekommen.",. – wurde als Ergebnis der Hochzeitsnacht (Zitat Dunja: „Er jammerte, dass ihm das Spitzel weh tut") neun Monate später mein Bruder geboren, der – Zitat meine Mutter :–„der, kaum, dass der Kopf raus war, sofort losbrüllte und ich sofort bedient war." Diese Geschichten erzählte sie ihren alten und neuen Bekannten. Wir bekamen sie damit oft genug zu hören. Mein Bruder tat mir an der Stelle immer sehr leid, als ob er etwas dafür gekonnt hätte, auf die Welt zu kommen und zu schreien. Hebammen mühen sich immer sehr um den ersten Schrei eines Neugeborenen. Dass meine Mutter ihren Mann von Anfang an nicht sonderlich mochte, ist unschwer zu erraten. Ihren Sohn mochte sie auch nicht sonderlich, ich, das erste Kind, machte ja auch nur Scherereien mit den gegipsten und geschienten Beinen, sie mit Kinderwagen, ein Kind drinnen, das andere auf 'nem Brett drauf, kein Geld, keine gescheite Wohnung, immer nur Haushalt. Sie hat so gelitten, ein „dürre Schmerle". Erst als wir beiden Kinder in den Kindergarten gingen, konnte sie im Konsum arbeiten.

Es gibt ein Foto, da sitzen drei junge hübsche Frauen vor einem großen Schaufenster, kleine weiße Schürzchen, im Haar ein diademförmiges Häubchen. Das Schaufenster sieht nach 70 Jahren noch genauso aus, doch das Haus ist leer und verfällt. Die hübschen Frauen leben nicht mehr.

Eine Erinnerung hängt in mir: Ich gehe mit meiner Mutter zum Konsum, sie ist aber krankgeschrieben, sie war an der Brust geschnitten worden. Es ist Mittagspause, wir sind im Pausenraum, meine Mutter erzählt und erzählt und fragt: „Wollt ihr's mal sehen?" Ich möchte rufen nein, bitte nicht. Doch meine Mutter hat ihre Bluse schon ausgezogen, die Hemdträger runtergestreift und zeigt ihre geschnittene und verbundene Brust. Ich sehe die schwarze Scheibe sofort wieder vor mir. Ich hasste schon damals ihren Hang zum Exhibitionismus, nur konnte ich es so noch nicht formulieren. Es schauderte mich.

Schaudern ist ein schönes Wort – kann ich meine Rattenge-
schichten erzählen? Ratten gehörten zum Alltag, der Schlossteich
war nicht weit entfernt, und wenn es regnete, kamen die Ratten
durch irgendwelche unterirdischen Gänge in der Mitte unseres
Hinterhofs aus dem Gitter des Gullydeckels hoch. Nicht viele, aber
immer wieder ein, zwei. Sie schauten sich um, ich schaute vom Küchenfenster meiner Oma auf den Hof. Meist liefen sie zur Aschen-
grube oder in die Waschküche. Im langen Gang, Verbindungshaus-
flur zwischen Hinterhofeingang und Hauptstraßenausgang, war
an wenigen Stellen Rattengift ausgelegt, eine Flurseite war eine
Wand des Konsums. In der Mitte des mit Riesensteinplatten ge-
pflasterten Hausflurs war der Eingang zum tiefen Keller, unten
gab es auch Rattengift, auf den oberen Stufen lagerten wir die Kä-
seglocke mit Harzer Käse, der dann schön feucht und durchgezogen war. Wenn ich mal wieder etwas ausgefressen hatte oder nicht
„gefolgt" war, wurde mir Einsperren im Keller angedroht. Ich musste aber nur einmal kurz hinter der Tür auf der obersten Stufe sitzen. Meine Oma war nicht so grausam mit mir wie meine Mutter.

Was hätte ich denn ausgefressen haben können? Möglicherweise das Treppengeländer im Vorderhaus heruntergerutscht
sein, oder schlimmer, auf dem Po die gesamte Holztreppe des
Vorderhauses runtergerutscht, was eher zu einem wunden Po
und kaputten Hosen führte sowie saubere Treppenstufen zur
Folge hatte. Diese Rutschpartien im Hausflur blieben Spielsport
bei schlechtem Wetter, auch später in Cottbus.

Mehr fällt mir nicht ein, meistens spielten wir sowieso draußen, und am liebsten dort, wo wir außer Sichtweite irgendwel-
cher meckernder und petzender Erwachsenen waren.

Den Kirchhof von Pulsnitz erwähnte ich schon, hervorragendes Gelände für Versteckspiele, Fangen, Hopse- und Mal-
und Rennwettbewerbe.

Der Schlossteich war im Herbst besonders interessant, wenn
Wasser abgelassen wurde und wir das Fische-Rausholen und
Entschlammen beobachten konnten.

Verstecken spielten wir auch gern um den Marktplatz herum,
vorher legten wir stets die einzuhaltenden Regeln fest. Meine Freun-

din und ich spielten allein auf dem Gartenhof der Pfefferküchlerei, über der sie wohnte, mit unseren Puppen. Oder wir wuschen am Wasserfass die farbigen Gummiumhüllungen von Flaschen, die nach dem Trocknen leider nicht mehr zu verwenden waren, dabei hatten wir so schöne Pläne für Puppensachen gemacht. Einmal war ich allein mit meiner Puppe Marion unterwegs, Spaziergang entlang des Schlossteichdammes, dann ein Wasserfass an einem Wohnhaus – ich beschloss, Marion zu waschen und zu baden. Sie wurde nicht wieder schön, sie hatte einen strohgestopften Körper, der mit Wasser nicht harmonierte. Das war nicht besonders klug.

Wovon habe ich noch nicht erzählt? Wenn es gewitterte, holte mich meine Oma aus dem Bett, und wir schauten beide aus dem geschlossenen Küchenfenster auf den Hinterhof und ein Stückchen eingefassten Himmel. Wir beobachteten die Blitze, lauschten dem Donner, meine Oma hielt mich umklammert und sagte: „Du brauchst keine Angst zu haben, es ist nur ein Gewitter." Ich habe mein Leben lang keine Angst vor Gewitter gehabt, eher vor dem „Schwarzen Mann". Dabei verflüchtigte sich die Angst recht bald, es war ja der Essenkehrer, auch Schornsteinfeger genannt. Und das war ja eigentlich ein Glücksbringer. Aber auch davon habe ich nichts gemerkt.

Dass die Frau des Fotografen dem Alkohol verfallen war, habe ich bestimmt noch nicht erwähnt. Ich sah sie manchmal in ihrem Hinterhof. Durch den Lattenzaun gab sie mir mal Agfa-Holzfilmröllchen zum Spielen. Ich fand Frau Kuhle immer sehr nett und weich, sehr leise. Ich habe nicht gesehen, wie Alkoholverfall aussieht.

Dass die Mutter der drei Jungen aus dem Vorderhaus bei Vollmond nackt auf dem Dach, der Essenkehrer Planke, lang lief kenne ich nur von geflüsterten Erzählungen der Erwachsenen, deren Gespräch dann damit begann: „Die Müllern haben sie heute Nacht wieder abholen lassen. Jetzt ist sie wieder in Arnsdorf."

Arnsdorf war die Irrenanstalt, das wusste ich schon. Die Fotografenfrau war auch mal nach Arnsdorf gebracht worden. Für mich war es nur angedroht, wenn ich mal wieder eine meiner großartigen Ideen zu verwirklichen suchte.

Meine ersten sechs Lebensjahre im Sächsischen sind ein vollständiger Film in Farbe, ich höre die Leute reden, ich rieche Asche, Rattengift, Bäckereibackstube, Pfefferkuchen, Schlossteichwasser, Dampflokomotiven, Gärtnererde, Liebesknochen, den ich sogar auf der Zunge zergehend schmecke, genau wie meine Lieblingssüßigkeit Schaumzucker, Schaumzuckertiere lächeln mich an. Ich schmecke die Zeilensemmel mit Butter und Salz, die süß-sauren Flecke, die meine Oma so gut kochen konnte und von denen ich drei Teller aß, die getrockneten Apfelringe. Ich spüre das Gefühl, wenn ich später als Schulkind in allen Ferien zu meinen Großeltern nach Pulsnitz fuhr, mich durch den Hausflur zur Hintertür schlich, vorsichtig durchlugte, ob auch keiner am Küchenfenster guckte, über den Hinterhof lief, die fünf Steinstufen zum Hinterhaus, dann die Holztreppe hoch, ganz sacht die Türklinke drückte, in den Vorraum schlich, dann die Küchentür aufmachte: „Da bin ich." So fühlte sich Freude an.

Anfang der 60er-Jahre wurde eine Wasserleitung in die Hinterhausküche hochgelegt, das war wie ein Wunder. Zwei Jahre später zogen meine Großeltern das erste Mal um in eine Parterrewohnung in eine Nebenstraße der Hauptstraße. Dort blieben sie nur zwei Jahre, weil die Nachbarin „den bösen Blick" hatte und meine Oma das nicht aushielt. Sie zogen ans Ende jener Straße, in den ersten Stock, drei Räume, jeder anders schief, aber die Toilette auf dem Flur des gleichen Treppenabsatzes und nicht mehr draußen im Hof wie bei den vorherigen, und das erste Mal waren zwei Zimmer sonnendurchflutet. In die letzte Wohnung kam ich nur noch auf Besuch, Ferien gab es nicht mehr. Wenn ich nach Pulsnitz kam, fasste ich die Entenklinke, ging durch den langen Hausflur und lugte zum Hinterhaus. Eines Tages gab es kein Hinterhaus mehr, auch das Vorderhaus war abgerissen worden. Ein neues Eckhaus mit Konsum unten drinnen war entstanden.

Die alten Formen und Bilder sind in meinem Kopf. Marktplatz mit Brunnen, Ratskeller mit Steinsitzen neben der Tür, lange abschüssige Hauptstraße, die zuletzt nach dem Wissenschaftler Robert Koch benannt worden war, sehen aus wie eh und je, die Kirche steht, und die Glocke schlägt unverändert alle 15 Minuten. Diesen Klang und die Zeit habe ich „gefressen", in meinen Körper aufgenommen. Das Städtchen liegt malerisch in sanfter Hügellandschaft da – sie ist meine Kindheit, leben hätte ich dort nie für immer können. Die Leute sprechen diese grauselige Sprache, deren Klang mir körperliche Pein bereitet, die Mentalität der Menschen ist mir sehr bekannt, ich verstehe sie, doch ich hasse sie. Ich weiß, wie Leute „ticken", ich mag sie nicht.

3.4 Narben von Splittern

3.4.1 Im Krankenhaus in Kamenz wegen lila Pickel

Es ist Sommer. Irgendwann im Frühjahr hatte ich lila Pickel bekommen, war blass und spielte leise und stumm vor mich hin. Man packte mich in einen Sportwagen – so hießen damals die Kinderwagen für Sitzkinder –, wickelte mich in eine Decke und fuhr mich zum Arzt. Auf der Straße traf meine Mutter eine unserer Kindergärtnerinnen, „Anneklärschen". Sie hatte immer rot geschminkte Lippen und trug als Schmuck am Revers eine große Brosche mit leuchtenden, großen, künstlichen Kirschen. Auch wenn ich heute solch ein Kirschbündel sehe, denke ich immer, das sind Anneklärschen-Kirschen. Auch habe ich Jahrzehnte gebraucht, bis bei mir der Groschen fiel, dass die Tante Anna-Klara geheißen haben muss.

Zurück zur Begegnung, ich wurde betrachtet, meine Mutter palaverte. Ich weiß nicht mehr, zu welchem Arzt wir gingen, doch halt, zunächst waren wir bei einem Homöopathen gewesen, einer Berühmtheit der Region. Ihm wurde gesagt, ich hätte ein Kind mit Wasserkopf gesehen und wäre seitdem äußerlich und innerlich verändert. Ich sehe mich vor ihm auf einem Stuhl sitzen, er sieht mich an, hebt seine Hand über meinen Kopf und „bespricht" mich. Es war ein sehr dunkler Raum. Es stellte sich heraus, dass das „Besprechen" nicht geholfen hatte, so ging es dann zu einem echten Arzt. Der schrieb eine Überweisung ins Krankenhaus mit „Verdacht auf Hirnhautentzündung" aus. Im Krankenhaus in Kamenz gab es vergitterte Kinderdoppelstockbetten in Weiß. Die sahen aus wie Käfige, doch die Gitter sollten verhindern, dass die Kinder aus den Betten fielen. Ich fiel damals sehr häufig aus dem Bett. Eines Tages kam meine Mutter zu Besuch, sie brachte mir etwas Süßes. Wir gingen durch den großen Garten, auf der Wiese wollte ich ihr das viele schöne Wiesenschaumkraut zeigen und ihr erzählen, wie ich gelernt hatte, schöne Kränzchen aus Gänseblümchen zu flechten. Sie sagte, dass ich sie zum Tor begleiten könne, sie müsse ganz schnell zurück. Es gab ein riesengroßes Eingangstor zum Park mit Steinsäulen. Ich hockte mich vor eine Säule mit meiner neuen Puppe Lotte, eine steif stehende, eingebildete Lotte, und schaute meiner Mutter lange hinterher, nachdem ich ihr hoch und heilig hatte versprechen müssen, allein zurück zum Krankenzimmer zu gehen. Ich versprach es und tat es.

Heute noch sehe ich mich hocken, hinterher gucken, eine große Wiese voller Wiesenschaumkraut, und ich spüre den Sommerduft und meinen nach Streicheleien dürstenden Körper.

Der Verdacht bestätigte sich nicht, irgendwann vergingen die lila Pickelchen.

3.4.2 Windpocken und Masern

Die Bilder haben die gleiche Geschichte. Wir wohnen im Vorderhaus, Oma und Opa im Hinterhaus. Ich habe Fieber und sehe aus wie besprenkelt, alles juckt, ich weine. Ich hatte Masern, ich hatte Windpocken. Vom Vorderhaus wurde ich vom Vater auf den Schultern mit einer über den Körper geworfenen Decke ins Hinterhaus zu meiner Oma getragen. Dabei stritten sich meine

Mutter und meine Oma heftig, bis meine Oma meinen Vater beschimpfte: „Was bist du nur für ein Waschlappen!"

Ich schlief, jammerte, manchmal brachte meine Oma Kamillentee hoch. Bei Windpocken durfte kein Tageslicht an die Haut, kratzen durfte ich natürlich nicht. Es gelang mir trotzdem, mit aller Vorsicht mitten auf der Stirn genau über der Nase eine Pocke abzureiben. Die runde Narbe ist meine lebenslange Erinnerung an die schlimmen Tage.

„Du bleibst hier liegen, du darfst nicht aufstehen, auf gar keinen Fall ans Tageslicht." Oma brachte mir Tee, machte mir Wadenwickel, ich lag und schlief und lag und schlief nicht. Der Nachttopf stand unter meinem Bett. Viele, viele Stunden lag ich allein, nur Oma kam hin und wieder gucken. Wie viele Tage es waren, weiß ich nicht. Ich fing an, die Glockenschläge zu zählen. Der Kirchturm befand sich gleich über die Hauptstraße (diese Geschichte habe ich schon erzählt). Ich lernte, die Zeit zu zählen, ich wettete mit mir, wann es gleich wieder wie oft schlagen musste. Als es mir zunehmend besser ging, ich aber noch nicht runter in die Küche und ans Tageslicht durfte, sagte Oma zu mir, ich solle beten, dann wäre ich nicht so allein. Sie zeigte mir die Handverschränkung, sagte, Gott, nein, Jesus wäre immer bei mir und würde auf mich aufpassen. Ich könne ihm alles erzählen. So hatte ich außer Zeit zu zählen eine neue Beschäftigung, Jesus alles zu erzählen. Viel hatte ich ihm nicht zu erzählen, ich wollte lieber mit ihm sprechen, ihm Fragen stellen und Antworten bekommen. Eines Abends, als ich wieder ewig nicht einschlafen konnte, weil ich ja mittlerweile ganz schön ausgeruht war, stieg ich aus dem Bett und kroch auf dem Bauch liegend ganz nah an das winzig kleine, sich direkt über dem Fußboden befindliche Dachfensterchen – ich hatte schon erwähnt, dass es eine Dachschräge war und die Dachziegel unverputzt waren –, öffnete es und rief hinaus: „Jesus, komm, zeig dich endlich und sprich mit mir, ich habe dich schon so oft gebeten." Ich wartete eine Weile, ließ das Fenster offen, bis ich eiskalt war. Dann kroch ich ins warme Bett zurück, kuschelte mich heulend rein und schlief. Nie wieder betete ich.

3.4.3 Unerwünscht, ungewollt, lästig

Ich sitze mit geschienten Beinen in einem Kindertischstühlchen vor der Haustür auf der Wiese, im zweiten Stühlchen sitzt mein einjähriger Babybruder, es ist Sommer, ich trage ein dunkles Hänger-Kleidchen, es kratzt am ganzen Körper, um uns herum laufen und klettern kleine weiße Zicklein. Die Sonne scheint, ich fühle mich körperlich nicht wohl.

Zwei Jahre später:

Wir wohnen im Vorderhaus, die Großeltern im Hinterhaus, ich möchte so gern mal ganz allein einkaufen gehen. Ich bettle und bettle, dann bekomme ich den Auftrag, erst zum Fleischer zu gehen, stadtabwärts, nur auf einer Straßenseite, wieder zurück, dann stadtaufwärts. Ich konnte mir doch alles merken, warum nur sollte ich zweimal gehen? Ich erledigte beides in einem Einkauf und kam stolz und freudig zurück, hatte alles, das Geld stimmte – ein fürchterliches Donnerwetter: „Musst du immer deinen Kopf durchsetzen? Kannst du nicht hören? Warum folgst du nicht?" Wie ein klatschnasser Sack saß ich noch schweigsam auf dem Fußboden der Küche meiner Großeltern und höre meinen Opa zu meiner Mutter sagen, als sie mich abholte: „Du musst unbedingt ihren Willen brechen. So geht das nicht, sie macht, was sie will."

Ich nahm mir vor, ganz lieb zu sein, zu folgen, zu gehorchen, es genauso zu machen, wie es die Erwachsenen sagen.

Ich hörte meine Mutter ihren Konsum-Kolleginnen vorjammern, was sie alles machen müsse, wie ihr die ganze Arbeit über den Kopf wüchse, dass sie nicht aus noch ein wisse, auch noch die Küche und die Treppe wischen, und jetzt sei das Mädel auch noch krank und könne nicht in den Kindergarten gehen. Schuldbewusst ließ ich mich in der Wohnung nieder und versprach, allein zu bleiben und in der Küche ruhig zu spielen, d. h. ich nickte zu allem, was meine Mutter sagte, was ich nicht tun solle. Sie tat mir so sehr leid, und ich wollte doch nicht immer nur eine Last sein. Ich wollte ihr doch das Leben leichter machen. Ich hievte eine Schüssel auf einen Küchenstuhl, den ich zum Ausguss schob, ließ die Schüssel voll Wasser laufen, nahm den Scheuerlappen vom Abtreter und wischte die Küche. Als ich fertig war, goss ich das schmutzige Wasser aus und wickelte den Scheuerlappen wischfeucht um den Abtreter. Die Küche glänzte sauber, da die Holzdielen ziemlich uneben waren, standen an einigen Stellen kleine Pfützchen, die würden schon wegtrocknen. Als meine Mutter mal kurz vom Konsum hochkam, gab es eine Tracht Prügel, eine Schimpfkanonade, und ich flog ins Bett. Ich hatte ihr das Leben wieder schwergemacht. Warum mache ich nur immer Dinge, die ihr das Leben zur Hölle machen?

Ganz leise spielen, nicht reden, nicht flüstern, ganz langsame Bewegungen, still auf dem Fußboden sitzen, nichts wollen, nichts zu trinken, nichts zu essen, keine Fragen stellen, keine Sätze sagen – so ließ sie mich in Ruhe. So fühlte ich mich wohl bei meiner Oma, bei ihrer Mutter. So hatte ich das Gefühl, sie mochten mich, so war ich ganz lieb und folgsam.

„Das Mädel geht so gern in den Kindergarten, sogar wenn ich Haushaltstag habe, muss ich sie in den Kindergarten bringen, sie will auf keinen Fall zu Hause bleiben", höre ich meine Mutter den Leuten erzählen. Ja, es stimmt, ich ging leidenschaftlich gern in den Kindergarten, jeden Tag aufs Neue, schade, dass es samstags und sonntags nicht ging. Jeder hatte sein Fach für die Sachen, man konnte sich auswählen, mit wem man womit wo spielen wollte, wenn nicht gerade alle zusammen einer Beschäftigung nachgingen, wie Papierdeckchen flechten oder schneiden, Figuren falzen, Perlenketten und Armbänder auffädeln. Es gab immer etwas Neues zu lernen und herzustellen, was man dann mit nach Hause nehmen konnte. Wenn es Essen gab, setzten sich alle an den Tisch auf ihren Platz, Händewaschen wurde nie vergessen, das Essen wurde aufgetan, und wir aßen in Ruhe, es gab sogar zweimal, wenn man wollte. Mir schmeckte alles außer Makkaroni mit Tomatensoße, da aß ich nur die Makkaroni weiß.

Wenn wir uns zur Mittagsruhe hingelegt hatten, wurde immer eine Geschichte vorgelesen. Ich lag still und lauschte, auch wenn ich nicht schlief, hingen meine Gedanken Träumen nach. Der ganze Tag hatte eine Ordnung, es war schön. Niemand brüllte mich an, niemand schlug mich. Es war alles gut, so wie es dort war. Und das liebte ich.

3.4.4 Geschichten der Kinderzeit in Pulsnitz

Wo setzt meine Erinnerung ein? Habe ich schon davon erzählt, wie ich mich bei meiner Oma im Hinterhaus auf dem Fußboden mit breit geschienten Beinen sitzen sehe und feste Pappstäbchen im Gurtband reinschieben sehe? Meine Oma sitzt an der Nähmaschine. Wir machen „Heimarbeit". So verdiente sie ein paar bescheidene Pfennige dazu, und ich war nützlich beschäftigt. Ich redete nicht, meine Oma fragte hin und wieder etwas. Ich fragte auch mal. Es war meistens still. Irgendwann hatte ich ein Bilderbuch, das ich häufig anschaute. Es handelte von zwei kleinen Bärenkindern, die im Walde spielten, schaukelten und zusammen wippten. Ein Bär fiel von der Wippe und verletzte sich am Kopf. Die Bärenmutter machte ihm einen großen Verband, sie kochte ihm Tee, las ihm vor, tröstete ihn. Eines Tages band ich mir ein Handtuch um den Kopf und sagte „Deli Kopfschmerzen". Oma lachte, Mutter lachte, ich wollte so gern getröstet und verwöhnt, umsorgt werden, genau wie das Bärenjunge. Keiner verstand mein Bedürfnis.

Klingen die Worte Vorderhaus und Hinterhaus heutzutage komisch? Sie gehörten zu meinem Alltagswortschatz und den ersten Wörtern überhaupt. Wir wohnten im Vorderhaus an der Hauptstraße im ersten Stock. Es gab ein Schlafzimmer mit Ehebett und zwei Eisengestell-Betten in Weiß, ein großes für mich und eins mit Gittern für meinen zwei Jahre jüngeren Bruder, der eigentlich hätte ein Mädchen werden sollen. Es gab eine Wohnküche, und das war's. Toiletten gab es nicht, auf dem Hof gab es drei Aborte (so nannten wir die Plumpsklos damals) für mehrere Mietparteien in einer Reihe neben der Aschegrube. Wir Kinder gingen auf den Nachttopf, der unter dem Bett bereitstand. Ganz oben im Vorderhaus wohnte Familie Schulz mit drei Jungen, in der Mitte wir und Frau Briese mit ihrer 16-jährigen Tochter Christine, unten war der Konsum, ein riesig langer Hausflur und darin die Tür zum Keller. Die Tür zum Hof am anderen Ende, ein kleiner quadratischer Hof schloss sich an, dann kam das Hinterhaus. Links gab es einen hohen Lattenzaun zum Nachbarhaus und dessen Seitengebäude. Das Hinterhaus hatte unten eine große Waschküche mit zwei Räumen für Geräte und Fahrräder, einen Kohle- und Holzschuppen neben den sechs Steinstufen, die zur Treppe in den ersten Stock zu meinen Großeltern führte. Neben der Holztreppe gab es ein kleines Podest, das zu einer Verschlag-Tür führte, wo irgendwann einmal Tauben gewohnt haben müssen, der Verschlag hieß Taubenschlag. Doch soweit ich mich daran erinnern kann, hatte mein Opa dort sein Werkzeug und Fahrradschläuche, Ventile, Öle – es hatte einen ganz eigenen, speziellen Geruch. Die Holztreppe hatte rechts unten auf der unteren Stufe ein B, aus Nägeln eingeschlagen. Meine Oma erklärte mir, das B stehe für Brückner, dem gehöre nämlich das Haus, und zu dem bringe sie immer die Monatsmiete. Die Treppe war rotbraun gestrichen, immer wieder und aufs Neue rotbraun. Die geweißte Wand war mit einem Muster in Ockerfarbe gerollt. Ich mochte Ocker als Farbe nicht. Eine Eisenstange als Geländer gab es auch. Oben war eine Eisentür mit schwarzer Klinke, dort wurde angeklopft. Hinter der Eisentür war ein Stückchen Diele, vielleicht 1x1 m, direkt gegenüber der Eingangstür begann eine steile dunkelbraune Treppe zur Schlafkammer. Links unten führte eine Holztür in die Wohnküche. Hierin spielte sich das gesamte Leben ab. Links zwei Fensterchen, links eine Sitzbank, darunter Schuhe mit zwei Schubkästen für Haarbürsten, Kämme, Lockenwickler, Brennschere, dann Omas Nähmaschine, eine Singer, dann der Abwaschtisch, dann eine Bank für die zwei Wasserkannen darunter, daneben ein Hocker mit hochklappbarem Deckel, darin die blecherne Waschschüssel. Jetzt nach rechts, dort befindet sich der eiserne Küchenherd, der Eingangstür direkt gegenüber. Der Herd war mit Holz und Kohle zu feuern, er wärmte die Küche. Dann ein großer Küchenschrank. Jetzt wieder nach rechts herum und an der Wand in der Mitte ein Sofa, nein, Kanapee mit ganz hoher, gerader Lehne, davor ein großer Esstisch mit drei Holzstühlen. An der kurzen Wand rechts von der Eingangstür gab es einen Spiegel, in der Ecke ein kleines Schränkchen fürs Radio. Dann, an der Sofa-Wand in der rechten Ecke, führte eine Tür in die gute Stube. Dort waren wir eigentlich nie, nur Sonntagnachmittags, wenn mal Besuch zum Kaffee kam. Passierte sehr selten. Geheizt wurde die gute Stube auch nicht. Ein paar Jahre später stellte meine Oma ihre Nähmaschine rein direkt vors Fenster und nähte dort. Es war Südseite und viel heller. In der guten Stube war rechts eine Nische mit Vorhang, dahinter Kompottvorräte im Regal und Nähzubehör. Es gab ein Vertiko, einen großen Tisch und vier Stühle, auch ein Kanapee. Manchmal wurden die Möbel ein wenig umgestellt.

Die Treppe zur Schlafkammer hoch war ein Stück überdacht, ein Podest, ein kleiner Zwischenboden mit einem ganz schmalen Brett, von der obersten Stufe schräg zulaufend auf das Podest. Nie im Leben habe ich mich getraut, auf dem Podest zu balancieren, dabei wurden dort in großen Gläsern getrocknete Apfelstücke aufbewahrt.

Die Schlafkammer hatte eine Dachschräge. Mein Bett stand gleich links, das Fußende stieß ans Dach. Quer durch diese Kammer war ein Vorhang gezogen. Zwischen beiden Fenstern stand das Ehebett meiner Großeltern. Es gab zwei verschiedene Kleiderschränke.

Die dritte Treppe führte auf den Boden. Dort wurde Brennholz gelagert, Zwiebeln getrocknet und ein altes Spiel, eine Mandoline, eine Zither und ein Korb mit Stoffresten aufbewahrt. Dort oben war ich sehr gern, es roch wunderbar nach trockenem Holz. Ich konnte mit dem Spiel drehen und überlegen, was es wohl sei. Ich konnte die zwei Zigarettensammelbilder-Alben, eines mit Vögeln, das andere habe ich vergessen, meines Opas anschauen. Das Vogelbuch nahm ich mit in die Küche, mein Opa nannte die Namen der Vögel. Den beeindruckenden Wiedehopf sehe ich noch heute vor mir.

Schon vor der Schulzeit brachte mein Opa mir Dame und Mühle bei, auch Offiziersskat. Mein Opa spielte so gern. Es gab Zeiten, da ging er abends in den „Strumpf", eine Kneipe drei Häuser weiter, zum „Kartenklitschen", wie sich meine Oma ausdrückte. Hin und wieder musste ich ihn dort abholen, dann spendierte er mir vorher noch ein Malzbier. Meinen Opa habe ich vielleicht zweimal Zither spielen hören, er hat auch gesungen. Doch bald wurde es mit seiner Luft immer schlechter. Ein Lungenflügel war kaputt, er hatte im Krieg einen Lungendurchschuss überlebt. Einmal habe ich seinen Rücken beim Umziehen gesehen, die eine Seite eine riesige zerfurchte Narbe. Ich wusste, dass ich das nicht hätte sehen dürfen und fragte natürlich nichts. Er hatte auch zwei Oberschenkeldurchschüsse, von einem Scharfschützen, wie ich mal erlauscht hatte. Aber eigentlich wurde nie vom Krieg gesprochen, nur dass es mit Richards Luft immer schlechter würde. Er solle endlich aufhören „zu quarzen". Mein Opa rauchte Turf, das billigste und stärkste an Zigaretten, später auch Salem. Ich weiß nicht mehr, wann er aufhörte zu rauchen, doch er hörte auf. Mit der Luft wurde es trotzdem nicht besser. Er bewegte sich langsam, er bediente fünf Webstühle in der Bandweberei im Nachbarort. Mitte der Fünfzigerjahre konnte er sich ein Moped anschaffen und motorisiert zur Arbeit fahren, nicht mehr mit dem Fahrrad.

3.4.5 Frühe Peinlichkeiten

Die erste Sache passierte im Kindergarten meiner Geburtsstadt. Der Klassiker schlechthin, jedoch für mich sehr prägend.

Ich ging sehr, sehr gern in den Kindergarten. Es war eine alte Villa am Stadtrand, halt, das war schon der zweite. Mein erster Kindergarten war auf der anderen Seite der Stadt, und ich weiß nur, dass mich meist meine Oma dorthin brachte. Ich erinnere mich an einen Winter, wir lernten und sangen das Lied „Schneeflöckchen, Weißröckchen ...", über dessen Text ich mit meinen 4 Jahren viel zu grübeln hatte, was ich stets während der Zeit der Mittagsruhe tat. Was tragen Schneeflocken für weiße Röcke? Wie sitzen sie am Fenster? Was für Blumen und Blätter malen sie? Ich sah keine. Die Strophe mit Schneemann bauen und Schneeballschlacht war leicht, aber die dritte ganz schwer. Wieso schlafen Blumen unter einer kalten Schneedecke sicher und warm? Wenn ich im Schnee liege, ist mir überhaupt nicht warm. Viele, viele Jahre hat es gedauert, bis ich durch die naturwissenschaftlichen Fächer das Prinzip der wärmenden Schneedecke verstanden habe.

Von einer Jugendlichen aus dem Vorderhaus hatte ich einen uralten großen Teddybären geschenkt bekommen. Ich war so glücklich und wollte alle anderen Kinder an meiner Freude teilhaben lassen. Ich habe bei meiner Oma so lange gebettelt, bis sie mich samt Teddy auf den Schlitten setzte und zum Kindergarten brachte. Stolz zeigte ich allen meinen Teddybären. Eine Tante – so nannten wir damals noch die Kindergärtnerinnen – setzte ihn dann auf einen Schrank, damit er uns den ganzen Tag zuschauen könne. Während der Mittagsruhe lächelte ich selig zu ihm hoch. Als ich abgeholt wurde, gab es Theater – kein Kind dürfe eigenes Spielzeug mitbringen, es solle in Zukunft nie wieder vorkommen. Traurig klammerte ich mich an meinem Bären fest, als ich auf dem Schlitten nach Hause gezogen wurde. Ich wurde immer wieder ausgemeckert: „Immer deine Extrawürste". Als meine Kinder später in den Kindergarten gingen, gab es einmal im Monat einen Spielzeugtag, an dem jedes Kind sein Lieblingsspielzeug mitbringen sollte.

Wir studierten im Kindergarten ein musikalisches Stück ein, „Die Vogelhochzeit". Lange beschäftigten wir uns mit den Vögeln, ihrem Aussehen und ihren Gewohnheiten. Dann lernten wir das ganze lange Lied auswendig, und die Rollen wurden verteilt. Ich bekam die Rolle der Eule. „Die Euhele, die Euhele nimmt Abschied mit Geheule, viderallala, viderallala ...". Dann sollten wir zu Hause mit den Eltern Kostüme basteln für die Aufführung zum Sommerfest. Meine Oma fand eine dunkelbraun melierte Wollmütze und nähte zwei braune kurze Lederohren dran. Ich fand mich ausreichend als Eule kostümiert, und heulen konnte ich sowieso. Auch hiermit hat es viele Jahrzehnte gedauert, bis ich herausfand, dass Eulen gar keine Ohren haben, nur Käuze und Uhus haben Ohren.

Dann zog der Kindergarten um in die Villa am Stadtrand mit dem riesigen Garten. Der Weg dorthin war weiter, noch bis hinter den Bahnübergang und rechts am Hügel, danach kam nur noch die Gärtnerei und damit der Ortsausgang. Wir hatten große Gruppenräume, die alten Villenzimmer waren für uns hergerichtet worden mit kleinen Tischen und Stühlen und mit viel Spielzeug.

Wir hatten Puppen aus Bakelit, Puppenwagen, Bauernhöfe, einen Kaufmannsladen. Wir spielten sehr viel zusammen. Lieblingsspielgefährten fanden sich, mit anderen spielte man nicht so gern. Die Tanten trugen Schürzen. Sie fädelten mit uns Ketten, und im Sommer flochten sie mit uns Blumenkränze aus Löwenzahn und Gänseblümchen, die wir draußen auf der Wiese pflückten.

Ich zeig hier mal ein Foto von unserer Gruppe Gleichaltriger. Wir Mädchen hatten meist eine Hahnenkammfrisur. Eines Nachmittags durften wir frei überall im Garten verteilt spielen, was wir wollten. Meine Freundin Renate und ich spielten mit unseren Puppen „beim Doktor". Zwei Jungen kamen dazu und schlugen vor, dass sie jetzt mal die Ärzte sein wollten und wir die Patienten. Wir wurden gemessen, gewogen, abgehört, Fieber unterm Arm gemessen, bis ein Junge unbedingt Fieber im Po messen wollte. Er redete und redete auf mich ein, ich sträubte mich und wollte es nicht. Er sagte, dass man nur so ganz genau die Fiebertemperatur feststellen könne, er würde es nur ganz kurz machen, für ein richtiges Spiel müsse es aber sein. Ich musste mich auf den Bauch legen, er bestand darauf, dass ich den Schlüpfer runterziehen müsse, wenigstens ein ganz kleines Stück, sonst wäre es ja nicht echt. Dann legte er ein Holzzweiglein in die Po-Ritze, nahm es gleich wieder raus, sagte die Temperatur an, und wir spielten unser Doktorspiel zu Ende. Wir Mädchen mussten den beiden Jungen versprechen, niemandem von unserem Spiel zu erzählen. Wir versprachen es und vergaßen das Spiel. Am nächsten Tag, als mich meine Mutter abholte, musste sie mit mir zu einer Erzieherin oder gar der Kindergartenleiterin, die vor allen Kindern erzählte, was ich Verwerfliches getan hatte und dass ich mich schämen müsse. Ich hing an der Hand meiner Mutter und guckte auf den Fußboden, alle Kinder starrten mich an. Ich war ein schlimmes Beispiel. Von den Jungen sagte keiner etwas. Ich hatte mein ganzes Leben lang meine Freundin in Verdacht, dass sie mich verraten hätte. Ich fragte sie nicht, weder damals noch, als wir zwanzig oder älter als sechzig waren. Ich fragte nie, heute denke ich, dass sie es nicht gewesen sein muss.

Jahrzehntelang habe ich gegrübelt, warum ich das habe mit mir machen lassen. Von meiner Freundin hatte es der Junge nicht verlangt, nur von mir, und dabei hatte er so lange auf mich eingeredet und mich überzeugt, bis ich es erlaubt habe im Wissen, es war falsch.

Auf dem Nachhauseweg schrie meine Mutter auf mich ein und schimpfte, sie ließ kein gutes Haar an mir. Und vor allem, wie sehr sie sich geschämt habe und keinem mehr unter die Augen treten könne. Zu Hause brachte sie mich zur Oma und erzählte ihr alles haarklein sofort. Meine Oma lachte ein sehr seltsames Lachen. „Na, die fängt ja noch früher an als du." Ich verstand nicht, womit ich angefangen hätte, fragte aber nicht.

So, dieses waren meine Kindergartenpeinlichkeiten – halt, von einem Kinderfest muss ich noch erzählen.

Wir bereiteten ein großes Gartenfest vor. Jedes Kind durfte sich eine Aufgabe suchen, wo es die anderen Kinder anleiten oder versorgen wolle. Ich wählte den Eiskübel. Ich wollte gern mit der Eis-Zange jedem eine Kugel in die Waffeltüte geben. Ich freute mich sehr darauf, nicht nur, dass ich Eis sowieso äußerst gern aß – ich bekam aber immer nur eine Kugel, am liebsten Fruchteis für 10 Pfennig, aber auch nicht an jedem Sommertag, nur wenn ich gefolgt hatte. Diese Eiskugelzange faszinierte mich. Am Festtag stand ich mit Schürze, Häubchen und Zange hinter dem Eiskübel und bediente das erste Kind. Ich war vorsichtig, stolz überreichte ich die Waffeltüte mit der Kugel Vanilleeis. Da riss mir meine Mutter die Zange aus der Hand, sagte unwirsch: „Das dauert viel zu lange. Gib her." Sie gab das Eis aus, und ich stand bedeppert daneben. Die Zange bekam ich nicht wieder in die Hand.

Für alle Kinder waren kleine Überraschungsgeschenke verpackt und auf einer langen Leine aufgehängt. Jeder durfte sich ein Geschenk abschneiden. Ich weiß nicht mehr, was ich bekommen habe, aber dieses Überraschungsgeschenk-verfahren habe ich viele Male in meinem Leben selbst angewendet bei Weihnachtsfeiern und Kindergeburtstagen. Ich freue mich immer noch daran.

Zu einer Weihnachtsfeier hatten die Tanten „Hänsel und Gretel" einstudiert und führten uns dieses Märchen als Theaterstück im Treppenhaus auf. Wir saßen ringsum auf dem Fußboden. Es war so wirklich, so echt, es erschütterte mich durch und durch.

Ich glaube, ich sagte schon, dass ich liebend gern in den Kindergarten ging. Sogar wenn meine Mutter Haushaltstag hatte, bestand ich darauf, lieber in den Kindergarten zu gehen. Sie lachte darüber, doch ich war im Kindergarten.

Ich weiß, was mir dort gefiel: Wir konnten spielen, mit uns wurde freundlich gesprochen, wir lernten verschiedene Mal- und Faltspiele, es gab immer ein gutes Mittagessen – aber Makkaroni mit Tomatensoße schmeckte mir nicht, nur die weißen Makkaroni aß ich (später fand ich heraus, dass für die Tomatensoße einfach zu viel Speck verwendet worden war, der mir Übelkeit verursachte.). Ich war nämlich sehr verfressen und aß am liebsten Suppe, Kartoffelsuppe, Linseneintopf, süß-saure Flecke, die meine Oma so gut kochen konnte. Keiner mochte Flecke so gern wie ich. Ich aß manchmal bis zu drei Teller Suppe, zwei immer. Man sah es meinem Bauch an, darum nähte sie mir auch nur Hänger-Kleidchen, nie auf Taille. Meine Oma nähte alle Sachen für mich. Es wurde nie neuer Stoff gekauft für mich. Sie nähte meine Kleider und Röcke aus abgelegten alten Erwachsenensachen verschiedener Leute. Mein Opa, der als Weber in einer Bandweberei Bänder für alle möglichen Zwecke webte, brachte manchmal Bandabfälle, fehlgewebte Stücke mit. Aus einem breiten schwarzen Band mit roten Rosen und grünen Blättern nähte mir meine Oma einen Rock. Ich war so glücklich, ein wunderschöner Rock, ich trug ihn sogar noch, als er sich zu zersetzen begann. Meine Lieblingssachen konnte ich sowieso immerzu tragen, fand ich nicht langweilig.

Später, als Schulkind bis zur achten Klasse, wurden dieselben Sachen immer von Samstag bis Freitag angezogen. Freitags wurde gebadet, also samstags dann frische Wochen-Kluft. Samstags gingen wir zur Schule. Sonntags war die Ausnahme, da zogen wir meist die guten Sonntagssachen an. Wir waren gut dran, denn unsere Mutter hatte in ihrer Kindheit nur ein Schulkleid und ein Sonntagskleid.

Ab meiner Schulzeit gab es dann auch hin und wieder gekaufte Sachen, wie zum Beispiel meinen geliebten dunkelblauen Faltenrock, zu dem ich einen weißen, kurzärmligen Angora-Pullover, von Mutter selbst gestrickt und ganz weich, trug – es war meine Festkleidung zum Schuleingangstag. Dazu neue Schuhe, rot-weiß, ziemlich hart, aber ganz schick.

Jetzt hat es mich schon schön weit weggetrieben von den Peinlichkeiten der Kindergartenzeit.

Zu weiteren der Schulzeit komme ich noch. Jetzt fesseln mich die, nein, meine Geschichten der Kinderzeit in der sächsischen Kleinstadt.

3.4.6 Glaube und Kirche

Wie meine Oma nur auf diese Beten-Idee gekommen war? Keine Ahnung: Sie ging selbst nie in die Kirche, im Gegenteil, wenn sie über die Kirche sprach, schimpfte sie unwirsch. Ich erinnere mich sogar, als sie eines Tages – eigentlich wie immer – an der Nähmaschine saß und dabei hin und wieder aus dem Fenster auf den Hinterhof blickte. Plötzlich fuhr sie wütend hoch. „Jetzt kommt dieser Kirchendiener, dieser Geldeintreiber schon wieder. Heute werde ich es ihm ein für alle Male vergällen." Sie schnappte sich den Schrubber vom Vorraum, lief die Treppe hinunter, erhob den Schrubber gegen das alte hutzelige Männchen und schrie: „Ihr verdammten Schwarzkittel, laufend wollt ihr Geld haben, doch wenn man mal Hilfe von euch braucht, dann ist man verlassen. Lass dich hier nie wieder blicken!" Der Alte verschwand hinter der Tür zum Vorderhaus. Es kam niemals wieder ein Kirchendiener zu meiner Oma.

Und meine Beziehung zur Kirche?

An meine Taufe kann ich mich nicht erinnern, diese Geschichte steht auf einem anderen Blatt. Jedoch kann ich mich sehr wohl an die drei Hochzeiten erinnern, für die ich als Blumenstreumädchen gewünscht war. Es lief immer gleichermaßen ab. Die Hochzeiter waren aus dem näheren Bekannten- und Freundeskreis, Verwandte nie. Vielleicht hat von denen damals keiner geheiratet.

Meine Oma wurde gefragt, ob das Mädel nicht Blumen streuen könne. Es wurde zugesagt, und ich wurde instruiert, was ich zu tun hätte. Ich bekam immer ein neues Kleid genäht, extra für diesen Anlass. Das Dritte war ein hellblaues Spitzenkleid mit Beutelchen fürs Taschentuch. Am Hochzeitstag wurden mir mit der Brennschere Locken gedreht. Ich durfte mich kaum bewegen, damit ich ja sauber blieb. Die Blumenkörbchen waren schön geschwungen und wurden voller Blüten gesteckt. Es gehörte auch immer ein Blumenstreujunge dazu, der hatte die Blumen in einem Korbstreuhorn. Am Hochzeitstag nahm die Gesellschaft vor der Kirche Aufstellung, beim Hineingehen streuten wir beide zuerst Blumen auf den Weg, hinter uns trug ein großes Mädchen ein bildschönes, blütenweißes, großes Kissen, dann kam das Brautpaar, dann die Familiengesellschaft. Wir Blumenstreukinder gingen vor dem Altar zu unseren kleinen Stühlchen rechts und links, das Mädchen legte das Kissen auf eine große Fußbank, das Brautpaar kniete sich darauf, dann begann der Pastor zu reden. Mit Orgelmusik verließen wir alle die Kirche, davor standen viele Leute und empfingen klatschend das Paar. Es ging zu Fuß „in Formation" über den Kirchhof, durch den Hausflurtürbogen auf die Hauptstraße, über die Hauptstraße zum Fotografen, der dort sein Atelier hatte. Foto Kahle war eine Institution. Kurz vor dem Fotografen wartete meine Mutter mit frischen Blumen und steckte mein Körbchen wieder voll, damit es auf den Fotos gut aussieht. Ich habe noch ein paar Fotos von mir als Blumenkind. Eigentlich träumte ich davon, einmal das große Kissen tragen zu dürfen. Dazu kam es nie, als ich groß genug war, wohnten wir längst nicht mehr in der sächsischen Kleinstadt.

Die Hochzeitsfeiern danach? Ich erinnere mich nur an eine, die von Läppschens Tochter. Läppschens Frieda und Otto waren befreundet mit Oma und Opa. Sie kamen manchmal zum Sonntagskaffee, oder wir gingen zu ihnen. Erst als Läppschens Otto immer schwerhöriger wurde und Oma so brüllen musste, hörte die Freundschaft auf. Otto starb irgendwann, Frieda kam dann wieder manchmal wochentags Oma besuchen. Sie war ein Nervenbündel – das Wort lernte ich damit. Zurück zur Hochzeitsfeier, ich musste ein Gedicht aufsagen, ich fand es furchtbar. Als ich schon acht Jahre alt war, gingen wir zur Hochzeit von Onkel Schorsch, dessen dicke Frau Linda, die sehr freundlich war, schon vor Längerem gestorben war. Er ehelichte eine schlanke, unpersönliche Gertrud. Schorsch war Opas älterer und einziger Bruder, der ein steifes Bein, nein, ein Holzbein, hatte und am Stock ging, Kriegsüberbleibsel. Jedenfalls musste ich auf jener Hochzeit aufsagen: „Ich sag's nicht eher, dass ihr's wisst, als bis der Schorsch die Gertrud küsst." Alle lachten und freuten sich, sie küssten sich. Jetzt kam der Clou: „Danke schön, danke schön, ich wollt euch nur mal küssen seh'n." Hochrot lief ich hinaus zu den anderen Kindern, wir rannten durchs Maisfeld, wir hatten frei, und ich war von meiner Last befreit. Ein, zwei Jahre später starb Onkel Schorsch schon. Gertrud heiratete noch zwei weitere Male, sie suchte sich immer Witwer.

3.5 Ende der ersten „Epoche"

Das war 1946/47 bis 1954 und dann Besuchs- und Ferienzeiten bis 1973.

Es klaffen Lücken, Vernarbungen bleiben.

Nach Jahrzehnten fahre ich in größeren Abständen meine wenigen Restverwandten besuchen. Es ist emotional vorbei.

Als ich vor zwei Jahren mit meinen Freunden in der Stadt war und einige Häuschen mit meinem Geburtshauscharakter zeigte, kroch erstmalig ein Schamgefühl in mir hoch.

Ich rede kaum über meine Herkunft, nunmehr schäme ich mich. Warum?

Soziale Klasse: Stadtarmut

Eltern: Mutter – ungelernte, unmündige Jugendliche von 17 Jahren.

Biologischer Vater = Erzeuger: „abgehauen".

Vater, sozialer: dumm, aber sehr, sehr gutmütig.

Davon habe ich an anderer Stelle schon erzählt.

4.1 Umzug nach Cottbus

Im Februar zogen meine Eltern mit uns beiden um in die viel größere Stadt Cottbus. Ich sollte auf keinen Fall mehr im Kindergarten angemeldet werden, die Mutter würde zu Hause bleiben und sich um uns, um mich kümmern. Für meinen Bruder lohnte sich der Kindergarten, er war erst vier, doch ich käme ein halbes Jahr später sowieso in die Schule. Im Haus und in der Nachbarschaft gab es viele Kinder, sodass wir immer draußen spielen konnten und viele Spielgefährten fanden. An Regentage erinnere ich mich gar nicht, wir waren immer draußen. Wir spielten mal im Treppenhaus und rutschten die Stufen und das Treppengeländer runter, also wird es doch mal geregnet haben. Halt, noch eine Erinnerungsgeschichte, bei der es auch geregnet haben muss, denn wir spielten in dem langen schmalen Anbau, der ganz früher mal ein Stall und eine Scheune gewesen sein muss. Eine Holzstiege führte auf den Heuboden, dort tobten wir, sicher nur bei Regen, denn in keiner Wohnung waren andere Spielgefährten zugelassen. Jeden Freitag brachte der Bäcker von nebenan fünf, sechs Brote und legte sie auf die Holzstiegen-Stufen. Ein alter Mann kam am Abend und holte sie ab. An jenem Regen-Freitag spielten wir Gefängnis. Es gab einen Gefängniswärter, alle anderen waren Gefangene und mussten ihre Zeit im Gefängnis bei Wasser und Brot zu- bringen. Wasser gab es an der Pumpe im Hof, ein Eimer wurde ins Gefängnis geschleppt, wir fraßen alle Brote von beiden Seiten an.

Als der Mann kam, hatten wir uns versteckt und beobachteten ihn. Er begutachtete die Brote, schüttelte den Kopf, zuckte mit den Schultern, packte alle ein und schlurfte von dannen. Wir waren äußerst pünktlich zu Hause. Über die Brote wurde nie jemals einer von uns ausgefragt. Es war einer der interessantesten Spielnachmittage bei Regen, ganz lebensecht.

Manchmal suchten wir die umliegenden Straßen nach verlorenen Geldstücken ab. Sobald wir drei Pfennige zusammen hatten, kauften wir uns beim Bäcker ein Stück Einback – die Vorstufe von Zwieback –, ein sehr lockeres, großes Hefestück und aufteilbar. Es war das billigste Bäckerstück.

Ich durfte Milch holen gehen, jeden Tag einen halben Liter Vollmilch und einen halben Liter Magermilch, gemischt, in einer Blechkanne mit Deckel und Henkel. Sie schaukelte beim Gehen in der Hand. Ich musste vorsichtig gehen, auf den Gehweg achten, durfte nicht stolpern. Manchmal stolperte ich und fiel hin, dann hatte ich keinen ganzen Liter Milch mehr in der Kanne, aber viel Geschimpftes am Hals. Ich ging nicht besonders gern Milchholen. Aber ich musste ja lernen, nicht zu stolpern. Etwas anderes ging ich in Cottbus nicht einkaufen, Mutter ging selbst. Freitags kam sie vom Fleischer mit einem Fleisch- und Wurstpaket wieder, es reichte für die ganze Woche. Einmal, als es Grützwurst gab, füllte sie in die leere Pelle Wasser und hängte die Wurst an den Wasserhahn über dem Ausguss. Die Katze kam und sprang an die Wurst, riss die Pelle auf, und so bekam die Katze den Schwall Wasser über den Pelz, Mutter und Bruder lachten sehr laut, mir tat meine Katze leid, und ich sagte, wir wollen das nicht wieder machen. Woher kam die Katze? Hier die Geschichte: Meine Oma hatte eine dicke Katze, die einige Junge hatte. Ich nannte mein getigertes Kätzchen Muschi. Sie war viel draußen im Hof, im Garten, ein Katzenklo gab es nicht (das Wort gab es damals noch gar nicht) und brauchten wir nicht. Wenn wir Kinder im Garten spielten, war sie in unserer Nähe. Wir Mädchen spielten sehr gern mit unseren Puppen und Puppenwagen. Mein Bruder musste auch eine Puppe bekommen, denn er wollte unbedingt mit uns Mädchen Mutter, Vater, Kind spielen. Auch beim Versteckspiel wurde ich ihn nicht los, dabei war er noch viel zu klein, konnte nicht so schnell rennen und verstand den ganzen Sinn nicht so richtig, es war einfach lästig, ihn immer am Schürzenzipfel zu haben. Einmal zog ich meiner Katze ein Puppenkleid an, setzte ihr eine Mütze auf und packte sie in den Puppenwagen. Sie wühlte sich unter den Kissen hervor, sprang raus und ging gespreizt rückwärts. Sie war mir ernstlich böse.

Im Sommer gingen wir das erste Mal mit den anderen Kindern in die Badeanstalt, es kann auch der zweite Sommer gewesen sein, denn ich ging schon zur Schule, Mutter ging arbeiten. Ich hätte unbedingt einen neuen Badeanzug gebraucht, denn meiner war viel zu klein geworden und kniff überall, die Schnüre schnitten ein. Ich traute mich nicht zu fragen. Im unteren Schubkasten des Kleiderschranks fand ich einen Badeanzug meiner Mutter, er war ganz klein und bestand aus gerafftem Gummi, wie gesmokt. Ich probierte ihn an, er saß ganz locker, und man sah kaum, dass er etwas zu groß war. Als ich in der Badeanstalt aus dem Wasser kam und er sich vollgesaugt hatte, sah ich aus wie in einem Sack, er hing bis zu den Fußsohlen herunter, ich schämte mich entsetzlich. Irgendwann bekam ich einen neuen Badeanzug und ging wieder mit in die Badeanstalt.

In Cottbus bekam ich erstmals richtig schlimme Zahnschmerzen. Nachdem wir einige Zeit vorher beim Orthopäden gewesen waren, einer Koryphäe, und ich dort ein Wahnsinnstheater aufgeführt hatte, wurde ich von beiden Elternteilen zum Zahnarzt gebracht, da meine Mutter fürchtete, mich allein nicht bändigen zu können. Beim Orthopäden hatte ich nur geröntgt werden sollen wegen meiner Beine und Hüften, deren Zustand schon lange nicht mehr im Gespräch gewesen war, da ich laufen, rennen und springen konnte und mich ihrer nur erinnerte, wenn mich die Kinder auf der Straße auslachten wegen meines watschelnden Entengangs. Ich wusste nicht, was röntgen bedeutete. Man sagte mir, meine Knochen würden nur „durchleuchtet", und es täte überhaupt nicht weh. Ich wurde ausgezogen und in einen Raum mit großen Maschinen getragen, die von der Decke hingen und auf einen eiskalten Tisch gelegt. Die Geräte wurden von der Decke herabgezogen – ich brüllte wie am Spieß, ich schrie und jammerte, es war eiskalt auf dem Tisch, ich fror und zitterte, die Erwachsenen mussten mich an allen Gliedern festhalten, damit ich ein paar Sekunden still liege und die Luft anhalte. Weh getan hat das Röntgen nicht, doch der Raum flößte mir so viel Angst ein, und die Kälte ließ mich erbärmlich frieren. Nach diesem Auftritt zum Zahnarzt, meinen Eltern schwante nichts Gutes. Sie bereiteten mich auf den Zahnarztstuhl vor, Scheinwerfer, Spritze, Geräte und „Es tut überhaupt nicht weh". Von wegen – immer diese Lügerei! Der Zahnarzt guckte, piekte, kratzte und meinte schließlich: „Obwohl das Kind erst acht Jahre alt ist, ist der Backenzahn nicht mehr zu retten. Ich muss ihn ziehen." Als er dann mit der Zange am Backenzahn rüttelte und zog, biss ich zu, ich hielt seinen Finger mit meinen Zähnen fest. Der Zahnarzt brüllte auf, und ich schrie, das war der Moment zur Befreiung seines Fingers. Wieder haben mich mehrere Erwachsene festgehalten, bis der Zahn raus war, klar war er betäubt worden, trotzdem. Was ich so richtig satt hatte, war die Lügerei „Es tut nicht weh". Natürlich tut Zahnarzt entsetzlich weh. Zähne und Knochen – meine ewigen Begleiter als Sorgenkinder des Körpers. Das sind die bevorzugten Stellen meines Körpers, dort laufen alle seine Anstrengungen zusammen, mir zu schaden und mich kleinzukriegen. Zu manchen Zeiten gelang es ihm mehr oder weniger stark. Bei den Zähnen war er erfolgreich, es gibt nur wenige Überlebende, mein Gang ähnelt immer noch dem einer watschelnden Ente, gebrochen habe ich mir bis heute nichts, aber ein künstliches Hüftgelenk hat mich von schlimmen Schmerzen befreit, mein Hinken auf ein Minimum reduziert, denn die Beinlängen weisen nur noch einen Unterschied von 1,5 cm auf, sodass ich keine Absatzerhöhungen mehr brauche. Diese habe ich vor vielen Jahren schon sein lassen, wie sieht das denn auch aus, eine junge Frau mit unterschiedlichen Schuhabsätzen? Schiefe Hüften fallen dann auch weniger auf. Knochen – ach ja, die Füße, nachdem ich zum Frosch geworden war: Knick-, Spreiz- und Senkfüße, Hallux valgus zeigte sich, ich konnte vor Schmerzen kaum noch auftreten, und so habe ich beide Füße innerhalb eines Jahres operieren lassen. Seitdem trage ich flache Schuhe, alle Eleganz ist vorbei, der Entengang in alter Schönheit zurück. Noch etwas über die Knochen? Ja, einen habe ich noch, mit neun Jahren drehte sich meine Wirbelsäule etwas, und ich bekam rechtsseitig einen kleinen Buckel, der Orthopäde nannte ihn Skoliose. Was hatte das zur Folge? Meine Oma beschimpfte meine Mutter, dass ich viel zu früh den Schulranzen abgeschnallt hätte und nur unter einem Arm die Collegetasche getragen habe, da musste ich ja schief werden. Sie hätte es verschuldet, und ich mit meinem dicken Kopf sowieso. Ich musste Einlagen tragen und solche eklig runden, plumpen Schuhe. Vom Sport wurde ich befreit, welche Erlösung. Ich musste nicht mehr schneller rennen, weiter und höher springen, Stangen klettern, Bock und Kasten überspringen, auf dem Balken balancieren, am Stufenbarren hängen. Es war eine Wohltat, ich konnte beim Sportunterricht zuschauen, außer – glücklicherweise – beim Schwimmen, das war das Beste für mich und ist es bis heute geblieben. Ich ging zum orthopädischen Turnen, auch mal drei Wochen in die Klinik in der siebten Klasse, aber das war ein Klacks gegen die echten Anforderungen des Sportunterrichts. Der dreiwöchige Klinikaufenthalt war insofern günstig, als ich mir alle Wimpern abschneiden und das Nachwachsen durch tägliches Bürsten mit Rizinusöl stimulieren konnte. Ich musste nicht zur Schule. Es sollte ein Geheimrezept für lange, dichte Wimpern sein. Ansonsten war ich gesund, hatte Ausgang, der Ersatzschulunterricht war keine Anstrengung, ich kam mir eher veralbert vor. Also meine Knochen verlangten mein Leben lang nach einer vierteljährlichen Begutachtung durch den Orthopäden, hin und wieder röntgen, wobei ich nie wieder rumgeschrien habe, Wasser und Schwimmen und jetzt auch Sport im Fitnesscenter.

Mein Buckel hat mir die Pubertät zusätzlich vergällt – das wird eine Geschichte für die Peinlichkeiten des Lebens, deren gleichartiges Schmerzbild nach und während der Wechseljahre wieder deutlich zutage trat. Hin und wieder tut mir mein Buckel eben sehr weh. Als Kind und pubertierende Jugendliche fühlte ich mich sehr niedergedrückt wegen der Hässlichkeit meines Körperbaus: schiefe Hüften, ungleich lange Beine, hinkender Entengang, Buckel, das Gesicht nichtssagend, große Augen, ernster Blick, allerdings schöne kleine, eng anliegende Ohren, hässliche Zähne – das inkonsequente Zahnspangentragen – und das war's. Wer guckt schon so ein Mädchen an? Schweigsam und immer so ernst und niedergedrückt, so selbstmitleidig.

4.2 Cottbus von 1956 – August 1962

Bis zu meinem 14. Lebensjahr wusste ich nicht, dass ich immer noch meinen Geburtsnamen „Nitz", den Namen meiner Großeltern, trug. In der Schule war ich von Anfang an unter dem Familiennamen „Elstelt" eingetragen, denn bei der Schulanmeldung hatte sich die Beamtin gewundert, dass die Eltern einen anderen Familiennamen trugen als das Kind, und sie meinte: „Sie geben ihr doch bestimmt den gemeinsamen Familiennamen" – und trug mich gleich so ein, denn meine Mutter hatte selbstverständlich Ja gesagt. Es passierte nichts. Meine Mutter hatte mir irgendwann, so als ich ungefähr 10 Jahre alt war, gesagt, ich hätte einen anderen Vater. Sie gab mir ein Foto, auf dem er 19 Jahre alt war. Ich beschäftigte mich in meiner Fantasie mit diesem Vater, der irgendwo im Westen lebte. Die Details der Geschichte meiner Mutter über die Zusammenhänge waren, dass sie ihn nicht heiraten durfte, dass ihre Mutter ihr einen anderen Mann gesucht hätte – nämlich meinen Vater, den ich nur als solchen kannte, den sie aber nicht mochte. Mein richtiger Vater sei nach Hannover gegangen und hatte sie und mich nachholen wollen, doch es hätte nicht geklappt. Meine Erinnerungssplitter an diese Nachholaktion habe ich schon aufgeschrieben. Sie hatte auch die Scheidung eingereicht, doch ihr Mann hätte im Gericht Nein gesagt, er wolle sich gar nicht scheiden lassen, und da habe der Richter gesagt: „Wenn Sie wissen, was Sie wollen, kommen Sie wieder." Damals konnte man nur schuldig oder unschuldig geschieden werden, sie wollte aber nicht schuldig geschieden werden. Mein richtiger Vater sei daraufhin in die Fremdenlegion gegangen. Jetzt, im Jahre 1954 oder 1956, sei er wieder zurück, hätte in Bayern Arbeit und Wohnung gefunden. Die Jugendhilfe habe ihn gefunden und ein Alimenten-Nachzahlungs-Ersuchen an die westdeutsche Regierung geschickt. Er hatte die vielen Jahre keinen einzigen Pfennig für mich bezahlt. Jetzt bekämen wir aber monatlich Geld, er müsse Alimente zahlen.

Für mich bedeutete das nichts. Ich bekam kein Westpaket, Geld sah ich natürlich auch keins. Es sollen 60 Westmark in 60 Ostmark gewandelt gewesen sein.

Es bedeutete, dass ich seine Mutter, meine dritte und andere Oma, zweimal in den Ferien besuchte. Das letzte Mal habe ich sie besucht als ich 15 war. Dort musste ich immer in einem Sessel neben der Tür sitzen und durfte Fotoalben angucken. Sie erzählte sehr gern von ihrer Arbeit als Näh- und Bügelfrau in einer Kinderkrippe und wie man sie schätzte und achtete. Sie hätte inzwischen schon sechs Regler-Bügeleisen als Geschenke bekommen. Von meinem Vater erzählte sie nichts. Als ich sie mal fragte, ob ich nicht mal kommen könne, wenn er mit seiner Familie bei ihr zu Besuch sei, antwortete sie: „Nein, kommt nicht in Frage, das Elend musst du nicht sehen." Ich fragte nie wieder, ich konnte mir auch kein Elend vorstellen, sie wohnten doch im Westen, und dort gab es alles. Ich bekam nie etwas aus dem Westen geschenkt. Bei einem Besuch lernte ich den jüngeren Bruder meines Vaters und dessen Frau kennen. Sie waren nett und freundlich, hatten selbst keine Kinder. Aber geizig waren sie auch. Als ich so siebzehn Jahre alt war, schrieb ich mich mit meinem Westvater, auch mit seiner Frau, ich schickte ein Foto und erhielt einige Bilder von meinen Halbschwestern, damals erst zwei, später wurden es drei. Einmal bat ich darum, ob er mir nicht eine weiße Nylonbluse schicken könne und sagte, ich hätte noch nie etwas gewünscht oder bekommen. Daraufhin schimpfte er sehr, denn er hätte immer etwas für mich geschickt. Von seiner Mutter, meiner Oma damit, erhielt ich dann zwei weiße Nylonblusen und einen roten Unterrock, sie war sehr wütend auf mich. Ich bat nie wieder um etwas, dachte mir allerdings, dass sie sicherlich anderen Leuten etwas mitgebracht hatte. Nachdem ich, als arme Studentin, sie noch einmal um etwas bat, nämlich mir doch ein Bügeleisen zu schicken, da ich keins hätte, erhielt ich ein sauschweres Päckchen mit dem ältesten, altmodischsten Bügeleisen, das sie besaß, von Regler-Bügeleisen keine Spur. Damit war für mich die Sache endgültig vorbei, ich meldete mich nie wieder, schrieb dann auch nicht mehr.

Jetzt weiß ich wieder den Grund für meine offizielle Umbenennung, ab dem Alter von 14 Jahren musste man einen Personalausweis besitzen und den Antrag ein halbes Jahr vorher stellen. Das war der Auslöser für das Gespräch meiner Mutter mit mir, ich solle mich entscheiden, ob ich adoptiert werden wolle oder nur Namensgebung gemacht werden solle. Viel Ahnung hatte ich nicht, doch ich sagte sofort, ohne zu fragen, „Namensgebung", irgendwie schien es mir, als könnte ich mir dadurch einen Bereich Freiheit bewahren.

Ab der achten Klasse hieß ich dann tatsächlich so, wie ich immer geglaubt hatte zu heißen. In der Schule sprach ich mit niemandem darüber, war überhaupt nicht wichtig und notwendig schon gar nicht. Auf der Polizei bei der Abgabe des Ausweisantrages stritt ich mich dann nur wegen meiner Augenfarbe herum. Ich wollte blaue Augen eingetragen haben, immer hatten alle gesagt, ich hätte große blaue Augen. Plötzlich sollten sie blaugrau sein. Das wurde auch eingetragen, sehr zu meinem Leidwesen. Inzwischen steht graugrün im Ausweis. So ändert sich halt auch die Augenfarbe im Laufe des Lebens. Aus einem blond gelockten, großäugigen Kind wurde eine schlohweißhaarige (wenn die Haare denn nicht mittelblond gefärbt wären), Brille tragende Oma. Das traumatische Jahrzehnt mit der 6 an erster Stelle neigt sich dem Ende zu. Ich denke, mit den 70ern werde ich wieder besser zurechtkommen.

Grundschulzeit ab 1954

5.1 Wieder Peinlichkeiten

Doch da bin ich schon bei den entsetzlichen Peinlichkeiten, die öffentlich waren und mich zutiefst getroffen haben, über die ich nie mit jemandem gesprochen und einen Erklärungsversuch unternommen habe.

Egal wie weh es tut – ich sollte es formulieren.

Ich bin jetzt in den ersten Schuljahren in Cottbus, von denen ich schon einige Geschichten erzählt habe. Habe ich schon erzählt, als ich eines Tages mit Läusen aus der Schule kam? Es juckte und kratzte auf dem ganzen Kopf. Nach dem Freitagsbad beim Durchkämmen der frisch gewaschenen Haare: „Was ist denn das? Läuse und Nissen?" Auskämmen, es half nichts. Ein Antiläuseeinreibungsmittel wurde aus der Apotheke geholt. Mein Kopf wurde mit der Tinktur eingerieben, ein altes Handtuch drum herum gebunden. Ich musste mich in die Waschküche setzen und dort bestimmt eine Stunde ausharren. Auf meinem Kopf spielte sich ein Kampf auf Leben und Tod ab, die Läuse sollten sterben, die Nissen abgetötet werden. Ich heulte und jammerte, ich kratzte über das Handtuch, ich fühlte mich schrecklich aussätzig. Wie auch nicht, kein anderes Kind im Hause hatte Läuse. Ich musste sie aus der Schule mitgebracht haben, bestimmt von Ada, die neben mir saß und zu einer großen Familie gehörte, die als schmutzig verschrien war. Aber ich war doch nicht schmutzig, wir badeten doch jeden Freitag, alle zwei Wochen wurden mir die Haare gewaschen. Es wurde ein Läusekamm beschafft, flach mit vielen Zinken und aus Blech. Wenn er durch die Haare gezogen wurde, tat es weh, doch die Läuse blieben darin hängen. Ich glaube, nach einer Woche war mein Martyrium vorbei, keine Läuse und Nissen mehr.

Viele Jahrzehnte später, als wir längst im Zeitalter der Hygiene lebten, kam auch meine Tochter mit Läusen aus der Schule. Damals gab es einen Zeitungsartikel, dass es so alle dreißig Jahre eine Art Läuseepidemie gäbe. Es hatte nichts mit Schmutz zu tun, sie tauche aus ungeklärter Ursache plötzlich auf und falle über Kinderköpfe her, sie bevorzuge blondhaarige Kinder. Jetzt wusste ich endlich, warum die Läuse damals Mitte der 50er-Jahre mich heimgesucht hatten.

5.2 Kinder vom Ostrower Platz

Meine schlimmste Bestrafung gab es in dem Jahr, als wir nach Cottbus zogen, noch im Frühjahr 1954.

Wie ich schon erzählte, wohnten wir in einer Mehrfamilienwohnung mit drei Mietparteien im ersten Stock eines dreistöckigen Straßenhauses, der Besitzer mit Familie ganz oben. Dessen Tochter war ein Jahr älter als ich, die Tochter einer alleinstehenden Frau unter uns war gleichaltrig, dann gab es noch zwei Jungen, die bei der Oma im Anbau wohnten. Wir Kinder spielten auf dem Hof Hopse, Murmeln, spielten Verstecken usw., bis jemand auf die Idee kam: Wir klettern über einen Baum auf die Aschegrube, springen aufs Schuppendach und dann vom Dach runter auf den Hof, den Erdboden. Wir machten eine Kette, alle hintereinander. Mit einem Mal kam der Eigentümer und schimpfte und verbot es. Meine Mutter kam hinterher. Sie schnappte mich, ich hatte noch dazu den guten, dunkelblauen Wintermantel mit weißen Pelzrändern an, und zerrte mich zum Verprügeltwerden in die Wohnung hoch. Die Schimpfkanonade und unbeantwortbare Fragen spare ich mir, es folgten mehrere Tage eisigen Schweigens.

Mein Bruder war nicht gesprungen, er war ja erst vier, und ich, die eigentlich Verstand hätte haben müssen, schon sechs. Ich musste in der Wohnung bleiben. Ein paar Tage später guckte ich im Schlafzimmer aus dem Fenster auf die Straße. Das Fenster hatte zwei Flügel, in der Mitte war ein Steg, an dem die Fensterflügel verriegelt werden. Ich überlegte, ob man wohl um diesen Steg außen über das Fensterbrett herumklettern könne. Es reizte mich ungemein. Ich stellte mich auf einen Stuhl, ein Bein aufs Fensterbrett, stieg ganz hoch und tippte mit der Fußspitze um die Kurve. Da stürzte meine Mutter ins Zimmer, riss mich vom Fensterbrett – jemand von gegenüber hatte ihr gesagt, ihre Kleine klettere am Fenster rum – und ohrfeigte mich, zog mich hinter sich her in den Keller, schloss mich in unserem Kellerverschlag ein und machte das Licht aus, damit ich in Ruhe nachdenken könne. Der Keller hatte ein kleines Fensterchen oben, sodass Tageslicht reinfallen konnte. Ich saß da und dachte nicht nach. Worüber hätte ich nachdenken können? Nach langer Zeit kam der Hauseigentümer zufällig in den Keller. Er erschrak ziemlich, als er mich hinter den Latten im Verschlag sitzen sah. Ich erzählte ihm nicht, was ich gemacht hatte. Er ging zu meiner Mutter und sagte ihr, sie könne mich nicht so hart bestrafen, es wäre schon nicht so schlimm gewesen, was ich ausgefressen hätte. Meine Mutter blieb unerbittlich: „Die bleibt noch eine Weile im Keller, bis sie weiß, was sie angerichtet hat." Dem Hausbesitzer tat ich trotz meiner Schandtat leid. Er kam wieder in den Keller, schälte einen Apfel und reichte mir die Stücke durch die Lücken im Bretterverschlag. Irgendwann wurde ich rausgelassen, und wieder folgten eisige Schweigetage. Hausarrest gab es als Bestrafung nie wieder.

Am Freitagnachmittag fuhren oder gingen wir zu der Zeit ins Warmbad, d. h. ein öffentliches Bad mit Wannenkabinen. Unser Gemeinschaftsbad in der Wohnung war für Familienbadetage nicht geeignet.

Nach jenem Freitagsbad in der Wanne sagte meine Mutter, jetzt sei alles wieder gut und normal. Ich war überglücklich und freute mich und hüpfte beim Abtrocknen auf dem Hocker vor lauter Freude, schon hatte ich wieder eine Ohrfeige, die brannte heftig. Ich verstummte und bewegte mich still und leise. Auch sonst.

Unsere Kindertruppe der Straße war groß, wie viele genau, weiß ich nicht mehr. Es gab viele Umsiedler-Kinder. Nebenan wohnten die Zwillinge Elvira und Marlis mit ihrer Mutter, bei denen musste man immer am Zimmereingang auf einem Scheuerlappen stehen bleiben. Ihre Mutter arbeitete im Krankenhaus. Elvira war sehr hübsch, Marlis ziemlich hässlich, aber sie konnte von allen Kindern am schnellsten „stratzen" (rennen). Gegenüber wohnte Veronika, deren Wohnabteil auch durch Decken abgetrennt war wie bei unseren Nachbarn und aus deren Küche es immer seltsam roch. Eine ganze Menge habe ich aufgezählt, doch es waren mehr zum Hatze und Versteck spielen, zum Toben durch die Laubhaufen im Herbst.

Habe ich die Geschichte vom „Kindermörder" schon erzählt?

Es war im Herbst, es wurde frühzeitig dunkel. Jeden Abend um die gleiche Zeit kam ein Mann unsere Straße entlang, bog um die Ecke, ging weiter. Wir hatten uns hochgeputscht und eingeredet, der Mann sei ein Kindermörder und wir würden es ihm heimzahlen. Eines Abends lauerten wir ihm auf, bewaffnet mit Schals und Tüchern, und kaum war er um die Ecke gebogen, stürzten wir uns auf ihn, prügelten mit Schals und Tüchern auf ihn ein und schrien und johlten, bis er losrannte und außer Sichtweite war. Nie wieder kam er unsere Straße entlang.

Einmal trafen wir auf ein kleines Mädchen, das mutterseelenallein auf der Straße stand. Wir befragten es, es konnte nicht einmal sprechen. Wir beratschlagten, nahmen es an die Hand und brachten es gemeinsam zur Polizei – unter meiner Führung.

Im Winter war es eisig kalt, glatt, verschneit, wir machten Schneeballschlachten auf der Straße, rutschten Schlitterbahnen, bis eines Tages jemand meinem kleinen Bruder ein Bein stellte, er stürzte und brach sich das Bein. Auf einem Schlitten festgebunden, wurde er ins Krankenhaus transportiert, aber von Erwachsenen, weiß nicht mehr von wem. Sein Oberschenkelknochen wurde genagelt und mit zwölf Stichen genäht. Er kam in Gips bis zur Taille hoch und das gesamte rechte Bein. Nach dem Krankenhaus lag er vier Wochen zu Hause. Sein Wimmern und Jammern wurde stärker und stärker, bis mal ein Arzt oder eine

Schwester nach Hause gerufen wurde. Er wurde aus dem Bett gehoben. Unter ihm auf dem Laken hatten sich viele Krümel angesammelt, und die obere Gipskante hatte ihm ein Loch in die Wirbelsäule gedrückt, gefressen. Es eiterte. Seine Schmerzen müssen höllisch gewesen sein. Er wurde medizinisch versorgt, der Gips wurde entfernt – er wurde gesund, die eigenartige runde, gezackte Narbe sieht man auch nach über sechzig Jahren noch deutlich, ebenso die zwölf Stiche.

Dieser Beinbruch meines Bruders wurde in meiner Klasse zum Anlass genommen, über Wintersportarten zu sprechen und „Beine stellen" von solchen auszunehmen.

Im Sommer darauf lernte ich Fahrradfahren. Ich hatte ein eigenes Kinderfahrrad bekommen als Belohnung, nachdem ich ein Erwachsenenfahrrad in einer Tombola in Pulsnitz im Schützenhaus gewonnen hatte. Das war noch unmittelbar vor unserem Umzug, ich glaube, es war Fastnacht. Meine Mutter war eine der Losverkäuferinnen. Sie wusste, in welcher Serie der vorbereiteten Lose das Fahrradlos sein musste. Sie überredete ihre Kolleginnen, die Lose zu öffnen und zu schließen, bis das Fahrrad gefunden sei. Endlich! Sie instruierte mich, ein Los zu kaufen, dabei steckte sie mir das Fahrradlos in die Hand. Ich ging bei der Tombola-Beendigung nach vorn und erhielt mit viel Applaus den ersten Preis, das Fahrrad. So kam ich zu meinem Kinderfahrrad. Ich lernte ohne Stützräder. Einem Baum auszuweichen, fiel mir schwer, ja, ich fuhr wie magnetisch angezogen darauf zu. Die verletzte Rinde, die Baumnarben sind auch nach Jahrzehnten noch wiederzuerkennen, natürlich viel weiter oben.

Ich fuhr dann ziemlich sicher, sodass Vater mit meinem kleinen Bruder auf einem Zusatzsattel auf seiner Lenkstange seines großen Herrenrades und ich mit meinem kleinen Rad vorneweg Ausflüge, na ja, kleine Touren in ein nahe gelegenes Kiefernwäldchen oder zunächst um den ehemaligen Dorfanger oder durch den Park machen konnten. Nur absteigen konnte ich nicht. Wenn es ans Halten ging, rief mein Vater: „Wir halten gleich an, fahr langsam", was mich dazu bewog, wie von Furien gehetzt immer schneller zu treten. Er musste nun auch viel schneller in die Pedale treten, um mich einzufangen und am Sattel festzuhalten, damit das Rad zum Stillstand bringen, sodass ich langsam absteigen konnte. Das war das übliche Prozedere. Irgendwann einmal kamen wir durch viel Sand in einer Kiefernschonung. Das Rad ließ sich nicht mehr treten, und ich stieg ab. Seitdem konnte ich Radfahren mit Auf- und Absteigen.

Was kam noch so vor in diesen beiden ersten Jahren in Cottbus? Ich wurde eingeschult. Halt, zuvor gab es noch die Sache mit der Kirche an einem der ersten Sonntage in Cottbus.

Wir Kinder spielten jeden Tag draußen zusammen. Nur sonntags verschwanden alle außer uns so kurz nach der Frühstücksfreilassung schon wieder. Wir beide blieben allein zurück. Wo gingen sie hin? Eines Sonntags gingen wir einfach mit, nachdem sie zu uns „kommt doch mit" gesagt hatten. Das Ziel war die Oberkirche mit dem sonntäglichen Gottesdienst, ein für sie völlig selbstverständlicher Weg. Die Oberkirche war eine evangelische Kirche, katholische Kinder gab es in unserer Straße nicht. Ja, und als wir dann zehn Minuten nach zwölf wieder zu Hause waren, nicht Punkt zwölf wie gefordert, da wir nicht aufzufinden gewesen waren, wurden wir zünftig mit dem Siebenriemen gezüchtigt, was uns den sonntäglichen Kirchgang für immer und ewig austrieb.

Von der Moral und Gottesbekanntschaft dieses Kirchenbesuchs habe ich bereits geschrieben. Sie erinnern sich an meine Auferstehungsgläubigkeit? Das war nun der duale Weg zur Erkenntnis!

Schulanfang habe ich auch schon beschrieben, jetzt lerne ich in der Schule schreiben auf der Schiefertafel fast das gesamte erste Schuljahr, erst zum Ende mit Federhalter und Tinte im Heft, meinen größten Klecks markierte ich mit den Buchstaben AHENMAG, was mir trotzdem eine Tracht Prügel und die Aufforderung, alles noch einmal zu schreiben, einbrachte.

Am Ende des Halbjahres meiner zweiten Klasse, wieder mitten im eisig kalten Winter, ziehen wir um in die erwähnte Neubauwohnung mit Steinholzfußböden, Öfen und erstmals einem Kinderzimmer.

Ich wechsle die Schule, nein, muss sie wechseln für die restlichen vier Monate, werde nie heimisch in der neuen Klasse und Schule und bin dann heilfroh, als ich mit Beginn der dritten Klasse in meine alte Schule zurück kann, obwohl sie weiter von zu Hause weg ist. Der Grund war die Bildung einer neuen Klasse, des zweiten Russisch-Klassen-Jahrgangs in Cottbus, Russisch ab dritte Klasse für die besten Schüler der ganzen Stadt.

Mein Bruder wurde dann in die Schule eingeschult, die ich gerade wieder verlassen hatte, sodass er sich niemals seine große Schwester als Beispiel und Vorbild hatte vorhalten lassen müssen. Dort ist er nur er. So wie er ist – und ich habe keinen kleinen Bruder mehr am Schürzenzipfel. Ich bin auch ein Solitär.

5.3 Neubauwohnung

Von unserem Umzug in die Neubauwohnung im Winter 1956 berichtete ich schon. Es war zwar dieselbe Stadt, doch so ein weiter Weg, dass alles mit einem LKW transportiert werden musste. Wir beiden Kinder, ich acht, mein Bruder sechs, waren natürlich nur „im Wege". Kaum waren wir in der neuen Wohnung angekommen, die im Februar eisig kalt und ungeheizt war, in der gerade die Öfen erstmalig angeheizt wurden mit Braunkohle, das Sofa im Wohnzimmer stand, wurden wir in Decken gewickelt daraufgesetzt: „Ihr rührt euch nicht von der Stelle!" Wir saßen und rührten uns nicht von der Stelle, es war entsetzlich langweilig. Zwischen uns stand die Wohnzimmeruhr. Wir öffneten den Glasdeckel und bewegten die Zeiger ganz behutsam. Irgendwann brach der Deckel vom Ziffernblatt ab. Wir saßen da wie die Ölgötzen. Als die Anrichte dann stand, wurde die Uhr daraufgesetzt – oje, der Deckel war ab. „Was habt ihr wieder gemacht, warum habt ihr den Deckel abgebrochen?" Wir schworen Stein und Bein, dass wir die Uhr nicht berührt hätten, sie wäre so abgestellt zwischen uns gewesen. Wir kamen davon, denn die Erwachsenen konnten sich nicht sicher sein, dass nicht sie selbst den Deckel abgebrochen hatten. Wir waren unendlich erleichtert, wir wussten zu genau, was uns bei Ehrlichkeit geblüht hätte. Ehrlichsein kann einem viel Ärger und eine ordentliche Tracht Prügel einbringen. Immer und überall ehrlich zu sein bringt nichts, hat keinerlei Nutzen, Strafe folgt sowieso trotz vorherigen gegenteiligen Versprechens, es wird breit getratscht, und jedermann erzählt, wie man es nur darauf abgesehen hat, der Mutter Schaden zuzufügen und ihr das Leben zur Hölle zu machen. Nicht ehrlich zu sein heißt aber nicht zu lügen, nein, lügen sollte man weitgehend vermeiden, denn die Lüge könnte aufgedeckt werden. Die beste Methode ist zu schweigen, zu verschweigen, nichts zu erzählen, weil es die Erwachsenen ja sowieso nicht interessiert, womit wir uns beschäftigen, was wir so spielen, Hauptsache, es beschwert sich niemand. Wir beherrschten schnell die Technik, uns unsichtbar zu machen. Wir zogen in die weitläufigen Parkanlagen der Stadt, auf dem Hof spielten wir nur kurze Zeit, für Verstecken und Räuber und Gendarm brauchten wir die Hinterhöfe des gesamten Viertels, die Straße brauchten wir zum Völkerballspielen. Das war das bestorganisierte Mannschaftsspiel: Wir wählten die beiden Mannschaften nach der Tip-Top-Sieger-Erstwahlsuche und dann nach Spielerstärke mit ausgeprägtem Gerechtigkeitssinn. Der Zeitpunkt, zu dem man in die Mannschaft kam, sagte alles über die eigene Spielstärke aus, eine Begründung erübrigte sich. Wir wussten es einfach. Diese Völkerballspiele gab es nur im Sommer 1956, als wir altersmäßig durchmischt waren. Danach gingen die großen, starken Kinder aus der Schule und in die Lehre, die kleinen mussten erst heranwachsen. Bald fuhr auch schon manchmal ein Auto die Straße entlang, sodass wir unser Spielfeld räumen mussten. Was für Autos kamen eigentlich vorbei? Auf jeden Fall das Lautsprecherauto. War etwas passiert, nein eher, wenn alle Leute über etwas informiert werden mussten, fuhr das Lautsprecherauto durch alle Straßen der Stadt und machte mehrmals Durchsagen. Im Moment kann ich mich an keine Durchsage erinnern, ich weiß absolut nicht mehr, was damals so wichtig war. Es gab keine Bombenentschärfungen, es gab keine Polizeieinsätze, wenn die Feuerwehr ausrückte, hörten wir es sowieso. Ich kann mich nicht mehr erinnern.

Ein altes schwarzes eckiges Auto liebten wir Kinder und warteten ab Mai sehnsüchtig auf die Sonntage, wenn zwischen 13 und 14 Uhr eine Glocke durch die Straße zu hören war. „Der Eismann, der Eismann ist da." Im Nu rasten wir mit Schüsseln für den Sonntagsnachtisch oder einfach so mit ein paar Groschen für Eiskugeln in der Muschelwaffel oder im Tütchen auf die Straße und stellten uns an. Der Eismann brachte Freude, er hatte drei Sorten, Vanille, Frucht und Schoko, und wir diskutierten ewig miteinander, welche Sorte auf welche Art und Weise wir am liebsten essen.

Unser Vater und noch zwei weitere Väter aus unserem Wohnblock waren Kraftfahrer. Sie mussten die Autos morgens in der Fahrbereitschaft abholen und abends dort abstellen, doch manchmal kam einer tagsüber auf einen Sprung nach Hause. Dann stand schon mal ein EMW vor dem Haus, ein dunkelgrüner oder schwarzer. Manchmal musste mein Vater für Samstag oder Sonntag das Auto für eine Privatfahrt beantragen. Wir fuhren dann zu viert nach Sachsen, Verwandte besuchen. Mit mir gab es immer Ärger, weil mir schlecht wurde und es ohne Kotzen nie abging. Ich hatte einen Eimer zwischen den Füßen, alte Handtücher und Waschlappen gab es auch. Ich konnte nie rechtzeitig Bescheid sagen, dass Vater hätte anhalten können und mich aussteigen lassen. Mir wurde schlecht, und es ging los. Weder saure Bonbons noch eine einen Spalt geöffnete Fensterscheibe halfen. Das Spiel wiederholte sich durch meine ganze Kindheit. Mein Vater fuhr den Bus jedes Jahr mit dem Kindertransport ins Ferienlager. Ich saß in der ersten Reihe mit Eimer zwischen den Füßen, er blieb nie unbenutzt. Anstatt sich auf einen Busausflug oder eine Autofahrt zu freuen, bereitete ich mich auf eine Tortur vor und kroch förmlich in mich hinein. Fuhren wir Verwandte besuchen, erstreckte sich die Besuchszeit in der Regel auf eine halbe Stunde, in der Regel wurde auch jede Bewirtung von meiner Mutter abgelehnt. Dafür redete sie die ganze Zeit pausenlos, Vater sagte Ja, wir saßen dabei und durften mal nicken oder auch Ja sagen. Waren wir auf dem Dorf bei Tante Lene, durften wir auf den Hof zu den Karnickelbuchten und die Kaninchen beobachten. Bei Vaters Mutter, der Lomnitzer Oma, gab es meist eine Buttersemmel oder eine Holundersuppe. Nach der Verabschiedung gab es im Auto regelmäßig Zoff, meine Mutter regte sich maßlos auf, dass ihre Schwiegermutter ihr wieder nicht die Hand gegeben hatte, dass sie sie ihr nie gibt und ihr eigener Mann nie etwas dazu sagt, seiner Mutter nicht sagt, dass sie ihrer Schwiegertochter die Hand geben solle. Es wiederholte sich Jahr für Jahr, bis mein Bruder dann allein dorthin in die Ferien fahren konnte und auch immer fuhr, er war der Liebling seiner Lomnitzer Oma und von Tante Brigitte. Ich fuhr immer zur Pulsnitzer Oma in die Ferien, die Omas mochten jeweils nur einen von uns beiden. Irgendwann verstand ich warum.

Hier ist die Geschichte.

Sie ist zusammengeklaubt aus Erzählfetzen meiner Mutter, einer Oma, sonstigem Verschweigen bei Verwandten und einer einzigen Erinnerungssequenz.

5.3.1 Meine erste Flucht 1956

Onkel Schorschs Beerdigung verursachte meine erste Flucht von zu Hause, natürlich völlig missverstanden von meiner Umwelt. Jetzt kommt die wahre Geschichte.

Wir wohnten bereits in Cottbus, einer mittelgroßen Bezirksstadt, was Mitte der 50er-Jahre circa 90.000 Einwohner bedeutete. Wir wohnten auch schon in unserer zweiten, der ersten modernen Neubauwohnung mit Kinderzimmer für meinen Bruder und mich. Ich ging in die dritte Klasse, war neun Jahre alt. Als ich eines Tages von der Schule nach Hause kam, lag ein Zettel auf dem Küchentisch, Mutter sei nach Sachsen zur Beerdigung gefahren, und Vater würde sich um uns kümmern. In mir brodelte es ruckartig, was, sie fuhr nach Sachsen, ohne mir etwas zu sagen, ohne mich zu fragen, ob ich mitkommen wolle? Wo sie doch wusste, dass ich sooo gern zu meiner Oma fuhr und jede Ferien dort war. Eine meiner ersten Kurzschlusshandlungsketten setzte ein: Ich schüttete mein Sparschwein aus, 12,60 M waren drin, 12,40 M, das wusste ich genau, denn schon seitdem ich sechs und mein Bruder vier war, fuhren wir allein mit der Bahn nach Pulsnitz, und das mit Umsteigen in Senftenberg. Ich schaute auf die Uhr – der nächste Zug ging in einer halben Stunde. Ich nahm das Geld, zog meinen Lieblingsrock, aus Bändern genäht, und lief zum Bahnhof, kaufte eine Fahrkarte, stieg ein, fuhr bis Senftenberg, stieg um und kam nach 2-3 Stunden in Pulsnitz an. Eiligst lief ich zum Hinterhaus, stieg die Treppe hoch, öffnete die Küchentür – da war ich, fiel meiner Oma um den Hals. Die Trauergesellschaft riss Augen und Mund auf, meine Mutter rief entsetzt: „Wo kommst du denn her?" Ich hatte keinen Zettel zu Hause geschrieben, war einfach los. Sie beratschlagten gemeinsam, was zu tun sei, um Vater zu informieren. So weit hatte ich überhaupt nicht gedacht, dass er sich Sorgen machen und mich suchen könnte. Also, anrufen und Bescheid sagen. Nun hatten weder wir geschweige denn meine Großeltern Telefon. Im sächsischen Umkreis besaß der benachbarte Fotograf ein Telefon, in unserem Neubaublock in Cottbus nur eine Familie in Haus Nummer 18, im Nachbarhaus. Wie sie es auch angestellt haben, jemanden anzurufen, dessen Nummer niemand kannte, als einfache Leute einen honorigen Fotografen um einen Gefallen zu bitten, natürlich die Gebühren bezahlt, weiß ich nicht! Jedenfalls gelang es. Vater war informiert. Ich war bei meiner lieben Oma, wo man nie ohne mich hätte hinfahren dürfen.

Die Heimfahrt verlief in bösem Schweigen oder mit Vorwürfen, zu Hause kam das Donnerwetter mit Siebenriemen, die „Warum-Fragen-Antwort" hatte sie gar nicht hören wollen. Das war mir, uns, d. h. meinem Bruder und mir, ein sehr geläufiges Wort: Siebenriemen. Es war ein circa zwanzig bis dreißig Zentimeter langer Holzstab, woran sieben zwanzig Zentimeter lange Lederstreifen befestigt waren, es war ein Gerät zum Prügeln. Ein anderer Verwendungszweck war uns nicht bekannt. Er hing in jeder unserer Wohnungen griffbereit im Flur am Garderobenhaken. Wann ich damit die ersten Prügel bekam, weiß ich nicht mehr, aber an mein Alter von vier oder fünf Jahren erinnere ich mich schon durch ein Foto. Ich beiße mir auf die Unterlippe, lächle gekünstelt, es war das Ergebnis der vorangegangenen Prügel. Wir bekamen häufig Prügel, denn wir verärgerten unsere Mutter ständig. Weil wir den Spielschrank nicht ordentlich aufräumten, weil wir schmutzig vom Spielen hochkamen, weil wir unpünktlich waren, weil wir unsere Haushaltspflichten nicht erfüllt hatten, weil, weil – es gab dauernd einen Grund zum Prügeln, aber wenige Anlässe zum Lachen. So war uns der Siebenriemen ein vertrauter Haushaltsgegenstand, der ausschließlich von unserer Mutter benutzt wurde. Und dabei konnten wir noch sehr dankbar sein, denn niemand konnte an unseren Beinen oder Rücken Streifen und Spuren vom Siebenriemen sehen, während sie und ihr Bruder in ihrer Kindheit sogar mit Striemen an den Beinen zur Schule gehen mussten. Also waren wir sehr froh, dass wir viel besser behandelt wurden. Wir räumten jede Woche den Spielschrank auf, die Stifte lagen in Reih und Glied, alle Spielzeuge waren gerade ausgerichtet, die Schulsachen gestapelt, nebeneinander, nichts lag irgendwo herum. Wir erfüllten unsere Haushaltspflichten, ich immer, mein Bruder eher nicht, sodass ich aus Angst seine mit erledigte, denn Prügel hätten wir sowieso beide bekommen.

5.3.2 Eine besondere Hilfe

Ein Kollege und er hatten einen Verbrecher bei der Polizei abzuholen und zum Gefängnis zu bringen. Mein Vater fuhr den Dienstwagen, einen EMW. Als sie vor dem Haupttor des Untersuchungsgefängnisses hielten und ausstiegen, raste der Verbrecher davon, lief so schnell er konnte zur Spree. Mein Vater hinterher. Er rief „Nicht schießen!". Nicht umsonst hieß er der „Lange", er fing den Verbrecher mit bloßen Händen und brachte ihn zum Gefängnistor. Alles war gut gegangen. Am nächsten Tag sollte er einen Bericht schreiben, wie alles abgelaufen sei. Er saß wie ein Häufchen Unglück in der Küche und bat meine Mutter, ihm zu helfen. Sie ließ ihn erzählen, wurde aber ganz schnell ungeduldig und schimpfte, dass man so ein Kauderwelsch nicht schreiben könne – sie tobte und brüllte und ließ ihn sitzen. Ich fragte vorsichtig, ob ich ihm helfen und die vier, fünf gewünschten Sätze schreiben könne. Er nickte ergeben. Ich stellte eine Frage, sortierte die Reihenfolge, fragte, schrieb, las dann den Satz mit meinen Worten vor, er nickte. So entstand der Kurzbericht, den er dann nur noch abzuschreiben brauchte. Seine Chefs waren zufrieden.

Mein Bruder und ich wussten, dass er eine Pistole trug, er brachte sie jeden Tag mit nach Hause und versteckte sie im Wandschrank im Flur, wo der Gaszähler untergebracht war, genau dahinter. Wir durften das nicht wissen. Es gelang uns, die Pistole einmal ganz aus der Nähe zu betrachten, wir fassten sie vorsichtig an und versteckten sie dann genauso wieder.

5.4 Bekanntschaft mit der „inneren Stimme"

So habe ich auch meine „innere Stimme" kennengelernt. Sie hat manches Mal mit mir gesprochen, mich zurechtgewiesen, aber trotzdem nicht immer recht gehabt, manchmal mich jedoch zu Verhaltensänderungen gebracht. Wann ich sie zum ersten Mal gehört habe?

Das weiß ich noch ganz genau.

Ich ging noch nicht zur Schule, ich spielte mit drei oder vier Kindern auf dem Hinterhof Hochzeit. Meine weiße Häkeldecke für den Puppenwagen eignete sich besonders gut für den Brautschleier, die Braut musste ich sein, ich war das einzige Mädchen. Meine Oma rief aus dem Küchenfenster: „Angelika, geh mal Wasser holen." Ich hatte partout keine Lust, wir spielten doch gerade so schön. Da sprach es in mir: „Los, mach schon, hol das Wasser, umso schneller könnt ihr weiterspielen." Ich riss mich zusammen, rannte hoch, den Eimer holen, rannte wieder runter auf den Hof zum Wasserhahn, füllte den Eimer und trug ihn vorsichtig hoch. Ich konnte wieder spielen gehen. Meine Oma wird sich sehr gewundert haben, dass ich den Auftrag so schnell und noch dazu sofort erledigt hatte. Denn sonst, wenn sie mich aus etwas Wichtigem herausriss, maulte ich meist erst eine Weile herum und versuchte zu handeln. Doch diesmal – ich verdanke der inneren Stimme viel, denn das Muster sollte und wollte ich für die Zukunft beibehalten. Das Gefühl, ganz schnell von den Lästigkeiten wieder befreit zu sein, war unbeschreiblich wohltuend. Na, und die Wahrnehmung durch die Umwelt war dazu auch noch positiv – so ein folgsames Mädchen, gehorcht sofort und macht alles, was es soll.

Ja, bei Aufträgen von Erwachsenen schon, aber später bei den Schulaufgaben lange nicht. In der ersten Klasse lernten wir auf der Schiefertafel Schreiben. Ich sehe mich auf den Haustürstufen sitzen, die Schiefertafel auf den Knien, in der rechten Hand den Griffel. Hausaufgabe war, eine Zeile gerader Striche, Längsstriche auf einer Zeile zu ziehen, die Vorbereitung zum E. Ich umklammerte den Griffel voller Verzweiflung und malte Striche. Kein Strich sah aus wie der andere. Nach der halben Zeile fing ich an zu heulen, umklammerte den Griffel noch fester, sodass er brach, und ich krakelte völlig verschiedene Längsstriche nebeneinander auf die Zeile.

Das Gefühl der unfähigen Verzweiflung lernte ich noch viele Male in meinem Leben kennen. Die Situationen änderten sich, doch am Unfähigsein zu verzweifeln bildete eine sich wiederholende Konstante!

Ja, es waren also die Pflichten, die mithilfe der Erstbekanntschaft mit meiner inneren Stimme mich zu einem sehr folgsamen Kind machten. Natürlich nur, wenn die Verantwortung nicht in meiner Entscheidungsgewalt lag.

5.5 Hausaufgaben

Hausaufgaben in der Grundschule – ein leidiges Thema. Ich zog es meist bis zur letzten Minute hinaus, krakelte es manchmal erst frühmorgens vor dem Aufstehen – Körper im Bett, quer, Arme auf dem Fußboden, davor das Heft … Mündliche Hausaufgaben machte ich bis zur achten Klasse nie, außer Gedichte lernen. Haushaltspflichten: einkaufen, abwaschen, abtrocknen, aufräumen machte ich schon, aber mein Bruder nicht. Ich erledigte seine Pflichten mit, denn bestraft wären wir sowieso beide worden, er, weil er zu faul war, und ich, weil ich es zugelassen hatte. Das Bestrafungsinstrument namens Siebenriemen habe ich schon beschrieben. Es war unser Dauerbegleiter, bis wir beide uns ein Herz fassten – ich war vierzehn, mein Bruder zwölf – und das Teil im Keller an einen Haken hängten und damit versteckten. Wir warteten auf den Tag, bis es Mutter merken würde. Sie sagte nichts, für mich blieben immer noch die Ohrfeigen, für meinen Bruder ein hölzerner Kochlöffel, der prompt dabei zerbrach. Mit dem Teppichausklopfer bekamen wir seltsamerweise keine Prügel. Anderen Kindern war eben jener Haushaltsgegenstand bekannt als Schlaggerät, nicht nur zum Teppichklopfen. Hausaufgaben und Prügel gehörten für mich auch irgendwie zusammen. Meine Mutter kontrollierte meine Hausaufgaben nur zweimal in acht Grundschuljahren, und jedes Mal bekam ich Prügel. Ende der ersten Klasse hatten wir begonnen, mit Federhalter und Tinte ins Heft zu schreiben. Ich fand meine ersten drei Zeilen gut gelungen. Doch als ich fertig war, geriet ein großer Klecks darunter. Ich war verzweifelt und hatte keine Lust, die Seite rauszureißen und die Zeilen noch einmal zu schreiben. Das Heft sowieso schon dünn geworden, und außerdem, wer garantierte mir denn, dass ich nicht wieder kleckste? So malte ich wenigstens die Buchstaben a.h.n.m.a.g in den Klecks hinein, was heißen sollte: Angelika hat es nicht mit Absicht gemacht. Eben diese Schularbeit guckte sich meine Mutter an. Das Heft wurde noch dünner, ich malte die Sätze mit hochroten, feurigen Wangen noch einmal.

Das zweite Mal war es in der siebten Klasse. Wir hatten einen Hausaufsatz zu schreiben über ein schönes Freizeiterlebnis. Ich hatte über eine nachmittägliche Ruderbootsfahrt geschrieben, die ein Nachbar spontan mit uns größeren Kindern aus dem Wohnblock unternommen hatte. Ich hatte die Geschichte sehr lebhaft beschrieben, Namen der Kinder und des Nachbarn sowie dieses unerwartete spontane, aufregende Erlebnis voller Freude geschildert. Meine Mutter las, nachdem ich ihr das Heft sehr zögerlich gegeben hatte, ich wartete neugierig, gespannt auf ihre Reaktion – ein Wutgeheul hub an: „Wie kannst du die Namen alle reinschreiben, die Familienverhältnisse, dass ein Fremder mit euch etwas unternimmt, was sollen denn die Lehrer denken ..." Ich glaube, der Siebenriemen war zu dem Zeitpunkt noch in der Wohnung. Ich musste ein neues Heft anfangen und einen neuen Aufsatz schreiben. Ich erinnere mich nicht mehr an die blutleere, falsche Geschichte. Seitdem hasste ich Hausaufsätze. Viel lieber schrieb ich Klassenaufsätze in der Schule. Da konnte mir wenigstens niemand reinreden oder mich stören und zwischendurch irgendeine andere Aufgabe machen lassen. Bei der Unterschrift unter dem Aufsatz guckte meine Mutter sowieso nur auf die Zensur. Es war meistens eine Eins für den Inhalt und eine Drei für die Schrift oder Form, wie es später genannt wurde, Grammatik und Orthografie waren meist auch sehr gut. Orthografie hatte ich mir hart erkämpft, wie hart, glaubt kein Mensch. Wir waren aus einer sächsischen Kleinstadt gekommen, das bedeutete, wir sprachen lupenreines Sächsisch. Cottbus war eine Stadt, in der recht, nein, sehr gutes Hochdeutsch gesprochen wurde. Die Kinder, mit denen wir auf der Straße spielten, konnten lauthals lachen, wenn die Wörter für sie zu absurd klangen. Ich war die Erste aus der Familie, die Hochdeutsch sprach, nachdem ich meinen Eltern heftig vorgeworfen hatte, dass sie endlich richtig sprechen sollten wie alle Leute hier. Der sächsische Einfluss auf meine Rechtschreibung zeigte sich erst bei freierem Sprachgebrauch in der dritten Klasse, wenn ich nicht gelernte Wörter in meinen Niederschriften verwendete. Meine „Damaden" hießen nun mal „Tomaten", eine Stulle war eine

Bämme oder Schnitte und kein Stück Stollen – selbst das Essen war mir verleidet durch enttäuschte Erwartungen. Aber am allerschlimmsten und erniedrigend war die Geschichte mit der Pinzette und den Fluortabletten. Nach zahnärztlichen Gesundheitsvorsorgeentscheidungen bekamen wir Kinder täglich eine Fluortablette in der Schule. Ich durfte sie zu Unterrichtsbeginn jedem Kind auf seinen Platz legen, mit einer Pinzette aus dem Glas nehmen, das im Klassenschrank aufbewahrt wurde. Nach der Ausgabe am ersten Tag fand ich es hygienischer, die Pinzette in einen Umschlag zu stecken. Überlegt, getan. Damit sie nicht verloren geht und gesehen wird, was im Umschlag ist, schrieb ich mit großen Druckbuchstaben drauf: Bingsette.

Am nächsten Tag rief mich die Lehrerin zu sich und wollte wissen, was das sei. Natürlich erklärte ich ihr genau meine Beweggründe. Sie nahm es als Anlass, nach der Schreibung von Pinzette zu fragen und schrieb es an die Tafel. Ich glühte und brannte äußerlich und innerlich tagelang vor Scham. Ich hatte vorher schon die Pinzette nicht gekannt.

Wie peinlich – ich schäme mich heute noch.

5.6 Grundschulreminiszenzen

Gesundheitsvorsorge spielte auch damals eine große Rolle. Es wurde über die Schulpolitik betrieben, zentral vom Gesundheitsministerium. Das bedeutet praktisch, dass jährlich einmal ein Zahnarztwagen auf den Schulhof kam und alle Klassen, jedes einzelne Kind eine zahnärztliche Untersuchung erhielt und einen Zettel für die Eltern, was zu tun sei. In größeren Abständen mussten wir klassenweise zum Allgemeinarzt, der sich für unsere körperliche Konstitution interessierte und festlegte, welche zu dünnen Kinder zur Kur und zum Zunehmen geschickt wurde. Ich wurde nie ausgewählt, war eben ein Pummelchen, dabei wäre ich so gern zur Kur gefahren. Aber dürr war ich eben nicht.

Einmal kam das Hygieneamt. Sie nahmen etwas Schmutz von unseren Fingernägeln und aus unseren Bauchnabeln. Das legten sie vorsichtig in Glasschalen und deckten es ab. Nach zwei Wochen kamen sie wieder und zeigten uns, was darauf oder daraus gewachsen war. Sie brauchten nur einmal zu sagen, dass wir beim Baden auch unseren Bauchnabel und Zehenzwischenräume waschen und täglich die Fingernägel reinigen müssten. Damals gab es bei uns zu Hause keine Nagelfeilen, aber mit der Nagelschere ging es auch.

Wofür interessierte sich die Schulbehörde noch außer Unterricht und Schulangelegenheiten?

Mehrfach im Schuljahr war Ranzen-Kontrolle. Wir mussten den ganzen Inhalt auf dem Tisch ausbreiten, die Taschen wurden angeguckt, deren Inhalt auch. Es hieß dann, Kontrolle, ob wir Schmutz- und Schundliteratur bei uns hätten, so etwas gehöre nicht in die Schulmappen und überhaupt nicht zu uns. Wir wussten nicht, ich wusste nicht, was Schmutz- und Schundliteratur ist, es hatte auch nie jemand aus unserer Klasse so etwas bei sich. In der Schule weiß ich nicht, es wurden uns nie Beispiele gezeigt. Ich konnte mir nur vage vorstellen, dass meine Großeltern so etwas einmal hätten haben können. Denn als ich mal wieder in den Schulferien bei ihnen war, lagen als Klopapier ausgerissene Seiten aus vierzig Jahre alten Karl-May-Heften dort. Ich las ein paar Seiten, eine Geschichte, wie weiße Siedler die Blattern bei den Indianern mit der Übergabe von warmen Decken einschleppten, um die Indianer auszurotten. Bilder waren auch in den Heften. Viel habe ich davon nicht gelesen, ich fand das schmutzig und schändlich, meine Oma nannte es auch Schund.

Also ich glaube, mehr Außergewöhnliches passierte in der Schule nicht, na, vielleicht doch. Wir lernten ja nicht nur Schulstoff wie Lesen, Schreiben und Rechnen, Heimatkunde in den ersten beiden Schuljahren, später in den höheren Klassen kamen neue Fächer hinzu und alte wurden umbenannt und begleiteten uns bis zum Abitur. Wir lernten auch Betragen, Fleiß und Ordnung, was in Schulnoten ausgedrückt wurde. Im Betragen hatte ich immer eine Eins, ich war ja schließlich ein stilles, ruhiges Kind, das ordentlich auf seinem Platz saß, die Unterarme aufgelegt, das sich meldete, nie schnipste, wenn es eine Antwort geben wollte, ein Kind, das in der Pause nie durch die Bankreihen tobte oder freche Reden führte. In Fleiß und Ordnung hatte ich auch Einsen. Meine nicht gemachten mündlichen Hausaufgaben konnten nicht bewertet werden, ich konnte die Fragen zum Schulstoff recht ordentlich beantworten, gut bis sehr gut, und vergessen habe ich Schulzeug höchst selten, wobei die Zeit morgens vor dem Aufstehen einfach zu knapp gewesen war. Das bedeutete, höchstens mal einen Strich in Ordnung, aber nicht gleich eine Zensur schlechter.

Als Ergänzung zum Betragen möchte ich der Vollständigkeit halber hinzufügen, dass ich es in acht Schuljahren lediglich auf eine Verwarnung gebracht habe, halt, mal eine, nein, eigentlich zwei, wobei die Erste auf einen Wandertag in der dritten, vierten Klasse zurückfiel. Wir waren auf einem Ausflug im Park, im Wald. Die Jungen kletterten auf einen Baum, ich auch ein kleines Stück, dabei war es uns doch vorher untersagt worden, und ich hatte außerdem einen Rock an. Das gab Ärger – ein Donnerwetter von der Lehrerin und eine Erwähnung in der Elternversammlung sowie ein schriftlicher Eintrag ins Tagebuch (so hieß das Hausaufgabenheft damals).

In der siebten Klasse hatte ich im Musikunterricht mit dem Kopf nach unten öfter von einem Pfefferkuchen abgebissen, was mir eine schriftliche Verwarnung einbrachte. Es war aber auch gar zu langweilig ... Und ich kam in dem Schuljahr sowieso nur mit dem „Jäger aus Kurpfalz" zum Vorsingen dran, und das dreimal, jedes Mal brachte es mir eine Drei ein. Singen, Stimmehalten konnte ich genauso wenig wie schön schreiben und Schönschreiben, „Form" waren meine Schulfächer mit der Zensur Drei, befriedigend,, Einsen hatte ich stets im „Sozialverhalten". Uns Kinder zu gutem Betragen zu erziehen war eine Daueraufgabe aller Erwachsenen, ob Eltern, Großeltern, Lehrer, Erzieher, Pionierleiter, Sporttrainer und Wer-weiß-wer-noch-Erwachsener. Wir lernten Regeln und diese zu befolgen. Wir mussten uns damals durch gutes Betragen verdienen, überhaupt in die Pionierorganisation aufgenommen zu werden.

Im September 1954 war ich mit sieben Jahren eingeschult worden, drei Monate war Zeit, sich zu bewähren, ob man durch vorbildliches Betragen und gute schulische Leistungen würdig genug war, Pionier zu werden. Ich wurde für würdig befunden.

Die festliche Feierstunde fand im Pionierhaus der Stadt statt. Wir wurden namentlich auf die Bühne gerufen, wir bekamen das blaue Halstuch umgebunden. Den Pionierknoten hatten wir schon vorher gelernt und geübt, eine weiße Pionierbluse hatte ich auch schon an, denn die Würdigkeit war den Eltern vorher mitgeteilt worden. In der Festrede wurden wir daran erinnert, dass die drei Ecken des Halstuchs die Einheit von Elternhaus und Schule und der Pionierorganisation symbolisieren. Im Anschluss sahen wir den Thälmann-Film mit Günther Simon. Ich habe fürchterlich geheult, es war so traurig und schlimm, dass man nur hoffen konnte, dass so etwas nicht wieder passiert und jetzt alles vorbei war und wir endlich in die gute Zeit für alle gingen. Wir sollten das Halstuch dann jeden Tag in der Schule tragen, die Pionierkleidung aber nur zu festlichen Anlässen wie Pioniergeburtstag, Republik-Geburtstag, Frauentag, 1. Mai, Lehrertag und Besuch bei der Patenbrigade, wenn wir dort ein Programm vorführen.

Ich trug mein blaues Pionierhalstuch sehr gern, den Knoten konnte ich ganz prima. Bald begann jeder Unterrichtstag damit, dass ein Pionier vorn am Lehrertisch stand und „Achtung!" rief, sobald der Lehrer die Klasse betrat. Er machte Meldung, dass Klasse 3a mit 24 Schülern, einem Fehlenden wegen Krankheit, zum Unterricht bereit sei. Der Lehrer bedankte sich, der Ordnungsdienst habende Pionier nahm die rechte Hand hochkant auf den Kopf zum Pioniergruß erhoben und sagte: „Für Frieden und Sozialismus seid bereit!" Alle Schüler antworteten mit dem Pioniergruß, Hand auf dem Kopf: „Immer bereit." Der Unterricht konnte beginnen. Irgendwann wurde das Ritual wieder abgeschafft. Wir waren dann schon größer. Einmal in der Woche war Pioniernachmittag, immer mittwochs. Wir machten da immer etwas Schönes, wir bastelten oder spielten oder sammelten Altstoffe oder Eicheln und Kastanien oder gestalteten eine neue Wandzeitung. 1953 war eine neue Zeitschrift herausgegeben worden, „Fröhlich sein und singen" hieß sie, später kurz „Frösi". Da fanden wir großartige Anregungen für unser Pionierleben. Es gab Geschichten und Witze, Lieder mit Noten und Text, Bilder, Bastelbögen, einmal auch ein „Buch der guten Taten", in das wir ein Schuljahr lang eintrugen, was wir an guten Taten vollbracht hatten, wie viele Altstoffe wir gesammelt hatten, wie vielen alten Menschen geholfen, Ordnung und Sauberkeit im Schulgebäude und Klassenraum geschaffen usw. Einmal gab es eine Kampagne, sich Kaninchen anzuschaffen.

Ich fand die Idee sehr logisch und absolut notwendig. Ich wusste auch, wie wir sie auf unserem Hof umsetzen könnten. Es stand dort ein Wachpostenhäuschen. Ich hatte dort noch nie einen Wachposten gesehen, allerdings war das Wachhäuschen hinter dem Maschendrahtzaun, der unseren Hof teilte. Doch wir könnten ja fragen. Wir könnten die Kaninchenboxen übereinander einbauen, und für die Fütterung würden wir Kinder des Wohnblocks die Verantwortung übernehmen. Ich schilderte meinen Plan zu Hause – natürlich beteiligten wir uns nicht an der Kaninchenzuchtkampagne (Ich hatte auch nie den Zweck der Kampagne vor Augen, denn heute denke ich, sie sollte die Ernährung und Versorgung der Bevölkerung unterstützen. Es gab damals wenig Fleisch zu kaufen, alles lief noch über Lebensmittelkarten.). Es stimmte mich jedenfalls sehr traurig, denn meine Idee war unschlagbar, und ich hätte der FRÖSI so gern von unserer Beteiligung berichtet.

Dafür beteiligten wir uns intensiv am Nationalen Aufbauwerk, NAW, und der Sammlung für den Rostocker Hafen und natürlich am Altstoffsammeln, das brachte noch dazu Geld für die Klassenkasse und Punkte für das „Gute-Taten-Buch".

Fange ich bei Letzterem an: Wir sammelten Altstoffe: Gläser, Flaschen und Papier sowie auch Knochen und Schrott. Das Symbol war das Rumpelmännchen, dunkelblau gekleidet mit Zipfelhut und einem Sack auf dem Rücken, daher leicht gebeugt. Das meiste Geld und die meisten Punkte brachten Schrott und

Knochen, jedoch am häufigsten sammelten wir Gläser, Flaschen und Papier aus unseren Familien und von den Nachbarn. Wir waren ehrgeizig und wettbewerbsorientiert. Bei Schrott hatten wir wenige Chancen, doch um an Knochen zu kommen, hatte ich eine gute Idee. Nicht weit von uns befand sich der Schlachthof, ich hatte ausgekundschaftet, dass sie dort riesige Kisten, Metallbehälter mit sortierten Teilen von geschlachteten Tieren, nutzten, also Knochen, Hörner und Sonstiges.

Ich überredete eine Schulfreundin, deren Opa einen Handwagen hatte, mit mir zum Schlachthof zu fahren und im großen Sack, den ich in unserem Keller gefunden hatte, Knochen zu holen. Im Laufe des Schuljahres machten wir das zwei-, dreimal. Damit der Knochensack recht schwer wurde, packten wir einen Pferdefuß mit hinein. Wir zogen den Handwagen durch die halbe Stadt zur Altstoffsammelstelle, es wurde in den Sack geguckt – aha, Knochen, gewogen – und unser Sammelkonto schnellte in die Höhe.

Für den Rostocker Hafenausbau galt es, viel Margarine im Haushalt zu verwenden. Jeder Margarinewürfel war mit einer kleinen Wertmarke bedruckt, die ausgeschnitten und in ein Sammelheftchen geklebt wurden, bei Vollständigkeit des Heftchens wurde es eingeschickt. Man hatte Chancen auf irgendeinen Gewinn. Jedoch ging ein Anteil des Margarinepreises an den Rostocker Überseehafen. Margarine brauchten wir zu Hause viel. Bei uns wurde die Butter gemischt, Hälfte Butter, Hälfte Margarine. Reine, gute Butter vertrug ich nämlich nicht, nur gemischte aufs Brot gekratzt. Na, und gebacken und gebraten wurde sowieso nur mit Margarine, entweder Sonja oder Marina, das waren die billigsten Sorten. Was fehlt noch von den gesellschaftlich nützlichen guten Taten? Das Nationale Aufbauwerk. Mehrmals im Jahr wurden Familien aufgerufen, sich an einer nützlichen Bautätigkeit, meistens schippen und graben, in der Stadt zu beteiligen. Ich erinnere mich nur an einen großen Sandberg hinter dem Schlachthof, den wir abtrugen, abbuddelten und den Sand auf Hänger schippten, Letzteres nur die erwachsenen Männer. Es gab Anstecknadeln fürs NAW. Ich bekam auch einmal ein Abzeichen für gesellschaftlich nützliche Tätigkeit. In der Pionierorganisation wählten wir ab der dritten Klasse einen Gruppenratsvorsitzenden, einen Stellvertreter, einen Schriftführer, einen Kulturfunktionär. Ich war vier Jahre lang Gruppenratsvorsitzende und sehr stolz darauf, in dieser Funktion durfte ich mir einen roten Streifen auf den linken Ärmel der Pionierbluse nähen. Mein Ziel war es, drei Streifen anzunähen und stolz als etwas Besonderes zu tragen. In der siebten wurde ich in den Freundschaftsrat der Schule gewählt, das brachte den zweiten, in der achten wurde ich Freundschaftsratsvorsitzende und hatte endlich drei. Mein zweites großes Ziel war das Pionierlager Artek auf der Krim gewesen, doch ein Schüler aus der Klasse über mir war damit ausgezeichnet worden, Artek gab es nur alle zwei Jahre. Ich erhielt jedoch nach der achten Klasse eine dreiwöchige Reise innerhalb einer Gruppe der dreißig besten Schüler aus dem Bezirk Cottbus nach Polen. Da war ich schon FDJlerin und mit zwei weiteren die Ältesten der ausgezeichneten Schüler, wir trugen stolz die blauen FDJ-Blusen.

Ich ging in eine – wie sie damals genannt wurde – Sonderklasse.

1956 waren wir der zweite Jahrgang dieses Typs Sonderklasse in Cottbus. Die besten 25 Schüler aus allen Schulen der Stadt waren dafür ausgewählt worden. Wir lernten ab der dritten Klasse Russisch, das war unsere Besonderheit. Später hießen diese Klassen R- oder Russischklassen.

Wir waren also 25 Ausgewählte, gute Leistungen in den ersten beiden Schuljahren, ordentlich, fleißig und diszipliniert und damit vielversprechend für die Zukunft. Wir waren auch alle Pioniere, nein, halt, wir mussten bald alle Pioniere sein. Einer musste die Klasse wieder verlassen, weil seine Eltern es ihm nicht gestatteten, Pionier zu werden. Sie waren Umsiedler, hatten eine Schusterei. Andere Eltern verschwanden später mit ihren ausgewählten Kindern in den Westen, nicht viele, aber unter anderem der Schulrat von Cottbus.

Wir hatten auch eine Patenbrigade beim RAW, Reichsbahnausbesserungswerk, die wir zu Festtagen besuchten, ein Programm vorführten und von Brigademitgliedern übers Gelände geführt wurden. Wir durften sogar auf eine Dampflok klettern, es wurde uns viel gezeigt und erklärt. Wir lernten, praktische, schwere Arbeit zu schätzen. Das war wichtig, damit wir später nie überheblich auf einfache Arbeiter blicken sollten, denn sie schufen die materiellen Grundlagen unserer Lebensbedingungen. Brigademitglieder kamen auch manchmal zum Unterricht, um uns eine Stunde beim Lernen zu erleben. In der siebten und achten Klasse hatten wir einen Wochentag „Unterrichtstag in der Produktion". UtP war in ein weißes Band eingewebt, das wir auf den Latz unserer Arbeitshose nähten, damit die Arbeiter im RAW sahen, wozu wir dort herumliefen und zugguckten, nein, nicht nur zugguckten, wir lernten auch Bohren, Sägen, Fräsen, Feilen, Glätten und vieles mehr. Einerseits spürten wir, wie schwer es war, exakte Werkstücke herzustellen, andererseits wuchs damit unsere Achtung vor den Arbeitern. Die enge Verbindung zwischen Arbeiterklasse und Intelligenz wurde früh geschaffen. Wir freuten uns immer auf den UTP, allerdings die theoretischen Stunden ESP, Einführung in die sozialistische Produktion, fanden wir ziemlich langweilig. In den Pausen machten wir unsere ersten Rauchversuche mit den billigsten Zigaretten, Karo und Salem. Es war eklig, aber der Versuch war es wert auf dem Weg zum Erwachsenwerden.

5.3.3 Verlust des Vertrauens und verstummt

1957. Es war der zweite Sommer in der Bonnaskenstraße. Bauarbeiten hatten wieder begonnen, die Ecke neben unserem Wohnblock sollte mit einem Wohnblock zugebaut werden. Die Baugrube wurde ausgehoben, an den Wochenenden ein hervorragendes Spielgelände für uns Kinder. Wir kletterten hinein, rutschten den Sand hinunter, kletterten wieder hoch, balancierten auf den Rändern. Wir hatten immer neue Ideen. Der Schwierigkeitsgrad wurde gesteigert. Karin, ein Jahr älter als ich und das Jüngste von sieben Kindern, von denen weitere drei in der gleich großen

46 qm großen Zweieinhalbzimmerwohnung lebten und für die nie einer Zeit hatte, kam auf die Idee, einem von uns die Augen zu verbinden und ihn von einem anderen Kind am Baugrubenrand entlangzuführen. Ich sollte die Erste mit verbundenen Augen sein. Ich wollte nicht, doch es sollte als Mutprobe gewertet werden. Ich bettelte, dass sie mich gut festhalten solle und den Weg genau ansagen, dann würde ich mich führen lassen. Sie musste mir dreimal versprechen, mich nicht hineinfallen zu lassen. Sehr zaghaft und immer noch widerstrebend ließ ich mir die Augen verbinden, fasste sie an der Hand und ließ mich langsam balancierend führen. Plötzlich ließ sie meine Hand los, ich rutschte aus und ab und fiel in die Baugrube, landete auf dem Hinterkopf. Mir war schwindlig, ich stand langsam auf, kletterte mühsam am Rand hoch und ging ganz langsam über den Hof, durch den Keller nach Hause. Mir war übel. Verletzungen hatte ich keine. Ich zog mich aus, wusch mich und legte mich ins Bett. Ich blieb den Rest des Tages im Bett, auch den darauffolgenden Sonntag. Ich stand nur zum Essen kurz auf, sagte, mir sei schlecht und legte mich wieder hin. Am Montag ging ich wieder zur Schule. Mit Karin sprach ich nie wieder ein Wort, ich ignorierte sie, sie war Luft für mich.

An diese Geschichte erinnerte ich mich erst circa 35 Jahre später wieder, als ich zu einer Weiterbildung in Suggestopädie war. Eine Übung war, sich rückwärts von einer Tischtennisplatte auf die zehn Paar Arme der anderen Kursteilnehmer fallen zu lassen. Ich war die Einzige, die sich nicht fallen lassen konnte, auch nicht wie ein Kreisel in der Mitte herumgestoßen zu werden, obwohl ich es schon zehnmal bei den anderen gesehen hatte und nichts passiert war.

Ich wusste genau, dass ich mich auf niemanden verlassen konnte. Ich hatte zu niemandem Vertrauen.

Ich wusste genau, dass ich niemandem etwas im Vertrauen erzählen konnte, es wurde sowieso weitererzählt, derjenige meinte es ja gut, denn er musste helfen und Rat suchen, wenn ich nicht weiterwusste. Oder er wusste gar nicht, weshalb es geheim bleiben sollte, es war doch nichts dabei.

So sprach ich mit niemandem über Dinge, die für mich vertraulich waren. Wozu auch, wenn ich nicht wollte, dass es publik wurde, musste ich es einfach nur keinem erzählen, ich brauchte nur zu schweigen. So wurde ich schweigsam und zurückhaltend. Es gab eigentlich gar nichts mehr, worüber ich sprechen musste. Erwachsene waren schon lange unglaubwürdig für mich.

War ich froh und erleichtert, dass ich geboren worden war, nachdem der Krieg zu Ende war. Eine neue Zeit war angebrochen. Wir Kinder konnten alle zur Schule gehen, wir sollten lernen, lernen und nochmals lernen, damit wir später unsere Kraft für ein besseres Leben einsetzen können. Uns standen alle Wege offen, keiner war benachteiligt. Das Bildungsmonopol der herrschenden Klasse war gebrochen. Doch warum hatten manche Kinder keine Lust zum Lernen? Das konnte ich mir nicht erklären.

6.1 Fragmente

6.1.2 Erziehung und Großwerden

Erziehungseinflüsse und Maßnahmen, die mich geformt haben, kann ich aufzählen: Es waren der Drohungen viele, wie „der schwarze Mann kommt und holt dich, wenn du nicht folgst", „Knecht Ruprecht kommt mit der Rute, die zwiebelt ganz schön auf dem Hintern, also folge lieber". Somit waren „hören" und „folgen" Verhaltenswerte allerhöchster Priorität. Alle Anweisungen der Erwachsenen waren absolut richtig und sofort zu befolgen sowie Aufträge und Besorgungen umgehend zu erledigen.

Entscheidend für die Kommunikation war es, nicht einfach daherzureden und nur zu sprechen, wenn man gefragt wird.

„Warte, bis du dran bist!" Und ich habe oft gewartet – bin nie drangekommen.

Auf die Minute pünktlich sein, keine Diskussion, keine Entschuldigung, lerne den Schlägen der Kirchturmuhr zu folgen und die Viertelstunden zu zählen, dann kommst du nicht zu spät. Am Tisch sitzt du gerade und legst die Hände auf den Tisch.

Es wird gegessen, was auf den Tisch kommt, womit ich keine Schwierigkeiten hatte, ich war ein Allesesser.

Mach dich doch bloß nicht immer so dreckig! Auch wenn du im Garten hilfst, auch beim Unkrautzupfen kannst du sauber bleiben. Du ziehst das an, was dir hingelegt wird.

Abends um sieben bist du im Bett, und dort bleibst du auch! Von wegen noch Ansprüche stellen!

Denke ich an meine Kindheit, so friere ich. Hunger hatte ich nie, außer Appetit auf hin und wieder einen Liebesknochen (richtig: Eclair) oder eine Kugel Fruchteis für 10 Pfennig, mehr gab es sowieso nicht, aber gefroren habe ich im Winter immer entsetzlich. Die Schlafräume wurden nie beheizt, es gab auch gar keinen Ofen drinnen, im Hinterhaus sah ich an die Unterseite der Dachziegel, im Vorderhaus schien die Sonne rein.

Ich denke an mein Sitzen auf dem Fußboden in der Wohnküche meiner Großeltern. Ich sehe meine Oma am Eisen-Herd wirtschaften und mich dann drei Teller Suppe essen. Ich aß liebend gern süßsaure Flecke. Später, wenn ich in die Ferien fuhr, wünschte ich mir immer, einmal Flecke zu essen. Nach meiner Oma kochte nie mehr jemand Flecke. Wann verstand ich eigentlich, dass es eines der billigsten Essen überhaupt war? Wann verstand ich eigentlich, dass wir bettelarm waren? Als wir später in der Schule über die verschiedenen sozialen Schichten hörten, verstand ich, dass ich der Stadtarmut zuzurechnen war, obwohl ich es niemals erwähnte. Heute sage ich, ja, wir gehörten zur sozialen Schicht „Stadtarmut": schlecht bezahlte Tätigkeiten, Gelegenheitsjobs, Arbeitslosigkeit in der Weltwirtschaftskrise der 20er, Geburt meiner Elterngeneration Mitte/Ende der 20er des 20. Jahrhunderts, acht Schulklassen, Pflichtjahr in der Landwirtschaft, dazwischen der 2. Weltkrieg: meine Oma mit zwei minderjährigen Kindern zu Hause, mein Opa bei der Wehrmacht im Russlandfeldzug bis Stalingrad, zwei Oberschenkel- und einen Lungendurchschuss von Scharfschützen, in Kriegsgefangenschaft in Russland bis 1948. Bei seiner Rückkehr war er Großvater mit 38 Jahren. 1947 wurde ich schon geboren, meine Mutter die minderjährige Tochter ohne Beruf.

Hut ab vor meiner Oma, wie sie uns alle durchbrachte, keine Ahnung. Jedoch kein Wunder, dass sie sehr böse den Verwandten gegenüber war, denen es allen besser ging. Zitat Dora: „Keiner hatte so ein „missratenes Mensch" wie Dunja."

Ich glaube, mich mochte Dora, meine Oma. Ich war ein stilles Kind, das ihren Belehrungen über das Leben folgsam lauschte und mich über ihre Zuwendung des Essenkochens, der Wärmflasche ins Bett-Packen, des Kleidungsnähens unsagbar freute.

Meinem zwei Jahre jüngeren Bruder ging es bei meinen Großeltern mütterlicherseits sehr schlecht. Erstens war er Linkshänder, sodass ihm beim Essen die linke Hand am Stuhl festgebunden werden musste, zweitens aß er nicht alles, nur die „guten Bissen", sodass er zum Essen, auch fettes Fleisch, gezwungen werden musste bis zum Brecheimer, drittens war er laut und quatschte pausenlos. Meine Oma wollte ihn nicht mehr bei sich haben. Das Problem ließ sich sehr leicht lösen, er ging zur Oma väterlicherseits, die ihn abgöttisch liebte. Dazu gab es die Schwester des Vaters, seine Tante, die an „Ralfi" einen Narren gefressen hatte. So war es während der Kindergartenzeit und in den Schulferien hervorragend aufgeteilt, ich bei Oma und Opa in Pulsnitz, Rolf bei Oma und Tante in Lomnitz. Anfangs fuhren wir von Cottbus nach Pulsnitz mit dem Zug, nach Pulsnitz mit Umsteigen in Senftenberg, ich sechs Jahre alt, Rolf vier Jahre alt. Später konnte er allein mit dem Bus von Cottbus nach Ottendorf-Okrilla, zum Arbeitsort der Tante, fahren und von ihr dort abgeholt werden. Für ihn gibt es heute noch die traumatische Erinnerung, dass er mit Pappschild um den Hals reisen musste.

Ich fuhr gern mit dem Zug, ich kannte alle Stationen der Strecke, die Umsteige- und Ankunftszeit. Meine Oma holte mich immer ab, ich kann der Freude noch heute nachspüren, wenn ich sie am Bahnhof stehen sah und wir dann zusammen zum Hinterhaus liefen. Kaum war ich im Hinterhaus angekommen, kam eine ruhige Ausgeglichenheit und Freude über mich. Ich fühlte mich wohl, war angekommen und wurde „in Ruhe gelassen". Ich wollte jeden Tag einkaufen gehen, durfte ich mit klaren Anweisungen, was wo und wann, ich konnte stundenlang mit meiner Kindergartenfreundin spielen, musste nur pünktlich nach Kirchturmuhrglockenschlag zurück sein – manchmal durften wir beide am Wohnküchentisch malen, während Oma ihr Mittagsschläfchen hielt, aber kein Wort dabei sprechen, was wir beide mühelos befolgen konnten. Einmal in der Woche gingen wir ins Kino, nachdem ich das Programm und sämtliche Filmbeschreibungen auswendig gelernt und ihr vorgetragen hatte. Wenn wir gemeinsam zur Vorstellung um halb sechs gingen, backte sie vorher Haferflockenkügelchen mit blassem Kakao, sodass wir etwas zum Naschen hatten, auch aßen wir da schon um 17 Uhr Abendbrot. Als großes Schulkind ging ich dann auch allein ins Kino, denn Filme wie Theaterstückverfilmungen vom Wiener Burgtheater mochte sie nicht sehen. Ich liebte Schillers „Don Carlos" über alles, diese Geschichte ergriff mein ganzes Sein. Beim Film „Der Sturm" lernte ich verstehen, dass sich Mütterschicksale in denen der Töchter wiederholen können, was mir große Angst einflößte.

Ich lieh mir Bücher in der Stadtbibliothek aus, auch solche, die keineswegs altersgerecht waren. Hierbei fällt mir sofort „Nana" von Emile Zola ein. Jahrelang habe ich nicht verstanden, weshalb Nana ihr ganzes Geld für immer teurere Dinge, Sachen, Kleidung, Essen, Möbel ausgab, wo sie es doch besser gespart hätte, damit sie immer etwas hat und nicht verarmt hätte sterben müssen. Ich konnte es eigentlich nie so recht begreifen, obwohl ich es später mit dem Geldausgeben auch so ähnlich handhabe. Es lässt mich mein Leben lang nicht los. Ich las auch die anderen fast zwanzig Zola-Romane und erfuhr unglaublich viel daraus über das Leben, „Germinal", „Gavroche" prägten meinen Sinn für Gerechtigkeit, ebenso Viktor Hugos „Die Elenden". Maupassants Novellen eröffneten Facetten menschlicher Charaktereigenschaften und eigentümlicher Verhaltensweisen. Überhaupt lernte ich über das Leben in erster Linie aus Büchern, gefolgt von Filmen und vor allem verfilmten Theaterstücken. Da ich jetzt über mein Alter von zwölf, dreizehn, vierzehn Jahren schreibe, ich in die sechste, siebente, achte Klasse ging und wir den ersten Fernsehapparat 1959 kaufen konnten, kann ich gleich noch erzählen, dass damals mittags von halb zwei bis um drei ein verfilmtes Theaterstück im Fernsehen gezeigt wurde. Die sechste Unterrichtsstunde endete um 13:40 Uhr, danach aß ich blitzschnell mein Schulmittagessen im Speisesaal der Schule im Keller und raste mit dem Fahrrad nach Hause. So fehlte mir zwar von allen Filmen die erste halbe Stunde, aber den Anfang der Geschichte konnte ich mir aus dem Geschehen zusammenreimen. Einige davon waren späterer Schulstoff an der Oberschule. Ich erinnere mich an Schillers „Kabale und Liebe", Lessings „Nathan der Weise", Kellers „Die Leute von Seldwyla" und „Romeo und Juliane auf dem Dorfe", „Das Fräulein von Scuderi" mit Henny Porten, „Das Chagrinleder". Ich liebte diese eine Stunde wochentags, es war die schönste Stunde des Tages. Über Geschichten, Bücher, Filme kam ich zu „echtem" Leben. Dort war Leben, dort waren Menschen, die miteinander über wichtige Dinge sprachen, die mit Konflikten kämpften, die nachdachten und überlegten, die ordentlich redeten und bei einer Sache blieben, die über Geschehnisse in der Welt diskutierten, die menschliches Verhalten infrage stellten, die Lösungen im Bösen wie im Guten zeigten. Es war alles so inhaltsreich und ganz anders als zu Hause.

Wir kannten keinen Hunger, ja, wir wurden sogar regelmäßig ermahnt, unsere Schulstullen nicht in den Papierkorb zu werfen, da ja viele Kinder in der Welt hungern müssten. Ich verstand dabei nur nicht, was wir daraus lernen sollten, außer unser Brot aufzuessen. Man konnte doch nicht ernsthaft erwarten, dass wir alle alten Stullen einsammeln und nach Afrika schicken. Gefragt habe ich nicht, lieber nicht. Ich aß meine Brote immer auf, dazu aß ich viel zu gern. Mein Bruder dagegen brachte meist seine Stullen wieder mit heim von der Schule und versteckte sie im Spielzeugschrank. Vor der Samstagskontrolle räumte ich auf, eigentlich schon freitags. Da wurde sowieso gebadet, und ich musste um fünf den Badeofen anheizen. Da warf ich dann die verschimmelten Stullen mit ins Feuer.

Wir wohnten im Norden der Stadt neben einem Stadion, wohin Sonntagnachmittag die Menschen, überwiegend Männer, zum

Zuschauen bei Fußballspielen in Scharen zogen. Gleich daneben war das HdO, Haus der Offiziere, später umbenannt in HdA, Haus der Armee, wohin wir Kinder jeden Mittwoch und jeden Sonntagnachmittag zur Kinovorstellung gingen. Eine Kinokarte kostete 25 Pfennig, die bekam jeder von zu Hause. Bestimmt problemlos, weil die Eltern da mal zwei Stunden Ruhe hatten. Es gingen immer mehrere Kinder zusammen. An den Vortagen gingen wir öfter gucken, welcher Film gespielt wurde. Ich mochte Trickfilme und Filme mit richtigen Menschen, aber keine Filme mit Tieren, die wie Menschen sprachen. Manche Filme wurden nach einer gewissen Zeit wiederholt, sodass wir dann schon die Geschichten weitererzählen konnten oder wenigstens Kommentare abgeben, ob es traurig, aufregend oder lustig werden würde. Ich lernte durch die Filme viel über die Durchtriebenheit der Menschen, ihre Falschheit – das Eine vordergründig freundlich sagen und dann hinterrücks eine Falle bauen und den vertrauensseligen Freund verraten. Viele Filme hatten solche Geschichten, „Pinoccio", „Von einem der auszog, das Fürchten zu lernen", „Das singende klingende Bäumchen", „Die goldene Jurte", „Fahrt über sieben Meere".

Später, als ich dann zwölf, dreizehn Jahre alt war, durfte ich jeden Sonntag mit der zwei Jahre älteren Heidrun aus dem Nachbarhaus ins Kino ins Stadtzentrum gehen zur 17:30–Uhr-Vorstellung. Hier prägte sich mir „Der König des Böhmerwaldes" besonders ein.

Neben dem HdA war ein ganzes Wohnareal von einem Bretterzaun umgeben, die Leute nannten das Gebiet den „Kreml". Dort wohnten sowjetische Offiziere mit ihren Familien, ein paar deutsche Familien wohnten auch dort mit ihren Kindern, mit denen wir auch spielten. Daher war es für uns Kinder problemlos, durch das Wachhäuschen von den sowjetischen Wachsoldaten ins Wohngebiet gelassen zu werden. Wir spielten entweder auf der Wiese Ball, kletterten auf Bäume oder wir spielten drinnen bei Sabine und Hartmut, die durften nämlich Kinder mit nach Hause bringen.

Oder wir zogen in großen Banden zum Wäldchen am Nordrand, stahlen auch mal Rettiche und Rüben vom Feld oder gingen auf die Suche nach Flugblättern. Wir waren in der Schule aufgeklärt worden, dass die Feinde über der Stadt Flugblätter abwerfen würden und wir diese unbedingt einzusammeln und abzugeben hätten, doch wo eigentlich? Jedenfalls fanden wir einmal tatsächlich Flugblätter im Wald und sammelten sie und gaben sie in der Schule ab. So richtig gelesen hatten wir sie nicht, der Feind würde sich bestimmt lauter Gemeinheiten ausgedacht haben, die wir gar nicht wissen wollten. Einen Typ Feind des Volkes kannten wir genau, wir wussten, was Spekulanten sind. Im größten Bäckereigeschäft der Stadt waren viele gehortete Säcke Mehl, Zucker, sogar Rosinen, Kakao und was weiß ich für Köstlichkeiten ausgestellt worden, die der Privatbesitzer gehortet und versteckt hatte, damit er sich daran bereichern konnte. Er war schon verhaftet worden, aber die Bevölkerung konnte sehen, was Spekulanten treiben und warum es nicht immer alles im Laden zu kaufen gab. Wir gingen mit Lebensmittelmarken einkaufen, alles war genau zugeteilt und berechnet. Die Behörden wussten genau, wie viel Lebensmittel eine vierköpfige Familie braucht. Trotzdem musste jede Familie selbst sehen, wann sie was gegen die Marken einkaufte. Zum Glück gab es die Marken, denn in der HO hätten wir uns nichts kaufen können, alles viel zu teuer.

Ich habe nachsehen müssen, bis wann es Grundnahrungsmittel auf Lebensmittelkarten gab – bis 1958, da war ich elf Jahre alt. Wir kauften meist im Konsum ein, unsere Mutter arbeitete im Konsum als Verkäuferin. Außerdem gab es da Marken, andere Marken, pro Einkauf, die in ein kleines Heftchen geklebt wurden und am Jahresende gegen einen Geldbetrag eingelöst wurden, war gut für Weihnachten. Solche Sätze wie „Lass dir die Marken geben" oder „Hast du dir die Marken geben lassen?" gehörten zum Alltagsgespräch. Ich durfte also die größeren Einkäufe erledigen, außer Fleischer, mein Bruder musste täglich Brot beim Bäcker einkaufen. Oft hatte er keine Lust oder verschob es bis zur letzten Minute vor Ladenschluss. Einmal gab es kein bemehltes Brot mehr – bei uns durfte nur bemehltes Brot gekauft werden –, wir bekamen nur noch glattes.

Wir hatten Angst vor dem Donnerwetter. So stellten wir eine Mehl-Wasser-Tunke her und bestrichen mit dem Stollenpinsel das Brot. Es sah nicht aus wie bemehltes Brot, ein bisschen komisch, aber jedenfalls war es nicht glatt. Wir zuckten die Achseln, ja, komisches Brot heute.

Der Bäcker war in unserer Straße, am Wochenende mussten wir immer fragen gehen, wann wir den Kuchen am Sonnabend bringen können. Nach dem Mittagessen bereitete unsere Mutter das Kuchenblech vor, ich trug es dann in die Backstube zum Backen und holte den fertigen Kuchen nach einer Stunde ab. Wir hatten dreieckige metallene Namensschildchen im Kuchen, denn viele Leute brachten ihre Kuchen zum Bäcker in den großen Backofen. Es kostete nur ein paar Pfennige. Unser Küchenherd zu Hause, der mit Holz und Kohle befeuert wurde, eignete sich nicht zum Backen, obwohl er eine Backröhre hatte, die wurde höchstens mal für den Sonntagsbraten, meistens Kassler, genutzt. Samstags gab es Suppe, wochentags aßen wir in der Schule. Mir hat alles geschmeckt, außer Milchnudeln und Tomatensoße bei den Makkaroni. Meinem Bruder hat fast nichts geschmeckt. Zum Abendbrot aßen wir Kinder zwei Stullen, ich aß Leberwurst und Blutwurst, mein Bruder Teewurst, Salami gab es nicht für ihn, zu teuer. Im Sommer gab es eine Tomaten- und eine Gurkenstulle, Samstagmittag Pellkartoffeln und Quark. Wir hatten einen Schrebergarten. Dort wurden Erdbeeren, Gurken, Tomaten, Kohlrabi angebaut, Beerensträucher und einen Apfelbaum gab es auch. In der Erntezeit gab es viel Arbeit. Eine ganze Badewanne voller Gurken hatte ich einmal zu schrubben. Die Gurken wurden in Töpfe eingelegt, also mussten sie von außen sauber sein. Ich stellte meine Füße gleich mit in die Badewanne, so ließ es sich leichter bücken. Johannisbeeren waren mir ein Gräuel, sie wurden von den Stängeln gezupft. Erdbeeren habe ich gern gepflückt, gezuckert habe ich sie zu gern gegessen. Beim Marmeladekochen wusch ich vorher die Gläser. Obst einwecken war auch so eine Prozedur, bei der es nicht ohne Geschimpfe abging. Ich war nun mal nicht sehr schnell mit Birnenschälen. Noch mehr Scherereien gab es im Winter, wenn ich sonntags aus dem Keller ein Kompotteinweckglas hochholen musste. Ich trug es vorsichtig, trotzdem stolperte ich nicht nur einmal, das Glas zersprang, Scherben und Kompott auf der Haustreppe, Eimer und Wischlappen – aufwischen: „Wehe, du schneidest dich!" Noch einmal von vorn. Jeden Sonntag das gleiche Theater: „Die muss es doch mal lernen. Sie wird doch wohl so ein Kompottglas hochtragen können." Sie konnte es nicht. Mir brach schon vorher der Angstschweiß aus. Ich schaffte es erst, als ich das Glas in einen Korb tun durfte und es so tragen konnte.

Angstschweiß brach mir auch aus, wenn ich mein Sonntagsbrötchen aufschneiden wollte und alle hinguckten: „Wenn ich das schon sehe, wie die sich wieder anstellt. Halt das Messer so ... gib schon her!" „Ich möchte es lernen." Ratsch, der Schnitt ging durch den Handballen. „Habe ich doch gleich gesagt. Diese Schweinerei ..." Nun ja, ich denke heute bei jedem Brötchen daran und führe das Messer ganz bewusst. Mir war und wurde bewusst, dass ich nicht zu den Geschickten gehöre.

Vom Kreml möchte ich noch ein wenig erzählen. Dort lernte ich mein erstes russisches Wort auf einem Ast schaukelnd. Ein sowjetischer Soldat zeigt auf seine Mütze und sagte: „Schapka." Ich wiederholte es und vergaß es nie wieder.

Da unser Vater auch Bus fuhr, fuhr er manchmal seine Kollegen und deren Familien zu Ausflügen. Eines Sonntags stand die Sächsische Schweiz auf dem Plan. Obwohl diesmal die Fahrt für die „Freunde" (die sowjetischen Offiziersfamilien) und deren Familien vorgesehen war, durfte er auch seine Familie mitnehmen. Wir machten Picknick oben auf einem Felsplateau. Wir aßen unsere Brote. Ich staunte sehr, als die Eltern von Tanja, ein gleichaltriges russisches Mädchen – wir lächelten uns öfter zu, auch liefen wir gemeinsam die Wiese runter –, ein weißes Tischtuch auf der Erde ausbreiteten, darauf Brot in Stücke geschnitten ausbreiteten sowie eine Salami in Scheiben schnitten und drapierten. Es sah großartig aus, ich hatte so einen Picknickplatz noch nie gesehen. Ich sollte mich auch bedienen, doch ich traute mich nicht und schüttelte nur stumm den Kopf. Tanja gefiel mir, doch ich sah sie nur selten im Kreml aus der Ferne, sie ging ja den ganzen Tag in die sowjetische Schule am anderen Ende der Stadt. Russische und deutsche Kinder spielten nie zusammen.

Ich ging seit der dritten Klasse in die „Sonderklasse" mit Russischunterricht. Russisch machte mir Spaß. Es gab andere Schreibhefte mit einer feinen waagerechten und senkrechten Linierung, wo die fremden Buchstaben ganz exakt eingepasst werden mussten. Unser Schriftbild ähnelte sich bald, wir schrieben in einer Richtung exakt gleich breit und hoch. Ich erkenne noch heute jedes Schriftbild eines in der Sowjetunion aufgewachsenen Menschen, auch wenn er lateinische Buchstaben schreibt. Also wir lernten schreiben, wir lernten Wörter und gleich kurze Verse damit. Die Lehrerin brachte große Bilder für den Kartenständer und vor allem einen Kaufmannsladen mit. Wir spielten einkaufen mit den russischen Wörtern und in ganzen Sätzen. Es machte einen Heidenspaß – diese Erfahrung machte mich später zu einem methodisch-vielseitigen Lehrer. Wir lernten konjugieren und deklinieren, wir hatten ein Lehrbuch. Und wir lernten Lieder, obwohl die meisten Wörter des Textes noch unbekannt waren. Wir sangen „Wetchernij swon\Вечерный звон" als Erstes. In der vierten Klasse kam die Schulsekretärin während einer Unterrichtsstunde in unsere Klasse und richtete im Auftrag unserer Russischlehrerin aus, dass ich und Wolfgang sofort in die 10. Klasse zu ihr kommen sollten. Wir beide stiegen die breite Schultreppe hoch, und die Sekretärin brachte uns in die 10. Klasse. Verschüchtert standen wir vorn vor den großen Schülern. Die Lehrerin wandte sich freundlich an uns, zeigte auf die Tafel und das Wort „картина": „Sagt mir doch mal die Fälle dieses Wortes." Wolfgang war schnell mit dem zweiten und dritten Fall, ich froh, dass ich den vierten noch beisteuern konnte. Ich war ziemlich erschrocken gewesen, denn ich war nicht überzeugt, dass ich „картина" hätte deklinieren können, aber wir beide galten als die besten Russischschüler der Klasse. Die Lehrerin sagte zur Klasse: „Die beiden kennen alle vier Fälle und sind erst zehn

Jahre alt. Und ihr? Keinen einzigen." Wir durften wieder in unsere Klasse zurück, es war gut gegangen.

1953 war Stalin gestorben, woran ich mich nicht erinnere, jedoch an seine „Entthronung" durch die Rede Chruschtschows auf dem 1956er-Parteitag in der UdSSR. Diese Rede habe ich nicht gelesen, außerdem war sie nur auszugsweise in den Zeitungen, wie die Erwachsenen sagten. Der Direktor kam in unsere Klasse und sagte, dass es in der Sowjetunion schlimme Dinge gegeben habe, welche genau, erwähnte er nicht, jedoch sollen wir alle in die Zukunft schauen, und jetzt ist alles richtiggestellt. Fragen wollte er nicht hören, ich meldete mich mit der Absicht, die Frage zu stellen, wieso die vielen erwachsenen Menschen die schlimmen Dinge nicht gesehen und etwas früher dagegen unternommen hätten. Ich kam nicht dran, ich meldete mich die gesamte Unterrichtsstunde ununterbrochen, ich kam nicht dran und konnte meine Frage nie stellen.

Im Sommer fuhr ich mit dem Fahrrad zur Schule, im Winter mit der Straßenbahn. Auf dem Heimweg im Sommer fuhren Thomas, der bei mir in der Nähe wohnte, und ich durch die Puschkinpromenade. Dort kamen wir am sowjetischen Lazarett vorbei. Irgendwann hatte ich die Idee in der vierten, fünften Klasse, dass wir doch für die Soldaten ein Programm aufführen könnten. Wir traten doch vor unserer Patenbrigade, in der Schule, vor Elternabenden, im Pionierhaus öfter mit Liedern und Gedichten auf. „Wie willst du das machen? Wir können doch noch nicht so gut sprechen." Wir nahmen das Russischbuch, rissen einen Zettel aus einem Schulheft, und ich suchte mir aus dem Kopf und dem Lehrbuch Wörter für einen Satz zusammen, es ging ungefähr so: „Wir lernen Russisch in der Schule und möchten gern ein Programm aufführen bei euch." (Мы изучаем русский язык в школе и хотим совершать программу у вас.) Programm vorführen lernte ich erst viel, viel später, es war so richtig falsch formuliert. Ich ging mit dem Zettel zum Wachposten und sagte: „Sdrawstwuitje. – Здравствуйте." Und gab ihm den Zettel. Er las und guckte freundlich, sagte etwas Unverständliches. Ich zeigte auf meine Uhr und sagte: „Sawtra – Завтра." Es sollte heißen, dass wir am nächsten Tag für eine Antwort wiederkämen. Am nächsten Tag wurden wir gleich erwartet, eine Frau fragte uns auf Deutsch aus. Eigentlich sagte sie Ja und gab Uhrzeit und Wochentag an, schrieb es auf einen Zettel, den wir unserem Lehrer geben sollten. Ich weiß nicht, ob unser Lehrer – wir hatten jetzt einen Mann – etwas unternahm, doch er ging mit unserer Klasse zum festgesetzten Tag zu benannter Stunde ins sowjetische Lazarett. Es gab eine Bühne, der Saal war voll mit sowjetischen Soldaten in Uniform und vielen Verbänden, viel Weiß an Köpfen, Armen und Beinen. Wir führten unser Programm in russischer Sprache auf. Wir gaben uns viel Mühe, nur wir Kinder waren auf der Bühne. Zum Schluss sangen wir „Katjuscha", und alle im Saal sangen mit. Wir waren stolz und glücklich, als wir in Pionierkleidung mit Blumen von der Bühne abgingen und zum Wachpostentor hinausbegleitet wurden.

Später wollte ich ein Zusammentreffen mit einer Klasse der sowjetischen Schule organisieren. Es gelang mir nicht, aber nur weil ich nachmittags im Schulgebäude niemanden fand. Dann traute ich mich nicht mehr hin.

Das Lazarett war eine große Eigenmächtigkeit – mit diesem Wort wurde ich zu Hause oft bedacht, ich sei „eigenmächtig" – aber ich war doch zur Gruppenratsvorsitzenden gewählt worden, zum Gruppenrat gehörten noch vier weitere Schüler unserer Klasse, mein Stellvertreter, der mich nie vertreten musste, weil ich nie ausfiel, ein Schriftführer für die Protokolle und die Klassenchronik, ein Kassierer und ein Verantwortlicher für gesellschaftlich nützliche Arbeit. Als Vorsitzender muss man sowieso die Verantwortung für alles tragen, mit gutem Beispiel vorangehen und die besten Ideen haben. Zu Beginn des Schuljahres berieten wir unseren Jahresplan, dessen Inhalte ich schon vorbereitet hatte. Auf meinem Zeugnis zum Schuljahresende stand mal der Satz: „Angelika muss sich bemühen, auch die Meinungen anderer gelten zu lassen." Ich wusste gar nicht, wann jemand mal eine Meinung hatte, die ich nicht beachtet hatte. Meistens hatte nur ich Vorschläge. Aber der Satz brachte mir wieder ein Familiendrama ein. Nicht nur, dass mich meine Mutter zusammenschrie, meine Oma schimpfte mit meiner Mutter, dass sie so etwas auf keinen Fall „leiden dürfe". Na ja, ich war eben eigenmächtig, selbstherrlich, eingebildet, hochnäsig, überspannt sowieso. Ich war elf Jahre alt. Auf einer Fotografie im schönen karierten Kleid gucke ich sehr ernst und bedrückt. Meine Grundschullehrerin, die entsetzlich stank und wie ein Dragoner brüllen konnte, die uns alle einschüchterte, die aber extra aus dem Ruhestand geholt worden war, um uns „Sonderklasse" so richtig auf „Vordermann" zu bringen, sagte mal nach einem Elternbesuch leise in der Pause am Lehrertisch zu mir: „Warum bist du nur immer so verschlossen? Sei doch nicht so zurückhaltend." Ich zuckte die Achseln und sagte nichts, ein Gefühl von Misstrauen kroch in mir hoch, besser nichts sagen als etwas, was später wie ein Bumerang zu mir zurückkommen würde.

Da ich bei Eigenmächtigkeiten bin: Ich hatte ab der siebten Klasse den Schlüssel zum Pionierzimmer der Schule. Die Pionierleiterin bekam ein Kind, und ich als zuverlässiger aktiver Pionier konnte sie in kleinen Dingen vertreten.

Im Pionierzimmer gab es einen Schrank mit in Packpapier eingeschlagenen Büchern. Ich dachte, es wäre eine gute Idee, wenn ich die Bibliothek und Buchausleihe wiederbeleben würde, damit sich die Schüler in der Pause Bücher ausleihen könnten. Ich mobilisierte meine drei Freundinnen unserer Viererclique zum Einsatz im Pionierzimmer. Wir wickelten alle Bücher aus, es entstand ein Riesenhaufen Altpapier, wir schafften es nicht, die Bücher ausleihfertig zu machen. Es gab zwar Gemecker, aber keine Nachwirkungen, Schweigen, keine Buchausleihe, alles beim Alten. Welcher Schüler würde in der Pause schon ein Buch lesen wollen?

Zu Beginn des siebten Schuljahres, am 7. September 1960, erfuhren wir mittags in der Schule, dass unser Präsident Wilhelm Pieck gestorben sei. Es tat mir sehr leid um ihn, sein Porträt hing all die Jahre im Klassenzimmer an der Wand, wir sahen ihn jeden Tag. Nach Schulschluss lief ich schnell nach Hause, holte unsere DDR-Fahne aus der Kammer, fand ein Stück schwarzen Samtstoff, schnitt ihn zurecht als Trauerflor und band ihn an das obere Ende der Fahne und steckte sie in den Fahnenhalter am Wohnzimmerfenster. Unsere Wohnung war als Erste geflaggt zum Todestag Wilhelm Piecks.

Eine andere Aktion war erfolgreich. Am Schulhof-Eingangstor gab es zwei große Schaukästen, leer, tot. Wieder mobilisierte ich ein paar Kinder. In der siebten Klasse war ich nämlich Mitglied im Freundschaftsrat geworden. Wir gestalteten aus Anlass der Jugendweihe die Schaukästen. Wir brachten Bilder auf farbiges Hintergrundpapier, legten Buchstaben Jugendweihe 1960 auf, schrieben einen Text. Die Schaukästen waren für alle eine Überraschung am nächsten Morgen. Sie wurden von da an immer gestaltet, als Klassenaufträge vergeben.

In jedem Klassenzimmer hing ein Lautsprecher über der Tür. Dort gab der Direktor manchmal eine Information an alle Klassen durch, wie zum Beispiel: „Am Montag Fahnenappel um sieben Uhr fünfundvierzig auf dem Schulhof." Oder „Schüler soundso bitte ins Sekretariat". Es gab Wichtigeres, nämlich plötzliche Änderungen im Schultagesablauf. Ich dachte mir, dass die Lautsprecher viel zu wenig genutzt wurden. Man könnte doch einen Schulfunk einrichten, um schlechtes Benehmen, schlechte Ordnung usw. anzuprangern, aber nicht so wie die Lehrer vor der Klasse oder der Direktor in der Aula. Nein, man könnte kleine Szenen sprechen, damit die Schüler selbst die Konsequenzen aus der Situation verstehen würden. Wir, meine Freundin Christina und ich, wollten die Schulfunkgespräche immer freitags in der letzten Pause vortragen. Ein Lehrer, den ich für die Idee gewann, bediente die Technik. Ich schrieb die Gespräche, ich hatte immer eine Idee. Wir probten, und es wurde aufgezeichnet. Der Lehrer war sehr, sehr freundlich zu Christina, scherzte mit ihr. Mich behandelte er wie ein Stück Technik. Dabei machte ich viel mehr, ich schrieb die Texte und sprach. Vielleicht lag es daran, dass ich fand, ich stinke. Ich hatte zwei „Schulkleidungen" zu der Zeit, ein blau kariertes Kleid aus einem alten Kleid meiner Mutter gemacht sowie einen neuen Trägerrock aus einem riechenden, braun gesprenkelten Stoff mit Pullover. Ein Jahr später wurde das blau karierte Kleid gegen einen neuen blauweißen Rock mit weißem Kästchenmuster und einer Schafwollstrickjacke ausgetauscht. Ist auf dem Foto der 8. Klasse zu sehen. Überhaupt hatten wir alle nicht so viele Sachen, wir wechselten sie auch höchstens wochenweise. Freitags wurde gebadet, zum wiederholten Male erwähne ich es, samstags gab es die frischen Sachen für die neue Woche. Christina hatte eine Woche einen weiten, die nächste Woche einen ganz engen Rock an. Sie sah einfach hübsch aus mit ihren blauen Augen und den schwarzen Haaren. Ihre Mutter war gerade erst gestorben, wir bewunderten ihr normales Verhalten. Wir ließen uns beide einmal zusammen fotografieren in der achten Klasse. Wir trugen beide Pullover mit V-Ausschnitt und weißem Einsteckkragen. Ich fand zu Hause nur einen weißen Kragen mit Spitzenrand bei meiner Mutter im Schubkasten, einen dunklen Pullover hatte ich. Christina im schwarzen Pullover mit glattem weißem, schlichtem gebogenem Kragen, lieblich lächelnd – ich daneben nichtssagend, altmodisch, mit Dauerwelle, einfach hässlich.

Ungefähr sechs Jahre später ließ ich mir die Haare tiefschwarz färben, ich wollte auch ein „Typ" sein wie Christina, schwarzhaarig und blauäugig.

Ich wurde nie ein Typ, immer Mischmasch – die Typenberatung nach der Wende ergab: Sommer, Mischmasch, graugrüne Augen. Ich bin kein Typ.

Gegen das Stinken konnte ich angehen, irgendwann konnte ich es mir leisten, täglich meine Kleidung zu wechseln. Das habe ich beibehalten, ich wechsle täglich meine gesamte Kleidung und wasche sie. Zwei Tage dasselbe Kleidungsstück zu tragen bedeutet für mich traumatische Erinnerung an den wöchentlichen Kleidungswechsel.

Mein Bruder behauptete zwar damals häufig, ich stinke, weil ich mich zu viel wasche. „Die stinkt wie ein Waldesel." Was war eigentlich ein Waldesel für ein Tier?

Vielleicht war es auch so: Das Körperdeo war damals noch nicht erfunden, ich war in der Pubertät, und körperliche Veränderungen spielten sich seit meinem zwölften Lebensjahr ab.

Mein Busen wuchs langsam, einen BH brauchte ich eigentlich nicht, die kleinste Größe 2 ging aber schon. Ich trug auch die alten, selbst genähten Stoff-BHs meiner Mutter, sie waren nicht gepolstert, hielten aber den Oberkörper fest. Auffallen wollte ich nicht, denn Martina hatte es sehr schwer. Nach den Sommerferien kam sie mit BH und viel Busen zu Beginn der 8. Klasse in die Schule. Ein Tumult bei den Jungen brach aus, alle hätten sie gern anfassen wollen. Die Grabscherei ging los, aber bei uns hieß es „röntgen". Ein Mädchen wurde hinter die Schrankecke gequetscht, die Jungen drückten von außen dagegen. Ich wurde nur einmal kurz geröntgt, Martina häufig, sie kreischte so schön.

Mich setzten die Jungen mal in den Papierkorb neben den Lehrertisch. Ich war beauftragt, vor Unterrichtsbeginn für Ruhe zu sorgen und stand deshalb vorn im Klassenraum. So saß ich dann mit dem Hintern tief im Papierkorb und kam nicht mehr hoch und raus. Der einarmige Mathelehrer betrat das Klassenzimmer, sah mich Häufchen Elend sitzen – die Klasse hielt gespannt den Atem an –, reichte mir seinen linken Arm und zog mich raus. „Geh auf deinen Platz" war alles. Der Matheunterricht begann.

Ich saß meistens in der letzten Bankreihe, in der achten Klasse fing ich manchmal an zu quatschen, wir Mädchen fanden überhaupt dauernd etwas zum Kichern im Unterricht. Wir müssen schön lästig gewesen sein, manchmal hatte ich genug von mir, aber manchmal trieb es mich von innen, mich lustig zu machen. Unsere Viererclique war für die anderen bestimmt sehr nervig. Wir nannten uns CDU = Club der Ungeküssten. Wir kicherten und machten uns über alles und jeden lustig. Wir fanden überall etwas auszusetzen und mokierten uns.

6.2 Jahr des Berliner Mauerbaus 1961

Wir hatten alle unsere Schwärme, wir schwärmten für Jungen der höheren Klassen. Ich schwärmte seit einem Jahr für den gleichaltrigen Volker, dann für den ein Jahr älteren Bruder Andreas, dem ich auch gefiel. Beim Pioniertreffen in Erfurt im Sommer 1961 hatten wir Mädchen kostümiert als Spreewälderinnen und die AG (Arbeitsgemeinschaft) Verkehrspolizisten der Jungen oft draußen herumgehangen und uns fotografiert. Jedenfalls gingen Andreas und ich gemeinsam in den Film „Das schöne Abenteuer" mit Lieselotte Pulver. Wir saßen nebeneinander, sprachen kein Wort, nach dem Film lief ich, ohne mich zu verabschieden, sofort nach Hause. Die Kinokarten und ein Bild von Andreas im Jugendweiheanzug klebte ich in mein Fotoalbum. Gesprochen haben wir nie miteinander.

Meine Clique zog mich mit dem schönen Abenteuer auf, doch was konnte ich schon erzählen, einfach nichts.

Vom Pioniertreffen in Erfurt im Sommer 1961, vom 8. bis 21. August zu erzählen, ist äußerst wichtig. Wir, als Sonderklasse, hatten den Wettbewerb für die Teilnahme gewonnen. Wir bereiteten uns intensiv auf das Treffen vor, lernten alle mit einer Musiklehrerin im Pionierhaus Mundharmonikaspielen. Es war ein Sternenmarsch der Gruppen auf Erfurt zu geplant, fünfzig Kilometer vor Erfurt stiegen wir aus dem Zug und begannen zu wandern, jeden Tag vielleicht zwölf Kilometer, unterwegs waren Übernachtungen vorbereitet. Ich erinnere mich nur noch an eine Schaumgummifabrik, wo wir in einem riesigen Raum voller Schaumgummimatten schliefen und abends wie die Irren auf dem weichen Material tobten. Am nächsten Morgen frühstückten wir im Freien auf einer Milchrampe, es war Sommer und immer schönes Wetter. Täglich musste einer den Gruppenwimpel tragen, darüber entspann sich täglich Streit, denn keiner hatte Lust dazu. Wir Mädchen drückten uns erfolgreich, Fahne tragen ist schließlich etwas für die stärkeren Jungen. In Erfurt wohnten wir dann in Klassenräumen eines großen Schulgebäudes. Zur Eröffnung gab es einen großen Umzug durch die Stadt mit Musik, wir trugen unsere Spreewälderinnen-Tracht und sahen schick aus. Im Stadion sahen wir einer Sportschau zu. Es gab Freundschaftstreffen mit Pionieren anderer Länder, ich schloss Freundschaft mit einer kleinen hübschen Französin, Annie. Reden konnten wir nicht miteinander, aber zusammen rumzustehen und zu lachen war auch schön. Später schrieben wir uns einen Brief, der Vater einer Schulfreundin half beim Übersetzen, er konnte Französisch.

Am 13. August wurde ein abendlicher Umzug durch die Stadt spontan organisiert. Wir bekamen Zettel mit Losungen in die Hand gedrückt, ein FDJler begleitete unsere Gruppe und schrie immer wieder eine der Losungen, wir sollten einstimmen und mit rufen. Ich bekam keinen Ton raus, ich wollte nicht auf der Straße herumbrüllen. Was war passiert? In Berlin war die Grenze zum Klassenfeind geschlossen worden. Was sollte ich damit anfangen? Es war mir so was von egal, mit Berlin hatten wir schließlich nichts zu schaffen, und das Rumgeschreie war einfach nur lästig und peinlich. Bis auf den Abend des 13. August waren es ereignisreiche und abenteuerliche zwei Wochen in der schönen Stadt Erfurt mit viel Sport, Kultur und Freundschaftstreffen. Alle Auftritte wurden von und mit uns Pionieren gestaltet.

6.3 Ein besonderes Jahr 1962

Im achten und letzten Grundschuljahr wurde ich zur Freundschaftsratsvorsitzenden der Schule gewählt, was ich insgeheim auch sehr gewollt hatte, obwohl ich für ein Jahr nur nicht so den Vorstellungen der Pionierleiterin entsprach. Aber ich hoffte immer noch auf Artek. Wir durften jetzt in den großen Pausen in der Promenade sein, denn es gab Bauarbeiten. Neben dem Schulgebäude wurde ein Kaufhaus gebaut, der Schulhof verkleinert, die Straße verbreitert.

Bei den Schulfahnenappellen zu besonderen Anlässen durfte ich jetzt vorn stehen und die Meldungen der Klassen entgegennehmen. Ein Appell gegen Schuljahresende fiel aus dem üblichen Rahmen. Im neu eröffneten Kaufhaus nebenan hatten zwei Schüler gestohlen. Sie mussten vor der gesamten Schülerschaft stehen, und ich musste ihnen ins Gewissen reden. Ich weiß nicht mehr, was ich sagte, es war frei, nicht schriftlich vorbereitet, ich war ziemlich erbost über ihre Tat und erinnerte sie an die von den Werktätigen für alle geschaffenen Werte und dass man dieses achten solle.

Auf dem Gelände des Viehmarktes baute manchmal ein großes Zirkuszelt auf, und wir sahen uns die Vorstellungen an. Ich fand Zirkus nicht für mich geeignet, die Clowns taten mir leid, der ganze Spaß war zu gewollt. Rummel gab es auch zweimal im Jahr. Berg- und Talbahn fuhr ich, Kettenkarussell nur einmal. Die drehenden Tonnen waren auch riskant, rumkugeln wollte ich nicht. Riesenrad war gut. Faszinierend war das Fallschirmspringen von einem Kran herunter. Ich habe bestimmt eine Stunde zugeguckt und mir Mut gemacht – ich bin nicht gesprungen.

6.4 Meine Jugendweihe 1962

In der achten Klasse ab September begann das Jahr der Jugendweihe, unsere Vorbereitung darauf. Vorbereitung auf die Jugendweihe hieß, jeden Monat eine besondere Veranstaltung, ein Pioniernachmittag oder eine Betriebsbesichtigung oder ein Gesprächsgast und eine große Jugendweihefahrt irgendwohin zu einer bekannten und berühmten Kulturstätte. Am meisten interessierte uns in jenem halben Jahr jedoch, was wir anziehen würden, also unsere Festkleidung, die Absatzschuhe und der Schmuckring, den wir uns wünschten. Auch die Frisur, ob mit Dauerwelle oder nicht.

Die Gesprächsnachmittage waren nicht so umwerfend, wir hatten ja schon sieben Schuljahre lang Pioniernachmittage gehabt und viel gesprochen. Wir wussten gut Bescheid über unsere Gesellschaftsordnung, unseren Arbeiter- und Bauernstaat, wo die Werktätigen geehrt wurden, wo unser Leben nur durch den Fleiß aller Werktätigen lebenswert war. Ich war auch stolz darauf, dass ich zur Arbeiterklasse zählte, denn mein Vater war

Kraftfahrer, meine Mutter arbeitete als Verkäuferin. Unsere Jugendweihefahrt ging nach Weimar. Goethe und Schiller standen auf dem Besichtigungsprogramm, wir kannten die berühmtesten deutschen Dichter schon sehr gut aus dem Unterricht. Die Gruft fand ich so grauselig, dass ich dort später nie wieder hinging, obwohl ich noch sehr oft in Weimar war.

Wir besuchten auch die Gedenkstätte Buchenwald, das ehemalige Konzentrationslager auf dem Ettersberg. Von Konzentrationslagern und der Nazizeit hatten wir im Unterricht gehört, auch ein Widerstandskämpfer war ein Gesprächsgast gewesen, doch als wir gleich in den Filmraum gesetzt wurden und den Film über die Befreiung des KZs gesehen haben, hätte ich schreien können, ich war zutiefst erschüttert, erschrocken, verängstigt. Darauf war ich in keiner Weise vorbereitet. Ich sehe heute noch die Filmbilder vor mir, wie die Leichenberge mit der Raupe zusammengeschoben wurden. Wir gingen den Lagerrundgang und hörten von den Gräueltaten, Genickschussanlage, Gaskammer als Dusche getarnt, wir sahen die Verbrennungsöfen, die Berge von Schuhen und Haaren. Wir hörten und sahen, wir waren am Ende der Fähigkeit, so etwas auszuhalten. Ich konnte es nicht verkraften. Wir schwiegen, sehr, sehr lange sagte keiner ein Wort. Erst als wir abends in unserer Jugendherberge auf der Leuchtenburg waren, löste sich die Spannung. Ein Jugendlicher dort spielte Klavier, und wir tanzten wie wild.

Als wir mit dem Bus zurück nach Cottbus fuhren, waren wir ziemlich aufgekratzt. Wir saßen plötzlich da, Mädchen und Jungen durcheinander, wir waren fürchterlich albern und führten leicht anzügliche Gespräche, wer sich traue zu küssen und so. Ich saß neben Thomas, der mich küssen wollte, ich wollte auch, doch dann drehte ich mich in letzter Sekunde weg, weil ich verstand, dass er küssen wollte, was gar nichts mit mir zu tun hatte. Er wollte nicht mich küssen, er wollte küssen probieren. Das wollte ich nicht.

Unsere Clique von vier Mädchen, CDU, Club der Ungeküssten, hing nach der Schule häufig zusammen. Am Schmuckladen F.C. Sack drückten wir uns die Nasen platt und guckten uns Ringe aus, machten aber später ein Geheimnis daraus, welchen wir bekommen würden. Die Ringe waren aus Silber. Meiner kostete 15 Mark und hatte einen grünen Stein, einen Turmalin. Ich lernte erstmals die Namen von Edelsteinen und den Unterschied von Silber und Gold kennen. Über Kleider sprachen wir nun, Kleid mit Jacke war in. Ich wusste nicht, was ich anziehen wollte. Meine Mutter brachte ein Kleid mit von einer Reise nach Pulsnitz. Sie hatte es gekauft, es sah ganz hübsch aus, und ich war sofort begeistert. Es war lachsrot, mit goldfarben durchwirkten Karos, das Kleid ärmellos, der Rock ausgestellt, dazu ein Kurzjäckchen mit Falbeln an den Ärmeln, einem weißen, einsteckbaren Dederonkragen und dazu weiße Dederonhandschuhe. Es sah so festlich und schick aus. Wir gingen Absatzschuhe kaufen, in Weiß. Meine Mutter kaufte für sich die Gleichen, weil sie ihr auch gefielen. Sie musste mir aber versprechen, diese zu meiner Jugendweihe nicht anzuziehen, was sie auch tat. Als wir zur Feierstunde gingen, trug sie die gleichen Absatzschuhe wie ich und lachte, dass sie mich überlistet hatte.

Doch vorher ging es noch darum, wer eingeladen werden sollte und wie gefeiert werden würde.

Ich hatte als Paten meine Großeltern und Tante und Onkel aus Doberschütz, ein Sohn des ältesten Bruders meiner Oma, die ich noch nie gesehen hatte. Meine Oma bestand darauf, dass die Paten eingeladen werden müssten. Sie wurden eingeladen und kamen mit dem Motorrad. Meine Großeltern kamen mit dem Zug. Die Schlafstellen wurden ewig ausdiskutiert, ich weiß nicht mehr, wer wo geschlafen hat. Die Paten fuhren am selben Tag mit ihrem Motorrad zurück. Die Geschenkdiskussionen vorher waren mir sehr unangenehm. Meine Oma meinte, ich müsse unbedingt etwas für die Aussteuer bekommen. Ich wusste gar nicht, was die Aussteuer ist und wehrte mich heftig mit Worten, ich brauche keine Bettwäsche und Handtücher, ich sei doch erst vierzehn und wisse gar nicht, was ich damit solle. Von den Paten bekam ich ein Leinentischtuch mit sechs Servietten, von meiner Oma ein riesiges Federbett, das sie mit Bekannten auf dem Dorfe selbst gestopft hatte nach dem gemeinsamen Gänsefedernschleißen. Das Federbett war so dick, dass ich es, als ich zehn Jahre später heiratete, umarbeiten ließ in zwei Federsteppbetten. Das Tischtuch mit den Servietten besitze ich heute noch. Ich bekam auch zwei Garnituren hellgrüne Unterwäsche mit Spitze und ein bisschen Geld von den Nachbarn im Haus, das ich in einem Briefumschlag sammelte, ich glaube, es waren insgesamt siebzig Mark zusammengekommen.

Die Feierstunden selbst fanden im Haus der Armee statt, es war bei uns gleich um die Ecke, sodass wir zu Fuß hingehen konnten. Wir Jugendweihlinge saßen in der ersten Reihe, ein paar Tage vorher hatten wir eine Stellprobe gehabt, damit wir genau wüssten, wann wir was zu tun und zu sprechen hatten. Die Rede hielt jemand vom Rat der Stadt, es gab eine kulturelle Umrahmung mit Musik, wir sprachen das Gelöbnis – wir wurden so auf die Erwartungen an uns als aktive und sozialismustreue Staatsbürger eingestimmt. Wir wurden immer zu sechst auf die Bühne gerufen, dort wurden wir vom Politiker und unserem Direktor und Klassenlehrer beglückwünscht, wir bekamen eine Blume und das Buch Weltall-Erde-Mensch. Eine Filmkamera nahm alles auf.

Als meine Tochter vierundzwanzig Jahre später Jugendweihe haben sollte, sahen wir uns eine Fernsehsendung über Jugendweihemode im Laufe der Zeiten an. Sie zeigten Aufnahmen aus dem Jahre 1962, mir blieb fast der Atem stocken, und ich rief: Das bin ja ich. Ich sah zum ersten Male die Aufnahmen von damals. Wir hatten unsere Schrittabfolgen sehr gut einstudiert, alles hatte geklappt.

Nach der Feierstunde gingen wir nach Hause. Vor dem Haus gratulierten mir einige Kinder aus dem Wohnblock.

Meine Mutter hatte eine Köchin aus dem Heim, wo sie damals als Wirtschaftsleiterin arbeitete, gebeten, für uns ein festliches Mittagessen zu kochen. Es gab Gulasch mit Salzkartoffeln. Danach gingen wir alle in der Stadt und im Goethepark spazieren, Ende April war das Wetter schön mild. Ich variierte mit meinem schicken Kleid, mal mit Jäckchen, mal nur mit Kragen und Handschuhen. Ich fühlte mich schick und elegant.

Die Dauerwelle war auch schon etwas rausgewachsen und sah nicht mehr so lockig aus. Na ja, meine aschblonde Naturhaarfarbe war nicht umwerfend.

Mein Bruder war auch schick gekleidet mit Fliege, aber sonst ziemlich albern.

Nach oder vor der Jugendweihe wurden wir in die FDJ aufgenommen, endlich konnten wir zu festlichen Gelegenheiten die blauen Blusen tragen und sahen nicht mehr aus wie Schulkinder.

Sonntags gingen wir in Absatzschuhen spazieren, auch häufig ins Kino in die Halb-sechs-Uhr-Vorstellung und in Filme ab vierzehn Jahre.

Zum Abschluss der achten Klasse wurden Schüler ausgezeichnet für unterschiedliche Leistungen. Ich erhielt die Herder-Medaille für sehr gute Russischkenntnisse, das Abzeichen für gesellschaftlich nützliche Arbeit mit Ehrenurkunde sowie eine dreiwöchige Ferienreise mit einer Gruppe der dreißig besten Schüler des Bezirks Cottbus nach Polen. Mein erstes Reisetagebuch entstand.

Im Internat bis zum Abitur

7.1.1 Zur Vorgeschichte

In der vierten Klasse gab es im Russischlehrbuch irgendwo unten links ein Bild von einem Schloss, und es hieß Internatsschule Schloss Rittersteig, für Schüler mit erweitertem Russischunterricht. Dieses Bild faszinierte mich, dort wollte ich eines Tages hin. In der siebten Klasse war eine Elternversammlung mit dem Direktor dieser Schule angekündigt, der mit den Eltern über die Möglichkeit des Schulbesuchs für uns sprechen wollte, heute würde man es Werbetour nennen. Darauf hatte ich gewartet, endlich! Ich schärfte meinen Eltern ein, dass ich unbedingt auf diese Schule wolle. Ich wartete zu Hause im Bett auf ihre Rückkehr, an Schlaf war nicht zu denken. Gegen halb zehn kamen sie zurück. Meine Mutter holte mich wutentbrannt aus dem Bett und brüllte, was ich mir wohl wieder einbildete, dort kämen nur Kinder aus sozialschwachen Familien hin, und wir seien keine sozialschwache Familie. Damit war das Thema erledigt. Ich schluchzte still vor mich hin und ergab mich schweigend in mein Schicksal.

7.1.2 Demokratische Abstimmung
in der achten Klasse

In der achten Klasse gab es eine große Klassenversammlung mit Direktor und Klassenleiter, es ging um unsere ganz persönliche Zukunft, nämlich den weiteren Schulweg. Wir waren alle prädestiniert für die erweiterte Oberschule, also Abitur. Da wir nur eine Russischklasse in der ganzen Stadt waren, müssten wir auch in der Oberschule eine Klasse bilden, damit die zwei Jahre Russisch-Vorsprung nicht verloren seien. Es gab damals drei Zweige der Ausrichtung der Oberschulen: A-Zweig war neusprachlich

orientiert, B-Zweig naturwissenschaftlich, C-Zweig altsprach-
lich. Die C-Richtung kam von vornherein nicht infrage, zu wenig
Notwendigkeit in der Gesellschaft. Einige wenige Schüler wollten gar nicht auf die Oberschule, sie wollten in unserer Schule
bleiben und bis zur zehnten Klasse gehen und mit Abschluss-
prüfung, danach eine Berufsausbildung machen. Dann wären
die zwei Jahre Russisch-Vorsprung eben nicht mehr wichtig,
denn sie würden in eine reguläre Klasse eingegliedert werden.
Wir restlichen zwanzig Schüler sollten jetzt zu einer demokratischen Abstimmung übergehen, das Ergebnis wäre die Ausrichtung der neuen Oberschulklasse auf A oder B. Ich stimmte
mit aller Kraft für den A-Zweig, moderne, neue Sprachen waren mein Wunsch, vor Naturwissenschaften hatte ich Bammel,
quälen wollte ich mich nicht in der Schule, denn ich ging viel zu
gern zur Schule. Das Abstimmungsergebnis ergab B-Zweig, die
Mehrheit hatte für den naturwissenschaftlichen Weg gestimmt.
Damit war die Entscheidung gefallen, die Minderheit hatte sich
zu fügen. Von dem Moment an wusste ich: Demokratie funktioniert nicht, sie funktioniert für die Mehrheit, doch die sich
fügen müssende Minderheit wird immer wieder versuchen, die
Entscheidung zu unterhöhlen. Später hörten wir immer wieder,
dass Demokratie die Herrschaft der Mehrheit über die Minderheit ist, es sei doch dann ganz logisch, dass es für alle gut ist.
Nun ja, es bleibt dahingestellt.

7.1.3 Beginn des neunten Schuljahres

Der erste Schultag kam heran, es war ein Freitag, damit wir
alles Organisatorische erledigen konnten und ab Montag der
Ernst des Lebens beginnen könne. Als ich mich in der Klasse
umguckte, fehlten auch drei Schülerinnen, die eigentlich zur
Oberschule weitergehen wollten. Ich fragte eine meiner Freundinnen: „Na, die gehen doch nach Rittersteig." Es traf mich wie
ein Hammerschlag. Keine davon zählte zu den Sozialschwachen
(eine Einzige aus einer Drei-Kinder-Familie wollte sowieso nur

bis zur zehnten gehen), sogar die Tochter vom Schulrat war dabei. Ich fragte weiter, wann sie denn führen_ „Sonnabend früh mit dem Zug um neun."

Ich ging mit hängendem Kopf nach Hause, mir war speiübel. Es kreiste in meinem Kopf: „Was mache ich jetzt? Was kann ich nur tun?" Ich überlegte fieberhaft, dann kam mir die Idee: „Du schreibst jetzt dein Zeugnis der achten Klasse ab, dann schreibst du einen Brief an den Direktor und fragst an, ob dich die Schule aufnehmen kann." Ich tat es, steckte alles in einen Briefumschlag und ging am Sonnabendmorgen zum Bahnhof, um die drei Mitschülerinnen zu verabschieden. Ich weiß nicht mehr, wem ich den Brief gab, jedoch schärfte ich ihr ein und sagte es allen, den Brief gleich bei der Ankunft im Sekretariat abzugeben, mehr nicht, nur unbedingt sofort abzugeben. Zitternd ging ich nach Hause. Erst vor wenigen Jahren dachte ich darüber nach, wieso wir nie miteinander darüber gesprochen hatten, wer wohin nach der achten Klasse geht. Ich bin heute noch fassungslos, über Entscheidendes haben wir nicht gesprochen, dabei waren wir zwei enge Freundinnen – na, vielleicht doch nicht – gewesen.

Der Montag und damit der erste Schultag kam, ich ging in die naturwissenschaftliche neunte Klasse der erweiterten Oberschule in der Puschkinpromenade. Wir hatten einen komischen Klassenraum erhalten, quer, wir saßen in zwei querlangen Reihen, da wir nur sechzehn Schüler waren und es keinen großen Klassenraum mehr gab. Unser Direktor der früheren Schule war jetzt hier Direktor geworden, auch der Sportlehrer und einer der Russischlehrer waren hinübergewechselt. An diesem Montag saß ich wie zur Salzsäule erstarrt da, es war kein schöner Schultag für mich.

Am Nachmittag kam ein Postbote und brachte ein Telegramm. Der Text lautete „Anreise sofort möglich", Direktor. Meine Mutter war sprachlos, dann tobte sie: „Was hast du jetzt wieder angestellt?" Ich erzählte diesmal zügig, was ich angestellt hatte und dass ich doch unbedingt und so gern auf einen A-Zweig gehen wolle und die Schule nicht nur für sozialschwache Kinder sei, denn ... Sie sprach dann mit zwei Erzieher- und Lehrerkollegen aus dem Heim, in dem sie Wirtschaftsleiterin war und die nachmittags oft bei ihr, nein, bei uns zu Hause rumhingen, wovon der eine, Vater von sieben Kindern, ihr ernsthaft riet, mich doch ins Internat zu lassen, wenn ich unbedingt dahin wolle. Das war ausschlaggebend. Sie instruierte meinen Vater, ein Auto für den nächsten Tag zu leihen und einen freien Tag zu nehmen, damit sie mich nach Rittersteig bringen könnten. Ich musste jetzt Koffer packen, ich tat es mit vor Freude fliegenden Händen.

7.1.4 Einstieg ins Internatsleben

Wir kamen mit dem ausgeliehenen Dienstauto, einem dunkelgrünen EMW, gegen Mittag in Rittersteig an. Ich ging gleich ins Sekretariat und meldete mich an. Der Direktor begrüßte mich und rief die Heimleiterin, die mich in das vorgesehene Zimmer bringen sollte. Er nannte mir meine Klasse, 9a, und morgen beginnt der Unterricht wie täglich um sieben Uhr dreißig. Die kleine zierliche alte Dame, die Heimleiterin, brachte mich, begleitet von meinen Eltern und dem Gepäck, in die zweite Etage des Schlosses, der lange Flur führte direkt ins Turmzimmer. Ich bekam das Bett an der rechten Seite zugewiesen, einen Spind, einen Hocker als Nachttisch. Die drei weiteren Betten waren belegt. Ich brachte meine Eltern hinunter zum Auto, denn sie wollten so schnell wie möglich wieder nach Hause, es war schließlich ein weiter Weg. Wir verabschiedeten uns. Wieder im Zimmer, packte ich meine Sachen aus, dekorierte meinen Hockernachttisch mit einem farbigen Kopftuch und einem Foto vom Schauspieler Otto Mellies, für den ich nach dem Film „Kabale und Liebe" schwärmte, und einer bunten großen Anstecknadel mit vier farbigen stilisierten Köpfen. Nach Unterrichtsschluss kamen die Zimmerbewohnerinnen, alle zehnte Klasse. Sie waren verärgert, als sie mich sahen. Sie hatten sich schon so gefreut, dass sie nur zu dritt waren und eigentlich zwei Räume hatten, denn der rechteckige Schlafbereich öffnete sich zu einem runden Raum, dem inneren Turmzimmer mit einem großen Tisch, dem Arbeits- und Lernbereich. Ich ging mit in den Speisesaal, wo mir ein Platz an einem Vierertisch zugewiesen wurde, an dem eine Zehnerin aus meinem Zimmer, ein Junge aus meiner zukünftigen Klasse und eine Zwölferin saßen. Jetzt war der Tisch voll besetzt, es war unser Tisch für das gesamte Schuljahr, Wechsel gab es nur zum Schuljahresbeginn. Neben uns war gleich die Essensausgabe, kein weiter Weg, aber angestellt wurde sich klassenweise der Reihe nach. Der Tagesablauf hatte ein festes Regelwerk. Um 6:20 Uhr wurden wir geweckt durch einen lang gezogenen Brummton, den der jeweilige Heimdienst bediente. Bis 7:50 Uhr mussten wir gewaschen und angezogen sein, das Zimmer aufgeräumt. Wir gingen in den Speisesaal und warteten. In den zehn Minuten bis sieben ging der Heimdienst, es waren immer zwei diensthabende Schüler, durch alle Schlafräume und guckte, ob es überall ordentlich war. Vom Heimdiensttisch aus eröffneten diese beiden die Frühstückszeit, nachdem sie das Ergebnis des Rundgangs verkündet hatten. Manchmal musste ein Schüler flitzen und aufräumen. Punkt sieben hörten wir alle die Nachrichten über den Lautsprecher, dabei konnten wir jedoch schon essen. Sobald wir unser Frühstück beendet hatten, konnten wir in unsere Zimmer und die Schulsachen holen. Unterrichtsbeginn war um 7:30 Uhr. Die Cottbuser Mädchen, die schon drei Tage da waren, kannten sich natürlich aus. Sie nahmen mich mit in die Klasse und zeigten mir den einzigen freien Platz in der Mitte der Fensterreihe am Gang. Dort saß eine Schülerin aus Senftenberg, deren Nachbarin ich wurde. Sie sah etwas ungewöhnlich aus für mich, keiner hatte sich zu ihr gesetzt, sie kannte niemanden aus der Klasse. So war es uns beiden recht, denn die anderen aus meiner früheren Klasse hatten schon feste Plätze, Carmen sogar schon eine feste Freundin, mit der sie in jeder Pause und nachmittags herumzog. Dabei hatte ich geglaubt, sie möge mich als Freundin, zumal ich im letzten Halbjahr der achten Klasse häufig bei ihr zu Hause war und ihr Schularbeiten brachte, denn sie hatte eine Blinddarmoperation gehabt und dadurch viel gefehlt. Wir spazierten dann auch oft gemeinsam durch die Stadt. Ich hatte mich aus der Viererclique etwas zurückgezogen, da wir uns nur noch über alles mokiert und alles schlecht gemacht hatten, was mir zu viel geworden war. Also Carmen war im größten der Zimmer im Erdgeschoss mit acht Mitschülerinnen, ein größeres gab es nicht, dort mussten immer Neuntklässler hinein, Zimmerwechsel gab es auch nur zu jedem neuen Schuljahr.

Unterricht war jeden Tag mit sechs Schulstunden, auch sonnabends, außer an Heimfahrtwochenenden, da war um zwölf Schulschluss. Wir fuhren selten heim, nur alle fünf bis sechs Wochen, Ferien ausgenommen. Wobei die Herbstferien immer für Ernteeinsätze im Dorf vorgesehen waren und wir täglich auf den Feldern waren, meistens Kartoffeln lesen. Zur Mittagszeit wurden wir von den Bauern der LPG gut versorgt, es gab richtig gutes, kräftiges Essen. Wir wurden morgens und abends auf offenen Traktoranhängern gefahren, dabei wurden Lieder gesungen. Am Anfang kannten wir Neuner viele Lieder noch nicht, doch durch ständiges Hören sangen wir auch bald alle Strophen mit. Im Waschraum abends kontrollierten uns die älteren Schülerinnen streng und mit vielen Drohungen, wir sollten ja nicht wagen, nicht täglich unsere Fingernägel blitzsauber zu reinigen. Dabei konnten wir uns glücklich schätzen, dass sie uns nicht mit nassen Handtüchern prügelten. Wir waren der erste Jahrgang, der von den Älteren nicht mehr geprügelt werden durfte, der neue Direktor hatte hart durchgegriffen. Womit, weiß ich nicht, aber wir blieben verschont, die mündlichen Beschimpfungen der Zwölfer hatten es auch in sich, was waren die Neuner auch so hilflos popelig. Die ungewohnte schwere körperliche Arbeit ließ uns in der Ernteeinsatzwoche frühzeitig ins Bett sinken, alles tat weh. Ansonsten war die reguläre Nachtruhezeit um 21:30 Uhr für die Neuner und Zehner, Elfer und Zwölfer konnten bis 22 Uhr aufbleiben. Ausnahmen gab es nur an den beiden Kinotagen der Woche, mittwochs und sonntags, denn die Filme endeten meist erst nach halb zehn. Wenn wir vom Kino zum Schloss kamen, war das große Tor schon geschlossen, nur die kleine Tür im Tor stand offen, durch die wir hineinstiegen. Dahinter stand der Nachtwächter und zählte uns, denn wir hatten in eine Liste eintragen müssen, wer ins Kino ging. Im Schloss gab es einen Fernsehraum, damals mit einem Schwarzweiß-Fernseher. Wir sollten zwar abends immer die Aktuelle Kamera gucken, aber die wenigsten hielten sich dran. Eigentlich war der Fernsehraum nur überfüllt, wenn wir alle den Staatsbesuch von Nikita Chruschtschow oder ähnlich wichtige politische Ereignisse verfolgen mussten.

In meinem Turmzimmer hatte ich es nicht leicht, keine sprach mit mir, Heidi nahm ständig meinen Nachttischhocker neben ihr Bett, wo er vor meinem Kommen gestanden hatte, war meine Dekoration auf meinem Bett. Es entspann sich ein regelrechter Kleinkrieg um den Hocker, den ich immer wieder zurückholte. Auch am gemeinsamen Arbeitstisch gab es Querelen wegen der Sitzplätze. Heute würde man sagen, ich wurde gemobbt. Irgendwann tat ich meiner Tisch- und Zimmernachbarin ziemlich leid, sodass sie mit mir sprach und mir half. Jedenfalls machte ich meine Hausaufgaben im Turmzimmer allein. Wir hatten feste Arbeitszeiten nach der obligatorischen einstündigen Mittagsruhe nach dem Essen, die Zeiten weiß ich nicht mehr genau, jedoch war der ganze Nachmittag besetzt, mit Ausnahme einer halben Stunde Kaffeepause, wo im Speisesaal Tee, Brot, nein, trockene Stullen und viel Marmelade und Schmalz bereit standen zur Selbstbedienung. Da konnten wir auch mal ins Dorf gehen in den Schreibwaren- oder Kurzwarenladen. Letzteren brauchten wir öfter, um unsere Perlonstrümpfe oder Strumpfhosen zum Maschenaufnehmen hinzubringen.

7.1.5 Typisches Schul- und Internatsleben

Die Arbeitszeit wurde kontrolliert, die Lehrer machten nachmittags Rundgänge durch die Arbeitsräume. Um 18 Uhr gab es Abendbrot und danach Freizeit. Was machten wir in der Freizeit? Die Sportlichen und Sportbegeisterten gingen in die Turnhalle.

Fast alle Schüler hatten zweimal wöchentlich Chorprobe in der Aula, dienstags und donnerstags von 19 bis 21 Uhr. Am liebsten hätte unser Musiklehrer alle Schüler im Chor gehabt, doch wenige Renitente trauten sich, nein zu sagen, was ihnen von ihm jedoch im Lauf der Schulzeit ständig aufs Brot geschmiert wurde. Er ließ jeden Schüler am Klavier Töne nachsingen und stufte uns dann in die entsprechende Stimmlage ein, Sopran oder Alt die Mädchen, Tenor oder Bass die Jungen. Während der Chorproben übte er mit den einzelnen Gruppen, bevor die Stimmen zusammengeführt wurden. Während der Wartezeit durften wir stricken, häkeln, lesen, nur keine Laubsägearbeiten machen, was er „humorvoll" immer wieder hervorhob. Der Chor hatte Auftritte bei Festveranstaltungen unterschiedlicher Anlässe in der Umgebung, sogar auch im Dessauer Theater. Hatte ein Lehrer Geburtstag, sang der Chor im Treppenhaus der Schule ein Ständchen, die Akustik war umwerfend. Das Repertoire des Chores war riesig – alte deutsche Volkslieder, Lieder der Wandervogelbewegung, der napoleonischen Befreiungsbewegung, Kanons, einige klassische Opernchöre, Kampflieder der Arbeiterklasse, fremdsprachige Lieder wie die französische Marseillaise, italienisches Bella Ciao, bekannte englische und amerikanische Lieder und natürlich russische Volksweisen und Kampflieder. Für jeden Auftritt wurde ein passgerechtes Programm zusammengestellt, mit Gedichtvorträgen der Sprechergruppe erweitert. Da ich nur eine „Füllstimme" war, die keine Melodie allein halten konnte, hatte ich die Ansage übernommen, was ich für mich als meine „Daseinsberechtigung" im Chor deklariert hatte. Es war mir ungeheuer peinlich, weil mich der Musiklehrer beim Vorsingen in der Klasse vorzog, was jeder wusste und merkte, wenn ich eine Eins bekam und doch einige Töne entsetzlich danebengetroffen hatte. Er guckte sehr säuerlich, aber weil ich im Chor war, sah er es mir nach. Ich hatte mich auch mit ihm gleich am Anfang mal „angelegt", wobei ich ihn allein im Schulflur ansprach und sagte: „Herr Gast, ich heiße Angelika." Er hatte die Angewohnheit, mich nur mit dem Nachnamen „Elselt" aufzurufen, ich empfand es als scheußlich und wollte es nicht hinnehmen.

Dabei war ich nicht die Einzige, manche sprach er mit Vornamen an, andere nur mit Nachnamen. Er ließ es dabei, nahm es aber als Anlass zu erläutern, weshalb er so mit unseren Namen umging, es hätte für ihn nichts zu bedeuten, er merke sich Besonderheiten leichter. Na ja. Die anderen Lehrer sprachen uns mit Vornamen an und siezten uns. Nur unsere Geschichtslehrer blieb beim Du, er wollte nicht, dass wir uns auf unser Erwachsensein etwas einbildeten. Unser Klassenlehrer war ein junger Mann frisch vom Studium, wir hatten bei ihm Chemie und Biologie. Er hat uns gefordert, er hat mit uns Exkursionen in die Natur unternommen, Aufgaben in Gruppenarbeit erledigen und vortragen lassen. Er war richtig gut. Leider blieb er nur ein Jahr, dann ging er an eine andere Schule, weil der naturwissenschaftliche Unterricht in unserer neusprachlichen Spezialisierung nicht mehr die große Rolle spielte. Dafür bekamen wir dann unsere Englischlehrerin, die bei uns bis zum Abitur Klassenleiterin war. Ich mochte sie, ihr Unterricht war systematisch und unglaublich abwechslungsreich aufgebaut, für die Freizeit leitete sie sogar wöchentlich einen Nachmittag- Englischklub, wo ich natürlich teilnahm. Die Donnerstagnachmittage waren für die DRK-Ausbildung (Deutsches Rotes Kreuz=DRK) für die Mädchen sowie die GST-Ausbildung (Gesellschaft für Sport und Technik=GST) für die Jungen eingerichtet.

Auf der ersten FDJ-Versammlung in der neunten Klasse, als wir eine FDJ-Gruppenleitung wählten, wurde ich zum FDJ-Sekretär der Klasse gewählt. Wieso? Wir hatten uns alle vorgestellt mit unserer Funktionsbiografie in der Pionierorganisation, ich hatte die höchsten Funktionen bekleidet, meine früheren Mitschülerinnen sprachen sich für mich aus, ich könne das, so wurde ich FDJ-Sekretär der Klasse, zur Leitung kamen hinzu ein Stellvertreter, ein Protokollführer, ein Kassierer, ein Kultur- und Sportfunktionär. Wir bereiteten den Jahresarbeitsplan vor, über den dann abgestimmt wurde, und dann immer die monatlichen FDJ-Gruppenversammlungen mit meistens, nein, eigentlich immer politischen Themen. Wir nahmen uns vor, das Abzeichen für Gutes Wissen in Marxismus-Leninismus im Laufe der Schulzeit abzulegen, in Bronze oder Silber, Gold traute sich keiner zu. Nach der neunten Klasse hatten wir die Aufgabe, ein Praktikum für die DSF (Gesellschaft für deutsch-sowjetische Freundschaft) in unseren Heimatorten durchzuführen. In jeder Stadt gab es ein Büro für diese Freundschaftsgesellschaft, wir wurden genommen, Christine und ich. Das hieß, Bibliothek aufräumen, Nachmittage mit Kindern in den Ferienspielen durchführen. Auch das packten wir leicht. Nach der zehnten hatten sich eine Mitschülerin und ich für die Ferien für ein FDJ-Studienlager in der Jugendherberge Bärenklau gemeldet. Das waren ein, zwei interessante Wochen mit Vorlesungen, Seminaren und vielen Diskussionen, die Freizeit wurde gefüllt mit Sport und vielen kulturellen Veranstaltungen wie Lesungen von zeitgenössischen Lyrikern wie Sarah und Rainer Kirsch. Abends gab es Musik und Tanz. Es gefiel mir sehr, wir lernten viele andere Jugendliche aus anderen Orten kennen, die auch sehr aufgeschlossen, diskussionsfreudig waren und den Sozialismus bewusst mit aufbauen wollten.

Irgendwann diskutierten die älteren Klassen über die Abschaffung der festgelegten Arbeitszeiten im Internat. Es gab heftige Auseinandersetzungen zwischen Lehrern und Schülern, als deren Ergebnis dann tatsächlich eine Flexibilisierung der täglichen Arbeitszeiten herauskam. Wir durften dann auch im Park lernen gehen. Mir war es egal, ob festgelegt oder nicht.

Die Lehrer sorgten und kümmerten sich sehr um unsere kulturelle und sozial-gesellschaftliche Bildung. In der Aula wurden Filme nur für die Schülerschaft vorgeführt, wir sahen beispielsweise die gesamten von der Sowjetunion verfilmten Shakespeare-Dramen und -Komödien, deutsche Literaturverfilmungen, die auch Teile unseres Literaturkanons umfassten, zeitgenössischen DEFA- und Sojus-Film-Geschichte, historische Dokumentationen. Es wurden Redner aus politisch bedeutenden Bereichen eingeladen, wie aus dem Finanzministerium, dem Hochschulministerium, der Wirtschaft. Es schlossen sich immer heftige Diskussionen an, wir Schüler scheuten vor keiner Frage zurück, wir waren nie vorher irgendwie instruiert worden. Ich weiß von mir nur noch, dass ich einmal über die Akzise nachfragte, dessen Existenz ich nicht so recht verstehen konnte, nach der Antwort war ich nicht viel klarer und einsichtiger.

Das Allerwichtigste und Allerschönste waren die monatlichen Theaterfahrten zum Dessauer Theater. Nachmittags liefen wir die zweieinhalb Kilometer durch den Wald zum Bahnhof, dann fuhren wir mit der Bahn nach Dessau. Bis zum Vorstellungsbeginn hatten wir Freizeit. Wir gingen Bummeln, Eis essen. Pünktlich saßen wir in der Vorstellung. Opern wie der „Rosenkavalier", „Die Liebe zu den drei Orangen", Dramen wir „Faust", alles, was der Spielplan hergab und unseren Horizont erweiterte. Ohne diese Internatsschule hätte ich alle diese Erfahrungen niemals gemacht. Es war ein großes Glück für mich.

7.1.6 Das Schweinebucht-Desaster 1963

Als es vor Kuba zur Konfrontation in der Karibik zwischen den USA und der UdSSR kam, wurden wir abends aus den Betten geholt und hatten uns in unseren Klassenzimmern einzufinden. Wir wurden kurz informiert, wie die Situation war, wie kritisch der Weltfrieden auf dem Spiel stand, und keiner wüsste, wie es ausgehe. Damit wir nicht einfach rumsaßen und ins Ungewisse hinein warteten, lernten wir das Lied der kubanischen Revolution, Texte waren vorbereitet, wir lernten und sangen. Irgendwann hieß es Entwarnung, wir können beruhigt zu Bett gehen. Wir seien haarscharf am Dritten Weltkrieg vorbeigeschrammt. Als Fidel Castro zum unangemeldeten Staatsbesuch nach Berlin kam, säumten Tausende von Menschen unaufgefordert die Straßen und jubelten ihm zu. Wir hatten viel Sympathie für die kubanischen Revolutionäre, wir verstanden ihre Ziele. Als Nikita Chruschtschow einen Berlin-Besuch machte, saßen wir alle im Fernsehraum und hörten seine Ansprache. Als das Gerücht umging, er habe in der UNO gesprochen und mit dem Schuh aufs Pult geklopft, glaubten wir es nicht, so benimmt sich doch kein sowjetischer Staatsmann in der UNO. Allerdings: Die Sache mit dem Mais und den Rinderoffenställen hatten wir ihm schon angekreidet, so etwas müsse man doch vom Klima abhängig machen. Verstanden hatten wir gar nicht, wieso die deutschen Bauern diesen ganzen Mist mitgemacht hatten wider besseren Wissens.

Diese Zeit der Vorgeschichte der Kubakrise fiel zusammen mit der Einführung der Wehrpflicht. Bis dahin war Dienst in der 1956 gegründeten Nationalen Volksarmee freiwillig, seit dem 24. Januar 1962 gab es durch Volkskammerbeschluss das Wehrpflichtgesetz für achtzehn Monate Grundwehrdienst. Ich habe mit der Wehrpflicht sehr gehadert, für mich widersprach sie dem Anspruch des Sozialismus. Ich tat mich sehr schwer, dies zu akzeptieren und machte dann meinen Frieden mit mir, indem ich mir sagte, so würde den Jungen auf alle Fälle Ordnung und Disziplin beigebracht, denn mit der Ordnung hatten sie es nicht so. Außerdem lernte ich auch schießen in der Arbeitsgemeinschaft Pistolenschießen bei einer Kampfgruppeneinheit. Es war eines der Arbeitsgemeinschaftsangebote, ich fand es gut, zum Rettungsschwimmen ging ich auch.

7.2 Gefühlslagen

Mit der Internatszeit fiel meine sich entwickelnde Pubertät zusammen, die mich für drei bis vier Jahre unerträglich für meine Umwelt, meine Mitschüler und für mich selbst machte.

Die erste Hälfte der neunten Klasse war ich noch fast normal, bis auf eine Erkältungszeit, in der ich täglich in die Poliklinik radelte und Kalziumspritzen bekam. Ich hatte ein Fahrrad von zu Hause mitgenommen.

Ich klagte über chronische Kopfschmerzen und bekam Pülverchen, von denen ich einmal so viel trank, dass ich zwei Tage durchschlief und der Arzt geholt wurde. Ich fuhr dann nicht nur einmal vierteljährlich zum Orthopäden nach Dessau mit zwei weiteren Mitschülerinnen, ich meldete mich auch bei einem Neurologen an, der begann, meinen Kopf zu röntgen, mich organisch „abzuklären".

In den Ferien zu Hause traf ich nie meine früheren Klassenkameraden der Grundschule, mich suchte auch keiner. In den Sommerferien ging ich immer arbeiten.

Mein erster Job war Telefonistin im Fernmeldeamt. Ich lernte das Prozedere der Gesprächsannahme, Zettel ausfüllen, Verbindung stöpseln und Gespräch herstellen. Ich machte auch Mist: Bei einem Blitzgespräch – das bedeutete sofortige Verbindung, nicht warten lassen, bis der Zettel im Stapel an die Reihe kam – musste ich mal eine Drittpartei über die Straße zur Telefonzelle schicken, da ich die Leitung selbst blockiert hatte. Ganz genau weiß ich es nicht mehr, auf jeden Fall widersprach mein Vorgehen jedwedem Routineablauf. Ich erlebte verschiedene Frauen und ihre Gespräche, an denen ich mich überhaupt nicht beteiligen konnte, ich hatte doch keine Ahnung vom Leben.

Den folgenden Sommer arbeitete ich sieben Wochen lang im größten und einzigen Sportartikelgeschäft der Stadt. In meinem ersten grünen Versicherungsausweis stand „Lagerarbeiterin". Praktisch hieß das, alle ankommenden Warenpakete wie Trainingsanzüge, Turnhosen, Taucherbrillen, Angelzeug, Turnschuhe auszupacken, den Lieferschein zu überprüfen und dann in die Lagerregale zu sortieren. Ich durfte dann auch die Regale im Geschäft auffüllen, da blieb es nicht aus, dass ich als Verkäuferin angesehen und gefragt wurde. Ich gab Antworten, doch kassiert habe ich nie. Am schlimmsten war die „Beratung" beim Angelbedarf. Was wusste ich, welche Blinker, Köder, Haken es für welche Fische gab oder gar, wie Bootsmotoren funktionieren? Wir verkauften Tümmler. Sprachlos war ich bei einem alten Mann, der einen dicken Strick für die Kirchenglocke seines Dorfes suchte. Ich hatte nie daran gedacht, dass Kirchenglocken neue Seile gebrauchen könnten, und ich wusste keinen Rat.

Die Einkaufschefin nahm mich mal mit in das Großhandelskontor zum Wareneinkauf. Es war beeindruckend groß mit riesigen Regalen, aber überall nur wenige Waren drinnen. Sie durfte nicht mehr einkaufen für das Geschäft, als ihr nach Verteilerschlüssel zustand. Es gab auch nicht alles, wonach Kunden gefragt hatten. Ich war jetzt informiert, wann wir neue Waren bekämen und ob das Gewünschte dabei sei. Ich arbeitete von 8 bis 17 Uhr. Es gab eine halbe Stunde Mittagspause, in der mich die Dekorateurin mitnahm, wenn sie bei uns im Geschäft zu tun hatte. Sie erzählte mir viel über ihre Dekorationstricks und wählte die Waren so aus, dass wir davon dann auch mehrere verkaufen konnten.

Nach der Arbeit fuhr ich mit der Straßenbahn nach Hause und ging dann gleich ins Freibad, die neue Badeanstalt von Cottbus. Ich hatte immer ein Buch dabei, zwischen dem Lesen ging ich schwimmen. Ich war immer allein, ich kannte dort keinen, schwimmen und lesen tat mir gut. Kurz vor Schließzeit gegen 19:30 Uhr ging ich nach Hause. Wieso durfte ich so spät nach Hause kommen? Ach, meine Eltern und mein Bruder waren im Garten, sie kamen auch erst spät.

Wie viel ich verdient habe? Weiß ich nicht mehr, aber bestimmt habe ich das Geld auf mein Postsparbuch gebracht. Ich hatte mir ein solches einrichten lassen, als ich in der Schulzeit auch einen kleinen Nebenverdienst hatte. Unser Musiklehrer hatte mich gefragt, ob ich Lust hätte, zweimal im Monat sonntags die Post im Dorf auszufahren, was voraussetzte, dass ich ein Fahrrad hätte. Hatte ich, ich meldete mich bei der Post an, fuhr einen Sonntag mit der Briefträgerin mit, die Woche darauf allein mit Adressliste. So stand ich an zwei Sonntagen im Monat um sechs Uhr auf, noch früher als wochentags um sechs Uhr zwanzig. Die anderen konnten länger schlafen, zum Sonntagsfrühstück um acht Uhr war ich zurück. Ich verdiente 16,40 Mark im Monat, die erste Summe, für die ich das Postsparbuch einrichtete. Ich bekam 20 Mark im Monat Taschengeld von zu Hause, davon wollte ich mir etwas sparen. Wofür gab ich mein Geld aus? Kinobesuche, Bockwurst und eine Fassbrause am Wochenende, Wäscherei für private Bettwäsche, die ich im Internat nutzte wie jeder andere Schüler auch, Waschpulver. Ein Paar Strumpfhosen kosteten 10 Mark, so wurde ganz selten eine ge-

kauft und dann gehütet. Lief eine Masche, wurde die Strumpf-
hose zum Maschenaufnehmen, zur Reparatur gebracht. Manchmal trug ich noch Hüftgürtel und Strümpfe, war auch schlimm.
Lange Hosen waren eine günstige Bekleidung, man konnte Socken anziehen. Ab der elften Klasse brauchte ich kein Taschengeld mehr von zu Hause, denn als voreheliches Kind meiner
Mutter mit biologischem Vater im Westen bekam ich staatliche
Unterstützung in Höhe von 46 Mark – das war eine Freude für
mich. Ich lag meinen Eltern nicht mehr auf der Tasche, denen
meine lange Wunschschulzeit sowieso nicht behagte. Bevor ich
im Internat und damit weit weg von zu Hause war, wurde mir
laufend bei Unbotmäßigkeit gedroht: „Ich nehm' dich raus aus
der Schule. Dann kannst du sehen, wie du zurechtkommst!" Aus
der achten Klasse raus, arbeiten gehen? Wie sollte das gehen?
Ich wusste doch noch gar nichts von den paar Schuljahren, ich
wollte doch noch so viel lernen! Meine geliebte Schule – nicht
mehr zur Schule gehen zu können konnte ich mir gar nicht vorstellen. Ich wollte unbedingt Abitur machen, Schule war mein
Leben. Ich war doch ein Kind.

In der achten Klasse hatten wir mal unsere Berufswünsche
aufschreiben müssen, wir hatten sie zu Hause vorher zu besprechen. Meine Mutter brüllte mich an, ich müsse doch wissen, was
ich werden wolle. Ich wusste es nicht, konnte mir Journalist,
Ökonom oder auch Lehrer vorstellen, schrieb alles auf.

Vom Ministerium für Volksbildung war 1962 die Bildungs-
richtlinie herausgegeben worden, dass alle zukünftigen Abitu-
rienten neben dem Abitur einen Berufsabschluss machen müssen. So mussten wir uns individuell am Ende der achten Klasse
eine Ausbildungsstelle suchen. Ich wollte gern Fotograf lernen,
hatte es aufgeschrieben, war auch bei einem bekannten Stadt-
fotografen gewesen, er wollte aber als Ein-Mann-Betrieb keinen Lehrling aufnehmen. Es stand so auf dem Zettel, geändert
habe ich meinen Wunsch nicht. Da ich dann im Internat war,
stand die Frage kurzzeitig nicht mehr im Raum für uns Schüler. Doch ein Jahr später wurde es mit aller Kraft in der gesamten Republik durchgesetzt. Warum gab es diese Idee Abitur mit

Berufsausbildung, später auch Berufsausbildung mit Abitur? Die Republik war ein Arbeiter- und Bauernstaat, der natürlich Intelligenz brauchte, deshalb auch das Symbol Hammer, Sichel im Ährenkranz und Zirkel in der Staatsflagge – die herrschenden Klassen. Ich war immer stolz darauf, dass ich Arbeiterkind war, also privilegiert. In diesem Selbstverständnis des Staates sollte die Intelligenz nicht hochmütig werden und sich als elitäre Schicht sehen. Der beste Erziehungsfaktor dafür war Arbeit als der höchste Wert. Nur wenn die zukünftige Intelligenz und Staatslenker die Arbeitswelt erlebt haben, über die Felder zum Kartoffelernten gekrochen sind und Verantwortung für die Ernährung der Menschen übernommen haben, können sie den Arbeitern und Bauern Wertschätzung entgegenbringen. Wir sollten nicht überheblich werden und uns als klüger dünken. In den Städten funktionierte dieses Konzept hervorragend, doch in unserem Dorf mit 1.600 Einwohnern, einer LPG (Landwirtschaftliche Produktionsgenossenschaft), einem VEG (Volkseigenes Gut), einem Drahtwerk, einer Post, drei Kneipen, einer Drogerie, einem Elektrowarenfachgeschäft – wo und wie sollten da 180 Schüler gleichzeitig einen Beruf erlernen?

Die Internatsschule auflösen? Nein, sie funktionierte ganz ausgezeichnet, seit 1949 zunächst als Neulehrer-Ausbildungsstätte, dann schon als Internatsoberschule für Schüler mit erweitertem Russischunterricht mit Ziel Abitur. Hinzu kamen die Schüler als zusätzliche Arbeitskräfte für die jährliche Erntezeit im Herbst – nein, das wäre Frevel und Vergeudung von Ressourcen gewesen, zumal das Schloss eine Funktion hatte und für die Gesellschaft genutzt wurde.

Der Direktor war ins Bildungsministerium einbestellt worden, wir warteten gespannt auf die Entscheidung.

Am nächsten Tag Schulvollversammlung in der Aula:

Die ASOS (Anna-Seghers-Oberschule) wird Spezialschule zur Vorbereitung auf das Russischlehrer-Studium.

Alle Schüler sind sowieso aus R-Klassen, d. h. Russischunterricht bereits ab Klasse 3.

Keine Berufsausbildung.

Intensivierung des Russischunterrichts mit bilingualen Unterrichtsfächern.

Klassen 10 bis 12 laufen weiter wie bisher zum Abitur ohne Sonderauflagen, zweizügig als A- und B–Klassen.

Klasse 9 wird ab 10. Klasse erster Spezialjahrgang.

Die Diskussionen auf den Fluren, hitzigste Debatten – was machst du? Bleiben oder gehen?

Ich musste mich nicht erregen, nicht aufregen, eine große Erleichterung machte sich in mir breit.

Hatte ich nicht sowieso auf den Berufswunschzettel Lehrer geschrieben? Auch die dritte Stelle zählt schließlich. Wollte ich nicht sowieso immer Sprachen machen? Hatte ich nicht sonst was bewerkstelligt, damit ich in eine A-Klasse komme? Und vor allem:

Ich kann bis zum Abi im Internat bleiben, zur Schule gehen.

Ich muss nicht nach Hause zurück!

Für mich war dieser Beschluss rundum richtig. Nur die Hälfte aller Neuner war zufrieden mit der Perspektive, die andere Hälfte ging nach Hause und an die Heimatschulen zurück, aus zwei neunten Klassen war mit Beginn des zehnten Schuljahres eine einzige mit 24 Schülern, fünf Jungen und neunzehn Mädchen, geworden, wir hießen 10aS, s für Spezial.

In Russisch wurden wir in zwei Gruppen eingeteilt, sodass wir nie mehr als zwölf im Unterricht waren. Jede Gruppe hatte sowohl einen deutschen Russischlehrer als auch einen Muttersprachler, denn es wurden drei erfahrene original Russischlehrerinnen aus der Sowjetunion „eingeflogen". Als wir sie zum ersten Male über unseren kopfsteingepflasterten Schlossinnenhof und Schulhof kommen sahen, stachen uns sofort ihre braunen Söckchen und die hochhackigen Schuhe ins Auge, alle drei trugen sie – und ihre stark geschminkten Gesichter. Beim Näherkommen und im Unterricht rochen wir sie, Parfümduft zum Ohnmächtig- werden. Sie bezogen die einzige abgeschlossene Wohnung im Schloss, in der zuvor unsere strenge Heimleiterin gewohnt hatte, die mit ihrem Ruhestand ausgezogen war.

Unsere russischen Grazien sprachen kein Wort Deutsch. Die dritte Lehrerin war für Geschichte und Geografie vorgesehen. Während der Geografie-Unterricht komplett auf Russisch umgestellt wurde, war der Geschichtsunterricht geteilt, 50 % in Russisch, die Geschichte der Sowjetunion, 50 % unterrichtete weiterhin unser bisheriger Geschichtslehrer, der uns in der Regel 40 Seiten Lehrbuch als Hausaufgabe aufgab und den Unterricht zu sehr kontroversen Diskussionen nutzte, die uns viel abverlangten und Faktenwissen voraussetzten. Ich mochte seinen Unterricht sehr, die Diskussionen, die provokanten Fragen. Ich hatte immer ein „Sehr gut", auch wenn ich die Jahresarbeit, deren Thema ich mir selbst gewählt hatte, aber gänzlich damit überfordert war, total verhauen habe, sodass sie nirgendwo Erwähnung fand und nicht benotet wurde. Ich verbrannte sie im Heizungskeller. Kann eine 17-Jährige über „Die Rolle der Persönlichkeit in der Geschichte" schreiben mit DDR-Schulbuchwissen und einer von der Bibliothek zugesandten Literaturliste, deren Artikel sie zwar fleißig gelesen, Auszüge gemacht und eingearbeitet hatte, die aber nichts mit Antworten zum Thema zu tun hatten und die ihr nicht halfen? Solch ein Thema zu diskutieren, gehörte nicht in den Unterricht, obwohl mich diese Frage seit Stalins „Sturz" sehr bewegte. Wie viel richtet ein einzelner Mensch mit seinem Charakter in einer Machtkonstellation aus? Diese Frage bewegt mich immer noch, ich weiß keine Antwort, kann aber schon mehr Erklärungsfaktoren hinzuziehen.

Jedenfalls war diese Jahresarbeit eine meiner schlimmsten Katastrophen, zumal wir sie auch in verlängerten Winterferien wegen Kohlemangels zu Hause schreiben mussten. Ich hatte zu Hause keine Stunde Ruhe, keiner konnte mich über meinem Bücherstapel sitzen sehen und still sein. Meine Mutter quatschte pausenlos und scheuchte mich mit Erledigungen, keine Stunde stille Konzentration hatte ich, kein Zimmer, keinen Arbeitsplatz. Einen öffentlichen Raum hatte ich nicht gefunden.

Und trotz allem – mit dem Thema war ich rettungslos überfordert, ich konnte keine logische Gedankenkette aufbauen. Es war nur großer Mist, den ich zusammengeschrieben hatte.

Von meinen zwei unmöglichen Aufsätzen, der Themaverfehlung in der 10. und damit einer Fünf und dem Abi-Aufsatz mit einer Vier, schrieb ich schon. Dabei schrieb ich sonst Aufsätze sehr gut, selten gut. Ich konnte sehr gut schreiben, mich sehr gut ausdrücken. Nur konnte ich nicht immer das herauslesen oder verstehen, was ich erkennen sollte. Irgendetwas muss mit meiner Weltsicht nicht gestimmt haben. Allgemeine Weisheiten zu interpretieren und mit Beispielen zu belegen, fiel mir besonders schwer. Was gelang mir denn?

Ich mochte Mathe, obwohl ich ein Schuljahr ums andere zwischen Zwei und Drei schwankte. Mein Vortragsheft habe ich heute noch. Ich liebte Physik, war immer gut, obwohl ich die Funktionsweise des Kolbenmotors nicht recht verstand, ich hatte nie Optik, aber lernte mit der Vektorenrechnung das deutsche Sütterlin-Alphabet, sodass ich den Briefwechsel mit meiner Oma in Sütterlinschrift betreiben konnte.

Ich konnte auch den Physikraum allein benutzen, da die Dunkelkammer des Fotolabors angeschlossen war. Ich war im Fotozirkel und lernte die elementaren Dinge wie Fotos entwickeln. Als die große Aktion für neue Personalausweise lief, fotografierte ich alle Lehrer, Schüler und Schulangestellten und entwickelte die Passbilder. Ich leitete nach einem Jahr unserer Zweiergruppe, erst war mein „Chef" Elfer, ich Neuner, dann war ich Elfer, Lothar Neuner, zufrieden war ich mit meinem Können nicht, Elementarkenntnisse in Schwarzweiß, aber Fotografie zog mich sehr an, siehe mein Nebenberufswunsch! Durch irgendeinen Versuch im Physikraum hatte ich versehentlich die „Schulbrumme" außer Gefecht gesetzt. Die „Brumme" war ein tiefer Klingelton, der im Schulgebäude durch einen Klingelknopf im unteren Schulflur ausgelöst wurde und vom Heimdienst des jeweiligen Tages bedient wurde, das hieß:

6:20   wecken
6:50   zum Frühstück, Heimdienst Zimmerdurchgang
7:00   Frühstück
7:30   Schulbeginn

13:30	Mittagessen
15:30	Kaffeezeit im Speiseraum, Kräutertee und Marmeladen- oder Schmalzstullen
18:00	Abendessen
22:00	Nachtruhe

Also dieses Tagesablaufdiktierinstrument hatte ich durch einen Kurzschluss zum Schweigen gebracht, unabsichtlich. Ich habe mich nicht „gestellt" oder dazu „bekannt". Die Brumme war kaputt, sie wurde repariert, am nächsten Morgen weckte sie uns wieder um 6:20 Uhr.

Unsere Mädchendonnerstagsnachmittage mit DRK-Übungen mochte ich ganz gern. Im Sommer zogen wir DRK-Uniformen an und machten Rettungsübungen im freien Feld, lernten marschieren und Gelände erkunden nach Kompass und Karte, was jedes Jahr in einer großen Feldübung mit den GST-Jungen gipfelte. Im Winter und bei schlechtem Wetter wickelten wir alle Arten von Verbänden, machten 1. Hilfe- und Rettungsübungen, hörten Vorträge von Hebammen, Sanitätern und anderen lebenswichtigen Leuten.

Die Kampfgruppen hatten einen Stützpunkt im Nachbardorf, ich war Mitglied einer kleinen Schülerschießgruppe. Wir übten Pistolenschießen. Luftgewehrschießen mit Bolzen und Kugeln kannte ich schon aus den jährlichen Sommerferienlagern, mit neun Jahren hatte ich ein Bolzengewehr in der Hand und schoss auf Scheibe. Ich glaube, bei einem Pistolenschießwettbewerb habe ich mal den zweiten Platz belegt, den Namen der Meisterschaft habe ich vergessen.

Ach, und wir konnten das Rettungsschwimmerabzeichen ablegen inklusive Sachen-Schwimmen und 25 m tauchen, hab' alles geschafft. Schwimmen gehen konnte man auf unserem Dorf nicht, es gab kein Schwimmbad, obwohl über Pläne viele Jahre diskutiert wurde und sich sogar der Rundfunk eingeschaltet hatte, Versprechen, Beschluss, Finanzen – gebaut wurde nie.

So fuhren wir, nein, wurden mit DRK-LKWs gefahren zur Badeanstalt in die nächste Kreisstadt, nach Belzig. Die sportlichen Mitschüler konnten sich allabendlich in der Turnhalle betätigen oder um den Sportplatz laufen. Dazu gehörte ich nicht, ich war ja vom Sport befreit durch meine orthopädischen „Gebrechen" wie Hüftschiefstand, unterschiedlich lange Beine, Skoliose-Buckel.

Singen konnte ich auch nicht, aber ich war im Chor, in der Sopranreihe. Es waren fast alle Schüler im Chor. Diejenigen, die sich dem Chor entzogen hatten, wurden vom Musiklehrer getriezt, egal ob sie singen konnten oder nicht. Mich zog er vor, obwohl mein Solosingen katastrophal war. Ich bekam eine Eins beim Vorsingen, obwohl jeder wusste: Eigentlich stimmten etliche Töne nicht. Der Gerechtigkeitssinn der Mitschüler war geweckt, sie protestierten mir gegenüber, nicht dem Lehrer gegenüber.

Ich versuchte mein Singunvermögen durch die Übernahme der Ansage bei Chorauftritten wettzumachen. Also, die Ansage war meine Daseinsberechtigung im Chor und meine Wiedergutmachung für unverdiente gute Sangeszensuren, so sah ich es. Zwei Abende in der Woche war die Masse der Schüler bei der Chorprobe, wir durften lesen und stricken, aber keine Laubsägearbeiten machen (Zitat Otto Gast), wenn unsere Stimme nicht dran war. Zu Lehrergeburtstagen schallte unser Chorgesang durchs Schulhaus, wir umrahmten Rentner-, LPG- und sonstige Veranstaltungen kulturell, einmal traten wir sogar im Dessauer Theater auf. Das war ein Höhepunkt, als unser Gefangenenchor aus Nabucco durch das Theater klang, es ergriff uns selbst. Das Chor-Repertoire war riesig, viele Lieder aus der Zeit der Befreiungskriege, aus der Wandervogelbewegung, klassische Weihnachtslieder sowieso, Kanons, auch dabei „Die Gedanken sind frei" und „Dona Nobis Pacem". Zum 50. Abi-Treffen haben wir ohne Anstrengung 60 Lieder aufgeschrieben, doch es waren längst nicht alle. Wir sangen Lieder in mehreren Sprachen. Wir sangen gern und viel, wenn wir zu Ernteeinsätzen fuhren und auf dem Rückweg, wenn wir DRK-mäßig marschierten und auch mal in den kleinen Pausen im Klassenraum, einfach so. Die Klasse hatte 10' Pause, wir blieben bei schlechtem Wetter im Raum – wir sangen mehrstimmig, es war großartig.

Das Schuljahr 64/65 begann, wir waren in der elften Klasse. Die Schule sollte umgebaut werden, Heizung bekommen, damit das Heizen mit Öfen in den einzelnen Zimmern aufhören konnte, neue Zimmer sollten durch Dachausbau hinzukommen, denn die Schülerzahlen stiegen wieder, doch jede Menge Mädchen mehr, nur ganz wenige Jungen.

Wohin mit den Schülern?

Die Bewohner der betroffenen Trakte wurden für ein Vierteljahr „ausgelagert" auf eine 30 km entfernte Burg, die Jugendherberge Rabenstein. Wir Elfer hatten uns um die neuen Neuner zu kümmern, ich kam wieder einmal in ein Turmzimmer. Wir hatten zwei neue Erzieherinnen mit, die lieber uns die unangenehmen Konfliktlösungsaufgaben überließen, als selbst einzugreifen. Also, morgens wurden wir mit dem Schulbus abgeholt und nach dem Abendessen in die Jugendherberge zurückgebracht. Tagsüber war unser Klassenraum der bevorzugte und einzig mögliche Aufenthaltsort. Auf der Heimfahrt sangen wir im Bus. Einmal stoppte der Busfahrer wütend und weigerte sich weiterzufahren, wenn wir nicht sofort aufhörten, „Auf der Mauer, auf der Lauer sitzt ‚ne kleine Wanze" zu singen. Wir waren sprachlos, wir hatten keine Ahnung, weshalb er sich angegriffen fühlte. Bei Erwähnung dieses Liedes muss heute noch jede von uns sofort lachen und erzählt diese Geschichte.

Im Sommer 64 in den großen Ferien hatte meine Mutter einen Jungen zur Welt gebracht, über 8 Pfund schwer. Sie war 35 Jahre alt, mein Bruder 15, und ich wurde 17. Zehn Jahre früher hätte ich gern ein Geschwisterchen gehabt, so war ich damals nur das bestbezahlte Kindermädchen unseres Wohnblocks geworden.

Mein Bruder war die ganze Zeit der Schwangerschaft unserer Mutter zu Hause gewesen. Unsere Mutter wollte das Kind nicht, sie hat sonst was versucht, um die Schwangerschaft loszuwerden, nichts hatte geholfen. Mein Bruder hatte dann diverse Utensilien versteckt.

Nun waren wir drei, obwohl ich ja die wenigste Zeit zu Hause war, mein Bruder aber ständig. Er kam in die neunte und schlug sich das Abitur aus dem Kopf. Noch ein Kind konnte nicht auch noch bloß zur Schule gehen und kein Einkommen nach Hause bringen. Der Egoist – ich war schon auf der Karriereleiter, für ihn blieb nur das Gefühl der Zurücksetzung, d. h. bis zur zehnten Klasse und dann einen Beruf lernen, diese drei Jahre würden noch schwer genug werden, zumal Mutter jetzt überhaupt nicht mehr ans Arbeiten dachte. Krippe, Kindergarten? Kam gar nicht infrage, sie blieb jetzt zu Hause. Was war dem vorausgegangen?

Irgendwann, so 1963, hatte Mutter ihren Wirtschaftsleiterposten im Jugendwohnheim gekündigt. Sie hatte keine Lust mehr gehabt, auch waren die schwer erziehbaren Jugendlichen durch leicht geschädigte Kinder mit Hilfsschulniveau ersetzt worden. Diese Kinder waren nicht ihr Traum. Außerdem hatte sie in der Stadt eine sechs Jahre jüngere Frau getroffen, die sie als Kind gekannt hatte. Ebendiese Inge hatte Dunja, das größere Mädchen, bewundert. Inge war die Älteste von sieben Kindern einer Familie des Nachbardorfes und das einzige Mädchen. Inge war klug in der Schule. Sie wurde als bildungsfähiges Arbeiterkind gefördert, hatte als Schulabschluss das „Notabitur", dann eine Neulehrerausbildung. Inge war inzwischen Schuldirektorin in einer Grundschule im Norden der Stadt. Sie überredete unsere Mutter, bei ihr als Horterzieherin anzufangen. Dunja schlug ein, die Arbeit machte ihr Spaß, sie kam gut mit den Hortkindern und der Hausaufgabenhilfe klar. Recht bald wurde sie im Unterricht der ersten Klasse zur Vertretung eingesetzt, wenn plötzlich ein Lehrer ausfiel. Inge war begeistert von Dunja und riet ihr zu einem Fernstudium als Unterstufenlehrerin. Unsere Mutter und lernen? Sie hatte bis dahin keinen Berufsabschluss nachgeholt, obwohl sie jahrelang als Verkäuferin gearbeitet hatte. Sie hatte es sogar zur Wirtschaftsleiterin gebracht, von Schule und Ausbildung keine Spur und kein Bedürfnis danach. Wenn sie keine Lust mehr hatte zu arbeiten, hörte sie auf, angeblich, um sich mehr um uns Kinder kümmern zu können, was sie dann sowieso nicht tat. Sie hatte zig Bekannte, zu denen sie quatschen ging oder die zu ihr kamen, Männer aus dem Wohnheim waren vorzugsweise dabei. Ich hasste es, wenn ich in der

8. Klasse aus der Schule kam und wieder einer der Kerle, Erzieher, nach Schichtschluss bei ihr rumsaß und sie palaverten.

Unser Vater, ewig Kraftfahrer, äußerst zuverlässig, bekam spezielle Fahreinsätze für und in Berlin, er war manchmal tagelang nicht zu Hause. Ihre Schwangerschaft erklärte sie uns mit irgendwelchen „Lust-Tröpfchen" nach längerer Abwesenheit. Wissen wollte ich so etwas nicht.

Bogen geschlagen: Baby geboren, keine Rede mehr von Fernstudium. Obwohl sie ewig rumerzählte, dass sie gar kein Kind mehr wollte – ich meine, sie hatte auch keines von uns älteren beiden Kindern gewollt, wir waren ihr immer nur eine lästige Last, die dazu da waren, ihr das Leben zu vergällen. Sie war innerlich sicherlich froh, eine Entschuldigung zu haben, kein Fernstudium anfangen zu können. Nein, das ginge doch überhaupt nicht!

Diese Direktorin, Neulehrerin und Älteste und Klügste von sieben Kindern, mit sechs jüngeren Brüdern, Kindheitsbekannte meiner Mutter und Förderin ihrer Entwicklung, heiratete im August 1964 einen geschiedenen Mann, wie ungewöhnlich, und ich war zur Hochzeit in Kleinröhrsdorf eingeladen. Einen der jüngeren Brüder, den Bernd, hatte ich schon vorher kennengelernt bei einem meiner Besuche bei Inge. Wir wurden zu einem Berlin-Spaziergang geschickt und freundeten uns an. Während der Hochzeitsfeier ging es lustig zu. Ein anderer Bruder hatte aufzupassen, dass zwischen mir und Bernd nichts Anrüchiges vorfiele. Also holte er seine Fotoalben und zeigte mir jede Seite der neun Fotoalben und erzählte lang und breit, wo was gewesen war. Ich hörte sehr interessiert zu, obwohl es stinklangweilig war, während mir Bernd unter dem Tisch die Oberschenkel mit einer Hand streichelte. Nach der Feier trafen Bernd und ich uns noch manchmal in Berlin, er arbeitete dort, wir gingen spazieren, ins Kino. Er redete viel. Ich bekam zwei Fotos von ihm mit Koffer, endlich konnte ich auch einen Freund aufweisen. Er besuchte mich auch in Cottbus zu Hause einmal, übernachtete aber bei seiner Schwester, denn auf keinen Fall sollte er mich unglücklich machen. Im Februar waren wir im Friedrichstadtpalast zu einer bunten Veranstaltung, anschließend gingen wir alle, ein paar seiner Kollegen mit Freundinnen waren dabei, in die Nachtbar „Kleine Melodie". Es ging lustig zu mit Musik und Tanz und Alkohol und viel, viel Lachen. Einer der anderen Männer gefiel mir viel besser, ich sagte ihm, dass es mit Bernd nicht mehr lange gehen würde. Ich fühlte mich tatsächlich unbehaglich mit ihm, er redete und redete, er himmelte mich an, doch bei mir blieb alles ruhig. Ich wusste nicht mehr, wozu ich mich mit ihm treffen sollte. Ich schrieb ihm am sechsten Februar einen Brief, dass ich mich mit ihm nicht mehr treffen wolle und keinen Kontakt mehr wünsche. Ich fühlte mich sehr erleichtert danach. Was sollte ich mit solch einem einseitigen Freund anfangen? Das dicke Ende kam noch ein paar Wochen später. Klaus hatte sich bei seiner Schwester ausgeheult, diese hatte alles der Mutter erzählt, die Mutter hatte Inge einen Brief geschrieben. „Warum muss er sich auch mit solch einem „Gesottche" (das war ein Schimpfwort für die unterste soziale Schicht damals in Sachsen) abgeben ..." Inge zeigte diesen Brief meiner Mutter, meine Mutter beschimpfte mich unsäglich, ich ließ mich beschimpfen und setzte mich mit keinem Wort zur Wehr, heimlich dachte ich, lieber als Gesottche beschimpft werden, als mit einem Kind nach Hause zu kommen wie sie. Bernd und ich hatten zwar keine körperliche Beziehung gehabt, glücklicherweise, es hätte ja kommen können, doch ich hatte Angst davor. Ich fand es ungeheuerlich schäbig, dass Inge mit diesem Brief hausieren gegangen war. Ich gab auch ihr keine Begründung, sprach nie darüber, obwohl ich sie bis zu ihrem Lebensende hin und wieder besuchte. Das Erlebnis lehrte mich Vorsicht und weitere Abneigung gegenüber Klatsch und Tratsch und Offenheit über innere Zustände.

In der neunten Klasse hatte mein Abstieg psychisch begonnen, in der zehnten lebte er sich aus in unerträglichen Verhaltensweisen, in der elften begann ich, mich allmählich zu fangen, bis ich mich Ende der elften fast wieder eingekriegt hätte, wäre da nicht diese für mich unsägliche Klassenfahrt-Idee Sowjetunion gewesen. In der elften hatte ich darum gekämpft, als

FDJ-Sekretär abgelöst zu werden, da in demokratischen Strukturen auch andere einmal die Chance auf Funktionen haben müssten, nicht immer dieselben. Das war meine vulgär-demokratische Sicht der Dinge, da ich dachte, es können Arbeiter und Bauern regieren und man müsse nur Chancen durch Funktionslaufbahnentwicklung eröffnen. Ich war im Freundschaftsrat, eine höhere Ebene, aber weniger konkrete Arbeit und Verantwortung, außer z. B. das „Abzeichen für gutes Wissen" in Bronze, Silber oder Gold. Ich bewarb mich für Silber, leitete einen Zirkel für das Bronzene. Jedenfalls hatte die FDJ-Gruppenleitung eine Reise vorgeschlagen, sie war für die Sommerferien – drei Wochen Moskau und Wolgograd – geplant. Jeder sollte 200 Mark dafür bezahlen, Probleme wurden nicht gesehen.

Ein halbes Jahr vorher hatte der Neurologe mir einen Krankenhausaufenthalt angekündigt, um durch konzentrierte Untersuchungen meinen Kopfschmerzen auf die Spur zu kommen. Daran klammerte ich mich. Als ich im Juni wegen der Krankenhauseinweisung kam, hatte er es vergessen. Doch ich jammerte so überzeugt, dass ich mich darauf verlassen hätte und ich unbedingt ins Krankenhaus gehen möchte, bis er sich um die Einweisung kümmerte. Ich informierte den Schuldirektor, unsere Klassenleiterin, dass ich nicht mitfahren könne, weil ich ins Krankenhaus müsse, die Einweisung konnte ich vorlegen.

Meinen Mitschülern gegenüber schwieg ich, sagte nur im Zimmer, dass ich nicht mitführe. Zwei andere fuhren auch nicht mit, eine wollte die Schule wechseln, die andere habe ich vergessen.

Bis zu dieser Papierniederlegung habe ich nie zu jemandem über meine wahren Beweggründe gesprochen. Ich habe zu Hause nie die bevorstehende Klassenfahrt erwähnt geschweige denn die 200 Mark erbeten. Ich bekam es nicht über die Lippen, mein Vater war Alleinverdiener, er brachte monatlich 620 Mark nach Hause. Wir waren fünf Personen, ein einjähriges Baby, zwei Halbwüchsige und zwei Erwachsene. Unser Vater behielt 20 Mark Taschengeld für sich für den ganzen Monat, er brauchte nichts, davon brachte er sogar etwas mit wie Schokolade für seine Frau. Unsere Mutter zeigte uns nicht nur einmal die Mappe mit der

monatlichen Einteilung der Finanzen, jeder Pfennig war ver-
plant. Da sollte ich um 200 Mark ausschließlich für mein Vergnügen bitten, wo ich doch schon anmaßenderweise zur Schule gehen durfte? Es ging nicht, ich konnte nichts sagen. Also
erfuhr meine Familie nie, dass ich nicht mit auf Klassenfahrt
ging, sondern viel, viel lieber ins Krankenhaus oder in die Ver-
rückten-Anstalt, wie es mein Bruder bezeichnete und wo ich
seiner Meinung nach sowieso hingehörte. Es wurden sieben
Wochen weit weg von zu Hause, die ganzen Sommerferien war
ich auf der Neurologie im Krankenhaus Görden untergebracht.
Einmal kam mich meine Familie besuchen, kurz vor Abschluss.
Es gibt ein Foto, wo wir zwei großen Geschwister den kleinen
Bruder zwischen uns herumwirbeln und Spaß haben. Ich habe
aufgepasst, ob einer mal fragt, wie es mir geht. Es fragte keiner.

Zu Hause konnte ich packen für das letzte Internatsschul-
jahr, die Klassenkameraden waren voller freudiger Erlebnisbe-
richte auch noch viele Jahre später bei den Klassentreffen. Bei
„Weißt du noch in Moskau ..." sage ich nur: „Ich war nicht mit."
Ungläubiges Gucken, keiner weiß es. Meine Zimmermitbewohnerinnen hatten mir einen weißen Schaumgummibären mitgebracht, sie wussten es damals und haben an mich gedacht.

Nach dem Krankenhausaufenthalt ging es mit mir zusehends
bergauf. Ich wurde fröhlicher, zog keine Leidensmiene mehr und
saß auf einem harten Stuhl an einem normalen Tisch ganz rechts
in der ersten Reihe, neben mir links zwei Jungen. Meine Rückenschmerzen hatten nachgelassen, Kopfschmerzen gab es noch,
aber nicht mehr dominierend, und ich erwähnte sie nicht mehr.

Wahrscheinlich hatte ich nach allen klinischen Untersuchungen wie Röntgen, Magen auspumpen usw. und zwei Psychologen
ein Verhaltensprogramm entwickelt, das mir psychische Stabilität brachte. Mit dem uralten Psychologen habe ich noch einen
ausführlichen Briefwechsel geführt – er war nach Oberursel
verzogen – und alle seine Antworten aufgehoben, die mir heute
zeigen, mit welchen Problemen ich mich rumgeschlagen habe.

Der junge Psychologe sprach mit mir. Sein Abschlussbericht
bescheinigte mir „neurotische Verschiebungen", was mich später

dazu brachte, zwei Meter Psychologiebücher zu lesen, um hinter mein Wesen und meine Neurosen zu kommen.

Ich zweifelte nur seine Aussage an, dass ich einen Mann brauchte, hier fand ich mich von ihm nicht ganz verstanden: ich brauchte einen MENSCHEN!

7.2.1 Wovon habe ich noch gar nichts erzählt?

Hatte ich Interesse am anderen Geschlecht? Ja, sicher habe ich mich nach Jungen umgeguckt, wer mir wohl gefällt. Bei den Kämpfen mit dem Inneren tauchen sie auf. Beim ersten Heimfahrtwochenende, zu dem ich meine Banknachbarin Astrid mit nach Hause brachte, gingen wir zum Tanzabend in die Schule zu meiner ehemaligen Klasse. Es war lustig, die Jungen drängten sich wie verrückt nach Astrid, sie begleiteten uns nach Hause. Vor der Haustür drängten sie sich an Astrid, wollten sie küssen, dabei zerdrückten sie eine Scheibe der Haustür, hinter die wir beide uns schon geflüchtet hatten. Geweckt vom Lärm, kam mein Vater und schickte die Jungen nach Hause, die davonrannten. In den ersten Ferien-Heimfahrten gingen wir wenige Male zum Tanztee ins Haus der Jugend. In einer Gruppe zu viert. Einer der Jungen brachte mich nach Hause, in der Puschkinpromenade saßen wir auf einer Bank, er küsste mich, wollte meinen Busen unter der Bluse anfassen, ich sprang auf und rannte nach Hause. Ich sah ihn nie wieder. Einmal ging ich allein, ich wurde nicht aufgefordert. Ein größerer Junge von den Organisatoren tanzte eine Anstandsrunde mit mir, damit man mich sähe, danach kam auch keiner. Das hatte ich schon mal erlebt mit einem jungen Ehepaar aus der Nachbarschaft, das mich mit zum Tanz in die Stadtsäle mitnehmen musste (Wunsch meiner Mutter), auch hier forderte mich keiner auf, obwohl mich der Ehemann bei einem Tanz herumgezeigt hatte. Ich ging zwischen meinem fünfzehnten und achtzehnten Lebensjahr nie wieder tanzen. Ich war eben ein Mauerblümchen. Mir war so elend beim Rumsitzen und Warten und vergeblichem Hoffen.

Später hatte ich ein Auge auf den größten Jungen der Klasse geworfen, fünf andere Mädchen aber auch. Ich erkor ihn zu meiner „großen Liebe". Einmal im November spazierten wir zu zweit über den Friedhof, wir hatten gewettet, dass es gruselig sein würde im dunklen Nieselregen zwischen den Gräbern. Es war nicht gruselig. Einmal saß ich auf der Theaterrückfahrt neben ihm im Bus und legte zentimeterweise meinen Kopf auf seine Schulter. In der elften Klasse ging ich mal richtig zum Fasching der Schule, mit noch einem Mädchen hatten wir uns aus blauem Bast eine Langhaarperücke gemacht, dazu lange Hosen und weiße Bluse. Ich war sehr locker, lustig wie nie. Meine große Liebe ging mit mir zurück zum Schloss und verabschiedete sich von mir mit einem Kuss, den ich nicht erzwungen hatte. Der Kuss dauerte ewig lange. Als ich ins Zimmer kam, sagte eine, sie hätte auf die Uhr geguckt, wir hätten uns vierzig Minuten geküsst. Am nächsten Morgen stellte ich im Waschraum fest, dass meine Lippe geschwollen war und ich einen Bluterguss am Mund hatte. Ich heulte, was tun? Ich kann doch so nicht in die Schule gehen! Doch, ich war ja nicht krank. Was hilft bei Schwellungen? Essigsaure Tonerde, die Heimleiterin brachte sie. Ich bereitete ein Schüsselchen vor, ein Taschentuch und setzte mich auf meinen Platz in der ersten Reihe rechts außen, kühlte meinen Mund mit der Mischung. Einige guckten belustigt, auch die Lehrerin, keiner sagte ein Wort, ich sagte kein Wort. Das sollte mir mal einer nachmachen, mit dieser peinlichen Situation äußerlich ungerührt fertig zu werden, mich in den Unterricht zu setzen und mit niemandem ein Sterbenswörtchen darüber zu sprechen.

Einmal ohrfeigte ich eine Mitschülerin am Nachmittag im Zimmer, die sich über meine permanenten Kopfschmerzen beleidigend lustig gemacht hatte. Ein Zirkus unter uns Mädchen im Zimmer, eine brachte mich zur Klassenlehrerin nach Hause zum „Beichten". Ich solle mich entschuldigen, war das Ergebnis. Ich entschuldigte mich bei der Mitschülerin für die Ohrfeige, notgedrungen, sie entschuldigte sich bei mir nicht für die Beleidigung. Das ganze Konzept der Entschuldigung ist mir immer noch eher unverständlich als problemlösend.

Unter Schlaflosigkeit litt ich auch häufig, ich ging dann manchmal zum Nachtwächter ins Bürozimmer, er unterhielt sich nett mit mir.

Einmal nach Beginn der Nachtruhe hatten wir im Zimmer gewettet, dass wir uns zu zweit trauen, im Nachthemd um den Brunnen in der Mitte des Schlosshofs herumzuspazieren, gesagt, getan, Wette gewonnen.

Meine DRK-Kenntnisse konnte ich sogar einmal anwenden, denn ein Junge hatte sich den Arm gebrochen, ich hatte Heimdienst. Ich schiente seinen Unterarm, fachgerecht, sagten die Sanitäter, die ihn ins Krankenhaus brachten.

Im zwölften Schuljahr wohnten wir zu fünft im Dachzimmer am letzten Ende des Daches gleich neben dem Dachboden. Dort trafen sich oft die Pärchen, wenn sie sich vor der Nachtruhe noch küssen wollten.

Die Abiturvorbereitungszeit war die intensivste Lernzeit, die Prüfungszeit die schönste Zeit. Wir waren rausgenommen vom üblichen Tagesablauf und bekamen besonders gutes Essen.

7.2.2 Kämpfe mit dem Inneren

Als ich in der neunten Klasse ins Internat ging – freiwillig, selbst beworben und angemeldet –, schrieb ich ein Jahr lang in ein dickes DIN-A4-Buch fast täglich meine Gefühle, aber nur, weil ich mich in einen Jungen verguckt hatte. Ich beobachtete ihn, beschrieb ihn und was ich erhoffte. So genau weiß ich das nicht mehr, denn irgendwann packte es mich, und ich verbrannte die vielen Seiten eines Morgens vor dem Wecken in einem Kachelofen im Klassenraum. Die Schule hatte damals noch keine Heizung. Mir ist nur noch das Pappdeckelheft in Erinnerung und die Beschreibung seiner Augen. Er hat sich nie für mich interessiert. Aber ein anderer, dem ich bei den Hausaufgaben helfen sollte. Ich verstand ihn gar nicht, er war mir viel zu klein, und ich wusste nicht, was er an mir fand und von mir wollte. Wir haben uns nie geküsst, er ging von der Schule, seine Mutter war plötzlich gestorben.

Ich habe mich dann unsterblich in einen anderen, großen Jungen verliebt, weitere fünf Mädchen allerdings auch. Wir hatten nämlich in der zehnten Klasse nur noch fünf Jungen auf neunzehn Mädchen. Die Schule war spezialisiert worden und damit für Jungen nicht mehr so interessant. Dieses Jahr – 2016 – haben wir 50 Jahre Abitur gefeiert, sechzehn waren gekommen, von den Jungen nur zwei, die anderen drei wollen schon ewig nichts mehr mit unserer Schulzeit zu tun haben. Ich habe die Schule geliebt – Schule, meine Grundschule, die Internatsoberschule, meine Schulzeit überhaupt. Wenn ich genauer in meinen Erinnerungen zurückwandere, so finde ich einige meiner Verhaltensweisen unausstehlich, manche sind mir heute noch peinlich. Vor allem in der Oberschulzeit fing ich nach dem ersten Vierteljahr in der 9. Klasse an, ganz schön „abzudriften", und ich hatte erst Ende der elften Klasse angefangen, mich wieder „einzukriegen" und „normal" zu werden. War etwas passiert? Äußerlich könnte ich nicht unbedingt sagen, aber plötzlich fühlte ich mich oft so elendig, ich weiß gar nicht wie, richtig elend, traurig, hilflos, antriebslos, unmöglich. Ich bekam dunkle Augenringe, bekam Kalziumspritzen in der Poliklinik, hatte häufig rechtsseitige Bauchschmerzen, hatte immerzu Kopfschmerzen, bekam Pülverchen, wovon ich einmal mehrere nahm und zwei Tage schlief, bis der Arzt am Bett hockte und auf mich einredete. Ich stand auf, war ganz langsam und ruhig und kam im Deutschunterricht auch mit dem Aufsagen des Gedichts „Der Bauer an seinen durchlauchtigen Tyrannen" dran. Ich hing an der Tafel wie eine Schlenker-Puppe und leierte das Gedicht herunter, obwohl ich es in der Vorbereitungszeit voller Emphase geschmettert hatte.

Nach den Weihnachtsferien lag ich manchmal nach dem Abendessen zeitig im Bett und heulte still vor mich hin. Bis der Heimleiter genug hatte und einen Krankenwagen bestellte. Spätabends sollte er mich mit subakuter Blinddarmentzündung ins zehn Kilometer entfernte Krankenhaus bringen. Da sie mich nicht aufnehmen konnten, warum, weiß ich nicht mehr, wurde ich ins 60-70 km entfernte Krankenhaus gebracht. Da die Blinddarmentzündung subakut war, lag ich zur Beobachtung dort. Ich schrieb nach Hause und bat um das schriftliche Einverständnis zur Operation. Es kam, nach einer Woche konnte ich operiert werden, der Blinddarm wurde entfernt. Aus dem Internat war mir ein Paket von zu Hause nachgeschickt worden, das aber gar nicht fürs Krankenhaus bestimmt gewesen war. Als ich dann entlassen wurde nach zweieinhalb Wochen, brachte mich der Krankentransport ins Internat mit meiner großen Kiste. Zwei Lehrer unterhielten sich auf dem Schulhof – es war Unterrichtszeit –, sie nahmen überhaupt nicht Notiz von mir. Ich trat eine Weile von einem Bein aufs andere, ging dann ins Zimmer. Dort packte ich alles aus und um. Ich sollte nämlich nach Hause fahren, war noch krankgeschrieben. Es war sowieso eine Woche vor den Winterferien. Hatte ich schon erwähnt, dass mich in diesen zweieinhalb Wochen im Krankenhaus niemand besucht hatte? Es ging nicht, mein Vater hätte sich kein Dienstauto ausleihen können. Ob es keine Bahnverbindung gegeben hätte, habe ich nicht gefragt.

Die Reise nach Hause war nicht so ohne. Es war bitterkalter Winter. Der Anschlusszug war umgeleitet worden. Ich fand mich spätabends auf einem Bahnhof einer unbekannten Kleinstadt im Brandenburgischen. Ich fand die Bahnhofsmission, klagte der Schwester mein Leid. Ich konnte dort übernachten und am nächsten Morgen nach Hause fahren. Es war gut so, zu Hause hätte sowieso niemand gewusst, wann ich hätte kommen können.

Die Sache mit dem „Bauern an seinen durchlauchtigen Tyrannen" war meine große Eskapade, sehr auffällig und unverständlich. Darüber gesprochen habe ich mit niemandem, auch nicht mit meinen Zimmermitbewohnerinnen. Ich hätte auch gar nicht gewusst, was ich hätte sagen sollen.

Warum hatte ich die vielen Kopfschmerz-Schlaftabletten-Pulver im Wasser aufgelöst getrunken? Keine Ahnung. Ich wollte nur Ruhe, nicht denken, nichts fühlen.

Was hatte ich dann für auffällige Verhaltensweisen? Außer Kopfschmerzen hatte ich oft entsetzliche Rückenschmerzen, und zwar auf der rechten Seite, dort, wo mein Skoliose-Buckel sich befand und wahrscheinlich wuchs. Also hatte ich gefragt, ob ich aufstehen dürfe, wenn mir der Rücken zu sehr schmerzt.

Das war schon in der zehnten Klasse, wir hatten einen neu möblierten Klassenraum. Mir erschienen die Tische zu den Stühlen zu niedrig. Jedenfalls stand ich manchmal im Unterricht auf und lehnte mich an die Wand. Es war schon auffällig. Eines Tages brachte unsere Klassenlehrerin einen Sessel in den Klassenraum. Der Sessel kam in die erste Reihe der Fensterreihe mit Rückseite zur Wand, der Schultisch quer davor. Jetzt thronte ich wie Graf Koks da vorn. Na, das war vielleicht auffällig. Ich stand nie wieder auf, war jedoch heilfroh, als wir in der elften Klasse einen anderen Klassenraum bezogen mit normalen hohen Tischen und harten normalen Holzstühlen. Ich saß dann in der ersten Reihe rechts außen und fühlte mich wieder wohl. Seit dieser Zeit sitze ich am liebsten auf harten Holzstühlen. Die letzten zwei Schuljahre verbrachten wir in jenem Klassenraum, dem eigentlichen Musikraum. Mir gefiel er, allen anderen auch. Die Fenster gingen zum Park hinaus, und manchmal konnte man in den Himmel hinaus träumen. Eine Aufsatzeskapade fällt mir da ein. Wir schrieben immer lange Aufsätze über drei bis vier Stunden. In der Regel hatten wir drei Themen zur Auswahl. In der zehnten hatte ich schon mal einen Aufsatz verpatzt, das hieß Thema verfehlt, eine glatte Fünf. Meine Aufsätze waren immer sehr gut gewesen. Ich mochte gern Klassenaufsätze schreiben. Jedenfalls hatte ich mir Thema drei, die Interpretation des Spruchs „Die Kette bricht immer dort, wo ihr schwächstes Glied ist" gewählt, Sprüche gefielen mir immer besser als Gedichtinterpretationen. Zuvor hatte ich von Victor Hugo „Der Mann mit der Maske" verschlungen, das Buch rumorte in meinen Gedanken. Ich habe also alle meine Gedanken zu dem Buch unter das Aufsatzthema gepresst, allerdings hatten sie rein gar nichts mit dem Spruch zu tun. Ich habe noch viele Jahre gebraucht, um die Aussage dieses Spruches überhaupt zu verstehen. Das war also meine einzige Aufsatz-Fünf.

In der zehnten bekamen wir einmal nur ein Thema, war Vertretungsaufsicht: „Wie stelle ich mir mein Leben im Jahre 1980 vor?" Wir schrieben das Jahr 1964 und hatten viel über Zukunftsentwicklungen gehört. Eigentlich ein harmloses Thema. Ich fand keinen Anfang, ich fand keinen Einstieg, ich saß da, hatte den

Kopf auf den Tisch gelegt und schrieb nicht. Irgendwann heulte ich leise, geräuschlos vor mich hin, heulte und heulte. Eine Stunde vor Abgabe schrieb ich dann drei blutleere Seiten über mein zukünftiges Leben als Zwei-Kind-Familie, als Lehrer. Mehr weiß ich nicht mehr, das Wörterminimum war erreicht, und der Aufsatz wurde mit „Gut" benotet. Das war wieder eine Auffälligkeitsshow, ojemine. An Aufsätzen habe ich dann nur noch meinen Abi-Aufsatz versaut, eine Vier. Dafür kam ich in die mündliche Deutschprüfung, die ich mit Bravour und großem Vergnügen absolvierte, da ich durch alle Literaturepochen gescheucht wurde und alles wusste. Die Deutsch-Zwei war gerettet, aber die Deutsch-Eins versaut durch zwei dämliche Aufsätze, weil ich die Welt nicht verstand. Geschrieben habe ich Aufsätze sehr gern.

7.2.3 Klassenversammlung Januar 1965

Ich habe unaufgefordert „Protokoll geschrieben"; d. h. mitgeschrieben, um nicht sprechen zu müssen. Hatte ich mir selbst auferlegt. Keiner fand Anstoß daran, da bei jeder Versammlung Protokoll geschrieben wurde.

Nach der Versammlung einige Tage später kamen die Betroffenen zu mir und wollten das Heft haben, zur Vernichtung. Ich habe es jedoch nicht herausgegeben, sondern bis 2017 aufbewahrt und beginne jetzt beim Abschreiben, bin gespannt, was ich damals hingekritzelt habe. Es ist ein absolut „unverständliches Protokoll"! Ich wollte tatsächlich keine Meinung äußern, ich wusste nicht, was ich hätte sagen sollen. Ich zitterte innerlich, körperliches Unbehagen.

Wenn ich heute überlege, so frage ich mich, worum es ging. Woran ich mich erinnere ist, dass fünf aus unserer Klasse in der Dorfgaststätte einen Geburtstag feierten und dabei ungewöhnlich viel Alkohol getrunken haben und dabei immer alberner wurden. Die Jungs hatten versucht, den Mädchen Bierdeckel in den Ausschnitt zu stecken, und dabei haben sie sich gerangelt, gelärmt, also sich ziemlich unziemlich aufgeführt. Sie hatten die Aufmerksamkeit auf sich gezogen, ein Lehrer war auch gekommen und hatte die Szene gesehen, die Leute hatten die Köpfe geschüttelt.

Das Thema der außergewöhnlichen FDJ-Versammlung war also moralisches Verhalten und Auftreten in der Öffentlichkeit. Dabei kamen viel Klatsch und Tratsch über einzelne Schüler zur Sprache, was eigentlich mit dem Vorfall wenig zu tun hatte, aber als unterschwellige Konflikte zum Ausbruch kam. Unsere Klassenleiterin konnte es kaum schaffen, alle wieder auf das Ziel der Diskussion zu fokussieren, jeder wollte seinen Senf zu allem dazugeben, nur ich nicht. Ich hatte mich hinter dem freiwilligen Protokollschreiben verschanzt und keinen einzigen Ton gesagt. Ich habe heftiges Unwohlsein die ganze Stunde über verspürt. Ich hätte auch gar nicht gewusst, was ich hätte sagen können.

7.2.4 Wieder eine Entthronung in der UdSSR 1964

Nikita Chruschtschow hatte es geschafft, von 1953 an der Sowjetunion als erster Mann des Staates zu dienen und zu herrschen. Irgendwann war er für bestimmte Kreise nicht mehr akzeptabel und wurde durch Leonid Breschnew abgelöst, im Oktober 1964. Wir üblicherweise ohne großartige Wahlen. Wodurch war er nicht mehr tragbar? Immerhin hatte er 1956 Stalins Image ruiniert, aber es nicht innerhalb des Landes geschafft, nur fürs Ausland. In der DDR blieb davon nur die Rolle des Personenkults übrig. In den sozialistischen Ländern hatte es politisch einschneidende Ereignisse gegeben, wie 1953 in der DDR den Aufstand des 17. Juni, den nur sowjetische Panzer beendeten. Die Welt stand schon wieder vor einem Krieg. 1956 der Aufstand in Ungarn, wo die Leute genug hatten von der sowjetischen Besatzung und dem proklamierten Sozialismus. Das Schweinebucht-Desaster spielte eine Rolle, denn dass die Sowjetunion mal nicht unbedingt recht haben konnte, gab es nicht. Wieder stand die Weltkriegsgefahr vor der Tür. Jedenfalls kam Breschnew, den sowieso kein Mensch kannte. Und jetzt wurde er angehimmelt und hochgejubelt, alles würde jetzt „richtig, richtiger, am richtigsten". Man konnte noch nichts von 1968 in der westlichen Welt und vom tschechoslowakischen Aufstand in Prag und 1981, dem verhängten Kriegsrecht in Polen, ahnen. Doch wie ein roter Faden zog sich immer wieder die Unzufriedenheit vieler Menschen mit den sozialistischen Regierungen durch die Länder. Warum nur?

7.2.5 Politik rumort im Schulleben 1965

Irgendwie war das gesamte 1965er-Jahr ein Wendepunkt in der DDR-Geschichte. Der Finanzminister Apel hatte sich erschossen – wir waren wie vom Schlag getroffen. Wie konnte es sein, dass sich ein Mensch auf Regierungsebene mit Entscheidungsgewalt über die Finanzen und den Wohlstand eines Landes nicht für einen wirtschaftlich zukunfts-gerichteten Weg mit den anderen Führungskräften einigen konnte? Wieso gab es ausweglose Situationen, keine Einigkeit? Es war für mich absolut unverständlich, wo doch alle an einem Strang zogen und ein klares Ziel hatten. Hatten wir nicht immer gelernt, dass unser Staat das Wohl aller Menschen im Auge hat und alle Kraft dafür einsetzt? Dass die ewige Uneinigkeit der Arbeiterklasse überwunden sei durch die Vereinigung der beiden Arbeiterparteien zur SED, der Sozialistischen Einheitspartei Deutschlands, wovon es solche symbolträchtigen Bilder und Zeichen gab? Dass das Symbol in der Flagge mit Ährenkranz, Hammer, Sichel und Zirkel die Kräfte des Landes symbolisierte, mit deren Kraft das neue, gute Deutschland aufgebaut wird? Ich hatte alle staatsbürgerlichen Theorien so gut gelernt und konnte sie im Unterricht wiedergeben, ich war von deren Richtigkeit überzeugt und las wissbegierig Marx und Engels (noch nicht „Das Kapital"), August Bebel, Lenin und die Geschichtsbücher des Unterrichts. Darin kamen zwar auch viele Konflikte vor, aber die Richtigkeit des Ziels führte alles wieder zusammen. Irgendwann nannte ich es „das sozialistische Schwänzchen", das immer ans Ende jeder Aussage gehörte.

1965 gab es politisch heftige Auseinandersetzungen über die Rolle der Kunst und Künstler in unserem Staat, der erste Bitterfelder Weg wurde gegangen, das hieß, Künstler an die Basis, Künstler zur Arbeiterklasse, denn diese ist ja die führende und tragende Kraft der Gesellschaft. Ja klar, nur so kann das Leben in der Kunst richtig widergespiegelt werden, denn Kunst ist ja die Widerspiegelung der objektiven Realität.

Mir fällt ein: Das elfte Plenum des ZK der SED war der Ausgangspunkt und die Grundlage für alle Diskussionen. Eigentlich leuchtete mir die Argumentation der Partei absolut ein.

1965 war ich in der elften Klasse. Die elfte Klasse war die Zeit, um sich zum Studium zu bewerben. Für uns gab es mal wieder Sonderbedingungen mit etlichen Voraussetzungen. Russisch sollte als Erstfach bei allen stehen, wir könnten in dem Fach mit dem zweiten Studienjahr beginnen. Allerdings dürften wir dann nicht zu viele Zweitfächer wählen, es gab dann zwei zur Auswahl, nämlich Englisch und Geografie. Die Pädagogische Hochschule Potsdam würde uns aufnehmen, wenn wir die Aufnahmeprüfung bestünden und die Zulassungsbescheinigungen erhielten. Das war ein neues Wort für mich, das ich erst lange verdauen musste, „Zulassung" – was das wohl bedeutete, es flößte mir Angst ein. Die Diskussionen in der Klasse waren heftig: welches der beiden Fächer überhaupt oder woanders hin, ohne zweites Studienjahr Russisch oder überhaupt Lehrerstudium ... Ich brauchte nicht zu diskutieren, Englisch war für mich sonnenklar.

An einem Herbsttag fuhren wir alle nach Potsdam zur Aufnahmeprüfung. Womit? Wahrscheinlich mit dem Zug, auf dem Rückweg war ich bei meiner Klassenlehrerin mit im Trabant, denn sie hatte uns begleitet. Die mündliche Aufnahmeprüfung machte mir tatsächlich Spaß, ich wurde zu vielen Themen, die nicht unbedingt den Schulstoff betrafen, befragt und gab sehr gern Antwort, sie waren an meinen Antworten interessiert und hörten zu.

Meine Klassenlehrerin sagte im Auto, dass der Dr. Hoffmann von meinen Antworten begeistert gewesen sei. Ich war sehr froh und fühlte mich leicht. Der Zulassungsbescheid kam, meine Zukunft war klar.

7.2.6 Abiturzeit und Ende der Schulzeit

Das letzte Vierteljahr der zwölften Klasse war die schönste Zeit der Schule. Wir lernten und lernten unglaublich viel, gingen alle Fächer noch einmal durch, denn wir hatten die Abiturthemen erhalten, wir kannten die Termine. Alles war strukturiert und klar, es hing nur noch an unseren Köpfen. Das Wetter war schön, wir gingen spazieren und lernten zu zweit, zu dritt, in Grüppchen, im Klassenraum, im Zimmer. Das schriftliche Abitur fordere viele Stunden Konzentration für die Arbeiten, wir schrieben Mathematik und Geometrie, Deutsch, Russisch – mehr weiß ich nicht mehr. Nach der Mathematikarbeit gingen wir fünf aus unserem Zimmer wandern, wir liefen zwanzig Kilometer durch die Waldumgebung des Schlosses, damit bauten wir den Stress ab, den wir damals noch nicht so nannten, wir bauten die Anspannung ab. Diese Methode des Gehens, Laufens nach einer großen geistigen Anstrengung hat mir später immer geholfen.

Auf der Grundlage der Ergebnisse wurde festgelegt, wer in welchen Fächern in die mündliche Prüfung kommt. Wir kamen alle in die Russischprüfung wegen des Spezialschulcharakters eben. In Russisch konnten wir zu dem Zeitpunkt zweiundzwanzig Gedichte auswendig, viele, viele Lieder, und wir redeten über Literatur, Kunst und Geografie und Ökonomie. Für mich gab es eine Deutschprüfung, logisch, wegen des vermasselten Abi-Aufsatzes, und eine Physikprüfung. Alle Lehrer hatten sich Schüler für ihre Fächer ausgewählt, so blieb kein einziges Schulfach ungeprüft. Am exotischsten war Christines – Nicht-Chormitglied – Prüfung in Musik und der Geschichte des Soldatenliedes. Helge brillierte in Kunstgeschichte, Bodo in Physik usw.

Zu den Prüfungen waren wir seriös gekleidet, ich trug mein erstes Kostüm in Dunkelblau und entdeckte, dass mir Dunkelblau sehr gut stand. Als Frisur hatte ich einen Mozartzopf mit meinen halb langen Haaren und eine dunkelblaue Schleife, natürlich Absatzschuhe.

Dann diskutierten wir den Abi-Ball. Eva schlug plötzlich vor, dass wir doch unsere Eltern dazu einladen sollten. Mir rutschte das Herz runter, ich wollte nicht meine Eltern dabeihaben. Aber es nützte nichts. Die Mehrheit war begeistert über die Möglichkeit, die Eltern zum Abschlussball da zu haben. Im Parkhotel wurde der Saal angemietet, die Übernachtungsmöglichkeiten für die Eltern wurden organisiert, in Hotels, im Schloss. Diejenigen, denen es nicht gefiel, waren nicht zu hören. Gab es noch jemanden außer mir? Mein Vater beantragte einen Dienstwagen für das festliche Ereignis, mein Opa wollte und kam auch mit, Carmens Eltern hatten gefragt, ob sie mitgenommen werden könnten. Ja, sie konnten. Ich wollte gern, dass mein Opa vorn sitzt, aber Carmens Vater saß dann vorn, er hatte schließlich ein Holzbein. So drängten sich die zwei Frauen und mein Opa auf der Rückbank.

Ich zeigte meinen Leuten das erste Mal die Schule von innen. Alle machten es so mit ihren Familien. Ich bügelte im Zimmer mein Kleid, es war ein Sommerkleid, und verbrannte mich dabei am Handgelenk, da Carmen wie eine Wilde herumlief. Im Parkhotel gab es die Feier. Ich weiß gar nicht, ob Zeugnisübergabe vorher in der Aula gewesen war oder ob wir die Abi-Zeugnisse im Saal erhielten. Die Rede des Direktors hob die Ergebnisse in hierarchischer Reihenfolge hervor, jeder trat vor, die Besten zuerst, am Ende stand Carmen allein mit „Bestanden". Ich stand in der Gruppe mit 1,7, also eine gute Zwei.

Fuhren wir nach dem Abi-Ball mit unseren Eltern nach Hause? Einige sicherlich, ich sicherlich nicht, denn das Auto war ja voll. Meine Sachen wurden bestimmt mitgenommen, die meisten. Ich glaube, ich fuhr zum letzten Male mit dem Zug nach Hause. Internatsleben ade!

7.2.7 Sommer–Zwischenzeit, Schule und Studium

Acht Wochen frei, keine Schule mehr, Abitur geschafft, Studium vor der Tür – was machen mit der vielen schönen Zeit? Zeit muss immer mit Inhalten gefüllt werden, so habe ich es mein Leben lang gehalten. Zeit ohne Inhalte ist schlicht langweilig.

Reisen wollte ich, die große bunte Welt kennenlernen. Wie kann man das tun ohne Geld? Ich hatte mich beim Reisebüro erkundigt, was man tun muss, um Reiseleiter zu werden. Voraussetzung war Volljährigkeit, Teilnahme an Reiseleiterschulungen und abwarten, welche Reisen nicht von den Stammreiseleitern besetzt werden können. Und einen guten Leumund haben. Was verflixt ist denn nun wieder ein Leumund? Eine Büromitarbeiterin war die Ehefrau eines Vorgesetzten meines Vaters, so kam ich zu einem Leumund. Mir war alles recht, ich besuchte Reiseleiterschulungen, wann immer es in den Ferien möglich war, ich hinterließ meine Wunschzeiten. Für Juli/August 1966 bekam ich eine zweiwöchige Reise nach Prag mit einer zehnten Klasse aus Hoyerswerda angeboten. Natürlich übernahm ich diese Reise mit großer Freude. Ich prägte mir alle Verantwortlichkeiten und Verfahrensweisen ein, es war viel und unbekanntes Gelände. Aber ich war Reiseleiterin, und die Gruppe folgte mir, ich freute mich, als wir nach der Zugfahrt in Prag Holesovice von der dort zuständigen Reiseleiterin und Stadtführerin Frau Himmelschlüsslerova abgeholt wurden. Was für ein Name! Sie war eine große blonde Frau mittleren Alters, sehr freundlich. Ich begab mich mit der Gruppe sehr gern in ihre Betreuung und Führung. Im Hotel bekam ich ein winziges Einzelzimmer, was für ein Wunder, ich allein in einem Zimmer nur für mich. Ich streichelte die Möbel, guckte aus dem Dachfenster auf die Dächer der Gasse und freute mich wie ein Schneekönig. Prag – die Goldene Stadt für kein Geld, nur Taschengeld aus meinen Ersparnissen. Ich brauchte nur etwas für Mitbringsel, denn Übernachtung, Verpflegung, Exkursionen und Besichtigungen, alles war ja bezahlt durch meine Arbeit als Reiseleiterin. Es ging mir so gut. In der Reisegruppe fuhr neben der Klassenlehrerin auch deren Bruder als Betreuer mit. Er studierte schon an der PH in Potsdam. So hatte ich schon einen Bekannten in Potsdam, noch bevor mein Studium begann.

Ich hatte mich sehr auf das Studium gefreut, endlich wieder ein ganz neuer Lebensabschnitt, dazu in einer wunderschönen Umgebung am Park Sanssouci hinter dem Neuen Palais. In den Communs, den Wirtschaftsgebäuden der preußischen Könige, befanden sich die beiden großen Institutsgebäude mit Freitreppen in den Park, wenn auch nicht betretbar. Dazu die Verbindungskolonnaden, unter denen sich die Studenten auf der Wiese im Sommer sonnten und lasen. Die Einladung zum Studium hätte nicht freundlicher sein können. Wir würden schon heimisch werden.

8.1 Studium-Beginn 1966

Die Eröffnung des neuen Studienjahres fand im Audimax statt, es gab circa 500 neue Lehrerstudenten der unterschiedlichsten Fachrichtungen. Die Seminargruppen umfassten 30 Studenten. Wir waren Slawistik/Anglistik- Studenten, für Englisch gab es noch eine Gruppe, nämlich Germanistik/Anglistik. Es war aufregend, nicht nur, sich auf dem Gelände und in den Gebäuden zurechtzufinden, sondern auch viele neue Wörter, mit denen wir bis dahin nicht konfrontiert waren wie Kommilitonen, Mensa, Fachschaft, Dekanat. In den Eröffnungsvorlesungen wurde überall hervorgehoben: „studieren" kommt von „studere", und das heißt „sich bemühen".

Die Studentenwohnheime für die Mädchen befanden sich unmittelbar hinter den Lehrgebäuden über der Straße, dreistöckige Häuser mit 8-10 Zimmern auf der Etage sowie einem Waschraum und Toilettenraum. Unser Zimmer war Parterre, gleich neben der Haustür. Zwei Doppelstockbetten, ein Schlafsofa, fünf Spinde und ein rechteckiger Tisch mit 5 Stühlen und einem Kachelofen, wir würden also in der kalten Jahreszeit selbst heizen müssen. Das hatten wir in unserem Schloss schon überwunden. Die Möbel waren dunkelbraun, das Zimmer recht dunkel, wenig einladend. An der Hochschule gab es mehrere Bibliotheken, und ich nahm mir von Anfang an vor, lieber dorthin zum Lernen und Arbeiten zu gehen, das war keine Arbeitsatmosphäre in diesem Zimmer. Jedes Fachseminar begann mit einer Bibliotheksführung, sodass die Orte einfach zu finden waren. Im Hochschulbüro erhielten bzw. kauften wir unsere Essensmarken für die Mittagessen in der Mensa. Als Grundstipendium erhielt ich 190,00 Mark, 10 Mark zahlte ich davon für die Miete, 30 Mark fürs Essen, blieb immer noch sehr viel übrig für Bücher und Persönliches. Die Finanzen waren gesichert, wie schön.

Unsere Seminargruppe bestand aus 10 Rittersteigern und 20 Nicht-Rittersteigern, und Ärger war vorprogrammiert, denn wir Rittersteiger hatten ein 4-jähriges Studium vor uns, während die Mehrzahl ein fünfjähriges Studium vor sich hatte. Auf den ersten Blick sah es nicht nach Ärger aus, denn wir hatten ja nur in Russisch und dort nur in den Sprachübungen das Programm vom zweiten Studienjahr. Wir kannten uns alle, wir kamen aus dem Internatsleben, wir waren anders sozialisiert, wir sprachen überall mit, wir fragten und diskutierten. Es dauerte nicht lange, na ja, ein Semester, im zweiten gab es eine Seminargruppenversammlung mit einer heftigen Auseinandersetzung. Die Nicht-Rittersteiger wollten nicht in einer Seminargruppe mit uns bleiben, wegen der erwähnten Andersartigkeit, wir wollten jedoch endlich mal mit anderen Jugendlichen unseres Alters zusammen sein, andere Leute kennenlernen, wir kannten uns nämlich schon viel zu gut. Die Abstimmung erfolgte auf streng demokratischer Grundlage für oder gegen Teilung. Sie lehrte mich, dass Demokratie ihre Beschränktheit mit sich bringt. Was bei „Demokratie"-Verhalten und dem Zahlenhintergrund nicht anders zu erwarten war, stimmte die Mehrzahl für Teilung. Der Seminarbetreuer opferte sich förmlich auf und übernahm jetzt beide Gruppen, wobei er uns auch nicht sonderlich mochte, wir waren zu aufmüpfig. Demokratie ist Demokratie, die Mehrheit entscheidet, und die Minderheit hat sich dreinzuschicken, ob sie will oder nicht. Auch meine zweite Demokratieerfahrung überzeugte mich nicht von Demokratie als Allheilmittel.

Das Studienjahr lief an, Vorlesungen in Philosophie gaben viel Stoff zum Nachdenken, die Diskussionen in den Seminaren waren sehr rege. Englische Sprachübungen waren spitze, wir hatten nicht nur deutsche, sondern auch englische Muttersprachler im Unterricht. Das Studienfach Slawistik war aufgesplittet in mehrere Teilfächer, auch hier die Lehrkräfte sowohl Muttersprachler als auch Deutsche. Eine deutsche Lehrerin musste uns erst einmal nachweisen, dass wir nichts Genaues im Russischen wüssten, obwohl wir fließend palaverten. Eine unserer Kommilitoninnen hielt das nichts aus, erbost ließ sie sich exmatrikulieren (wieder ein schickes Wort), ging nach Hause zurück, begann eine Banklehre und studierte später Ökonomie. Eine zweite war schon hochschwanger, sie hatte in den Ferien geheiratet und ging an die Berliner Uni wegen des Wohnortes und der Familiensituation. Nun ja, wir zehn hielten dann durch bis zum Ende ohne Kinder. Halt, nein, ein Kind wurde im dritten Studienjahr geboren, fünf nach Beendigung des Studiums im Folgejahr.

Morgens ging ich schwimmen, Sport hatten wir auch, doch ich mit meiner Sportbefreiung konnte nur schwimmen, was mich sehr freute, endlich ein Schwimmbad vor der Nase.

Wir führten Studienbücher, in das sämtliche Semesterkurse und Prüfungen eingetragen wurden. Ich habe es noch (s. Anhang).

FDJ-mäßig organisiert waren wir in einer Fachschaft. Die Vorsitzende aus einem höheren Studienjahr hatte unsere „Funktionshistorie" erkundet, sie fragte, ob ich in der Fachschaftsleitung mitmachen und dafür kandidieren würde. Habe ich gemacht, ich wurde hineingewählt.

Ende des ersten Studienjahres waren die gesellschaftlichen Diskussionen um eine sozialistische Hochschulreform so weit gediehen, dass diese innerhalb unseres zweiten Studienjahres in Kraft trat und das gesamte Hochschulwesen organisatorisch umbenannt wurde. Die Hochschulstruktur wurde nur leicht geändert, jedoch die Bezeichnungen für die Strruktureinheiten änderten sich gravierend. Offiziell erhielt die Hochschule den Namen Karl Liebknecht erst 1971, da waren wir schon fertig mit dem Studium. Für mich passte dieser Name nicht so recht zur preußischen Architektur.

8.2 Sommer 1967

Nach dem 1. Studienjahr stand ein Ferienlagerpraktikum von drei Wochen im Plan. Unser Ferienlager befand sich auf einem Freizeitgelände mit Barackenunterkünften und großem Sportplatz sowie denkmalgestaltetem Appellplatz mit Fahnenstangen in Altenberg im Erzgebirge. Jede Studentin, jeder Student übernahm eine Gruppe von jeweils 10 Kindern als Betreuer. Natürlich hatten wir einen Plan anzufertigen und mit den Kindern zu besprechen. Ausflugsorte waren dabei, Sportfeste und viele Wanderungen. Mir gefiel die Atmosphäre im Lager sehr gut, die Tage waren ausgefüllt, abwechslungsreich und fröhlich. Nach dem ersten Durchgang fragte mich der Lagerleiter, ob ich noch Lust auf den zweiten Durchgang hätte, dann als Betreuer der Betreuer. Ich hatte Lust und habe zugesagt. Zum Wäschewaschen fuhr ich zu meiner Oma nach Pulsnitz, die mit Zinkwannen und Waschbrett viel Arbeit hatte. Ich kam einen Tag zu spät zurück nach Altenberg, aus Versehen. Ich weiß nicht, wieso ich das Datum habe verwechseln können. Es gab Ärger. Alles in allem waren die Einschätzungen über meine Praktikumseinsätze jedoch positiv.

Abends, wenn die Kinder endlich schliefen, saßen wir Betreuer zusammen und alberten rum. Ein Student von der Bergakademie Freiberg machte sich an mich ran. Er wollte mich immer „vereinzeln", mit mir allein nachts Kahn fahren auf dem See. Ich wollte das nicht, blieb viel lieber in der Gruppe. Doch einmal war ich froh, dass er sich für mich interessierte und noch dazu ein Motorrad hatte. Mit einer Freundin waren wir zu zweit nach Prag getrampt, in eine unangenehme Situation hineingeraten – der Gastgeber hatte dann doch nachgegeben, als wir heulten. Er hatte uns laufen lassen. Wir trampten zurück an die Grenze. Dort rief ich im Lager an, und Friedhelm holte uns nacheinander ab. Er war unglaublich dickköpfig, sprach fast gar nichts, aber hielt mich an den Handgelenken fest, presste mich zusammen, sodass ich keinen Bewegungsspielraum hatte. Er wollte nur streicheln, es ging nur mit Gewalt. Später, während der Ferien, kam er mit dem Motorrad nach Cottbus, obwohl ich vorher einen Besuch kategorisch abgelehnt hatte. Es war unsere letzte Begegnung.

8.3 Zweites Studienjahr 1967-Sommer 1968

Im zweiten Studienjahr hatte sich wenig verändert, lediglich im Marxismus/Leninismus-Grundstudium hatten wir jetzt politische Ökonomie statt Philosophie. Ökonomie machte mir viel mehr Spaß, es war handfest und konkret, man musste nicht so viel hineininterpretieren oder Gedanken herausholen. Nur wenn ein Parteitagsplenum aus aktuellem Anlass diskutiert werden musste, gelang es mir, die vielen endlos langen Sätze auf die Quintessenz zu reduzieren, also die wenigen handfesten Fakten, dass z. B. die Schuhproduktion angekurbelt werden müsse.

Ernteeinsatz in den Kartoffeln gab es auch beim Studium jedes Jahr, wir waren auf Dörfern in Mecklenburg. Auch beim Kartoffeln-Lesen hatte ich im Laufe der Jahre ein ordentliches Tempo entwickelt, sodass mich meine späteren Studenten nicht einholen konnten.

Russisch-Olympiaden wurden jährlich oder aller zwei Jahre durchgeführt, an denen sich die philologischen Studiengruppen zu beteiligen hatten. Unsere Seminargruppe studierte eine Theaterszene eines Stücks von Axjonow für die Russisch-Olympiade ein. Es war richtig gut gelungen. Irgendwie fand ich Russisch-Olympiaden für alle nicht sehr ausgewogen, daher diskutierte und kämpfte ich im Organisationskomitee wie besessen, dass wir eine Spracholympiade veranstalten wollen, sodass auch in anderen Fremdsprachen etwas aufgeführt werden kann. Es gelang mir, wie, weiß ich nicht mehr. In späteren Jahren gab es wieder ausschließlich Russisch-Olympiaden.

Unsere Parallelseminargruppe der Anglistik mit Erstfach Germanistik und wir als Slawisten und Anglisten wollten mehr für unsere Zweitsprache Englisch tun. Also gründeten wir zu viert, wir zwei Angelikas und zwei Jungen von den Germanisten, einen Englischklub an der PH. Wir bezogen unsere Anglistikdozenten in die Planung verschiedener Aktivitäten mit ein. Weihnachten kochten wir nachts acht Stunden lang acht riesige Plumpuddings in der Mensaküche für unsere Christmas Party. Die eigentlichen Plums hatte unsere britische Dozentin in Westberlin eingekauft, denn bei uns waren sie im Handel nicht im Angebot. Der Fleischer, bei dem ich vier kg Rindertalg bestellte, guckte nicht schlecht, wozu das wohl gebraucht werden könnte, aber die Beschaffung war problemlos. Die Party war irre, sogar britische Münzen waren stilecht in den Plumpuddings. Der Geschmack war absolut neu und mit nichts Bekanntem zu vergleichen. Eigentlich wollten wir auch ein Theaterstück inszenieren, doch hatten wir keinen geeigneten Regisseur, so verlief sich Oscar Wildes „The Importance of Being Earnest" im Sand. Aber es gelang uns, die einzigen sieben original Englisch-Filme, die bei der DEFA synchronisiert wurden, im Original zu mieten und ebenso das Thalia Kino in Babelsberg, wo sie für uns aufgeführt wurden. Alle Englischstudenten und Dozenten kamen zu den Vorführungen, es war unglaublich befriedigend. Wir als Studenten hatten etwas Originales und Originelles für das Studium unseres Zweitfaches getan.

Im zweiten Studienjahr lief die Bewerbung für ein einjähriges Teilstudium in der Sowjetunion. Ich hatte mich beworben, meine Leistungen waren gut, mein gesellschaftliches Engagement war umfangreich, FDJ-Sekretär der auf zehn Studenten geschrumpften Teilgruppe Rittersteiger war ich auch. Irgendwann hieß es in der Gruppe, dass ein miteinander befreundetes Pärchen gehen wird. Der Seminargruppenbetreuer bestätigte es mir erst auf meine Anfrage hin. Ich war wie vom Blitz getroffen und voller unsäglicher, verzweifelter Wut. Das konnte ich nicht hinnehmen, das wollte ich nicht schlucken. Ich berief eine FDJ-Gruppenversammlung ein und begründete, weshalb ich mit dieser Entscheidung nicht einverstanden sei. Bei Rolf war es in Ordnung, doch Ursula konnte ich nicht akzeptieren, ihre Leistungen waren durchschnittlich, sie hatte sich nie für irgendetwas engagiert, in die Sowjetunion wollte sie sowieso nicht – so hatte sie es jedenfalls gesagt. Ich kritisierte auch den Seminargruppenbetreuer für seine undurchsichtige Entscheidung und Feigheit, mir selbst die Ablehnung seinerseits mitzuteilen. Dann bat ich um Abstimmung. Ich hatte mich in die erste Reihe gesetzt, alle saßen hinter mir. Ich wollte nicht sehen, wer für mich und wer gegen mich stimmte. Das Abstimmungsergebnis war: die Mehrheit für mich. Eine große Erleichterung kam über mich. Dieses Mal war ich zufrieden mit der Demokratie, in der Mehrheitsbeschluss gilt. Der Seminargruppenbetreuer musste mich einreichen. Wir waren drei Slawistik-Seminargruppen, aus jeder sollten zwei Studenten, also sechs insgesamt, von der Hochschule delegiert werden. Nur wir zwei hatten viel Vorsprung in Russisch, erstens durch Lernbeginn in der dritten Klasse und zweitens durch vier Jahre Spezialoberschule. Ursprünglich hatten uns Dozenten vermittelt, mit diesem Vorsprung würden wir alle für ein Jahr in die Sowjetunion gehen. Davon wusste niemand mehr.

Jedenfalls habe ich mit niemandem über diese Entscheidung diskutiert. Allerdings fühlte sich Ursula bemüßigt, mir ihren Sinneswandel zu erklären, ich wollte nichts davon hören. Meine Planung war auf dem Wege.

Die Prüfungen des zweiten Studienjahres rückten heran. Drei von uns hatten hässliche, aber äußerst billige Röcke gekauft, die wir abschnitten und auf Miniröcke zurechtstutzten.

So gingen wir zu den Prüfungen, die ersten in Miniröcken und mit Absatz-Holzpantoletten. Alle anderen machten Kommentare, wir ließen uns nicht beirren. Ich fühlte mich ziemlich wohl bei den mündlichen Prüfungen, ich mochte mündliche sowieso viel lieber als schriftliche.

Während der Prüfungsvorbereitungszeiten hatte ich eine Arbeit gefunden, ich ging zwei Wochen lang täglich von sechzehn Uhr bis Mitternacht in den „Klosterkeller" abwaschen. Ich wollte unbedingt einen Plattenspieler haben, dazu brauchte ich mehr Geld. Nachdem der Koch festgestellt hatte, dass ich gar nicht so blöd und sehr fleißig beim Abwaschen war, bekam ich jeden Abend ein gutes Essen und musste die großen Töpfe nicht mehr abwaschen. Abwasch hat mich mein Leben lang nie erschreckt. Ich verdiente 240,00 Mark, so viel kostete der Plattenspieler. Ein Mädchen von den Geografen heiratete, Standesamt in der Kuppel des Kulturhauses „Hans Marchwitza". Gefeiert haben wir dann im Studentenheim, mein Plattenspieler wurde eingeweiht mit den paar Platten, die ich besaß, u. a. Yves Montand, Gilbert Bécaud, Marlene Dietrich. Wir spielten sie immer wieder und tanzten.

Jetzt bin ich schon ans Ende des Studienjahres gerutscht, dabei wollte ich noch von typischen Studienwochen erzählen. Unterricht begann zu unterschiedlichen Zeiten in unterschiedlichen Gebäuden. Wenn es möglich war, bin ich vorher morgens schwimmen gegangen. Frühstück und Mittag gab es in der Mensa, ich hatte auch Abendbrotmarken. Ich wollte mich nicht ums Essen kümmern müssen. Im Winter habe ich morgens noch den Kachelofen in unserem Zimmer geheizt. Es gab eine Kaffeestube auf dem Gelände, für Pausen zwischendurch wunderbar, eine Tasse 50 Pfennig. Es gab auch samstags Lehrveranstaltungen, danach ging ich allein durch den Park, immer dreißig Minuten in die Stadt zur Dortu-Bibliothek. Dort bereite ich die Aufgaben für die Folgewoche vor. Auch an der PH arbeitete ich in den Fachbibliotheken, im Zimmer konnte ich nicht lernen, dauernd Gerede und Gequatsche. Ich brauchte Ruhe zum Denken.

Nicht nur für unser Zweitfach waren wir an Lebens-Realia interessiert, auch für unser Erstfach Russisch. So beschlossen wir, das Haus der Offiziere, den sowjetischen Kulturklub in der Hegelallee, in unsere Freizeitaktivitäten einzubeziehen. Wir gingen manchmal ins Kino, um Filme in Originalsprache zu sehen. Komisch wurde es, wenn es ausländische Filme waren, denn diese waren nicht synchronisiert. Es sprach eine Dolmetscherin hinein. Einmal gingen wir Samstag zum Tanz. Ein großer Saal, großartige Wolkenstore-Gardinen, keine Sitzplätze. Alle standen am Rand herum. Erklang die Musik, gingen die Männer zielstrebig los und zogen die erwählte Frau auf die Tanzfläche. War der Tanz zu Ende, ließen sie die Frauen einfach mitten auf der Tanzfläche stehen und gingen. Das war vielleicht ein Kulturschock! Wir vier Mädchen wurden von drei oder vier Russen in unser Studentenheim begleitet. Wir sprachen fleißig russisch und über Russisch. Wir kochten sogar noch Tee, bevor wir sie verabschiedeten. Alkohol hatten wir nicht. Das war nun deren Kulturschock. Wir gingen nie wieder dorthin tanzen.

Das Fach Sowjetliteratur hatten wir bei einer berühmten Dozentin, Nadja Ludger, die auch ein Handbuch zur Sowjetliteratur geschrieben hatte und uns dieses öfter empfahl. Als wir das Buch „Wie der Stahl gehärtet wurde" diskutieren sollten und sie erwähnte, wir müssten es alle unbedingt schon gelesen haben, da wurde ich aufsässig und sagte, dass ich es zwar nicht gelesen hätte, mir aber durchaus zutraue, darüber zu diskutieren, denn das von ihr geschriebene Handbuch fand ich durchaus ausreichend. Sie stellte ihre üblichen Fragen dazu, ich beantwortete sie. Mehr weiß ich nicht, wahrscheinlich Unterrichtsschluss. Ich habe das Buch bis heute nicht gelesen, Generationen sowjetischer Jugendlicher und DDR-Jugendliche lernten die sich daraus ergebenden Leitlinien. Es gab auch andere sowjetische Bücher, die wir mit großem Interesse verschlangen, wie beispielsweise die drei Teile von Simonows Kriegstrilogie, beginnend mit „Die Lebenden und die Toten", dann der zweite Band „Man wird nicht als Soldat geboren". Der Zweite Weltkrieg, der „große vaterländische Krieg", wie er in der Sowjetunion hieß, war uns allgegenwärtig.

Wir zwei Angelikas wollten auch unbedingt Französisch lernen. Wir hatten einen Französischdozenten gefunden, der mit uns einen ungewöhnlichen Sprachkurs machte, beginnend mit Gilbert Bécauds Song „Nathalie". In kurzer Zeit haben wir viel gelernt, sogar eine Prüfung abgelegt. Am meisten habe ich für später methodisch gelernt, er ging ganz anders vor als die üblichen Sprach-Dozenten. Im Sommer saßen wir im Park auf der Wiese. Für kleine Sprachübungsgruppen hatten wir auch ungewöhnliche Räume, wie die Räucherkammer Friedrichs II.

Einmal im Frühjahr ging ich mit zwei Freundinnen zum Tanz ins Haus der DSF (Haus der deutsch-sowjetischen Freundschaft). Es war eine fröhliche und ausgelassene Stimmung. Mich hatte mal jemand zum Tanz ausgefordert, ein junger, lockenköpfiger Mann. Er kam mich immer wieder holen, und wir lachten viel und tanzten wild. Daher hatte ich auch keine Lust, mit meinen Freundinnen zurück ins Studentenheim zu gehen und blieb noch. Der junge Mann begleitete mich später durch den Park. An einem Baum warf er mich plötzlich auf die Wiese und sich darüber. Er stieß immer wieder mit seinem steifen Glied in mich hinein. Aus der Ferne war eine Sirene oder Kirchenglocke zu hören. Er sprang auf, zog sich an und sagte: „Oje, schon vier Uhr, ich muss zurück." Er rannte los. Ich stand auf und schlich langsam ins Studentenheim. Dort wusch ich meinen Kleidersaum im Waschbecken aus und hängte es im Waschraum zum Trocknen auf. Am nächsten Morgen ging ich wieder zu dem Baum. Dort fand ich meine Handschuhe und nahm sie mit. Meine zwei Freundinnen guckten mich fragend an, ich sagte, ich hätte sie auf dem Heimweg verloren und jetzt gefunden, kein weiteres Wort.

Als die Prüfungszeit vorbei war und wir uns auf die Sommerferien vorbereiteten, beschlossen wir, auf der letzten Seminargruppenversammlung doch ein Bergfest zu machen, nur unsere zehnköpfige Gruppe. Wir entschieden uns für einen Wanderausflug nach Werder an der Havel. Wir packten eine Reisetasche mit ein paar Fressalien und wanderten los. Irgendwann kamen wir zu einem Gartenlokal, wo es selbst hergestellte Obstweine – für arme Studenten äußerst preiswert – gab. Und dieser Erdbeerwein schmeckte verteufelt gut. Auf unserer Heimweg-Wanderung wanderten wir durch eine Kirschbaumallee. Ruckzuck saßen wir auf den Bäumen und schlugen uns die Bäuche mit Kirschen voll. Irgendwann müssen wir auch wieder im Studentenheim angekommen sein, keiner war verloren gegangen. Alles verzog sich in die Sommerferien.

8.4 Sommer 1968

Ich fuhr erst einmal zwei Wochen nach Weimar zu Onkel und Tante und meinen beiden Cousins. Sie wohnten damals auf dem Buchenwald, mein Onkel arbeitete dort als Museologe. Er wusste viel zu erzählen. Wir wanderten auch zu den klassischen Weimarer Kulturstätten, ich mochte und mag das Schillerhaus, das Goethehaus, Goethes Gartenhaus, Belvedere, Tiefurt und überhaupt die Stadt insgesamt. Immer wieder war ich dort, las viele Bücher über die berühmten Leute, sie waren mir nahe, auch ihre Gedichte, Balladen Dramen, Romane. Diese Kulturgeschichte ist mir sehr vertraut, sie lebt in mir.

Zurück zum Sommerbesuch. Ich ging zum Friseur und ließ meine blonden Haare tiefschwarz färben. Warum? Einfach so. Ich wollte ein anderer Typ werden. Meine Grundschulfreundin wurde immer von allen angehimmelt mit ihren schwarzen Haaren und den blauen Augen. Blaue Augen hatte ich auch, aber sonst war ich unscheinbar, unauffällig, wie eine „graue Maus" (diese Charakteristik wurde mir sowieso angehängt). Jetzt war ich ein Typ geworden.

Zurück zu Hause in Cottbus, ging ich mit meinen beiden Brüdern zum Fotografen, plötzlich sah ich ganz anders aus und passte viel besser zu meinen dunkelhaarigen Brüdern.

Vom Reisebüro hatte ich eine Reise nach Budapest als Reiseleiterin bekommen. Ich ging zur Schulung, bereitete mich auf Budapest vor und freute mich riesig auf die Bahnfahrt und die Besichtigungstouren. Bis dahin war Prag meine Lieblingsstadt gewesen, jetzt wurde es Budapest, eine faszinierend schöne Stadt

an beiden Seiten der Donau und mit herrlichen historischen Gebäuden. Wir wohnten im Jugendhotel Ifjushag auf einem Hügel
mit Blick über die Stadt, die abends märchenhaft beleuchtet war.
Es waren nur junge Leute in der Gruppe, dort bekamen wir eine
ungarische Reiseleiterin. Ich mochte die lockere Atmosphäre,
immer war etwas los, Hotelverpflegung war spitze, Veranstaltungen mit Gesang und Tanz, erlebnisreiche Freizeitunterneh-
mungen. In der Gruppe war ein Thomas, der sich unverschämt
heftig an mich heranmachte und mir nicht mehr von der Seite wich. Wir waren abends einmal allein im Park unterwegs, er
wollte mir Intimitäten beibringen. Es funktionierte nicht. Ich
wusste auch nicht, ob ich nun schon entjungfert war oder nicht,
nach dem Abend wusste ich es genauso wenig. Nach der Reise
besuchte er mich einmal in Cottbus, wo wir den Abend in unserer Gartenlaube verbrachten. Danach wusste ich es. Ein Wochenende später trafen wir uns in Dresden und verbrachten die
Nacht in einem teuren Hotel. Er hatte das Geld dafür, er arbeitete ja schon. Das war es dann. Ich hatte andere Pläne für die
Zukunft und das kommende Studienjahr.

Die erste Augustwoche ging es nach Halle an der Saale zur
ABF (Arbeiter- und Bauern-Fakultät) für eine Vorbereitungswo-
che zum Studium in der Sowjetunion. Es waren alle Studenten
aller möglichen Fachrichtungen dort, von Slawisten über Zahn-
ärzte, Physiker, Chemiker, aus allen Universitäten der Republik. Wir hatten Vorlesungen zu allen möglichen Aspekten des
Alltagslebens in der Sowjetunion, zu den Organisationspro-
zessen an sowjetischen Universitäten. Wir erfuhren, dass wir
75 Rubel monatliches Stipendium bekommen würden, womit
wir alle Ausgaben für Essen und Sonstiges zu bestreiten hätten. Weitere Geldmittel stünden nicht zur Verfügung, jedoch
könnten wir uns vierteljährlich ein Zwanzig-Kilo-Paket von zu
Hause schicken lassen. Wir sollten uns trotzdem mit Beutelsuppen eindecken, unbedingt mit Damenhygiene-Produkten.
Auf jeden Fall sollten wir uns Gummistiefel einpacken, denn
bei Regen liefe so viel Wasser die Straßen entlang, dass unsere Füße unweigerlich durchweichen würden. Alle Kleidung für

ein ganzes Jahr sollte in einem Koffer untergebracht werden, viel Platz gäbe es in den Studentenzimmern nicht. Diejenigen Studenten, die nur für einen Monat hinreisten, sollten unbedingt ein Kulturprogramm einüben. In der Freizeit übten wir also Kulturprogramme ein, war für uns auch wichtig. Vorwiegend übten wir deutsche Volkslieder.

Zu Hause ging es ans Packen. Alle meine Sachen passten in einen großen Koffer. Ich hatte zwanzig Beutelsuppen eingekauft, sogar schicke Gummistiefel mit Absatz und Pepitamuster gefunden.

Am 19. August 1968 traf sich unsere neue 30-köpfige Seminargruppe auf dem Ostbahnhof, und wir bestiegen den Nachtzug nach Moskau. Das Abenteuer konnte beginnen!

8.5 Drittes Studienjahr 1968-1969 in Rostow-am-Don

Jetzt könnte ich sehr gut die Briefe gebrauchen, die ich nach Hause geschrieben habe von der Reise nach Rostow-am-Don mit Zwischenhalt in Moskau, von der Ankunft im Studentenheim, der Zuteilung der Zimmer, dem nächsten Tag an der Uni mit Ausgabe der Studentenausweise, der Ausweise zum Einlass ins Studentenheim usw. Ob ich sie noch irgendwo finde? Ich glaube, meine Mutter hat sie nicht aufgehoben. Ich suche trotzdem, doch inzwischen erinnere ich mich an die gebliebenen Eindrücke und Bilder, die ich vor meinem geistigen Auge sehe.

Hurra – ich habe sie gefunden! Alle diese Briefe enthalten Situationsberichte und beschreiben kulturelle Besonderheiten unseres Studentenlebens.

Verabschiedung auf dem Berliner Ostbahnhof, wir hatten bestellte Vier-Personen-Abteile im Zug nach Moskau, als neue Seminargruppenmitglieder kannten wir uns schon vom Vorbereitungskurs in Halle. Alle wurden von Familienmitgliedern hingebracht, es gab die üblichen Abschiedszeremonien, bevor der Zug endlich abfuhr, es war spät am Abend. Wir bezogen unsere Abteile, ich bekam ein Bett oben. Wir legten uns schlafen und wurden vom eintönigen Rattern des Zuges bald in den Schlaf gerüttelt, so fiel die Aufregung der letzten Wochen und Tage allmählich ab. Am nächsten Morgen hatten wir alle die innere Einstellung und Neugier auf Neues. Wir konnten uns heißen Tee bei der Abteilbegleiterin bestellen, Verpflegung hatten wir von zu Hause mit. Irgendwann zwischendurch bekamen wir mehrere Formulare für die Einreise, deren Ausfüllen nicht unkompliziert war. Einige Begriffe kannten wir gar nicht, wie zum Beispiel Akkreditive, hatten wir infolgedessen auch nicht bei uns. Wir verbrachten die Zeit damit, aus dem Fenster zu schauen, über den Gang zu laufen und auf den Betten herumzulungern. Ich las ein russisches Kinderbuch über Anton, zur persönlichen sprachlichen Einstimmung. In Warschau gab es einen Zwischenhalt, doch von der Stadt sahen wir eigentlich nichts. Der nächste längere Halt war in Bialystok zum Umspuren des Zuges. Hatten wir etwa vorher gewusst, dass die Spurweite der Eisenbahn in der Sowjetunion eine andere war als in anderen europäischen Ländern? Sicher nicht. Diese Spurbreitenunterschiede sind ein Paradoxon, ein witziger Messfehler, dessen Ursachen ich erst viel später herausfand. Als der Eisenbahnbau in Russland begonnen werden sollte, schickte die russische Eisenbahngesellschaft einen Beauftragten nach Deutschland zum Ausmessen der Abstände, was dieser auch gründlich und genau tat. Jedoch passierte es, wodurch auch immer, dass der deutsche Außenabstand der Schienen zum Innenabstand der Schienen in Russland wurde. Somit waren die Schienen weiter auseinander, und die Züge mussten auf eine andere Spurbreite umgesetzt werden, wenn sie die Grenze überquerten. Es war eine einfache Methode erfunden worden, indem die Untergestelle der Waggons ausgetauscht wurden. Wir konnten im Zug bleiben oder auch zugucken, wie das Umspuren ablief, sehr spannend. Da fällt mir noch eine andere Geschichte dieser Art ein. Ein Gleis wurde in Moskau begonnen, das andere in Sibirien, sie sollten sich in der Mitte treffen und zusammengeschlossen werden. Sie kamen nebeneinander an.

Stundenlang fuhren wir durch die Weiten von Borodino, die uns von Napoleons Feldzug und der Krylow-Fabel „Wolk na Psarnje" (Волк на псарне) sehr gut bekannt waren. Wir konnten es kaum fassen, wieso der Franzose sich auf diese langen Wege eingelassen hatte, weit und breit keine menschlichen Siedlungen.

Wir lagen auf unseren Zugbetten, wir schliefen, wir erzählten, wir lasen, und hin und wieder holten wir uns einen heißen Tee aus dem Samowar der Zugbegleiterin. Nach neunzehn Stunden – oder waren es gar vierundzwanzig? – kamen wir in Moskau an. Wir stiegen aus dem Zug und waren neugierig auf die paar Stunden in der Stadt, die uns bis zur Weiterfahrt in einem anderen Zug, einem Inlandszug, blieben. Wie das Umsteigen mit unserem Gepäck passierte, habe ich vergessen, wahrscheinlich wurden unsere großen Koffer auf einem Gepäckwagen auf einen anderen Bahnsteig gekarrt. Jedenfalls konnten wir unbeschwert ins Stadtzentrum, natürlich auf den Roten Platz mit der U-Bahn, gelangen. Unser ganzes Lehrbuchwissen materialisierte sich plötzlich, als würde sich ein Bild, eine Textzeile in einen Farbfilm verwandeln. Die Menschenmengen überall machten uns sprachlos, so viele Leute überall in Bewegung, Geschubse und Gedrängel, Gestoße und Gerempel – das machte uns fast hilflos. Ich sah nur dicke Frauenbäuche und Spucke auf den Fußwegen. Das hat sich mir unauslöschlich eingeprägt, kann ich jederzeit abrufen. Hinein ins GUM, das berühmteste Kaufhaus Moskaus – es war eine blanke Enttäuschung, lauter mit Zeltplanen überdachte Buden. Die Architektur des Gebäudes war majestätisch, aber das Innere hatte nichts mit unseren Vorstellungen eines Kaufhauses zu tun. Jedenfalls waren wir alle heilfroh, als wir wieder in einem Zug waren und die Reise nach Rostow-am-Don fortgesetzt wurde. Von diesen weiteren neunzehn Stunden hat sich mir nichts Besonderes eingeprägt, also hatten wir uns an die Reise gewöhnt und waren gespannt auf die nächste Etappe.

In Rostow angekommen, wurden wir mit einem Bus abgeholt, nachdem alle Koffer verladen waren und zum Studentenwohnheim gebracht wurden. Das Wohnheim war ein vierstöckiges, riesengroßes Gebäude mit einer Eingangshalle. Wir wurden erwartet, unsere Wohnheim- Ausweise und Studentenausweise wurden übergeben. Plötzlich war mein Anfangsbuchstabe meines Nachnamens ein A und kein E mehr, wieso? Der deutsche Diphthong „Ei" wurde ins Russische transkribiert als „Ai", also stand ich jetzt auf der alphabetischen Namensliste immer an erster Stelle mit meinem neuen A, das ich bisher nur im Vornamen hatte. Die Zimmer wurden zugeteilt, es waren alles Vier-Mann-Zimmer, in jedem wohnten zwei Deutsche und zwei Russen zusammen, damit Russisch in jeder Lebenslage gesprochen werden musste und wir so viel schneller die Sprache beherrschen lernten. Gunhild und ich wohnten in Zimmer 214 auf der vierten Etage. Das rechteckige Zimmer hatte an jeder Seite zwei eiserne Bettgestelle hintereinander. In der Mitte gab es einen runden Tisch und vier Stühle. Fenster und Eingangstür befanden sich mittig gegenüber. Neben der Tür gab es noch zwei schmale Spinde. Nachdem wir unsere schweren Koffer die Treppen hochgeschleppt hatten, ein Fahrstuhl gehörte nicht zur Ausstattung des Hauses, hieß es im Keller Wäsche abholen. Jeder erhielt zwei Laken, ein kleines Kissen, eine Wolldecke, einen schmalen Wandteppich. Außer auf den Wandteppich waren wir in Halle auf das Schlafarrangement vorbereitet worden. Wir befestigten den Wandteppich also mit Reißzwecken an der Wand, die das Bett begrenzte, um eventuelle Wanzen abzuhalten. Die Spinde waren so klein, dass wir zwei Kleidungsstücke aufhängen konnten. Alle Sachen blieben im Koffer, die wir unters Bett schoben. Wir begannen uns mit dem Gedanken anzufreunden, aus dem Koffer zu leben. Unsere mitgebrachten Trockensuppen lagerten dort ebenfalls griffbereit. Unsere russischen Mitbewohnerinnen waren noch nicht da, denn wir waren ja vor Semesterbeginn eingetroffen, damit wir uns einleben konnten. Am nächsten Morgen fuhren wir mit dem Trolleybus zur Uni. Das war das erste und letzte Mal, dass Gunhild und ich den Bus zur Uni nahmen. Diesem Gewühle und Gedränge, Gestoße und Geschubse wollten wir uns nie wieder aussetzen.

Also erkundeten wir umgehend den Fußweg, der zwar vierzig Minuten in Anspruch nahm, aber wesentlich entspannter und gleichzeitig gesundheitsfördernde Bewegung war. Also planten wir diese Zeit in unseren Tagesablauf einfach ein und hielten ihn konsequent sommers wie winters durch.

In der Universität wurde uns am ersten Tag erstmalig unser Stipendium ausgezahlt, jeder bekam 75 Rubel, denn wir mussten ja selbstständig unseren Lebensunterhalt bestreiten. Eine Mensa gab es nicht, auch keinen Essensraum im Wohnheim. Wir mussten Verpflegung kaufen, zum Mittagessen gab es überall in der Stadt sogenannte Speiseräume, wo die warmen Mahlzeiten nicht teuer waren. Zu jeder Tages- und Nachtzeit Tee zu kochen gehörte bald zu den Selbstverständlichkeiten. Doch zuvor mussten wir uns noch Teegläser und Podstakanniki (Teegläsereinsätze) kaufen, für die wir kein deutsches Wort kannten, die wir somit auch kennenlernten.

In der Uni erhielten wir alle Semesterinformationen, unser Unterrichtsraum wurde uns zugeteilt. Unsere Sprachübungsgruppen bestanden aus acht bis zehn Studenten, jede hatte eine hauptverantwortliche Dozentin, für Spezialgebiete waren entsprechende Dozenten vorgesehen. Der Raum war nicht groß, bei uns saßen sechs gegenüber an einem rechteckigen Tisch, Ralf und ich saßen in der Ecke neben der Dozentin an einem runden Tisch zu zweit.

Die Unterrichtszeiten an der Uni waren in zwei Schichten eingeteilt, erste Schicht von acht bis dreizehn Uhr, zweite Schicht von dreizehn bis achtzehn Uhr. Wir Deutschen hatten ausschließlich Unterricht in der ersten Schicht, da wir an frühes Aufstehen gewöhnt waren und als pünktlich galten. Also trabten wir zwei Zu-Fuß-Geher während der Semesterlehrzeiten unverdrossen jeden Morgen um sieben Uhr zehn aus dem Wohnheim los und saßen vor acht auf unseren Plätzen. Die Busnutzer kamen manchmal zu spät, wenn sie nicht jeden Kampf um einen Platz im Bus gewonnen hatten. Dafür kam unsere Dozentin, die wenige Häuser neben der Uni wohnte, regelmäßig zu spät.

Doch bevor der Unibetrieb richtig begann, hieß es Ernteeinsatz. Das war für uns auch nichts Ungewöhnliches, jeden Herbst waren wir in der Kartoffelernte gewesen. Doch jetzt ging es in die Weinernte, zur Weinlese. Eine völlig unbekannte Tätigkeit, aber überhaupt nicht frustrierend. Wir Mädchen konnten im Stehen pflücken, und wir durften so viele Weintrauben essen, wie wir wollten. Im Nu hatten wir dicke Bäuche, denn die Trauben waren fantastisch süß. Nur die Jungen mussten auch hier schwer tragen, nämlich die Körbe zu den Transportanhängern.

Drei Wochen in einem Sowchos zur Weinernte! Wir waren zwei Gruppen, die Deutschen mit dreißig und die Vietnamesen mit dreißig. Wir hatten große Schlafsäle mit Feldbette, gewaschen wurde sich an der frischen Luft unter Rakowini – diese Art der Wasserhähne kann sich keiner vorstellen, einer hieß Rakowina, und das Wasser war kalt. Mit dem russischen Frühstück – dauernd Buchweizengrützen-Brei – kamen wir Deutschen nicht so recht klar. Wir erbaten uns einmal am Tag Schwarzbrot und Butter. Es wurde diskutiert und verhandelt, wir bekamen Brot und Butter. Was wir erst am Ende des Ernteeinsatzes verspürten, war, dass wir dafür bezahlen mussten und uns dieses Spezialessen vom Lohn abgezogen wurde. Also blieben für drei Wochen Weinlese für jeden von uns ganze neun Rubel Verdienst übrig.

Die Abende und Nächte in der Steppe waren unvorstellbar schön.

Ein riesiger schwarzer Himmel, darin Mond und Sterne so klar, die unendliche Weite der Landschaft – es war faszinierend, wir saßen herum, schwatzten und sangen Lieder und gingen immer ganz spät oder eher ganz früh in unsere Schlafsäle. Habe ich schon erwähnt, dass wir zwei große Studentengruppen waren Die Vietnamesen und wir, dazu einige russische studentische Betreuer. Wir waren sehr fleißig, Vietnamesen und Deutsche galten sowieso als fleißig. Also Beschwerden gab es nicht über unsere Arbeit. Zum Abschluss organisierte der Sowchos eine riesige Party, die Tische barsten fast mit all den Köstlichkeiten. Wir traten mit Programmen auf, es wurde gesungen und getanzt. Mit dem Bus ging es zurück ins Studentenheim nach Rostow. Noch hatten wir ein paar Tage Zeit bis Semesterbeginn, also ausruhen, zum Don laufen und baden,

Einkaufsmöglichkeiten erkunden. Hinter dem Wohnheim ein Stück laufen, dann gab es einige Geschäfte. Die Schaufenster waren mit Pappbildern und Kartonagen dekoriert, die Einkaufshalle war riesig, die Produkte befanden sich hinter und entlang einer großen Glastheke. Jetzt begann der komplizierte Prozess: zuerst gucken und aussuchen, was man kaufen wollte, dann ausrechnen, zur Kasse gehen und ansagen, den Bon nehmen und damit zum Ladentisch. Dort erhielt man die Produkte von der Verkäuferin. Es war am Anfang sehr schwierig, jedoch kauften wir dann Gemüse und Brot auf dem Markt an den Ständen ein, das war bedeutend einfacher. Unser allertypischstes, selbst gekochtes Mittagessen bestand aus Beutelsuppe und gebratenen Paprikaschoten auf einer Scheibe Schwarzbrot, dazu als Getränk Schwarztee. Während der Semesterzeiten gingen wir öfter in eine der Speisegaststätten oder besser Speisesäle. Es gab immer eine Suppe als Pjerwoje, erstes Gericht, ein Hauptgericht als Wtoroje, meist irgendwelche Hackfleischklößchen mit unterschiedlichen Namen, Kompott (wenige Früchte mit Wasser aufgegossen). Einmal wollten wir ein richtiges Schnitzel oder Kotelett, also eine feste Scheibe Fleisch, essen, wir wollten etwas zum Beißen haben. Das rauszukriegen war ein echtes Unterfangen, denn alles, was Schnitzel, Kotelett, Beefsteak hieß, war immer eine Hackfleischvariante. Das russische Wort Otbiwnaja hatte nichts mit den deutschähnlichen Wörtern für Fleischscheiben zu tun, war aber endlich ein Schnitzel!

Im Wohnheim gab es auch einen Verkaufsstand, dort gab es Berge von gebratener Leber. Darüber staunten wir nicht schlecht, denn Leber war bei den Fleischern in der DDR eher eine Seltenheit, eine besondere Delikatesse und sehr schwer zu bekommen.

So und jetzt kommen Originaltexte, die ich 1968 geschrieben habe, um von unseren Reisen zu berichten. Ich füge hier den Ersten ein – unsere Reise in den Kaukasus.

8.5.1 Reiseberichte

Kaukasus im Oktober 1968 – Mittelasien im Februar 1969 –
Leningrad im April 1969 – Charkow – Wolgograd – Kiew –
Odessa – Kishinjow alle im Juni 1969

Nach jeder Reise habe ich einen ausführlichen Bericht geschrieben und mit Fotos und Ansichtskarten ausgestaltet. Diese Be-
richte existieren alle abgeheftet in Ordnern. Ursprünglich wollte ich sie alle hier einfügen, darum die Überschriften, jedoch
habe ich inzwischen davon abgesehen. Vielleicht schreibe ich irgendwann die besonders ungewöhnlichen Erlebnisse und Kul-
turschocks zusammen gesondert auf.

8.5.2 Jahreswechsel

Weihnachten wollten wir nicht so ohne Weiteres im normalen
Semesterbetrieb vergehen lassen, denn für uns Deutsche ist
Weihnachten halt Weihnachten, die schönsten und wichtigsten
Feiertage des Jahres. Also machten wir einen Plan und verteilten
die Aufgaben und Verantwortlichkeiten. Der Speiseraum wurde
für den 24. Dezember abends gemietet, nur für unsere Gruppe,
Kartoffelsalat und Würstchen wurden als Festessen festgelegt
und die Einkäufer und Vorbereiter festgelegt, Getränkebesor-
gung, Geschirr, Raumdekoration usw. Gunhild und ich hatten
den Auftrag, einen Baum zu besorgen, andere bastelten Baum-
schmuck aus Buntpapier. Also kümmerten wir uns um die Be-
sorgung eines Baumes. Wir fanden heraus, wann und wo Tan-
nenbäume angeliefert und verkauft wurden. Am besagten Tag
machten wir uns auf den Weg auf den großen Platz gegenüber
vom Traktorenwerk. Eine riesige Menschenmenge war schon
versammelt, es kamen immer mehr Menschen. Dann fuhren
mehrere Lastwagen, voll beladen mit Tannenbäumen, vor und
luden ab. Was sich jetzt abspielte, kann sich kein Mensch vorstellen, ein Kampf um jeden Baum, Gezerre und Gestoße, Ge-

reiße und Geschubse, Gebrülle und Beschimpfungen. Es gelang uns beiden nicht, einen Baum in die Hände zu bekommen, so wollten wir bis zum Schluss warten und von den Resten einen mitnehmen. Es gab keinen Restbaum, es lagen keine Tannenzweige herum. Völlig niedergeschlagen und verzweifelt kehrten wir ins Wohnheim zurück. Weihnachten ohne Baum, wie sollte das gehen? Als ich am nächsten Morgen aus dem Fenster schaute, hing dort eine Etage tiefer ein Baum, unter dem Fensterbrett festgebunden. Wir gingen zu den russischen Studentenbewohnern des besagten Zimmers und versuchten sie zu überzeugen, uns den Baum zu leihen. Sie brauchten ihn doch erst für den Neujahrstag, wir jedoch nur für den 24. Dezember. Es waren lange und zähe Verhandlungen, natürlich, wozu sollten sie uns den Baum überlassen? Es wurde keine Lieferung in der Stadt mehr erwartet, sie hatten sich den Baum mühevoll erkämpft, wir zwei Mädchen waren erfolglos geblieben. Glücklicherweise konnten wir uns auf einen Kompromiss einigen. Wir erhielten den Baum als Leihgabe, übergaben ihn jedoch nach unserer Feier vollständig geschmückt und dekoriert den Besitzern sowie ein paar Flaschen Sekt. Wir waren so glücklich, unsere Weihnachtsfeier am Heiligabend war richtig spitze – und am ersten Feiertag gingen wir zur Morphologie-Prüfung, Gunhild und ich, zu unserem Professor nach Hause. Wir saßen in seinem Arbeitszimmer auf der Bettkante, wurden mit etwas Trockenfisch bewirtet und legten eine ordentliche Prüfung ab. Wen interessierten schon die deutschen oder anderen ausländischen Feiertage an der Uni? Es gab einen Semesterplan, der wurde eingehalten.

Aber Silvester und Neujahr wurde im Wohnheim gefeiert. Es wurde getanzt, mit Gesang durchs Haus gezogen, überall angestoßen, und jeder lachte und strahlte jeden an, es gab nur gute Laune und Vergnügen. Mitternacht war der Höhepunkt mit Glückwünschen zum neuen Jahr. Überall in der Welt wird das neue Jahr so begrüßt.

8.5.3 Winter in Rostow-am-Don

Als sich die Kälte näherte, hieß es Wintervorbereitungen. Unsere russischen Zimmergenossinnen hatten alte Zeitungen und Klebstoff besorgt. Wir schnitten sie in passende Stücke, um die Fensterscheiben zuzukleben – und Streifen, um die Spalten doppelt zu überkleben. Sie wussten aus den Vorjahren, dass es fürchterlich durch die Ritzen ziehen würde, wenn erst die Steppenstürme losgingen. Recht hatten sie, unsere Zimmer waren vor Zugluft geschützt.

Gunhild und ich gingen auch bei fünfundzwanzig Grad Frost zur Uni zu Fuß, aber eingemummelt, wie es nur möglich war, einen Extra-Schal um den Kopf, sodass nur die Augen noch rausguckten. War Sandsturm gewesen, waren unsere Gesichter trotzdem gelbbraun und sandig. Aber wir hielten eisern durch.

Was machten wir noch, vor allem in der unifreien Zeit? Natürlich unsere täglichen Hausaufgaben. Die russischen Studenten arbeiteten in der Regel in Bibliotheken, waren fertig, wenn sie ins Heim zurückkamen, zogen ihre Kittelschürzen an und besuchten sich in den Zimmern. Wir lernten im Zimmer, am Nachmittag war sowieso wegen unserer unterschiedlichen Uni-Schichten keiner da, dann arbeiteten wir schon an den Diplomarbeiten. Ich hatte ein sprachwissenschaftliches Thema, für das ich aus unterschiedlichen literarischen Büchern Beispielsätze auf Karteikärtchen herausschrieb, ich sammelte alles zu Modalverben und Aspekt-Gebrauch, was mir echt Spaß machte.

An Samstagen ging ich zu Geschichtsvorlesungen zu den Historikern, Geschichte interessierte mich immer, es war spannend, wie dort die Geschichte dargestellt wurde.

Samstags gab es auch den dramatischen Zirkel, zu dem wir beide gingen. Dort lernten wir Gedichte deklamieren, sehr gut für Phonetik, allerdings verzweifelte die Leiterin an manchen Stellen an unserem Akzent, wir wurden eben keine russischen Muttersprachler. Aber unserer Aussprache taten die Gedichtdeklamationen ungeheuer gut.

Ich hatte mich auch zum Französischkurs angemeldet. Hier stach ich in der Aussprache von den russischen Kursteilnehmern positiv ab, denn das rollende R gab es nicht im Französischen. Ich hörte mit dem Kurs auf, als die äußerst elegante und stark geschminkte Französischdozentin mich bat, im vierteljährlichen Paket von zu Hause für sie doch weiße Pumps und Stiefel schicken zu lassen. Sie würde es in Rubel bezahlen. Ich sagte ihr nicht, dass ich mir kein vierteljährliches Wunschpaket für 10 Kilo schicken lassen könne, meine Familie wusste davon sowieso nichts, und Geld für solche Extrawünsche hätten sie sowieso nicht gehabt.

Wofür gab ich meine Rubel aus? Für Lebensmittel wenig, für Bücher, die ich per Post nach Hause schickte, für Kino und Konzerte – und das war es schon fast. Diese Dinge waren alle sehr billig, so konnten wir Geld für Reisen zurücklegen. Der Studententarif für Flüge war äußerst günstig, also standen Reisen auf der Prioritätenliste ganz oben.

Die Uni hatte für unsere Gruppe eine zweite zentrale Reise vorbereitet, nach Mittelasien. Es folgt der zweite Original-Reisebericht.

8.5.4 Frühling in Rostow-am-Don

Inzwischen waren meine Eltern von Cottbus nach Berlin umgezogen. Sie hatten eine große Vierzimmerwohnung gleich hinter dem Fuhrpark, wo unser Vater arbeitete, in Berlin Lichtenberg bekommen. Die Gegend war eher eine Industrieregion mit wenigen Wohnblocks. Vom Elektrokraftwerk wehte der Wind herüber, und die Fensterbretter waren oft mit schwarzem Kohlestaub bedeckt. In der Umgebung gab es Kleingartenanlagen, und es dauerte nicht lange, bis unsere Eltern wieder einen Schrebergarten gepachtet hatten. Doch das sollte ich alles erst im Sommer nach meiner Rückkehr kennenlernen. In den Briefen hatte sich meine Mutter schon ausreichend beschwert, dass sie wegen meiner Bücherpakete viel mehr Arbeit gehabt hätten.

Aber ich konnte das Bücherkaufen nicht lassen, ich brauchte Wörterbücher und Literatur, die ich mir bei uns zu Hause nie hätte leisten können.

Nach dem eisig kalten Winter konnten wir das Zeitungs-
papier vom Fenster wieder entfernen und einen gründlichen
Frühjahrsputz im Zimmer machen. Wintersachen wurden
gleich mal verkauft, denn diese hatten ihre Schuldigkeit getan, und wir wollten sie definitiv keinen weiteren Winter zu
Hause tragen. Zum Verkauf fuhren wir einmal auf einen Tolt-
schok (толчок), inzwischen kenn ich das deutsche Wort dafür:
einen Trödelmarkt. Es war spannend, wir wurden alle unsere
Kleidungsstücke los.

Frühjahrsputz wurde auch im Wohnheim gemacht, ein Subbotnik wurde organisiert. Doch zuvor reiste ich noch allein zu
einer Brieffreundin nach Charkow.

Subbotnik – wir säuberten das gesamte Gelände rings ums Wohnheim von Schmutz und Unkraut.

Ab April wurde das Wetter schön, die Natur begann aufzu-
blühen, im Nu wurde die Stadt richtig schön. Die Luft war mild,
Bäume und Sträucher grünten und blühten. Und wir hatten ei-
nen Fernsehauftritt, der im Kultursaal des Traktorenwerks auf-
genommen wurde. Wir sangen nicht die üblichen deutschen
Volkslieder, sondern flotte Schlager und tanzten Bossa Nova.
Die Zuschauer waren begeistert, denn das hatten sie von den
Deutschen nicht erwartet. Hanna, Issy und ich hatten eine Tanz-
Choreografie entwickelt, die mit viel Beifall bedacht wurde.

Gunhild und ich hatten noch Reisen geplant in Orte, die
wir unbedingt sehen wollten. Es ließ sich zeitlich gut mit vor-
lesungsfreien Tagen und Feiertagen koordinieren. Also kauften
wir uns Flugtickets und reisten.

Nach der Rückkehr aus Leningrad gingen wir selbstverständlich zum Unterricht in die Uni, Prüfungsvorbereitungen waren angesagt.

Die Uni hatte für unsere Gruppe noch eine Reise vorgesehen,
denn wir sollten ja so viel wie möglich vom Land gesehen und
erlebt haben. Kulturelle Sehenswürdigkeiten waren das A und O
unseres Aufenthalts – und Sprachkenntnisse für jede Lebenslage.

8.5.5 wieder Sommer in Rostow

Sommer in Rostow am Don, die Hitze war wieder da. Wir gingen zum Don zum Schwimmen, dazwischen legten wir die erforderlichen Prüfungen ab. Es war Leichtigkeit pur.

Wohin wollten wir unbedingt noch reisen? Was gehörte zum absoluten Muss? Wolgograd, die Stadt, die im Zweiten Weltkrieg, nein, im „Großen Vaterländischen Krieg" noch Stalingrad hieß und erst nach Stalins offizieller Entthronung umbenannt wurde – wie auch alle Stalin-Benennungen in der DDR weichen mussten.

Nun hieß es allmählich packen und sich auf die Heimreise vorzubereiten. Wir verkauften all unsere Kleidung, die wir auf keinen Fall zu Hause mehr tragen wollten, denn ein Jahr immer dieselben Sachen, nie ein neues Kleidungsstück erworben – jedoch hatten wir durch Kleidertausch untereinander versucht, unseren „Mangel" ein wenig abzumildern. Unsere Zimmergenossinnen liefen durchs Heim und boten unsere Sachen feil, wir sind es losgeworden. Der große Koffer hatte sich geleert, Beutelsuppen waren aufgegessen, Hygienemittel fast verbraucht, Bücher per Post geschickt. Ein paar Sommersachen genügten für eine Ferienwoche am Schwarzen Meer.

Wir fuhren ins Sommerlager am Schwarzen Meer, nach Limantschik und hatten Spaß in unserer letzten Ferienwoche.

8.5.6 Abschied von einem Jahr Rostow am Don

Plötzlich taten wir alles zum letzten Mal – Abschied vom Unigebäude und unseren Lehrkräften mit vielen Dankesbekundungen, Abschied von der Stadt, dem Markt mit Kirche, in der wir nachts um drei zu Ostern eine unglaubliche liturgische Zeremonie erlebt hatten und nur aus Neugier hingegangen waren, da unsere russischen Mitstudenten uns erzählt hatten, wir dürften es auf keinen Fall versäumen, denn die Religion lebt. Abschied vom Fluss Don, Abschied von den schönen Parkanlagen mit ihren Bühnen und den abendlichen überraschenden Estradenkonzerten, nicht geplant, kein Eintritt, wer Lust hatte, trat auf.

Abschied vom Wohnheim mit einem Auftritt unserer Gruppe auf der Wohnheimbühne mit einem Konzert für unsere Mitstudenten.

Dann eine feierliche Abschiedsfeier in einem Hotel mit viel Champagner und Gutem zu essen, von unserer Gruppe organisiert, mit allen Dozenten und unseren russischen Zimmermitbewohnern, mit Gesang und Tanz und vielen Tränen.

Am achten Juli stand der Bus vorm Wohnheim, die Koffer wurden verladen, wir stiegen ein, und es ging zum Bahnhof, wo wir geduldig auf den Zug nach Kiew warteten, denn auf der Rückfahrt hatten wir eine andere Route mit Umstieg in Kiew. Oder fuhren wir doch über Moskau? Ich weiß es nicht mehr. Was ich noch genau weiß ist: Als wir im internationalen Zug nach Berlin saßen, gab es dort einen Speisewagen, in dem wir unser erstes deutsches Mittagessen einnahmen, ein richtiges Schnitzel mit Mischgemüse und Kartoffeln. Wir hätten den Ober niederknutschen können, so gut hat es geschmeckt.

8.5.7 Ankunft zu Hause

Am 10. Juli 1969 um 10:15 Uhr trafen wir in Berlin am Ostbahnhof ein. Ich wurde von meiner Familie abgeholt. Wir fuhren nach Hause, in die mir noch unbekannte Wohnung. Ich wurde herumgeführt, ich kam zu meinem Ralf ins Zimmer, unser kleiner Bruder schlief im kleinen Kinderzimmer, das gleichzeitig das Nähzimmer unserer Mutter war. ES gab ein großes Wohnzimmer mit Balkon, ein Schlafzimmer, eine schmale Küche, Badezimmer und Toilette waren getrennt. Die Wohnung war sehr geräumig, im ersten Sock eines dreistöckigen Wohnhauses. Die Wohnung unter uns war eine Wohnheimwohnung für fünf ledige junge Männer, die im großen Fuhrpark hinter dem Haus arbeiteten, genau wie unser Vater, der als Busfahrer angestellt war.

Ich brauchte einige Zeit, um mich an das neue Leben und die neue Umgebung zu gewöhnen. Da ich sehr abgemagert war und nicht sonderlich gut aussah, hatte meine Mutter – was ich erst später erfuhr – meinen Bruder Ralf beauftragt, mich auszufragen und herauszukriegen, was mit mir los sei. Irgendwann im Keller erzählte ich ihm mein Geheimnis und das ich vielleicht nach Afrika wolle und ansonsten nicht wisse, was ich so richtig nach dem Studium tun werde. Wahrscheinlich gehe ich am besten da hin, wo man mich hinschickt. Eigentlich sei es mir egal. Natürlich hat mein Bruder, der Verräter, alles meiner Mutter erzählt, und ich wurde meines Lebens nicht froh, was ich mir alles für Vorwürfe und Standpauken anhören musste, das geringste war noch mein Bücherwahn und die Belastungen und Arbeit, die sie damit hatten. Ich hätte ja schon immer gesponnen, jetzt sei ich noch verrückter geworden, ich hätte überhaupt keine Ahnung von nichts. Ich hatte keine Ahnung von nichts. Meine Geschenke und Mitbringsel verteilte ich, gefragt hat mich niemand irgendetwas über meine Zeit in der Sowjetunion. Ich hatte immer Briefe geschrieben und berichtet, also wussten sie alles.

Meine Mutter nähte mir ein, zwei Kleider, denn ich hatte nicht mehr viel zum Anziehen. Sie machte viel Tamtam um die jungen Männer im Untergeschoss, oft lud sie sie zum Abendessen ein und erzählte und redete pausenlos, sie war der Mittelpunkt. Einmal schickte sie mich mit einem der jungen Männer zum Spazieren und zum Tanz, mein Bruder kam mit. Ich verstand nicht, dass sie mich eigentlich verkuppeln und loswerden wollte, ich brauchte noch sehr lange, um zu verstehen, dass ich zu Hause nichts mehr zu suchen hatte, ich Idiot. Es war doch mein einziger Bezugspunkt, und ich dachte, dass ich dort hingehöre.

8.5.8 August 1969

Im August 1969 sollte mein Vater als Busfahrer eine sowjetische Delegation durch die DDR fahren. Meine Mutter überredete ihn, beim Feriendienst zu fragen, ob ich nicht als Zweitdolmetscher mit meinen Russischkenntnissen mitfahren könne. Es wurde gestattet, denn ich könne die russischen Offiziersfrauen extra betreuen. Das kam bei der Delegation gut an. Also begann die Rundreise durch die DDR in Berlin Grünau mit einer Fahrt in einer Jacht über die Regattastrecke. Es war schön für mich, ich konnte wieder Russisch sprechen und übersetzen, ich sah Sehenswürdigkeiten unseres Landes, wir wohnten in sehr guten Hotels, und es gab sehr gutes Essen, für mich war es ein Vergnügen und keine Arbeit. Ohne eigene Kosten lernte ich Leipzig kennen, wohnte im Hotel Astoria mit abendlichem Tanz, verbrachte einige Tage in Weimar im ersten Hotel am Platze, im „Elephant", wir besuchten alle historischen Stätten, die ich sowieso mochte, in Erfurt und Umgebung gab es Kunst und Natur. Dann kam das Irrste – wir flogen von Erfurt auf die Insel Usedom nach Heringsdorf. Es gab diesen einen Inlandflug. Wir wohnten in Ahlbeck in einem Ferienheim des Ministeriums, der Minister hatte sein Haus in Heringsdorf. Eines Abends waren wir bei ihm eingeladen. Es gab viele Reden und Trinksprüche. Eine Offiziersgattin sagte, Angelika, du dolmetschst jetzt für mich. Bisher hatten nur Männer gesprochen, und der offizielle Begleitdolmetscher hatte alles bewerkstelligt. Ich musste übersetzen und tat es. Bei der nächsten Rede und dem Dolmetscher servierte der Minister, der selbst Russisch sprach, den Dolmetscher ab und sagte, er könne nichts, das Mädel solle dolmetschen. Nun war ich plötzlich in den Mittelpunkt geraten, was ich überhaupt nicht wollte. Schwindeln musste ich nun auch noch, dass ich neu sei beim Feriendienst, mein erster Einsatz. Es war fatal, der Dolmetscher zerfetzte sich fast, da er nun bestimmt rausfliegen würde. Ich versuchte, mich unsichtbar zu machen, es gelang kaum.

Wieder in Berlin, stand das Brandenburger Tor noch auf dem Plan, mit dieser Delegation konnten wir in die Grenzanlagen hinein und rüber in den Westen gucken.

Die Delegation reiste ab, und es ging wieder nach Hause.

Zu meinem Geburtstag durfte ich Freundinnen einladen, zwei kamen, die meiner Wegbeschreibung geglaubt hatten, die dritte fand uns nicht. Vor lauter Aufregung fiel mir gleich vom Kompottglasschüsseln Geschenk zwei aus der Hand, halt eben ein Tollpatsch und ein Donnerwetter von meiner Mutter, ich zitterte am ganzen Leib. Wir durften im großen Kinderzimmer feiern mit Bowle und Schallplattenmusik, mein Bruder tanzte mit den Gästen, meine Mutter kam laufend klopfen, es sei zu laut. Um 22 Uhr begleiteten wir die zwei Gäste zur Straßenbahn.

Im September fuhr ich nach Potsdam zum Studienort, nach einem Jahr Auslandsstudium war vor Semesterbeginn noch einiges mehr zu organisieren.

8.6 Viertes Studienjahr 1969-1970

Ein neues Studentenwohnheim in der Forststraße war im vergangenen Jahr fertiggestellt worden. Wir, Gunhild und ich, bezogen ein helles 2-Bett-Zimmer mit Doppelstockbett, Tisch und zwei Stühlen und einem Bücherregal, modernes Mobiliar, klein, aber nur für zwei Personen, was für ein Luxus. Es gab Fernheizung, eine Teeküche auf dem Flur.

Nur der Weg war weiter, nicht mehr gleich hinter der Uni. Wir planten fünfzehn bis zwanzig Minuten Fußmarsch ein, immerhin nur die Hälfte der Zeit im Vergleich mit Rostow, dazu durch eine kleine Siedlung, durch die Unterführung am Bahnhof Wildpark, entlang eines Wäldchens, und schon waren wir im Park.

Wir sechs SU-Studenten machten unseren eigenen Plan, um den fehlenden Stoff des 3. Studienjahres nachzuholen. Wir erfragten alles bei den verantwortlichen Dozenten, auch, um Prüfungen nachzuholen. Die Sektion hatte eine Einladung geschrieben zum Thema „Wer packt gern heiße Eisen an?", natürlich waren wir dabei, denn Organisationsprobleme hatten wir schon. Unsere Mitstudenten hatten im dritten Studienjahr ein dreimonatiges Schulpraktikum absolviert, das wir natürlich nicht nachholen konnten, einen Monat Schulpraktikum mussten wir uns selbst organisieren am Heimatort. Ich fand in Lichtenberg eine POS, die mich annahm, vorherige Bewerbungen an EOS waren fehlgeschlagen, sie brauchten zu dem Zeitpunkt keine Anfänger und noch dazu Studenten für nur vier Wochen. Ich bekam Russisch für fünfte, sechste, siebente, achte und zehnte Klassen zugewiesen und Englisch von der siebenten bis zur zehnten. Da Englisch fakultativer Unterricht war, fielen die Stunden vor den regulären Unterrichtsbeginn oder wurden angehängt. In beiden Fächern musste ich nach vier Wochen Unterrichtsprüfungen ablegen, zu denen die Methodik-Dozenten aus Potsdam anreisten. Es war nicht einfach, ich wohnte zu Hause, fuhr täglich in die Schule und unterrichtete, die Fachlehrer betreuten mich durch Hospitationen hin und wieder, ansonsten kämpfte ich mich durch. Interesse für Russisch gab es nur bei den jüngsten Klassen, da machte es auch Spaß, außer wenn die Jungen aus der sechsten den Unterricht störten, sodass ich manchmal vor der Klasse stand, einen Jungen an jeder Hand und deren Arme auf den Rücken gedreht. Einem habe ich mal eine gescheuert, worauf er mich anschrie, dass ich das nicht dürfe. „Und ob ich das darf!", schrie ich zurück. Es hatte keine Folgen. In den oberen Klassen ließ ich die Unterrichtsinteressierten vorn sitzen, die Nichtinteressierten mussten hinten sitzen, durften Karten spielen, Hauptsache, sie verhielten sich ruhig und störten die Lernwilligen nicht und im Schulhaus war nichts zu hören. Einmal warf ich einen zweimal sitzengebliebenen großen Bengel aus der Klasse, drinnen fiel mir ein, dass ich das ja nicht dürfe, ohne Aufsicht, also gab ich eine schriftliche Aufgabe und sauste durchs Treppenhaus, um den Bengel zu suchen. Vor Verzweiflung habe ich in der sechsten Unterrichtsstunde mit einer Klasse gesungen nach Schallplatte und mit eigenem Plattenspieler, ich kann nämlich gar nicht singen. Das waren die Illustrationen meines täglichen Schulkampfes. Ich legte die Prüfungen ab, wobei Englisch besser gelungen war, Kunststück bei Schülern, die lernen wollen.

Das erinnert mich an die erste Englisch-Grammatikarbeit im vierten Studienjahr, in der ich als Einzige der Gruppe eine Eins schrieb. Die Kommilitonen waren perplex, ein Jahr nur Russisch und dann in Englisch eine Eins. Sie wussten nicht, dass wir drei Anglistikstudenten uns in Rostow eine Englisch- Dozentin gesucht hatten und bei ihr Privatunterricht genommen hatten. Außerdem gab es an der Uni fünf Studenten aus England, von denen eine aus unserer Gruppe einen später heiratete, der mit in die DDR kam und den ich nach der Wende in einem Weiterbildungsinstitut als Englisch-Dozenten wiedersah. Er erkannte mich nicht, ich ihn schon. Mit den Afrikanern hatten wir uns oft unterhalten und waren zu ihren Tanzabenden gewesen, sie hatten zwei Schallplatten aus den USA und viele sowjetisch gepresste westliche Musikaufnahmen, die sie rauf und runter dudelten, und wir tanzten mit ihnen im Zimmer danach.

Da wir befürchtet hatten, in Englisch hinterherzuhinken, hatten wir umso intensiver gelernt.

Während des Schulpraktikums wohnte ich sowieso zu Hause. Meine Mutter schickte mich wieder zum Tanz mit den jungen Männern aus der Ledigen-Wohnung unter uns, ich ging gern mit, denn so blieb ich nicht als Mauerblümchen sitzen, wie es meine Erfahrung als Jugendliche war. An den Wochenenden fuhr ich häufiger nach Hause, denn ein Klaus bemühte sich sehr um mich. Er gefiel mir. Er war fröhlich, gut gelaunt, voller Unternehmungslust. Wir gingen abends in die Gartenkolonie „Weiße Taube" neben den Wohnhäusern und tranken etwas und hatten viel Spaß. Er brachte mich immer zum Zug und holte mich ab, ich hatte jemanden, der sich für mich interessierte und dessen Frohsinn ansteckend war.

Im Winter lud er mich nach Thüringen ein, seine Eltern kennenzulernen. Bei seiner Oma, bei der er aufgewachsen war, konnten wir im Nachbarort wohnen, denn sie vermietete ein Zimmer sowieso an Kurgäste. Es lag Schnee, wir gingen rodeln, ich war noch nie so hohe Berge auf dem Schlitten heruntergerodelt. Ich hatte meine Schreibmaschine mitgenommen und schrieb hin und wieder an meiner Diplomarbeit, der Abgabetermin rückte näher, ich musste es unbedingt schaffen. Doch mit Peter daneben ging es nicht so recht voran, er wollte Freunde besuchen, die andere Oma sollte mich auch sehen. Wir waren dauernd unterwegs. Ich nahm mir vor, mal an den Wochenenden in Potsdam zu bleiben und die Diplomarbeit zu beenden. Ich schaffte es pünktlich zum Abgabetermin. Sie musste vervielfältigt werden, im Technikbereich gab es ein Ormig-Abzugsgerät, auch das gelang. Nach heutigen Maßstäben sah es verheerend aus.

Im April fuhr das Ensemble der PH nach Litauen, der Chor, die Tanzgruppe, die Sprechergruppe, in der ich Mitglied geworden war, nachdem mir der Dramkrushok (драмкружок), der dramatische Zirkel in Rostow, so viel Spaß gemacht hatte. Sprechen konnte ich, im Schulchor damals habe ich auch immer die Ansage gemacht, um meine Daseinsberechtigung zu untermauern, denn singen konnte ich halt nicht. Es war eine schöne Ensemblereise, wir hatten mehrere Auftritte, hatten Stadtführungen durch Vilnius und machten Ausflüge nach Trakai und Kaunas, historische litauische Orte.

Vor der Abreise hatte es zu Hause einen Eklat gegeben. Meine Mutter hatte öfter erwähnt, wie gern sie Kaninchen essen würde. Klaus hatte Kaninchen von seiner Oma aus Thüringen mitgebracht und briet in unserer Küche, um meiner Mutter eine Freude zu machen. Als sie nach Hause kam, brüllte sie wie eine Besessene herum, wie er es wagen könne und wie die Küche aussehe und überhaupt ... Ich hatte vorher versucht, ihn zu überreden, nichts mit dem Kaninchen zu machen, er ignorierte mit Unverständnis meine Einwände. Nun saßen wir richtig im Schlamassel. Klaus kannte die Wirtin von der Weißen Taube sehr gut, er heulte sich bei ihr aus und redete so lange auf sie ein, bis sie uns beiden ein Zimmer in ihrer Wohnung in der Nähe vom Bahnhof Lichtenberg vermietete. Wir hatten ein Zimmer für uns allein, wir zogen ein. Ich nahm alle meine Sachen mit, mein Studium war jedoch noch nicht zu Ende, also wochentags nach Potsdam. Es überraschte mich und machte mich sprachlos, dass Peter während meiner Abwesenheit nicht in unserem Zimmer wohnte, sondern wieder im Ledigenwohnheim. Er brauchte eben Kommunikation und Leute um sich. Meine Eltern bezeichneten das Zimmer als „Absteige".

Am 17. April kehrten wir aus Litauen zurück, Klaus und ich freuten uns sehr über das Wiedersehen, wir lebten wieder ein paar Tage im gemieteten Zimmer. In der Nacht spürte ich, dass etwas in mir passierte, ich wurde schwanger. Ich spürte es in diesem Moment.

An der Uni liefen die Prüfungen, die Verteidigung der Diplomarbeit, die abschließenden Abmeldungen und die Zeugnisübergabe. Die Abschlussfeier an der PH nahm ich nicht wahr, ich betreute das einjährige Baby, mein „Patenkind", den Sohn von Ursel und Reiner, den sie während Reiners Rostower Abwesenheit zur Welt gebracht hatte. Außerdem sah ich mickrig aus, blass, immerhin wusste ich, dass ich schwanger war. Die Abschlussfeier unserer kleinen Seminargruppe gestalteten wir als Tanzabend auf einer Dampferfahrt mit Tanz.

Dann ging es mit allem Hab und Gut nach Berlin, hinein in ein neues Leben. Ich räumte unser Zimmer, die sogenannte Absteige, auf, alle Ordner und Bücher in die Regale. Klaus hatte nichts zu tun und bekam einen Wutanfall. Er warf meine Ordner herum und begann darauf herumzutrampeln, er beschimpfte mich. Dann verschwand er und sagte, er wisse nicht, wann er wiederkäme. Der ganze Studienkram hänge ihm zum Hals heraus.

Nun saß ich da – was tun?

Mir blieb nichts anderes übrig, als bei meinen Eltern Abbitte zu tun und zu fragen, ob ich wieder nach Hause kommen könne, ich wisse sonst nicht wohin. Dass ich schwanger war, wussten sie schon. Ich wollte Klaus nicht mehr sehen, brach jeden Kontakt ab.

Ab ersten August hatte ich einen Arbeitsvertrag an der PH als wissenschaftliche Assistentin im Fachbereich Anglistik. Wie war es dazu gekommen? Davon habe ich noch nichts erzählt.

Während des Auslandsstudienjahres waren die Einsatzorte der Absolventen besprochen und entschieden worden. Für uns war nichts festgelegt. Eigentlich wollte ich dorthin gehen, wohin man mich schickt. Ich dachte an Mecklenburg aufs Land, ich hatte keine ehrgeizigen Pläne. Der Leiter der Anglistik lud mich zu einem Gespräch ein und schlug mir die Tätigkeit als wissenschaftliche Assistentin für drei Jahre vor, in denen ich meine Dissertation schreiben und während der Semesterzeiten wöchentlich zehn Stunden englische Grammatik unterrichten würde. Ich war ratlos, natürlich war es ein Spitzenangebot, doch ich hatte keine Wohnung und auch keine Aussicht auf eine. Ich würde in Berlin bei meinen Eltern wohnen müssen.

Mit diesen Überlegungen wandte ich mich an meine Mutter und schilderte meine Ratlosigkeit. Ich wusste echt nicht, wofür ich mich entscheiden sollte. Ich überließ die Entscheidung ihr, das ist für mich heute unvorstellbar, damals war es Ausdruck meiner Hilflosigkeit und Unfähigkeit, solcherart Lebensentscheidungen zu treffen. Sie entschied: Potsdam, die Assistentenstelle wäre besser für mich, selbst auf die Gefahr hin, zu Hause wohnen bleiben zu müssen. Ich unglaublicher Idiot – vor acht Jahren habe ich um einen Internatsplatz gekämpft, um von zu Hause wegzukommen. Nach acht Jahren kehre ich nach Hause zurück. Glaubte ich denn, dass sich etwas verändert hätte und die Atmosphäre besser geworden wäre?

Und nun war ich auch noch schwanger, hatte nichts und erwartete ein Kind. Es gibt Wiederholungen im Leben über mehrere Generationen, immer wieder das gleiche Muster, meine Oma, meine Mutter, nun ich.

Das echte Leben ab August 1970 – erst 2017 erinnert

Ich wohnte also zu Hause im großen Kinderzimmer gemeinsam mit meinem Bruder, der aber die Flucht ergriff und auszog, mit seiner schwangeren, verrückten Schwester wollte er nicht mehr zusammenwohnen. Die vergiftete Atmosphäre zu Hause ging ihm auch auf den Kranz. Er fand eine Unterkunft in einem Ledigenheim in Pankow. Bald lernte er beim Tanzen ein junges Mädchen kennen, das er im nächsten Sommer heiraten würde. Ich würde nicht zur Hochzeit eingeladen werden, denn ich war in Ungnade gefallen und hatte keinen Kontakt zur Familie.

Ab August fuhr ich mehrmals nach Potsdam, das neue Semester wurde vorbereitet, und ich erhielt meinen Unterrichtsplan sowie das Thema für die Dissertation. Wenn ich nicht in Potsdam zu tun hatte, verbrachte ich die Tage in der Staatsbibliothek und las Bücher, die ich für die Dissertation brauchen würde. Ich fuhr morgens ins Stadtzentrum und kam abends erst spät zurück, zu Mittag aß ich in der Stabi, Abendbrot im Kiosk am Bahnhof Friedrichstraße. Ich machte mich so unsichtbar zu Hause, wie es mir nur möglich war. Ich wollte niemandem zur Last fallen, weder durch meine Anwesenheit noch finanziell. Mein erstes Gehalt als wissenschaftliche Assistentin bekam ich Mitte August, es waren 584,76 Mark. Ich machte mir Briefumschläge und schrieb darauf, wie viel ich wofür ausgeben wollte. Meine Unsichtbarkeitsmachung war möglich, denn das Kind trug ich noch im Bauch mit mir herum.

Erst im Juli ging ich zum ersten Male zur Schwangerschaftsberatung, nachdem mich meine Mutter gefragt hatte. Sie kam mit, irgendwie war ich erleichtert, dass mein Zustand anerkannt wurde. Das Kind bewegte sich schon. Ich erhielt meinen Schwangeren-Ausweis und damit auch finanzielle Zuwendungen bei regelmäßigen Untersuchungen sowie für die Geburt des Kindes 1000 Mark zum Kauf des Kinderwagens und von Babykleidung.

Meine Mutter nähte mir einen Umstandsanzug und einen Kleiderrock. Den Anzug würde ich zur Arbeit tragen können, war gut geeignet für die Bahnfahrten im Herbst. Mein Weg nach Potsdam betrug zweieinhalb Stunden, das hatte ich getestet. Es lohnt sich, dieses einmal aufzuschreiben – zehn Minuten Fußweg zur Straßenbahn. Mit der Straßenbahn zwanzig Minuten zum S-Bahnhof Karlshorst. Von dort mit dem Regionalzug nach Potsdam Hauptbahnhof, damals am Stadtrand, heute Pirschheide. Mit der Straßenbahn drei Stationen bis zur Allee, die Allee zu Fuß hinunter bis zum Eingang Charlottenhof des Parks Sanssouci, dann fünfzehn Minuten zu Fuß durch den Park zur PH, alles in allem zweieinhalb Stunden, zurück ebenso lange den entgegengesetzten Weg.

Ich wusste nicht, wie das werden sollte, eine Unterkunft hatte ich in Potsdam nicht, ich hatte doch zugesagt, dass ich in Berlin wohnen könne. Meine Kommilitonin Gunhild hatte eine Assistentenstelle im Fachbereich Marxismus/Leninismus bekommen. Ihr war ein Zimmer zur Untermiete angeboten worden bei einer alten Dame. Sie hatte diese sogar gefragt, ob sie mich mit zukünftigem Baby aufnehmen würde. Ich ging in die Wohnung, um mir das Zimmer anzusehen. Es war in einem alten Wohnhaus, das war nicht schlecht. Doch als ich das Plumpsklo in der Wohnung sah, kein richtiges Badezimmer, Ofenheizung, keine Lampe geschweige denn Möbel, hat es mich durchgeschüttelt. Ich hatte doch nichts. Ich hörte meine Eltern schon toben, in was für eine „Hortntje" ich ziehen wolle mit Kind, sie würden wieder alles machen müssen... Trotzdem sagte ich der Dame, ich würde zum Wohnungsamt gehen und mich erkundigen, ob ich als Untermieter einziehen könne. Ich ging zum Wohnungsamt, setzte mich in den Wartesaal, nach fünf Stunden fuhr ich nach Hause, unverrichteter Dinge. Ich versuchte es noch ein zweites Mal, dasselbe. Ich sagte der alten Damen ab, ich schwindelte, dass ich es nicht mieten könne. Ich hatte immer das Plumpsklo vor Augen und hörte das Theatergezänk meiner Mutter. Inzwischen war ich vielleicht auch verwöhnt durch Fernheizung und warmes Wasser aus der Wand. Das war mein vergeblicher Versuch, eine eigene Bleibe zu finden. Ich träumte in Tagträumen davon, ich hatte so viele Tagträume, wie ich mit meinem Baby allein lebte, es in die Kinderkrippe brachte und abholte, glasklare Tagträume – ich tat nichts dafür.

Einmal fuhr ich mit der Bahn allein nach Thüringen zu Klaus'
Eltern. Ich hatte mehrere Kilometer zu laufen bis zu dem Dorf,
bergauf, bergab. Ich lief und überlegte, was ich sagen sollte. Ich
wusste es nicht. Ich hatte so gehofft, dass sie mich fragen würden, dass sie vielleicht eine Problemlösung für mich hätten. Hatten sie nicht. Wieso hoffte ich, dass meine Probleme von anderen gelöst werden könnten? Ich sagte ihnen jedenfalls, dass ich
schwanger sei und mit Klaus keinen Kontakt hätte. Mein Problem.

Im August gab es einen Sommerkurs für Englischlehrer aus
der Republik, es waren ungefähr 90 Teilnehmer. Ich hatte eine
zehnköpfige Gruppe in Phonetik zu unterrichten. Es gelang.
Meine Schwangerschaft sah man mir noch nicht an. Für den
Sommerkurs waren Dozenten aus Großbritannien zusätzlich zu
den Muttersprachlern der Anglistik gekommen. Wir gestalteten auch ein Freizeitprogramm mit Besichtigungen der Schlös-
ser und Parkanlagen, einem Ausflug nach Werder und Schiffsfahrt. Ein britischer Dozent hatte mich zu seinem persönlichen
Betreuer und Dolmetscher bei Besichtigungen auserkoren, so
konnte ich mich in der englischen Sprache bewähren. Er half
mir sprachlich viel, auch erkannte er meinen Zustand. Er fragte
mich, wie lange ich den Vater des Kindes kenne. Wieder schwindelte ich, anderthalb Jahre war meine Antwort. Den Zeitraum
fand er angemessen. Dabei war es nur ein halbes Jahr gewesen.

Auf der Abschiedsparty in der Mensa habe ich so gelacht wie
noch nie vorher. Die Engländer hatten ein unglaubliches Talent,
viele Menschen zu unterhalten und unterhaltsam in die Party
einzubeziehen. Damit war die schöne Zeit zu Ende.

9.1 So hatte ich dieselbe Situation 2012 beschrieben

Ich habe meine Tochter zwar auch unverheiratet zur Welt gebracht, dann ein Vierteljahr später ihren leiblichen Vater geheiratet nach Terminverschiebung der Hochzeit und in der vagen,

träumerischen Hoffnung, dass mich ein Wunder davon zurück-
hält. Mir war klar, dass wir für ein gemeinsames Leben nicht zusammenpassten. Da ich nicht lebenstüchtig genug und finanziell
nicht in der Lage war, uns beide allein leben zu sehen, ich niemanden zur Hilfe hatte, der meine Not sah, denn reden konnte
ich nicht, er für unsere Familie alles organisieren wollte, ging ich
mit mir ins Gericht, erwog die Möglichkeiten und Notwendigkeiten unter den gegebenen Umständen und kam zu dem Schluss,
dass alle ringsum unsere Verheiratung erwarten, dass es für alle
das Beste sei, zumal wir so auch zu einer eigenen Wohnung kämen, dass nur mein inneres Ich eingeschlossen werden müsse
und ich mich dem Leben fügen müsse. So gingen wir beide zum
Standesamt. Ich trug ein geborgtes Brautkleid. Meine Haare waren tiefschwarz gefärbt (Eigentlich war ich zwanzig Jahre lang
blond gewesen, erst ab 21 hatte ich mir die Haare aus einer Laune schwarz färben lassen. Nein, die Begründung stimmt nicht,
keine Laune – eigentlich wollte ich auch mal ein richtiger Typ
sein mit blauen Augen und tiefschwarzen Haaren, so wie meine
Grundschulfreundin, die alle anhimmelten ob dieses Kontras-
tes. Ich wollte dieses aschblonde Wischiwaschi, dem auch eine
Platinblondaufhellung nichts nutzte, loswerden.) Heute existiert
noch ein einziges Hochzeitsbild, aber nicht aus meinen Fotoalben, sondern von Verwandten, meine Bilder dieser Ehe habe ich
alle vernichtet. Auf dem Bild erkennt man nicht meine lädierten
Lippen, über Nacht hatten sich fünf große Herpesblasen gebildet. Zur Trauung wurden wir mit einem Dienstwagen chauffiert,
die Eheschließung im Standesamt war nur mit Beamtin und uns
beiden, Trauzeugen gab es nicht. Das Baby war für zwei Stunden
bei einer Frau eines Arbeitskollegen meines Mannes. Zum Mittagessen fuhren wir in ein sehr gutes Hotelrestaurant, Essen zu
zweit. Mein Mann lud den Chauffeur ein, mit uns zu essen. Ich
wusste mich nicht zu unterhalten. Wieder zu Hause in unserer
Altberliner Gemeinschaftswohnung mit Wohnheimcharakter
von fünf jungen Männern und einem Zimmer für uns junges
Ehepaar mit Kind, holte mein Mann unser Baby ab, ich zog die
Kittelschürze über das geliehene Hochzeitskleid und versorgte

das kleine Wesen. Was wir nach der Mittagsruhe machten, weiß ich nicht mehr. Den Abend verbrachten wir zu dritt in unserem Zimmer. Die Hochzeitsnacht verschliefen wir. Es war im März, ich glaube am 16. März 1971, ich war damals 23 und ein halbes Jahr alt, mein Mann 21 und ein halbes. Ich hatte im Juli 1979 mein Studium abgeschlossen als Diplomlehrer für Russisch und Englisch mit der Lehrbefähigung von der fünften bis zum Abitur. Meine erste Anstellung hatte ich an der Universität erhalten, an der ich studiert hatte. Was heißt erhalten, ich war überzeugt, überredet worden, als wissenschaftlicher Assistent im Fachbereich Anglistik anzufangen. Der Vertrag lief auf drei Jahre (nein, vier!) und beinhaltete 10-12 Unterrichtsstunden pro Woche und die Promotion innerhalb dieser Zeit. Das Gehalt betrug 584,76 Mark. Ich hatte keine eigene Wohnung, kein Zimmer, wohnte nach acht Jahren Abwesenheit von der Familie wieder bei den Eltern, nunmehr in Berlin und mit nunmehr zwei jüngeren Brüdern, das dritte Kind meiner Eltern ist siebzehn Jahre jünger als ich, fünfzehn Jahre jünger als mein erster Bruder, in einer Vierzimmerwohnung. Wir beiden Großen, 23 und 21, hatten ein Zimmer. Der Weg von der Wohnung in Berlin zur Uni dauerte zweieinhalb Stunden hin und zweieinhalb Stunden zurück, 10 Minuten Fußweg, Straßenbahn, Zug, Straßenbahn, 25 Minuten Fußweg. Im April vor dem Diplom war ich schwanger geworden. Ich hatte es gespürt, es war am 17. April 1970 passiert, ich war von einer einwöchigen Reise mit dem Uni-Ensemble aus Litauen zurückgekehrt, mein Freund und ich hatten erst zwei, drei Wochen ein Zimmer zur Untermiete bezogen. Er hatte es gefunden, gemietet von der Wirtin des Gartenlokals „Weiße Taube", wohin er immer zum Abendessen ging. Er wohnte in einer Männer-Wohnheim-WG im selben Haus wie meine Eltern. Wir hatten uns im Jahr zuvor, im Sommer 1969, kennengelernt, als ich von meinem Ein-Jahres-Teilstudium in Rostow-am-Don zurückgekehrt war. Zurückkehren ist nicht richtig, ich kam in eine mir bis dahin nicht bekannte Wohnung, denn 1968/69 waren meine Eltern mit meinen Brüdern von Cottbus nach Berlin gezogen. Unser Vater hatte seine Busfahrertätigkeit in Berlin aufgenommen, unsere Mutter arbeitete sowieso nicht mehr, seitdem der Kleine geboren war. Der Große hatte ausgelernt und kam in Berlin zur Armee. Auch „Kennenlernen" ist nicht richtig. Im selben Haus sahen wir uns oft, meine Mutter lud die jungen Männer hin und wieder zum Essen ein. Auch pries sie mich an, dass sie mich doch mal zum Ausgehen mitnehmen sollten. So gingen wir eben manchmal tanzen oder spazieren, mal in der Gruppe, mal zu zweit oder dritt. Klaus gefiel mir. Er war so unkompliziert, immer fröhlich, freundlich, kommunikativ, alles Eigenschaften, die mir fehlten. Ich war noch im letzten Studienjahr, fuhr also die Woche über an die Uni, hatte dort ein Zimmer im Studentenheim. Er holte mich freitags vom Zug ab, wir verbrachten dann viele Stunden am Wochenende gemeinsam. Es war ganz anders als mein Studentenleben. So ergab sich halt eines nach dem anderen, er fand das Zimmer zur Untermiete, wir zogen dorthin. Nein, stimmt auch nicht, ich räumte meine Sachen dorthin, wir wohnten nur an den Wochenenden dort. Wochentags lebte er in seiner üblichen WG-Gemeinschaft. Das war ein zweiter Schock, dass er dort gar nicht allein wohnen wollte, sondern immer die Gemeinschaft um sich haben wollte. Der Erste war viel schlimmer. Wir zogen eines Sonntagnachmittags ein, ich hatte etliche Bücher und viele Schnellhefter und Ordner einzusortieren. Nach einer Stunde schimpfte er, ob ich nicht endlich fertig sei, es stinke ihm, er riss mir einige Ordner aus der Hand und trampelte darauf herum. Ich erstarrte, legte flugs alles in die Regale, und wir gingen raus, wahrscheinlich in die „Weiße Taube" oder eine andere Kneipe.

Ich hatte die Empfängnis gespürt, sodass es mich nicht überraschte, als meine Regel ausblieb. Bei der Diplomzeugnisübergabe sah ich sehr blass und dürr aus. Wenn ich das Bild anschaue, weiß ich heute noch, wie mir damals zumute war. Ein Wort wurde in der Familie häufig gebraucht, „Absteige". Meine Mutter nannte unser Zimmer so. Wie lange lebten wir an den Wochenenden in der Absteige?

Ich war in der vierzehnten Woche schwanger, als ich mit meiner Mutter einen Einkaufsspaziergang durch Lichtenberg machte, wir Kaffee trinken waren. Ich sagte ihr, dass ich wahrscheinlich schwanger, nein, sicher schwanger sei, aber noch nicht beim Arzt war. Wir waren gleich neben der Poliklinik. Sie sagte, ich könne gleich gehen. So ging ich zur Gynäkologin, die mir auch sagte, dass ich schwanger sei, wisse ich ja. Der Mutterschaftspass wurde ausgestellt, der wahrscheinliche Entbindungstermin auf den 23. Januar 1971 festgeschrieben. Ich erhielt die Berechtigungsscheine zur Einlösung der 1.000 Mark, die jede Frau für das erste Kind erhielt, bei Einhaltung der Untersuchung- und Kontrolltermine, zur Bezahlung der Babygrundausstattung. Ich weiß nicht mehr, ob ich schon vor diesem Tag oder von diesem Tag an wieder zu Hause eingezogen war. Halt, jetzt fällt es mir ein, das Ordnertrampeln und Rumbrüllen war, als ich Mitte Juli 1970 aus dem Studentenwohnheim auszog und meine Bücher und Aufzeichnungen in unser untergemietetes Zimmer brachte. Da erfolgte der erste große Wutausbruch. Dabei hatte er vorher sehr viel Verständnis für mein Lernen. Er selbst hatte sich an der Volkshochschule angemeldet, um sein Fachabitur abzulegen, denn seine Schulausbildung hatte mit einem Teilabschluss der zehnten Klasse geendet. Darauf war er sehr stolz. Doch da ich Abitur hatte, wollte er Fächer nachholen und sich auf ein Fernstudium vorbereiten. Das waren seine Pläne. Und etliche Wochen und Monate ging er auch zu den Abendkursen, aber nach einem Jahr war das Strohfeuer verglüht.

Ich wohnte also wieder zu Hause, jetzt schwanger, wieder mit meinem Bruder in einem Zimmer. Dieser sah sich jetzt gezwungen, von zu Hause auszuziehen. Ich war unter der Bedingung aufgenommen worden, dass ich Peter nicht mehr in die Wohnung bringe. Es war nicht sehr normal. Ich fuhr drei Tage nach Potsdam zur Arbeit, die anderen Tage, auch samstags, verbrachte ich von früh bis spät in der Staatsbibliothek, meinem Lieblingsort in Berlin. Dort bereitete ich meinen Unterricht vor, wenn nicht auf der S-Bahn, las für meine Doktorarbeit, exzerpierte. Das Kind in meinem Bauch wuchs. Erst im sechsten Monat brauchte ich Umstandskleidung. Ich musste auf der Arbeitsstelle ankündigen, von wann bis wann ich in Schwangerschaftsurlaub, Mutterschutz, sein würde, wann Unterrichtsvertretung erfolgen müsse. Es wurde nicht mit Begeisterung aufgenommen, denn eigentlich hatten sie von mir Entlastung erwartet und nicht Mehrbelastung durch mich. An meinem letzten Tag, schwanger in der Staatsbibliothek, habe ich nichts gemacht. Ich habe am Tisch gesessen und acht Stunden vor mich hingestarrt. Ich wusste, jetzt kommt der Ernst des Lebens, und nichts wird so, wie ich es mir mal erträumt hatte. Ich muss mich fügen. Doch wie soll es werden? Mit Kind? Bei den Eltern? Mit Arbeit, viel Arbeit, langen Wegen, wenig Geld? Die Verzweiflung senkte sich langsam und schwer auf mich. Ich wurde starr umklammert.

Lebensereignisse

10.1 Im Beruf

Mit Semesterbeginn begann mein reguläres Leben an der PH, wie im Arbeitsvertrag vereinbart. Es waren ruhige Monate im Gleichklang, wie ich oben erzählt habe, strukturierte Tage in Potsdam und der Berliner Staatsbibliothek. Das Kind war im Bauch geschützt, ich brauchte mich nur um mich zu kümmern.

Dann kam mein letzter Tag in der Stabi. Über diesen Tag habe ich bereits geschrieben. Habe ich?

10.1.2 Dezember 1970 und Januar 1971

Wie Weihnachten verlief, weiß ich nicht mehr. Im Januar ging ich den Kinderwagen kaufen, am Strausberger Platz gab es ein großes Geschäft, Babyausstatter. Ich erwarb die Erstausstattung für ein Neugeborenes. Das Geld hatte ich über meinen Schwangerenausweis bekommen.

Eine Nachbarin hatte einen Sack aufgehobener Babykleidung für mich vom Boden geholt und mir geschenkt. Ich wusch alles, sortierte es fein in die kleine Kommode ein, die ich für das Baby gekauft hatte.

Meine Mutter hatte eine Sekretärinnen-Stelle im Krankenhaus angenommen, halbtags. Ich hatte ihr zugeredet. Eigentlich hatte sie im Herbst gesagt, dass sie sich um das Kind kümmern wolle. Doch das wollte ich nicht auch auf mir sitzen lassen, irgendwie würde sich schon irgendeine Lösung finden. Ich hatte ein dickes Fell und ließ es darauf ankommen. Jedenfalls war sie vormittags arbeiten, ich kümmerte mich um meinen sechsjährigen Bruder, denn dank Schwangerschaftsurlaub und Warten auf das Baby war ich täglich zu Hause. Entbindungstermin war für den 23. Januar vorgesehen. Am Tag zuvor, dem 22. Januar, einem Freitag, morgens um sieben, lief mir plötzlich Wasser die Beine herunter, die Fruchtblase war geplatzt. Meine Mutter sauste die Treppe hinunter, sagte zu Klaus, er müsse mich jetzt ins Krankenhaus fahren. Ich hatte nicht gewusst, dass sie sich schon seit Längerem mit ihm wieder vertragen hatte und ihm seine Aufgabe für den Tag der Entbindung aufgetragen hatte. Ich hatte mit mir zu tun. Klaus kam mit einem geliehenen Wartburg und fuhr mich ins Oskar-Ziethen-Krankenhaus in Lichtenberg auf die Entbindungsstation. Eine Schwester übernahm mich und brachte mich in den Kreißsaal, die Entbindung wurde vorbereitet. Um 11 Uhr 45 brachte ich meine Tochter zur Welt, ich hatte nicht geschrien, nur zum Schluss gefaucht wie eine Katze.

Nachdem alle medizinischen Tätigkeiten erledigt waren, kam ich aufs Zimmer zum Ausruhen. Das Baby wurde nach einmal Halten und Angucken in den Baby-Saal gebracht, natürlich mit Armbändchen.

Es war Freitag, die Standesbeamtin zur Ausstellung der Geburtsurkunde war erst wieder für Montag angesagt. Ich hatte Zeit, über den Namen für das Mädchen nachzudenken. Seit vielen Jahren hatte ich den Namen Beatrice für meine Tochter vorgesehen. Doch als ich das Baby täglich mehrmals ins Bett bekam und ich es betrachtete, dachte ich, nein, das ist keine Beatrice. Zuvor hatte ich Geschichten von Carson McCullers gelesen, die mich aufgewühlt hatten. Carson war eine Wahl, nur entsetzlich herb und ungewöhnlich. Wie Carson sah sie auch nicht aus. Karen – knusprig, in Pulsnitz hatte es eine Konditorei mit diesem Namen gegeben, hatte mir immer gefallen. Plötzlich kam die Eingebung, sie würde Karen heißen, ein weiblicher Name im Deutschen. Namen mussten in der DDR als deutsche Vornamen anerkannt sein. Bei der Ausstellung der Geburtsurkunde erhielt sie den einzigen Vornamen Karen, den Nachnamen Elselt, wie mein Mädchenname und der Name unserer Familie. Die Familie kam zu Besuch, das Baby wurde hinter der Glasscheibe betrachtet und festgestellt, dass es die Geheimratsecken seines Vaters Klaus hätte.

Nach einer Woche am Samstag war Entlassungstag. Wir konnten die Uhrzeit wählen, denn einige Formalitäten mussten erledigt werden. Ich wählte den letztmöglichen Entlassungstermin, damit ich nicht zu früh zu Hause ankäme. Klaus holte mich mit Auto ab, ich trug das Baby in einem Kopfkissen, es war kalter Winter. In der Wohnung angekommen, legte ich das Baby in sein Körbchen, zog mir eine Kittelschürze über und deckte den Frühstückstisch für alle. Es war nichts zum Empfang vorbereitet worden, sie waren gerade erst aufgestanden. Es war genauso, wie ich es erwartet hatte.

Als das Baby den ersten Mucks von sich gab, machte ich in der Küche ein Fläschchen warm. Stillen war fast aussichtslos, obwohl ich es im Krankenhaus immer wieder versucht hatte. Meine Milch lief pausenlos aus, ich war immer pitschnass, packte meine Brüste in Windeln ein, die Milch lief und lief, und es blieb viel zu wenig zum Stillen fürs Baby.

Ich war sehr froh, dass das Baby nicht viel schrie, eigentlich kaum, es war ein stilles, liebes Baby. Ich wickelte es regelmäßig, gab ihm sechsmal sein Fläschchen, denn nachts wurde es selbstverständlich auch gefüttert. Ich schlich mich in die Küche und versuchte, kein Geräusch zu machen. Bei uns waren die Zimmertüren immer geöffnet, meine Mutter bestand darauf, sie reagierte auf jeden Mucks ungehalten.

Nach einer Woche gingen Klaus und ich mit Kind im Kinderwagen zur ersten Mütterberatung. Alles in Ordnung, es konnte ab sofort gebadet werden. Ich badete das kleine Wesen in einer Plastikwanne in der Küche, es gefiel ihm. Klaus' Ungnade-Zeit war vorbei, er durfte jeden Tag einmal hochkommen. Es war sehr nett zu allen und bewunderte seine Tochter täglich aufs Neue. Ich wurde nicht gefragt, ich hörte jetzt laufend, dass das Kind schließlich einen Vater brauche und Klaus der Vater sei und das Kind möge. Eines Abends machten wir meine Zimmertür zu und lagen ganz still mit dem Baby in der Mitte auf dem Bett. Wir sagten nichts, wir wollten nur mal gern allein sein mit unserer Tochter. Nach wenigen Minuten kam meine Mutter angeschossen, riss die Tür auf: „Bei uns bleiben die Türen offen." Sie jagte Klaus aus der Wohnung.

Am nächsten Abend kam Klaus wieder hoch. Er roch nach Alkohol und Kneipe, er war in der „Weißen Taube" essen gewesen. „In diesem Zustand siehst du das Kind nicht." Er wurde wieder hinausgeworfen.

Bei meinem Spaziergang passte er mich ab und sagte, dass er sich das nicht länger gefallen lasse und er mit seiner Familie zusammenleben wolle. Er gehe zu seinem Chef und bitte um eine sofortige Lösung, weil „die Alte verrückt sei".

Ein paar Tage später, eines wochentags vormittags, als niemand zu Hause war, hatte er einen LKW und vier Kumpels zum Helfen mobilisiert. Ich packte all mein Hab und Gut zusammen, inzwischen hatte ich außer der Babykommode noch einen Kleiderschrank, ein Bücherregal und das Babykörbchen. Die jungen Männer packten zu, nach drei Stunden war alles auf dem LKW verstaut, das Zimmer blitzsauber, keine Spur mehr von unserem Dasein. Wir waren weg.

Wir fuhren zum Rosenthaler Platz. Peter hatte ein Zimmer für uns in einer großen Gemeinschaftswohnung im vierten Stock zugewiesen bekommen. Die Helfer schleppten alles Hab und Gut die vier Treppen, 96 Stufen nach oben. Ich kümmerte mich um das Baby und räumte nebenbei das Zimmer ein. Klaus musste wieder zur Arbeit.

Ich versuchte, den Ofen zu heizen. Ofenheizung hatte ich immer gekonnt, doch es rauchte. Verzweifelt rief ich Klaus an, die Gemeinschaftswohnung hatte auch ein Telefon für alle. Er kam in kurzer Zeit und reinigte den Ofen. Danach konnte ich heizen und wurde ruhiger. Ich ging mit Kinderwagen, den wir in einer kleinen Kammer im Hof abstellen konnten, einkaufen in die nicht weit entfernte Ackerhalle. Das Baby trug ich vier Treppen hinunter und wieder rauf. An Einkäufen gab es nur das Nötigste, wir richteten ein Fach in der Gemeinschaftsküche her, Badezimmer war auch für alle. Es war gut, wir waren für uns und auf uns gestellt. Tag für Tag wurde unser Leben ruhiger und entspannter. Wir kamen immer besser zurecht.

10.1.3 Erste Ehe 7. April 1971 bis 11. November 1974

Am liebsten hätte ich jetzt dieses Kapitel nicht geschrieben. Warum nicht? Nach über vierzig Jahren mochte ich noch nicht darüber nachdenken, geschweige denn die alten Papiere ansehen, davon vor allem die Scheidungsunterlagen. Es war ein einziges Trauma. Doch ich habe mich überwunden, die Papiere, die natürlich fein säuberlich abgeheftet waren, eingescannt und begonnen zu lesen. Es regt mich auf. Vielleicht gelingt es mir trotzdem, dieses schwarze Kapitel meines Lebens halbwegs ordentlich über die Bühne zu bringen.

Ich kenne jetzt wieder den Hochzeitstermin im Rathaus Lichtenberg, es war der 7. April 1971. Den ursprünglichen Märztermin hatte ich bei einem persönlichen Vorsprechen im Rathaus verschieben lassen. Während des Gesprächs dachte ich dauernd: Warum sagt sie nicht, dass ich nicht heiraten soll? Sie sieht doch, dass wir nicht zusammenpassen, dass wir eine völlig andere Entwicklung genommen haben, dass wir auf einem völlig anderen Stand im Leben sind. Die Sachbearbeiterin sagte nichts, es hätte meine Entscheidung sein müssen. Hat sie gesehen, dass es nicht gut gehen würde mit uns? Ich habe es gesehen, ich konnte nichts anderes tun als den Termin zu verschieben. Ich sah keinen anderen Weg, also schlucken und Schicksal-nimm-deinen-Lauf denken.

Von der Hochzeit habe ich schon irgendwo geschrieben, will ich nicht noch einmal aufwärmen.

Nach einem Jahr am Rosenthaler Platz kam Klaus glückstrahlend mit der Nachricht, dass wir eine Neubauwohnung in der Straße der Pariser Kommune bekommen, eine 2-Raum-Wohnung in der sechsten Etage. Die Freude war groß, nicht weit vom Ostbahnhof, also ein günstigerer Weg zur Arbeit. Obwohl, ich hatte mich schon ganz gut mit dem Rosenthaler Platz und der Lebensweise eingerichtet. Das Kind brachte ich an meinen Potsdam-Arbeitstagen zu einer Pflegefamilie, die wir über einen Anschlag bei einem Spaziergang im April zufällig gefunden hatten. Ein Krippenplatz war noch aussichtslos, doch ich musste nach dem Schwangerschaftsurlaub wieder zur Arbeit gehen, wollte es. Irgendwie zeigte sich, dass sich ein Problem lösen lässt, auch kurz vor Ultimo.

Das war geschafft, eine gute Betreuung für unsere Tochter, dann Umzug, Arbeit in Potsdam. Das Leben pegelte sich ein, doch einen regelmäßigen Wochenablauf gab es nicht. Ich unterrichtete an drei Tagen in der Woche, die Fahrtzeiten blieben bei vier, fünf Stunden. Ich brachte das Kind zu den Pflegeeltern und holte es ab, Busfahrten mit Kinderwagen. Einen Krippenplatz bekamen wir, als die Kleine anderthalb Jahre alt war, ich glaube, im September 1972. Die morgendliche Fahrt ging jetzt zum Friedrichshain, denn unsere Krippe war nicht die hinter dem Haus, sondern vier Busstationen entfernt. Mir blieben die täglichen Fahrten mit öffentlichen Verkehrsmitteln erhalten.

Anfang 1973 ging ich in mich und sagte mir: Ich schaffe es nicht, meinen Arbeitsvertrag zu erfüllen und innerhalb von drei Jahren, also jetzt, zu promovieren. Meine Dissertation bestand bisher aus Ausarbeitungen verschiedener Bücher und keinen praktischen Lösungen für den Grammatikunterricht im Sprachlabor. Ich war verzweifelt. Ich hatte keine zusammenhängenden Stunden für die Konzentration auf diese Arbeit. Ich schrieb einen Brief an meinen Betreuer und teilte ihm mit: Ich schaffe es nicht und sehe keine Möglichkeit, meine Stelle als wissenschaftliche Assistentin fortzusetzen mit Wohnort Berlin, Arbeitsort Potsdam, Familie mit Kleinkind. Ich schrieb meine Kündigung zum 31. Juli 1973.

Klaus hatte einmal versucht, sich nach Potsdam versetzen zu lassen, doch es wurde ihm als aussichtslos erklärt. Er hatte es mir vorher nicht gesagt, dass er es vorhat, doch als er es mir erzählte, liebte ich ihn sehr. Er hatte es für mich und wegen mir tun wollen. Vielleicht wäre alles anders gekommen, wäre es gelungen.

Nun begann er, mich zu bearbeiten und Potsdam aufzugeben und dafür am Sprachinstitut des MdI zu beginnen. MdI, Ministerium des Innern, war die öffentliche Bezeichnung, doch hinter diesem MdI war ein Bereich des MfS, Ministerium für Staatssicherheit. Er hatte sich schon nach den Bedingungen und Chancen für mich am Sprachinstitut erkundigt, sie würden mich nehmen. Ich solle einen Personalbogen ausfüllen, ich würde mich nicht selbst bewerben, sondern auf Empfehlung das Formular ausfüllen und meinen Lebenslauf schreiben.

Ich füllte den Personalbogen aus und schrieb meinen Lebenslauf handschriftlich. Darin hatte ich meine Mitgliedschaften in Organisationen und meine Funktionen zu dokumentieren, auch alle Wohnanschriften bis dato. Bei Letzterem hatte ich schon acht Adressen anzugeben, und das bei sechsundzwanzig Lebensjahren. Wo war ich überall Mitglied gewesen? Von 1954 bis 1962 war ich in der Pionierorganisation, fünf Jahre Gruppenratsvorsitzende, ein Jahr Freundschaftsratsmitglied und ein Jahr Freundschaftsratsvorsitzende. Danach kam ab 1962 die FDJ, Freie Deutsche Jugend, endlich blaue Blusen und keine Halstücher mehr. Zwei Jahre war ich Gruppensekretärin, dann wollte ich nicht mehr gewählt sein, denn in einer Demokratie sollten auch andere die Möglichkeit haben und es als notwendig empfinden, eine Funktion auszuüben. Ich wurde Freundschaftsratsmitglied und zum Studiums-Beginn zweite Fachschaftssekretärin, damals gab es noch Fachschaften. In der DSF, Deutsch-Sowjetischen Freundschaft, war ich seit 1962 Mitglied und blieb es bis 1989. Mit Arbeitsaufnahme im August 1970 kam ich in den FDGB, Freien Deutschen Gewerkschaftsbund. Da brauche ich gar nicht zu diskutieren, sagte die Vorsitzende, wir seien alle drinnen. Ich wurde Kassiererin für unsere Gruppe. 1972 kam ich dann in den DFD, Demokratischen Frauenbund Deutschlands, durch Werbung im Neubaublock, weil alle Frauen drinnen seien.

Ich wurde zu einem Vorstellungsgespräch ins MfS eingeladen, mein zukünftiger Chef und sein Stellvertreter begutachteten mich. Einer kannte mich bereits von Potsdam, denn ich hatte bei einer schriftlichen Prüfung Aufsicht geführt, an der er und noch ein Kollege als Fernstudenten teilgenommen hatten, denn für das Sprachinstitut brauchte man richtige Abschlüsse. Sie erkundigten sich, ob ich meine Dissertation weiterschreiben wolle, ich wollte nicht. Ich wollte nur unterrichten.

Am 1. August 1973 wurde ich als Angestellte ins MfS eingestellt, eine militärische Organisation, mit dem militärischen Dienstgrad Leutnant, denn ich hatte Hochschulabschluss, jedoch keine Ahnung vom Militär. Die Abteilung Kader und Schulung war nicht für militärische Aufgaben vorgesehen, allerdings war eine simple Grundausbildung mit Schießtraining und politischer Schulung notwendig.

Das Sprachinstitut lag außerhalb Berlins, im Norden, in einem Dorf. Es bestand aus einem einstöckigen Schulgebäude mit den Klassenräumen und aus Baracken für die Unterbringung der Sprachkursteilnehmer, die deshalb Kursanten hießen. Es wurden die Fremdsprachen Englisch, Russisch, Französisch und Spanisch unterrichtet, später kam Polnisch dazu. Die Lehrer waren alle Hochschulabsolventen mit solider Fremdsprachenausbildung. Weiterbildung erfolgte durch Dolmetsch-Einsätze, sodass aktuelle und lebendige Sprachfertigkeiten gelehrt werden konnten.

Es war eine kolossale Umstellung für mich. Ich brauchte zwar nicht mehr gedrückt rumzulaufen wegen meiner nicht zu schaffenden Dissertation, doch die wöchentliche Arbeitszeit betrug 48 Stunden, d. h. täglich um 5:45 aufstehen, Frühstück, Kind versorgen und zur Kinderkrippe, um sieben Uhr mit dem Firmenbus nach Basdorf, um acht Uhr Unterrichtsbeginn, sieben Stunden Unterricht, siebzehn Uhr Feierabend, mit dem Bus zurück, Kind abholen, mit dem Bus nach Hause, einkaufen, Abendessen und Nachtruhe. Einmal im Monat samstags von acht bis eins zur Arbeit. Es war hart für mich, anders hart. Ich holte das Kind spät ab, obwohl Klaus versprochen hatte, es gleich nach seinem früheren Feierabend abzuholen. Das vergaß er schnell. Ich legte abends alle Sachen bereit, denn der Morgen war auf jede Minute abgestimmt, es durfte nichts dazwischenkommen, kein Bus ausfallen.

Mittagspausen waren lang, Mittagessen gab es frisch gekocht in einer Kantine mit Speiseraum. Danach saßen wir Lehrer auf der Terrasse und plauderten, na, ich schwieg eher. Ein Spanischkollege lief eines Mittags um mich herum, beguckte mich, dann wandte er sich an meinen neuen Arbeitszimmerkollegen, der mich beim Fernstudium schon mal gesehen hatte, und sagte: „Na, weißt du, so hässlich ist sie doch gar nicht." Ich war auch entsetzt gewesen, dass ich mit diesem Typ zusammenarbeiten sollte. Äußerlichkeiten eben, wir wurden ein hervorragendes Team.

Was passierte am 1. August 1973 noch so alles? In Berlin fanden die Weltfestspiele statt, Walter Ulbricht starb, und Erich Honecker wurde neuer Partei- und Regierungschef, er hatte andere Titel. Ich erhielt meinen Dienstausweis fürs MfS. Bei der Laufzettelrunde durch die Abteilung Kader und Schulung stellte der Parteisekretär erstaunt fest, dass ich ja gar nicht in der Partei sei, das gehe natürlich nicht, alle Mitarbeiter des MfS seien in der SED, der Sozialistischen Einheitspartei Deutschlands. Ich bekam ein Antragsformular und hatte zwei Bürgen zu finden. Ich fand eine Mitschülerin, die schon seit dem Abitur in der Partei war und nannte einen Mitschüler, mit dem ich auch zusammen studiert hatte. Ich wusste aber nicht, ob er überhaupt in der Partei war. Übrigens: Er war wissenschaftlicher Assistent in der Slawistik geworden und hatte letztendlich sieben Jahre bis zur Promotion gebraucht, als Mann. Hätte ich das gewusst ... Der Vorteil im Ministerium war, dass ich jetzt mehr Geld verdiente, ungefähr vierhundert Mark mehr als vorher. Ich unterrichtete viel, viel mehr, nicht nur Grammatik, sondern alle Stufen vom Anfänger bis zum Fortgeschrittenen. Die Kursanten bekamen anderthalb Jahre Unterricht, um die jeweiligen Fremdsprachen flexibel benutzen zu können.

Ein Jahr später entschloss ich mich, die Scheidung einzureichen. Am 10. Juni 1974 hatte ich fünf Seiten mit der Schreibmaschine getippt und brachte diese Begründung für die Einreichung einer Scheidungsklage zum Gericht. Einen Monat später sandte ich eine Anfrage, weshalb ich bisher keinen Termin erhalten habe, obwohl die Eingangsbestätigung des Schreibens sowie der Tonbandabschrift vom Gericht bestätigt worden waren. Inzwischen hatten wir auch eine Liste der Güterteilung eingereicht. Am 29.09. hatte Klaus die Klageschrift erwidert, der erste Gerichtstermin war am 4. Oktober 1974. Vorher hatte ich am 5. August eine Bitte um Unterstützung an die Dienststelle geschrieben, da das Alltagsleben zu Hause für mich zu einer Tortur geworden war. Ich war sogar mit Kind ins Sprachinstitut geflohen und hatte dort ein Zimmer beziehen können. Als Ergebnis dessen musste der Institutsdirektor mit mir zur vorgesetzten Dienststelle, wo ich als Ursache allen Übels dargestellt und behandelt wurde und mich in Zukunft gefälligst ruhig zu verhalten habe, um das Ansehen des Ministeriums nicht weiter zu schädigen. Ich war sprachlos und unfähig, mich zu verteidigen, zuhören wollte sowieso keiner. Ich hatte Ruhe zu geben, keiner wolle mehr diesen Namen hören. Ich musste wieder nach Hause in die Wohnung, Klaus hatte versprochen, mir nichts zu tun.

Bei der Gerichtsverhandlung am 4. Oktober wurde Klaus wütend und ausfallend, beschimpfte das Gericht und bedrohte die Schöffen, schließlich wolle er sich nicht scheiden lassen. Die nächste Verhandlung war im November, diesmal hatte das Gericht zwei körperlich starke Schöffen dabei. Die Scheidung wurde am 11.11.1974 ausgesprochen. Das Urteil besagte, dass der Mutter, also mir, das alleinige Sorgerecht zugesprochen wurde, die Wohnung ebenfalls. Das bedeutete noch lange nicht, dass ich jetzt mit Kind allein in der Wohnung leben konnte. Irgendwelche ungeschriebenen Regelungen besagten, dass nach einer geschiedenen Ehe die ehemaligen Ehepartner noch ein Jahr lang Mieter der Wohnung waren. Rein praktisch sperrte Klaus das Schlafzimmer für sich ab, wir beiden zogen ins Wohnzimmer mit Durchgang zur Küche. Das Bad war extra und von beiden Räumen aus zugänglich, die Küche nur vom Wohnzimmer aus. Also hätte Klaus ständig durch unser Zimmer in die Küche gehen müssen. Glücklicherweise hatte er zu diesem Zeitpunkt eine Freundin, bei der er sofort einzog. Allerdings dachte er nicht daran, die Wohnung zu räumen. Das zweite Zimmer blieb ein Jahr lang fest verschlossen.

Sollte ich einige Sätze der Begründung hier einfügen oder lieber meine gesamte Ehescheidungsklage in den Anhang verbannen? Ich weiß es nicht, denn ich kann die gesamte Geschichte nicht wieder durchleben, sie reißt alle Verwundungen auf.

Was ich tun kann: Ich füge das Scheidungsurteil des Gerichts hier ein. Damals hat sich das Gericht große Mühe gemacht, die Ehegeschichte objektiv darzustellen und die Entscheidung über mein weiteres Leben zu treffen.

Scheidungsurteil
Die am 7.04.1971 vor dem Standesamt Berlin-Lichtenberg geschlossene Ehe der Parteien wird geschieden.
Das Erziehungsrecht für das Kind wird der Klägerin übertragen.
Der Verklagte wird verurteilt, ab Rechtskraft der Scheidung für das vorgenannte Kind einen monatlichen Unterhalt von 120 Mark (einhundertzwanzig) bis zur Vollendung des 12. Lebensjahres, danach von 145 Mark bis zur wirtschaftlichen Selbstständigkeit, und zwar monatlich im Voraus, zu zahlen.
Das Recht an der Ehewohnung wird der Klägerin zugesprochen. Die Kosten des Verfahrens werden den Parteien je zur Hälfte auferlegt.

Gründe – die Begründung des Gerichtsurteils umfasst sieben DIN-A4-Seiten.
Ein wunderbares Gefühl war es, als ich eines Freitags beim Einkauf ein hübsches Mäntelchen für meine Tochter kaufte, sie vom Kindergarten abholte und wir beide nach Hause spazierten in unsere vollständige, allein bewohnte 2-Raum-Wohnung, d. h.: So stimmt es nicht ganz. Das zweite Zimmer hatte Klaus für sich abgeschlossen, da er keine neue Wohnung hätte und ein Jahr lang berechtigt sei, ein Zimmer zu beanspruchen, was er auch auf den Tag genau ausnutzte, ohne dass er je dort übernachtete. Hauptsache war, dass er mir schaden konnte.

10.1.4 Zweite Ehe 17. August 1976 bis Mai 1987

Irgendwo habe ich in einem Kapitel über meinen Mann Wilfried geschrieben, ich weiß im Moment nicht, wann und wo ich diese dreizehn Jahre vom Kennenlernen, der Heirat und elfjährigen Ehezeit bis zur Trennung aufgeschrieben habe. Hier möchte ich nur einige Lebensfakten aufzählen.

Wilfried zog zu mir in die 2-Raum-Wohnung in der Straße der Pariser Kommune. Wir heirateten am 17. August 1976 in Frankfurt an der Oder und machten eine Hochzeitsreise von Frankfurt nach Neuruppin und andere kleine Orte Mecklenburgs zu dritt mit meiner Tochter. Wir hatten keine Gäste eingeladen, wir waren zur Trauung allein, zu dritt, ich trug ein buntes Sommerkleid, ein Strauß Nelken war mein Blumen-Bouquet. Wir wohnten in Hotels, den Hochzeitsabend feierten wir im Hotelrestaurant zu zweit, als das Kind schon schlief. Wir arbeiteten beide am Sprachinstitut in verschiedenen Bereichen. Wir verhielten uns normal unauffällig, Ehepaare, die gemeinsam in einer Abteilung arbeiteten, waren nicht erwünscht, und das verstieß gegen die Regeln. Wie bemühten uns, nicht als zusammengehöriges Ehepaar aufzufallen, wir fielen nicht auf.

Wir hatten uns entschlossen, ein zweites Kind zu bekommen. Es sollte geboren werden, wenn Karen zur Schule kommt, so war der Plan. Wir lebten also friedlich dahin, zurückgezogen auf uns selbst und bewerkstelligten das Alltagsleben. Es hatte sich alles so gut eingespielt, dass wir den Zeugungstermin unserer Zeitplanung verpassten. Inzwischen hatten wir die Adoption Karens durch Wilfried durchgesetzt, am 13. April 1977 erhielten wir das Dokument, die Urkunde über die Annahme an Kindes statt für Wilfried, Karen erhielt unseren Familien-Nachnamen Jacobus. Für den Schulbeginn waren alle Namensfragen geklärt. Ich wurde schwanger mit dreißig. Bei der Mütterberatung stuften sie mich als Spätgebärende ein und schickten mich drei Wochen zur Erholungskur, weil ich so blass war. Nach meiner Rückkehr arbeitete ich weiter, unterrichten ging gut. Es klappte nicht planmäßig mit meinem Zuhause-Bleiben ab September, denn der Geburtstermin war Anfang Dezember, sechs Wochen vorher war die Freistellung gesetzlich geregelt. So feierten wir die Einschulung von Karen mit den Großeltern. Die Grundschule war gleich hinter dem Hochhaus, ein sehr kurzer Schulweg und ein ungefährlicher dazu. Nach dem Unterricht konnte das Kind im Hort bleiben. Sie war ein wildes, geselliges Mädchen geworden und immer beim Spielen, Toben und Schweinebammeln am Klettergerüst. Ab Herbstferien im Oktober war ich freigestellt und zu Hause. Ich konnte in Ruhe alles für die Ankunft des Babys vorbereiten. Vorzeitige Wehen setzten ein, doch bei einem Krankenhaushalt wurde eine Zervixcerclage gelegt, sodass das neue Wesen eingesperrt wurde und noch wachsen und ausreifen konnte. Zwei Wochen vor dem errechneten Termin platzte morgens die Fruchtblase, Wilfried lief los, um sich um einen Krankentransport zu kümmern. Nach einer Stunde verfrachtete man mich in den Krankenwagen, der mich ins Krankenhaus Friedrichshain bringen sollte. Es gab dort irgendwelche Keime, die Entbindungsstation war gesperrt. Mit Signal ging die Fahrt nach Buch im Norden Berlins. Mittags war das Baby da, ein kleiner Junge, der Wunschsohn, geboren am 17.11.1977 im Krankenhaus Buch. Klein und zart war er, er kam in einen Brutkasten, und ich konnte ihn vom Bett aus bewundern. Ich war ruhig und zufrieden.

Nach neun Tage erst durften wir beide nach Hause, das Baby hatte erst noch zunehmen müssen. Mit dem Stillen klappte es wieder nicht, genau wie bei dem Mädchen lief ich aus, die Milch lief ununterbrochen und sammelte sich nicht. So musste auch mein zweites Kind von Anfang an über Fläschchen ernährt werden. Wir wohnten zu viert in zwei Zimmern. Tagsüber schlief das Baby im Schlafzimmer, nachts wir. Das Babybett schob ich über Nacht ins Wohnzimmer, damit ich in der Küche die Nachtmahlzeit vorbereiten konnte und die beiden anderen nicht störte. Ich hatte einen Lauerschlaf, ich hörte jeden Babylaut aus dem Nachbarzimmer. Wilfried hatte gleich nach der Geburt unseres Sohnes einen Wohnungsantrag auf vier Zimmer gestellt. Wir konnten nur den Dienstweg gehen. Wir warteten über zwei Jahre, bis wir eine kleine Dreizimmerwohnung angeboten bekamen, nur 8 qm größer, nur ein kleines Zimmer mehr. Was sollten wir tun? Abzulehnen hätte nur unsere intellektuelle Überheblichkeit demonstriert, wir hatten froh zu sein. Es war nicht so leicht, dauernd umzuräumen und unsere Leben den Wohn-Verhältnissen anzupassen. Der Junge hatte seine Schreistunden jeden Abend von sieben bis um neun, das Mädchen musste schlafen. Es hat sich mir eingeprägt, dass wir Weihnachten beide im Badezimmer saßen und jedes Kind in einem Zimmer in Ruhe schlafen bzw. schreien konnte.

Im April 1979 zogen wir in die Georgenkirchstraße, kurz bevor meine anderthalb Jahre Freistellung zu Ende gingen. Da ich wieder keinen Krippenplatz für das einjährige Kind bekommen hatte, war ich ein weiteres halbes Jahr unbezahlt freigestellt. Hinter dem Wohnhaus war eine Krippen-Kindergarten-Einrichtung, ich bekam einen Platz. Ich brachte meinen Sohn zur Eingewöhnung jeden Tag ein paar Stunden hin. Schon beim ersten Mal dort robbte er von mir weg zu den Kindern, und ich hatte geglaubt, er würde Theater machen. Weit gefehlt, es gefiel ihm, so kam auch er in die Krippe mit anderthalb Jahren. Krank war er im Herbst und im Frühling jeweils eine Woche bei der Heizungsumstellung, hinzu kamen Hautprobleme. Er hatte von der Jacobus-Seite eine Neurodermitis vererbt bekommen.

Wir waren kaum eingezogen, hatte unsere Tochter die Schule gewechselt, da sie ab dritte Klasse auch eine R-Klasse besuchte wie früher ihre Mutter, also ich, und hatte jetzt einen weiteren Schulweg. Wilfried stellte umgehend wieder einen Wohnungsantrag auf eine Vier-Raum-Wohnung, denn bei Junge und Mädchen konnte jedes Kind ein eigenes Zimmer beanspruchen. Wieder warteten wir zwei Jahre, dann war es so weit, eine richtig große und bedürfnisgerechte Wohnung, allerdings weg vom Zentrum am nördlichen Stadtrand von Berlin, vier Treppen ohne Fahrstuhl, Straßenbahnhaltestelle daneben, Kaufhalle ebenso, dazu grüne Gärten ringsum, Kindergarten und Schule im Wohngebiet. Fürs Familienleben ideal, nur ein weiterer Schulweg für die Tochter mit der Straßenbahn, weiterer Arbeitsweg für uns. 1981 zogen wir in die Wartengrunder Straße. Im September 1984 war die Einschulung unseres Sohnes. 1986 Schulwechsel für ihn, denn ich war wieder erpicht darauf, ihn in eine R-Klasse zu schicken. Warum ich darauf bestand? Wegen der besseren Lernatmosphäre durch eine Ansammlung guter Schüler und nicht querbeet und mit Disziplinmangel. 1982 schafften wir uns einen Garten an auf

Vermittlung eines „Schülers", der zur Weiterbildung da war und jemanden kannte, der jemanden kannte. Es war nicht leicht, zu einem Grundstück oder Garten zu kommen, vor allem nicht für uns beide, die keine Beziehungen zum eigenen Vorteil aufbauen konnten und nicht über ihre Bedürfnisse sprachen. Selbst bei der Anmietung für den Garten musste der Betrieb eine Befürwortung schreiben, dass die Antragsteller ... was weiß ich, zuverlässig, vertrauenswürdig, fähig seien, einen Garten zu haben. Der Garten war im Ort Falkenhain, westlich von Berlin, mit dem Auto 55 km um Berlin nördlich außen rum, eine Stunde. Der Garten hatte einen Zaun ringsum, Wasser, Strom und eine Laube, dazu zwanzig Äpfel- und Birnbäume und Wiese. Ein Zufluchtsort im Grünen und Bewegungsfreiheit für die Kinder. Jedes Wochenende fuhren wir hin, bauten einen Bungalow und ernteten im Herbst Birnen und ließen Apfelsaft in einer Mosterei machen. Es war unser Leben. Der Wermut des Lebens tröpfelte aus dem Gefäß, wurde ein Rinnsal, ein Wasserfall. 1986 begannen die Probleme mit der Krankheit meines Mannes unser Leben zu dominieren. Ich fuhr zur Kur, meine Tochter schrieb mir einen langen Brief mit der Frage: „Wie lange willst du das noch aushalten?"

Darüber schrieb ich an einem anderen Ort, der Leser weiß es schon oder wird es finden. Was ich hier einfügen möchte, ist mein Brief an meinen Mann, bevor ich die Scheidung einreichte:

Lieber Schatz!

Unsere Kommunikation miteinander ist so ziemlich abgerissen, und obwohl ich in Gedanken viel mit Dir diskutiere, obwohl die Gedanken in meinem Kopf klar und präzise formuliert vor „dem Ausgang stehen", ist insgesamt mein Denken und Fühlen konfus, nicht analysierbar, nicht fassbar. Ich möchte mit Dir reden, weil ich Hilfe brauche, weil ich nicht weiterweiß, doch ich traue mich nicht, weil ich fürchte, dass Du das nicht willst, nur wieder unmissverständlich zu verstehen gibst, dass Du nicht daran denkst, mit mir jemals über unsere, über Deine Probleme zu sprechen. Ich fürchte, dass Du nur diesmal wegen meiner angespannten nervlichen Zerrüttung zwar zuhören wirst, vielleicht länger und genauer, als Du es je getan hast, jedoch meine Gedanken als unsinnig, nicht zutreffend, unnötig abtun wirst, dass Du sogar wieder in Wut geraten wirst und mich in Tränen aufgelöst sitzen lassen wirst.Deine Wut, resultierend aus Hilflosigkeit und vor allem aus der Ablehnung der konfrontativen Auseinandersetzungssituation, ängstigte mich. Ich nehme an, Du denkst, dass ich Dich sowieso nicht verstehe und nicht verstehen kann, aus Unfähigkeit, dass ich Deine Krankheit, die an allem schuld ist, zu verstehen. Ich akzeptiere die Krankheit nicht als Ursache für unser VerhältnisDu wirst den Tisch früher oder später (diesmal sicher später, weil Du vielleicht doch spürst, dass ein entscheidender Wendepunkt erreicht ist) verlassen. Zur Wut wird die Resignation kommen, Deine Dich schützende Schicksalsergebenheit und damit die Gewissheit, dass ich Dich sowieso nicht begreife, weil ich nicht hinnehme, dass es nichts zu begreifen gibt. Vor einem Jahr hast Du mich auf Schweigen gesetzt, seit einem Jahr lehnst Du jedes Gespräch mit mir über uns ab. Dein Wutausbruch damals hat mich so tief getroffen wie nie zuvor etwas. Du lächelst freundlich, wenn man Dich in Ruhe lässt von früh bis spät, sprichst nicht oder kaum, und wenn, dann über den Weg von hier nach da um alle möglichen Ecken, stellst solche bewegenden Fragen wie „Welches ist die kürzeste Verbindung von Berlin nach Prag?", wenn wir mal beide allein sind – Schatz, ich verstehe diese Kommunikationsebene nicht!, ich lehne sie ab, ich verweigere sie! Wir sind zwei Menschen, die miteinander leben, es mit aller Liebe und aller Kraft wollten, die sich gemeinsam vieles geschaffen haben, die einiges vorhaben (driStimmt das? Oder beginnt hier nicht schon der erste Zweifel, haben wir wirklich einiges vor, planen wir etwas?), die Kinder zu erziehen haben, die einen Haushalt organisieren und unterhalten, wir haben Eltern und Geschwister, Verwandte mit Leben, Sorgen, Freuden, wir haben Interessen, Wünsche – und reden über Nichtigkeiten, wenn überhaupt. Du fragst, warum ich mir solche Gedanken mache, Du empfindest das in keiner Weise so, für Dich ist es *die normalste Sache der Welt, so zu reden – mich verletzt oder beleidigt diese Nichtteilnahme an den Menschen und Dingen unserer konkreten, alltäglichen Umwelt. Nein, sei nicht schon wieder beleidigt von wegen „Nichtteilnahme", Du weißt überhaupt nicht, was ich von Dir will. Vor vielen, vielen Jahren, vor Urzeiten, als die Verbindung zwischen uns noch vorhanden war, sagtest Du einmal, eine Familie richtet sich ihr Leben nach ihren Vorstellungen ein, unabhängig von anderen Menschen. Ich war damals glücklich, als Du das sagtest, entsprach es doch meinen heimlichen Wünschen und Bedürfnissen, eine Familie zu haben, in die nicht hineingeredet wird, d. h., die sich nicht hineinreden lässt, weil sie sicher gegründet ist auf Liebe zwischen den Ehepartnern, auf Achtung der Persönlichkeit jedes Einzelnen, jedes Ehepartners, jedes Kindes, auf dem Wunsch, miteinander das Leben zu meistern, miteinander eine Gemeinsamkeit aufzubauen, bewusst aufeinander einzugehen, d. h. wesentliche Dinge miteinander zu besprechen und zu beraten, gemeinsam eine Lösung zu finden, die allen recht ist. Wir waren uns einig. Waren wir uns tatsächlich einig? Verstanden wir beide unter denselben Worten auch dasselbe? Theoretisch sicherlich, im Leben hat sich erwiesen, dass wir es praktisch nicht taten, zumindest nicht immer und überall und später dann immer weniger bis jetzt hin zu gar nicht mehr.*

Meine Seele ist krank, so krank, dass sie den Körper in Mitleidenschaft zieht – ich habe Kopfschmerzen, die Schläfen dröhnen, die Adern dahinter scheinen zum Zerreißen gespannt, die zwei Nervenstränge entlang der Halswirbelsäule in den Kopf hinein sind schmerzende Seile, die sich in zwei Knoten sammeln, die Schultern haben verspannte Nervenknoten, alle Zähne des Oberkiefers tun mir weh, hin und wieder fährt ein reißender Schmerz durch den Kopf, meine Körperhaltung ist ständig irgendwo irgendwie verkrampft: die Schultern hochgezogen, die Beine verschränkt, festgepresst zum Schmerz, der Rücken schief, verkantet, gekrümmt, ich spüre Schmerzen bis in die Fingerspitzen, die Zehen krampfen, mir flimmert es vor den Augen, mir wird schwindlig und übel, ich esse wenig,

habe in den letzten vier Monaten sechs Kilo abgenommen,
was Dich sicherlich nur freut, da ich so zu einer schlankeren
Figur gekommen bin, bei 1,60 m Körpergröße und 54 kg, das
dürfte so fast richtig sein und entspricht eher Deinen Ideal-
vorstellungen einer, Deiner Frau. Ich bin auch nicht böse da-
rüber, nur die Haare werden grau und grauer, kein Idealblond
mehr. Warum soll man mit fast vierzig nicht auch grau sein.
Ich bin ruhelos, rastlos, fühle mich gehetzt und gejagt, getrie-
ben von einer Tätigkeit zur anderen, wünsche mir nichts sehn-
licher als Ruhe und Entspannung, Wohlbefinden, Wohlgefühl.
Ich kann mich nicht ausruhen, entspannen, laufend denke ich:
Das muss noch gemacht werden, das, das, jenes, das ist noch
nötig, dann folgt das, jetzt ist wieder das dran – ich rase in
meinem Goldhamsterrad, Goldhamsterholzrad schneller und
schneller, fast schon besessen und verbissen, als müsste ich an
irgendein Ziel kommen, als erwarte mich irgendetwas. Dabei
brauchte ich mich doch nur zu freuen, dass ich Goldhamster
bin, ich brauchte mich doch nur mit meinem Goldhamsterdasein
abzufinden. Ein Goldhamster ist ein Goldhamster, und damit
basta. Warum kann ich nicht einfach Goldhamster sein? Weil
ich keiner bin! Wäre ich einer, wüsste ich es nämlich nicht, ich
wäre es nicht bewusst, ich wäre es einfach! Das Leben ist doch
kein Goldhamsterdasein – der Vergleich allein ist schon irre.
Ist er das? Ich möchte leben, ich möchte so gern leben mit allen
Fasern meines Körpers, meines ganzen Ichs. Warum tue ich es
denn nicht? Was hindert mich daran? Was fehlt mir denn zum
Glücklichsein? Ich habe doch alles, was man braucht: Ich habe
einen Mann, der mich liebt, der an mir hängt, der mich anhim-
melt, wenn ich lächle, freundlich bin und ihn in Ruhe lasse, nicht
mit irgendwelchen Dingen oder gar Problemen behellige (da,
die Bitterkeit kommt schon durch und trübt mein Urteilsver-
mögen), den ich liebte, anhimmelte, weil ich durch ihn Selbst-
vertrauen gewonnen habe, weil ich durch ihn auf beiden Fü-
ßen stehen und auf beiden Beinen laufen gelernt habe. Ich habe
zwei Kinder, die ich sehr liebe und die mich sehr lieben, jedes
auf seine Art, für die ich die Mutter bin mit Forderungen und

Güte, mit einem Hang zur Inkonsequenz, die sich ihnen zuwendet und diese in Ruhe lässt, die ihnen hilft, manchmal zu viel, die ihnen keine Hilfe gibt, wo sie selbst hindurch müssen, die ihnen alle möglichen Fragen beantwortet oder sagt: „Ich weiß nicht." Die Fragen stellt, ihnen die Augen öffnet für die Umwelt, den kritischen Blick schult, kein Schwarzweiß zulässt, außer dort, wo Schwarz Schwarz und Weiß Weiß ist, im Bereich des Relativen (bildet sie sich ein!), die sie akzeptiert (was sie auch durch Erfahrung erst lernen musste) und dadurch erziehbar macht, die von ihnen geliebt wird auch wegen ihrer Unzulänglichkeiten, die für sie ein naher, der nahste Mensch ist. Wir haben eine Vierzimmerwohnung, jetzt schon sechs Jahre lang, die Tochter wurde elf, der Sohn vier Jahr alt, als wir sie endlich bekamen – es war ein Jubel, endlich die Chance, den Alltag mit bedürfnisgerechten Wohnverhältnissen mit einem persönlichkeitsentsprechenden, persönlichkeitsfördernden und -formenden Bereich und Raum für familiäre Gemeinsamkeit gestalten zu können, meine Idealvorstellung. Wir hatten anderthalb Jahre lang zu viert in einer Zweizimmerwohnung gewohnt, ein Baby und ein Schulanfänger, jedes Kind mit berechtigten Elementarbedürfnissen – ich habe ständig geräumt, umgestellt, hoch gebaut, umgeschichtet,, abends schrie das Baby zwei Stunden lang, wenn das Schulmädchen dringend seinen Schlaf brauchte, wir waren für die Kinder da, wir saßen oft im Badezimmer, damit die Kinder ihre Ordnung hatten. Nachts lief ich hin und her, fast jede Nacht, ich hörte das Baby bei jedem Mucks, es gab jahrelang sehr wenige Nächte, in denen ich durchschlief. Ich stand nachts am Bett des Sechsjährigen, weil ich glaubte, einen Laut gehört zu haben, er schlief. Zweieinhalb Jahre lebten wir in der kleinen Dreizimmerwohnung danach, in der mir die winzige Kochnischenküche mächtig an meinen Haushaltsnerven zerrte, diese Wohnung brachte nur Unzufriedenheit, Beengung beim Schlafen, Essen, Kochen, Waschen, Arbeiten gehen, Fernsehen. Damals liebten wir uns am besten und am schönsten, damals waren wir uns am nahesten, innerlich, fand ich und finde es heute erst recht ...

Elf Seiten habe ich damals geschrieben, wie eine Rechenschaftslegung. Ich mag es nicht mehr lesen, es wühlt auf und tut unendlich weh.

Was füge ich jetzt ein? Das Scheidungsurteil vom 12. Juni 1987.

Die am 17.8.1976 vor dem Standesamt Frankfurt/Oder ... geschlossene Ehe der Parteien wird geschieden.

Das Erziehungsrecht für die Kinder ... wird der Klägerin übertragen.

Der Verklagte wird verurteilt ... Unterhalt für die Kinder ... bis zu deren 12. Lebensjahr 150 Mark und bis wirtschaftlicher Selbstständigkeit 175 Mark zu zahlen.

Die Rechte an der Ehewohnung werden der Klägerin zur alleinigen Fortsetzung des Nutzungsverhältnisses zugesprochen ...

Die Kosten des Verfahrens werden der Klägerin zu 2/3 und dem Verklagten zu 1/3 auferlegt.

Gründe – kein harmonisches Familienleben mehr möglich durch die krankheitsbedingten Persönlichkeitsveränderungen des Verklagten. Besonders die Kinder hätten unter der Gesamtehe gelitten ...

Wilfried zog aus, nachdem ich um eine Wohnung für ihn gekämpft hatte, denn wieder sollte das Wohnungsproblem erst nach einem Jahr gelöst werden. Ich handelte mir dienstlichen Ärger ein wegen meines Vorgehens, was mir dieses Mal egal war. Mir liefen die Kinder davon.

10.4 Denken 1973

Vor weiß ich wie vielen Jahren – nein, halt, Mitte der 70er begann ich, die Bibel zu lesen, mit Mitte 30.

Ich war neugierig, denn zum Religionsunterricht war ich nie. Ich wollte wissen, was ist dran an den Geschichten. Ich muss zugeben, das Alte Testament habe ich geschafft. Die Geschichten spuken heute noch in meinem Kopf immer wieder herum, weil ich in ihnen einen Schlüssel zum Weltverständnis und meiner abstrakten „Prinzipienerkennung" zu finden denke. Aus dem Kopf erzählt: Eine jüdische Menschengruppe zieht durch die Wüste. Die Ehefrau eines Anführers stirbt, die Juden möchten sie begraben und den Ort kennzeichnen, schmücken, ein Denkmal haben. Der Herrscher des Landes gestattet ihnen das Begräbnis. Doch die Juden wollen das Stück Land kaufen. Der Herrscher will nicht eine kleine Stelle seines Landes verkaufen, wozu, fragt er sich und die Juden, er verspricht die Bewahrung als Erinnerungsstätte. Doch die Juden verhandeln sehr intensiv und lassen sich durch nichts davon abbringen, bis sie das Stück Land als ihr Eigentum bezeichnen können und sie es gekauft und registriert haben.

Das ist in meinen Gedanken der erste Eigentumsbeweis, na, mindestens 5000 Jahre her. Ich weiß nicht, inwieweit ich meiner Erinnerung trauen kann, doch so hat sie sich in mein Gedächtnis eingefressen. Wahrscheinlich sollte ich mal diese alttestamentarische Stelle suchen.

Der dritte Ehemann vom 14. Oktober 1988 bis 2. Dezember 2010

Viele Paare haben ihren Kennenlern-Mythos, über den sie gern und oft sprechen, sicher auch in der Erwartung, dass das Zuhörerpaar einen Einstieg und Anlass findet, ebenso unverfänglich über sich zu erzählen. Ich konnte nie einfach so über mich erzählen, ich hatte nie einenKennenlern-Mythos, über den es sich zu berichten lohnte.

Also zurück zur Kur 1987 ins Ostseebad Baabe in meinem Lieblingsmonat November. Es war eine sogenannte Vorbeugekur für eher nervlich angegriffene oder sehr erholungs- und ablenkungsbedürftige Berufstätige. Eine in den Sommermonaten als Ferienheim dienende große Villa wurde außerhalb der Sommersaison als Kurheim genutzt. Es gab vorwiegend Doppelzimmer mit Ehebett, man wurde also mit einer völlig fremden Kurteilnehmerin zusammengelegt. Am Tisch saßen wir zu viert, so kam man ins Gespräch. Wir waren vier verschiedene Frauen, aber alle unternehmungssüchtig. So suchten wir ständig nach Tanzveranstaltungen und fanden auch bestimmt jeden zweiten Tag eine Gelegenheit zum Ausgehen in den umliegenden Orten. Die Tage verbrachten wir mit langen Strandspaziergängen in Winterkleidung, mit halsbrecherischen Fahrradtouren, dem Betreten und Durchwühlen jeden Geschäfts, wovon es eine sehr überschaubare Menge gab, dem Einkauf von Kleidung, Schmuck, dem Kaffeetrinken in Konditoreien und beim Nachmittagstanz in einem Café, das die Vorhänge zuzog, da das Tanzen nicht genehmigt war. Eines Nachmittags tauchte tatsächlich die Polizei auf und verbot künftig diese illegalen Nachmittags-Tanzveranstaltungen.

Unsere Gruppe war inzwischen angewachsen, da wir mittlerweile den Ruf hatten, Orte zum Tanzen zu finden. Eines Sonntagabends räumten wir kurzerhand den Speisesaal um, schafften einen Kassettenrekorder herbei und tanzten. Es war gerade kein Kurheimverantwortlicher da. Als er gegen 21 Uhr auftauchte und sich wutschnaubend den Vorgang im Speiseraum anschaute, schlug er erst einmal die Tür zu. Zehn Minuten später kam er zurück, wir saßen alle an den üblichen Vierertischen und spielten Karten oder Mensch-ärgere-dich-nicht. Alkohol floss viel, von einem Grüppchen wurde erzählt, dass die Zahnärztin um Mitternacht auf dem Tisch getanzt habe. Die langen Fußwanderungen wurden mit Frühschoppen zweigeteilt. Einmal fuhr ich mit dem Fahrrad einen wurzelholprigen Waldweg steil bergab – und ich spürte Leben in mir. Am letzten Abend gab es einen Tanzabend mit Kapelle im Ort, der einzelne, rundliche, ruhige Mann, der selten ein Wort sprach und dem wir öfter allein bei Waldspaziergängen begegnet waren und der schöne braune Augen hatte, forderte mich öfter zum Tanzen auf. Er tanzte gut und gern. Auch an vorherigen Tagen hatte er mit mir getanzt. Der Vollständigkeit halber muss ich ergänzen, dass er mir am Anreisetag schon aufgefallen war als einzig bekanntes Gesicht, denn ich hatte ihn mal in einem vierwöchigen Englisch-Intensivkurs unterrichtet und seine Prüfung mit abgenommen, Mittelmaß bis befriedigende Leistungen. Er tat sich schwer, sich klar auszudrücken. Am letzten Tanzabend jedenfalls ergab es sich, dass wir nebeneinander in der großen Gruppe zum Kurheim zurückliefen. Er ergriff meine Hand, und ich erschauerte. Ich spürte ein durchzuckendes Gefühl. Ich freute mich. Kein Gute-Nacht-Kuss. Am Abreisetag fragte er mich, ob ich mit ihm in seinem Auto nach Berlin zurückfahren möchte. Ich sagte Ja. Ich sollte erwähnen, dass die Anreise mit dem eigenen Auto zur Kur nicht erwünscht, ja, eigentlich untersagt war. Es gab nur vereinzelte Nichtbefolger der Anweisung. Ich fand es gut und verstaute mein Gepäck. Der Beifahrersitz im Moskwitsch-Kombi wurde mein Platz. Wir redeten wenig, ich wollte unterwegs noch gern in einer Stadt halten und eine Puppe für meinen neunjährigen Sohn kaufen. Wir gingen zum Mittagessen, ich fand eine Puppe, kaufte für mich einen silberfarbenen Anorak.

Als wir am frühen Nachmittag vor dem sechsgeschossigen Wohnblock, in dem meine vierköpfige Familie in der vierten Etage in einer Vierzimmerwohnung mit Rundlauf – d. h. die

Bad-Zelle bildete den Mittelpunkt der Wohnung und alle, fast alle Lichtschalter waren zentral an einem Brett neben der Eingangstür angebracht – hielten, stürzten plötzlich Tränen über Tränen aus meinen Augen, ich wurde minutenlang des Tränenschwalls nicht Herr. Er trug den Koffer zur Haustür, ich wollte ihn selbst hochtragen, wir verabschiedeten uns. Vielleicht würden wir uns bei einem Englischkurs wiedersehen.

Ich war nach drei Wochen zurück von einer Erholungskur und völlig mit den Nerven runter.

Ich freute mich, meine Kinder und meinen Mann wiederzusehen, alle waren wohlauf, die Kinder sehr froh, dass Mutti wieder da war.

Während der Kur hatte ich von meiner sechzehnjährigen Tochter einen sehr persönlichen Brief erhalten, über den ich mit ihr nicht sprechen konnte, ihr also nur sagte, dass ich ihn gelesen und verstanden hätte.

11.1 Wie ging es 1986 weiter?

Am vorletzten Dezembersamstag musste ich arbeiten, wir arbeiteten zu jenem Zeitpunkt noch einmal monatlich samstags, wir hatten eine 48-Stunden-Woche, ich durch zwei Kinder nur 44 Wochenstunden, Pausen inklusive, also fünfmal wöchentlich von acht bis siebzehn Uhr, dann sechzehn Uhr fünfzehn plus einen Samstag. Jedenfalls sah ich den Bernhard von der Kur und dem Englischkurs in der Straßenbahn, wir wohnten im selben Stadtbezirk nur einige Stationen voneinander entfernt. Er stieg aus, ich sah sein umgeknicktes Ohr und einen ermüdeten Gang, und wieder durchzuckte mich ein Gefühl, ich wollte nach ihm greifen, doch er war viel zu weit entfernt. Ich beschloss, ihn im neuen Jahr anzurufen und alles Gute zu wünschen, das wäre doch ein normaler Anlass. Ich besorgte mir seine dienstliche Telefonnummer von meiner Kollegin, die diesen

Kurs regelmäßig unterrichtete. Ich rief an – und er sprach wie ein Wasserfall, ich weiß nicht mehr worüber. Im Februar hatte ich mal wieder Vertretungsunterricht in der Gruppe, er kochte Kaffee für alle. Ich hatte ihn mit meinem Hut beeindruckt. Dann kam wieder eine Intensivphase bei uns am Sprachinstitut, ich sah ihn täglich im Speiseraum, manchmal im Unterricht. Er brauchte Nachhilfe, mein Kollege und ich wechselten uns ab. Er lud mich eines Tages nach der Arbeit zum Abendessen in ein Restaurant ein. Dann gingen wir einmal in der Woche essen, auch mal zum Tanzen in den Rathauskeller – bei der Polonaise verloren wir uns, ich kam mir so hilflos und verlassen vor. Ende Mai bat ich meine Mutter mal um ihren Wohnungsschlüssel, da ich mal raus müsse und sie ja sowieso im Garten seien. Ich gab zu Hause Samstagsarbeit vor, die Kinder waren in der Schule. Ich packte zwei Laken ein, wir trafen uns in der Wohnung meiner Eltern. Es war unser erster Liebesvormittag, an dem wir uns ewig nicht fanden und der abrupt zu Ende ging. Meine Eltern klingelten von der Haustür aus und sagten, dass sie einkaufen führen, danach kämen sie hoch. Im Garten hätte es plötzlich kein Wasser mehr gegeben. Ich packte blitzschnell die Laken ein, wir verließen die Wohnung ungesehen. Ich war pünktlich zu Hause und kochte Mittagessen für uns vier. Am Abend gingen mein Mann und ich zum Schlosskonzert nach Friedrichsfelde, ich leuchtete von innen heraus.

Jeder entschied für sich, sich scheiden zu lassen. Bernhards Jüngster wurde im Mai achtzehn, volljährig, die beiden älteren waren längst selbstständig, erwachsen, verdienten eigenes Geld. Der Jüngste ging nach seiner abgeschlossenen Dachdeckerausbildung zu den Fallschirmjägern. Bernhard sah keinen Grund mehr, bei seiner Frau zu bleiben, obwohl die Silberhochzeit in wenigen Monaten vor der Tür stand. Er hatte ein schlechtes Gewissen wegen ihres Lebensunterhalts trotz ihrer Berufstätigkeit als Schneiderin und wegen ihres Alters, er kam nicht klar mit dem Gedanken, sie wegen einer Jüngeren sitzen zu lassen – ein ewiges Klischee. Sie war zwei Jahre älter als er, ich fünf Jahre jünger als er.

Trotzdem, er schrieb seine Begründung zur Einreichung der Scheidung, ich habe sie bis heute nicht gelesen.

Bernhard wurde im ersten Anlauf geschieden. Er beantragte und erhielt eine Zweizimmerwohnung. Dann zogen sich noch einige Wochen der Gütertrennung hin.

Warum ich die Scheidung beantragte? Wegen Bernhard? Nein. Ich konnte es in meinem Leben nicht mehr aushalten, ich ging nicht nur psychisch, sondern allmählich auch physisch ein, wurde körperlich immer weniger, dünne Handgelenke, große, traurige Augen, Verbitterungsfältchen an den Mundwinkeln.

Mein Mann und ich waren erst seit elf Jahren verheiratet, seit dreizehn Jahren lebten wir zusammen. Wir passten zueinander, Stier und Jungfrau, zurückhaltend, reserviert, die Kinder ernsthaft und „erzieherisch richtig" behandelnd. Doch vor zwölf Jahren wurde er von einem ersten großen Epilepsieanfall niedergestreckt. Diese Krankheit entwickelte sich beharrlich und zog viele Nebenwirkungen und charakterliche Veränderungen nach sich. Ich hatte nie die Absicht, mich scheiden zu lassen, wenn nicht die folgenden Umstände eingetreten wären. Eines Sonntags nach dem Frühstück holte er sein Bettzeug ins Wohnzimmer und legte sich in den Mittelpunkt mit seiner Krankheit auf die Couch. Er und die Krankheit dominierten uns schon seit vielen Jahren, jagten die Kinder aus dem Zimmer, aus der Wohnung – nur raus. Ich konnte sie nicht mehr halten, kaum noch bändigen, sie liefen mir davon. Mein Mann hatte im zurückliegenden Jahr kaum noch mit mir gesprochen, kaum noch einen ganzen Satz gewechselt. Er kommunizierte fast nur noch mit den Augen – und ich verstand ihn. Mein und sein Psychotherapeut, derselbe, sagte mir, er könne hundert Jahre alt werden, aber ich würde es nicht. Mit einem Aufschrei ging ich – ich musste eine Entscheidung treffen: Mann oder Kinder mit mir. Ich entschied mich für die Kinder. Ich reichte die Scheidung ein.

Sprechen – sprechen konnte ich mit niemandem über mein Dilemma. Ich habe mit niemandem gesprochen, es hätte mir niemand raten oder helfen können. Manchmal gibt es keine Lösung.

Lieber lasse ich mich hinter meinem Rücken durchhecheln, ablehnen, beschimpfen, mit Unverständnis ausgrenzen, als dass ich irgendetwas begründe oder mich gar rechtfertige. Das konnte ich schon seit Kindheitsjahren nicht mehr.

Die Scheidungsverhandlung im Gericht ging blitzschnell, da mein Mann auch vor Gericht geistig abdriftete, sich nicht mehr artikulieren konnte und die Richterin damit alles verstand. Nach der Scheidung gingen wir gemeinsam einen Kaffee trinken und saßen ganz friedlich miteinander am Weißen See. Über das Gütertrennungsverfahren hatten wir dem Gericht eine schriftliche Aufstellung eingereicht. Aber nun begann etwas Furchtbares, man wollte ihm keine Wohnung geben. In der DDR war es üblich, dass geschiedene Ehepaare noch ein Jahr in der gemeinsamen Wohnung leben mussten, da es nicht ausreichend Wohnraum gab. Es spielte keine Rolle, wie zerrüttet die Ehe war und welche Alltagsbedingungen herrschten. Ich war verzweifelt. Also bat ich die verantwortlichen Vorgesetzten, die mir ihre Hilfe angeboten hatten, um Unterstützung, doch keiner konnte angeblich etwas tun. Ich ignorierte alle Dienstwege und fand die für die Wohnungsvergabe Verantwortliche. Dieser Unbekannten schilderte ich meine Situation. Sie konferierte mit dem Arzt. Wenige Tage später war eine Zweizimmerwohnung für meinen geschiedenen Mann bezugsbereit. Ich bestellte den Möbelwagen und packte seine Sachen und Möbel. Meine Vorgesetzten auf Arbeit rügten und tadelten mein Verhalten, ich war immun dagegen.

Als der Möbelwagen wegfuhr, fegte ich das leere Wohnzimmer, und eine ungeheure Last fiel von mir ab.

Ein halbes Jahr später wurde er laut Totenschein „tot in seiner Wohnung aufgefunden". Er wurde nicht hundert Jahre alt, wie der Arzt es prophezeit hatte (Hatte er mich angelogen oder es tatsächlich nicht besser gewusst?).

Und ich wurde von der Verwandtschaft geächtet, weil ich einen kranken, sterbenden Mann verlassen hatte. Das halbe Jahr hätte ich wohl auch noch warten können!

Wer hat etwas von einem halben Jahr gewusst?

Diese Geschichte wollte ich eigentlich an anderer Stelle erzählen, von Anfang bis Ende, jetzt ist das Ende vorweggenommen. Meine Scheidung also nicht wegen Bernhard.

Doch ich wollte mir wieder einen Partner suchen, was ich auch den Kindern gesagt hatte. Ich fühlte mich viel zu jung und hatte die Jahre zuvor auf sehr vieles verzichtet.

Ich wollte leben, ich wünschte mir einen starken Mann, an den ich mich auch mal anlehnen konnte, einen Partner für Unternehmungen, für Vorhaben und Pläne, einen Mann mit Kraft und Entscheidungswillen.

Bernhard war stark, war Militär, Offizier, traf Entscheidungen, setzte sich durch, hatte Willen.

Er wohnte in seiner neuen Wohnung, ich mit meinen beiden Kindern in der alten. Wir trafen uns mehrmals in der Woche. Jeder ging seiner Arbeit nach. Er machte große Umzugspläne, um alle erwachsenen Kinder gut unterzubringen und mit mir und meinem Sohn zusammenzuleben. Meine Tochter war gerade achtzehn geworden, volljährig geworden und „reif" zur Selbstständigkeit, obwohl sie noch in der Berufsausbildung war und ihr Abitur machte.

Immer wieder begann Bernhard vom Heiraten zu sprechen, er wolle mich unbedingt heiraten, er könne in seiner Position nicht in einer offenen Partnerschaft leben, er möchte ordentliche Familienverhältnisse. Inzwischen hatte sich seine Gütertrennung vollzogen, seine Frau hatte endgültig auf dem Wochenendgrundstück auf Eigentumsland mit Blick auf freies Feld bestanden. 1000 qm Eigentumsland gegen einen zehn Jahre alten Moskwitsch-Kombi. Sein Traumland weg, schlechtes Gewissen und Ausgleich für seine „arme" Frau.

Ich hatte nur einen großen Pachtgarten mit ringsum angrenzenden Grundstücken und Blickverstellung. Das wollte er eigentlich nicht. Weinend kam er nach Hause, hatte sein Grundstück hergegeben. Seine Frau hatte sich einen riesigen Vorteil ausgehandelt.

Es gelang ihm ein Arrangement mit der Wohnungsvergabestelle, der Dame der Entscheidung. Seine Tochter zieht mit Ehemann in seine Zwei-Raum-Wohnung, meine Tochter zieht in die Altbauwohnung mit Außentoilette seiner Tochter, er zieht bei mir und meinem Sohn ein, seine Söhne bleiben zunächst in der Wohnung ihrer Mutter.

Es glückte.

Meine Tochter, zwar glücklich über die Selbstständigkeit und eigener Wohnung mit achtzehn, dafür aus einer Fernheizwohnung in eine ofenbeheizte Hinterhofwohnung mit Toilette eine halbe Treppe tiefer, eiskalt und Einzug mitten im Winter mit viel zu dünner Bettdecke. Seine Tochter in neu eingerichtete Fernheizwohnung.

Die Hochzeitsplanung begann.

An den Sommerwochenenden im Garten, meinem Pachtgrundstück von 1200 qm und Bungalow, Laube, mit zwanzig Obstbäumen und damit viel zu tun, wurde zunächst die Namensfrage diskutiert. Ich fand meinen Nachnamen schöner als seinen, hätte gern einen Doppelnamen gehabt, da mein Sohn seinen Nachnamen sowieso behalten wollte. Bernhards Nachname war eigentlich der Mädchenname seiner Frau, den er erst angenommen hatte, als die beiden älteren Kinder in der Schule fürchterlich gehänselt worden waren – wer will schon „Ficker" heißen, obwohl seine Frau diesen Namen bei der Eheschließung angenommen hatte, wie es eben üblich war. Die Frau nimmt den Nachnamen des Mannes an. Mit einem Dienststellen- und Ortswechsel ergab sich die Chance, den Mädchennamen der Ehefrau anzunehmen und somit die Kinder mit einem präsentablen Nachnamen auszustatten. Der Dritte wurde schon mit dem neuen Namen geboren, das dritte Kind hatten beide schon nicht mehr gewollt, drei Kinder wollten sie eigentlich nicht, zumal die ersten beiden auch schon keine Wunschkinder gewesen waren, das erste Kind, die Tochter, war Anlass zur Eheschließung gewesen („mussten heiraten"), das zweite kam schon zwei Jahre später.

Zurück zum zukünftigen Nachnamen: Meinen angeheirateten besten Familiennamen wollte er eventuell annehmen, doch ich war strikt dagegen, Doppelname wäre ideal gewesen, doch das gab es damals mit diesem Hintergrund gesetzlich nicht.

Also biss ich in den sauren Apfel und entschied mich für seinen Nachnamen, den Mädchennamen seiner Frau.

11.2 Übergang zu neuem Leben 1987-1988

Nebenbei richteten wir meine Wohnung neu ein, nicht alles, eigentlich nur das Wohnzimmer. Nein, halt, so stimmt es doch nicht. Im Sommer 1987 war ein neuer Möbel-Typ herausgebracht worden, ein ganz neues Kombisystem mit unterschiedlichen Tiefen, Höhen und Dreieck-Fünfeck-Verbindungsstücken. Damit konnte man sehr abwechslungsreiche Schrankwände, Flachstrecken, Über-Eck-Arbeitsplatzkombinationen zusammenstellen. Ich hatte meine Zimmermaße und Ideen, Bernhard hatte diese von seiner neuen Wohnung. Jedoch gingen wir zusammen hin zur selben Beraterin, ich bestellte meine Möbelteile, er seine. Gemeinsam war das einzig mögliche Furnier Mooreiche und das dazugehörige Möbelprogramm. Die Lieferung der Teile erfolgte ein Vierteljahr später am selben Tag. Innerhalb einer Stunde war meine Wohnzimmerschrankwand aufgebaut. Irgendwann rief Bernhard verzweifelt an, bei ihm stimme es nicht, er habe 10 Glasteile zu viel. Wie denn das? Er verglich die Bestellung mit der Lieferung und stellte fest, dass er doch tatsächlich diese zehn Glasteile bestellt hatte, also letztendlich das Bestellformular nicht mehr gründlich kontrolliert hatte. Ich schüttelte innerlich den Kopf und war sehr erstaunt, wie ihm das hatte passieren können. Die Teile wurden zurückgenommen, da es offensichtlich als Unsinns-Bestellung anerkannt worden war. Als Schuldiger wurde die Überanstrengung der hochschwangeren Beraterin angegeben.

Jedenfalls hatte er eine tolle, nagelneu eingerichtete Wohnung, wobei er dann den Großteil des Mobiliars seiner Tochter und ihrem späteren Ehemann überließ, jedoch mit allen Teilen der Mooreiche-Schrankwand später bei mir einzog. Alle seine

Teile hatten unterschiedliche Höhen und waren somit mit meinen nicht zusammenzuführen. Wir richteten die Zimmer anders ein und bauten die Möbel um. Mein Sohn bekam das Zimmer seiner Schwester mit den Möbeln, seine Kinderzimmermöbel verkaufte ich, und jetzt hatten wir ein Arbeitszimmer.

Eigentlich hatte ich umziehen wollen, für die neue Familie ein neues Zuhause. Ich habe schön rumdiskutiert, aber einen Wohnungsmarkt gab es nicht, alles lief über Betriebe. So hätten wir einen Wohnungsantrag stellen müssen. Bernhard fiel keine akzeptable Begründung ein, zumal diese Wohnung größer war, als uns eigentlich zustand. Mein Sohn hatte auch keine Lust umzuziehen, er wollte bleiben, mit der Straßenbahn weiterhin zur Schule fahren, auf gar keinen Fall wollte er die Schule wechseln. So gab ich nach und versprach, kein Wort mehr über den Umzug zu verlieren bis nach dem Abitur meines Sohnes. Ich hielt Wort.

Als Bernhard bei meinem Sohn und mir einzog, kam er mit einem nagelneuen runden Tisch, ganz schick, oval, auszuklappen. Sitzordnung: ich und auf jeder Seite einer meiner „Männer", meinen Sohn ließ ich gegenüber Bernhard sitzen. Diese Anordnung habe ich ewig bereut, für eine Umsetzung hätte ich keine Begründung geben können. Mein Gefühl des Unwohlseins sagte mir, dass sie sich zu oft angucken müssen. Ich empfand es als meinen Fehler.

Jetzt muss ich erst einmal überlegen, in welchem Zeitraum sich das alles abspielte ... Nein, irgendetwas stimmt nicht. Im Mai/Juni 1987 waren die Scheidungen. Im Sommer 1987 zog Bernhard in seine neue Wohnung, die „Massenfamilienumzüge" waren im Februar 1988, denn im Januar war meine Tochter gerade erst achtzehn Jahre alt geworden. Damit durfte sie als Erwachsene eine eigene Wohnung haben, theoretisch, doch dank Bernhards Verhandlungsgeschick auch praktisch. Ja, ab Februar 1988 lebten wir zu dritt in der Vierzimmerwohnung.

Im April kam der frühere Vorgesetzte meines geschiedenen Mannes zu mir nach Hause und teilte mir mit, Wilfried sei gestorben.

Ich war wortlos steif – nichts.

Ich sollte seine Wohnung auflösen. Ich stimmte zu und kümmerte mich innerhalb kürzester Zeit um die Wohnungsauflösung im April, Sterbedatum war der 17.März. In der die Sterbeurkunde stand „tot aufgefunden". Am 29. April wäre er 39 Jahre alt geworden (Hatte mir der Arzt nicht gesagt, er könne 100 werden?). Zwei riesige Koffer schickte ich seinen Eltern.

Zur Urnenbeisetzung fuhr ich nicht, die geschiedene Frau hat dort nichts zu suchen, nur die Kinder mit meinen Eltern, was mir gar nicht gefiel. Eigentlich hätte ich den Vorgesetzten beim Wort nehmen wollen, dauernd war Hilfe angeboten worden, doch als ich ihn bat, die Kinder mit dem Dienstwagen mitzunehmen und wieder zurückzubringen, kam ein glattes, unbegründetes Nein. So fuhren meine Eltern mit den Kindern – ein Extra-Trauma, drei ehemalige Kollegen mit dem Dienstwagen. Ich saß zu Hause auf dem Fußboden in einer dunklen Ecke und zitterte …

Juni 1988 Unruhe in der Firma, laufend Abmeldepflicht und Bereitschaft, also zu Hause bleiben.

Im Juni hatte Bernhards Vorgesetzter seinen 60. Geburtstag. Einladung ins Opern-Café, wir beide saßen an einem Zweipersonentisch. Bernhard wollte mich vorführen, zeigen. Ich fühlte mich so elend, wollte keine Aufmerksamkeit.

Für die Kinder gab es jetzt Halbwaisenrente, für mich natürlich nichts, eine geschiedene Ehefrau hat keinerlei Ansprüche.

Mai – Juni – Juli – August – September 1988 – wir richteten unser Leben ein.

Mein Sohn fuhr ins Ferienlager, dann fuhren wir gemeinsam an die Ostsee mit Wohnwagen und Zelt.

Hochzeitsvorbereitungen nahmen ab dann einen Großteil unserer Überlegungen und Planungen ein. Wir redeten nie einfach so ins Blaue hinein, sondern immer gleich mit Zettel und Stift, was alles zu bedenken wäre, dazu Unterpunkte, Zeiträume.

Als wir mit dem Brainstorming zufrieden waren, wurde nach Zeiträumen und Reihenfolge sortiert, dann terminlich verzahnt. Das hat unglaublich viel Spaß gemacht. Wir mochten beide diese strukturierte Vorgehensweise, zuerst in der Planung, dann in der Ausführung. Und es waren tatsächlich nur noch Unterpunkte geblieben, die ergänzt werden mussten.

Ich ließ mir bei einer privaten Schneiderin einen schwarzen Anzug und eine weiße Bluse sowie ein weißes Kostüm nähen. Bernhard kaufte mir eine schwarz-goldene Bluse im Exquisit. Er selbst kaufte sich einen silbergrauen Anzug, mein Sohn bekam schicke Sachen für die Hochzeit und das Versprechen, seinen Nachnamen selbstverständlich behalten zu dürfen und Bernhard mit dem Vornamen anreden zu können. Am Donnerstag, den 12. Oktober, war Polterabend im Sporthotel mit Bierfass und Bauernmöbeln im Bierkeller, alles sehr rustikal. Alle kamen mit Geschenken. Bernhards mittlerer Sohn machte Disco, es wurde viel getanzt. Es kamen Kollegen von Bernhard, sein Arbeitskollektiv, von mir kamen ein paar ehemalige Kollegen. Seit September hatte ich eine neue Arbeitsstelle – neue Kollegen, Familie, Kinder mit Partnern. Ich müsste auf den Fotos mal nachzählen, wie viele Gäste dabei waren. Als erste neue Freunde hatten wir ein Ehepaar, fünf Jahre jünger, die für uns eine Hochzeitsreise organisiert hatten. Der Polterabend ging bis in die frühen Morgenstunden. Wohlgeplant hatten wir den nächsten Tag frei, Ruhetag. So konnten alle in Ruhe auspendeln, aufräumen und sich auf die Hochzeit vorbereiten. Samstag, den 14. Oktober 1988 um 11 Uhr, war die Trauung in einer wunderschön rekonstruierten alten Villa an einem künstlichen Teich und kleinem Park, alles umgeben von riesigen Neubaublöcken am Fennpfuhl. Sektempfang für die Gäste, standesamtliche Trauung. Zum schwarzen Anzug trug ich einen weißen Hut, einen Blumenstrauß. Die Musik hatten wir selbst ausgewählt, dabei ein Geigensolo, wo ich schon kichern musste, wenn ich an die verdrehten Augen meines Bruders dachte.

Übrigens waren wir drei mit der Straßenbahn zum Standesamt gefahren. An einer Station auf der Strecke stieg Bernhards jüngster Sohn zu, allerdings in den vorderen Wagen, er hatte uns nicht gesehen. So stieg Bernhard rasch aus und vorn wieder ein. Ein Mitfahrer sagte bedauernd: „Ja, das war's nun, junge Frau. Nun ist er weg." Aber wir stiegen alle vier an der vorgesehenen Haltestelle aus und liefen durch den herbstlich bunt gefärbten Park.

Nach der Zeremonie gab es noch ein Glas Sekt, dann ging es zu Fuß zum Sporthotel ins Restaurant, nur Familie. Verabschiedung nach dem Kaffee, Verabredung für abends im „Palast der Republik". Wir hatten eine Tafel in einem der Restaurants. Es war eine öffentliche Tanzveranstaltung, innerhalb derer wir und unsere Gäste sehr schön gefeiert, getanzt und uns amüsiert hatten.

Es war meine erste und einzige richtige Hochzeit, obwohl ich das dritte Mal heiratete.

Am Montag ging es zu zweit auf Hochzeitsreise mit dem Zug nach Prag. Wer kümmerte sich denn in dieser Woche um meinen 10-jährigen Sohn? Es waren Herbstferien, wir brachten ihn zu den Großeltern, Wilfrieds Eltern, nach Oederan.

Die Bahnfahrt nach Prag war sehr angenehm, es ging durch die wunderschöne Landschaft des Elbsandsteingebirges. In Prag hatten wir eine Gästewohnung in einem Neubaugebiet. Beeindruckend war die Dusche mit Schiebetüren. Wir haben die ganzen Sehenswürdigkeiten, na gut, die berühmtesten, angeschaut und waren immer ganz vorzüglich essen. Meinen Brautstrauß habe ich in die Moldau geworfen.

Über Silvester 1988/1989 hatten wir einen Ferienplatz in Zinnwald im Erzgebirge, nicht im großen Heim, sondern im kleinen Haus für drei Familien. Roy hatte einen gleichaltrigen Spielgefährten. Wir wanderten viel durch die Winterlandschaft, der Wald sah verheerend aus, umweltzerstört. Zu den Tanzabenden gingen wir ins große Haus, dort sah ich erstmals meine Tochter allein tanzen. Der Trend fing gerade an. Im kleinen Haus gab es einen Extra-Abend für die „höheren Chargen", ich fühlte mich absolut unwohl und wusste kein Wort zu sagen.

Im Februar hatten wir einen Ferienplatz in Baabe an der Ostsee, zwei Zimmer für uns und drei Kinder, denn sowohl meine beiden als auch Bernhards Jüngster waren mit. Auch hier gingen wir zum Tanzen in ein anderes Ferienheim. Bernhard stupste seinen Sohn zu den Mädchen und empfahl ihm eine. Eine andere griff sich ihn schneller und ließ ihn nicht mehr los. Meine Tochter konnte sie nicht leiden, umgekehrt genauso, Eifersüchteleien. Morgens beschlossen wir einen Spaziergang, mein Sohn wollte einen anderen Jungen überzeugen, mit ihm etwas zu machen. Ich sagte Nein, wir zofften uns, und ich habe ihm erstmals eine Ohrfeige gegeben wegen Renitenz. Es tat mir sehr weh, dass er partout nicht hören wollte. Es wurde besser von Tag zu Tag, für Kinder gab es dann auch ein Programm. Für die Rückfahrt war der Wartburg voll beladen. Bernhard wollte fahren und massakrierte das Auto elendig, es wollte nicht starten. Ich sagte ruhig, komm, wir tauschen, lass mich es versuchen. Es gelang mir zu starten, und wir fuhren bis Neubrandenburg, wo wir in einem Restaurant essen gingen und einen schönen Stadtbummel machten. Wieder war es nicht gelungen, eine vereiste Ostsee zu erleben. Wir versuchten es Winter für Winter, die Ostsee fror nicht zu. Bis heute fehlt mir dieses Schauspiel meiner Wunschliste.

11.3 Erlebnisse zur Wendezeit und Assoziationen

Plötzlich waren die Regale in den Kaufhallen voll, es gab eine Unmenge neuer Produkte. Am Faszinierendsten waren die Obst- und Gemüsestände. Allein zum Gucken und Lesen stand ich ewig davor, bis ich mich entschloss, einen Zettelblock mit mir rumzutragen und die unbekannten Wörter aufzuschreiben. In den neuen Lehrbüchern gab es viele Themen aus dem Alltag und über das ganz normale Leben, so konnte es nicht schaden, die Vokabellisten zu erweitern.

Ich erinnerte mich an eine Geburtstagsfeier meines Mannes, es war im März 1989. Unser befreundetes Ehepaar hatte ihm ein hübsches Kochbüchlein geschenkt, „Festliche Dinner". Mein Mann kochte doch leidenschaftlich gern und ging genauso gern einkaufen. Wir blätterten das Büchlein durch, dann begann einer, ein Rezept vorzulesen. Schon nach den ersten drei Zutaten fragte einer: „Kennt ihr das?" Nein, es kannte keiner. Jetzt lasen wir die Zutaten mehrerer Rezepte laut vor, und bei jedem unbekannten Wort wurde das allgemeine Gelächter heftiger. So lange und so viel gelacht haben wir selten, wir steigerten uns förmlich hinein und erfanden Reaktionen von Verkäuferinnen, wenn wir wohl im Geschäft nach Kiwi, Avocado usw. fragten. Im Sommerurlaub 1990 fuhren wir an die Ostsee nach Usedom, Zeltplatz Kaminke mit Wohnwagen und Vorzelt, zum Baden immer nach Ahlbeck zum FKK. In Kaminke gab es im Sommer immer ein Volksfest.

Ich erholte mich Schritt für Schritt, Ostsee tat und tut mir sehr gut.

Und mein Mann? Er hatte sich beim Arbeitsamt gemeldet, nachdem er entlassen worden war. Er hatte sich für eine Umschulung zum Kaufmann für Großhandel entschieden. Seine Überlegung war gewesen: „Gehandelt wird immer", also Handel. Mir wäre Masseur lieber gewesen, aber es war seine Entscheidung, für zwei Jahre in eine Umschulung zu gehen und den IHK-Abschluss (Industrie- und Handelskammer) zu erwerben. Er bekam Geld vom Arbeitsamt. Wie viel, habe ich vergessen, wofür es reichte auch. Er bezahlte die Miete, die mit der deutschen Einheit stark gestiegen war. Zu DDR-Zeiten gaben wir ungefähr zwei Prozent des Einkommens für Miete aus, nach der Wende waren es mehr als fünfzig Prozent. Ich fing an zu verstehen, warum in den früheren Lehrbuchtexten die Miete immer als größter und erster Posten auf dem Lebenshaltungskostenindex stand. Ich begann zu überlegen, in welchen Berufen man das meiste Geld verdienen könnte und mit welchen man jedes Gesellschaftssystem überleben könnte. Ich kam auf Miet-Hai, was natürlich zur Voraussetzung hatte, dass man über zu vermietende Wohnungen verfügen kann, also Eigentum hatte, und Friedhofsgärtner und Steinmetz. Alle anderen Berufe empfand ich als ideologisch unsicher und nutzbar für gesellschaftliche Zwangsmaßnahmen. Ach, das bringt mich auf eine lange Nachtdiskussion mit meinem Mann, als er sich nach seiner Entlassung völlig gebrochen und verzweifelt immer wieder fragte, warum nur, warum jetzt die Hetze auf die MfS-/AfNS-Mitarbeiter solche Ausmaße angenommen hatte, er habe doch nichts Schlechtes getan.

So, jetzt muss ich mich mal auf die Jahre nach der Auflösung des MfS konzentrieren, auf die Runde-Tisch-Diskussionen, die Einsichtnahme-Regelung in die Akten, die öffentliche Demontage von immer mehr Persönlichkeiten sowie seine Vorladung beim Oberlandesgericht in Düsseldorf.

Sein noch höherer Vorgesetzter war zum Runden Tisch eingeladen worden, er hatte zugesagt, war dann aber nicht erschienen. Einige Abteilungsmitarbeiter hatten sich auf den Weg gemacht, ihn zu suchen, vergeblich. Mein Mann war auch dabei, hatte mit dessen Frau gesprochen, die keine Ahnung hatte, wo er war – was mich keineswegs wunderte bei dem älteren Hausfrauenmütterchen, das uns zur Hochzeit ein schönes Tischdeckenset geschenkt hatte (habe ich übrigens heute noch, über Gegenstände erinnere ich mich hervorragend an Personen.) Sie befürchteten alle das Schlimmste, er sei womöglich übergelaufen und würde einen ihrer Topspione im NATO-Hauptquartier verraten – was dann auch eintrat. Irgendwann vor der Vorladung kamen zu uns zwei Amerikaner, habe vergessen ob CIA oder NSA, jedenfalls Geheimdienstler, als die sie sich auch ausgaben. Sie stellten meinem Mann einige Fragen über seine Tätigkeit als Militäranalyst. Sie wollten wissen, womit er sich beschäftigt habe. Da sein Englisch immer etwas dürftig war, er sich auch nicht durch besondere Redegewandtheit auszeichnete, er für mein Empfinden eher „gestelzt" sprach, dolmetschte ich. Viel, nein, eigentlich gar nichts weiß ich mehr über die Gesprächsinhalte, nur, dass ich viel Small Talk und persönliche Fragen einschob. Die Atmosphäre war locker und entspannt, wir scherzten und lachten, sodass wir uns am Ende einigten, dass die Menschen überall die gleichen seien, sich mit denselben Problemen rumschlügen. Mich fragte keiner, was ich gearbeitet habe, und ich sagte ihnen natürlich nicht, dass ich von 1988-1989 ein ganzes Jahr lang bei der Spionageabwehr ge-

wesen sei und Mitschnitte und Aufzeichnungen ihrer Abtei-
lungen in geringem Umfang übersetzt und zusammengefasst
hatte. Wozu auch, eigentlich wusste ich sowieso nichts Welt-
bewegendes, nur Tagesabläufe von Botschaftsmitarbeitern und
deren Gesprächsthemen.

Irgendwann erhielt mein Mann besagte Gerichtsvorladung
nach Düsseldorf. Er bereitete sich gründlich auf die Befragung
vor, es ging um besagten NATO-Spion der DDR. Mehr weiß ich
nicht, wollte auch im Nachhinein nicht wissen, welche Fragen
er zu beantworten hatte. Ich weiß schon, dass er sauber, klar,
korrekt geantwortet und niemanden geschädigt, beschimpft,
verunglimpft haben wird. Es war jedoch eine ungeheure psychische Belastung für ihn gewesen. Fahrgeld und Verdienst-
ausfall, Tagesgeld waren ihm erstattet und überwiesen worden.

11.4 Denken 1989

Doch eigentlich wollte ich von jener Nachtdiskussion erzählen, die mehr meine Gedanken und Argumente wiedergibt, als
dass sie ihn überzeugen konnte. Ich glaube, ich habe ihn nicht
erreicht, geschweige denn überzeugt.

Sind die Leute zu Recht erbost über die Privilegien?

Ja, MfS-Mitarbeiter, egal welcher Berufsgruppe, haben fünfundzwanzig Prozent mehr verdient als „draußen".

Ich habe keine Ahnung, wie das Verhältnis zwischen NVA
(Nationale Volksarmee) und MfS (Ministerium für Staatssicherheit) war, auch nicht bei Polizei und Zoll. Auf jeden Fall haben
alle staatstragenden Bereiche, Exekutivorgane der Staatsmacht
durchschnittlich eine höhere Bezahlung erhalten. Da die eigentlichen Zahlen nie vom Amt für Statistik veröffentlicht wurden,
also überhaupt nicht einsehbar waren, blieb viel Raum für Spe-
kulationen. Und wer am meisten verdiente, war im Volke auch
nicht so bekannt. Auf jeden Fall waren die Unterschiede bei den

mittleren Gehaltsklassen nicht weit auseinander zwischen oben und unten. Aber ich finde fünfundzwanzig Prozent schon ganz schön unterschiedlich und ein Grund zum Aufregen.

Ist es nicht immer so gewesen, dass sich Staatssystems nur eine Zeitlang halten? Wir brauchen doch nur einmal die Jahre nachzurechnen, seit 1918 hat Deutschland keinen Kaiser mehr, er regierte nur von 1871 bis 1918. Die Weimarer Republik danach von 1918 bis 1933 war kurzlebig und katastrophal chaotisch, nach den zwölf Jahren des Tausendjährigen Reiches und dem „Zusammenbruch" 1945 gab es die Nachkriegswirren, als deren Ergebnis zwei deutsche Staaten entstanden und ungefähr vierzig Jahre existierten. Und gehen wir weiter zurück: 1806 ging das sogenannte Heilige Römische Reich deutscher Nationen zugrunde dank Napoleon. Die Umwälzungen danach, 1848 die bürgerlich-demokratische Revolution, brachten für die folgenden industriellen Umbrüche der Gründerzeit sehr viel, politisch war es ein Aufbruch in neue Zeiten der Wandlung hin zum Wunsch einer neuen Weltordnung. Die Gründerzeit – wie lange dauerte sie? Sie endete nach ungefähr fünfundzwanzig Jahren im großen Crash. Ich denke, die größten Umwälzungen für Europa hat die Französische Revolution von 1789 ausgelöst. Napoleon wurde vom Revolutionär zum Kaiser, doch in den europäischen Ländern gärte es gegen Fürstenwillkür und kulminierte in den Kämpfen 1848. Die europäischen Kriege entwickelten sich von Regionalschlachten und Gebietseroberungen zu Riesenkriegen, Weltkriegen mit Abermillionen Toten.

Wir können weiter nachforschen, Regierungsformen hielten sich nie lange, in der Neuzeit zwischen zwanzig bis fünfzig und maximal zweihundert Jahre, die griechischen und römischen Reiche dauerten vierhundert, irgendwann hatten sie sich alle zersetzt, aufgelöst, waren in andere Reiche eingegangen.

Haben wir geglaubt, die zwei deutschen Staaten sind für die Ewigkeit gemacht? Haben wir nie gedacht, die Staatsform würde nicht mehr den Erfordernissen der Zeit entsprechen, und es sei nur logisch und folgerichtig, dass sie sich überlebt? Nein, eigentlich haben wir so nie gedacht.

Wie blind, taub kann man sein? Wie blickdicht können Scheuklappen funktionieren? Ich weiß, irgendwann in den Siebziger- oder Achtzigerjahren stahl sich ein Gedanke in meinen Kopf: Wie viel wird in den Geschichtsbüchern mal von der DDR übrigbleiben? Ich sah einen anderthalb Zeiler vor mir. Und nachdem ich Diskussionen mit Falin und Portugalow im Fernsehen gesehen hatte, wusste ich: Die Russen verkaufen uns. Für sie sind wir, die DDR, nur eine Schachfigur, ein Bauer.

11.5 Tag der Deutschen Einheit 3. Oktober 1990

Wir fuhren zu dritt in die Schorfheide und holten körbeweise Pilze aus dem Wald, weder vorher noch jemals nachher gab es so viele Pilze.

„Tag der Deutschen Einheit"

Nationalhymne – Gänsehaut, denn dieser Text hatte sich in meiner Vorstellungswelt als Großmachtanspruch eingeprägt. Ich habe lange gesucht, bis ich ihn in das historische Umfeld einordnen konnte. Der Text der Hymne widerspiegelte seine Gültigkeit nur eine historisch kurze Epoche, und einfach Strophen weglassen – na ja, ich weiß nicht. Da sollte eine Nationalhymne doch einen anderen Anspruch erfüllen. Es ist kein einmaliger Vorgang, in der DDR wurde die Nationalhymne eines Tages überhaupt nicht mehr gesungen, der Text passte nicht mehr zum politischen Anspruch. Wann war das? Sicherlich, nachdem Honecker Partei- und Staatschef geworden war. Dafür erinnere ich mich noch gut daran, mit welcher Ernsthaftigkeit wir in der Grundschule den Text lernten. Natürlich haben wir ihn Zeile für Zeile gedeutet und die Bedeutung erschlossen. Dann haben wir ihn voller Inbrunst gesungen, stehend natürlich. Die Nationalhymne war etwas Ehrfurcht Einflößendes.

Zurück zur deutschen Einheitshymne. Das Weglassen von Strophen ist wie immer ein Zeichen von deutscher Inkonsequenz, eine neue wäre vielleicht besser gewesen.

11.5.1 Zwischenspiel am 3. Oktober 2015

Gestern war der 25. Jahrestag der deutschen Einheit. Ich bin allen Feierlichkeiten ausgewichen, Volksfeste sind mir ein Gräuel, und ganz fürchterlich ist für mich der emotionale Exhibitionismus mit Rumschreien und Kreischen.

Dem medialen Overkill von Fernsehsendungen bin ich ebenfalls ausgewichen.

Ein schöner sonniger Tag mit freiwilliger Arbeit im Ehrenamt, Kaffee mit einer Freundin und abends edles Dinner im Edelrestaurant mit Familien-Youngstern auf der Durchreise, war gut. Ach, den Film „Barbara" sah ich mir an, allerhand Klischees, aber ungewöhnliches Ende. Auch das war eine Möglichkeit. Situationsbilder 1990.

Zurück also zum echten ersten Feiertag der deutschen Einheit ein Jahr nach dem Mauerfall – woran erinnere ich mich, was ging in meiner Familie vor sich? Mein Sohn ging in die fünfte oder sechste Klasse. Gleich nach dem Mauerfall wollte er mit der DDR-Flagge, die wir immer als Balkonschmuck am 1. Mai und 7. Oktober zum Jahrestag der DDR raushängten, draußen rumlaufen und irgendwelche Feinde verjagen. Ich habe die Fahne kurzerhand an mich genommen und versteckt. Er ging weiterhin in seine alte Schule, es war eine Russischklasse. Aber das Fach interessierte ihn sowieso wenig. Wenn er Hilfe brauchte, sagte er: „Sag mir nur, was hinkommt, erklär mir bitte nichts."

Dann habe ich es eben gemacht. Eigentlich habe ich meinen Kindern nie bei den Hausaufgaben geholfen, hatte aber als generelle Richtlinie gegeben: „Nur wenn ihr allein nicht weiterkommt und alle Nachschlagemöglichkeiten erschöpft habt, könnt ihr mich fragen, denn: selbst lernen macht ‚fett'." Der Hintergrund war außerdem, dass ich mich als Lehrer den ganzen Tag mit dem Lernen anderer befassen musste, geduldig, motivierend – meine Kraft reichte einfach nicht mehr für die eigenen Kinder. Ich hatte aber Glück, meine Kinder haben den Schulstoff gut bis sehr gut gepackt, in der Freizeit unternahmen wir viel, beispielsweise Ausflüge, Besichtigungen, Wald, Wasser, Himmel,

Wetter – es gab ausreichend Erlebnisse, den Schulstoff in ein größeres Umfeld einzubetten. Und Ratespiele – was haben wir für Ratespiele gemacht! Eigentlich gab es keine Zeiten ohne Inhalt, wenn ich mir das so überlege.

Meine Tochter lebte in diesem Abiturjahr schon in ihrer eigenen Wohnung. Sie machte Berufsausbildung mit Abitur. Es war ihre Entscheidung, nach der zehnten Klasse und dem mittleren Schulabschluss, den sie mit Bravour und in allen Fächern mit „sehr gut" absolviert hatte, unter anderem, um der Direktorin zu zeigen „was eine Harke ist". Die hatte sie nämlich „auf dem Kieker" wegen unmöglichen Verhaltens, außerdem wegen Nichtausschöpfung ihres Leistungsvermögens. Jedenfalls hat sie aus Spaß in den Prüfungen alle Register gezogen und gezeigt: Sie kann es. Dann wählte sie „Betonfacharbeiter mit Abitur" als weitergehenden Bildungsweg, drei Jahre Lern- und Ausbildungszeit. Sie kümmerte sich völlig selbstständig und unabhängig um alles. Ich sah sie oft wochenlang nicht.

Was haben wir, habe ich in dem Jahr gemacht?

Über den Jahreswechsel waren wir zu dritt und mit Bernhards befreundetem Ehepaar in der niederen Tatra in Tschechien im Urlaub. Es war kein Winterschnee, nur Nässe und Kälte, das Hotel war schön. Mein Sohn hatte ein Einzelzimmer. Erstmalig habe ich in der Nacht geheult, weil Bernhard so entsetzlich schnarchte und ich keine Ruhe fand. Es war wieder der Alkohol, die beiden Männer haben viel Schnaps getrunken und fanden kein Ende, Unsinn zu reden, mir waren diese Gespräche zu langweilig.

Bis Februar 1990 erhielt ich noch mein Gehalt, war also bezahlt, freigestellt für drei Monate. Es war Zeit zum Aufräumen und Überlegen. Ab Februar/März ging ich auf Arbeitssuche.

Ich suchte in Stellenausschreibungen im Arbeitsamt, schaute Zeitungsannoncen durch, nebenbei ging ich Klinken putzen, ich lief und fuhr tatsächlich zu möglichen Unterrichts- beziehungsweise Arbeitsorten. Das Sprachinstitut Karlshorst öffnete die Türen nicht, die Hochschule für Ökonomie hatte genügend Lehrkräfte, ich ging zur Volksbildung im Stadtbezirk Lichtenberg, zum Verlag Glinkastraße, der öffnete die Tür nicht, zur VHS-Marzahn. Ich meldete mich beim Magistrat, im Roten Rathaus legte ich meine Qualifikationsnachweise vor, wurde registriert.

Zum Halbjahresbeginn nach den Winterferien der Schulen erhielt ich ein Telegramm vom Magistrat, ich könne sofort in einer POS (Polytechnische Oberschule) in Marzahn als Englisch- und Russischlehrer anfangen!

Es wurde ein traumatisches Vierteljahr für mich. Doch warum? Ich hatte seit dem Schulpraktikum nicht wieder Kinder unterrichtet. Die oberen Klassen neun und zehn waren völlig in Ordnung, die achten zum Teil, sie waren neugierig auf mich, da ich etwas anderes als herkömmlich unterrichtete. Schlimm waren, wie mir bekannt, die sechsten und siebten. Die fünften fingen an, rowdyhaft zu werden. Jeden Morgen hing ein Zettel an der Eingangstür über Lehrerwechsel wegen Krankheit. So fand ich mich auch mal ganz schnell in der Unterstufe und musste die Nahrungskette unterrichten, von der ich in meiner Schulzeit nie etwas gehört hatte. Die Kleinen waren lieb und arbeiteten gut mit. Jeden Morgen kostete es mich unsagbare Überwindung, in die Schule zu fahren. Ich hätte heulen können und jammerte, dass ich das nicht aushielte. Andere Lehrer guckten mich scheel an im Lehrerzimmer, einige feindlich, ganz wenige sprachen mit mir. Die Gewerkschaftsbeauftragte kündigte eine Lehrervollversammlung an und sagte mir, ich müsse Stellung nehmen zu meiner vorherigen Tätigkeit. Die Versammlung war im Gange, gegen Ende bereits wurde ich aufgefordert, über meinen beruflichen Weg zu sprechen. Ich berichtete wahrheitsgemäß. Als letzten Arbeitsort vor der Wende gab ich das MdI, Ministerium des Inneren, an, was in meinem Sozialversicherungsausweis stand und erläuterte, dass das Sprachinstitut sowohl für das MfS als auch für die Polizei und NVA die Fremdsprachenausbildung gemacht habe. Ich sagte, ich wisse, dass ich nicht an der Schule bleiben werde, meine Kündigung zum Schuljahresende habe ich bereits eingereicht. Ein sauberer Abschluss zum Schuljahresende war mir wichtig, ich wollte nicht davongejagt werden. An meinem Unterricht war nichts auszusetzen. Kein Lehrer griff mich an, im Gegenteil, es sprachen wenige mehr mit mir. Die Englischlehrerin meinte sogar, ich wäre ihr fachlich haushoch überlegen. Ich solle unbedingt die Abschlussprüfungen der zehnten Klassen mitmachen, mein Urteil wäre wichtig. Irgendwann beschlossen Berlins Lehrer, für gleiche Gehälter wie im Westen zu streiken. Unsere Schule versammelte sich in Marzahn vorm Rathaus. Es gab Reden, eine Kundgebung und viel, viel Geschrei. Ich schrie nicht mit, ich bekam Gänsehaut und hätte mich am liebsten wie ein Igel eingeigelt. Ich hielt die Situation physisch kaum aus. Lautstarke Demonstrationen waren nichts für mich, ich ging nie wieder zu irgendwelchen Demonstrationen, wovon es laufend welche gibt.

Der letzte Schultag war Sportfest, allmählich fiel der unaussprechliche Druck von mir ab. Die ganzen Monate hatte ich auf einen Retter gehofft, jemanden, der mich aus der Situation der Marzahner Schule herausholte. Es gab weit und breit keinen Retter. Meinem Mann habe ich täglich etwas vorgeheult, er konnte es nicht verstehen.

Nach meiner Kündigung an der POS ging ich wieder Klinken putzen. Meine Vorstellungen und Gespräche waren erfolgreich. Kleidungsmäßig hatte ich ein arges Problem, mir fehlte ein Kostüm. Ich fand ein spottbilliges, dunkelblaues Polyester-Kostüm, hässlich. Dunkelblau stand mir gut. Ich kaufte andere elegante Knöpfe, die genauso teuer waren wie das Kostüm, ersetzte die hässlichen damit, und schon sah ich präsentabel aus. Ich klaubte mir Kleinaufträge zusammen.

An der Marzahner VHS unterrichtete ich Englisch vormittags in Intensivkursen und in Abendkursen an unterschiedlichen Standorten.

Ich war beauftragt mit Lehrerumschulungen von Russisch- auf Englischlehrer in Lichtenberg, in derselben Schule, in der ich 1969/70 mein Schulpraktikum gemacht hatte, sowie in Karlshorst am früheren Sprachinstitut, das jetzt diese Aufgabe ebenfalls übernommen hatte.

Ich unterrichtete Englisch-Kurse bei neu gegründeten Bildungsträgern: AIM in Marzahn, Sprachinstitut am Griebnitzsee und mehr. Es waren immer nur wenige Unterrichtsstunden beim jeweiligen Bildungsträger.

Ein eigener, selbst akquirierter Kurs im Marstall, dem Verwaltungsgebäude des Palasts der Republik für Palastmitarbeiter, war mein ganzer Stolz, die Mitarbeiter lernten mit Freude und Engagement.

Wenn ich an diese Zeit so zurückdenke, so hatte ich immer Aufträge, Kurse, war also oft von früh bis spät mit mittäglichen Unterbrechungen unterwegs.

Nach der Sommerpause kam ein neuer Direktor an die VHS-Marzahn, der es sich als vordringliche Aufgabe gesetzt hatte, alle Dozenten auf Stasivergangenheit zu überprüfen. Von einer Kollegin bekam ich einen Wink darüber. So übernahm ich keine neuen Kurse mehr und bat darum, mich nicht mehr auf die Dozentenliste zu setzen, da ich anderswo einen Job gefunden hätte. Und das war tatsächlich so.

11.6 Was machte mein Mann?

Mein Mann ging täglich nächtlich ins Haupthaus der Firma, Akten schreddern und vernichten. Er hatte in der Abteilung Militäranalyse der HVA gearbeitet, war Referatsleiter einer kleinen Arbeitsgruppe mit fünf Mitarbeitern, die sich mit den militärischen Strategien und Bewaffnungen der Streitkräfte im kapitalistischen Ausland beschäftigte, diese analysierten. Er fühlte sich zutiefst verpflichtet, dem Klassenfeind nichts in die Hände fallen zu lassen, was mit militärischer Aufklärung durch das MfS zu tun hatte. Also ging er als Einziger seines Referats schreddern. Einer seiner Vorgesetzten hatte sich zum Gegner abgesetzt und Top-Spione verraten, um sein Fell zu retten.

Februar 1990 – wir gingen zum ersten Male nach Westberlin, mein Mann und ich. Die Kinder waren schon vor Weihnachten dort gewesen, hatten ihr Begrüßungsgeld abgeholt und sich

etwas gekauft, für die Familie einen künstlichen Weihnachts-
baum mitgebracht. Wir gingen also im Februar über die Born-
holmer Brücke in den Wedding. Wir hatten uns vorgenommen,
viel zu gucken und einen Eisenwarenladen zu suchen. Zu dem
Zeitpunkt fuhren wir einen Wartburg, einen Viertakter mit
Knüppelschaltung. Auf der Frontscheibe hatte der Wartburg
eine aufgedampfte Antenne für das Autoradio. Diese war an einer Stelle durchgerissen und musste mit einem Spezialkleber
wieder zusammengefügt werden. Also hatten wir uns gedacht,
das wäre ein sehr nützlicher Einkauf für unser erstes West-
geld. Eisenwarenladen gefunden, nach Kleber gefragt, Antwort:
„Ham wa nich." Ich raus aus dem Laden und durchgerüttelt von
einem Lachanfall, kriegte mich überhaupt nicht mehr ein. Dieses „Ham wa nich" war so vertraut – aber im Westen war ja alles besser, da konnte doch so ein Satz überhaupt nicht existieren! Ich weiß nicht, ob wir überhaupt etwas einkauften. Wieder
zu Hause zu sein war gut.

11.7 Bei PÄDAGOGICA von 1991-1996

Ein früherer Kollege vom Sprachinstitut war zu einer Info-Ver-
anstaltung bei der NVA in Strausberg gewesen. Dort hatte er
ein Gespräch mit einem PÄDAGOGICA-Institutsleiter geführt,
der PÄDAGOGICA kurz vorher als Franchise-Nehmer gekauft
hatte und in Birkenwerder bei Berlin in einem früheren Werks-
Gebäude neben der S-Bahn dabei war, das Institut zu eröffnen.
Er suchte eine Englischlehrerin, wobei die Betonung auf Frau
lag. Für das zukünftige Englischkonzept, das den Hauptinhalt
der Franchiseübernahme bildete, sollte er eine Frau nehmen.
Derselbe Kollege rief mich an und fragte, ob ich mich nicht bewerben wolle. Er hatte dem Direktor gesagt, dass er jemanden
kennen würde. Er gab mir die Telefonnummer, ich rief an und
sollte zum Vorstellungsgespräch am nächsten Abend zu ihm

nach Hause kommen. Es war November und elendiges Mistwetter. Ich zog lange Hosen an, fuhr mit dem Auto hin, nachdem ich am Nachmittag einen handschriftlichen Lebenslauf für meine Bewerbung geschrieben hatte. Für mich war es Sympathie auf den ersten Blick, er strahlte Ruhe und Offenheit aus. Nach der Begrüßung bat er mich, über meine Englisch-Unterrichtserfahrungen zu erzählen, was ich sehr ausführlich tat. Als ich die VHS Marzahn erwähnte, fragte er erstaunt: „Und da sollte Ihnen meine Frau nicht über den Weg gelaufen sein?" Ich verneinte, ich hatte den Namen noch nie gehört oder gesehen, sie unterrichtete dort ein anderes Fach. Wir hatten keine Berührungspunkte gehabt. Ich legte meinen handschriftlichen Lebenslauf vor. Er las bedächtig. Er überlegte lange und sagte, MfS könne er nicht annehmen wegen seiner Frau, sie sei absolut dagegen und wäre keinerlei Argumentation zugänglich. Ich entgegnete darauf: „Dann streichen Sie die drei Buchstaben einfach durch und lassen nur die anderen drei, MdI (Ministerium des Innern), stehen." Er machte es unleserlich – wir sprachen nie wieder darüber.

Zum Abschluss des Gesprächs sagte er, er sei interessiert, müsse mich aber zunächst zu einem zweiwöchigen Lehrgang nach Dresden schicken, wo für alle Englisch-Lehrerinnen der zehn neuen PÄDAGOGICA-Institute von den Franchise-Gebern ein Eignungskurs mit abschließendem Test durchgeführt würde. Ich war sofort einverstanden.

Eine wichtige Sache hatte er vergessen, er wies auf meine langen Hosen hin und fragte, ob ich immer lange Hosen trüge. Ich verneinte, in der Regel nicht, heute aufgrund des mistigen Wetters. Er erwiderte, es sei wichtig, denn die Methode des Superlearnings erfordere Lehrerinnen in Röcken. Na gut.

Im Januar 1991 fuhr ich nach Dresden, im Lehrgang waren 12 Frauen. Ich traf auf eine Kollegin vom früheren Sprachinstitut, die dort Russisch unterrichtet hatte, jetzt für ihr Zweitfach Englisch größere Chancen sah. Wir wohnten im Studentenheim der TU, großblumige Tapete, abgestoßene Möbel – alles sehr vertraut.

Der Kurs war spannend, wir lernten nach der später zu unterrichtenden Methode Rumänisch, eine Sprache, die keiner von uns konnte.

Neben unserem praktischen Dasein als Lernende nach Superlearning, der Methode des suggestopädischen Unterrichtens, lernten wir Theorie, Methode usw. Für uns beide war es unglaublich witzig, denn der Ursprung kam von Professor Lozanow und seiner Opernsängerin-Ehefrau aus dem Bulgarien der 60er-Jahre, die sich dem Fremdsprachenlehren und -lernen mit anderen Methoden genähert hatten. An unserem ehemaligen Sprachinstitut war jahrelang nach der audiovisuellen Methode und Lehrmaterial aus Jugoslawien, dem kroatischen Zagreb, unterrichtet worden, die Methode, die unmittelbar auf Lozanow zurückging. In den 70ern hatten zwei Amerikanerinnen Lozanow genutzt und daraus Superlearning entwickelt. In der Bundesrepublik war eine Gesellschaft für suggestopädisches Lehren und Lernen gegründet worden, die Superlearning-Methode für Deutschland publik machte. Viele Teilbereiche der praktischen Methodik waren neu, z. B. die Vermittlung durch aktive Lernkonzerte, die Einspeicherung durch passive. Der Aktivierungsunterricht ließ viel Raum für Kreativität und Abwechslungsreichtum, es zählt das Ergebnis der freien Sprachanwendung. Mir sagte die Methode auf Anhieb absolut zu, ich konnte meinem Spieltrieb richtig Zucker geben. Früher hatte ich jeden Unterrichtstag mit einem Sprachspiel begonnen. Es gefiel mir, dass die aufwendige Vermittlungsphase aus dem aktiven Unterricht raus war.

Zum Kursende hatten wir die Aufgabe, eine Aktivierungsphase zu gestalten. Da wir am IFF (Institut für Fremdsprachen) in den letzten Jahren mit All's well- Unterrichtsmaterial, einem Nachfolger von Zagreb, gearbeitet hatten und mir der freche caterpillar (Tausendfüßler) Archibald der ersten Stufe ans Herz gewachsen war, dachte ich: Ich mache etwas mit Archie. Ich hatte keinen Archie, nahm meinen dunkelroten Winterschal, wickelte ihn um meine linke Hand und Arm und bewegte ihn als caterpillar Archie und gab ihm eine Stimme. Er brachte die

„Schüler" dazu, mit ihm zu sprechen. Ich fand meine Vorführidee kreativ und lebhaft, ich war zufrieden, die Prüfenden auch, meine Kolleginnen ebenso: „Was du immer für Ideen hast!" Die Beurteilung für meinen zukünftigen Institutsleiter muss positiv ausgefallen sein, denn als ich zurückkam, sagte er: „Ich nehme Sie. Im Laufe der nächsten anderthalb Jahre müssen Sie eine Ausbildung zum Superlearning-Lehrer abschließen, das bedeutet dreimal drei Wochen Kurs und dazwischen in der Praxis das Gelernte anwenden. Der Kurs ist sehr teuer, ich bezahle den Kurs für Sie. Ich erwarte von Ihnen, wenn wir weitere Englischlehrer brauchen, dass Sie diese in der Methode der Unterrichtsführung schulen, also Ihr Wissen weitergeben. Ich kann nicht jeden zum Kurs schicken. Sie machen das." Das war der Beginn bei PÄDAGOGICA.

Die Kurse begannen Ende Januar 1991, ab Februar hatte ich einen Vollzeitarbeitsvertrag. Eine zweite Kollegin kam hinzu. In den Englischkursen waren zwölf bis vierzehn Teilnehmer, eine Anfänger- und eine Fortgeschrittenengruppe. Die Kollegin übernahm sehr gern die Anfänger, ich immer die Fortgeschrittenen. Aus unseren anfänglichen zwei Gruppen wurden im Laufe des Jahres bald zweiundzwanzig, und ich konnte Weiterbildungskurse für fünf Englischlehrer geben. Zusätzlich zu den klassischen Superlearning-Lektionen hatten wir noch klassische „Strategie"-Lehrbücher übernommen, da das Ziel der Ausbildung die IHK-Prüfung zu Fremdsprachenkorrespondenten war. Die von mir getroffene Lehrbuchauswahl unterstützte und ergänzte das Programm sehr gut. Der Unterricht begann um sechs Uhr fünfzig, eine Stunde zuvor verließ ich die Wohnung, um pünktlich beginnen zu können.

Ich hatte einen festen eigenen Unterrichtsraum, ganz anders eingerichtet, mit Stühlen im Kreis, keine Tische, Spielzeugwagen, Hausratsutensilien, beständig sich vergrößernd durch Mitbringsel der Teilnehmer, und vor allem: einen Ball, einen Globusball. Fragen und Antworten mit Ballspiel, Spielzeugtiere auf dem Fußboden sitzend, singen, Lückenfülltexte von Popsongs, tanzend, Geschichten, Pantomimen, Ratespiele – ich könnte noch viel mehr aufzählen.

Die Supermarktangebots-Werbungsblätter nutzte ich für Collagen von Speisekarten und Tapetenstreifen als illustrierte Vokabellisten. Das brachte mich auf die Idee, Sprachspiele zu gestalten, altbekannte Kinderspiele für Vokabeltraining und zum Schaffen von Sprechanlässen. Also fing ich an, Themen aufzustellen und Wörter zu sammeln. Diese Listen tippte ich in Word 4.0 in den PC. So schlug ich zwei Fliegen mit einer Klappe, ich lernte PC-Handhabung Schritt für Schritt, die Tastatur bediente ich durch Hingucken, das Zehn-Finger-System wäre mir zu kompliziert geworden, zumal ich meine Ungeschicklichkeit und wenig flexible Fingermuskulatur zur Genüge kannte. Ich schreibe heute schnell, allerdings mit zwei Fingern.

Zu den Wortlisten kam dann die Illustrationssuche, völlig unbedarft kopierte ich Tierabbildungen aus alten Brockhaus-lexika, Bildwörterbüchern und sonstigen Büchern und Zeitschriften. Ich war absolut unbedarft, ignorant in Bezug auf „Copyright". Darüber hatte ich mir nie Gedanken gemacht, weshalb solche Informationen in jedem Buch standen.

Erst als es um die zu vermarktende Herstellung von Schwarzen-Peter-Spielen, Dominos und Puzzles ging, wurden Personen engagiert, die die Illustrationen anfertigten mit dem Copyright der Firma.

Wieder etwas gelernt – lernen durch Tun, täglich aufs Neue.

Ganz intensiv hatte es mich bei Wirtschaftsenglisch im Griff. Hatten wir, hatte ich so etwas jemals gelernt? Nein, ich hatte weder im Deutschen noch im Englischen Ahnung von Geschäftsprozessen, Firmenaufbau, Marketing, Produktherstellung, Werbung, Handelskorrespondenz, Angebotserstellung und Kostenvoranschlägen, Nachfassen, Rechnungen schreiben mit und ohne Mehrwertsteuer und was es für Buchhaltung und Steuern bedeutet, Mahnungen in drei Höflichkeitsstufen bis hin zum Mahnbescheid usw. Ich kaufte Lehrbücher zur Thematik und Spezialwörterbücher. Das war der intensivste Learning-by-Doing-Prozess – die Wörterbücher sahen entsprechend aus und stehen heute noch im Bücherregal, völlig zerfleddert, sie haben Kulterinnerungsstatus.

Aber ich habe es geschafft, die Kursteilnehmer aufs fremdsprachige Wirtschaftsleben vorzubereiten, sie haben die IHK-
Prüfungen bestanden. Im letzten Stadium des Englischlehr-
gangs haben wir im Unterricht eine Firma gegründet und alle
Prozesse durchgespielt, einschließlich PC-Nutzung und neue
Bürokommunikationsmittel wie Fax und Scanner. Na ja, Tele-
fone und Schreibmaschinen hatten wir schon, auch Anrufbe-
antworter, aber Fax war schon etwas Besonderes. Spaß gemacht
hat mir das Unterrichten, in der Rückschau möchte ich schon
sagen, dass das Unterrichten bei PÄDAGOGICA nach der suggestopädischen Methode meine Lieblingsunterrichtszeit war.
Die Methode passte zu mir und ich zu ihr, sie löste einen regel-
rechten Kreativitätsschub in mir aus. Meine Abschlussarbeit im
Weiterbildungskurs war eine Lektion Wirtschaftsenglisch auf
Sprachniveau 3, mit Musik des litauischen Komponisten Ciur-
lonis unterlegt, und Aktivierungsspiele – Sprachspiele. Ich hatte vergessen zu erwähnen, dass ich die Vorlagen dann in sechs
Sprachen anfertigte, im Join-Europe-Spiel sogar auf einem
Kärtchen sechs Zeilen, sechs Sprachen zu einem Objekt. Dabei
lernte ich, mit unterschiedlichen Tastaturen die ungewöhnlichen Buchstaben zu tippen. Es war gut, anregend, ich glaube, ich wäre sonst vor Langeweile eingegangen. Ich fuhr häufig
samstags oder sonntags nach dem Mittagessen nach Birkenwerder an den PC, allein, ruhig, so konnte ich konzentriert für
meine Freizeitprojekte arbeiten. Mein Mann machte sein Mittagsschläfchen, zum Kaffee war ich wieder zu Hause. Samstags
hatte ich sowieso häufig Kurse.

Es machte Spaß, ich lebte im Unterricht, war immer aufmerksam und bei den Lernenden. Hatte ich keinen Unterricht,
konnte ich nach Hause. Die Tage waren unterschiedlich lang.
Manchmal fuhr ich abends noch einmal hin, Abendkurse für
Privatkunden. An extremen Tagen war ich von sechs Uhr bis
zweiundzwanzig Uhr beim Unterrichten, doch an vielen Tagen
war ich schon nachmittags um drei zu Hause, konnte mich ausruhen, mit meinem Sohn reden oder mit ihm fernsehen, seiner
neuen Star-Trek- Leidenschaft folgen. Ich konnte auf der Couch

liegen und mal ein bisschen nichts tun. Ich sagte zu ihm: „Weißt du, so gut, wie es mir jetzt geht, ging es mir noch nie und wird es mir nicht wieder gehen. Hoffentlich hält es recht lange an." Es hielt von Januar 1991 bis Juni 1996, ganze fünf Jahre. Es hätte noch länger gehen können, hätte ich einen Teilzeitvertrag akzeptiert, den der Direktor mir vorschlug. Er könne mich nicht mehr Vollzeit beschäftigen, die Auftragslage sei zu gering, zu wenige Kurse. Das wusste ich selbst, denn in den Monaten zuvor hatte ich nur noch zwei Kurse. Nebenbei hatte ich angefangen, nach dem Superlearning-Muster Deutschlektionen zu schreiben, vier Stufen bis zum Wirtschaftsdeutsch. Ich hatte die Lehrerausbildung für Superlearning in Tschechien, in Fulnek, dem tschechischen PÄDAGOGICA-Institut, übernommen und durchgeführt, wieder mit viel Freude und Engagement. Eine Woche habe ich sogar mal für ein Ölgemälde des tschechischen Malers Janovsky, ehemals Präsident der Prager Kunstakademie, wohnhaft in Novy Jicin, gearbeitet. Mein Direktorenehepaar hat es als Lohnausgleich für mich gekauft, aber ich hatte es selbst im Atelier ausgesucht. Es war die Augustwoche, in der ich sogar am Sonntag, meinem 47. Geburtstag (1994), gearbeitet hatte.

Was könnte ich noch über PÄDAGOGICA erzählen? Ach ja, unsere Kursteilnehmer-Fortgeschrittenen schafften die IHK-Prüfungen. Ich war mittlerweile Prüferin bei der IHK Frankfurt/Oder. Meine eigenen Studenten prüfte ich nicht, aber es gab auch viele andere Prüflinge von anderen Bildungsträgern. Die schriftlichen Arbeiten als Erst- bzw. Zweitkorrektor kosteten mich in der Regel zwei, drei Wochenenden Arbeit im Februar, die Abstimmung mit den anderen Prüfern, vor allem bei mündlichen Prüfungen mit drei Prüfern, gestalteten sich durchaus nicht komplikationslos. Ich fuhr gern nach Frankfurt. Diesen Prüfer-Nebenjob habe ich zehn Jahre lange innegehabt.

PÄDAGOGICA wurde kleiner, die auszubildenden Berufe änderten sich, nicht alle hatten mehr so viele Englischstunden, die intelligenten Arbeitslosen der ersten beiden Jahre von der Armee waren viel weniger geworden. Bei Einreichung der Kurse für Vermessungstechniker war dem Arbeitsamt aufgefallen, dass die Dozentenliste fast nur ehemalige NVA-Offiziere enthielt, die als staatstragend eingestuft worden waren, ein hochsensibles Gebiet wie Landesvermessung dürfen die natürlich nicht ausbilden!

Das Institut schrumpfte. Zum Schluss gab es noch das Direktorenehepaar und zwei Mitarbeiter, einen IT-Dozenten und mich mit Englisch-Privatkursen und Lehrbuchschreiber Deutsch. Ich hatte einen großen Raum, das ehemalige Werks-Direktorenzimmer, einen Computer und konnte meiner Fantasie freien Lauf lassen – innerhalb der Arbeitszeit und Zielvorgabe. Es machte mir Spaß! Ich fühlte mich wohl!

Eine Geschichte einer GbR, an der ich von Juli 1994 bis Februar 1995 beteiligt war, mit vier Lehrern aus dem Kollegium, muss ich noch erzählen.

Als es absehbar war, dass die PÄDAGOGICA schrumpfen würde, hatte ein Marketing-Lehrer die Idee, eine Ausgründung mit den vier wichtigsten Bereichen für Schulungen zu machen: Betriebswirtschaft, Buchhaltung, IT und Englisch. Wir vier einigten uns auf eine GbR, meldeten sie beim Gewerbe- und Finanzamt an. Englisch sollte ich zu Hause bei mir oder beim Kunden unterrichten. Existenzgründerseminare wurden in den Pädagogica-Räumen gemacht, Visitenkarten in der Pädagogica-Druckerei hergestellt. Ich kam mir scheußlich vor, zwiespältig und doppelzüngig herumzulaufen, für den einen und anderen zu arbeiten. Ich hatte auch Angst wegen des Berufsstatus, da ich den Familienlebensunterhalt monatlich verdienen musste, ließ mich lieber als Arbeitskraft bezahlen und gab dafür das Copyright an die Firma ab. Ich wollte das nicht aufs Spiel setzen.

Nachdem ich für die GbR einen einzigen Kunden zugewiesen bekommen hatte, der nach dem zweiten Male Unterricht nie wieder auftauchte, der Kassette und Lehrbuch nie zurückgab, der nie bezahlte, und nachdem die Ehefrau des eloquenten Marketinglehrers und GbR-Initiators das zweite Kind erwartete, wusste ich intuitiv: Die GbR würde nie ein erfolgreiches College werden. Ich sagte allen, ich möchte austreten. Ich meldete mich bei Gewerbe- und Finanzamt ab – ein riesiger Stein fiel mir vom Herzen. Ich arbeitete wieder einzig für PÄDAGOGICA mit gutem Gewissen und erleichtert. Doch ich hatte nur noch zwei Englischkurse, dann einen, vereinzelt kurzzeitige Kurse für Privatkunden. Ich spielte mein Gehalt nicht mehr ein, ich erwirtschaftete es nicht mehr. Der Institutsleiter schlug mir als Lösung vor, mich mit einem Halbtagsvertrag in Anstellung zu behalten und flexibel nach Bedarf zu unterrichten. Es war eine sehr gut durchdachte Idee, reizvoll, mal zwanzig Wochenstunden und nicht vierzig, jedoch konnte ich mit dem halben Gehalt nicht für den Lebensunterhalt sorgen.

Nebenbei entwickelte ich Schwarze-Peter-Spiele, Domino-Spiele zum Vokabeltraining in sechs Sprachen, arbeitete an meinem Großprojekt „Modern Europe".

Als die Deutsch-Lehrbücher fertig waren, entwickelte ich ein zweiteiliges Kindergarten-Programm frühes Englisch. Ich lehrte Kindergärtnerinnen in einem Lichtenberger Kindergarten, in dem der Stundenlohn für eine Reinigungskraft höher war als mein Dozentenhonorar. Wir schieden in Unfrieden, nachdem wir die Kinder beim Lernen gefilmt und für den Kindergarten eine VHS-Kassette angefertigt hatten. Mein Sohn hatte im Abspann „gesponsert von PÄDAGOGICA" eingetragen, was die Erzieherinnen sehr aufgebracht hatte. Das ganze Theater mit Urheberrechten, Recht am eigenen Bild, schriftliche Erlaubniseinholung fing gerade erst an, und ich war völlig fern von Gut und Böse, ahnungslos ob der Konsequenzen.

Ein Marketing-Beauftragter des Instituts vertrieb das Früh-Englischprogramm an Vorschulen der Umgebung über Elternversammlungen. Ich musste auch einmal bei einer solchen auftreten, ich fühlte mich dabei nicht wohl. Die Lehrer für diese Programme schulte ich bei PÄDAGOGICA, auch in anderen Städten, auch an Samstagen und Sonntagen.

Apropos Samstage und Sonntage: Oft fuhr ich nach Birkenwerder, um am PC am Modern-Europe-Projekt zu arbeiten. Mein IT-Kollege hatte die Sprachprogramme eingerichtet, mein Sohn kam auch öfter mit. Mein Mann machte sowieso Mittagsruhe, und mir war es oft einfach zu langweilig zu Hause, ich wollte etwas tun. Nicht, dass ich nicht nichts gemacht hätte, zu Hause, ich hatte inzwischen im Arbeitszimmer einen PC mit Windows 4.0 nach DOS und schrieb Vokabellisten für meine Spiele.

Das Vokabellisten-Vorkommnis mit der Interpretation als Einkaufsliste durch meinen Mann beschrieb ich bereits.

11.8 Zu Hause 1996

Was hilft alles Jammern und Klagen, was helfen Rechtfertigungen, die niemand hören will, was helfen Erklärungen, Begründungen, Fragen warum – weshalb – wieso? Nichts, reineweg gar nichts. Wir leben jetzt hier und heute und müssen nicht nur mit den Gegebenheiten fertig werden, sondern einen Weg zum Weitermachen finden. Es geht immer weiter, also schick dich drein und tu was!

Für mich so logisch und einleuchtend, dass ich keinen Gedanken an die Vergangenheit verschwenden musste, Papiere wurden abgeheftet und dann Konzentration auf das Heute, Morgen, den Alltag und das ganz normale Leben. Womit es weiterging, habe ich ja schon erzählt. Bei welchem Jahr war ich stehen geblieben? Mitte 1996 – ich hatte mir von PÄDAGOGICA die Kündigung geben lassen und eine Beurteilung, die ich hätte selber schreiben können, aber nicht wollte. Ich ging zum Arbeitsamt, meldete mich als arbeitssuchend. Ich durchforstete die spärlichen Stellenangebote und bewarb mich auf verschiedene wie z. B. Synchronsprecher in Dänemark, wofür ich gar nicht die Qualifikation hatte, aber ein bisschen unbedarft gehe ich ja immer noch an manche Dinge heran. Es war seltsam, nicht irgendwohin zu müssen. Ich ging Bewerbungsfotos machen, ohne Brille. Ich schrieb meinen ersten tabellarischen Lebenslauf am Computer. Ich bereitete Bewerbungsmappen vor, hatte ja inzwischen Referenzen, wobei ich die vom MdI nicht hinzufügte, obwohl mir darin eine „sehr große „Toleranz" – in dieser Rechtschreibung – bescheinigt worden war. Das war mir zu mehrdeutig.

Ich schaute auch die Stellenangebote der Zeitungen durch. Irgendwann fand ich eine für eine „Bürokraft mit sehr guten Englischkenntnissen bis 45 Jahre". Ich bewarb mich, obwohl ich schon 49 Jahre alt war, wurde zum Vorstellungsgespräch eingeladen und bekam den Job.

11.9 Firma Flasen 1996-1997

Ich arbeitete bei der Firma Flasen als Sekretärin von August 1996 bis September 1997.

Ab sofort befasste ich mich mit Röntgenfilmentwicklungsmaschinen – dieses Wort hatte ich bis dahin noch nie gehört – in einer sehr kleinen Labor- und Medizingeräte-Vertriebsfirma mit einem Inhaber, einem Mitarbeiter und mir als neuer Bürokraft. Seine vorherige langjährige Sekretärin hatte einen besser bezahlten Job gefunden. Sie wies mich in die Arbeitsgebiete ein, Büroorganisation, Archivierung, Ablage, Einsatzplanung der Kundendienstmonteure und alles Mögliche. Ich hatte keine Ahnung von Medizingeräten, keinen blassen Schimmer von Röntgenfilmentwicklungsmaschinen – damit krachte ich jetzt meinen Kopf voll! Jetzt stand ich davor, die Geschäftsprozesse, die ich unterrichtet hatte, auch echt in der Praxis anzuwenden. Es war nicht einfach, zumal der Chef nicht erklären konnte und zudem Choleriker war, beides Dinge, die mich zittern ließen. Am liebsten war es mir, wenn ich allein im Büro die Pläne, die Ablage und sonstige Büroarbeiten machen konnte. Schnell lernte ich, Rechnungen zu schreiben dank gutem PC-Programm, auch die endlos langen Monatsberichte an die Konzernleitung lagen mir. Warum war ich eingestellt worden? Beim Vorstellungsgespräch hatte ich mich mit dem zu übersetzenden Text an den PC gesetzt und es einfach getan. Er brauchte unbedingt jemanden, der gut Englisch konnte, denn eine Englandreise stand an. Er hatte von der IHK einen Tipp bekommen, mit einer Herstellungsfirma von Rollstühlen Kontakt aufzunehmen, um eventuell deren Rollstühle zu vertreiben. Die englische Firma wollte auf den deutschen Markt, der aber bereits spitzenmäßige Rollstuhlhersteller hatte.

Ein Vierteljahr war ich als Bürokraft für alles da, als die Reise nach Weston-super-Mare (den Ort kannte ich aus meinem Englisch-Lehrbuch) an einem Dezemberwochenende anstand. Wir sollten nach London fliegen, übernachten und am nächsten Tag vom zweiten Betriebsleiter abgeholt werden.

Das Londoner Hotelzimmer war so etwas von winzig, das Badezimmer im Kleiderschrank. Der Chef hatte seine vierzehnjährige Tochter mitgenommen. Nach dem Frühstück wurden wir abgeholt, ich durfte neben dem Fahrer sitzen – auf der linken Seite als Beifahrer. War das ungewohnt! Wir passierten Schloss Windsor, fuhren durch Bristol, bis wir in Weston-super-Mare ankamen und in einem idyllischen kleinen Fachwerkhaus-Hotel unsere Zimmer mit Blick aufs graue Meer und den breiten Sandstrand bezogen. Zum Abendessen gab es köstlichen Fisch. Für den nächsten Morgen war Betriebsbesichtigung angesetzt.

Der Betriebsleiter war stark gehbehindert, sehr nett, und natürlich kannte er das Werk aus dem Effeff. Es war blitzsauber, alle Wege gekennzeichnet, der Lagerbestand sortiert, der Montageprozess klar und übersichtlich. Der Engländer hatte das Ziel, mit seinen Rollstühlen auf den deutschen Markt zu kommen. Er wollte auf mögliche Betriebszahlen hinaus. Mein Chef hatte viele technische Fragen und schlug mehrere Dinge vor, die er als verbesserungswürdig ansah. Er schilderte kurz den deutschen Marktriesen. Das Dolmetschen bereitete mir keine Schwierigkeiten, obwohl ich ein paar Spezialbegriffe im Laufe des Übersetzens erfragen und gleich anwenden musste, Wörterbuch war nicht erforderlich. Die ganze Zeit hatte ich den Eindruck, dass beide aneinander vorbeisprachen. Mein Chef gab nie konkrete Auskünfte zu seinen Vertriebsplanungen. Ich war Dolmetscher, also keine persönlichen Impulse, kein Nachhaken. Nur im Nachhinein auf Nachfragen über meinen Eindruck sagte ich, dass es das Vorhaben des englischen Unternehmens ist, seine Rollstühle so wie sie sind zu verkaufen.

Bei der Ankunft in Berlin Tegel holte uns mein Mann mit dem Auto (Opel Kadett) ab. Mein Chef hatte ihn vor der Reise, als er mich mal im Büro abholte, gefragt, ob er mich denn Sonntag abholen werde und ob er und seine Tochter dann mitfahren und bei sich zu Hause abgesetzt werden könnten. Mein Mann hatte spontan „Ja" gesagt, was mich damals schon sehr verwunderte, denn wir selbst waren immer nur mit dem Bus nach Tegel gefahren. Jedes Mal hatte er gestöhnt, wie fürchterlich doch der Flughafen für Autofahrer sei. Bei Schönefeld war das Gejammer genauso. Ich fragte ihn also, wie er es nach Tegel geschafft habe. Als er erzählte, dass er den Opa, meinen Vater, der auch noch nie nach Tegel gefahren war, überredet habe, mit seinem Auto hinzufahren und Spuren, Parkplätze und Zugänge zu zeigen, sodass er alles auswendig lernen könne, kroch in mir eine ziemlich starke Wut hoch. „Und warum konntest du nicht Nein sagen, als mein Chef dich fragte? Oder wenigstens die Wahrheit sagen, dass du mich mit dem Bus abholen wolltest? Und warum um alles auf der Welt musstest du den alten Mann so fordern? Warum konntest du es nicht allein probieren? Ein einfaches Nein hätte genügt." Selbst jetzt beim Erzählen spüre ich wieder diese Wut hochkriechen.

Was machte er denn 1996? Muss ich nachschauen ... Ach ja, er hatte nach der Umschulung eine ABM-Stelle vom Arbeitsamt zugewiesen bekommen, die Arbeit bestand im Begehen öffentlichen Raumes in bestimmten Stadtvierteln, die Erfassung von Müll, Schmutzecken und Ähnlichem. Einmal gab es einen Vorfall: Ein Bagger hatte einen Riesenstein ausgebuddelt und hochgehievt und wollte ihn auf einem Hänger abladen. Der Riesenstein löste sich und fiel runter – nur durch einen riesigen, glücklichen Zufall war seine kleine Arbeitsgruppe gerade 2 Sekunden vorher an der Stelle vorbeigegangen – seitdem feierten sie den Tag ihrer „Wiedergeburt".

Aber an dieser Stelle fällt mir sein Praktikum im Rahmen der Umschulung/Ausbildung zum Kaufmann ein, 1991-1992.

Er hatte bei einer Reifenfirma einen Praktikumsplatz gefunden. Die Büroarbeit dauerte nicht lange, dann steckte man ihn ins Lager, Reifenlieferungen fertig machen, was hieß, schwere körperliche Arbeit. Ich durfte ihn abends spät, zweiundzwanzig Uhr, mit dem Auto abholen. Er heulte, heulte buchstäblich ob der körperlichen Arbeit. Dabei war er ein starker, kräftiger Mann. Auch hier spüre ich Wut, wieder wegen seiner Unfähigkeit, aus einer Situation herauszukommen. Mir konnte er immer Ratschläge erteilen, auch den Rat, den Job bei Medizin- und Laborgeräte anzunehmen, trotz ganz geringer Bezahlung. Das verdanke ich zum großen Teil seiner Überredungskunst. Zumal mir in Aussicht gestellt worden war, nach einem Jahr viel mehr zu verdienen. Also arbeitete ich mich ein, die Büroprozesse beherrschte ich bald mit der Ausnahme des Verkaufs von Produkten, deren Namen ich nicht einmal kannte. Immer musste ich den Chef fragen – und der konnte sich nicht ausdrücken! Er konnte nicht erklären, nicht strukturell einen Angebots-Kostenvoranschlags-Nachfassens-Prozess usw. erklären. Ich musste so viel erraten. War es falsch, meckerte er, sagte ich am Telefon eine unrichtige Formulierung – er hörte im Nebenraum bei geöffneter Tür mit –, machte er mich nieder. War ich mit den Kundendienstmonteuren freundlich und scherzte, passte es ihm nicht. Er war vom Wesen her Choleriker. Ich kannte bis dato keinen Choleriker. Es war richtig grausam für mich, ich zitterte oft vor Hilflosigkeit. Einmal war ich sogar lang hingestürzt beim Raustragen des Mülleimers. Ich war immer in Hab-Acht-Stellung vor seiner Unzufriedenheit. Nach einem Jahr war ich gut in allen Prozessen, auch ruhiger und gelassener.

Das Personalgespräch stand an. Quintessenz war keine Gehaltserhöhung, sondern die Umwandlung der Tätigkeit in einen Halbtagsjob. Mein Kündigungsgrund war, dass ich mir einen Halbtagsjob nicht leisten könne, ich müsse den Familienunterhalt aufbringen.

11.9 Mein Sohn 1997

Nach dem dreizehnten Schuljahr, 1997, machte mein Sohn Abitur. Das durch die Wende angehängte Schuljahr empfand ich als sehr zwiespältig, der Lehrplan war gestreckt worden, viele Projekttage und -wochen eingebaut, die Umstellung auf das Punktesystem erfolgte, ich sah es nicht als Wissenszugewinn.

Ich ging zur Zeugnisübergabe, mein Sohn sah gut aus in seinem dunkelroten Hemd und schwarzer Hose.

Der Abiball war abends in einer Gaststätte, der Beginn zog sich ewig hin. Die Schüler hatten eine eigene Band. Später tanzten die Eltern-Gäste.

Der Computer stand im Mittelpunkt seines Lebens, mit seinen Kumpels spielten sie oft bis drei Uhr morgens, so lange waren Besucher in der Wohnung. Einmal, mein Mann im Nachthemd, vier große lange Kerls, mein 1,68 m großer Sohn dazwischen, ich im Morgenmantel – irgendwie fanden wir es alle grotesklustig, die Verabschiedung war entspannt.

11.10 September 1997 Umzüge

Roy zog in Karens Wohnung in die Kniprodestraße, wir beide in die Landsberger Allee, eine neu gebaute Genossenschaftswohnung – die erste selbst gesuchte und gefundene Wohnung
Jetzt kommen mehrere einschneidende Ereignisse zusammen.

Ich hatte versprochen, bis zum Abi meines Sohnes eine neue Wohnung nicht mehr zu erwähnen, ich hatte mein Versprechen eingehalten (Unsere letzte Besichtigung war in einem 2-Familienhaus in Birkenwerder gewesen, da ich damals in Birkenwerder noch arbeitete. Doch diese Nähe der Hausbesitzer brachte uns körperliches Unwohlsein.).

Aber jetzt ...

Zeitungsannoncen.

Meine Traumwohnung war in der Karl-Marx-Allee gelegen, schon als Kind, als wir in der Schule vom Aufbau der Stalinallee gehört hatten (Grundschule Cottbus), von unseren jährlichen Berlinausflügen Ende der 50er-Jahre zum Einkauf in der „Bonbonniere"- Schokoladen-Negerpüppchen hatte sich mir diese Straße eingeprägt.

Jedenfalls sahen wir uns mehrere Wohnungen an – alle sehr renovierungsbedürftig, nein, eigentlich schon sanierungsbedürftig, ohne Kücheneinbauten, Küche mal ohne Fenster, Wohnungen zu laut – alles in allem ungeeignet. Wir hatten kein Geld für aufwendige Sanierungen und den Einbau einer teuren Küche.

In einer Anzeige wurden Mieter gesucht für neue Genossenschaftswohnungen in der Landsberger Alle – sehr laute Straße, aber sehr zentral, äußerst günstige Verkehrsanbindungen und ein nahezu ideales Umfeld: Ärztehaus, Krankenhaus, Friedhof, Park Friedrichshain gegenüber, Kino, SEZ.

Das Genossenschaftseinlagekapital bekamen wir zusammen, Warmmiete ca. 620,00 DM, dazu Tiefgarage im Haus, ebenerdiger Fahrstuhl. Wir wählten den fünften Stock im sechsgeschossigen Block, da es da nicht reinregnen könne. 75 qm – Eingangsdiele, nur Küche und Bad zur Straßenseite und beide mit Fenstern! Erstmalig im eigenen Leben drei Zimmer und Balkon mit Blick auf das große, grüne Innenareal. Es war großartig und entsprach unseren Vorstellungen.

Wir unterzeichneten. Mein Sohn hatte zeitgleich die Chance, in eine eigene Wohnung zu ziehen. Er übernahm – nicht offiziell – die 2-Zimmer-Hinterhauswohnung seiner Schwester, die mittlerweile in Cottbus studierte und in einer Studenten-WG wohnte – übrigens die Wohnung eines früheren Grundschulmitschülers von mir. Es war köstlich amüsant, als ich nach drei Jahrzehnten wieder nach Cottbus, das ich nie wiedersehen wollte, kam und auch noch diese Wohnung kannte!

Wir renovierten, eher malerte mein Mann die Wohnung meines Sohnes. Die Öfen waren zwischenzeitlich durch Heizung ersetzt worden, meine Tochter hatte auch vorher eine Dusche einbauen lassen. Das Hochbett und ihre weißen Möbel blieben, Küche war da. Nahm mein Sohn eigene Möbel mit? Ich erinnere mich an ein Leiterbücherregal mit Schränkchen. Die Bücher wollte er nicht. Es fuhr aus mir heraus. „Junge, die Bücher sind deine Identität, die kannst du doch nicht einfach wegwerfen!" Er nahm sie mit, einige jedenfalls. Er las zwar, aber lieber sah er Serien, Filme und saß am PC. An einer anderen Stelle drehte sich mir förmlich das Herz im Leibe um. Er hatte eine hochklappbare Eisenbahnplatte, die sein Vater mit ihm gebaut hatte mit Landschaft, Schienen und Häusern. Ich weiß gar nicht, ob mein Sohn nach dem Tode seines Vaters mit der Modelleisenbahn noch gespielt hat. Die Züge, Waggons, lose Schienen hatte ich ihm schon in eine Kiste verpackt, wer weiß wozu. Er solle sie einfach aufbewahren. Und was machen wir mit der Eisenbahnplatte? Ich entsorge sie, sagte er, trug sie die vier Treppen hinunter, und auf dem Asphaltweg zur Müllentsorgung sprang er mehrfach auf die Platte, damit sie in mehrere Einzelteile zerbreche und so Platz in der Mülltonne fände. Als ich ihn seine Zerstörungssprünge machen sah, das Holz bersten hörte, hatte ich einen emotionalen Schock, ich kann das Bild immer noch klar vor meinem geistigen Auge reproduzieren.

Im August hatte ich Urlaub genommen, für den Umzug. Mein Mann hatte auf Millimeterpapiere den Wohnungsgrundriss gezeichnet, dazu alle Möbel maßstabsgerecht auf Millimeterpapier übertragen und ausgeschnitten. So saßen wir oft und stellten die Möbel in der neuen Wohnung auf Papier, während wir die Umzugskisten packten. Die sechzig Bücherkisten waren zuerst fertig.

11.11 Erste selbst gesuchte Wohnung 1997

Am 7. September 1997 kam der Möbelwagen mit Hänger, alles wurde voll. Die Burschen liefen die vier Treppen pausenlos mit den schweren Kisten runter. Mittags um eins hielt der Möbelwagen auf der Landsberger Allee vor der Haustür, der Fußweg war noch Baustelle. Bis um fünf ging alles nach oben, diesmal bequem mit Fahrstuhl. Unten im Haus war ein Supermarkt, so konnte ich die Möbelpacker mit Essen versorgen.

Wir waren die ersten Mieter.

Bei der Wohnungsübernahme monierten wir Bläschen, mehrere runde Flecken davon im Flur und in der Küche, daher unterschrieben wir das Protokoll nicht.

Ein Handwerker der Wohnungsverwaltung kam, schnitt das Linoleum auf – nasser Beton. Woher kam das Wasser im Betonfußboden im fünften Stock? Beim Einbau der Küchenspüle hatte der Handwerker aus Versehen ein Wasserrohr angebohrt ...

Es wurde eine Trockenfirma beauftragt, die in unserer neuen Wohnung in Küche und Flur Trocknungsgeräte aufstellte mit langen Schläuchen, die rund um die Uhr laufen sollten, und das für volle zwei Wochen.

Wir blieben im Garten, das Wetter war noch günstig.

Da ich eine Woche krank war, konnte ich nicht ab ersten September wieder arbeiten, sondern erst ab siebten. Mein Jahresgespräch stand an, die versprochene Gehaltserhöhung. Der Chef rief mich in sein Büro. Er sagte, die Geschäftslage lasse es nicht zu, dass er eine Sekretärin Vollzeit beschäftigen könne. Er biete mir einen Teilzeitvertrag für 20 Wochenstunden an. Ich sagte daraufhin, dass ich mir eine Teilzeitbeschäftigung nicht leisten könne. Ich bitte ihn daher, mir die Kündigung zu schreiben, damit ich mich wieder auf die Suche nach einem Vollzeitjob machen könne. Ich glaube nicht, dass er mit meiner Reaktion gerechnet hatte, doch eigentlich war er erleichtert, mich loszuwerden. Ich bemerkte, dass in meiner Abwesenheit jemand in meiner Arbeit „herumgewerkelt" hatte. Er erwähnte dann auch eine Praktikantin-Urlaubsvertretung. Auf jeden Fall wurde er mich erst einen Monat später los als geplant.

11.12 Kurzzeitige Arbeitslosigkeit 1997

Ab ersten Oktober meldete ich mich arbeitslos beim Arbeitsamt, richtig offiziell. In meiner ersten Arbeitslosigkeit hatte ich mich als Freiberufler registrieren lassen mit Steuernummer beim Finanzamt, galt damals nicht als arbeitslos. Doch jetzt war ich offiziell erstmalig registrierte Arbeitslose.

Der erste Tag zu Hause in der neuen, schönen Wohnung mit Nichts-zu-tun war äußerst seltsam für mich.

Was tun?

Aufstehen.

15 Minuten Morgengymnastik mit Musik.

Anziehen, fertig machen.

Und nun?

Ich wusste nichts anzufangen oder zu viel, was man tun könnte. Es war ein Wirrwarr von Ideen in mir, dazwischen Tisch decken, Essen, wegräumen, wieder überlegen.

Nichts als Leere.

Am nächsten Morgen sagte ich, ich hielte es so nicht aus. Ich kann nicht den ganzen Tag zu Hause rumhängen ohne Ziel, ohne Inhalt. Aufgeräumt ist alles.

Ich ging in die Staatsbibliothek Unter den Linden, mein Lieblingsgebäude, mein öffentlicher Lieblings-Ort, wo ich schon früher in ausweglos erscheinenden Situationen war, um mich zu besinnen. Den Tag konnte ich mich nicht besinnen. Ich schritt die Handbibliothek entlang, bis ich ein Buch fand: „Geschichte der DDR von den Anfängen bis zur Gegenwart". Ich fing an zu lesen. Ich weiß nicht, ob ich Notizen machte, der Schreibblock lag neben mir. Ich las und las, zur Mittagszeit ging ich in die Kantine. Ich kannte sie noch aus Studentenzeiten, doch das Angebot hatte sich verändert, die Preise auch, aber der Raum war mir sehr vertraut. Ich liebte und liebe die Atmosphäre im großen Lesesaal. In Blickrichtung die hohen Fenster, große Tische, ringsum Bücher auf zwei Ebenen, Leitern, Treppchen, die Bibliothekarin thront vorn hinter ihrem Pult. Die Leute sitzen lesend und schreibend, nur hin und wieder ist leises Rascheln zu hören, Schritte – kein Wort. Ich kann mich dort so wohlfühlen, ich liebe das So-Sein-Da-Sein.

Als ich abends heimkam, fühlte ich mich viel wohler, ausgeglichener. Ich wollte wieder öfter in die Bibliothek gehen, ging auch ein paar Tage hintereinander. Ich wollte zu mir kommen und planen, wie es weitergehen soll. Ich überlegte zielgerichtet, welche Möglichkeiten es für mich gäbe.

Jetzt wollte ich kein Experiment mehr mit fremden Berufsbildern und schlechter Bezahlung. Ich wollte mich auf das konzentrieren, was ich kann – also unterrichten.

Ich begann, Bewerbungen an Bildungsträger zu schreiben – so hießen sie inzwischen, ein völlig fremder Begriff, doch heute kommt mir das Wort ganz selbstverständlich über die Lippen (Wer trägt hier eigentlich wen oder was? Tragen kann ich Koffer, Taschen, Kleidung, eine schwere Last, eine Bürde, Schmuck, sogar Verantwortung, aber Bildung? Wie kann jemand Bildung tragen?).

Manche Wörter sind nur unverständliche Ungetüme, sinnentleert. Mein schlimmstes Beispiel ist Betreiber – Mann-o-Mann, habe ich mit dem Wort gekämpft! Erst habe ich es nicht verstanden. Allmählich kam eine Beziehung zu Örtlichkeiten hinzu. Hatte ich es je in DDR-Zusammenhängen gehört? Betreiber? Erzeugergemeinschaft für Eierproduktion –homerisches Gelächter bei der Erstbekanntschaft mit dem Wort in einer Unterrichtsepisode. Mir fallen bestimmt noch mehr ein.

Einige Bewerbungen kamen zurück, andere verschwanden auf Nimmerwiedersehen, es gab ein, zwei Einladungen zu Vorstellungsgesprächen – im Ergebnis gab es Versprechen eines Anrufs bei Bedarf oder gleich einen Auftrag für stundenweises Unterrichten. Vom Oktober an hatte ich Unterricht in verschiedenen Firmen an verschiedenen Orten.

Anfang Januar 1998 hatte ich meinen ersten Termin bei „meinem" Arbeitsberater, nach knapp drei Monaten Arbeitslosigkeit. Ich war pünktlich da. Nachdem er meine Papiere, Zeugnisse, Qualifikationen eingesehen und mit Stellenangeboten verglichen hatte, sagte er, er habe vor einer Woche ein Angebot einer Sprachschule hereinbekommen, die einen Englischlehrer suchen. Er fragte, ob ich mich bewerben wolle. Natürlich sagte ich sofort zu und zog mit der Adresse von dannen. Ich schrieb sofort meine Bewerbung und schickte sie ab. Schon am nächsten Tag bekam ich eine telefonische Einladung zu einem Vorstellungsgespräch. Am selben Tag hatte ich meinen früheren PÄDAGOGICA-Direktor zu mir nach Hause eingeladen, da er meinen Kontakt gesucht hatte und etwas mit mir besprechen wollte. Ich freute mich über seinen Besuch. Er eröffnete mir, dass er ein neues Konzept habe und er sehr gern wieder mit mir etwas machen würde. Ich fühlte mich sehr stolz, natürlich verhalten. Das Konzept sagte mir zu, obwohl es wieder auf freiberuflicher Basis war, aber als Zubrot, Zuverdienst zum Arbeitslosengeld und zusätzlich zu meinen sonstigen inzwischen akquirierten Aufträgen, durchaus machbar und reizvoll. Ich erwähnte meinen Vorstellungstermin und die Wahrscheinlichkeit, ausgedrückt mit meinen Worten: „So wie ich gebaut bin, ist es durchaus möglich, dass ich den Job bekomme." Ich versprach ihm, mir sein Angebot zu überlegen und mich zu melden, falls ich den Job nicht bekomme.

Ich bekam den Job.

11.13 ELA 1998 bis Februar 2001

Der Ort der Sprachschule gefiel mir auf Anhieb, Charlottenstraße in Berlin-Mitte mit Blick auf den Gendarmenmarkt – eine meiner liebsten Gegenden in Berlin. Das Gespräch verlief normal für mich, mich einfach in die Situation hineinzubegeben, den Fragen zu lauschen und aus dem Inneren heraus eine Antwort zu geben – ehrlich, das ist das, wonach mir ist. Ich habe keinen Gedanken daran verschwendet zu überlegen, was wohl von mir erwartet werden könnte. Zum Ende sagte der Direktor, er melde sich dieser Tage. Er meldete sich mit dem Wunsch, mich zu einem zweiten Gespräch zu sehen, bevor er seine endgültige Entscheidung treffe. Also zweite Runde.

Ich war aufgeregt, vorher, das äußert sich bei mir in extremer Ungeschicklichkeit. Auf der Toilette hatte ich beim Herausziehen des Papierhandtuchs gleich mal die Verkleidung des Gehäuses gelöst, der Deckel hing danach herunter.

Das Gespräch verlief in sehr angenehmer Atmosphäre, jetzt ging es mehr um Arbeitszeiten, Aufgaben. Ich käme in die nähere Auswahl. Wenige Tage später erhielt ich den Anruf, ich könne zur Unterzeichnung des Arbeitsvertrages kommen.

Ab ersten Februar 1998 war ich Director of Studies/Academic Director bei der English Language Academy und damit die linke Hand des Direktors, Geschäftsführers, also an zweiter Position. Meine Arbeitstage begannen um elf Uhr vormittags und endeten um neunzehn bis zwanzig Uhr, außer freitags, da arbeitete ich von neun bis fünf. Die Arbeitszeiten fand ich angenehm, denn in den Morgenstunden hatte ich noch einige Englischkurse, die ich so in den folgenden fünf, sechs Monaten zum Abschluss bringen konnte, auch konnte ich es mir leisten, einmal in der Woche morgens schwimmen zu gehen, gleich gegenüber ins SEZ. Das habe ich immer gemacht, wann und wo es möglich war. In Hohenschönhausen morgens um sechs, in der Landsberger Allee später – ein nicht unwesentliches Kriterium der Wohnungswahl war das SEZ gewesen.

Mein neuer Arbeitsplatz befand sich in einem offenen Erker, Schreibtisch, PC, Ablagen und Order in Einbauschränken. Ich bekam eine Einweisung vom vorherigen Academic Director, einem jungen Amerikaner, los ging es. PC-Nutzung – learning by doing, vorwiegend Tabellen, freiberufliche Dozenten kennenlernen, Kurse mit ihnen besetzen, Honorarabsprachen, Verträge, Lehrbücher, Abrechnungen usw. Sehr vielgestaltig, sehr neu, aber sofort verständlich, da ich vorher auf der anderen Seite selbst agiert hatte. Der Direktor war meist zwei, drei Tage in der Woche auf Dienstreise und kam mit neuen Aufträgen zurück. Er rief die Mitarbeiter immer einzeln zu sich, hatte für jeden einen Hefter mit losen Zetteln, eine Info, ein Auftrag pro Blatt. Alles wurde besprochen, dann war man frei zum Arbeiten. Bei der nächsten Beratung wurde Zettel für Zettel abgefragt. Die Methode bewährte sich, ich mochte diese individuellen Anleitungen.

In meine Probezeit fiel ein schier unmöglicher Auftrag. Der Chef brachte einen Jahresvertrag für mehrere Kurse in einem großen Hotel in Weimar mit. Die Sprachschule hatte keine Dozentenkontakte in Weimar. „Lassen Sie sich etwas einfallen", war seine lapidare Anweisung. „Wir brauchen die Kurse, ich habe zugesagt." Ich rief die VHS und sonstige Bildungseinrichtungen an und ließ Aushänge machen bzw. bat um Kontaktdaten von Muttersprachlern. Letztendlich terminierte ich fünf Vorstellungsgespräche und beauftragte zwei, drei freiberufliche Dozenten mit den Kursen, Verträge wurden abgeschlossen. Ich war fast euphorisch, dass mir Weimar gelungen war. Meine Tante besuchte ich dabei auch und holte Bücher von meinem kürzlich verstorbenen Onkel in meinen Bestand, wie zehn Bände Weltgeschichte, Nürnberger Prozesse usw. Mein Onkel war Museologe und von umfangreichem historischen Wissen, er hatte viele Jahre auf dem Ettersberg im früheren KZ Buchenwald als gearbeitet. Er konnte hervorragend erzählen, ich hatte immer Fragen zur Geschichte für ihn. Er war plötzlich eines Samstagmorgens (1992) beim Kaffeemachen umgefallen und war tot, gerade achtundfünfzig Jahre alt, dreiundzwanzig Jahre nicht mehr geraucht und genauso lange als Sicherheitsinspektor eines VEG (Volkseigenes Gut) täglich an der frischen Luft. Meine Tante interessierte sich nicht für die Bücher, ich holte sie sehr gern ab.

Nach der Weimarsache schickte mich der Chef immer öfter auf Dienstreisen durch das Land zu den Schulungsleitern größerer Unternehmen wie Bombardier in Görlitz, Halle, Dow Chemicals in Halle-Leipzig, Planeta in Radebeul, Vezifa in Dresden – mehr fallen mir im Moment nicht ein, Berliner Betriebe sowieso. Ich musste die Kurse nicht verkaufen, nur Schulungsinhalte und Strukturen besprechen. Dabei traf ich mich immer mit den freiberuflichen Dozenten der jeweiligen Orte, ich wollte sie unbedingt kennenlernen, damit ich sie kannte und sie mich. Persönlicher Kontakt erleichterte die Arbeit ungemein, gegenseitiges Vertrauen in Zuverlässigkeit war ein absolutes Muss in diesem Bereich.

Ich liebte diese Arbeit, der Job war wie gemacht für mich und meine Fähig- und Fertigkeiten, sehr vielseitig. Ich konnte meine gesamte Persönlichkeit, mein Wissen und Können in die Waagschale werfen. Ich war ausgeglichen, obwohl ständig unter Stress, denn die Dozenten riefen zu jeder Tages- und Nachtzeit an, samstags und sonntags mussten auch Dinge besprochen werden. In der Regel kam ich um halb neun Uhr abends nach Hause. Mein Mann hatte den Tisch gedeckt und gekocht. Ich bat immer öfter, abends nicht mehr so viel essen zu wollen, höchstens einen Salat, bitte, bitte keinen Braten.

Vergeblich, er kochte und briet und war in seinem Element. Inzwischen arbeitete er als Arbeitsamt-Maßnahme in einem Sozialprojekt und war immer schon nachmittags um 15 Uhr zu Hause. Er ging einkaufen und kochte. Er trank Bier und Weinbrand. Eines Abends schlief er beim Bratenessen am Esstisch ein, das Essen fiel ihm aus dem Mund. Ich ekelte mich, es schüttelte mich. Ich räumte den Tisch ab, ließ ihn vor seinem Teller schlafend sitzen. Ich ging zu Bett. Kein Wort darüber am nächsten Tag.

Er fing immer öfter an, über meine Dienstreisen zu nörgeln. Ob ich das denn machen müsse, dazu immer mit dem eigenen Auto fahren, so weit weg und bei dem Verkehr ... Er hatte keine Lust mehr zum Autofahren, er hatte Angst und wollte diese Angst auf mich übertragen. Dabei fuhr ich sehr gern über Land, nach Karte. Navi gab es damals noch nicht. Ich ignorierte sein Genörgel, in den Garten ließ er sich ja auch von mir fahren, auch zu unseren jährlichen Himmelfahrtstreffen. Halt, da fällt mir eine Reise nach Bad Saarow ein. Er wollte fahren, mein Sohn kam mal wieder mit. Er fuhr Richtung Norden, wir mussten Richtung Osten aus Berlin raus. Ich erklärte, gab immer wieder die Autobahnstrecke an, er fuhr unbeirrt, stur nach Norden auf die Autobahn, unsere übliche Auffahrt in den Garten. Wir gerieten in einen massiven, stundenlangen Stau, am Himmelfahrtsdonnerstag bei schönem Wetter trieb es alle zu Ausflügen in die Umgebung. Wir fuhren also „mit der Kirche ums Dorf", machten einen einhundert Kilometer langen Umweg – alles nur, weil er sich die Landkarte nicht angeguckt hatte! Ich hatte mich voll auf ihn verlassen, meine Schlussfolgerung war, mich bei Autofahrten nie wieder auf ihn zu verlassen. Ich war stocksteif und stumm vor kalter Wut, da er auch unterwegs jedem Richtungsänderungsvorschlag widersprochen hatte. Ich konnte und wollte nicht mehr darüber reden, eine unbeschreibliche Wut kommt noch heute in mir hoch.

Wo war ich stehen geblieben? Ja, Dienstreisen, mir gefielen sie. Ich lernte viele Leute kennen, kam im Land herum, hatte einen Gegenstand zum Reden, konnte Dinge absprechen und organisieren, übernachtete manchmal in Hotels, Drei-Sterne-Anweisung, und konnte Reisekosten abrechnen, was ein unerwartetes Zubrot brachte. Es war also mehr Geld. Meinen Bonus hätte ich sowieso nicht erwirtschaftet, da hätte ich nämlich drastisch die Honorare niedrig halten müssen. Das konnte ich mit meiner persönlichen Arbeitsethik nicht vereinbaren: gute Leistung – gutes Geld – steigende Honorare. Lieber verzichtete ich auf meinen Jahresbonus, dessen Regelung mir sowieso fremd war. Ich hatte vorher noch nie irgendwo einen Bonus oder gar Urlaubs- oder Weihnachtsgeld bekommen. Dabei blieb es auch für den Rest meines Berufslebens.

Was waren besondere Vorkommnisse?

Im Sommer ging ich mal frühzeitig ins Büro und tapezierte meine Schranktüren, ich konnte die abgestoßenen Ecken und Kanten nicht mehr sehen.

Die Weihnachtsfeier 2000 oder 2001 sollte ich unbedingt erwähnen, sie war spitzenmäßig. Wir hatten Glühwein, ich hatte unseren Tischherd aus dem Garten geholt, ein Mitbringe-Büfett beladen mit internationalen Speisen, mein Mann hatte eine kalte Kassler-Platte gebracht, blieb aber nicht zur Feier, dann Musik und Tanz im Vorraum, eine Wäscheleine mit Geschenken als Lospreise verpackt, einen Los-Topf, und jeder trug etwas vor. Ich als Weihnachtsfrau in meinem ewigen roten Kleid und Weihnachtsmannmütze. Es war eine wunderbar gelöste, heitere Stimmung, jeder fühlte sich wohl. Zum Abschluss sangen wir alle gemeinsam „White Christmas". Ich glaub, es war die schönste Weihnachtsfeier meines Lebens, obwohl es viele gab. Alle Jahre wieder.

Freitagmittags, alle Vierteljahre ungefähr, war dem Boss nach Zusammensitzen in seinem Büro zumute, wir waren ja nur fünf. Die Sekretärin durfte Käse und Obst einkaufen, richtete Platten, der Chef öffnete den Rotwein, es gab Baguette dazu und Plauderei. Wir plauderten über besondere Ereignisse, Bücher, Familienerlebnisse.

Im Haus gegenüber hatte sich damals „Planet Hollywood" angesiedelt. Wir mieteten mal das Kino, zeigten einen englischsprachigen Film für unsere Kursteilnehmer und Dozenten, alle Plätze waren besetzt, ich hielt zu Beginn eine kurze Begrüßungsrede.

Unser Team bestand aus Frauen, außer Chef und Buchhalter. Wir Frauen waren sehr verschieden. Für mich hatte die Sekretärin eine „Trödelneurose", die Vertriebsleiterin eine gesprächige Oberflächenstruktur, die Praktikantin litt an Bedeutungswahn, der Buchhalter war der personifizierte Pfau, die neue Marketingleiterin durchdrang alles mit Klatsch und Tratsch hinter dem Rücken und brachte Unfrieden und Falschheit, eingenommen von ihrer Schönheit und schnellen Auffassungsgabe. Und ich? Nicht viel redend, bestimmend, entscheidend, ignorierend, ganz da für die Dozenten. Ich glaube, ich verliebte mich in den Chef. Wie sich das äußerte? Gar nicht. Ich ging gern zu den Beratungen, sah seine schlanken Hände und langen Finger, seine grauen Haare, seine schlanke Figur und dachte an Streicheln, nichts weiter als streicheln, wozu es bei zwei Metern Abstand natürlich nie kam, was auch absolut absurd gewesen wäre und unter keinerlei Vor- und Anzeichen stand. Einbildung, lebhafte Fantasie. Seine Familie tauchte in Abständen einzeln und in Gruppen im Büro auf, um ihn oder irgendetwas abzuholen. Er sei durch und durch ein Familienmensch, wie unsere Vertriebsleiterin nicht nachließ zu behaupten.

Unser amerikanischer Eigentümer, Besitzer der Sprachschule, kam einmal jährlich zu Besuch, ein sehr netter, distinguierter älterer Herr. Wir wurden vorher vom Boss instruiert, was wir zu sagen oder nicht zu sagen hätten. Es gab also viel Small Talk und intensives Zuhören. Einmal wurden wir für die Firmenzeitschrift fotografiert, denn in den USA gab es zwölf ELAs, in Europa nur uns. Bei einem Besuch wies mich Stanley darauf hin, ich solle aufpassen, wann der neue Wirtschafts-Englischtest nach Deutschland käme. Er gehöre dann unbedingt in unser Portfolio, ein amerikanischer Test für Firmen an einer amerikanischen Sprachschule, unbedingt.

Ich dachte nicht mehr daran, der Alltag brachte laufend neue Herausforderungen, bis ich eines Nachmittags einen Anruf erhielt, in dem ich nach dem Test gefragt wurde. Ich stimmte sofort einem Besuchstermin des Testbeauftragten bei uns zu. Ein paar Tage später machte ich die Bekanntschaft Leonhard Bents. Er war wenige Tage zuvor von der Pariser Europazentrale der amerikanischen Bildungsfirma nach Deutschland geschickt worden, um den deutschen Markt für den Test zu erschließen, nachdem er in Frankreich zehn erfolgreiche Jahre hinter sich hatte.

Er hatte sein Büro in seiner Wohnung im Wedding. Über seinen Nachbarn, ein amerikanischer Dozent, hatte er bereits die VHS-Mitte als Testzentrum akquiriert.

Nach unserem Gespräch wurde ELA das zweite Testzentrum Deutschlands.

Entscheidungen

Kündigung bei ELA und Resturlaub bis Mitte Februar 2001, da nur noch fünfundneunzig Prozent Frust bei der Arbeit. Wechsel zur Testfirma.

12.1 Neue Firma – neuer Alltag ab 2001

Den Jahreswechsel verbrachten wir an der polnischen Ostseeküste im Hotel „Rodlo". Während der Woche gab es Ausflüge nach Pila, Poznań und Cheb. Die Polen können herrlich abwechslungsreiche Feiern organisieren und Festessen auftischen. Es ist viel Fröhlichkeit mit Musik und Tanz.

Bei einer ELA-Französischlehrerin hatte ich zwei Unterrichtsstunden Survival-Französisch gebucht, ich wollte mich auf meine bevorstehende Parisreise vorbereiten. Vom 3. bis 9. Februar nahm ich meinen Resturlaub bei ELA und reiste nach Paris zum Training für den Wirtschafts-Englischtest, dessen Vertrieb ich für Deutschland und Österreich übernehmen wollte. Mein Mann und Bruder mit Frau begleiteten mich nach Spandau zum Zug nach Paris, ich war sehr aufgeregt. Ich reiste am Wochenende zuvor an, damit ich die wichtigsten Sehenswürdigkeiten von Paris ansehen konnte. Ich spürte es in den Füßen, fast im Laufschritt rannte ich von einem Ort zum anderen. Die Firma hatte für mich ein Hotelzimmer im Hotel Artemis gleich in einer Seitenstraße der Champs Elysées gebucht, damit ich keinen weiten Weg zum Büro hätte. Das Hotel war winzig. Es gehörte Madame, die einen einzigen Angestellten hatte. Der Fahrstuhl war so winzig, dass ich und mein Koffer nur getrennt fahren konnten. Es gab nur eine Dusche im Haus, der Schlüssel wurde mit dem Lift nach Anruf geschickt. Es befand sich gleich im Zentrum, das wog alles auf.

Ich lernte viel in dieser einen Woche von der Firma, alle Informationen konnte ich nicht gleich verkraften, vor allem nicht die gaußsche Glockenkurve und ihre Bedeutung für den Testaufbau. Ich würde viel lernen müssen.

Am 16. Februar trat ich meine neue berufliche Stelle in Frankfurt am Main an. Ich war morgens mit dem Sechs–Uhr- Sprinter gereist, ohne Halt in vier Stunden nach Frankfurt am Main. Einen kleinen Koffer und meinen zusammengelegten Telefonzellenplastikschrank hatte ich mit. Vom Hauptbahnhof waren es nur fünf Minuten zu Fuß zum Bürogebäude, jedoch lief ich mithilfe eines Stadtplanes dorthin, musste erst suchen. Die Firma hatte einen kleinen Büroraum in der vierten Etage gemietet. Von dort aus sollte mein Vorgänger arbeiten, was er aber nicht mehr getan hatte. Warum war er nur nach Frankfurt von Berlin weggezogen? Angeblich wegen der größeren Nähe zu Paris, der Europazentrale, insgeheim wegen einer Freundin, die dann doch Schluss gemacht hatte. Sein Zimmer in der WG hatte ich nicht übernommen, wollte mich selbst kümmern und begann mit der Jugendherberge in einem Einzelzimmer auf der anderen Mainseite für die erste Woche. Alle Firmenunterlagen waren noch im Keller in neun Pappkisten verstaut. Ich holte sie mithilfe der Rezeptionistin hoch und begann, die Schränke einzusortieren. Das war nicht so leicht, wie es ursprünglich aussah. Die Normen für Büromaterial, Hefter, Ordner, Mappen, Papier unterschieden sich zwischen Frankreich und Deutschland. Das hieß konkret: Die französischen Unterlagen passten kaum in die deutschen Ablageschränke, vor allem nicht die Hängeregistratur. Es gab keinen einzigen Stift, sie waren einfach nicht da. Ich räumte alles ein, auch meine private „Dienstkleidung" in meinen Telefonzellenschrank hinter der Tür, damit ich präsentabel auf Besuchstermine gehen konnte. Am Abend suchte ich die Jugendherberge wieder mit Stadtplan, vorher kaufte ich Stifte.

In der Folgewoche übernachtete ich in einer Pension, mein Arbeitsplatz war jetzt Frankfurt am Main, und ich war Pendler zwischen Berlin und Frankfurt und Sprinter-Reisende. Ich hatte drei Tage Frankfurt geplant, dann von zu Hause aus arbeiten am

PC, Präsentationen vorbereiten und Termine machen, weitere Hauptstandorte Hamburg, wo mein Bruder mit Frau wohnten, da sie dort im Hotel arbeiteten und ich bei ihnen übernachten konnte, und München mit Übernachtung bei meiner Schwester, für Kundenbesuche. So konnten wir Bernhards 59. Geburtstag zu Hause feiern mit zwei befreundeten Ehepaaren, die Familie meines Neffen und Patenkind Polina. Jede Woche suchte ich mir eine neue Unterkunft, die Jugendherberge wollte mir kein Einzelzimmer mehr geben, ich fand ein privates Zimmer, wo es zum Frühstück schon Fernsehen gab, was ich überhaupt nicht kannte. Eines Montagmorgens Anfang März traf ich völlig unerwartet auf dem Frankfurter Hauptbahnhof meinen ehemaligen Kollegen Peter von Pädagogica, der jetzt auch in Frankfurt arbeitete, und das Verwaltungsbüro seiner Firma befand sich im selben Bürohaus wie mein Büro, ein unglaublicher Zufall. Er besuchte mich mal im Büro, wir gingen auch einmal essen. Er war auch in Firmen unterwegs für IT, ich suchte Sprachschulen, Fachhochschulen und Firmen auf, um den Wirtschafts-Englischtest an den Mann zu bringen, konkrete Testzentren aufzubauen und die Testleiter zu schulen. Einige wenige Testzentren gab es bereits im Lande, mein Vorgänger war fleißig gewesen, doch er scheiterte an der deutschen Mentalität, der Verfahrensweise in Bildungseinrichtungen und den langen Zeitrahmen, bevor es zu einer Entscheidung kam. Der französische Markt hatte ganz anders funktioniert, er hatte dort innerhalb von zehn Jahren ein riesiges Netz aufgebaut. Deutschland war so schwerfällig, so langsam, so unverständig. Unabhängiges Testen ohne Verbindung zur Ausbildung war wenig bekannt und kaum üblich. So begann ich, mir die Zähne auszubeißen. Es ging voran, es ging schleppend voran.

Dienstreisen zu Schulungen für Testzentren und Gesprächen mit Verantwortlichen zwecks Implementierung des Testwesens sowie Testdurchführungen in Firmen führten mich durchs ganze Land. Ich zähle nur die Orte auf und verzichtete auf Detailinformationen zu den Kunden.

Heilbronn – Berlin – Hamburg – Kiel – München.

Als ich einmal den Sprinter morgens verpasste, nahm ich einen anderen ICE wenig später, der allerdings die längste Verbindung war, sodass ich erst sechs Stunden später eintraf.

Anfang April kam Ian aus Paris für weitere Schulung für mich und um zu sehen, wie ich zurechtkäme. Ich bekam schlimme Fußschmerzen, und das Laufen, das Gehen fiel mir immer schwerer, also Absatzschuhe beiseite.

In Berlin gingen ich in die Oper zu „Figaros Hochzeit", in die Staatsoper.

Im April ging ich zielgerichtet auf Wohnungssuche über Annoncen, eine Wohnungsverwaltung. Ich besichtigte eine WG, unpassend für mich, leere Wohnung, hässlich und teuer, privat in Bad Vilbel im Souterrain, zwei Zimmer im Privathaus, sehr einladend, jedoch zu teuer für mich, viel zu teuer, denn die Berliner Miete zahlte ich auch. Also buchte ich nach wie vor zufällig freie Zimmer privat oder in Jugendherbergen. Zufällig traf ich im Juni auf einen früheren ELA-Dozenten, der mir sein Apartment für einen Urlaubsmonat vermieten konnte. Solch eine winzige Wohnung hatte ich noch nie gesehen, doch ich hatte ein preiswertes Zimmer mit Küche und Bad und konnte mit der Tram ins Büro fahren.

Die Osterfeiertage waren eiskalt in dem Jahr, Vaters 76. Geburtstag wurde trotzdem im Bernauer Garten mit Nachmittagskaffee begangen.

Frankfurt am Main, Pforzheim, ein Hotel-Fiasko, Suche nach einem anderen abends notwendig – Karlsruhe.

Für meine Arbeit hatte ich von Februar bis Ende April noch kein Gehalt erhalten, unfassbar, laut Arbeitsvertrag war ein monatliches Gehalt mit Zahlungsmodalitäten vereinbart. Paris hatte bisher nichts gezahlt. Ein Vierteljahr ohne Gehalt, so etwas hatte ich noch nicht erlebt. Ich habe ein großes Theater in Paris gemacht, das mir zustehende Gehalt wurde Anfang Mai überwiesen. Ian kam nach Berlin zum Training neuer Sales-Mitarbeiter, die ich inzwischen rekrutiert hatte, Hotelraum am Ostbahnhof.

Saarbrücken, abends privates Treffen mit geschiedenem Mann meiner Schwester – Frankfurt am Main, wohnen in Jugendherberge Wiesbaden, abends Thermalbad, schmerzende Füße behandeln, jedoch kein Bus zurück, per Anhalter hielt niemand, finster, langer Fußmarsch, wahnsinnige Schmerzen in den Füßen, ich fühlte mich verzweifelt.

Frankfurt an der Oder als Prüfer zum IHK-DML-Treffen in Ribnitz-Damgarten über das Himmelfahrts-Wochenende.

Im Juni machte ich mich in Frankfurt am Main auf Mitarbeitersuche, eigentlich Suche nach freiberuflichen Sales Representatives. Ein früherer Dozent von ELA gab in Frankfurt eine Ein-Mann-Theater-Vorstellung in englischer Sprache. Ich lud Peter dazu ein, wir beide gehörten zu den wenigen Gästen. Am nächsten Morgen hatte ich den Schauspieler und seinen Techniker zu mir ins Büro zum Frühstück eingeladen, sie kamen, und wir hatten ein interessantes Gespräch über das Stück.

In Berlin trafen wir einen früheren Lehrer vom Sprachinstitut zum Dinner im „Bauernlümmel".

Paderborn – Gütersloh – Frankfurt am Main – Mainz.

Ein neuer Schritt, ich durfte ein Dienstkonto bei der Commerzbank in Frankfurt eröffnen, denn unsere Kunden wollten deutsche Rechnungen und Zahlungen auf eine deutsche Bank. Es war ohnehin schon sehr schwierig, die Tests zur Auswertung nach Paris per Post zu schicken und auf die Ergebnisse zu warten. In Paris befand sich die europaweite Testscanner- und Testauswertungsmaschine.

Mutters 72. Wurde im Bernauer Garten mit Familie gefeiert.

Hannover – Mönchengladbach – Berlin – Jugendherberge Frankfurt am Main – Niedernhausen. Gespräch, eine Woche später Schulung. Am 26. Juli ging ich am Mainufer entlang spazieren und traf auf einen kleinen Wohnwagen beim Campingplatz. Ich setzte mich auf eine Bank daneben und begann intensiv nachzudenken und zu überlegen. So wie das letzte halbe Jahr konnte es nicht weitergehen. Was tun? Meine Probezeit ging zu Ende.

Im Wohnwagen zu leben war keine Option mehr, zu laut für mich und zu dünne Wände. Weiterhin zwischen Berlin und Frankfurt zu pendeln und dazwischen durchs Land zu reisen ohne festen Standort und aus dem Koffer zu leben und schwere Technik zu schleppen, wollte ich nicht mehr. Die schlimmste Erfahrung hatte ich zwei Tage zuvor in Stuttgart gemacht. Die Jugendherberge befand sich nur 500 Meter vom Bahnhof entfernt, doch dass es nur „Stäffele" senkrecht nach oben zu klettern gab, ich mit 10 kg Gepäck, und dann in einem Sechs-Mann-Zimmer übernachten, das hatte mir den Rest gegeben.

Ich schrieb nach Paris einen Brief zum Ende meiner Probezeit und erklärte meine Kündigung, wenn ich unter diesen Bedingungen weiterarbeiten müsste. Als Option bot ich Weiterarbeit an, wenn das Büro in Berlin neu eröffnet würde.

Für August hatte ich mir Jahresurlaub von Paris förmlich erkämpft, denn in Frankreich erhielte man im ersten Jahr keinen Jahresurlaub. Da es mit deutschem Arbeitsrecht nicht vereinbar war, gewann ich den Kampf intern. Vom 1. bis 22. August hatte ich eine orthopädische Kur in Graal-Müritz vom Arzt verschrieben bekommen, mein Mann war als privater Kurgast gebucht. Die Kur am Meer tat sehr gut, obwohl ich wie ein Frosch plattfüßig lief. Karen und ihr Freund besuchten uns, sie kamen auch später zu meinem Geburtstag in den Garten. Der 28. war sehr heiß, wir hatten uns überall im Garten in den Schatten zum Ausruhen gelegt. Plötzlich gab es ein lautes Geräusch, ein riesiger Ast vom Apfelbaum brach einfach ab, glücklicherweise wurde niemand getroffen.

Leutkirch im Allgäu, viel Spaß beim abendlichen Dinner mit neuen Kunden und Tierarztgeschichten und Wiesenmahd-Kultur.

Am 31. August reichte ich im Frankfurter Bürogebäude die Kündigung des Büros zu Ende November ein, ein Vierteljahr Kündigungsfrist. Paris hatte meiner zweiten Option, der Verlegung des Büros nach Berlin, zugestimmt!

Anfang September nahm ich den Nachtzug nach Paris, drei Tage später zurück genauso. Der Umzug und Vertragsregelungen wurden erledigt.

Frankfurt am Main – Stuttgart. Am 11. September war ich zum Vortrag in der Stadtbücherei, Peter H. rief an, ich solle unbedingt Fernsehen gucken, das World Trade Center in New York stürze durch Flugzeugangriffe ein, Schock.

Ich suchte in Berlin nach Büroräumen. Ich fand etwas Passendes im Haus am Köllnischen Park, es gefiel mir sehr gut mit präsentablem Eingang zum Ausstellungs- und Messebereich, mit Kantine, zwei Büroräumen im zweiten Stock, völlig kahl, nicht möbliert, aber zu niedrigerem Mietpreis als in Frankfurt. Ich ließ den Mietvertrag anfertigen mit Einzugstermin am 15. November.

Frankfurt am Main, Jugendherberge – Bad Soden – Dresden – Hannover. Das geplante European Rep Meeting in Paris Mitte Oktober wurde abgesagt von Paris.

Mein Mann und ich fuhren eine Woche nach Tunesien in Urlaub auf die Insel Djerba.

Messevorbereitung im Büro. Hamburg, ich wohnte in Renées Wohnung, einem Bekannten meiner Schwägerin. Vom 12. bis 14. November löste ich das Frankfurter Büro auf, ich verpackte alles in Pappkartons, es waren sehr viele. Von einem Autovermieter hatte ich einen Audi Kombi angemietet, den ich in der Tiefgarage vom Hauptbahnhof abholen sollte. Ich holte das Auto ab, ich war noch nie Automatik gefahren und starrte auf die Schaltung. Ich fragte einen zufällig anwesenden jungen Mann nach der Bedeutung der Buchstaben und dem Schalten. Nach kurzer Erklärung fuhr ich langsam, zunächst in geschlossenen Sprüngen, zur Ausfahrt, ordnete mich in den Verkehr ein, fuhr zum Bürohaus und in die dortige Tiefgarage ein, verdammt eng und gewunden. Mit dem Lift brachte ich sämtliche Kisten und Technik in die Tiefgarage und belud das Auto bis zum letzten Zentimeter, durch die Rückscheibe hatte ich ein mittleres Guckloch.

Um 15 Uhr fuhr ich in Frankfurt am Main aus der Tiefgarage hinaus, durch die Stadt auf die Autobahn und dann 500 km vor mir über die Autobahn durch Thüringen, wo ich eine halbstündige Pause einlegte, bis Berlin. Um 21.30 Uhr parkte ich zu Hause in der Nebenstraße. Am nächsten Morgen fuhr ich zum Büro am Köllnischen Park, transportierte die Kisten in meine neuen Büroräume. Das Auto brachte ich zur Mietwagenabgabestelle. Es war nichts passiert, keine Schramme, kein Kratzer, nichts. Und ich war Automatik gefahren und manchmal sogar

200 km/h, um eine Erfahrung reicher und total verrückt. Meinem Mann hatte ich von dieser Aktion kein Wort erzählt.

Er war zu diesem Zeitpunkt in einer ABM-Stelle in einem Versorgungskontor. Diesmal hat er mir richtig geholfen, denn ein Bereich des Versorgungskontors bewahrte ausrangierte Möbel aus DDR-Betrieben auf, die man sich billig kaufen konnte. Also fuhr ich nach Lichtenberg und suchte mir Möbel aus, eine Hängeregistratur nach deutschen DIN-Normen, Schreibtische, einen Tresen, Büroschränke mit Schiebetüren, die ich sehr gut von früher kannte, Schulungstische und Stühle variabel aufstellbar und als krönenden Höhepunkt eine gute Karat-Schrankwand für das Schulungszimmer. Ich hatte ein Vorzimmer und einen großen Raum. Den Möbeltransport hatte mein Mann mit einem LKW organisiert, die Männer packten zu, und im Nu hatte ich das Berliner Büro eingerichtet und ließ ein Schild für den Eingangsbereich anfertigen sowie die Infomaterialien ändern. Was für eine Freude und was für ein Glück!

Vom 16. bis 18. November hatten wir einen eigenen Messestand auf der expolingua im Russischen Haus, unsere Sales Reps waren gekommen, von ATI waren Mitarbeiter am TOEFL-Stand, gemeinsam gingen wir abends in die Philharmonie zum Konzert, der Bruder eines Sales Representatives spielte im Orchester, und wir bekamen verbilligte Karten. Es war rundum erfolgreich, auch für die Kundenakquise.

Am Abend des 17. begingen wir den 24. Geburtstag meines Sohnes im Restaurant des Fernsehturms.

Nürnberg – Neuenstein.

Ende November befasste ich mich mit der technischen Einrichtung des Büros, mein Sohn half dabei.

Die Vertragsauflösung mit dem Frankfurter Büro erfolgte am 30. November. Es stellte sich heraus, dass Paris keinen Tag Büromiete gezahlt hatte. Sie würden die ausstehende Miete von der tatsächlich gezahlten Kaution einbehalten. Ich konnte es nicht fassen, französische Verfahrensweisen, oder nur ein unfähiger Buchhalter?

Am 3. Dezember begingen wir die offizielle Eröffnung des nunmehr eingerichteten Berliner Büros mit Ian B. als Direktor der Pariser Zentrale und den deutschen wenigen Sales Reps. Am 4. war ich mit Ian B. beim Notar, um die neuen Firmendokumente beglaubigen zu lassen, abends Dinner zu dritt, mit dem ersten Testleiter Berlins. Theater des Westens zum Musical „Falco meets Amadeus". Treffen mit ehemaligen ELA-Dozenten.

Erster Besucher von Bildungseinrichtung aus Ludwigsfelde im Büro, um sich zu vergewissern, dass es uns gibt und wir das tun, was wir vermarkten.

Am 20. Dezember feierte ich die Büroeröffnung privat mit drei ehemaligen Kollegen des Englischbereichs vom Sprachinstitut. Geschafft!

12.2 Immer unterwegs, 2002

Zum Neujahrstag waren wir zu Hause. Ich weiß nicht mehr, ob es etwas Besonderes gab.

Riesa.

Mitte Januar kamen der Pariser Direktor Serge, der Zweite, der von den Amerikanern eingesetzt wurde, Ian B. hatten sie kurzerhand abgesetzt, und ein Amerikaner von ATI, umunser Büro kennenzulernen. Mit dem Amerikaner fuhr ich per S-Bahn zum Bahnhof Heinersdorf für ein Foto, denn sein Nachname war Heiner, und er wollte einen Beweis für die Verbindung zum Deutschen. Die Bildungsmesse im Haus am Köllnischen Park fand ein letztes Mal dort statt. Alle Dienstreisen begannen jetzt am Alexanderplatz. Als Arbeitsgehilfen suchte ich jetzt laufend nach Praktikanten, fand auch drei hintereinander, bis ich Nicole von einem Bildungsträger für ihr Langzeitpraktikum aufnahm mit dem Versprechen: Wenn sie die IHK-Prüfung zum Abschluss ihrer Ausbildung bestehe, würde ich sie fest einstellen können. Als Übersetzer für die Firmenunterlagen hatte ich einen früheren Kollegen vom Sprachinstitut engagiert, als Buchhalterin eine ehemalige Kollegin von Pädagogica.

Reisen innerhalb Bayerns und Baden-Württembergs: Nürnberg – München – Rosenheim – Heimstetten – Aying zur Firma Goretex – Schwäbisch-Gmünd zur Firma Weleda – Ludwigsfelde. Am 2. März feierten wir Bernhards 60. Geburtstag sehr festlich zu Hause mit vielen Gästen.

So sah meine Reiseroute aus inklusive erinnerungswerter Punkte: Hamburg – Kiel – Hamburg – Frankfurt am Main – Wiesbaden – Pforzheim. In der Jugendherberge auf einem Berg übernachtet, schwere Schlepperei. Bonn, Brühl, zur Firma Renault, interessant erste Eisenbahn Deutschlands vor dem Schloss nahe vorbei – Köln – Bad Soden.

Praktikantin aus Afrika.

Erfurt – Nürnberg.

Vom 16. bis 20. März fuhr ich nach Paris zum European Representatives Meeting, als Freizeithöhepunkt eine Schiffsfahrt auf der Seine, ich lernte Ron kennen, der als Representative für die Schweiz arbeitete, sofort viel Sympathie, die übersprang.

Halle an der Saale zum FMF-Kongress.

Im Berliner Büro begann Frau Deutschmann als Praktikantin, eine gestandene Frau mit Bürokommunikationskenntnissen, die sich in der Umschulung befand und ein Praktikum brauchte. Ich lernte viel von ihr, sie führte Ablaufroutinen ein.

Aalen – Berlin – Düsseldorf, erste Messe und Konferenz „Sprachen und Beruf", mit Bernhard mit Regionalzügen und neunmaligem Umsteigen unterwegs. Ich nahm teil an einer Podiumsdiskussion mit der Konkurrentin von Cambridge.

Merseburg – München, übernachtet bei meiner Schwester.

Himmelfahrtswochenende DML in Bagenz, erstmalig seit meiner Jugendzeit machte ich eine 70 km Fahrradtour mit einigen anderen nach Bad Muskau. Karen hatte ihr Fahrrad aus Cottbus gebracht

Bayern: mit Ian aus Paris in München bei der Universität der Bundeswehr. Ian hospitierte bei einer Schulung von mir bei einer Sprachschule. Nürnberg: Präsentation auf ELTAB- Konferenz in Berlin. In Frankfurt an der Oder IHK-Prüfungen – neuer Direktor Serge aus Paris in Berlin. Bonn – im HaKP erster Stand auf der Bildungsmesse, nur eine Etage tiefer.

Mutters Geburtstag im Schützenhaus in Bernau, Familientreffen.

Classic Open Air am Gendarmenmarkt, von Birgits Büro aus der Blick vom fünften Stock

Bayern: in Penzberg Familie besucht – München – Aying – Nürnberg – Lichtenfels – auf der Rückfahrt Familie meines jüngsten Bruders in Thüringen besucht.

Am 30. Juli begleitete ich Jamila vor Gericht zu ihrem Scheidungstermin, ein extrem heißer Tag.

Nach drei Monaten ohne Auto setzte ich mich durch, und wir kauften einen winzigen Ford Ka. Im August machten wir Urlaub im Garten. Eines Tages fegte ein Tornado durch Falkenhain und riss unser Partyzelt aus den Angeln. Wir unternahmen Ausflüge in den Fläming, nach Belzig und Rittersteig und auf die Burg Rabenstein. Zu meinem 55. Geburtstag kamen 15 Gäste zur Gartenparty, ich kaufte mir ein Fahrrad mit tiefem Einstieg.

IHK-Prüfungsausschuss in Frankfurt an der Oder – Gespräch auf der Suche nach Reps für Polen, frühere Kollegin vom Sprachinstitut.

Schiffsfahrt ab Jannowitzbrücke mit wem? Jetzt weiß ich es wieder, mit meiner „Patentochter" Polina.

Edderitz bei Sales Rep – Köln, „Zukunft Personal", abends privat im Kölner Dom – Frankfurt am Main zur Buchmesse, Treffen mit Schweizer Ron – Bad Orb – Oberursel.

Hochzeitstag – nichts im Kalender.

Berlin, Schulung meiner früheren Kollegen von ELA.

23. bis 27. Oktober in Paris zum European Rep Meeting mit ATI-Teilnehmern, währenddessen Ian B.s 50. Ich blieb übers Wochenende in Paris.

Ende Oktober ernteten wir im Garten 25 Kürbisse, riesige Exemplare spendeten wir für den Kindergarten.

Im November flogen wir nach Tunesien in den Urlaub nach Hamamet.

Auf der expolingua hatten wir einen Messestand und eine Präsentation im Programm. Gäste aus Paris und von ATI-TOEFL waren dabei. Ich hatte Diner in den Historischen Weinstuben im Nikolaiviertel angemeldet. Es gab keine Speisekarten mehr, das Restaurant sollte bald geschlossen werde. So dolmetschte ich die Ansage des Obers ins Englische, wir hatten viel Spaß.

Am 17. November wurde mein Sohn 25, wir hatten ihn zum Mittagessen ins „Bräustübl" eingeladen. Am nächsten Tag wurde meine Schwägerin 50, noch eine Feier.

Brandenburg – Berlin Lunch mit neuer ELA-Direktorin – Eröffnung des neuen FH-Arbeitsortes meines früheren ELA-Chefs.

Baden-Württemberg und Bayern, genauer in Künzelsau bei Firma Berner – Nürnberg – Nauen, Privatschule – Frankfurt am Main, Hotel Primus und Weihnachtsmarktbummel allein – Bad Homburg – „Pallas"-Seminar für Privatzwecke, Persönlichkeitsbildung – München, abends im Ratskeller mit Schwester – Peter H., Bürobesuch.

Wir beide mit Bruder und Frau in den „Wühlmäusen", Kabarett, Bruder fuhr Auto.

Über Weihnachten in Bernau und zu Hause wie üblich.

Silvester feierten wir beide in den „Historischen Weinstuben" im Nikolaiviertel. Es war eine angenehme, festliche Veranstaltung, sogar mit Tanz.

12.3 Ständig unterwegs, auch 2003

Das Jahr begann mit der Bildungsmesse im Haus am Köllnischen Park.

Zur Vernissage in Hohenschönhausen – in Cottbus zu Karens Geburtstag – Nauen, Präsentation in Privatschule – Praktikantin Katharina im Büro am Köllnischen Park – Privatveranstaltung von „Pallas" im Hotel am Berliner Ring – Stuttgart – Baden-Baden – Freiburg im Breisgau – Heilbronn.

Am 2. März Bernhards Geburtstag zu Hause gefeiert.

München – Berliner Ensemble, „Die Mutter" von Maxim Gorki, erstmals als Theaterstück gesehen, sehr gut.

Am 12. März fuhr ich mit dem neuen Auto, dem winzigen Ford Ka, zum ADAC-Gelände an der Autobahn. Mit dem Kauf des Autos war die Verpflichtung einhergegangen, ein Sicherheitstraining zu absolvieren, ohne Gebühr. Einen ganzen Tag verbrachte eine Gruppe von 8 Personen mit eigenen Fahrzeugen dort. Die beiden Frauen fuhren die kleinsten Autos. Es war ein hartes Training auf unterschiedlichen Böden und Wetterextremen – mit dem Auto schleudern, damit man vor Angst nichts verreißt. Abends war ich geschafft, aber es hatte sich gelohnt, die Angst war verflogen.

Am 4. März fuhr ich mit Eva und Ursel nach Osnabrück zum Professor, der an der Einführung des Europäischen Referenzrahmens für Sprachen, dem gesamten Bolognaprozess der Harmonisierung der Europäischen Bildungsabschlüsse und Testverfahren beteiligt und ein führender Kopf war.

Vom 16. bis 30. März machten wir Urlaub in Mahdia in Tunesien.

Vom 1. bis 4. April auf der Bildungsmesse in Nürnberg, Ian B. aus Paris war gekommen, um zwei neue Sales Repsvon meinem Team kennenzulernen.

Zu IHK-Prüfungen in Frankfurt an der Oder. Damit verbunden an der Viadrina zum Training von Dr. Adler, der auch mit Unicert verbunden war.

Vom 19. bis 20. April in Düsseldorf, die erste Messe „Sprachen und Beruf" fand in den Rheinterrassen statt. Bernhard war dabei. Wir waren mit Regionalzügen (neunmal umsteigen) gefahren, da so die Bahntickets äußerst preiswert waren.

Ich fuhr nach Wiesbaden zum DGFP-Kongress, auch alles Sprachenleute.

Stuttgart – Berlin.

Am 2. Mai 2003 wurde Klara, mein erstes Enkelkind, in Cottbus geboren. Ich fuhr mit Sohn und seiner Freundin hin, Enkeltöchterchen im Krankenhaus begucken. Ich schrak zurück, sie sah aus wie Motzki. Oft sehen Neugeborene wie ein Großelternteil aus, es verliert sich glücklicherweise immer schnell. Auf der Rückfahrt nach Berlin gerieten wir in einen zweistündigen Stau auf der Autobahn, es nervte kolossal.

Frankfurt am Main – Düsseldorf – Frankfurt an der Oder – Einladung in die australische Botschaft zu kulturellem Event – Berlin Privatschule.

DML-Himmelfahrts-Wochenende fand in Grabow bei Schwerin statt. Wir machten einen Ausflug zum mit Pappmaché dekorierten Schloss Ludwigslust. Es war irre, die Kirche hatte einen überdimensionalen Pappmaché-Himmel, Altar, im Schloss hingen in einem Raum Bilder auf Holz von allen Bediensteten. Der Wasserfall sah riesig aus, war aber nur einen Meter tief, alles Illusion. Wo gibt es sonst so etwas zu sehen? Ich wüsste keinen anderen Ort.

Am 5. Juni traf sich unsere Internatsklasse zum Treffen in Berlin zu einer gemeinsamen Dampferfahrt, Bernhard war mit. Wir übernachteten am Müggelsee im Hotel in Rahnsdorf, Regina hatte es organisiert, wir waren alle zurückhaltend, so richtig wollte keiner reden, wenig unterhaltsam.

Im Bernauer Garten: Mutters Geburtstag als Familienfeier war ein traditionelles Muss geworden.

Cottbus zum Sprachenzentrum der BTU mit Eva – dann zu ihrer Geburtstagsparty nach Wustermark. Familie Lutger aus Nürnberg kam zu uns zum Gartenbesuch mit BBQ, ich hatte sie an der Fachhochschule kennengelernt, sehr aktiv für den Test im Wirtschafts-Englisch, beide waren fasziniert von Falkenhain im Osten.

Meine Rechtsanwaltsfreundin hatte ihre Büroräume am Gendarmenmarkt in der fünften Etage. Wir beide quartierten uns dort mit Picknick zum Classic Open Air Concert ein und hatten am offenen Fenster wunderbare Musik, alle Bürogebäude ringsum waren am Abend dafür besetzt.

Heidelberg – Besuch angemeldet bei neuer Sales Rep der großen Worte, doch sie öffnete zu Hause nicht.

Potsdam-Golm zur Uni.

Ich hatte vom Vermieter die Kündigung für die Büroräume im Haus am Köllnischen Park bekommen, alle Mieter. Wir sollten das Haus bis zum Jahresende verlassen haben. Ich setzte mich aufs Fahrrad und radelte durchs Zentrum von Berlin und überlegte: Wo möchte ich das Büro am liebsten haben? Im ehemaligen Haus des Lehrers gab es keine Räume zu mieten, das Bürohochhaus an der Jannowitzbrücke war mir zu abgelegen und unbekannt, doch das ehemalige Haus des Reisens am Alexanderplatz gefiel mir gut. Ich ging zur Verwaltung und stellte einen Antrag auf drei Räume. Wenige Tage später erhielt ich ein Angebot mit der Verpflichtung, die Räume durchgehend bis 2008 mieten zu müssen, denn dann würde das Haus abgerissen werden. Fünf Jahre erschienen mir passabel, der Mietpreis war machbar. Ich besichtigte die Räume und unterschrieb den Mietvertrag, Einzug war ab Januar 2004 vorgesehen.

Im August hatte ich zunächst drei Urlauber aus dem Pariser Büro im Garten, danach kamen die älteste Tochter von Ian B. und ihr Freund, beide sechzehn, zu uns als Gartenurlauber.

Unterbringung war im Bungalow, in der Laube und im Wohnwagen möglich, alles einfach, aber alles vorhanden. Ich machte Ausflüge mit den Jugendlichen zu den Sehenswürdigkeiten Potsdams und an die Seen der Umgebung, ich hatte dann auch bis Ende August Urlaub. Meine Geburtstagsgartenparty unter dem Riesenzelt mit viel Familie war sehr schön, Enkeltöchterchen war erstmals dabei. Bernhards Sohnesfamilie hatte sich einen großen Hund, einen Golden Retriever, angeschafft, Max.

Für die Wohnung in der Landsberger Allee hatte ich eine neue Küche bestellt. Ich wollte endlich einen Geschirrspüler haben und sonstige Küchenextras.

Vom 6. bis 13. September flog ich in die USA über Paris CDG nach JFK zum ATI World Meeting. Die Konferenz war in Princeton. Ich fuhr mit Amtrak von NYC nach Princeton Junction.

Brandenburg – Köln Messe Zukunft Personal – Infostand im Roten Rathaus Berlin, ein Testlehrbuch wurde gestohlen.

Am 29. September führte ich Einstellungsgespräche im und für mein Büro.

Vom 30. September bis 2. Oktober hatte ich in Saalfeld das erste Sales Representatives Meeting für Germany organisiert, aus Paris waren Ian B., Rene und die Testanalysten Abel und Dana gekommen. Wir machten Meetings, diskutierten die Vertriebsstrategie und hatten Freizeitunterhaltung, Besuch der Feengrotten in Saalfeld, Grillabend im Hotelgarten, alles war rundum gelungen. Ich als Direktorin der Zweigniederlassung und ein freiberufliches Vertriebsteam von acht Personen.

Anfang Oktober war ich zwei Tage in Brüssel, mit dem Zug zum European Rep Meeting, der Belgier hatte es organisiert.

Berlin Tempelhof.

Am 14. Oktober feierten wir beide unseren 15. Hochzeitstag. Schwägerin Issy, die derzeit im Hotel Adlon arbeitete, hatte uns eine Frühstückseinladung geschenkt. Als wir ankamen, hatte sie es vergessen, aber dann trotzdem ein Frühstück für zwei blitzschnell hergerichtet. Am Abend waren wir von meiner Schwester zum Musical „Cats" am Potsdamer Platz eingeladen worden.

Cottbus – Berlin, am 22. Oktober wieder Vorstellungsgespräche, ich entschied mich für den jungen Mann mit Erfahrungen von Sprachschulen und mit Französischkenntnissen.

Hamburg – Pirmasens – Kaiserslautern – Wien mit Messestand auf der Personal Austria mit Ian B. von Paris. Wiesbaden – expolingua in Berlin als Besucher. Im Berliner Büro Umzugsvorbereitung, Umzugsfirma zum Möbeltransport bestellt, am 19. Dezember erfolgte der Umzug – der zukünftige Mitarbeiter und mein Sohn halfen beim Einrichten der beiden Büroräume und des Schulungsraumes, ich hatte mich vergrößert.

Weihnachten verbrachten wir zu Hause. Wir gingen ins Tempodrom zu „Abba Mania", nachmittags am 24. war ich im SEZ schwimmen und sah unsere erleuchteten Fenster vom Schwimmbecken aus. Bernhard kochte zu Hause. Wir besuchten die Cottbuser kurz.

Die Silvesterfeier fand gegenüber im SEZ statt, wir freuten uns sehr, dass wir nur über die Straße gehen mussten. Es war viel los, Tanz und Bands in mehreren Räumen. Wir trafen Nachbarn aus der Wartenburger Straße.

12.4 Tief greifende Veränderungen 2004

Das Büro befand sich jetzt im Hochhausgebäude am Alexanderplatz 5, ich war vom Köllnischen Park dorthin mit allen Kisten und Möbeln und einer Umzugsfirma gezogen. Zwei Büroräume und einen Schulungsraum mit kleinem Zugangsflur in der sechsten Etage hatte ich angemietet, denn das vorherige Bürohaus hatte allen Mietern wegen Eigenbedarfs gekündigt. Ich testete das Relax-Center hinter dem Bürohochhaus. Im Whirlpool befand ich mich mit drei Männern, ich ging nie wieder dorthin. Mein neuer Mitarbeiter begann seinen Job Mitte Januar.

Frankfurt am Main – Bad Soden – Weiterstadt war ein Privatausflug, um ein Schaukelpferd zu kaufen. Ich wollte unbedingt ein Holzpferd, am liebsten Karussellpferd, haben. Ich hatte mich an einer online-Auktion beteiligt, aber leider nicht gewonnen. So fand ich den Verkäufer der Holzpferde heraus, kontaktierte ihn und erhielt die Zusage, ein Holzschaukelperd bei ihm in Weiterstadt kaufen zu können für 99 Euro, was ich auch bei der Auktion bezahlt hätte. Also fuhr ich nach Weiterstadt mit öffentlichen Verkehrsmitteln von Frankfurt am Main aus. Mit Bus.

Ich ging das letzte Stück zu Fuß. Ich besuchte den Verkäufer in seiner Scheune, er hatte viele hölzerne Produkte aus Indonesien. Ich hatte das vorletzte Pferd erwischt und freute mich, Selbstabholung war die Bedingung. Ich zahlte, klemmte mir das Pferd unter den Arm und ging zur Bushaltestelle. Da merkte ich schon: So kriege ich das Pferd nie nach Hause. Plan B überlegt. In Weiterstadt ging ich von Geschäft zu Geschäft und fragte nach großen Kartons, in das mein Pferd hineinpassen würde. Im dritten, einem Schuhgeschäft, wurde ich fündig. Der Inhaber gab mir zwei Kartons, die ich zusammensetzen konnte. Der nächste Weg war jetzt zum Postamt, noch komplizierter mit dem Pferd und den beiden Kartonagen unter beiden Armen. Auf dem Postamt kaufte ich Klebeband, stellte mich in eine Ecke und begann, das Pferd zu verpacken. Inzwischen standen viele Leute in der Schlange, für sie waren meine Verpackungskünste eine interessante Show, mit Ratschlägen wurde nicht gegeizt. Immerhin war der Pferdekopf höher als der Körper, eine irrwitzige Verpackung entstand. Als es gewogen, frankiert und abgegeben worden war, fühlte ich mich sehr erleichtert. Immerhin hatte ich 12 kg herumgeschleppt. Es dauerte, bis es ein paar Tage später in Berlin ausgeliefert wurde, glücklicherweise an die Wohnungstür. Ich hatte mein Schaukelpferd zur Dekoration in der Wohnstube und zur Freude für die Enkel.

Am 26. Januar fuhr ich mit dem Nachtzug nach Paris, denn dort war unsere Europafirma auf der französischen Sprachenmesse expolangua vertreten. Auch war es hauptsächlich ein Meeting der europäischen Sales Representatives, aus den USA war der neue Geschäftsführer für Europa gekommen, der erste dunkelhäutige Vertreter, Peter Damsey. Mit dem Nachtzug fuhr ich wieder zurück nach Berlin.

Köln, Messe Didacta. Von dort aus mit dem Nachtzug im Liegewagen nach Wien zur Einarbeitung Schulung. Am nächsten Tag wieder eine Zugfahrt, diesmal nach Neusiedel in eine Papierfabrik. Es war tief verschneiter Winter. In Neusiedel gingen alle angekommenen Bahnreisenden über die Bahngleise in die Stadt. Zurück nach Wien, weitere Schulung.

Frankfurt an der Oder, um IHK-Prüfungen abzunehmen, denn ich war immer noch in der Prüfungskommission. Die Potsdamer Universität hatte eine AKS-Tagung einberufen, wir waren angemeldet. Aus Paris war der Direktor Ian B. gekommen, den ich am Vorabend zu uns nach Hause eingeladen hatte. Mein Mann hatte ihn zu vielen Alkoholgetränken animiert, sodass er nicht mit uns mit dem Regio fuhr, sondern verspätet mit dem Taxi kam. Mein neuer Mitarbeiter gab seine erste öffentliche Präsentation über das Schreibprogramm und damit eine schriftliche Prüfung von ATI. Gelungen war auch unser Stand, die Teilnehmer interessierten sich für unsere Testprogramme, die in Konkurrenz zu Uni-Zertifizierungen standen.

Bernhards Geburtstag konnte erst am Wochenende nachgefeiert werden, am Vorabend trafen wir ehemaligen Sprachinstituts-Lehrer uns im „Il Mondo", zwei Wochen später traf ich mich Helene und Martina im „Bauernlümmel".

In Cottbus gab es eine Bildungsmesse. Nürnberg-Erlangen. Eine kurze Urlaubsreise, wohin? Auf der Rückreise ging es zu Vaters 79. in den Garten in Bernau. Am 2. Mai wurde Enkelin Klara ein Jahr alt. Bernhard und ich wohnten in der Theater-Klause-Pension, denn dieses Ereignis wurde mit den Großeltern im Restaurant gefeiert. Klara kroch über den Fußboden, Bernhard trat ihr auf die Hand auf dem Weg zum Buffet, riesiges Geschrei.

Vom 4. bis 6. Mai fuhr ich nach Zürich zur Personal Swiss Messe, Ian und Ronny waren da, die Schweiz ist Ronnys Gebiet. Ich wunderte mich über die Anzeigetafel in der Tiefgarage: „Parkieren verboten Polizeibusse". Wie sollten denn Busse in die niedrige Garage gelangen? War natürlich Unfug, denn die deutschen und Schweizer Orthografie-Koryphäen lagen im Clinch mit dem „ß". Drei deutschsprachige Länder haben ihre Schwierigkeiten mit der deutschen Sprache, Schweizerdeutsch ist extrem anders, österreichisches Deutsch etwas weniger. Dafür brauchen wir im Fernsehen noch keine hochdeutschen Untertitel. Von Zürich aus hatte ich noch einen privaten Abstecher geplant. In Interlaken hatte Erich von Däniken, dessen Bücher ich alle verschlungen hatte, einen „Mystery Park" bauen lassen und eröffnet. Diesen musste ich unbedingt sehen, denn die Rätsel dieser Welt sind einfach faszinierend. Also fuhr ich mit dem Zug nach Thurn, übernachtete in einem seltsam abgewirtschafteten Hotel auf dem Berg vor einer Seilbahn, tiefer Schnee, und den nächsten Tag verbrachte ich im Mystery Park, es war ein Erlebnis. Es waren auch viele Schweizer Besucher da, obwohl die Presse eher negativ berichtete. Zurück fuhr ich mit dem Zug nach Bern, von dort aus mit dem Flugzeug nach Berlin Tempelhof.

Vom 9. bis 12. Mai gab es wieder ein European Rep Meeting in Paris, diesmal flog ich abends nach Orly.

Paderborn.

Das jährliche DML-Treffen fand in Dresden statt. Auf der Rückfahrt besuchten wir beide unangemeldet meine Großcousine und ihren Mann in Pulsnitz, ein Stadtspaziergang gehörte dazu.

Im Juni waren wieder IHK-Prüfungen in Frankfurt an der Oder.

Stuttgart – Hamburg.

Unsere Partnergroßeltern aus Gera besuchten uns im Garten in Falkenhain.

Peter Damsay von ATI besuchte das Berliner Büro, um uns und unsere Arbeitsweise kennenzulernen. Ich machte mit ihm eine Bustour der Sehenswürdigkeiten und war mit ihm auf dem Fernsehturm. Ende Juni musste ich meine Praktikantin-Sekretärin Nicoletta entlassen, für eine Festeinstellung hätte sie die IHK-Prüfung für Bürokommunikation bestehen müssen, hatte sie nicht.

Mutter wurde 75 Jahre alt, großer Familiengeburtstag in Bernau im Garten.

Leipzig.

Classic Open Air auf dem Gendarmenmarkt, mein Sitzplatz am Straßenrand mit Hunderten von Menschen, die auch keine teuren Eintrittskarten gekauft hatten.

Wustermark.

Frankfurt am Main.

Mitte Juli-Urlaub im Garten in Falkenhain.

Am 2. August operierte mein Orthopäde meinen linken Fuß, den Hallux valgus.

Vom 1. bis 2. September traf der große ATI-Chef, Curt Landbaron, in Paris ein und erwartete alle European Reps dort zu einem großen Meeting. Ich fuhr hin mit Vorfußentlastungsschuh, ich musste dabei sein. Plötzlich gab es Bombenalarm im Bürogebäude an den Champs Elysées. Wir mussten im Eiltempo die Treppen hinunter und das Haus verlassen. Ich humpelte mit meinem Vorfußentlastungsschuh alle fünf Etagen hinunter, nichts passiert.

Vom 18. bis 25. September fand in Philadelphia in den USA die ATI-Konferenz aller Ländervertreter statt. Ich nahm meinen Mitarbeiter mit. Wir waren am Wochenende zuvor dort angekommen und konnten so das Kunstmuseum in Philadelphia besuchen. Dort gibt es viele Impressionisten zu bewundern. Mein Mitarbeiter wollte mitkommen, obwohl ich sehr gern auch allein hingegangen wäre. Im Programm war eine Dampferfahrt, die ich und die Russin verpassten, da das Taxi nicht rechtzeitig an der Anlegestelle war, der Taxifahrer sich nicht auskannte und die Busse nicht ausgereicht hatten für die Teilnehmerzahl, einfach schlecht organisiert. Wir beide setzten uns in ein Café am Fluss und unterhielten uns prächtig über Moskau und Berlin, ich konnte mal wieder russisch sprechen.

Ab Oktober gab es ein neues Management in Paris für Europa, eine neue Strategie war in Vorbereitung, Serge war genauso sang- und klanglos von den Amerikanern abgelöst worden wie Ian B., der The Belman Group Europe gegründet hatte. Gleich eine Woche später kamen zwei Vertreter des neuen Managements nach Berlin, um die Veränderungen zu besprechen, das bedeutete monatlich Buchhaltungsunterlagen nach Paris schicken, Testkorrektur in Deutschland durchführen. Über Letzteres freuten wir uns ungemein, endlich mehr Selbstständigkeit. Die Personaldirektorin kam eine Woche später, mit meiner Rechtsanwältin diskutierten wir gesetzliche Grundlagen des Personalwesens in Deutschland und die mögliche internationale Zusammenarbeit. Die Unterschiede zwischen Frankreich und Deutschland sind immens, allein in der Krankenversicherung, Frankreich eine, Deutschland 260.

Hamburg.

Am 22. Oktober Beerdigung von Jörn, der bei einem Motorradunfall ums Leben gekommen war. Alle DML-Mitglieder waren gekommen.

Am 1. November hatte ich einen Termin an der VHS-Treptow und fahrtechnisch einen totalen Blackout, ich fand den Weg einfach nicht und kam eine volle Stunde zu spät. Solch ein Aussetzer darf einfach nicht passieren, ich war wie vernagelt, fand die Straßenzufahrt nicht. Alle hatten brav gewartet und inzwischen eigene wichtige Fragen besprochen. Fand ich großartig.

4. bis 6. November in Straßburg, mein Mitarbeiter war zum deutsch-französischen Forum delegiert, denn er sprach französisch, ein wichtiger Grund, weshalb ich ihn hatte einstellen dürfen. Neue Mitarbeiter müssen immer weitere Fähigkeiten in die Firma einbringen.

Wien Messe Personal Austria, ich hatte meinen Mann mitgenommen, natürlich auf private Kosten.

Expolingua in Berlin, ich ging als Besucher hin, um zu erkunden, ob wir zukünftig dort mit Messestand vertreten sein sollten.

Cottbus – in Straupitz Testabnahme bei japanischer Firmenfiliale von Samsung.

Berlin – Hamburg: online-educa Berlin im Interkonti, Standbeteiligung mit GB Ian und Niels, NL.

Am 6. Dezember wurde mein rechter Fuß vom Orthopäden operiert, ebenfalls Hallux valgus, krankgeschrieben bis zum 17. Dezember.

Am 21. Dezember kamen aus Paris wieder Manager und Personaldirektorin zum Berliner Bürobesuch, wir hatten ein festliches Essen auf dem Fernsehturm. Die Änderung der Personalverträge wurde besprochen, ebenso wie die vorgesehene Änderung des Firmennamens. The Belman Group Europe war einmal. Ab Januar 2005 hießen wir ATI- Europe, Zweigniederlassung Deutschland.

12.5 Das Jahr 2005 ändert nicht die Routinen

Mit üblicher Büroarbeit und vorwiegend in Berlin. Am 22. Januar waren wir in Cottbus zu Karens Geburtstag.

Ende des Monats nahm ich an einer Lehrerkonferenz von ETAS in Basel teil. Im Februar führten wir das 2. German Rep Meeting in Berlin durch. Für das vom 9. bis 11. Februar stattfindende European Retreat mietete ich extra einen Konferenzraum auf unserem Flur an, den wir später ganz in den Mietvertrag aufnahmen.

Wien – München – Paris.

Cottbus, Potsdam Schlosstheater, 2. März Bernhards Geburtstag zu Hause gefeiert mit Familie, wie üblich.

Stuttgart.

Am 8. März wurden vom Orthopäden die Schrauben aus dem linken Fuß entfernt.

Vom 13.-16. März in Paris in beiden Büros, Champs Elysees für die neue Chefetage und Montparnasse für die Testauswertung und Vertriebsmitarbeiter, alles neu eingerichtet.

Im März rissen wir im Garten die Laube ab, den Wohnwagen holte jemand ab, den Nussbaum ließen wir abtragen von einer Profi-Firma, alles, um den Garten für den Hausbau vorzubereiten. Am 24. März fuhren wir zum Notar in der Lietzenburger Straße, um den Erbbaupachtvertrag zu regeln.

Am 4. April begann unser Büro mit der Testauswertung in Berlin, ein riesiger Schritt in die Unabhängigkeit vom Pariser Büro.

Frankfurt am Main – Hamburg – Schenefeld – Nürnberg – München.

Am 24. April feierte unsere Sippe Vaters 80. Geburtstag im Schützenhaus in Bernau. Am gleichen Tag unterzeichneten wir den Hausbauvertrag mit einer Bernauer Firma als Generalauftragnehmer. Am 26. April hatten wir den Mietvertrag für unsere Berliner Wohnung aufgelöst, wir übergaben die Wohnung. Die Möbel hatten wir vorher nach Falkenhain gebracht, Bernhard hatte in einer Metallscheune, einem Lager, einen Bereich angemietet, wo wir unsere Möbel abstellen konnten.

Am 1. Mai waren wir schon in Cottbus zu Klaras bevorstehendem Geburtstag. Himmelfahrts-Wochenende war dieses Jahr gleich Anfang Mai, es war in Ilow im Haus eines Freundes von Schras vorgesehen. Bernhard fuhr mit Eva mit, da sie für alle einkaufen wollten. Ich fuhr mit Hilmar hinterher, wir hatten noch gearbeitet. Mein Mann und ich fuhren früher zurück, da uns eine Einladung zur Konfirmation meines Neffen in Thüringen erwartete. Ich hatte in Spandau einen Mietwagen bestellt, mit dem wir dann auch fuhren. Der Grund war, dass ich im Anschluss an die Feier am Montagmorgen sehr früh in Frankfurt am Main sein musste. Über eine Personalvermittlungsfirma waren Bewerber zu Vorstellungsgesprächen eingeladen worden. Doch vorher gab es die erste Konfirmationsfeier, an der ich teilnahm, es war eine andere Welt, unbekannte, aber fest gefügte Rituale. Über den gewählten Konfirmationsspruch meines Neffen habe ich mich köstlich amüsiert: „Jesus, du bist die Fackel an meinem Fuß" oder so ähnlich. Die Familienfeier war in der Pension, in der wir auch untergebracht waren. Bernhard musste am nächsten Tag mit meinem Bruder und seiner Frau zurückfahren. Ich war frühzeitig auf der Autobahn nach Frankfurt am Main und sehr froh, dass ich den Mietwagen gleich am Stadtrand abgeben und mit der Straßenbahn ins Stadtzentrum fahren konnte. Aus Paris war der Manager gekommen, der die Entscheidung für neue Sales Representatives mittragen wollte. Eine Woche später kamen beide neue Manager in unsere Berliner Büros zu Strategieberatungen. Es wurden tatsächlich Ergebnisse erzielt, wir sollten die eigenständige Testauswertungsverantwortung mit dem entsprechenden Scanner erhalten.

Am 14. Mai hatte Bernhards erster Enkelsohn Ed in Falkenhain Jugendweihe. Wir feierten bei der Familie seines Sohnes in Rohrbeck. Ich hatte das Grillen in die Hand genommen, denn die Gespräche mit den Verwandten waren sehr anstrengend für mich. Wir konnten Ed leider nur 200 Euro schenken, denn Umzug und Hausbau fraßen alles Geld auf.

Hamburg – Freiburg im Breisgau – Tübingen – Frankfurt am Main.

Der Mai wurde zu einem kalten und verregneten Monat, nachdem die letzten zwei drei Jahre heiße, trockene Sommer vorgeherrscht hatten und ich deshalb entschieden hatte, dass wir den Sommer über bereits im Gartenbungalow leben und die Möbel einlagern könnten. Es würde uns finanziell leichter fallen, da wir keine Miete für die Wohnung mehr zahlen müssten. Dann kamen so heftige Unwetter, dass die Scheune, in der unsere Möbel untergebracht waren, unter Wasser stand. Ich „eroberte" eine kurzzeitige Genehmigung vom Vermieter, einen Raum in der trockenen Baracke nebenan anzumieten und die Möbel dort zwischenzulagern. Die Familie von Bernhards Sohn und Schras aus Wustermark halfen beim Transport. Unser Küchentisch und die zwei passenden Stühle waren aus der Scheune gestohlen worden. Viele Möbel waren nass und viele Bücherkisten ebenfalls durchgeweicht, die Bücher und Fotoalben beschädigt, eine Katastrophe, ich habe geheult. Die wenigen edlen Möbelstücke brachten wir im Bungalow unter. Wie hatte Bernhard sich nur für solch eine Scheune für unseren Hausrat entscheiden können, zu der mehrere Untermieter Zutritt hatten, alles auf einem Stück Auslegware abzustellen, ohne System und nur mit Decken abgedeckt? Das machte mich schon richtig wütend.

Hamburg mit Manager zu Casio – Greifswald.

Mitte Juni war ich eine Woche in den USA in Princeton zum ATI-Meeting, der Pariser Manager wollte den Amerikanern die Europa-Mitarbeiter und ihre Strategien näherbringen. In New York gab es Dinner und Musik. Ich kam zum Abflug von Newark zu spät und wurde in schnellem Tempo abgefertigt. Da die Maschine ausgebucht war, erhielt ich ein upgrade für die Business Class, das war ein luxuriöser Flug für mich!

Ende Juni entfernte der Orthopäde die Schrauben aus meinem linken Fuß.

Konzert auf dem Gendarmenmarkt.

Magdeburg – Schönebeck: Manager in Berlin, wir beide zum Termin beim IQB (Gremium der PISA-Studien).

Wien – Nürnberg-Erlangen – Augsburg – München: mit Interview auf dem Flughafen einer neuen Sales Representatives, vorher Polina privat besucht, Angelika hatte für sie eine Wohnung gefunden.

Urlaub im Garten Ende Juli, der verregnete Sommer, Umschichten der abgesoffenen Möbel.

Saarbrücken – Frankfurt am Main.

Privates Grillfest im Garten meines Schwagers Norman in Priort, eine Woche später meine Geburtstagsfeier im Garten natürlich.

Für den 30. August war der Beginn des Hausbaus vorgesehen – es passierte nichts! Hilflose Verzweiflung bei mir.

Ich setzte mich aufs Fahrrad und fuhr los mit dem Ziel, eine Übergangslösung für uns zum Wohnen, für die Möbel, die wir aus der Baracke ausräumen mussten, zu finden. Ich fand ein

Haus direkt am Bahnhof, nachdem ich im Gartenzubehörladen gefragt hatte. Die Inhaberin wusste, dass ihre Nachbarin die Doppelhaushälfte vermieten wollte, da ihre Mutter verstorben war und sie jemanden zur Miete suchten. Ich sprach mit der Besitzerin, wir einigten uns über die Bedingungen, und wir konnten ab September sofort einziehen und unsere Möbel im Warmen und Trockenen lagern, wenn auch im Keller. Das Haus hatte nur Küche, Wohnzimmer unten, oben ein Schlaf- und Badezimmer. Der Transport der Möbel war wieder ein Kräfteaufwand, aber die Situation beruhigend für den nahenden Herbst und dem ewigen Regen.

Hürth Bundessprachenamt: mein britischer Kollege war mit, er erlebte einen Kulturschock über das Verhalten der Deutschen im Seminar.

Im Büro hatten wir auf Empfehlung aus Nürnberg eine vietnamesische Praktikantin. Es war unangenehm, sie kam permanent zu spät und war gestresst von ihren Verwandten. Sie war nicht zuverlässig. Ich hatte einen Stand auf der Kölner Messe, doch die Pakete kamen erst am Mittag, in Berlin waren die Lifts m Bürogebäude kaputt, und die Abholzeiten hatten sich verzögert. Es war sehr peinlich.

Hamburg – Casio-Einladung, 22.-23.09. in Paris für Business Plan, Nürnberg DIHK-Kongress. Wien vier Tage, neue Reps (Lizzy und Franz, fünf Söhne mit biblischen Vornamen und alle nacheinander bei den Wiener Sängerknaben), dazu TOEFL-Umstellungsgespräche bei Fulbright und Uni-Institut.

9. – 11. Oktober in Basel zum European Retreat.

Pariser Mitarbeiter im Büro, um unsere Mitarbeiter in der Testkorrektur am neuen Scanner zu schulen.

Cottbus – Emerson Gallery.

Mit Pariser Manager in Heidelberg zur Auflösung der Gruppe ATI-Test für die Gymnasien (es hatte sich finanziell für ATI nicht gerechnet, jahrelange Mitarbeiter abgestoßen), wir kamen mit unseren Tests nicht hinein!

Hannover, Wien, Messestand – Lauder Business School. Graz (Hansen Story? Vergessen). Wien, expolingua in Berlin,

Potsdam Uni,Berliner Büro-Einrichtung eines TOEFL-Test-
raums mit PCs, Betreuung durch Alexander, einem Studenten.
Hamburg – SI-Lehrertreffen im „Fünf-Länder-Eck", Cottbus.
Ich weiß nicht mehr, wann der Bau de facto begonnen hatte, doch
am 30. November fand das Richtfest statt, Regen und Kälte, nur
noch Bau–Katastrophen. Ich kletterte aufs Dach mit der Richtkrone.
Berlin – Frankfurt Oder – Hangelsberg.

Urlaub in der ersten Dezemberhälfte in der Zwischenwoh-
nung, wir begannen mit der Rücküberführung der Möbel ins
nun begehbare und verschließbare Haus. Über Weihnachten in
Cottbus, ich war krank. Wir betreuten dort Klara. Doch Silvester fuhren wir zurück.

12.6 Ein intensives Arbeitsjahr 2006

Das Jahr begann mit einer Katastrophe im Garten. Wir wohnten
im zwischenzeitlich gemieteten Haus in Falkenhain. Um Mitternacht lief ich in den Garten, um von dort aus mit Familie und
Freunden zu telefonieren, denn nur dort hatten wir ein Telefon.
Als ich das Gartentor durchquert hatte, sah ich, dass der Garten 6 bis 10 cm unter Wasser stand, das inzwischen schon zu Eis
gefroren war. Woher kam das Wasser? Es kam aus dem Bungalow, der auch total unter Wasser stand, aus dem Schuppen hinter dem Badezimmer, wo das einzige nicht isolierte Wasserrohr
geplatzt war dank Frost. Ich lief zurück zum Zwischenhaus und
holte Bernhard, warm angezogen und mit Stiefeln, der ins Was-
serloch steigen musste, um den Haupthahn abzudrehen, damit
das Wasser aufhörte zu laufen. Wann hatten wir das letzte Mal
solch einen eisigen Winter gehabt? Alles war gegen uns, sogar
der Winter. Am Neujahrsmorgen zerrten wir die Teppiche aus
dem Bungalow in den Schnee und schrubbten das Wasser raus.
Ich war verzweifelt. Im Zwischenhaus hatten wir es warm und
trocken, wenigstens ein Ort zum Aufhalten.

Am 13. Januar war Gerichtstermin im Amtsgericht Charlottenburg gegen die Firma, die unser Geld fürs Haus veruntreut hatte. Wir gewannen den Prozess, hatten trotzdem das Geld nicht zurückbekommen. Ein paar Tage später kam eine Mitarbeiterin der Firma zu uns und zahlte wenigstens ein Drittel zurück aus persönlichen Gründen.

Verabredung mit zwei amerikanischen ehemaligen Kolleginnen – Vernissage in der Emerson Gallery.

Vom 16. bis 19. Januar in Österreich in Wien, Graz – Wien, Berlin Campus.

Vom 25. bis 28. Januar in Paris zur Europa-Tagung, festliches Dinner am 27. in Paris.

Am Sonntag, den 29. Januar, kamen die beiden Chefs der Baufirma für unser Haus in den Garten, wir setzten uns in den eisigen Bungalow. Der Chef eröffnete uns, dass die Firma nicht weiterbauen könne und werde, da sie insolvent sei. Ich habe vor Verzweiflung vor ihren Augen begonnen, vor mich hinzuweinen, mein Mann streichelte meinen Rücken und flüsterte: „Lass gut sein.“ Die beiden fuhren ab, und wir saßen im Schlamassel, Haus nicht beziehbar.

Für Anfang Februar hatte ich eine Zusammenkunft aller Sales Representatives für Deutschland und Österreich in Berlin einberufen, wir tagten im Hotel in Karlshorst und verbanden es mit einer Casio-Schulung, gemeinsamem Dinner und Bürobesuch. Es verlief erfolgreich.

Mitte des Monats Berlin-Schulung und TOEFL-Test, neues Format, Hospitant aus Wien dabei.

Dresden zur Messe.

Zahnarzt am Ku'damm auf Empfehlung, gehe nie wieder dahin. Am 16. Februar wurden mir vom Orthopäden die Schrauben aus dem anderen Fuß entfernt.

Nürnberg Anfang März zur AKS-Tagung und Schulung. Berlin Interkonti, Empfang beim ägyptischen Tourismusminister, Leipzig – Wien.

Ende März zwei neue Manager aus Paris in unserem Büro zur Strategiebesprechung für unsere Zweigniederlassung.

Cottbus – Straupitz zur Testabnahme, Berlin zur Rechtswesens-Schulung.

Inzwischen bauten wir selbst mithilfe der beiden polnischen Fliesenleger am Innenausbau des Hauses weiter, ich zahlte sie direkt von meinem Gehalt. Obwohl es noch an vielem mangelte – es gab zum Beispiel keine Innentüren, Bäder waren noch nicht verfugt –, zogen wir trotzdem mit unserem Hab und Gut vom Zwischenhaus in unser Haus ein, damit wir nicht noch einen Monat Miete zahlen mussten. Der Nachbar half dabei, wir schafften die Möbel aus eigener Kraft rüber.

Wieder auf Reisen nach Nürnberg – Berlin, dann Paris, die neuen Manager kennen zu lernen und meinenVertreter und die neuem Sales Representatives vorzustellen

Vom 2. bis 5. Mai fand das European Representatives Meeting in Prag statt. Es wurden große Strukturveränderungen von ATI verkündet, die Schweiz wurde ausgeschlossen. Am Nachmittag spazierten wir, der Brite, der Jordanier, der Niederländer und ich, gemeinsam an der Moldau entlang, es war ein fantastisches Gefühl, zusammen zu sein und zu verstehen, ohne zu reden.

Berlin – Frankfurt am Main – München – Wien.

Ende Mai gestalteten wir die Büroräumlichkeiten um, wir hatten mehr Räume und konnten uns dies leisten.

Das Himmelfahrts-Wochenende war unser 20. Jahrestreffen, das ich organisiert hatte, wie auch das zehnte. Wir waren im Schlaubetal und machten Ausflüge an die Oder, in eine Bierbrauerei und mehr. Zum Jahresmeeting machte ich den Vorschlag, dass das unser letztes Treffen sein möge und wir diese Tradition beenden sollten. Es gab eine Abstimmung, die Mehrzahl war für Fortführung, nur zwei für Beendigung. Ich fühlte mich wie Kassandra, ich wusste doch, dass es sich auflösen würde, warum verstand es nur keiner? Kann man nicht aufhören und stilvoll Abschied nehmen?

Wiesbaden – Paris. Großes Meeting, der neue TOEFL wurde vorgestellt und sollte in Europa eingeführt werden, Vorgehensweise.

Am 8. Juli, dem Zeugnisdatum, feierten wir 40. Jahrestag unseres Abiturs. Natürlich fuhr ich nach Rittersteig.

Frankfurt am Main – Pfungstadt – Hannover.

Vom 8. bis 28. August machten wir Urlaub und verbrachten ihn in Misdroy und Kolberg an der polnischen Ostseeküste.

2006 schrieb ich ein Gedicht:

An meinen Mann
Irgendwann bin ich dir verloren gegangen.
Hast Du es nicht bemerkt?
Du hast es nicht bemerkt.
Spürst Du, dass ich nicht bei Dir bin?
Du hältst mich fest,
Du berührst mich – fühlst Du mich noch?

12.7 Weiter im Jahr 2006

Berlin – Kiel – Berlin.

Emerson Gallery Vernissage für Frank Tornow.

Am 30. September waren wir eingeladen zu einer Dampferfahrt über den Wannsee von Schwester und Mann, wir feierten ihre Hochzeit vom Juli nach sowie unsere beiden Geburtstage.

Basel zur Konferenz, Schweizer Ronny wieder getroffen – Vertreterin von ATI aus USA in Berlin zum ersten neuen TOEFL-Workshop.

Wien drei Tage mit Wirtschafts-Englischtest–Workshops.

Vom 25. bis 30. September flog ich in die USA nach Princeton über New York zum ATI World Meeting im Conference Center. Von Princeton Junction nahm ich ein Taxi zu ATI, da der Taxifahrer weder Firma noch Weg kannte, brachte er mich zur Polizeistation, die ihm dann den Weg erläuterte. Das Hotel hatte einen Swimming Pool, den ich morgens um sechs schon besuchte, Handtuch in die Tür geklemmt und mit dem Reinigungsroboter um die Wette geschwommen, tagsüber war keine Zeit zum Schwimmen.

Im Oktober kamen meine Eltern zu Besuch, um das Haus zu besichtigen. Wir hatten einen Kater, ich hatte ihn als Findel-Kater von einer Familie abgeholt und Kasimir genannt, es war ein Edelfellkater.

Zuvor waren wir in der Cottbuser Stadthalle zum Marshall & Alexander-Konzert gewesen, ich mochte dieses Gesangsduo sehr, und die Karten waren ein Geschenk.

Berlin, Fulbright zu Besuch. Im Oktober hatte ich den CEF Mapping Workshop in Berlin organisiert, die Teilnehmer wohnten im Park Inn, ich sah Konstantin aus Petersburg wieder, den ich in Basel auf der Messe kennengelernt hatte. Zum Abschluss hatte ich die drei ATI-Workshop-Leiter und Susan aus Nürnberg zu uns nach Hause zum Dinner eingeladen. Bernhard hatte Rouladen zubereitet, es war ein fantastisches Essen, alle waren begeistert vom Dinner und dem gelungenen und erfolgreichen Abschluss des Workshops.

Dresden – Freiberg – Chemnitz.

Berlin-PR und E-Business solution, internes Vertriebstraining.

Helene und Martina getroffen.

München – Würzburg – Ansbach – expolingua Berlin, Quaide aus München lud mich zum Dinner ein. Salzburg – Wuppertal – Berlin ESMT, Manager aus Paris in Berlin.Stuttgart – Tübingen.

Christmas Party im Büro, wir hatten weitere Büroräume angemietet.

Weihnachten feierten wir zu sechst mit Eltern und Bruder mit Frau im Haus in Falkenhain.

12.8 Gab es 2007 etwas Besonderes?

Die Cottbuser Enkelkinder waren über den Jahreswechsel bei uns im Haus in Falkenhain.

Business Lunch mit Rechtsanwältin. Am Alexanderplatz hatten Straßenumbenennungen stattgefunden. Unser Büro war nicht

umgezogen, jedoch lautete die Anschrift nunmehr Alexander-
straße 7 und hieß vorher Alexanderplatz 5. So etwas zieht einen
Rattenschwanz nach sich, wir mussten neue Geschäftspapiere
drucken lassen, Flyer ändern usw. Es verursachte viele Kosten.

Am 18. Januar flog ich nach Düsseldorf, auf halber Strecke
geriet die Maschine in den Wirbelsturm Kyrill. So schlecht ging
es mir noch nie, nach dem Aussteigen brauchte ich lange, um
mich zu regenerieren. Es war der erste Geschäftstermin bei der
neuen Buchhaltungsfirma.

Vom 1. bis 3. Februar war Country Managers Meeting in Paris, am 2. waren alle Mitarbeiter der europäischen Büros eingeladen. Die Firma mit ihrem neuen Führungsteam hat sich diese
Veranstaltung viel kosten lassen. Es gab ein Festessen im Restaurant, anschließend Disco. Am Rückflugtag saßen wir stundenlang in Orly fest, denn es hatte einen Bombenalarm gegeben.
Polizeikräfte riegelten alles ab. Es ging glücklicherweise gut aus.

Treffen mit Freundinnen im „Bauernlümmel", Martina und
Helene.

Aachen – Münster – München, zur Faschingszeit mit Pri-
vat- vergnügen verknüpft, Bernhard war mit, und wir gingen
mit Schwester und Schwager zum Tanz.

Im März führten wir, hauptsächlich ich, 12 Workshops in
folgenden Städten durch: Berlin – Hamburg – Leipzig – Salzburg – Linz – Wien – München.

Im April war Enkel Rob bei uns.

Riesa – Nürnberg.

Im Mai bereiteten wir das Gerichtsverfahren gegen die ehemalige Sales Representatives von NRW vor.

Hamburg – ich im Pariser Büro zum Softwaretraining, Bernhard war erstmalig mit in Paris, sehr anstrengend für mich, er
war so unbeholfen und immer zu warm angezogen.

DML-Himmelfahrtstreffen in Pretzien, wir hatten viel Spaß.
München.

Juni: Enkelbetreuung in Cottbus, ihre Eltern in England.

Das dritte German Staff Meeting im Berliner Büro mit drei
Managern aus dem Pariser Büro.

Frankfurt am Main – Nürnberg.

Am 23. Juni ziehen mein Sohn und seine Freundin Heidelinde in eine gemeinsame Wohnung in der Prenzlauer Allee.

Darmstädter Sprachschulkontakt in Berlin – Hamburg – Kiel.

Im Bernauer Garten bei Eltern, Besuch bei Bekannten in Wandlitz.

Vom 4. bis 6 Juli hatte ich ein Country Managers Meeting im Berliner Büro organisiert. Die Teilnehmer waren im Park Inn Hotel untergebracht. Ich hatte einen großen Raum dazu gemietet, es lief sehr gut. Am Donnerstag hatte ich alle zum Grillfest in unseren Garten eingeladen. Die internationale Truppe in Falkenhain, es war ein großartiger Spaß, ein Araber und ein Jude grillten Schweinefleisch! Sie alle fuhren mit dem Regionalzug hin und wieder nach Berlin, die Stimmung war unglaublich gut.

Wir beide gingen tanzen in den „Bauer Hof" zum Urlaubsauftakt. Wir machten Urlaub zu Hause, hatten Enkel Rob bei uns, besuchten Bruder und Frau am Schwielochsee auf deren Grundstück.

Vom 24. Juli bis 14. August fuhr ich nach Bad Schmiedeberg zur Kur.

Zwischenspiel am 31. Juli, wir waren in Berlin in die neue Wohnung zu Rai und Heidelinde eingeladen, ihre Eltern waren aus Leipzig gekommen, wir sollten uns kennenlernen. Ich war gekommen, Bernhard verließ um 17 Uhr das Haus und kam mit dem Regio. Als wir nachts zurückkamen, waren Einbrecher im Haus gewesen. Wir riefen die Polizei, die den Schaden aufnahm. Die Küchenschränke waren aufgerissen, im Schlafzimmer die Schmuckkästchen leer, alles gestohlen, wie auch Bernhards Zigaretten und Schnaps. Fußabdrücke vor dem Schlafzimmerfenster, das aufgebrochen worden war. Was war die Ursache? Mein „Sicherheitsinspektor" von Ehemann hatte die Rollläden nicht heruntergezogen, es war ja noch hell, als er das Haus verließ, dazu hatte er das Schlafzimmerfenster angekippt gelassen, also selbst verschuldet. Ich hatte eine Wut und war verzweifelt, sonst nervte er immer mit Verschließen, Verdunkeln. Wieso war er so losgegangen? Ich konnte es nicht verstehen.

Wir besuchten die Geraer Partnergroßeltern, ich wieder von der Kur aus, Bernhard kam mit dem Zug mit vier Stunden Verspätung, weil er sich beim Umsteigen nicht zurechtfand. Ich begann an seinen Denk- und Organisationsfähigkeiten zu zweifeln.

Innsbruck – Hamburg – Österreich: Saalfelden, zum Gut Brandelhof, mit dem österreichischen Sales Representative per Anhalter gefahren, keine Busverbindung.

Am 1. September hatte ich zur Feier meines 60. Geburtstags viele Gäste, Mitglieder der nund fernere Familie eingeladen, zwanzig bestimmt, tolles Wetter, wir konnten im Garten sitzen.

Ich ließ mich im Tropeninstitut impfen, denn das nächste European Meeting im Oktober war in Jordanien vorgesehen. Doch es kam nie dazu, Amman musste aus irgendwelchen Gründen abgesagt werden.

Motzki kam nach Falkenhain für eine Woche zu Besuch. Morgens um sechs war er schon mit dem Fahrrad unterwegs, sehr anstrengende Tage.

Hamburg, Peter von PÄDAGOGICA getroffen – Business Lunch mit Rechtsanwältin in Berlin. Stuttgart – Ulm.

Erntedankfest in Cottbus, ich betreute Kinder im Gemeindehaus.

Am 4. Oktober Bürodinner im Crown Plaza, Verabschiedung des Frankfurter Sales Representatives.

Am 22. Oktober kam der zweite Manager aus Paris nach Berlin und präsentierte die neue Firmenstrategie, der erste Manager war entlassen worden! Der neue Europe Manager stellte sich vor. Hinter diesen Entlassungen und Neueinsetzungen verbargen sich immer die Amerikaner, die gerade wieder die Besitzverhältnisse in den Firmen geändert hatten. Wenn sich innerhalb eines Vierteljahres ihre Erwartungen nicht erfüllen, strukturieren sie um!

Frankfurt – Neu-Isenburg – Kiel – Magdeburg, Schulfreundin getroffen. Österreich, Wien – Besuch der expolingua, abends zum Lehrertreffen im „Bauernlümmel".

Mein Sohn hat 30. Geburtstag, keine Feier.

Flug nach Köln, mit Mietwagen nach Boppard die Serpentinen zum Rhein hinunter und wieder hinauf, sehr angespannte Fahrt.

Online-educa im Interconti in Berlin, von Mondi Einladung ins Brecht's.

Leipzig.

Berlin beim Cornelsen Verlag, um Kooperation zu prüfen.

Berlin-Steglitz.

Mit Enkeltöchtern Juliane und Klara in der Urania zum Märchen „Frau Holle".

Weihnachtsfeier mit Büromitarbeitern im Jüdischen Museum mit Klezmer-Musik.

Bonn.

Glückwünsche zum 60. Jahrestag von ATI.

Am Heiligabend in Bernau im „Leiterwagen" mit den Eltern und Bruder mit Frau, zu sechst.

Am 26. Dezember, dem zweiten Weihnachtsfeiertag, wurde Enkelsohn Pierrow in Berlin geboren, mein Sohn war bei Heidelindes Entbindung dabei, ihre Eltern waren in Berlin zu Besuch, alle hatten auf das Baby sehnsüchtig gewartet.

Wir waren in Cottbus und fuhren am nächsten Tag mit den Enkeln Klara und Rob mit der Bahn nach Falkenhain, wo wir mit ihnen den Jahreswechsel feierten und sie am 1. Januar mit der Bahn zurückbrachten, für die Feiereltern sicher zu früh.

Keine Zeile fürs Buch geschrieben!

12.9 Wie verlief 2008?

Am 3. Januar musste ich ins Krankenhaus nach Nauen, am 4. Januar wurde ich operiert, eine invasive Gallenoperation mit Entfernung der gesamten Gallenblase, in der sich drei große grüne Klunker-Steine angesammelt hatten. Bruder und Schwägerin kamen zu Besuch. Bernhard kam auch mal mit dem Zug und Fußmarsch. Am 8. holte mich Eva aus dem Krankenhaus ab und brachte mich nach Falkenhain.

Ab 16. Januar hatten wir ursprünglich eine Reise an die türkische Riviera geplant, die wir wegen meiner Gallenerkrankung haben absagen müssen.

Ab 18. Januar konnte ich wieder zur Arbeit nach Berlin fahren. Vom 21. bis 23. Januar fand in Amsterdam die Tagung der Europäischen Ländergruppe statt. Abends waren wir zu einer Grachtenfahrt auf einem Boot eingeladen, es war wunderschön.

Eine Februarwoche auf Dienstreisen, unterwegs in München, weiter nach Villach in Österreich, in einem Hotel mit Pool und besonderem Ofen im Zimmer, Spaziergang über den Friedhof, viele slowenische Namen – zurück nach München.

In Cottbus, am 15. Februar wurde das neue weiße Schlafzimmer geliefert und aufgebaut. Das vorherige braune, das wir 1988 dank Mutters Beziehungen gekauft hatten, stellten wir auf die Straße zur Sperrmüllabholung. Das Neue hatte ich allein bestellt und mit Ratenvertrag gekauft.

Stuttgart zur DIDACTA-Messe – Dortmund.

Am 2. März feierten wir Bernhards 66. in Falkenhain mit Familiengästen wie üblich.

Paderborn – im Berliner Büro nacheinander Mitarbeiter des Pariser Büros zwecks Rekrutierung und IT-Training. Gütersloh – Hamburg – Leipzig –Dortmund.

Vom 4. bis 11. April reiste ich in die USA nach New York zum Global Meeting von ATI. Das Wochenende zuvor verbrachte ich bei meinem Schulfreund und seiner Frau in Huntsville-Madison, ich hatte dies als Abstecher in meine Dienstreise eingebaut. Hatte 20 Stunden keinen Schlaf, Flug mit Umsteigen. Nach der Ankunft fehlte mein Koffer, doch er wurde am nächsten Morgen zur Haustür gebracht. Mein Schulfreund zeigte mir das Raketenbaugelände, wo er arbeitet, mit seiner Frau war ich im Fitness Pool, ihrer Arbeitsstelle. Gemeinsam machten wir Ausflüge in die Höhlen von Alabama, durch die Wälder, zum Einkauf in ein neues Outlet Center, was ich von uns noch nicht kannte, eine Einkaufsstadt in Klein.

Für NY hatte ich mir schon zu Hause eine Karte für die Oper „Candide" in der State Opera am Lincoln Center gekauft. Die zweite Karte, die ursprünglich für meinen Stellvertreter bestimmt war, dessen Teilnahme am Meeting abgelehnt worden war, verkaufte ich vor der Oper einem einzelnen Herrn, dabei fühlte ich mich sehr an früher und russische Gepflogenheiten erinnert. „Candide" von Leonhard Bernstein war eine absolut perfekte Vorstellung. Ich weiß nicht mehr, wo das Treffen stattfand, nur noch, dass ich sehr froh war, als ich im Bus zum Flughafen JFK saß und die hektische Stadt hinter mir lassen konnte.

Meiningen – Sonneberg – Gera – Frankfurt am Main.

Zum Himmelfahrts-Wochenende der DML-Gruppe in Schwerin. Auf der Rückfahrt bei den Eltern im Bernauer Garten.

Unna – Bayreuth. Abends im Thermalbad, wo ich mir ein Taxi rufen musste als Busersatz für den Busticketpreis. Soest – Bonn – Bremen – Kiel – Hamburg, zusätzlich privates Treffen mit Peter H. Berliner Büro mit Cocktailparty nach Rückkehr.

Anfang Juni in Österreich in Wien, mein Lieblingshotel Zur Post. Graz, eine Bahnreise mit fröhlichen Damen – wieder Wien, Rückflug.

Bremen, Doppelzimmer für Einzelbelegung gebucht, jedoch war es bewohnt, sehr lustige Situation, bekam ein Einzelzimmer.

Urlaub im Juni, zunächst Renovierung des Gartenbungalows, dann vom 7. bis 14. Juni mit Schras in Bulgarien am Goldstrand, unsere erste Bulgarien-Reise mit Ausflügen nach Nessebar und Sofia. Es war eine Flugreise. Wunderbare Restaurants entlang der Strandpromenade, „Schoppischer Salat" auf der Speisekarte amüsierte uns, denn wir benutzen das bulgarische Wort „Schopska Salat". Eines Abends waren wir tanzen in einer zufällig entdeckten Edel-Location.

Steinfurt – Münster – Kiel – Bad Bramstedt – Zwickau.

Mutters 79. Geburtstag in Bernau im Garten mit Familien der Sippe. Besuch im Tropical Islands mit Cottbuser Enkeln.

Am 16. Juli hatten wir einen Gerichtstermin. Worum ging es? Es ging darum, dass unser erspartes Geld, vorgesehen für den Hausbau, durch die Finanzfirma veruntreut worden war.

Das Gericht sprach uns Recht zu, jedoch war die Firma pleite, so hatten wir kaum Chancen, unsere Zwanzigtausend zurückzuerhalten. Einer Mitarbeiterin der Firma taten wir so leid, und sie schaffte es, dass wir wenigstens achttausend zurückbekamen. Absolute Fassungslosigkeit breitete sich in mir aus.

Schwandorf, mit Beamten der Arbeitsagentur, sie waren unglaublich schwer von Begriff. Nürnberg – von dort Flug nach Hamburg.

Im Juli Pizza-Party im Büro anlässlich des 1000. Tests, wir hatten uns landesweit etabliert.

Fulda.

Gäste aus München, Schwester mit Mann, gemeinsame Schlösserfahrt durch Potsdam zu viert. Zweite Augusthälfte war Urlaubszeit in Falkenhain, Cottbuser Enkel eine Woche da.

Anfang September war zwei Tage Country Managers Meeting in Paris, ich übernachtete bei Polina in Clamart.

Am 6. September gestalteten wir eine Gartengrillparty für die Büromitarbeiter, die wir als „Jungfrauen-Geburtstagsparty" deklarierten, vier von uns Frauen waren im Sternbild Jungfrau geboren. Wie das nur passieren konnte.

Essen – Köln – Frankfurt am Main – Münster – Hamburg – Nürnberg – München. Weiter nach Österreich, nach Dornbirn – von dort mit dem Nachtzug, drei Schlafetagen, nach Wien zur Messe.

Apfelernte und Abgrillen im Garten mit Schras.

Iserlohn.

Im Oktober zwei Manager aus Paris im Berliner Büro, um Strukturänderungen der europäischen Ländervertretungen zu beraten. Der Plan besagte, dass wir eine selbstständige Firma werden sollten. Ich war geschockt, das hatte ich nie gewollt. Was wird werden?

Frankfurt am Main – Eschborn, Technik-Test neuer TOEFL.

Neuss – Stuttgart – Augsburg – Ansbach.

Am 24. Oktober hatte ich großen Zoff mit dem jetzigen Europa-Manager von ATI, den wir seit Amsterdam hatten, der uns loswerden wollte, ich wollte jedoch auf keinen Fall auf diese Art und Weise behandelt werden. Ich musste einen „grievance report" schreiben, Charakter einer Stellungnahme. Er hatte sich fürchterlich aufgeregt, ich aber auch.

München – weiter nach Österreich, Innsbruck, Dornbirn, Zürich, wo ich einen halben Tag im Kunstmuseum zubrachte. Nürnberg – Deggendorf – Osnabrück.

Im November fuhren wir zu zweit ins Cliff-Hotel in Sellin auf Rügen mit unserem winzigen Ford Ka, kein Vergleich mit den Autos, die dort parkten. Immerhin war dieses Hotel zu DDR-Zeiten Hotel der Staatsführung.

Am 25. November hatten wir Vertreter unserer Testzentren zu einem besonderen Testtag eingeladen, der Einführung der Sprech- und Schreibvariante des Wirtschafts-Englischtests. Wien.

Ende November feierte Neffe Martin, der Sohn meines jüngsten Bruders, in Thüringen seinen 18. Geburtstag, große Familienfeier. Duisburg.

Christmas-Party der Büromitarbeiter im Jüdischen Museum zum Schlemmer-Buffet. Christmas-Party im Büro mit Wichteln.

Zuvor hatten wir beraten, wie wir selbstständig werden, unter und zu welchen Bedingungen wir eine GmbH gründen könnten. Gütersloh.

Mit Enkeltöchtern Juliane und Klara im Schillertheater zu „Aschenbrödel", danach auf dem Weihnachtsmarkt.

Zum Abendessen mit zwei Freundinnen, Martina und Helene.

Zweimal holte ich im Dezember Pierrow von der Kita ab und betreute ihn zu Hause in der elterlichen Wohnung.

Am 21. Dezember kamen die Familie von Bernhards Sohn und seine Tochter zum Weihnachtsessen zu uns, Bernhard hatte Gänse- oder Putenbraten gemacht, er kochte hervorragend.

Am 26. Dezember, dem zweiten Weihnachtsfeiertag, begingen wir Pierrows 1. Geburtstag bei uns im Haus. Zu Silvester kamen Klara und Rob zu uns, zu Neujahr brachten wir sie mit dem Zug nach Cottbus zurück.

So sah es 2008 in mir aus –
Selbstgespräch mit meinem Mann

Heute habe ich beschlossen, nicht mehr zu reden, mit dem
Sprechen aufzuhören. Gesagt habe ich es dir. So weißt du, weshalb ich mich ausschließlich wortlos bewege. Wozu auch re-
den, hörst du mir jemals zu? Du guckst mich an, wenn ich etwas sage, doch dass du nicht hörst, merke ich schon an dem
Punkt, wenn die erste Gegenfrage kommt, die mein soeben
Gesagtes in die Frageform umwandelt und mich zwingt, das
Gesagte zu wiederholen. Ich bin fassungslos. Kannst du die
Worte nicht erst im Hirn ankommen lassen, sie erfassen und
bestätigen oder ablehnen? Nie habe ich den Eindruck, dass es
bei dir überhaupt angekommen ist. Es kann keine natürliche
Abwehrreaktion sein, weil ich zu viel rede und so dahin plap-
pere. Das ist es gerade, was ich nicht tue. Ich öffne den Mund
und lasse ein Minimum an Worten raus, eine Absicht, einen
Plan, häufig eine Termin- und Tagesablaufplanung, eine Bitte,
eine Frage, selten eine absichtslose Mitteilung – egal, alles für
die Katz, denn wenn es zum Merken kommt, ist gleich alles
verloren. Wann hast du dir zum letzten Mal etwas gemerkt?
Ich kann mich nicht erinnern. Merken muss wehtun, Konzentration muss Folter sein für dich, anders kann ich es mir nicht
erklären. Du weißt nicht, wo wir schon überall in Urlaub waren, geschweige denn wann, du weißt nicht, welcher Tag gerade ist, du weißt nicht, was mir wichtig ist, auch nicht, was
ich mag und was ich nicht mag. Bei den beiden letzteren Dingen habe ich schon vor Jahren aufgehört, überhaupt etwas zu
erwarten. Ärgern kann ich mich nur, wenn du genau das Gegenteil tust von dem, was mir etwas bedeutet. Vor zwanzig
Jahren habe ich mich noch gewehrt und gesagt, ich sei weder
deine Sekretärin noch dein Gedächtnis, auch kein wandeln-
des Auskunftsbüro. Abwehr und Widerworte wurden immer
spärlicher, eine Es-hat sowieso-keinen-Sinn-Einstellung nahm
mehr und mehr von mir Besitz. Und nach außen, dir gegenüber, sprach ich immer weniger. Ich richtete einen Familien-

kalender ein, war unerbittlich hinter den Eintragungen her. Du hast dich so sehr daran gewöhnt, dass nichts passiert, was nicht im Kalender steht. Dann liegen noch andere Zettel rum, Einkaufszettel, langfristige Erledigungszettel zum Abhaken, plötzlich aufgekommene Notwendigkeiten. Weshalb du die Einkaufszettel nicht wegwirfst, wenn alles im Haus ist, sondern zusammengeknüllt irgendwo ablegst, weiß ich nicht. Ein einziges Mal habe ich gesagt, du kannst sie doch wegwerfen, seitdem fasse ich sie, wo immer ich sie finde, und werfe sie in den Mülleimer. Schade um die Kraft und die Energie, die der Ärger frisst.

12.10 Was passierte 2009?

Der Januar begann wieder mit einer Reise nach Paris zur Europäischen Zentrale, um die Geschäftsziele, die jährlichen objectives, sowie die Gehälter zu beraten. Mein Hinflug verspätete sich, sodass ich meine Verabschiedungsfeier nicht erlebte, denn Deutschland und Spanien waren aus der europäischen Zentrale ausgeschlossen worden und mussten als Privatunternehmen weiterexistieren. Ich hatte mehr Freizeit, traf mich mit Ian B. privat, ging in die Kaufhäuser Printemps und Lafayette, hatte viel Zeit für den Louvre. Der Rückflug verspätete sich um fünf Stunden.

Am 14. Januar ging ich zur Rechtsanwaltskanzlei, um mich nach den Bedingungen für eine GmbH-Gründung zu erkundigen. Ich wurde eine Woche krankgeschrieben, verbrachte trotzdem einen Nachmittag mit Pierrow. Dienstreise nach Pforzheim. Anfang Februar fuhr ich allein mit der Bahn nach Amsterdam zur ATI-Filiale, um die Auflösung unserer Zweigniederlassung zu besprechen. Ich versuchte es noch zwei Stunden, den Status quo zu erhalten, es war zwecklos, die Amerikaner, die ATI-Vertreter, die extra nach Amsterdam gekommen waren, wollten uns loswerden. Es hat mich nervlich sehr mitgenommen, daher plante ich die Rückfahrt erst am nächsten Tag. Vormittags ging ich zum Touristenbus und buchte eine kurze Rundfahrt. Ich wurde von den Guides in einen Bus gedrängt, bei dem sich herausstellte: Er fuhr eine fünfstündige Tour über Land. Meine Gehirnwindungen kreisten, und ich überlegte Plan B, Nachtzug zurück. Also freute ich mich über die große Tour für wenig Geld. Ich hatte Freude am Besuch der Käserei, bei der Manufaktur für holländische Holzpantinen, am Ort mit den vielen Windmühlen. Es war ein kalter, verschneiter Wintertag. Am nächsten Ziel, dem Fischerort, sagte der Busfahrer, es käme ein anderer Bus, der uns übernähme, denn er müsse zurück nach Amsterdam. Ich hängte mich an den Busfahrer und bat um Mitrückfahrgelegenheit, ging mit ihm in einen Fisch-Imbiss zum Mittag, dann zurück nach Amsterdam. Ich bekam meinen ursprünglich geplanten Zug gegen fünfzehn Uhr zurück nach Berlin. Glück gehabt nach dem unglückseligen Start.

Kassel – Offenburg – Frankfurt am Main – München.

Freitag, 13. Februar, abends mit Bernhard zum Tanz im „Bauer Hof". Es war Tradition von uns beiden, an jedem Freitag, dem 13., auszugehen.

Hannover – Hamburg.

Faschingsumzug in Cottbus, wir alle in Kostümen, richtige Faschingsstimmung, die Kinder hatten Freude.

Darmstadt.

Am 2. März Bernhards 67. Geburtstag in Falkenhain mit Familiengästen. Mitte März Pierrow übers Wochenende bei uns mit Übernachtung.

Dortmund – Halle an der Saale – Senftenberg – Cottbus.

Ende März Juristin von ATI in Berlin, um die Verträge für die Firmenübernahme zu beraten.

Nürnberg.

Frühlingsball im „Bauer Hof", wir waren zum Tanz. Bernhard tanzte sehr gern.

Dienstwagen-Reise nach Leipzig – Chemnitz – Dresden – Freital.

Karfreitag, Pierrow mit Eltern bei uns zu Besuch. Heidi trug ihren kranken Hund, der nach einigen Stunden starb. Wir beerdigten ihn an unserer Gartenmauer.

Der übliche monatliche Elternbesuch in Bernau zu Vaters Geburtstag.

Mitte April Firmenübernahmedokumente vom Notar unterschrieben abgeholt, nachdem die GmbH-Gründung mit drei Geschäftsführern beschlossen worden war. Ich hielt 51 %, musste mir ein Drittel des Geldes für die GmbH-Gründung von Rechtsanwältin und Freundin Birgit leihen, ich hatte keine dreizehntausend Euro. Ende des Monats Dienstreise nach Hamburg, Ehemann Bernhard mit dabei, wir hatten nach meiner Arbeit Zeit für Besichtigungen, wir wohnten im Crown Plaza.

Köln – Ingolstadt – München.

12.10.1 Geschrieben im April 2009

Gerade habe ich mir eine wahnsinnig teure Designerarmbanduhr gekauft (240 €), ich, die ich immer preiswert, praktisch kaufe. Mann, muss es mir schlecht gehen! Dabei bin ich vor einer Woche Unternehmer geworden (nicht Unternehmerin, diese Innereien-Anhängsel nerven mich fürchterlich und lenken vom Wesentlichen ab). Nein, nicht alleiniger Firmenführer, in Gemeinschaft mit zwei jungen Männern, in weiser Voraussicht für die Nachfolgeregelung. Bei drei Teilhabern sollte die Entscheidungsfindung eventuell doch etwas einfacher sein als bei zwei. Natürlich wähle ich „sollte" bewusst, denn ich weiß schon, dass es bei drei Köpfen auch drei Wege gibt, es kann nicht gut gehen, doch dass es so schnell so gar nicht gut geht, hatte ich nicht erwartet. Dabei war ich jahrzehntelang überzeugt, die Vernunft, das Richtige wird durch die Klugheit der Mehrheit durchgesetzt. Weit gefehlt, alles Unfug, es gibt nicht das Richtige, es gibt keine klugen oder vernünftigen Entscheidungsfinder. Es gibt nur Menschen mit unterschiedlichem Erfahrungshintergrund, Individuellen Wertvorstellungen und vor allem sehr persönlichen

Zielen, deren Verfolgung je nach Persönlichkeitsprofil mit mehr oder weniger Vehemenz durchgesetzt wird.

Am 30. April Tanz in den Mai im „Bauer Hof", wir wieder dabei.

Am 2. Mai Tagesfahrt zu Klaras sechstem Geburtstag nach Cottbus.

Der 4. Mai 2009 wurde zum offiziellen Gründungstag der neuen GmbH ST-Entwicklung, hervorgegangen aus der Zweigniederlassung Deutschland mit demselben Profil und Geschäftsmodell.

Nürnberg – Essen.

Himmelfahrts-Wochenende, Jahrestreffen DML in Grodno, Polen, mit weniger Teilnehmern aus finanziellen Gründen.

Im Mai große Paket-Sendungs-Aktion nach Amsterdam mit sämtlichen vorherigen Firmenunterlagen.

München – Stuttgart.

Am 10. Juni fuhr ich mit Kater Kasimir zum Tierarzt, er musste eingeschläfert werden. Wir begruben ihn im Garten an der Mauer neben Heidelindes verstorbenem Hund.

Augsburg – Bremen.

Freier Tag für mich, Brückenfahrt mit dem Schiff als Berlin-Tour zu zweit. Vom 17. bis 30. Juni Urlaub. Wir fuhren mit Mietwagen an die Ostsee ins Familienhotel nach Zinnowitz mit Cottbuser Enkeln und Partnergroßeltern aus Gera. Die Rückfahrt führte uns alle nach Bernau in den Garten zum Zwischenstopp zu Omas 80. Geburtstag und zum Mittagessen in den Lindenhof, Eltern von Klara und Rob kamen auch zur Feier.

Besuch in Wustermark und Rundgang durchs Designer-Outlet an der B5, das gerade eröffnet worden war.

Vernissage in der Emerson Gallery.

Köln zwecks Organisation unserer Teilnahme am Bundessprachenwettbewerb.

Im Juni begannen die monatlichen Conference Calls mit Paris sowie unsere GmbH-internen All Staff Meetings.

Am 25. Juli feierten wir Bruder Ralfs 60. Geburtstag im Grunewald im teuren Restaurant Reinhard's.

Düsseldorf.

Emerson Gallery, Vernissage.

ST-Firma macht einen Ausflug mit Privatboot des zweiten Geschäftsführers über die Potsdamer Seen.

Ilmenau.

Urlaub zwei Wochen, meist in Falkenhain, Ausflug nach Rittersteig zu Frau Giering. Am 28. traf sich die ganze Familie in Cottbus zu Klaras Einschulungsfeier, mein Geburtstag wurde mitgefeiert, vor der Schulfeier. Wir beide übernachteten in der Jugendherberge.

Düsseldorf.

Pierrow übers Wochenende wieder einmal bei uns.

Bad Honnef, in der Freizeit besuchte ich das Adenauer-Haus und Museum.

Witwe von Bernhards Freund kam zu Besuch, auf dem Bahnhof erreichte mich der Anruf eines früheren Studenten, OZ, Spitzname der Zauberer von OZ, von dem ich 25 Jahre nichts gehört hatte. Ich rief drei Tage später erst zurück.

Ausflug an den Schwielochsee zum Grundstück meines Bruders und seiner Frau, wir gingen zum Forellenfang an die Teiche und angelten sehr erfolgreich.

Uelzen – Dortmund – Ilmenau – Fürth.

Karen mit Kindern zum Oktoberfeiertag in Falkenhain.

Am 8. Oktober war die erste Buchlesung mit Krysia Saar, der Frau meines ehemaligen ELA-Direktors.

Regensburg – München, Amerika Haus, Hotel am Stacchus, 20 Stunden nichts gegessen, schrieb E-Mails an OZ.

Mit Pierrow zwei Stunden verbracht, dann zur Vernissage in die Emerson Gallery. Im Oktober Bruder und Frau zu Besuch. Ausflug nach Ribbeck zu viert mit Schras.

Am 29. Und 30. Oktober erstes Zusammentreffen mit OZ, er kam nach Feierabend in mein Büro. Am nächsten Tag holte er mich ab, wir spazierten zum Schloss Charlottenburg, dann brachte er mich nach Falkenhain, wir parkten gegenüber auf dem Areal des Supermarkts, dann fuhr er an die Ostsee, ich ging zu Fuß zum Haus rüber. Seltsames Gefühl, er interessierte sich für mich.

Am 31. Oktober fuhren wir nach Gera, „Partner-Opa" feierte seinen 65. Geburtstag.

Stuttgart.

Zum Pfefferkuchenmarkt nach Pulsnitz, mit Bernhard bei Greiffs. Ich war mit meiner Kindergartenfreundin nachmittags am Rietschel-Denkmal verabredet, wir hatten uns Jahrzehnte nicht gesehen, und meine Großcousine hatte sie ausfindig gemacht.

Pierrow in Falkenhain – Martinsgansessen – Tanz im Haus bis 23 Uhr mit Wustermarkern.

Hamburg – wieder Hamburg.

Im „Acapulco" Lehrertreffen vom Sprachinstitut.

Bundeswettbewerb in Cottbus, ich war drei Tage dort und korrespondierte viel mit OZ, mit den Enkeln fuhr ich in die Therme nach Burg.

Köln – Oberhausen – Essen, im Parkhaus in der siebten Etage, OZ zum Mittag getroffen und Riesenrad gefahren und von 14 bis 18 Uhr gesprochen, spaziert, jeder in seine Richtung zurück.

Dezember in Österreich in Salzburg – Klagenfurt – St. Johann im Pongau

Am Nikolaustag Birgit zum Adventskaffee in Falkenhain, Bernhard in Bernau bei meinen Eltern, hauptsächlich, um Zigaretten abzuholen, die diese aus Polen mitgebracht hatten.

Witzenhausen.

Rob in Falkenhain, wir fuhren ins Theater an der Parkaue und sahen „Bei der Feuerwehr wird der Kaffee kalt", er amüsierte sich köstlich, doch auf der Rückfahrt schlief er mir ein, sodass ich ein Taxi nehmen musste ab Spandau. Am 13. Dezember waren wir dann in Cottbus in der Stadthalle zu „Lucie und die Weihnachtsfee" mit Klara.

Wir drei Geschäftsführer hatten unser Weihnachtsdinner im Hotel Melia an der Friedrichstraße. Die X-Mas-Party aller Büromitarbeiter feierten wir im Büro, abends gingen wir alle zum dritten Geschäftsführer zur Housewarming Party.

Die ELA-Gruppe traf sich im Hilton Hotel auf einen Cocktail.

Oldenburg vom 18. auf den 19. Dezember, OZ und ich waren verabredet, am Abend kam er ins Hotel, wir tranken Glühwein, und er sprach sich alles von früher von der Seele, ich hörte zu und entgegnete wenig, es passierte nichts. Am nächsten Tag nach der Arbeit zeigte er mir sein Büro, brachte mich zum Bahnhof, mit dem Zug fuhr ich zurück.

Weihnachtsessen mit Bernhards Tochter und der Familie seines Sohnes bei uns am 20. Dezember. Zu Heiligabend fuhren wir nach Bernau zu den Eltern und gingen mit ihnen essen. Am ersten Feiertag gab es Gans bei Bruder und Frau. Für den 2. Feiertag, Pierrows zweitem Geburtstag, hatten wir die Großfamilie eingeladen, meine Kinder mit Kindern und die Leipziger Eltern von Heidelinde. Bernhard hatte ein Festessen vorbereitet. Es war eine Freude zu sehen, wie die beiden Jungen, die Cousins, den Baukran aufbauten und spielten. Es war richtig gemütlich und schön, sodass ich vorschlug, wir könnten doch Pierrows Geburtstag zum traditionellen Familien-Treffen bei uns einführen.

Ich besuchte Habedanks, zur Silvesterfeier gingen wir beide in den „Bauer Hof" zum Tanz.

12.11 Wie begann das Jahr 2010?

Mein Mann Bernhard und ich waren zur Silvesterfeier gewesen, zu Fuß vom Haus aus in fünf Minuten zu erreichen. Vom 11. bis 14. flog ich nach Paris zum Europatreffen. Montag übernachtete ich bei Polina in Clamart, wo sie und ihr Mann eine winzige Wohnung hatten. Am Dienstagabend war ich zum Dinner bei Familie Berst zu Hause eingeladen als Dankeschön für den Ferienaufenthalt von Alicia und ihrer Freundin bei uns in Falkenhain im Sommer zuvor. Es war ein ganz toller Familienabend, auch meine ersten französischen Ferienkinder Laura, die älteste Berst-Tochter und ihr Mann Joseph mit Töchterchen waren da. Der Rückflug mittags war gestrichen worden, Info kam über Mobiltelefon, so erfolgte der Rückflug erst spätnachts. Drei Tage später ging ich mit Mietwagen auf Dienstreise in den Harz. Ich beherrschte das Navi nicht und fuhr den Weg, der auf der Karte als meine Route angezeigt wurde, es war gruselig im kalten, verschneiten Winter in den Bergen. Dann orientierte ich mich wieder nach der Karte und den Schildern und kam pünktlich in Nordhausen an. Auf der Raststätte Fläming rief OZ mich an, per SMS hatte er geschrieben, dass er mich nicht mehr liebe, und ohne meine Antwort fürchtete er, ich könne mir etwas antun. Ich hatte nicht vor, mir etwas anzutun, geschmerzt hat es mich. Immer wenn er von Liebe sprach, hatte ich ihm widersprochen, er liebe mich nicht. Die E-Mails und SMS-Plänkeleien hatten in mir ein Gespür von Leben erweckt. Ende. Gefühle erfroren.

12.11.1 Samstag, 15. Mai 2010, geschrieben

„Danke." Der Kaffee tut gut. Mir ist jetzt nach Kaffee, mein Körper meldet sich mit diesem Wunsch. Der Badeanzug klebt am Körper, der Mantel hält mich kuschelig im kühlen Restaurant des Thermalbades. Kein anderer Gast ist da. Ich sitze am Fenster mit Blick auf Grün, habe mich in mich zurückgezogen, vor mir der Papierblock, in der Hand den übers Papier flitzenden Kugelschreiber. Auf der Herfahrt überkam mich ein schier schmerzendes Bedürfnis nach Schreiben. So hat es mich noch nie angefallen. Wo bekomme ich einen Schreibblock her? Ah, da ist die Einkaufszone des Ortes. Natürlich gibt es keinen Schreibwarenladen mehr. Die Leute schreiben nicht mehr so viel. Da ist ein Supermarkt, schnell hinein ohne Korb – keinerlei Schreibwaren. Raus mit erhobenen Händen wie ein Gestellter beim „Hände hoch" – ich habe nichts gekauft. Nebenan gleich noch ein Supermarkt, etwas gehobenere Klasse mit separater Schreibwarenabteilung, siehe da, ein kariertes Ringblockbuch! Nichts wie zur Kasse, Gott sei Dank, eine zweite Kasse wird aufgemacht, vor mir ein Mann mit nur einer Zeitung, dann ich nur mit Schreibblock, und schon reihen sich die Wagen mit hochgetürmten Einkäufen auf. Glück gehabt. Jetzt ins Thermalbad, umziehen, sprudeln zum Aufwärmen und eine stille Ecke zum ungestörten Sitzen gesucht.

Warum ich allein unterwegs bin?

Eigentlich sind wir mit einer zwanzigköpfigen Gruppe unterwegs wie jedes Jahr über das lange Wochenende zu Himmelfahrt seit zweiundzwanzig Jahren. Was haben wir für ein Auf und Ab von Familienschicksalen erlebt, aber nicht nur das, auch haben wir viele Orte, Gegenden, Sehenswürdigkeiten kennengelernt. Was haben wir uns für Erlebnisse geschaffen! Paare ohne Kinder, jahrelang mit Kindern, jetzt wieder ohne, und das Zusammensitzen immer ruhiger, keine nächtelangen Diskussionen mehr, kein exzessives, stundenlanges Tanzen, stark reduzierter Alkoholkonsum. Ich weiß jetzt, was „Zeitgeist" bedeutet, ich sehe jetzt, wie sich Lebensweise auf menschliches Verhalten auswirkt, ich sehe, wie Menschen „programmiert" sind und nicht aus ihren Mustern herauskommen. Ich sehe Charaktere, die sich im täglichen Ringen um ein erträumtes Dasein aufreiben und andere, die im Selbstmitleid ersterben, ich sehe so viele verschiedene Ansichten, und jede hat ihre Ursache und ihre Wirkung, Berechtigung und Erklärung, jedes Weltverständnis ist richtig, und jedes Weltverständnis ist verstümmelt und verkürzt gültig nur in einem Mikrokosmos. Doch jeder Mensch möchte akzeptiert werden, wie er ist, jeder hofft, dass jemand seine Hilferufe hört und ihn tröstet.

Zum 20-jährigen Treffen hätte ich gern aufgehört mit den jährlichen Zusammenkünften, lieber in größeren Abständen und kürzer. Warum? Mein Fell wird immer dünner, ich kann die Eruptionen in den Leben nicht mehr einfach als gegeben hinnehmen und wegstecken, es tut mir weh, neues Leiden zu erleben. Ein Todesfall durch den Unfall eines Mannes in der Blüte seiner vierzig Jahre, die Beerdigung und die hinterlassene Familie hat mich schon an die Grenzen des Ertragbaren gebracht. Vorher gab es Hochzeiten und Neugeborene, viel Freude und Glück, es gab auch das Coming-out von zwei Männern, an einem hing Familie. Es gab auch plötzlich Unverträglichkeit von Charakteren, die

nicht mehr unter einem gemeinsamen Schirm miteinander aus-
kommen mussten, kein notwendiger gemeinsamer Nenner ließ
die Unversöhnlichkeit aufreißen. Scheidungen, neue Partner, Dis-
krepanzen in den Ansichten über Kindererziehung und vor allem
der Erzähl- und Darstellungstrieb, der sowohl vom Inhalt als auch
vom Verhalten her die größten Differenzen aufscheinen lässt.

Warum ich das nicht ertragen kann oder will, wo es doch
das ganz stinknormale Leben ist? Weil ich es nicht muss und
nicht will, denn ich bin Zuhörer und nicht fähig und willig, mein
stinknormales Leben mit meinen Eruptionen preiszugeben. Darüber will und kann ich nicht reden, wozu auch, ich lebe es und
kämpfe meinen Kampf gegen Gelebt-Werden und Ausweglosig-
keiten, sich Dreinschicken und Ausbüxen, es anzunehmen, wie
es kommt und Unwillen niederzudrücken.

Ob ich verheiratet bin? Ja, zum dritten Male, doch jetzt schon
seit zweiundzwanzig Jahren, also zeitgleich mit unseren Tradi-
tionsausflügen. Mein Mann freut sich das ganze Jahr auf das
Treffen, es ist ein geselliger Höhepunkt in seinem fünfjähri-
gen Rentnerleben. Gestern bat er mich, dass ich ihn nach Hause zurückbringe, er sei krank und fühle sich nicht wohl. Ich war
bass erstaunt, ungläubig, doch sein Wunsch war mir Befehl, ich
fuhr ihn mit dem Auto, das sowieso nur ich fahre, nach Hause
und kehrte dann zum abendlichen Kegeln zum Treffen zurück.
Ich hatte eine sehr ruhige Nacht im Zimmer, kein Hochdezibel-
Schnarchen kratzte an meinen Nerven. Es geht ihm schon besser, habe vorhin angerufen. Also habe ich mich „freigekauft",
ich kann, darf und muss sogar allein sein. Und wie gern bin ich
allein und mal ganz bei mir. Es sind so seltene Stunden, nach
denen ich mich immer häufiger sehne. Damit sehne ich mich
auch nach innerer Ruhe, ausgeglichenem Gleichgewicht und Ge-
dankenwanderungen.

Ist das nicht vermessen, egoistisch, sogar egozentrisch? Ja,
ist es, es macht mir nichts. Ich war und bin immer zuerst für
andere und mein Umfeld da, erst wenn alle um mich herum
zufrieden sind, kann ich mich „freikaufen", zurückziehen. Was
schlimmer wird, ist der Wunsch, niemanden um mich herum

haben zu wollen. Ich kümmere mich und richte die Igelstacheln auf, damit mir ja niemand zu nahe kommt. Habe ich denn kein Bedürfnis nach Zweisamkeit? Doch, habe ich, oder habe ich es schon gehabt und bin darüber hinaus? Zweisamkeit bedeutet für mich Seelenverwandtschaft. Zugang zu mir gibt es nur über die Seele. Der Zugang ist gut zugestellt mit Freundlichkeit, Zuhörbereitschaft, Hilfsbereitschaft, Entgegenkommen, Problemlösungshilfe und was es sonst noch an altruistischen Eigenschaften geben mag. Wen muss da noch die Eingangstür interessieren? Diese lebende Hülle ist auch unterhaltsam durch selbstironisch geschilderte Unzulänglichkeitserlebnisse beim Autofahren und bei Küchenarbeiten, die andere herzlich lachen lassen. Damit ist auch für Beiträge zum Unterhaltungsprogramm gesorgt und die Unfähigkeit zum sonstigen Small Talk gut kaschiert, also als Partygast ungeeignet. Ich bin sehr belesen, na, vielleicht schreibe ich lieber, dass ich sehr viel lese. Ich denke unheimlich gern über schwierige menschliche Probleme nach und versuche zu verstehen. Aber wehe, eine Erkenntnis schlägt mal zu, oh, das ist schmerzhaft. Allerdings macht es Vergnügen und schafft Befriedigt-Sein, Zusammenhänge zu erkennen und zu verstehen. Und was mache ich damit? Schweigend für mich behalten, mein Verhalten entsprechend anpassen, was wiederum nur zu mehr Schweigsamkeit führen kann. Wissen gebiert Schweigen. Ich kann nicht reden, mit wem soll ich reden, über so etwas redet man nicht. Wer ist „man"? Ich bin nicht „man", niemals und nirgends, ich bin ein „anti-man", ich bin ich.

Will ich deshalb heute schreiben? Will etwas raus aus mir, weil es schon viel zu lange unterirdisch brodelt, köchelt und die Gefahr einer Explosion durch Überdruck besteht?

Ja, etwas muss raus. Ich lass mich überraschen, was sich Bahn brechen wird.

Große Dienstreise in die USA vom 22. bis 27. Mai, ich schrieb detailliert den Ablauf auf. Die Einreise in New York bedeutete zwei Stunden Wartezeit in engem Tunnel mit Menschenmassen, es war beängstigend, war sehr froh, als ich das Pennsylvania Hotel erreicht hatte.

12.11.2 Sonntag, 23. Mai 2010

World Meeting 2010 – ein Situationsbericht

Sieben Uhr am Morgen und just back from Madison Square Garden, breakfast bagel, toasted with cream cheese, an apple and coffee, large for 4.52 $. Das Hotel Pennsylvania gegenüber mit 1700 Zimmern hat kein Frühstücksrestaurant, in der Lobby sind ein paar Frühstückslokalitäten untervermietet, teures Frühstück wegen der Location, ringsum gegenüber gibt es zig Möglichkeiten „to grab something to eat" für viel weniger Geld. Niemand macht sich etwas daraus, seine Papp-Tüte mit ins Hotel zu nehmen, dessen Ruf zwar historisch und künstlerisch belegt ist, das aber nur über zwei Sterne verfügt, zu Recht, denn der Zustand der Zimmer ist recht renovierungsbedürftig, die aber trotzdem für einen stattlichen Preis von 197.69 $ für die Nacht – special rate – vermietet werden.

Ich bin gestern von Berlin TXL pünktlich abgeflogen nach einer Eincheck-Zeremonie von anderthalb Stunden und extrem gründlichen Sicherheitskontrollen mit Auf-Strümpfen-über-den-Steinfußboden-Laufen.

Der Flug war sehr angenehm, wir landeten nach achteinhalb Stunden sogar eine halbe Stunde früher, mussten auf eine Parkposition warten, und danach begann das Trauma. Hunderte von Menschen stauten sich in einem fensterlosen, endlos langen Korridor, drei mal zwei Meter breit, zwei Meter hoch, und rückten im Schneckentempo vor zur Passkontrolle. Nach 2 Stunden hatte ich es zum Kontrollschalter geschafft und plauderte mit dem Passkontrolleur, während Fingerabdrücke aller meiner zehn Finger, jeweils vier plus Daumen extra genommen wurden und mein Gesicht fotografiert wurde. „Welcome to the United States." Weitere zwei Stunden brauchte ich für den Weg mit Air Train zur Metro E-line, die aber gerade durch einen Shuttle Bus bis Turnspike-Bahnhof ersetzt wurde, was heißt Treppen runter, Treppen hoch, über die Straße, Bus finden, reindrängeln, dann rausdrängeln, Metro runter, warten – ewig bis Midtown Manhattan, raus und Hotel finden. Alles in allem vier Stunden, um Mitternacht Berliner Zeit war ich im Zimmer, hier war es erst abends um 6. Also lieber noch einmal raus, um ein paar Blocks laufen, gucken, Fotos machen, Straßenszenen und die fantastischen Skyscraper aus Fußgängersicht.

Ich habe ein Hallmark-Schreibwarengeschäft bei JC Peney gefunden und für jedes Enkelkind eine lustige Karte für den nächsten Geburtstag gekauft. Überall war laute Musik zu hören und die Fußböden lagen voller runtergeschmissener und runtergefallener Klamotten, es sah chaotisch aaus.

Ich leistete mir ein Eis, Kiwi, zwei Kugeln auf Waffel – 3.20$!

Eingeschlafen bin ich dann rasch, aber heute Morgen ab zwei Uhr musste ich mich zum Rumliegen und Wieder- Einschlafen zwingen. Nach fünf Uhr habe ich es nicht mehr ausgehalten, habe mich gründlich gepflegt und auf den Tag eingestimmt, nach sechs Uhr war ich auf der Straße.

So etwas nennt man Jetlag, zu Hause ist es schon Mittag. Ich werde nachher nach dem Auschecken meinen Koffer hierlassen, um 3 pm fahre ich von Penn Station nach Princeton, doch vorher möchte ich mir noch etwas Besonderes wieder anschauen, die Frick Collection, und T-Shirts für Enkel und Kinder und ein paar lustige NYC-Souvenirs kaufen.

Ich werde die Kilometer wieder in meinen Füßen und im Rücken spüren.

Auf dem Weg zur Frick Collection war ich viel zu früh unterwegs, diese öffnete erst um elf. Es war der 62. Jahrestag der Gründung des Staates Israel. Die Lexington Avenue bereitete sich auf die Parade vor. Die NY Police stellte Absperrgitter auf, ein offenes Auto fuhr die Allee rauf und runter, gab „Wink Elemente" (so hießen Fähnchen zu DDR-Zeiten) an die Zuschauer aus. Ich bekam eine kleine Flagge von Israel, mit der ich dann später den Demonstranten zuwinkte.

Warum ich das aufschreibe?

Ich habe niemanden zum Reden, und immer dasselbe zu rekapitulieren, besetzt den Kopf, den ich jetzt öffnen will für neue Eindrücke.

Das letzte Mal war ich vor zwei Jahren in Manhattan, war über die Jahre schon öfter hier und sehe Veränderungen und Altes.

Wenn jemand erfahren möchte, wie unbedeutend er als Individuum ist, wie egal alles letztendlich ist, mein Leben, mein Wesen, mein Charakter, mein Ich – meine Seele, dem empfehle ich ein paar Tage Manhattan. Once in a lifetime!

In den Tagen danach die Konferenz bei der amerikanischen Testentwicklungsfirma in Princeton.

Belman Conference Center, Room 112, mein Hotel Zimmer, Monday, 24 May.
6:30 walk alone through the park – two Chilean joggers.
7 am breakfast.
8:30 conference start – agenda.
5:30 pm bus to sculpture garden, photo shooting.
Glass of wine outside, small talk fun with the ladies.
Dinner table with Ian, Yasser, Simmi, Mohamad.
Tuesday, 25 May.
8:30 am conference.
10:30 am panel discussion.
4:40 pm end of conference.
5:45 pm bus to New Hope, Pennsylvania 35 minutes.
Restaurant in former Church!
Walk over Delaware River Bridge – full moon!
Wednesday, 26 May.
9 am visit to office buildings.
11:45 Hotel Check-out.

Die Rückreise begann um Mitternacht deutscher Zeit, achtzehn Uhr New York JFK Airport.

War ich froh, dass die Fahrt von Princeton zum Flughafen so gut geklappt hatte.

Mittags zwölf Uhr Hotel-Shuttle zum Bahnhof Princeton Junction, Automatenkampf, Zahlungsmodus Fahrkarte, Automat hat gewonnen. Nachdem ich meine Kreditkarte dreimal nach allen vier Möglichkeiten eingegeben hatte und es jedes Mal nicht richtig war, habe ich dann doch einen 20-Dollar–Schein gezückt und endlich meine Fahrkarte bekommen. Nach nur zehn Minuten Wartezeit kam ein Doppelstockzug, sogar ziemlich neu noch, ich war begeistert! Bisher kannte ich nur die heruntergekommenen Vorortzüge. Kein Expresstrain, though, fast anderthalb Stunden zur Penn Station, ich habe viel fotografiert. Penn-Station-U-Bahn gesucht, gefunden, eine verpasst, weil ich dreimal zu langsam meine Metrocard durchgezogen hatte. Doch die nächste Metro-Express kam schnell, vierzig Minuten zu Jamaica Stop, dort Anschluss an Air Train, die neue Verbindung zwischen JFK und Anschluss ans U-Bahn-Netz. Ich habe nur drei Stunden gebraucht, Superzeit. Doch beim Einchecken hieß es schon, Flug wird verspätet sein, doch für den Anschlussflug in Amsterdam war die Umbuchung schon vorgesehen. Hut ab!

Also habe ich mir erst einmal ein Mittagessen gekauft, dann einen ausgiebigen Einkaufsbummel gemacht und NY-Schokolade gekauft, auch eine Blechdose mit San–Francisco- Schokolade. War sehr überrascht, dass die Auswahl „Produced in USA" so groß war. Duty-free-Waren werden erst im Flugzeug übergeben. Zwei Magnete für Restdollar. Sicherheitscheck, wieder auf Strümpfen durch den Gang.

Endlich ein großer Kaffee, allmählich werde ich müde. Man kann schön viel Zeit „verwarten".

Zu Hause habe ich die ganzen fünf Tage nicht angerufen, und morgen früh um acht werde ich gewiss noch nicht in Amsterdam landen. Dann muss ich aber gleich anrufen.

Was ist Besonderes?

Die Departure Hall in JFK ist okay, wie überall.

Das Einreiseportal ist eine Katastrophe!

Viele orthodoxe Juden aller Altersgruppen, Kleidung der Flugreisenden bequem bis schlampig, Essenstempel qualitativ gut.

Der verrückte Alltag wie immer mit Emerson Gallery und einer schrecklichen Vernissage und Performance eines isländischen Künstlers. Hamburg und Dinner mit Kollegen, Treffen mit Tracy,

Schulung bei Bucerius. Drei Tage kamen alle vier Cottbuser zu Besuch. Einen Tag Ausflug nach Germendorf, zu dem auch die Berliner Familie mit Heidelinde und Kindern kam. Zeiss-Planetarium mit Rob. Potsdam, Absolvententreffen zum 40-jährigen Diplomabschluss, Bernhard war mit, Ralf hatte das Programm organisiert. Köln und Bielefeld. Grillparty mit Büromitarbeitern bei uns im Garten. Spaziergang durchs Hugenottenviertel mit Mike und seiner Tochter Charlott. Herford. Wir beide in Cottbus zum Stadtfest zur Enkelkinderbetreuung, Geraer Großeltern auch da – mit Mietwagen in Lohmen und Oederan bei Verwandten und Freunden zu Besuch, dann Schulung in Glauchau. Vom 1. bis 22. Juli fuhr ich planmäßig zur orthopädischen Kur nach Bad Doberan mit eigenem Auto, dem kleinen Ford Ka, und nahm das von Motzki geschenkte Klappfahrrad mit. Von dort aus fuhr ich nach Rostock zu Rosis 50. Geburtstag, kaufte mir MBT-Schuhe in Warnemünde, einen Internetzugangs-Stick von Vodafone, sodass ich mit OZ E-Mails austauschen konnte.

Am 16. Juli rief Bernhard an, weinend, ich fuhr übers Wochenende nach Hause. Was passiert war, habe ich weiter unten beschrieben. Die Rückfahrt nach Bad Doberan führte mich über Graal-Müritz zu OZs Bungalow in Graal-Müritz, um Bücher zu hinterlegen.

Nach der Rückkehr von der Kur ging mein Arbeits- und sonstiger Alltag weiter. Besuch in Bernau. Nach Eberswalde zum Polterabend unserer Büromitarbeiterin, dann auch zur Hochzeit in die Kirche. Zum Festessen fuhr ich allein, ich hätte nicht absagen können als Bürochefin. Bernhard kam nicht mit.

Am Sonntag, dem 1. August, setzten Bernhard und ich uns konzentriert an die Papiere, wir besprachen und unterzeichneten die Patientenverfügung, es war Bernhards eigener Wille. Am nächsten Tag brachte ich ihn ins Virchow-Klinikum zum Legen eines Ports über dem Herzen zur Vorbereitung auf die Chemotherapie. Enkelin Klara als Ferienkind bei mir, wir besuchten Opa im Klinikum.

Dienstreisen nach München und Augsburg – Hamburg – Rostock.

12.11.3 Geschrieben am 17. August 2010

Sitze mal wieder auf einem Flughafen und warte auf den Abflug einer verspäteten Maschine, will nach Hause. Lesestoff ist aufgebraucht, einfach rumsitzen und in die Gegend starren kann ich nur selten. Also habe ich mir dieses Büchlein gerade gekauft, angefangen zu schreiben, damit die Zeit ausgefüllt wird und ich vielleicht doch einiges aus mir herauslassen kann im Tätig-Sein.

Mir geht es sehr seltsam, bin heute gegen eine Glastür gelaufen, ein fürchterlicher Schmerz über das gerammte Nasenbein ging mir in den Kopf. Ein eigenartiger Schwindel flimmert auf. In den Nächten erwache ich jetzt häufiger, und ich spüre den Raum sich drehen. Manchmal klammere ich mich an der Matratze fest, um nicht vom Sog erfasst und mitgedreht zu werden. Was ist das?

Vor reichlich zwanzig Jahren ist mir dieses Gefühl, dieses Festklammern gegen einen schier übermächtigen Strudel schon einmal widerfahren. Ich hatte es vergessen, mit der Wiederholung kommt die Erinnerung – es ist der Wunsch, aus dem realen Leben des Zeitmoments entfliehen zu wollen, sich jedoch am Gegebenen festhalten und der Fliehkraft widerstehen zu müssen.

Aufruf der Maschine Flug München – Berlin.

23 Uhr auf dem zugigen Bahnhof Jungfernheide, wartend auf den Regionalzug nach Falkenhain. Wenn jetzt alles klappt, schaffe ich es noch, vor Mitternacht zu Hause zu sein.

Ich habe im Flugzeug ein kleines Fläschchen Sekt gewählt, bin ein wenig entspannter – und doch hält mich der Sog in der Spirale, unter Druck. Am liebsten würde ich die krampfhaften Krallen um die Matratze lösen und mich hinein- trödeln lassen, doch ich muss noch bleiben ...

Im Oktober haben wir zweiundzwanzigsten Hochzeitstag.

Mitte Juli 2010, als ich zur orthopädischen Kur war, war mein Mann zum Zahnarzt gegangen, um sich seinen beschädigten Goldzahn reparieren zu lassen, denn ich hatte ihn gebeten, es in der Zeit zu tun. Die Zahnärztin hätte zu ihm gesagt: „Ich glaube, es hat sie erwischt." Sie hat ihm die Röntgenaufnahmen gezeigt, dann sofort zum Spezialisten überwiesen, dieser hat ihn zur stationären Diagnose eingewiesen, alles innerhalb einer Woche. Mein Mann weinte am Telefon und entschuldigte sich, dass er sich „im Moment nicht im Griff habe". Einen Tag später fuhr ich von der Kur übers Wochenende nach Hause. Ich ließ mir alles Wort für Wort berichten. Wir beratschlagten Stunde für Stunde, Schritt für Schritt. Er entschloss sich zur Behandlung, das hieß Chemo und Bestrahlung. Anfang August wurde er stationär vorbereitet, d. h. Schläuche angeschlossen, ein Port gelegt, was Komplikationen mit sich brachte und er „zurückgeholt" werden musste, er war dem Tod von der Schippe gesprungen. Meine Enkeltochter war ein paar Ferientage bei mir, wir besuchten den verkabelten Opa im Krankenhaus, sie war sehr normal, viel zu gesetzt für ihre sieben Jahre. Zu Hause bestellten wir eine riesige Collage für eine Bodenwand und besuchten ein befreundetes Ehepaar und hatten viel Spaß. Nach dem Krankenhaus kamen zwei ruhige Wochen, dann begannen die wöchentlichen drei stationären Tage. Ich hatte ihm die Zugverbindungen aufgeschrieben, er kam gut hin. Die häusliche Krankendienstschwester, eine neue weitere Stufe, fiel aus allen Wolken. „Das können Sie doch nicht machen, er muss gefahren werden." Also kümmerte ich mich um den Taxiservice.

Bernhards letzte Monate

Sonntag, der 3. Oktober, ein herrlich milder Sonnentag. Wir beschlossen, einen Ausflug in den Wald und an den See zu machen. Mein Mann ging leidenschaftlich gern in die Pilze, nach einer Stunde hatten wir drei mickrige Pilze gefunden. Ich war immer in seiner Nähe, denn er verlief sich.

Im Seerestaurant saßen wir sogar draußen auf der Terrasse. Er hatte sich Suppe bestellt und zwei Bier. Meine Frage nach gleich zwei Bier beantwortete er mit einem bösen Zischen. Am Nachmittag waren wir wieder im Haus, heizten den Kamin, tranken Kaffee. Hatten wir nicht schon fünf wunderschöne Jahre im Haus verlebt? Fünf Jahre er als Rentner mit Beschäftigung um Haus und Garten, wobei sein Lieblingsplatz in der Küche am Herd war. „Ich möchte mal wieder etwas Schönes kochen", hörte ich bestimmt jede Woche. Dann kaufte er acht Rouladen oder drei Kilogramm Fleisch für Gulasch oder Schweinekrustenbraten oder Rinderzunge, und dann verbrachte er Stunde um Stunde in der Küche. Wir waren zu zweit, hatten ein gutes Sonntagsessen, die Reste für weitere sechs Leute fror ich ein. Diese sechs Leute kamen höchst selten, sodass ich einmal im Jahr Kochverbot aussprach, damit wir den Gefrierschrank mal leer essen und abtauen können. Geärgert hat er sich immer über meinen Missmut ob der großen Mengen. Mir fehlte dafür das Verständnis. Kochen ist mir nie wichtig gewesen, und länger als eine halbe Stunde durfte es sowieso nicht dauern. Als wir vor zwei, nein, dreiundzwanzig Jahren heirateten, war er richtig froh, dass die Bratenküche seine Domäne wurde. Dabei war ein Scheidungsgrund für ihn gewesen, dass er mit seiner vorherigen Frau so wenig kulturell unternehmen konnte wegen des wöchentlichen Sonntagsbratens. Während des Kochens stand immer ein Weinbrandglas da, nachzufüllen, nachgefüllt, und dann die sonntägliche Mittagsruhe ein Muss und unabdingbar. Ich habe sowieso lieber draußen im Garten rumgewerkelt. Von wegen Rosen oder gar Gemüse, nein, meine Domäne war das Unkraut.

Am 15. Juli gab es die erste Spezialuntersuchung, am nächsten Tag kam die Diagnose: Mundhöhlenkrebs.

Am 4. Oktober fuhr Bernhard wieder ins Krankenhaus. Er war die fünfte Woche zu den regulären drei Tagen pro Woche im Krankenhaus. Ich war Montagabend nach der Arbeit hingefahren, um mit ihm zur abendlichen Strahlentherapie zu gehen. Er war seltsam. Wir spazierten langsam dahin, setzten uns ins Wartezimmer, hielten uns bei den Händen. Er schaute mich mit seinen dunklen, braunen Augen an, driftete ab, schlief ein, schreckte hoch. Als er hinter der Behandlungstür verschwunden war, ging ich zurück, um das Auto zu holen, denn den langen Rückweg würde er nicht schaffen, befürchtete ich. Als ich ihn aus dem Kellergeschoss abgeholt und in das dunkle Abendlicht gebracht hatte, öffnete ich die Beifahrertür für ihn, ging um das Auto herum, setzte mich ans Steuer und wollte starten. Neben mir saß niemand, die Autotür stand offen, nichts zu sehen von meinem Mann. Ich lief über den Parkplatz, rief ihn – nichts. Die Krankenschwester stieg auf ihr Fahrrad, er war ihr letzter Patient gewesen, und wandte sich vorwurfsvoll mir zu. „Was haben Sie denn mit Ihrem Mann gemacht?" Nichts hatte ich gemacht, ich wollte ihn mit dem Auto zurückbringen. Also setzte ich mich wieder ins Auto und fuhr im Gelände die schmalen Wege ab, plötzlich trat er aus einer Hecke heraus mit Zigarette. Er trat sie aus, stieg ein, wir fuhren wortlos zu seinem Gebäude. Ich brachte ihn mit dem Fahrstuhl hoch in sein Zimmer, verabschiedete mich. Ich sprach noch mit der Stationsschwester und bat sie um besondere Aufmerksamkeit, denn mein Mann gefiele mir gar nicht. Als ich mich zum endgültigen Gehen wendete, schlich er vollständig angezogen hinter meinem Rücken zum Fahrstuhl. Ich nahm ihn bei der Hand, sprach beruhigend auf ihn ein, brachte ihn zurück ins Zimmer, half ihm, bis er im Bett lag. Es war sehr spät, als ich zu Hause ankam. Nachts kurz vor 1 Uhr klingelte das Telefon, es war der Nachtarzt, der sich seiner Verpflichtung entledigte und mir mitteilte, dass er meinen Mann vor wenigen Minuten hat auf die Intensivstation bringen lassen. Es war Montag, der 4. Oktober 2010. Am nächsten Morgen stand ich an seinem Bett. Er sah mich mit groß aufgerissenen, sprechenden Augen an: „Sieh her, bitte, denk an dein Versprechen, denk an unsere Abmachung, lass mich nicht so liegen, du weißt, das wollte ich nie." Er drückte meine Hand, seine Augen sprachen immer wieder denselben Text. Reden konnte er nicht, er hatte einen Luftröhrenschnitt, künstliche Beatmung und überall Schläuche und Kanülen. Ich weiß nicht, was ich dachte oder fühlte, ich war mechanisch starr und streichelte seine verkabelte Hand und redete beruhigend belanglosen Unsinn. Ein Arzt gab mir den medizinischen Zustandsbericht, erläuterte die nächsten Maßnahmen. Dann ging ich zur Arbeit. So sahen die folgenden Tage und Wochen aus. Wenn ich auf einer meiner unzähligen Dienstreisen war, ging seine Tochter ihn besuchen, sonst war ich jeden Abend und am Wochenende da. Die Ärzte leiteten unzählige Untersuchungen ein, ich mag sie nicht mehr erinnern, Kreislauf, verordneten Blutaustausch, Bauchspeicheldrüse, Lunge ... Sein Zustand besserte sich, doch ein weiteres Organ machte Probleme, Fieber, kein Fieber, Fieber – er war nicht ansprechbar. Nach sechs Wochen luden zwei Ärzte zum Gespräch, mich und seine Tochter, die sehr an ihrem Vater hing. Ich wurde nach Patientenverfügung, seinem Willen gefragt, nachdem sie die schier aussichtslose Behandlungsstrecke geschildert hatten. Sie könnten medizinisch nichts mehr tun, sie hätten alle Möglichkeiten ausgeschöpft. Er müsse auf eine Pflegestation, diese könne ihn aber nicht aufnehmen, da er ohne intensivmedizinische Behandlung nicht auskäme.

13.1 Geschrieben am 27. Oktober 2010

Ja, mein lieber Schatz, da liegst du nun seit drei Wochen im Koma. Du hast keine Schmerzen, du leidest nicht, du schläfst und schläfst und schläfst, auch ohne Sedierungsmittel. Dein

Gesicht mit der fast neuen Haut sieht rosig und glatt aus, Du wirst täglich rasiert und mit deinen Düften versehen. Ich komme dich fast jeden Tag besuchen, nur wenn ich auf Dienstreisen bin, kann ich nicht kommen, doch dann kommt ja deine Tochter. Du warst keinen Tag ohne Besucher. Jeder redet mit dir. Auch ich erzähle dir alle Neuigkeiten, wer dich grüßen lässt und was er dir wünscht. Es sind schon einige Leute, die Anteil an deinem und meinem Schicksal nehmen. Nachdem dich jeder bedauert hat, fragen sie mich, wie ich denn damit zurechtkomme, wie ich das aushalte. Es fehlt nicht an gutem Rat, dass ich mich schonen sollte, denn ich brauchte viel Kraft. Ich sage stets, ich komme zurecht. Arbeit und Tätig-Sein helfen mir, ich habe immer zu tun. In der letzten Woche habe ich das Küchenrenovierungsprogramm durchgezogen mit drei verschiedenen Handwerksfirmen. Ich bin stolz auf meine logistische Meisterleistung der Planung und Organisation, nur der letzte Tag wurde um einen verschoben.

Sei froh, dass das an dir vorbeigegangen ist. Es hätte dir ganz und gar nicht gefallen, dieses Chaos in allen Räumen, keine Küche, die tausend Handgriffe beim Ausräumen, dann putzen und wieder einräumen. Ich gebe an, mir reicht es jetzt auch, wenn ich anfange, mir kleine Verletzungen zuzuziehen, ich mich kaum noch aufraffen kann, dann sollte wirklich bald Schluss sein. Ach, eine Beule habe ich mir auch geholt, die ausgehängte Küchentür ist mir an den Kopf geknallt. Die Gewürze zu sortieren und Gefäße zu putzen, dazu habe ich schon gar keine Lust mehr. Doch es ist nicht daran zu denken, dass ich schon aufhöre. Der Maler hat noch Aufträge für Badezimmerdecken, den langen Korridor und die kleine Diele. Meine Fingerkuppen sind abgenutzt vom vielen Schrauben und Nägel-Rausziehen. Aber danach werde ich eine Weile Ruhe geben, die neuralgischen Räumlichkeiten, ohne die man nicht auskommt, wären dann frisch, neu, anders, sodass sich hoffentlich ein Gefühl des Zufriedenseins einstellen wird.

Und wenn du wieder nach Hause kommst, brauchst du keine chaotischen Einschnitte in deinem alltäglichen Lebensrhythmus zu befürchten. Doch eigentlich möchte ich noch gar nicht, dass du schon kommst. Mein Terminkalender ist für die nächsten sechs Wochen voller Vorhaben, dienstliche Reisen und private. Endlich gehe ich mal wieder in die Philharmonie. Weißt du, wann wir beide das letzte Mal dort waren? Ich schon, genau vor acht Jahren. Manchmal möchte ich auch wieder ins Kino gehen. Seit du schläfst, habe ich schon zwei Filme gesehen, auch ein Theaterstück, das nehme ich mir seit zwanzig Jahren vor, bisher warst du trotz gegenteiliger Behauptung nicht zu mobilisieren. Die Zahl zwanzig erinnert mich an unseren diesjährigen, zweiundzwanzigsten Hochzeitstag, der in deine Schlafperiode fiel. Die beiden Jahre zuvor hatte ich ihn vermasselt, bei der Dienstreiseplanung einfach vergessen. So richtig vergessen hattest du nur unseren fünfzehnten, sonst immer daran gedacht. Was heißt gedacht, so richtig glaube ich es nicht, denn zu Jahresbeginn trägst du immer alle familiären Eckdaten wie Geburtstage und besondere Ereignisse sowie die Abfuhrdaten des Hausmülls, der gelben Säcke und der Papiertonne in unseren Schreibtischkalender ein, seit einigen Jahren kopierst du die Familienangaben des Vorjahrs. Es ist also wohl eher eine Lese- denn eine Gedächtnisleistung. Mit Letzterem bin ich etwas vorsichtig mit dir geworden. Zehn Jahre lang hast du mich vor jedem Besuch bei meinen Eltern gefragt, wie deine Schwiegermutter mit Vornamen heißt. Ich kam mir echt genarrt vor. Da bin ich dann auch mal unwirsch geworden und habe scharf erwidert, dass ich diese Frage in Zukunft nicht mehr beantworten werde. Du wolltest – konntest möchte ich nicht akzeptieren – und willst dir immer weniger etwas merken. Und konzentrieren willst du dich gleich noch weniger. Genau aus dem Grunde hattest du das Autofahren aufgegeben, auch schon vor elf Jahren, damals warst du noch keine sechzig. Du hast es großartig beschrieben, weshalb wir eigentlich gar kein Auto brauchen. Wir wohnen in der Großstadt Berlin, die Straßenbahn fährt vor der Haustür, Anbindung an alle anderen öffentlichen Verkehrsmittel ist einfach, man ist so viel schneller in der Stadt unterwegs als im dichten Autoverkehr mit der ewigen Parkplatzsuche. Sogar in den Garten könnten wir ganz einfach mit dem Zug fahren. Also sei das Auto nur eine verzichtbare Belastung. Einsichtig und folgsam habe ich der Übergabe unseres Autos an deine Tochter zugestimmt – das vorherige Auto hatte meine Tochter bekommen – und mich ausschließlich auf ein Leben als Fußgänger eingestellt. Anderthalb Jahre habe ich das mitgemacht, ohne zu murren oder Extrawünsche. Dann habe ich gesagt, ich möchte wieder ein Auto, ein kleines, für die Wege und Transporte, die eben nicht mit öffentlichen Verkehrsmitteln möglich sind. Du hattest doch keinen Bock darauf, die vielen Äpfel und Nüsse aus dem Garten nach Hause zu schleppen, für jeden Transport in die Mosterei mussten wir jemanden bitten. Auch Einkäufe im Bau- und Gartenmarkt waren ein Problem, ganz zu schweigen vom Besuchen meiner Eltern, deren Garten ziemlich schwierig zu erreichen war, zumal dir lange Fußmärsche sowieso schon ein Gräuel waren. Bloß keinen Schritt zu viel gehen. Nun, das Auto wurde gekauft, und wir waren wieder mobil. Dann ging dein Rumgezicke los. „Müssen wir dahin mit dem Auto fahren?" „Warum mit dem Auto?" „Du bist ja bloß geil aufs Autofahren." Das spitzte sich manchmal so zu, dass du zwar mit jemand anderem mitfuhrst oder mit der Bahn, ich aber die Wege allein erledigte. Du hattest und hast Angst vorm Autofahren und wolltest es mir deshalb verbieten. Es hat sehr lange gedauert, bis ich dem wahren Grund nähergekommen war.

13.2 Wie verlief das Jahr weiter?

Mit Bernau-Besuchen bei den Eltern. Bernhards ehemalige Arbeitskollegen trafen sich mit ihm, ich verfehlte ihn bei der Abholung in Seeburg. Dienstreise nach Emden und Treffen mit OZ auf Kaffee. Ein altes befreundetes Ehepaar, das sich von uns gelöst hatte, an dem mein Mann sehr hing, konnte ich telefonisch überreden mit Hinweis auf seinen Zustand, uns endlich in Falkenhain zu besuchen, wonach Bernhard sehr froh war, dass er sich getraut hatte, seinem Freund vom Krebs zu erzählen. Caipi-Party im Büro – Emerson Gallery, Vernissage Colette Murphy. Das Horoskop 2010 hatte als Jahresvoraussage für mich ein „Jahr der Unruhe und Turbulenzen" vorausgesagt. Dienstreisen München – Darmstadt – Wien – Hannover, wo ich OZ zum Leonhard- Cohen-Konzert am 27. September eingeladen hatte und wir die Musik sehr tief aufnahmen. Er gab mir die Bücher zurück und fuhr anschließend zurück. Braunschweig, wo ich meinen Pädagogica-Kollegen Peter traf und ihm von meinem Mann und dem Krebs berichtete, um mit jemandem darüber zu sprechen, denn sonst konnte ich nicht reden. Magdeburg, dabei Schulfreundin besucht. Marl – Köln: den Ford Focus vom Vater übernommen, er konnte nicht mehr fahren, zu gefährlich. Beginn der Renovierungsarbeiten im Haus. Wenn Bernhard zurückkommt, sollte alles frisch gemalert sein. Am 14. Oktober war unser 22. Hochzeitstag, mein Mann lag im Koma. Handwerker zum Abbau der Küche und Auslegen des neuen Fußbodens, denn Wasser hatte das Laminat hochgetrieben, wieder Einrichtung der Küche. Mitte Oktober beginnt Bernhards Tochter, sein ältestes Kind, ihren Vater im Krankenhaus zu besuchen, immer dann, wenn ich auf Dienstreisen war. Mönchengladbach – Köln: Abschluss der Renovierungsarbeiten im Haus, jetzt Garten. Stuttgart, Treffen mit Neffen Martin. Philharmonie Lunchkonzert, abends Lehrertreffen vom Sprachinstitut. Cottbus, dann zum Pfefferkuchenfest nach Pulsnitz mit Tochter und beiden Kindern, Mittagessen bei Großcousine Regina. ATI-Besucher aus USA, Stadtrundgang und Dinner im Nikolaiviertel. Lüneburg – Münster: Bundeswettbewerb für Fremdsprachen, dazwischen am Sonntag nach Berlin zur Testkorrektur, Montag in Münster Zertifikatsübergabe. Renovierung Schlafzimmer, abends allein zum Diner bei Kyriatis. Zwei Tage spontan auf den Darß, übernachtet im Kurhaus-Hotel, edel, Besuch des Kunstmuseums Ahrenshoop. Am 22. November zum Arztgespräch bestellt, Vorgehensweise mit Patientenverfügung und Zukunft erläutert. Vom 23. bis 27. November vier Tage Paris zum

Workshop, Polina getroffen, Rückflug storniert, einen Tag später zurück. Am 30. Christmas-Party im Büro. Hannover – am 2. Dezember um neun Uhr dreißig Anruf vom Krankenhaus, ich solle kommen, mittags rief ich Bernhards Tochter auch ins Krankenhaus, wir beide saßen an seinem Bett, letzter Atemzug um 17 Uhr 29, entschlafen, tot. Wir blieben noch zwei Stunden zum Abschied. Am 3. fuhr ich morgens zum Bestattungsinstitut im tief verschneiten Falkenhain, um alle Formalitäten zu besprechen, von denen ich vorher keine Ahnung hatte, die jedoch wie automatisch abliefen. Mittags ins Büro, Mitteilung an alle. Am 4. Absage an Besucher, Schwester und Schwager für Spandau, Mitteilung. Dienstreise nach Konstanz über Zürich, Weihnachtsmarkt am Bodensee, welche Stille. Enkelkinder zu Besuch, da ich im FEZ Theaterkarten für „Vom Prinzen, der nicht heiraten wollte" als Enkelgeschenk gekauft hatte, alle vier waren mit. Cottbus-Kinder zurückgebracht, bei Innenarchitektin Einrichtungsplan fürs Haus machen lassen.

Mitte Dezember mit Foto und CD zum Friedhof, am 17. Dezember Urnenbeisetzung auf der Grünen Wiese des Friedhofs in der Seegeberger Straße, Schnee über Schnee, eiskalt, nicht alle konnten kommen, da überall Straßen- und Autobahnprobleme, in der Kapelle waren 21 Leute versammelt. Ich ging voran, allein mit Gebinde zur Beisetzungsstätte. Mittagessen in Gaststätte mit allen Gästen, Enkelin Juliane wurde von Schule abgeholt – das war die Beisetzung.

Weiter im Berufs-Alltag, am 21. Dinner der drei Geschäftsführer.

Am Heiligabend saß ich allein vor dem Kamin, erstarrt, unbeweglich, die Gedanken ließen sich nicht fassen und drehten sich spiralförmig immer um nichts. Am ersten Feiertag fuhr ich nach Berlin zum Mittag zu Neffen und Familie und deren Eltern. Am zweiten Feiertag, für den Pierrows Geburtstagsfeier bei mir im Haus geplant war, fand diese nicht statt, sie sagten einfach ab, es gab den ersten Eklat mit der Familie des Sohnes, ich war fassungslos! Ich besuchte Habedanks am 31. nachmittags wie jedes Jahr.

2011 Und nun allein

Zum Neujahrsbesuch am Samstag kamen Schras. Ich hatte ein Kribbeln auf der Stirn, Eve vermutete Gürtelrose. Am Sonntag kam ein Falkenhainer Ehepaar, Leute von unseren fünf Bekannten aus dem Ort. Am Montagmorgen ging ich zum Arzt, der sofort ganz aufgeregt wurde und die Diagnose Zoster ophthalmicus (Gürtelrosenart) stellte. Das linke obere Kopfviertel war betroffen bis hinein in die Augenpartie, er schickte mich sofort zum Augenarzt wegen der möglichen Gefahren. Ich bekam starke Medikamente mit exaktem Zeitplan der Einnahme. Drei, vier Wochen lang hatte ich starke Schmerzen und Hautschädigungen durch die intensive Virenaktivität auf der Stirn bis zur Augenhöhle. Mit der Zeit vernarbten die aufgefressenen Hautpartien langsam, verschwanden jedoch nicht. Kinder und Enkel kamen zu Besuch. Die Badezimmertür wurde gewechselt, der Schornsteinfeger kam. Auf der Besuchsfahrt zu Berliner Enkeln machte ich Stopp im Büro, um nachzusehen und Termine ändern zu lassen, denn ich war richtig krankgeschrieben. Besucher Schras, Bruder und Frau. Ich fuhr nach Bernau zu den Eltern wie jeden Monat. Ines mit Bekanntem aus Dresden auf Busreise nach Berlin, Tag im Deutschen Historischen Museum. Ausstellungsbesuche Else Lasker-Schüler, Emerson Gallery. Cottbus-Besuch zum Geburtstag meiner Tochter. Mietwagen Fiat gebucht und Pierrow nach Leipzig zu den Großeltern gebracht. Er sprach über eine Stunde kein Wort, dann hörte ich plötzlich: „Ich habe Schafe gesehen." Da war ich sehr erleichtert, die Großeltern freuen sich sehr, besonders der Opa widmet seine ganze Zeit dem Jungen. Auf der Rückreise Halt in Wiesendorf, Frau Gast besucht. Mein GmbH-Partner kam zu Besuch nach Falkenhain, wir aßen das Letzte von Bernhards gekochtem und bis jetzt eingefrorenem Essen, Gulasch. Bob Jestram aus New York war zum Berlin-Besuch, wir waren im Restaurant im Nikolaiviertel, er hatte mich erstmalig eingeladen und Geld zum Bezahlen, sein Geld von der US-Luftwaffe war eingetroffen. Ansonsten schlug er sich in NY mit Bewerbungen an Theatern durch und versuchte, sein Stück unterzubringen. Potsdam-Besuch bei meiner Sekretärin und ihrer Familie. Besucher bei mir, wieder Elizabeth. Einbau der Schiebetür zum Flur in der kleinen Diele. Das war mein Krankheitsmonat Januar, der Februar begann gleich mit einer dreitägigen Dienstreise nach Wien. Abends Dinner mit meiner Wiener Bekannten. Bernau – Berlin: Tour zu Eltern, Kinder und Enkeln und Bruder und Frau. Besucher Martina. Sohn sagte Besuch bei mir ab, weil Auto nicht ansprang und er keinen Bock auf Öffentliche hatte. Pierrow war traurig. Fahrrad gekauft, Gartenarbeit, Ausflug nach Sommerfeld zur Mutter in der Reha. Besuch bei Kindern und Enkeln in Berlin. Dienstreise nach Hamburg trotz des 10. Jahrestags bei der Testfirma. Türeinbau vom Handwerker beendet, nach sechs Wochen. Dienstreise nach Nürnberg – Würzburg – Bremen. Der März begann mit zwei Theaterbesuchen im Maxim-Gorki- und im Deutschen Theater, Stücke habe ich vergessen. Nach Potsdam zur Gastroskopie, dann ins Büro. Birgit zu Besuch und Ausflug nach Ribbeck. Firmenmitarbeiter zu mir nach Hause nach 16 Uhr eingeladen und großen Tisch eingeweiht. Dienstreise nach Köln, Hotel Cöllner Hof, und Besuch der Claudius Therme. Kleiner Bruder hatte zweite Schilddrüsen-OP. Emerson Gallery, Vernissage. Jamila zu Besuch, Friedhofsbesuch mit ihr bei Bernhard, Lunch beim Griechen. Dinner im Nikolaiviertel mit altem Berufsbekannten und Frau. Zu Besuch in Bernau bei meinen Eltern – nach Berlin zu Besuch zu meines Sohnes Familie. 1. Geburtstag von Ada. Philharmonie, „Salome" mit Birgit. Pierrow hat Ohren-OP. Falkenhainer Bekannte bringt mir eine Putzfrau fürs Haus. Wochenende am Scharmützelsee in Ferienhäusern mit Cottbuser Familie und Berliner Familie sowie Leipziger und Geraer Großeltern, Einlösung des Weihnachtsgeschenks für mich von allen, aber zu unterschiedlicher Tagesablauf, zu verschieden Tempi bei Spaziergängen, alles in allem sehr schwierig und auseinanderdriftend. Quintessenz: einmal und nie wieder diese Konstellation. Kurbekannte Leonora aus Moskau zu Besuch, Lunch im Seerestaurant. Renaissancetheater. Zweitägige Dienstreise nach Saarbrücken zur Autofirma Renault, dabei Ausflug nach Straßburg, nachts über Offenburg mit Zug zurück. Ines zu Besuch, Konzert in der Zitadelle zur Frühjahrsklassik. Berlin: Dampferfahrt, Stadtrundgang – mit Schras Nauen und Schloss Ribbeck. Dienstreise nach Saarbrücken und am nächsten Tag Neu-Isenburg. Dienstreise nach Hamburg. Karfreitag kamen Eltern nach Falkenhain, am Feiertag Cottbuser und Berliner Kinderfamilien zu Besuch. Vaters 86. Geburtstag in Bernau. Anschließend fuhr ich allein an die Ostsee, wohnte im Hotel Landhaus Dierk, Markgrafen Heide, Hohe Düne, Graal-Müritz Rhododendronpark. 26.-30. April in den Niederlanden in Scheveningen und Den Haag zu meinem letzten Meeting des europäischen Firmenverbandes, beide Nachfolger mitgenommen. Dinner im Kurhaus, Ausflug nach Keukenhof in den Tulpengarten. Spaziergang mit Nachfolgern entlang des Nordseestrandes, nach Amsterdam allein. Canal Cruise in Orange, wegen Geburtstag der Königin, im Rembrandt Huis, beeindruckt vom Alkoven–Bett. Tracy in Berlin, Stadtspaziergang. Hamburg: Theater „Das Schmuckstück". Wien im Hotel: Essen, Treffen mit OZ. Koblenz. 20. bis 27. Mai mit Rob, 5 Jahre alt, in Urlaub nach Mallorca, da Vollmacht vergessen auf dem Flughafen, viel Kommunikation mit Schwiegersohn, bis Fax–Bestätigung kommt. Grillparty in Falkenhain – mit wem? DML-Jahrestreffen in Pretzien. Alex Oase, Cocktails mit Eva-Maria und Takeus. Schras zu Besuch. Nach Bernau zum Vater, Mutter in Moabit zur Kurzzeitpflege, besucht. Stadtfest in Cottbus, Enkelbetreuung. Dinner am Alex mit Takeus, Harry und Eddy. Bruder und Frau in Falkenhain. In Bernau zu Mutters 82. Admiralspalast. Hamburg: Amerikazentrum, tätlicher Angriff von Betrüger-Vater, Polizei gerufen! Datenaufnahme. Ulm, zwei Tage. Anfang Juli Klassentreffen in der Brandtsheide im Fläming, Parkwanderung, Café Simone, Hotelabend. Nach Arbeit zu der Familie des Sohnes, Kinder produzieren Überschwemmung im Bad, Ärger. Wustermarks Eves Geburtstag. Die Familie von Bernhards Sohn zum Kaffee und Grillen bei mir. 11. bis 15. Juli in Madrid zur Teilnahme an ATI-Forschungsprojekt. 15. bis 18. In Barcelona bei Familie Weiler, Polina schwanger, abends Wassermusik und Farblichtspiele auf Terrassen, Stadtstruktur symmetrisch, Markthalle beeindruckend. Zehn Tage Urlaub, nur Ausflüge nach Cottbus, Innendekorateurin beauftragt für Haus. Bernau: Umzug der Mutter ins Seniorenheim, Vater bleibt in der Wohnung allein. Berliner Dom, Barockfest. Bar Libération? Pierrow abholen. Elizabeth zu Besuch, Radtour zum See, am nächsten Tag mit Auto vollgeladen mit Gartenpflanzen, von mir nach Hohenwutzen gebracht. Gendarmenmarkt: Freiluftkaffeerunde mit ELA-Team. Besucher mit nach Falkenhain, sie möchte einziehen, wie auch Jamila bereits, doch ich will keinen Untermieter! Theater im Palais, mit Birgit und Maria zu Peter Ensikat. Dienstreise nach Münster zum Bundeswettbewerb Fremdsprachen. Cottbuser zu Besuch. Pierrow abholen. Frau Giering in Rittersteig besucht. Am Samstag, 28., Gäste, meine Geburtstagsfeier zum 64. im Garten. Renaisssancetheater „Ewig jung" mit Schras. Bernhards Enkelsohn Ed zieht um, er holt sich Möbel und Haushaltsausstattung sowie Erinnerungsstücke an Opa bei mir ab. Am 3. September räumen wir die Wohnung der Eltern in Bernau aus, da beide im Seniorenheim sind. Dahlem, im Botanischen Garten, mit Elizabeth zum Staudenmarkt. Dienstreise Mülheim an der Ruhr und Braunschweig. Schaperstraße zur Lesung von Schras Sohn und Schwiegertochter. In Eberswalde zum Sozialamt wegen gesetzlicher Regelung zur Unterstützung der Mutter, Ergebnis: 100 Euro sind monatlich von mir für sie zu zahlen. Cottbus, Klassentreffen der Grundschulklasse, ich sah nach 49 Jahren meine früheren Klassenkameraden wieder. Spreewehrmühle, beste Freundin Christina extra wegen mir gekommen. Dienstreise Hannover – Bremen – Kiel, treffen mit Peter von Pädagogica. Von September bis Dezember kaufte ich neue Möbel fürs Haus, richtete das Arbeits- und Wohnzimmer neu ein nach Innendekorateurin, kaufte sehr teure Übergardinen. Vom 1. bis 8. Oktober flog ich mit Enkeltochter Klara, 8 Jahre alt, nach Griechenland, Chalkidiki, Hotel Alexander the Great, Saisonende, nichts mehr für Kinder. Polsterer aus Babelsberg holte Couch ab, wir übergaben sie durchs Fenster, sehr praktisch. Zum Dinner mit Jamila und Wilfried F. Vom 14. bis 16. Oktober in Dresden bei Ines und Renate, dann Oederan, es wäre der 23. Hochzeitstag gewesen. Dienstreisen Remagen und Köln. Am 24. Oktober Geburtstag für Hilmar, 70. Im Hochhaus am Alex organisiert mit früheren Kollegen und Studenten. Berliner Dom, „Jedermann" mit Birgit. Dinner im „Alpenwirt" als Lehrertreffen des ehemaligen Sprachinstituts – Bruder und Frau zu Besuch. Pulsnitzer Pfefferkuchenmarkt mit Tochter und Enkeln Klara und Rob. Mannheim drei Tage. Bundeswettbewerb für Fremdsprachen vier Tage in Dreieich, dazwischen Flug nach Berlin und zurück zur Testkorrektur, dann Zertifikatsübergabe. Flugverspätung, ich daher zu spät zur Caipi-Party im Büro. Eine Woche Urlaub zu Hause. Eröffnungsfeier neuer Sprachschule in Berlin. Treffen mit ehemaliger Kollegin zum Dinner im „Bauernlümmel". Mitte November holt der Buchhändler große Bücherkisten ab, ich hatte aussortiert und hoffe, er verkauft sie über sein Antiquariat, ich habe nichts dafür bekommen. Besucher Schras, Bruder und Frau, Elizabeth für gemeinsamen Möbeleinkauf in Falkenhain, Teppich und Sitzbank. Am 24. November lud mich mein Sohn zu Starbucks ein zwecks einer Aussprache, ich verstand nicht, was er von mir wollte! DGFP Veranstaltung im Atrium. Emerson Gallery, Vernissage. Schaubude „Lichterloh" mit Sohn, Enkelsohn und -tochter, war mein Weihnachtstheatergeschenk. Cottbus – zu Besuch bei H-M, Grundschulfreund. Dinner mit Darmstädter im Hyatt. Klara und Rob bei mir zu Besuch, FEZ „Peter und der Wolf", ich bring die Kinder mit der Bahn nach Cottbus und fahre mit Gegenzug zurück, denn abends im Admiralspalast zu „Kinder vom Kleistpark", war Einladung von der Familie meines Sohnes. Schras zu Besuch. Dienstreise nach Nürnberg und Lauf an der Pegnitz zu japanischer Firma. Besucher Marlen H. in Falkenhain, dann Jamila, wieder Friedhof und Kyriatis. Am 12.12. X-Mas Party im Büro. „Dinnerkrimi auf der Spree", Schifffahrt mit Birgit. Zu Besuch bei der Familie meines Sohnes. Dienstreise nach München. Infrarotkabine wird angeliefert. Jahresabschlussdinner, wir drei Geschäftsführer. Weihnachtsmarkt Alexanderplatz mit Takeus und Glühwein. Zur Familie von Bernhards Sohn zum Weihnachtsbesuch. Nach Bernau zu Eltern ins Heim. Am Heiligabend Birgit mit Tochter bei mir im Haus, Spiel und Kaminrunde, abends mit ihnen nach Berlin, ich zu Bruder und Frau. Cottbus, Tierpark, Pierrows Geburtstag war mir abgesagt worden, Familie in Leipzig. Hier gab es einen ersten, schriftlich ausgetragenen Eklat mit meinem Sohn und seiner Frau, ich füge es ein:

22.11.2011

Liebe Amo, liebe Mama! Nachdem nun meine ganze Familie schläft, will ich kurz festhalten, was wir mal besprechen sollten:

Du taktest uns in dein Leben ein, ohne wirklich auf unseres zu achten. Mein Geburtstag war ein Beispiel dafür: Du rufst nur wenige Stunden vorher an und bietest zwei Zeitfenster an, die beide an beiden Enden beschränkt sind. Auch bei den anderen Nachmittagen weißt du immer schon auf die Minute, wann du wieder gehen willst, bevor du überhaupt weißt, wie es sich entwickelt. Natürlich muss man immer gucken, wie man alle Wünsche und Verpflichtungen unterbringt – aber kleine Kinder gehen nicht einfach so auf Abruf. Zumindest nicht bei uns.
Mein Geburtstag war dann leider ziemlich hin – Heidi und ich hatten uns ja auch was überlegt. Du bist uns immer willkommen, aber die Kinder haben ihre leidlich festen Zeiten. Wann wärst du denn gekommen, wenn Ich dir keine SMS geschrieben hätte? Und dann die Sache mit Weihnachten und Pierrows Geburtstag. Das ging auf ganz vielen verschiedenen Eben nicht! Zunächst mal kannst du nicht meiner Frau so ein Erpressungsgespräch antun, nur um es nicht mit mir führen zu müssen. Wenn du etwas mit unserer Familie besprechen

willst, dann geht uns das auch alle an. Ich überlasse die Organisation natürlich/leider meist Heidi (vor allem, wenn es Terminkonflikte gibt), aber „zuständig" bin ich schon auch. Und Sachen mit Heidi zu klären, weil du mich für unfähig hältst, ist schon fast eine Beleidigung für mich UND dich. Ich bin durchaus irgendwie – aber zu mindestens 50 % durch dich. Vielleicht sind die anderen 50 % etwas anders, als du denkst. Ja, ich gehe Konflikten gern aus dem Weg, aber das heißt nicht, dass ich beliebig biegbar bin.

Auf der Terminebene ging es auch nicht: Wir waren nun 3 Jahre bei dir und nun sind eben mal die anderen Großeltern dran. Nicht, weil wir eine Strichliste führen, sondern weil wir das so wollen. Nicht gegen dich – nur einfach trotzdem. Na klar hast du dich darauf gefreut – aber es war noch gar nicht endgültig abgemacht, es war also nicht mal eine Terminabsage. Es war einfach nur anders, als du gedacht hast.

Vielleicht ist unser gegenseitiges Selbstverständnis anders als früher. Meine Familie ist keine „Außenstelle" von deiner. Wenn wir gemeinsam etwas machen wollen, dann müssen wir gemeinsam einen Termin finden. Den anderen „mal eben dazwischenschieben" kann man auch mal versuchen, aberwenn das nicht geht, geht es eben nicht. Wir führen hier unser eigenes Leben nach unseren eigenen Spielregeln (die völlig anders sind als deine, die von Karen oder die, die wir Kinder früher bei dir oder Heidi bei ihren Eltern hatte(n)). Und wir haben auch eigene Terminkalender, die schon so ziemlich voll sind. Und wir haben auch nur die Kraftreserven, die wir haben.

Bis jetzt sind wir deinen Rufen am Wochenende meistens gefolgt. Das heißt aber nicht, dass wir auf Abruf bereitstehen. Die Lampenbastelaktion mit Rolf haben wir schon eher Rolf zuliebe gemacht, damit er das nicht allein machen muss. Auf Laubsammeln waren wir nicht eingestellt, sonst hätten wir vielleicht auch nicht nur die Sonntagskleidung mitgebracht. (Und ich will auch nicht wissen, ob Rolf dir die Lampen irgendwie geschuldet hat – er hat auch ein eigenes Leben und mit der Tick-Tack-Oma echt viel am Hacken. Ich an seiner Stelle hätte dir die Lampen vermutlich ausgeredet …)

Wir haben im Moment das Gefühl, dass du dir bei uns ab-holst, was du brauchst. Allerdings als Einbahnstraße. An deinem Leben lässt du uns nicht teilhaben (von den „technischen Daten" mal abgesehen). Ich weiß nicht warum – vielleicht, um uns nicht zu belasten. Vielleicht, weil es gefühlt nur deine Sache ist. Wer weiß. Aber so funktioniert Kommunikation auf Augenhöhe nicht – das funktioniert nur auf Arbeit (und selbst da ist es diskutabel).

Jedem nur das zu erzählen, was man selbst meint, dass es der andere höchstens wissen muss, ist keine gute Kommunikationsstrategie. Und wenn es ein „Empfänger" rausfindet, ist es eine kleine Katastrophe.

Bis jetzt war es unangenehm, jetzt wird es schwierig: Wir haben das Gefühl, dass du nicht bei dir selbst bist – und dass du auch nicht richtig hinguckst. Du gehst mit den Kindern um, wie du aus der Erinnerung denkst, wie man mit unseren Kindern umgehen muss – aber ich glaube, du hast verpasst, wie alt der Pierrow inzwischen schon ist. Er ist auch kein kleiner Robert. Er ist völlig anders, und er ist völlig anders als vor einem Jahr (vor allem, wenn es um eine Dickkopf-Situation geht.). Deswegen will ich am Sonnabend mitkommen. Pierrow liebt seine Amo und will wirklich gern was mit ihr machen. Aber er spürt auch irgendwas. Nachdem du gegangen bist, hat er gefragt, ob ich beim Ausflug mit der Amo mitkomme.

Liebe Amo, wir wollen dich nicht ausschließen oder vergraulen. Aber zum Schutz meiner eigenen kleinen Familie muss ich hier die Reißleine ziehen! Im letzten Jahr haben wir vier emotional „draufgezahlt", wenn wir mit dir zu tun hatten – das können und wollen wir nicht mehr durchhalten.

Wir müssen uns neu zusammenfinden und vielleicht überdenken, was wir vom jeweils anderen halten. Oder einfach wieder genauer hingucken. Und mehr sagen, was uns passt bzw. nicht passt. Auf Augenhöhe. Und vor allem sollten wir im Gespräch bleiben, um uns nicht zu verlieren.

Hast du also morgen (Dienstag) am Nachmittag Zeit? Ich würde gern mit dir draußen einen Kaffee trinken gehen.

Bis dann,
dein großer Sohn, 22.11.2011

Hilflos las ich es immer wieder. Ich wusste nicht, was ich getan hatte.

Deutsches Theater „Der einsame Weg" von Kleist – zu Besuch bei Habedanks in Falkenhain. Potsdam, zu Besuch bei Familie meiner Sekretärin. Silvester Urania mit Schras zu Travestieshow, Schras dann bis 23 Uhr bei mir, dann nach Wustermark. Jahresbeginn 2012, Neujahrsspaziergang allein rund um den Falkenhainer See.

14.1 Mein letztes Arbeitsjahr – 2012

Über den Jahreswechsel zu Hause in Falkenhain, Neujahrsbesucher, Bernhards Sohn mit Familie. Abschluss der Renovierungsarbeiten. Housewarming Party, von zwei eingeladenen Besuchern nur einer gekommen. Bernau bei Vater, Vorbereitung der Umsiedelung von Opa zu Oma ins Heim. Besucherin Elizabeth. Dienstreise nach Hannover, nur ein Tag. Umsiedelung von Opa ins Seniorenheim, zweite Etage Einzelzimmer, Oma wohnt Parterre, wir sind froh, dass sie getrennte Zimmer haben. Besuch in Berlin bei Familie des Sohnes. Zwei Tage Dienstreise nach Salzburg, abends zum Dinner, Konzert im Barocksaal mit Mozartarien, schöne Atmosphäre. Dienstreise Dresden, dann nach Cottbus zu Karens Geburtstag, wandern mit Christina. Besucher. Kulturhaus Spandau, Kino „Freud und Jung". Döberitzer Heidi, wandern mit Schras. Potsdam, Filzhut gekauft. Der Februar begann mit einem Besuch bei Oma und Opa im Seniorenheim in Bernau, nachmittags bei Familie des Sohnes. In Berlin. Philharmonie, zum Lunchkonzert. Bar jeder Vernunft „In-my-sixties"-Konzert von Maren Kroymann. – Berliner Familie des Sohnes hatte leider den Wochenendbesuch meines Enkels Pierrow abgesagt, so fuhr ich zu Besuch. Nach meinem Spontanbesuch im Maklerbüro im Januar nach einsamer Wanderung durch verschneiten Wald um den See ging ich zum Maklerbüro, um zu erfragen, ob mein Haus verkaufbar sei. Jetzt kam der Makler ins Haus zur Besichtigung und Beratung. Theaterclub, Frühstück im Hotel Maritim mit Birgit, anschließend Besichtigung des Bendlerblocks in der Stauffenbergstraße, nachmittags zu Bruder und Frau. 24.- 26. Dienstreise Dortmund und Oestrich-Winkel im Rheingau zur ersten lines-Konferenz, Hotel im Kloster Johannishof. Zwei Tage Enkelin Ada nah Falkenhain geholt. März, drei Tage zur AKS-Tagung nach Mannheim. Ferien-Enkelkinder aus Cottbus in Falkenhain, ich brachte sie zurück nach Cottbus und ging mit Christina wandern. Am 12. März feierten wir eine Büroparty bei mir in Falkenhain, sehr schön. Dienstreise nach Graz. Besucher Iris aus Dresden, abends Berlin, Habel, Weinkultur zu Dinnerkrimi. Eine Woche allein Urlaub in Zinnowitz im Hotel Usedom Palace, Radtour nach Peenemünde, Ahlbeck-Heringsdorf, Kollegen von Bernhard getroffen.

Mein Rentenbescheid ist eingetroffen auf der Basis meines Versicherungsverlaufs. Eine Seite genügt, um meinen Lebensweg inklusiv aller Krankheiten und Schwangerschaften aufzulisten. Ist es nicht toll?

Versicherungsverlauf zur Rentenberechnung

Diese Seite fasst die einzig relevanten Daten meines Lebens zusammen.

Sep. 62 bis 31.07.1966 Schulausbildung 12. Klasse=Abitur
28.02.-16.03.1963 KKH Brandenburg Blinddarm-OP
02.07.-24.08.1965 KKH Brandenburg Neurologie
01.08.1966 bis 31.08.1966 Übergangszeit September 1966 – Juli 1968

01.09.1966 bis 03.07.1970 Hochschulausbildung Diplomlehrerin
August 1968-Juli 1969 Teilstudium in Rostow-am-Don
August 1969-Juli 1970 Hochschulausbildung Diplomlehrerin
01.08.1970-31.07. 1973 Potsdam, Befristeter wiss. Assistent
Pflichtbeitragszeit
11.12.1970 bis 19.03.1971Schwangerschaft/Mutterschutz
22.01.-30.01.71 Oskar Ziethen KKH Karen*
20.03.1971 bis 31.07.1973Pflichtbeitragszeit Potsdam
28.04. 501
12.06.-21.06.72 Friedrichshain Mandeln
01.08.1973 bis 19.10.1977 AAÜG Ministerium des Innern
22.01.-25.01.73 640
20.10.1977 bis 30.11.1978 Schwangerschaft/Mutterschutz Roy*
1.12.1978-7.05.1978 unbezahlte Freistellung, da kein Krippenplatz
08.05.1979 bis 28.02.1990 AAÜG MdI Entlassung
30.06.1990 extra Überleitung
01.01.1990 bis 31.08.1990 Schule Marzahn
01.09.1990 bis 31.12.1991 freiberuflicher Dozent
01.02.1991 bis 31.08.1996 SVN Pädagogica DÜVO
02.09.1996 bis 17.10.1996 AFG Arbeitslosigkeit
18.10.1996 bis 06.10.1997 DÜVO Flasen
07.10.1997 bis 15.03.1998 AFG Arbeitslosigkeit
16.03.1998 bis 15.02.2001 DÜVO DEÜV ELA
16.02.2001 bis 30.04.2009 DEÜV ATI
01.05.2009 bis 28.09.2012 selbstständig GF
1.10.2012 Ruhestand

14.2 Geschrieben im März 2012

Wie es mir geht? Rhetorische Frage, oder ernsthaft?

Mir geht es gut. Ich kultiviere meine Einsamkeit. Wie das aussieht? Ganz prima. Ich komme gerade aus der Bar eines 5-Sterne-Hotels nach der Konsumation meines Begrüßungscocktails – 70 % Orangensaft, 20 % Saft und der Rest Erdbeersirup. Sah hübsch aus, ich auch mit Lockenstruwwelkopf in weißer Bluse mit abgesteppten Silbernähten und schwarzer Schlaghose und sogar Absatzschuhen. Zuvor war ich immerhin zum Dinner in diesem Hotel, 2-Gänge-Menü, von dem ich den Hauptgang hatte, auf die Suppe verzichtete, dafür einen Salat nahm, der jedoch mit 3 EUR extra ausgepreist wurde. Muss ich nicht bemängeln, denn es war köstlich, und außerdem hatte man mir als Gruß des Hauses ein Tomätchen im Speckmantel bereitet, nachdem ich das Ziegenkäseschälchen zurückweisen musste. Ziege geht gar nicht, da stehen mir ruckartig die Haare zu Berge, und mit meinen Dauerwellen-Strubbellocken sehe ich schon wüst genug aus. Die sind nicht durch die Kräuterduftsauna so strubbelig geworden, die ich vorher durchgesessen und -gelegen habe, nein, vor sechs Wochen war mir nur nach Locken, Wellen, mehr Haare und Volumen auf dem Kopf, denn im Winter mit Kopfbedeckung klatschen die Haare immer so an. Und meine neue Kopfbedeckung sssieht noch irrer aus als meine Locken; es ist ein kunsthändlerischer Filzhut, der die Ohrläppchen, meine empfindlichsten Körperteile, überstülpt, passend mit lila Bändchen, das die Paspelierung meiner dunkellila Winterjacke aufnimmt. Als mein Bruder mich mit dem Hut sah, meinte er, ich sähe aus wie eine von der Heilsarmee und fragte, ob ich mittlerweile auch singen gelernt hätte. Am Tag zuvor hatten er und seine Frau auf der Straße gestritten, ob ich es gewesen sei oder ein Phantom, Locken, Hut, Nichtreagieren auf ihre Rufe hatten sie verunsichert. Dabei war ich es tatsächlich gewesen, natürlich wie immer im Sturmschritt auf das nächste Ziel fixiert, Bahnhof, Regionalzug, drei Minuten vor Abfahrt. Den Zug habe ich erreicht, nach Hause, Tür auf, rituelles Ankommen, umkleiden – als würde es auf etwas ankommen. Dabei wartet schon seit anderthalb Jahren niemand mehr auf mich. Das Haus ist leer, ich bin allein.

Mein Mann starb im Krankenhaus drei Wochen vor dem vorletzten Weihnachten, ich war die letzten Stunden bei ihm, habe den letzten Atemzügen gelauscht. Ich habe seine Hand gehalten, als er ganz ruhig entschlief. Es war der Abschluss seines achtwöchigen Komas auf der Intensivstation und der technisierten Lebenserhaltungsmaßnahmen. Er hat mich nicht mehr erkannt, nicht mehr wahrgenommen. Vielleicht noch am ersten Tag nach seinem nächtlichen Zusammenbruch.

Am Donnerstag, 2. Dezember um 9:30 Uhr, rief das Krankenhaus an und bat mich zu kommen. Um 17:29 Uhr trat der Tod ein.

14.3 Weiter geht es mit dem Jahreslauf 2012

In Karlshorst mit Schras zu Besuch bei früherem Kollegen. 27. März Adas 2. Geburtstag, Kita. 28. März Robs sechster Geburtstag, ich in Cottbus, vormittags Treffen mit Grundschulfreundin Dorit im Café Lauterbach. Vom 30. bis 31. mit Dienstwagen nach Nürnberg. Anfang April Dienstreise nach Nürnberg erneut, diesmal Flüge. 6. April sechster Jahrestag des Einzugs ins Haus. Ostern, beide Kinderfamilien zu Besuch in Falkenhain zum Ostereiersuchen, alle gemeinsam auf dem Friedhof bei Bernhard. Die Familie von Bernhards Sohn zum Osterbesuch. Im Tipi mit Birgit bei Dominique-Horwitz–Konzert. Besucher Krushi. Pierrow und Ada aus Kita abgeholt, spät zu Hause. Drei Tage Dienstreise nach Basel und Lörrach, in Basel mit geführtem Stadtspaziergang. Am 29. April in Cottbus zu Klaras Taufe in der Klosterkirche. Mai, Ausflug mit Birgit. Kino International „Gloria", allein. Flughafen Schönefeld zum Abholen der Familie des Sohnes, ich nur Gepäcktransport. Besucher, Sekretärin mit Familie. Foyer Hilton, ELA-Gruppe. Dienstreise Hannover. Mit dem Makler zum Notar am Ku'damm, Wartezeit lange trotz Termin. Lunch mit Mike. –Himmelfahrts-Wochenende in der Alten Hölle bei Rittersteig, Ausflüge nach Lutherstadt-Wittenberg. Dessau, Bauhaus, Meisterhäuser, Wörlitzer Park, auf der Rückreise. Frau Giering besucht und in der Therme Belzig gebadet. Emerson Gallery, Lesung. Pfingsten Cottbuser in Falkenhain zu Besuch. Abgabe des Wohnungsantrags bei der WBM. Im Notariat zur Urkundenvorbereitung. Emerson Gallery, Vernissage. Am 2. Juni Hausbesichtigungen bei mir von vier Familien. Deutsche Oper, „Die Zauberflöte", allein. Dritte Caipi-Party im Büro. Ämterbesuche in Falkenhain zwecks Hausverkauf. Martina V. mit Übernachtung. KITA, Enkelkinder abgeholt. Magdeburg, zum 65. Geburtstag einer Schulfreundin, Feier im Le Frog. Besucher, Besuch in Finkenkrug bei früherer Kollegin. In Potsdam zur Beisetzung einer Schulfreundin, der Ersten, die gestorben ist. Wohnungsbesichtigung in der Magazinstraße. Cottbus, Sommerfest im Konservatorium. Pierrow mit Eltern ins Krankenhaus, Friedrichshain–Tour. Dienstreise nach Erfurt, zwei Tage, anschließend zur lines-Tagung in Eisenach auf der Wartburg. Erfurt, EGA-Treffen mit kleinem Bruder und Frau. Dinner in Berlin mit Darmstädter und meinem Stellvertreter. Maxim-Gorki-Theater, „Der Geisterseher" von Schiller. Maritas Salonabend in der „Giraffe". Wohngäste, Dani und Roy ziehen in den Bungalow in Falkenhain. Dienstreise Köln. WBM wegen Wohnungsantrag. Besucher Tracy, Ines. Cottbuser bringen Auto nach Falkenhain, ich transportiere sie nach Tegel zu ihrem Abflug nach Korsika. Christina aus Cottbus mit Auto zum Tagesbesuch bei mir. Wustermark – Urlaub eine Woche, Ausflüge nach Hohenwutzen, nach Saarow zum kinetischen Künstler A. Partz. KITA-Kinderfest bis sechs Uhr abends. Ausflug mit Birgit in die Bücherstadt Wünsdorf, Antiquariate, russische Teestube, isoliertes Elektrokabel für meinen Samowar gekauft. Kristi aus Oederan mit Klasse in Berlin, Lunch im Nikolaiviertel. Zweiter Salonabend in Gabriel-Max-Straße, EM-Bar. Abholung der Korsika-Reisenden, in Tegel Übergabe ihres Autos, ich mit Öffentlichen nach Falkenhain zurück. Nach Berlin zum Mieter meiner Wunschwohnung zwecks Absprachen. Ralfs Geburtstagsdinner im Goodtime am 25. Juli zu dritt. Mit Dienstwagen nach Nürnberg und Lauf an der Pegnitz, Dinner mit Susan im Hotel zur Post. In Nürnberg Besuch des Germanischen Nationalmuseums mit Führung, ausgezeichnet. Hohenwutzen, am 4. August in Cottbus zum Schulanfang von Rob, Übernachtung in

der Jugendherberge. Kita Ada, 9.-21. August Schottland-Rund-
reise mit Kristi und Tommi über Reisebüro, Flugtickets ab BER,
der nicht eröffnet worden war! Umweg über Amsterdam. Am 24.
August Hochzeit meines Sohnes mit Heidi und den beiden Kindern, Kremserfahrt im Nieselregen, Feier in den Offenbachstu-
ben, ich fuhr um sechs Uhr nach Hause. Nach Bernau, ins Büro,
nachmittags mit Birgit zum Vivaldi-Konzert im Dom.Mit Makler zum Notar am Ku'damm, Dokumente unterzeichnen und ab-
holen.Mit Mike zum Einkauf in der Metro für meine Feier am
28.08., mein 65. Geburtstag. Lunch mit Büroteam im Holiday
Inn, Party in der Emerson Gallery mit Gästen aus vier Jahrzehnten meines Lebens. Hamburg, Dienstreise, Dinner mit Kollegen.
Am 1.09. Familiengeburtstagsfeier in den Seeterrassen in Falkenhain. Bürobesuch von ATI zu meiner Verabschiedung, Dinner und Geschenk. Austritt aus der GmbH beim Notar beglau-
bigt, mit beiden GmbH- Mitinhabern, scheußlich unwürdiges
Verhalten. Am 9.09. in Falkenhain, meine Abschieds-Grillpar-
ty. Emerson Gallery, Vernissage. In Schloss Hohenkammer zur
dritten lines-Tagung. Praktikantin zieht in mein Gästezimmer,
ihr Vermieter hatte sie rausgeschmissen. In Pforzheim mit Kollegen zur Einarbeitung, Schulung, Hotel Europa, afrikanisches
Dinner. Samstag, 22.09., ich räume mein Büro aus, Dienstreise nach München. Notar für Unterschriften GmbH. Der 27.
September war mein letzter Arbeitstag. 29.: Praktikantin wird
von ihren polnischen Eltern bei mir abgeholt, sie waren sehr
erleichtert, dass ich sie so gut aufgenommen hatte. Nach Bernau zu Eltern. Ab Oktober Ruhestandsbeginn. Amt Eberswalde wegen finanzieller Unterstützung des Heimaufenthalts für
Mutter. Hohenwutzen, Kita, Enkel abholen. Eine Woche in Prag
bei Hauskäufern, Deutsche Botschaft und viel Kultur (Reisebericht?). Rittersteig, bei Frau Gast. Emerson Gallery, Vernissage.
Hohenwutzen – Bernau – Deutsches Theater, „Joseph und seine Brüder". Besucher Hella aus Wien. Kita, Enkel abholen. Besucher Kristi und Tommi, Juliane, Schras. Berlin-Ausflug mit
Besuchern. Stadtrundfahrt mit Wörlitz-Tourist, Zenner Gasthof mit Jazz-Brunch zu Martinas 60. Geburtstag. Werder, mit

Schras Äpfel zum Mosten gebracht. Berlin, WBM, Lunch mit Krushi, Massage, Birgit, abends zu Issy. Hilmars Geburtstag in Wustermark. Admiralspalast, mit Schras zu Max Raabe. Hyatt–Hotel, Dinner mit Darmstädter Mark. Sechs Stunden Juliane bei mir zum Englisch. Märkisch-Buchholz, dann Cottbus, Klara vom Wettkampf abgeholt und Pflanzen hingebracht. Allein in Tropical Islands – Besucher Schras. Kita, Enkel abgeholt, betreut, Katastrophe im Badezimmer, während ich aufräumte, haben sie alles unter Wasser gesetzt, als die Eltern kamen, viel Ärger. Anfang November zum Pfefferkuchenmarkt in Pulsnitz, Übernachtung bei Großcousine. Am 4. November zogen Bungalowgäste aus, zu kalt, nicht beheizbar, fanden Wohnung in Buch. Besuch von ATI, Dinner-Einladung von Gerben ins „Gendarm", wunderbare Gespräche. Eine Woche Reise nach Gomera zu Enneagramm-Woche. Am 18.11. Brunch-Einladung ins Hilton-Hotel, Issys 60. Geburtstag. Vom 9.-28. November in der Parkklinik in Berlin Weißensee zur Hüft-Operation. Danach zwei Wochen in Falkenhain, laufend Betreuungsbesucher, mindestens fünfzehn verschiedene. Am 2. Dezember Sohn allein bei mir, Bernhards zweiter Todestag. Am 18.12. Abholung vom Medizinischen Dienst zur Reha-Klinik in Bad Freiwalde, Aufenthalt vom 18. bis 7. Januar 2013 planmäßig. In der Klinik besuchten mich zum Weihnachtsfeiertag Bruder Ralf und Frau sowie Sohn mit beiden Kindern, mit denen wir einen wunderbaren Nachmittag im warmen Schwimmbad verbrachten.

14.4 Heiligabend 2012, Moorklinik Bad Freienwalde

Weihnachten war mir immer heilig. Selbst geschaffene Rituale und übernommene machten aus dem Tag immer einen ganz besonderen Tag des Jahres. Und heute?

Auch ein besonderer Tag, doch fernab jeglicher Rituale. Fernab der Familie, Kinder und Enkel. Doch ich habe es so gewollt.

Was soll ich mit Krücken überall im Wege herumsitzen, unbeholfen, ohne nützliche Handgriffe, ohne Spaziergänge? Nein, ich möchte und kann niemandes Klotz am Bein sein. Bein, das Stichwort: Vor vier Wochen wurde mein schmerzhaft quälendes Hüftgelenk gegen ein metallenes ausgetauscht, also bin ich nur wenige Wochen außerhalb des normalen Alltagserhaltens, bald laufe ich besser denn je zuvor. Dann fange ich ein neues Leben an, ja, ernsthaft. Ein neues, unbekanntes Leben in Freiheit und Unabhängigkeit. Diese beiden Worte üben eine ungeheure Faszination auf mich aus, immer wieder lasse ich mir das Wort Unabhängigkeit auf der Zunge zergehen. Es hat den Geschmack von Vielfalt, es reizt die Nerven der Neugierde, es schmeckt nach freiwilliger Disziplin und geplanten Unternehmungen. Mir fehlt so viel Leben.

Ich möchte endlich mein Leben kennenlernen. Wie fühlt sich Leben an? Leben hören ist nichts Unbekanntes, obwohl es mir oft zu laut ist. Leben sehen kann ich hervorragend, auch mit Brille, nein, eher trotz Brille. Leben tasten und spüren ist unbekanntes Terrain. Über fremde Leben zu lesen ist meine Spitzenfertigkeit, Leben selbst leben meine schwächste, Riechen und Schmecken bringe ich nicht mit dem Leben zusammen. Leben ist abgetrennt von mir. Hat es etwas mit mir zu tun? Leben kann ich mir nicht erdenken, Leben kann ich planen, ja, das ist der Zugang für mich. Doch wie erlebt sich Leben, werde ich es durchführen können? Was hindert mich? Ich fühle nichts. Ich weiß nicht mehr, wie es sich fühlt. Ich kann alles sezierend „zerdenken", mir verständlich machen, mich hervorragend in die Situationen einpassen und die geeigneten Worte und Handlungen anwenden, doch innerlich liegt ein schwerer Deckel auf dem Fühlvermögen. Muss ich denn fühlen? Warum? Wozu? Halt, ich spüre einen Mangel, eine Leere. Mir graust es vor der Leere. Grausen ist ein Gefühl, ein gruseliges. Wenn der Deckel sich bewegt und aus kleinen Zufallsöffnungen Gefühlsatem entweicht, spüre ich Schmerzliches. Tränen sammeln sich, ich weine hinter offenen Augen, ich spüre eine Traurigkeit unter die Haut kriechen, und mich friert es. Nur nicht zulassen,

Mundwinkel nach oben, lächeln, sich kerzengerade durchstecken und gehen, mögen auch ein paar Tränen ihren Weg die Wangen hinuntergefunden haben – ich lächle.

Wie bin ich nur dahin gekommen, wo ich heute bin? Vielleicht sollte ich mir mein „Leben" von der Seele schreiben, damit sie frei werden kann? Sicher würde das eine Befreiungstat sein, doch will ich es tun? Ja, das Denken sagt: „Du musst!" Das Denken weiß aber auch, dass es Schmerz bedeutet, den Eisendeckel wegzuziehen. Die Fakten der Lebensereignisse werden aus dem Dunkel hervorklettern, sich darstellen und von mir verlangen, dass ich sie endlich akzeptiere und mich ihrer Deutung nach was-auch-immer für Werten stelle.

Ich habe Angst vor dem Zusammenschlagen der Wellen des dahinreißenden Wassers. Erzähle endlich, fang mit den Zahlen an, es kann doch nicht so schwer sein ... Es ist schwer.

Wie alt bin ich? 65, gerade geworden. Schon diese Zahl möchte ich nicht sagen. Seitdem die Zahl 6 an erster Stelle steht, kann ich nicht mehr sagen, wie alt ich bin. Was ich mache, würde keiner fragen, jedem ist sofort klar, dass ich Rentnerin bin, nur mir nicht. Ich formuliere: „Ich bin vor sieben Wochen in den Ruhestand gegangen." Die meisten meiner Freunde und Bekannten haben nicht geglaubt, dass ich das tun könnte oder gar würde, da ich doch immer aktiv, immer auf Achse, ohne Anzeichen von Ermüdung tätig war. Natürlich bin ich gesund, aktiv und immer beschäftigt, es gehörte halt zu meinem Plan, mich nach Ruhestandsbeginn meinen Knochen zu widmen, sie richten zu lassen, dabei runter und zur Ruhe zu kommen, meine Erinnerungen niederzuschreiben und mit dem Leben zu beginnen. Meine körperliche Beeinträchtigung habe ich richten lassen, jetzt trainiere ich diszipliniert – frei und unabhängig ist das Ziel. Vor dem Niederschreiben der Erinnerungen drücke ich mich Tag für Tag, weil ich ja schon Horror habe, allein die Zahlen und Fakten meines Lebensweges aufzuzählen. Ich erzähle sowieso nicht freiwillig von mir und meinen Lebensdaten. Ich kann inzwischen unterhaltsame wahre Geschichten erzählen, um eine Verhaltensweise zu erklären, wie zum Beispiel, weshalb ich so pünkt-

lich bin. Ich habe nämlich die Zeit verschluckt. Ich bin neben
einer Kirche – deren Glocke alle fünfzehn Minuten mit einem,
zwei, drei, vier Gongs die Vierte der Stunde laut verkündete und
dazu zur vollen Stunde die exakte Stunde des Tages mit einem
tieferen Glockenton gongte – die ersten sechs Jahre meines Da-
seins aufgewachsen. Der Glockenklang drang in mein Wesen,
er war immer hörbar, er lehrte mich zu zählen und zu spüren,
wie lang eine Viertelstunde ist. Ich wurde auf das Zeit-Zählen
„abgerichtet", konditioniert. Für Spielen gab es Zeit, dann rief
die Pflicht. So habe ich die Zeit verschluckt, ich kann sie nicht
vergeuden, sie muss mit Tätig-Sein gefüllt werden, zeitloses Da-
hintreiben ist nicht möglich, Zeiteinhaltung oberstes Gebot –
heutzutage würde man „Stressor" sagen. Zeit stresst mich, ich
flattere am ganzen Leibe, wenn die Gefahr meiner Unpünkt-
lichkeit besteht, auch unverschuldet. Die Kirchturmgeschichte
kommt gut an, ist plausibel und amüsant.

Ansonsten beantworte ich Fragen, die mir über mich gestellt
werden, aber nur die eigentliche Frage, ich hole nie zu längeren
Erläuterungen aus oder ergänze sie durch Zusätze, die ein Bild
ergeben würden. So gebe ich wahre Antworten, denn lügen liegt
mir nicht, doch sind sie entfernt von der Wahrheit. Meine Antworten stimmen, doch die Schlüsse, die das Gegenüber zieht,
sind meist nur bedingt richtig. Ich sehe auch keinen Grund,
mich zu erzählen, ich erzähle mich nicht einmal mir. Ich bin
gespannt, ob ich es schaffe, Daten und Fakten der Reihenfolge
nach aufzuzählen. Es gibt in der traditionellen deutschen Ver-
haltens- und Kommunikations-tradition ein Muster, das für
mich sehr hilfreich ist. Eigentlich werden keine direkten Fragen
gestellt. Meine Geheimwaffe war stets: Wenn mein Gegenüber
etwas von mir wissen will, dann muss er eben fragen. Wenn er
nicht fragt, erzähle ich nichts. Auch wenn das nicht dem üblichen Verhaltenskodex entspricht. Ich verweigere die Kommunikation auf dieser freiwilligen Preisgabe-Ebene. Doch die Sache
mit den Ausweichgeschichten ist gut, ich rede damit zumindest
viel mehr und gebe nichts Wesentliches preis. Ich bin aber nicht
mehr gar so stumm, langweilig, unfähig zur Unterhaltung. Mir

ist es sowieso viel angenehmer über ein Thema, einen Gegenstand zu reden, der wenig mit mir zu tun hat, allerdings auch hier ohne gut, richtig, falsch, schlecht, also unbewertet. Na, ich muss zugeben, dass ich auch nicht über jedes Thema reden will oder kann. Ich hasse Klischeethemen, über die sich jeder aufregt und doch nichts ändern kann, ich liebe Geschichte.

Und schon bin ich bei meinem freien und unabhängigen Leben, der Plan ist, an die Uni zu gehen und Geschichte zu studieren. Eigentlich hätte ich früher mein Studium gar nicht beenden wollen, ich hätte ewig studieren können – Maulaffen feilhalten und eine Welt erfahren! Doch natürlich habe ich diszipliniert mein Studium abgeschlossen und bin ins Berufsleben eingestiegen. Schließlich ging es um Lebensunterhalt. Doch jetzt bin ich frei und kann schöne Dinge tun, wie Geschichte studieren. Im Frühjahrssemester, nein, es heißt jetzt Sommersemester, fange ich dann an. Bis dahin laufe ich richtig. Welche Umgehungsfrage oder Fangfrage würde mir jemand stellen, wenn er wissen wollte, wie ich lebe? Da gibt es eigentlich keine, also direkt: „Bist du verheiratet? Hast du Kinder?"

14.5 Geschrieben Freitag, 28. Dezember 2012

Mein Familienstand? Verwitwet. Seit wann? Seit mehr als zwei Jahren. Woran mein Mann gestorben ist? Im Juli erkannt, im August alle Krankenhausvorbereitungen für die Chemotherapie vorbereitet, im September Beginn der Chemo und Bestrahlungen, am 4. Oktober nachts der Totalzusammenbruch im Krankenhaus, Koma für acht Wochen, am 2. Dezember verstorben. Ich war die letzten sechs Stunden bei meinem Mann, habe ihn seinen letzten Atemzug tun sehen, Hand gehalten, in den Todesschlaf begleitet. 17:29 Uhr verstorben, so wurde es in den Totenschein eingetragen. Vormittags hatte mich der Arzt auf meiner Arbeitsstelle angerufen und mitgeteilt, dass sein Zustand heute in eine kritische Phase eintritt und ich am Nachmittag kommen sollte. Ich wäre sowieso gekommen. Doch eine Stunde später rief er erneut an, ich solle sofort kommen. Ich fuhr mit der U-Bahn und war gegen elf dort, mein Mann war sehr unruhig. Die Schwester bat mich zu warten, sie würde ihn frisch machen. Als ich wieder zu ihm konnte, lag er ruhig schlafend, ohne künstliche Beatmung, im Bett. Ich nahm seine Hand, streichelte ihn. Dann rief ich seine Tochter an, damit auch sie ins Krankenhaus käme. Ich sagte ihr, es sei soweit. Wir waren beide zweimal in den vorherigen Wochen während des Komas zu Gesprächen mit Ärzten eingeladen worden, ich, seine zweite Frau, und seine Tochter, die Älteste seiner drei Kinder. Es wurde über die Patientenverfügung gesprochen, die er in meinem Beisein am 2. August zu Hause am Wohnzimmertisch verfasst hatte. Er wollte keine Maßnahmen zur künstlichen Aufrechterhaltung der Lebensfunktionen ohne Gehirntätigkeit. Sein langjähriger Freund hatte zweieinhalb Jahre im Koma gelegen, er hatte ihn mehrfach besucht und jedes Mal, wenn er nach Hause kam, gesagt, nein, so wolle er auf keinen Fall enden. Doch nach dem nächtlichen Kollaps hatte er alle medizinischen Maßnahmen von künstlicher Beatmung über Ernährung hin zu mehrfacher Dialyse und Medikamente erhalten. Er wurde laufend untersucht, Blutbild, alle Werte, Röntgen usw. Bei jedem Besuch hatten die Ärzte wieder Hoffnung auf die jetzt geeignete Therapie zur Stabilisierung gehabt, ein Tag war positiv, ohne Fieber, ruhig, am nächsten Tag ging der Kreislauf von vorn los, jedes Mal war ein weiteres Organ betroffen. Nach vier, fünf Wochen kam das erste Gespräch mit Frau und Tochter, um den gegenwärtigen, wenig Hoffnung versprechenden Stand zu erläutern und das familiäre Umfeld abzuklären. Im zweiten Gespräch wurde das bevorstehende Ende in Erwägung gezogen. Die Patientenverfügung spielte wieder eine Rolle – was wäre sein Wille gewesen? Ich sagte, sie könnten von mir nicht erwarten, dass ich trotz Verfügung und meinem Wissen um seinen Willen sage, sie sollten die Geräte abschalten. Nein, das erwarten sie nicht von mir. Als Ärzte wüssten sie, wann der klinische Tod eintritt.

Es vergingen zwei weitere Wochen, in denen ich meiner Arbeit nachging, auf Dienstreisen war, ins Krankenhaus zu Besuch ging im Wechsel mit seiner Tochter, die immer hinging, wenn ich unterwegs war. Bis zu jenem Donnerstag und dem Anruf. Nach dem letzten Atemzug hatten wir, erst seine Tochter, dann ich, noch viel Zeit, um uns von ihm zu verabschieden. Er war ruhig und friedlich eingeschlafen.

Spätabends kam ich im Dunkeln nach Hause. Es war kalt, verschneit, grässlich windig. Ich weiß nicht, wie ich mich bewegte, was ich dachte, nichts. Am Freitagmorgen nahm ich das Telefonbuch und rief das erstbeste Bestattungsinstitut an. Ich konnte sofort kommen. Ich saß vor dem Schreibtisch und wurde abgefragt, Gott sei Dank brauchte ich nicht zu sagen, was ich wolle. Ich wusste es genau bei der Beantwortung der Fragen, seltsam. Wir hatten neunzehn Jahre zuvor in unserem Testament festgelegt, dass wir auf der grünen Wiese beigesetzt werden wollten. So entschied ich mich bei den drei möglichen Friedhöfen, von denen ich keinen kannte, für einen nahe gelegenen mit der am schönsten gestalteten grünen Wiese. Ein Urnenbeisetzungstermin war drei Wochen später möglich, jedoch nicht am Samstag, sondern am Freitag. Ich ließ ein großes Foto für die Feier rahmen, ich spielte Musik, die er gemocht hätte, eine CD. Ich ließ Traueranzeigen für Briefe drucken und sandte sie an Familie und Freunde, angerufen habe ich niemanden. Nach den Bestattungsformalitäten fuhr ich zur Arbeit, sagte nichts. Als wir alle beim Mittagessen saßen, fragte eine Mitarbeiterin, wie es meinem Mann ginge. Ich sage es allen zugleich: „Mein Mann ist gestern Abend im Krankenhaus verstorben." Wir aßen schweigend, ich zog mich als Erste in mein Arbeitszimmer zurück.

Es kam das Wochenende, ich weiß nicht, wie ich es verbrachte. Eine Lähmung hatte sich in mir ausgebreitet. Ich machte die Dinge mechanisch, lief herum, als würde ich nicht da hingehören, als würde ich bei den Bewegungen im Haus einen Bogen um alles machen. Die Nachbarn erkundigten sich, wann immer wir uns am Gartenzaun sahen. Sie wussten um alle Behandlungsetappen. Auch ihnen konnte ich sagen, konnte es aussprechen, dass er verstorben sei. Jetzt weiß ich wieder, dass ich nachmittags und abends vor dem brennenden Kamin saß und ins Feuer starrte, stundenlang.

Die neue Arbeitswoche sah mich meine Aufgaben wie üblich erledigen, ich ging wieder auf Dienstreise. Am 8. Dezember war ich in Konstanz am Bodensee. Die Vorweihnachtsatmosphäre am See, der Nebel über dem Wasser breitete eine tiefe Ruhe über mich aus.

Der 17. Dezember brachte noch mehr Schnee, es schneite unaufhörlich, Sturmwind, Schneewehen an den Straßenrändern, die Schneepflüge schafften es kaum, die Fußwege waren im Nu wieder mit Schnee bedeckt.

Tag der Urnenbeisetzung. Die kleine Friedhofskapelle bot Platz für zwanzig Personen, so viele waren gekommen, so viele hatten es pünktlich geschafft, so viele hatten sich auf den Weg nach Falkenhain gemacht.

Meine ausgewählte Musik erklang, das Foto stand neben der Urne. Die Trauerrede hielt sein langjähriger Kollege. Musik, Schluchzen. Die Urne wurde über den Friedhof zur grünen Wiese, die jetzt tief verschneit war, getragen. Ich ging allein mit meinem Gebinde von Tannenzweigen und weißen Rosen hinter dem Urnenträger – und hinabgelassen, viele Blumengebinde wurden niedergelegt. Beileidshändedrücken und -umarmungen, Tränen, Schluchzen, stilles Stehen.

Gemeinsames Mittagessen in einer Gaststätte, Verabschiedung.

Am Nachmittag, als alle weg waren, ging ich allein noch einmal zum Friedhof. Das Urnenloch war wieder offen, die Blumen an anderer Stelle niedergelegt, wo die Urne letztendlich vergraben wurde, weiß ich nicht.

14.6 Das dritte Jahr des Alleinseins

Wo war ich letztens stehen geblieben? Ich höre auf zu schreiben, wenn ich genug zum Thema niedergeschrieben habe. Es war der Tod meines Mannes. Halt, schon ist die Wahrheit wieder nur eine Teilwahrheit, oder muss man alle Fakten genau zuordnen? Ja, ich muss es und sollte es tun, denn ich schummle immer, schummle durch Verschweigen. Es war mein dritter Mann, der Erste mit einer richtig großen und einzigen Hochzeit, geheiratet hatten wir im Oktober 1988, zu seinem Tode waren wir 22 Jahre verheiratet, wir hatten keine gemeinsamen Kinder. Ich war seine zweite Frau, er hatte drei erwachsene, volljährige Kinder zum Zeitpunkt unserer Hochzeit. Ich hatte eine volljährige Tochter aus erster Ehe und einen elfjährigen Sohn aus zweiter Ehe, dessen Vater im März 1988, ein halbes Jahr vorher, verstorben war. Und jetzt die ganz klaren Fakten in der Aufzählung, gib dir einen Ruck und schreibe es endlich einmal hin:

Erstes Kind im Januar 1971 geboren, im März den Kindesvater geheiratet, im Juni 1974 die Scheidung eingereicht, im November 1974 geschieden.

Im August 1976 zum zweiten Male geheiratet, wir zwei mit Tochter, die von meinem zweiten Mann adoptiert wurde. Am 12. Juni 1987 wurde die Ehe geschieden. Im November 1977 war unser Wunschsohn geboren worden, wir waren eine sehr glückliche, auf uns bezogene, vierköpfige Familie, die jahrelang in viel zu kleinen Wohnungen gelebt hat – bis, ja, bis die Krankheit zuschlug. Bis zur Scheidung vergingen elf Jahre, ein halbes Jahr später verstarb mein zweiter Mann, wenige Tage vor seinem 39. Geburtstag.

Ich heiratete mit einem Wunsch nach Leben und einem starken Mann. Das war im Oktober 1988, ein Jahr später im November 1989 kam die Wende, und meine Hoffnungen auf Wunscherfüllung zerstoben in alle Winde. Mein starker Mann erwies sich als nicht stark, als hilflos, als klammernder Efeu, gewunden um mich, ich wurde zur Eiche.

Von seinem Ende schrieb ich schon.

Wo stehe ich jetzt? Zwei Jahre nach seinem Tod, zwei einsame Weihnachten und Silvester – vor einer radikalen Wende meines persönlichen Lebens auf der Suche nach Leben und leben. Wieder.

Silvester heute Nacht – ich habe getanzt mit einem älteren Herrn, der mich aufgefordert hat vor Mitternacht. Wir haben mit einer Leichtigkeit und Freude getanzt, eine ganze Stunde lang. Es war reine Freude am Tanzen.

Heute habe ich einen langen Neujahrsspaziergang unternommen, mit Sekt und Kaffee am Kurparkteich gesessen und mich gefreut. Mit den Krücken werde ich nur noch kurze Zeit laufen, ich trainiere täglich Bewegung beim Schwimmen und Gehen, morgen kommt Fahrradergometer hinzu.

Ein eiserner Wille wurde mir von meinen jüngeren und älteren Tischpartnern bescheinigt, Bewunderung, was ich in kurzer Zeit körperlich schon geschafft habe. Ja, ich habe einen starken Willen, über den Gefühlen liegt der Eisendeckel, die Tränen laufen, und ich lächle, ich habe Angst vor dem Vorkriechen der Gefühle, ich bin unendlich einsam.

14.6.1 Und so habe ich 2013 verbracht

Zu Jahresbeginn war ich noch in der Reha-Klinik in Bad Freienwalde, gerade habe ich darüber geschrieben, siehe Text unmittelbar davor. Nachdem ich wieder zu Hause war, lief das Programm mit geplanten und unvorhergesehenen Ereignissen an, ich konnte mich dem Rentnerdasein widmen und schauen, was dabei herauskommt.

Am 25. Januar starb der Schwager meines zweiten Mannes kurz nach seinem 70. Geburtstag, sehr tragisch für die Familie.

Potsdam im Fluxus Museum, Vostell und Friedrich, sehr gute Ausstellung. Komische Oper, „Aufstieg und Fall der Stadt Mahagonny". Februarferien mit Juliane, Bernhards Enkelin, Tagesausflug nach Lutherstadt-Wittenberg, eiskalt, kauften Mützen. Staatsoper-Konzert mit Daniel Barenboim und Anna Prohaska. DHM-eigene Gemäldesammlung, „Durchbruch des Simplontunnels" ging unter die Haut. Philharmonie, Konstantin-Wecker-Konzert „Wut und Zärtlichkeit". Verdi-Gala im Konzerthaus. Am 21. März Abschiedsfeier vom Haus mit Schras, alles tief verschneit, sodass ich nicht jede Pflanze sehen musste. Am 22. März war Umzugstag von Falkenhain nach Berlin. Von neun bis sechs Uhr abends waren vier Männer beschäftigt, es war eiskalt. Aus dem ebenerdigen Haus ging es leicht und schnell, aber Schneewehen in Berlin vor der Haustür, acht Stufen bis zum Fahrstuhl, die Arbeiter brauchten ein, zwei Stunden länger, ich zog in die neunte Etage. Abends war ich im Warmen mit all meinem Krempel und zig Kisten. Die Wohnung war nicht fertig, Küche und Bad erhielten neue Installationen, es gab lärmende Bauarbeiten, und ich bekam Ärger mit den Hausbewohnern, weil ich sie nicht über die zu erwartende Lärmbelästigung informiert hatte. Mir war nicht der Gedanke gekommen, einen Anschlag machen zu müssen, ich holte es nach. Ich konnte nicht duschen, nicht kochen, jeden Morgen um sechs ging ich in die Schwimmhalle auf der Fischerinsel zum Schwimmen, duschen und frisch anziehen, danach zum Bäcker, frühstücken. So habe ich die zwei Wochen ganz gut sauber überlebt. Täglich packte ich die Kisten aus und räumte ein, vierwöchiger Vollzeitjob. Ostern 2013 war die Wohnung fertig. Ich fuhr vier Tage nach Cottbus zu Klaras Geburtstag, dem Frühlingskonzert im Konservatorium und zum philharmonischen Konzert in der Lausitz-Arena. – Martin-Gropius–Bau, Ausstellung Itten und Klee in Kosmos und Farbe, anregend. Tipi mit Birgit zu Dominique Horwitz in Concert, einsame Spitze. Dali–Museum, Kriminaltheater „Und dann gab's keines mehr". Pfingstfest im Tierpark mit Birgit, seltsam, im Tierpark ohne Kinder. Mit Birgit im Schloss Friedrichsfelde, Klavierkonzert Mozart und Schubert. Am 15. Juni war im Russischen Haus ein Absolvententreffen der Universität Rostow-na-Donu, aus unserer Gruppe waren nur ich und Ralf dabei, der auch eine Rede hielt, sehr gute Stimmung, alle amüsierten sich köstlich. Wie sich das Leben der Studenten und deren Wohnmöglichkeiten seit den Sechzigerjahren doch verbessert hatten, es war für uns Absolventen einfach nicht vorstellbar. Ausflug nach Zerbst – DML-Treffen in Goslar über das Himmelfahrts-Wochenende, sehr gut organisiert und vieles in der beeindruckenden Stadt besichtigt. Klara beendet die vierte Klasse mit einem Durchschnitt von 1,0. Nolde-Dependance in der Jägerstraße mit Museumsfreundinnen besucht, wunderschönes Haus, jedoch kurz vor der Schließung. Sommerurlaub mit Schras in Südfrankreich, Flug nach Nizza, dann Mietwagen zum Ferienhaus der Familie eines früheren ATI-Kollegen aus Frankreich. Südfrankreich – wie aus dem Bilderbuch Bei Toastmasters' – mit Ferienkind Klara bei Madame Tussauds, auf dem Fernsehturm, im FEZ. O2- Arena, Konzert mit Leonhard Cohen, ich konnte mich nicht satthören, umwerfend gut. Köpenicker Rathaus, im Innenhof Konzert der Klaus Lenz Band, die zu DDR-Zeiten verboten worden war, jetzt wieder ein Auftritt. Vor dem Bode-Museum Open-Air-Konzert des Ensembles für Alte Musik. Ferienkind Rob eine Woche, in Legoland mit ihm und Charly, der gleichaltrigen Tochter eines früheren Kollegen. Toben durch den Tiergarten, Radtouren. Ausstellung im Ephraim Palais: „verfemt – verfolgt – vergessen". Auf dem Fernsehturm mit Bernhards Enkelin Juliane. Theater am Kurfürstendamm, „Hilde Knef – Der Teufel und die Diva". Mit Klara und Rob im Märkischen Museum zur Vorführung der alten elektrischen Musikinstrumente. Rathaus Köpenick, Innenhof-Konzert Joy Flemming. Am 17. August feierten die Eltern meiner Schwiegertochter ihre Goldene Hochzeit in Werder in einer Pension, mein Sohn, seine Frau und die beiden Kinder kamen zwei Stunden zu spät, ein sehr bitterer Wermutstropfen für die Eltern. Ferienreise mit dem Mercedes in die Toskana nach Montisi, in ein vierhundert Jahre altes Haus, die Ferienwohnung einer früheren ELA-Kollegin, gemeinsam mit Birgit, wunderschöne Ausflüge durch die Toskana, alles im Reisebericht. Auf der Rückreise kurz vor der

Raststätte vor dem Brenner-Übergang passierte der Unfall, bei dem wir beide nicht zu Schaden kamen, aber das Auto in Italien blieb. Habe ich es beschrieben? Es gab absurde Zwischenfälle (s. *Autounfall Toskana!*). Ausstellungsbesuch in der Alten National-galerie. Geburtstagsausflug für uns zwei Angelika-Schwestern als Brunch-Schifffahrt durch Berlin. Berliner Ensemble „Die Ju-den" mit Karl-Friedrich, meiner einzigen Bekanntschaft über ein Dating Portal, nachdem wir uns vor der Reise auf dem Gen-darmenmarkt beim Schiller- Denkmal verabredet und getroffen hatten. Danach sahen wir uns nie wieder. Kulturbrauerei „Ram-bazamba Theater". Tipi wieder mit Birgit, Dominique Horwitz singt Brel. Ausflug durchs Havelland mit Schras zu Kunstaus-stellungsorten wie Roskow, zur August-Borsig- Anlage. Novem-ber in Dresden zur Laterna Magica im Hygienemuseum mit Ines, danach nach Pulsnitz zum Pfefferkuchenmarkt und Besuch bei meiner Großcousine und ihrem Mann. Kino „Der Teufelsgeiger" mit David Garret als Paganini. Berliner Ensemble „Die Rassen". Mit Betty in den Nordischen Botschaften zur Modenschau von Kriss. Berlinische Galerie. Wieder nichts zum Geburtstag meines Sohnes am 17. November. Komische Oper, „Die sieben Todsün-den". Konzerthaus „I got rhythm", Gershwin–Konzert. Berliner Ensemble „Hamlet". Alte Nationalgalerie. Am 14. Dezember ver-starb unsere Mutter im Krankenhaus in Bernau. Renaissance-theater „Der ideale Mann". Wintergarten, „Zimt & Zauber" mit Sohnesfamilie, mein Weihnachtsgeschenk, und Cottbuser Enkel-kindern. Am Vormittag des Heiligen Abends in Cottbus in der Klosterkirche zur Generalprobe des Krippenspiels, bereits Tra-dition. Silvester: Single-Reise zum Jahreswechsel.

14.6.2 Und schon 2014

Was habe ich in jenem Jahr unternommen?

Die Silvesterreise war eine gebuchte Singlereise nach Halle an der Saale, zwei Freundinnen waren auch dabei. Museumstag in der Alten Nationalgalerie. Am 9. Januar 2014 war die Urnenbeisetzung unserer Mutter auf dem Friedhof am Mehringdamm auf der Grünen Wiese, die am 14. Dezember im Krankenhaus Bernau verstorben war, Vater wurde nicht zur Beisetzung mitgenommen, Entscheidung meines Bruders – überhaupt hatte mein Bruder alle Entscheidungen bezüglich unserer Eltern in die eigene Hand genommen, denn „ich gehörte ja schließlich nicht dazu". Ich erhielt keine Einsicht in die Betreuungsunterlagen, durfte aber regelmäßig Besuche machen und die Eltern zu Arztbesuchen bringen, sah nie einen Kontoauszug, ich gehörte ja nicht zur Familie, durfte aber Unterhaltskosten für das Heim meiner Mutter zahlen, was unser jüngster Bruder nicht musste, da er nicht konnte (???), obwohl es seine beiden Elternteile waren. Habe ich etwas dazu gesagt? Nein, ich konnte nichts sagen, konnte nicht sprechen. Einkaufsfahrt mit Bruder und Frau nach Frankfurt an der Oder und zum Polenmarkt Slubice. Vater im Heim in Bernau besucht, monatlich einmal, Besuche und Spazierrundgänge. In Cottbus zu Karens Geburtstag. Kurzschlussentschluss zur Teilnahme an zweiter Enneagramm-Woche auf Gomera Ende Januar. Renaissancetheater „Rot" mit Dominique Horwitz als Mark Rothko. Mein letzter Vorlesungsbesuch an der Humboldt-Universität. Großnichte kommt einmal wöchentlich zum Englisch zu mir. Drei Tage in München zum sechzigsten Geburtstag meines Schwagers, große Feier im Festsaal des Sporthotels, ich wohnte in der Kirchenherberge. Erstmalig dritte Halbschwester nach über zwanzig Jahren wiedergesehen. VHS-Malkurs „Malen am Abend". Zwei Tage in Wroclaw zur Präsentation des MOFAD an technischer Universität, hin mit DB-Bus, zurück mit EC. Koloskopie. Oderbruch, Theater am Rand: „Die Entdeckung der Langsamkeit", mit Birgit auf Bustour. Gemäldegalerie Picasso. Drei Tage Ostsee im Strandresort Markgrafenheide, allein als upgrade im Drei–Zimmer- Apartment. Ahrenshoop, die drei neuen Museumshäuser besucht. Hamburger Vertretung, szenische Konzertperformance „Augen und Ohren der Großstadt". Die zehnjährige Klara kommt erstmalig allein mit dem Zug von Cottbus nach Berlin, doch plötzlich Zugstopp, da Buntmetalldiebe Kabel geklaut hatten,

Zuginsassen mit Schienenersatzverkehr nach Lübbenau gebracht, dort holte ich sie mit dem Auto ab, in das ich schnell gesprungen und nach Lübbenau gefahren war. Das Kind hat sich tapfer und überlegt verhalten. Emerson Gallery zur Vernissage mit Klara und Großnichte. Mit Klara bei Nofretete, Schulprojekt. Ich begleitete sie mit dem Zug nach Cottbus und fuhr mit dem Gegenzug gleich zurück. Am 17. März 2014 erhielt ich meinen offiziell dokumentierten Kirchenaustritt im Gericht für 15 €. Ausflug nach Halle an der Saale mit Museumsfreundinnen und deren Männern, dort Ines von Dresden dazu, wir beide blieben im Hotel „Rotes Roß" zur Übernachtung, am nächsten Tag Besichtigung des Völkerschlachtdenkmals in Leipzig, ich allein nachmittags zu Partnergroßeltern zum Kaffee dort um die Ecke. Am 22. März erster Jahrestag meines Einzugs in die Wohnung in Berlin Mitte. Mammografie, dann nach Wustermark mit Übernachtung, am nächsten Morgen nach Neuruppin in die Therme zu dritt. Erstmalig zu Ada in die Musikschule zum Hospitieren. Nach Bernau zu Dr. Vogel (?), dann nach Cottbus zu Robs achtem Geburtstag. Museumstag in Potsdam, Ausstellung Carl Blechen und C. G. Wegner. Augenarzt – Orthopäde. Einzelne Treffen mit Freunden und Restaurantbesuche. Mit Klara zum Kunstradwettkampf nach Spandau. Erstmalig Freundin aus Rostow-Zeiten wiedergetroffen und viele Stunden geschwatzt. Klassentreffen in Wiesendorf, diesmal nur sechs Teilnehmer. Hohenwutzen im Oderbruch im Deichhaus. Vom 16. bis 23. April in London mit Bernhards Enkelin Juliane, mein Jugendweihegeschenk, und mit Großnichte, zwei junge Mädchen und ich. Dort mit früherem britischem Kollegen von ATI getroffen. Emerson Gallery, Besuche. Konzerthaus, Katherine Mehrling und Jazzlegende Rolf Kühn. Besuch, ein Semester lang Ringvorlesungen an der Humboldt-Universität. Berlintour mit Birgit Mendelssohn, Friedhofsmuseum und Haus der Kulturen der Welt. Im Schwarzwald in Bad Sulzburg zur lines-Konferenz. Zur Lesung von Krysia im Kreativhaus. Brückenmuseum. Berliner Ensemble, „Die Präsidentinnen", ekelhaftes Stück. Velo–Marathon, erstmaliges Treffen mit Bruder meines zweiten Mannes und dessen Ehefrau, Wiedersehen nach 32 Jahren. Besuche bei Freunden und der Familie meines Sohnes. Wieder mit Klara zum Kunstradwettkampf nach Spandau. Regelmäßiges Treffen DML war nicht organisiert worden, ich organisierte kurzfristig ein Berlintreffen als Ersatzprogramm. Übernachtungsgäste Rosa auf Krücken mit Enkelin, eine unangemeldete Zumutung, andere in Wustermark bei Schras. Müncheberg, bei ELA-Chef Grillnachmittag auf deren Grundstück, wir vier frühere Mitarbeiter von ELA. Mendelssohn–Remise, mehrfach zu Konzerten. Thüringer Verwandte zu Besuch im Hotel Kempinski, ich machte mit den Schwiegereltern meines kleinen Bruders eine Berlintour. In Tempelhof zu Besuch bei Staubewinds, die Frau hatte mittlerweile ein amputiertes Bein wegen Diabetes, wir fuhren mit Rollstuhl ins Restaurant „Attila". Prothese sehr schwierig bei wenigen Schritten. Besuch vom Sohn meiner zweiten bayrischen Schwester und dessen Ehefrau, Essen im Goodtime, sie verschlang Unmengen, dazu mein Dessert, sehr teuer für mich. Im Juni drei Tage in Cottbus zusammen mit Partnergroßeltern aus Gera zur Betreuung der Enkel, Schulfest bei Klara, Kinobesuch – danach nach Doberlug-Kirchhain zu großem Chorkonzert und Treffen mit Schulfreunden. Rückgabe der Tiefgarage und Übernahme eines Stellplatzes hinter dem Haus. In Dresden mit Museumsfreundinnen und ihren Männern. Cottbus, im Theater, „Shockheaded Peter". In Lübbenau im Pinguinbad. Besucher. Treffen mit ELA-Chef, Rentner, um Zusammenarbeit mit Darmstädter Freunden zu beraten. Schulfest bei Berliner Enkeln. Mit Birgit unternahm ich eine Spaziertour entlang der Köpenicker Straße, wir suchten die Orte, die im Buch „Wir Liebermanns" beschrieben sind. Lesung von Krysia in Weißensee, nur Birgit und ich als Zuhörer. In Babelsberg mit Frau Gast zur Untersuchung im Oberlinhaus, hatte sie vorher in Rittersteig abgeholt und hinterher wieder nach Hause gebracht. Hohenwutzen, im Deichhaus, Spaziergang entlang der Oder, Garten „entunkrautet", dabei Zeckenbiss, am nächsten Tag zum Arzt, musste rausgeschnitten werden. Dinnereinladung von Darmstädter für mich und ELA-Chef zwecks Absprache Arbeit in Polen. Mit Birgit wieder auf Liebermanns Spuren in Villa am Wannsee und auf dem Jüdischen Friedhof auf der Schönhauser Allee. Im Juli vier Tage Sachsen mit Wustermarkern in Görlitz, Bautzen, Kamenz und meiner Geburtsstadt Pulsnitz. Lesung, Museumstage. 65. Geburtstag meines Bruders wurde im Hotel Kempinski Bristol gefeiert. Sommerferienenkel zu Besuch, FEZ-Zitty. Wieder mit Frau Gast zur Oberlin-Klinik in Babelsberg. Klosterkirchenruine Berlin, Shakespeare Company: „Wie es euch gefällt". Monbijoutheater, „Mandragola" Open air, herrlicher Sommerabend auf der Museumsinsel. Ferienkinder, Märkisch Buchholz, Kunstradwettbewerb und „Kinderübergabe". Angio- Untersuchung. Lehnin, bei Frau Gast in Reha, danach Wustermark. Rostock, zu Besuch bei Rosa und Freund, Geburtstagsdinner zu dritt, mein 67. Checkpoint Charlie, „Assisi". Besucher, Gäste. Goodtime: Geburtstagsdinner für Familie. Orthopäde, Hausarzt. Überraschender Besuch meines Sohnes mit Blumen. Vier Tage Stuttgart, von kleinem Bruder organisiert. Festtage mit Musical „Tarzan", Spielbankbesuch, Besichtigungstour Mercedes Benz, Einweihung der Wohnung meines Neffen. In Darmstadt bei Freunden, morgens auf der Mathildenhöhe in der Jugendstilkünstlerkolonie. In Dresden, bei Ines übernachtet, Kreuzkirche. Weiterreise nach Oederan-Memmendorf zum 50. Geburtstag der Nichte meines zweiten Mannes, riesengroße Familienfeier, zwei Großgroßnichten nicht mehr erkannt nach sechsundzwanzig Jahren. Fotoausstellung Helmut Newton. Zwei Tage in Poznan zum MOFAD-Workshop. Channoine, Schminkshow. Bei Faßbender & Rausch, immer mit Besuchern. Rüdersdorf, zu Besuch in der Reha bei Joe, meinem armenisch-libanesischen Bekannten. Neuruppin-Therme mit Schras, dann Potsdam, Biosphäre und Kino in Babelsberg, „Jud Süß", Vorbehaltsfilm, also mit Einweisung und Erklärung. Radtouren durch Berliner Tiergarten. Wie jeden Monat in Bernau bei Opa im Heim und Bekanntenbesuch in Wandlitz. Französische Friedrichstadtkirche, „The Golden Gospel Festival". Mammographie. Doberlug-Kirchhain, zur Landesausstellung Preußen-Sachsen, kleines Klassentreffen, zufällig. Trinitatis Kirche zum Konzert der Otto-Sinfoniker. Berliner Ensemble: „Die Anarchistin", Gastspiel Residenztheater München mit Cornelia Froboess. Reise nach Barcelona zu Polina und Mann und deren kleinen Zwillingen, am nächsten Tag Umzug ins Hotel, wollte das Familienleben nicht länger stören (Reisebericht?). Nachhilfeschüler zu Hause, Großnichte und Tochter meiner Fußpflegerin. Tempodrom, Lesung Frank Schätzing mit Karen. Am 23. Oktober 2014 war Vater im Seniorenheim verstorben, knapp drei Wochen nach meinem letzten Besuch bei ihm. Renaissancetheater: „Wir lieben und wissen nichts". Zwei Tage in Gera, Opa K.-H. hat 70. Geburtstag. Waldgaststätte Jagdhof, Ferienkinder. Ich mache mein erstes webinar für Darmstadt. Mit Birgit in der O2 World zu Ost-Rock mit Karat, Puhdys und weiteren Künstlern. Orthopäde, Hyaluron-Spritze ins linke Hüftgelenk, um Operation so lange wie möglich hinauszuzögern. In der Russischen Botschaft Unter den Linden zur geführten Ausstellung über das russische Berlin in den Zwanzigerjahren. Theater am Ku'damm: „Oskar und Felix". Allein in Zinnowitz auf Usedom in Ferienwohnung von ehemaliger Kollegin, Kino „Männerhort". Dinner im Kempinski Bristol mit Brüderfamilien am Vorabend der Beisetzung von Vater. Am 20. November Friedhof Mehringdamm, auf der Grünen Wiese von Vater Rudolf. Mendelssohn-Remise mehrmalig. Malerei der DDR, Ausstellung in Potsdam. webinar 2. Urania, Podiumsdiskussion „1. Weltkrieg – Urkatastrophe des 20. Jahrhunderts". Alte Nationalgalerie: „Maori Porträt". Hausarzt. Weihnachtsmarkt Charlottenburg mit Joseph. Zweimal Forellenessen bei mir mit Bruder und Frau, ich kann Forelle blau sehr gut zubereiten. Emerson Gallery, Weihnachtsessen mit Englischkurs. Bartholomäuskirche, Chorkonzert der Berliner Pädagogen. Chorkonzert in Schöneweide. Spaziergang über die Berliner Weihnachtsmärkte mit Münchener Schwester und Schwager. In Rittersteig bei Frau Giering, Einkäufe für sie, beim ehemaligen Direktor der Internatsschule, Ansehen seiner Schulchroniken. Admiralspalast „Irish Celtic". Karen mit Kindern bei mir, Weihnachtsmärkte und Eislaufen, Kino, Fez mit Enkelsöhnen. Sternwarte mit Rob, Spielenachmittag. Cottbus über die

Weihnachtsfeiertage, Heiligabend Bescherungszeremonie, Stadttheater, Kinderoper „Sechse kommen durch die ganze Welt". Am 2. Feiertag nach Hause. Am 28. nach Dresden ins Taschenberghotel, Geschenk von I&R. Ab Dresden mit Ines zur Single-Silvesterreise nach Fulda, nur alte Reiseteilnehmer. Auf der Rückreise wieder zum Kaffee bei Kindergartenfreundin und Mann in Dresden.

Was ergibt die Zusammenfassung? Always on the run! Oder besser: immer unterwegs, die Gejagte.

14.6.3 Am 3. Oktober 2014

Wie lange habe ich jetzt schon keine Zeile mehr aufs Papier gebracht?

Wann habe ich das letzte Mal etwas Persönliches geschrieben?

Warum schreibe ich nicht? Ich bin emotional tot, abgestorben. Ich habe keine Gefühle mehr. Sehe ich Filme, in denen sich ein emotionales Dilemma herauskristallisiert, schalte ich um, zappe mich durch die Programme, bis ich auf einen Krimi stoße, der keine Zwickmühle offenbart. In diesen Jahren habe ich zweimal Träume gehabt, aus denen ich völlig verstört aufgetaucht bin. Einen erinnere ich genau: Ich ging die Straße entlang, die zu unserem erst vor zwei Jahren von mir aufgegeben Haus führte. Der Zaun war nacktes schwarzes, rostiges Geflecht, nicht mehr mit der doppelreihigen hohen Ecke ergänzt. Dahinter weder das hübsche neue Haus noch das alte Gartenhaus, keine hohen Blautannen, keine Goldulme, kein blühender Vorgarten, kein dicht belaubter Apfelbaum, keine blühende Böschung mit Beerensträuchern bewachsen, keine überdachte Terrasse mit gemütlicher Sitzecke für Sommer- und Wintersonnenschein, keine sich die Dachrinne entlang- windende Klematis, keine grüne Wiese – nichts, nichts vom so vertrauten Anblick des Eckgrundstücks mit Eingang zwischen Linden zwölf und dreizehn. Es war eine ebene, steinschotter-durchsetzte Bodenfläche, mit nichts bewachsen, nicht einmal mit Unkraut. Der Anblick rief in mir ein Gefühl von blankem Entsetzen und Verzweiflung hervor, es kroch vom Magen in alle Körperregionen und ließ mich eiskalt erstarren. Ich wachte auf und fühlte diese leblose Leere, ein Gedanke formulierte sich – alle Lebensträume, sogar die schon verwirklichten Lebensträume, sind zerplatzt. Alles hat sich in eine abweisende Fläche aufgelöst. Alles ist vorbei, zerstört, zu Ende. Ja nicht mehr dort hin, vorbei und vergessen!

Nach langen gelähmten Stunden verzog sich das Gefühl allmählich in einen schwarzen Schlund, ich schob eine Steinplatte darüber.

Mir geht es gut – das sage ich oft. Mir geht es einfach so gut, wie es mir noch nie ging. Ich mag mich nur noch an Dingen erfreuen, ich mag keine Probleme mehr sehen, hören, spüren, mein Verdrängungsfass ist voll. Ich, nein, mein Leben hat es ständig gefüllt, mal durch ein rieselndes Rinnsal, dann durch runterbrechende Wasserfälle. Der Wendepunkt ist erreicht, entweder es läuft über oder spült mich hinweg, oder ich falle hinein und ertrinke oder ich stelle mich davor und schöpfe es aus. Wohin kippe ich die Schöpfkelle? Worte wären schön, raus aus der Sprachlosigkeit und hinein in aufgereihte Wassertropfenwörter, die sich zu Sätzen aneinanderreihen, die Bilder hervorbringen und fassbare annehmbare Gefühle erzeugen.

Warum will ich das? Ich denke, es muss sein und wird mich ausgleichen, mir Gleichgewicht geben. Ich habe mir schon lange vorgenommen, mein Leben aufzuarbeiten, was für mich erzählen heißt. Wie möchte ich mein Leben erzählen? Am liebsten schriftlich mit Bildern, allerdings möchte ich gern gefragt werden. Doch wer sollte mich schon fragen? Wen könnte wohl interessieren, was ich zu erzählen habe? Wer hätte wohl die Geduld, mir zuzuhören?

Ich möchte nicht am Anfang anfangen, den habe ich schon mal aufgeschrieben und werde ihn zu gegebener Zeit einfügen. Nein, ich fange heute an und gehe rückwärts, wenigstens eine Weile.

Wie vergeht Leben? Wie lebt man Leben? Darüber denke ich nach und versuche es zu fassen. Seit zwölf Jahren habe ich meine Kalender gesammelt und die Ereignisse Jahr für Jahr chronologisch aufgezählt. Seit Kurzem habe ich mit Jahresordnern begonnen. Zusätzlich zu den Kalenderaufzählungen kommen Realia des Lebens, Eintrittskarten, Fotos, Artikel, eben Wichtigkeiten zum jeweiligen Zeitpunkt. Vorher gibt es eine Unmenge Fotoalben, farbige und Schwarzweiß-Dokumentationen, es gibt Steuer- und Versicherungsordner, verwaltetes Leben, Arbeitsverträge und Beurteilungen, Lohnzettel, Mietverträge, Sparpläne, Kontennachweise, Arztberichte, Brillenpässe – die Aufzählung ist noch nicht vollständig. Wie sortiere ich Leben? Noch denke, nein, sammle ich, ich sortiere und schichte um. Die Verwaltungspapiere sagen sowieso nichts darüber, wie wichtig Leben war, was und wie ich wann gefühlt habe, als ich das noch konnte. Es wird Zeit, dass ich mich wieder einmal vorstelle.

14.6.4 Weiter im Oktober 2014

67 Jahre alt, seit zwei Jahren im Ruhestand – den Kalender voller Termine, im Telefonbuch mehr als zweihundert Kontakte, ständig beim Planen oder Abarbeiten des Geplanten. An meiner Wortwahl lässt sich unschwer erkennen, dass für mich fast nur das Sternbild Jungfrau zutreffen kann. Nach der üblichen astrologisch deutenden Beschreibung bin ich eine charakterliche Jungfrau durch und durch. Ja, und ich bin so geboren, und die Lebensumstände haben die vorgeprägten Kerben vertieft. Die als unangenehm auf andere wirkenden Eigenschaften habe ich erfolgreich zurückgedrängt, verborgen. Überhaupt ist es mir gelungen, einen freundlich-bunten Vorhang vor mein Wesen zu hängen, von dem ich selbst manchmal nicht mehr weiß, ob es noch da ist und wie es aussieht. Nein, Fassade und Inneres sind nicht völlig verschieden, die Fassade wird von dicken, biegsamen Ästen vom inneren Stamm aus gestützt und verbunden, doch der Stamm zeigt sich nie im Lichte. Ist er zerfressen oder verrottet? Eigentlich nicht, er schützt sich, weil er überaus empfindlich ist und keine Erschütterungen mehr ertragen will. Die vergangenen zwei Jahre habe ich wie im irrwitzigen, gejagten

und gescheuchten Taumel verbracht, mit immer neuen Vorhaben vollgekracht, bewusst eingenommen wie Betäubungsmittel. Ich habe mich ständig gedopt mit Lesestoff, bin zur Uni zu Vorlesungen gegangen, habe Malkurse mitgemacht, bin bis zu viermal wöchentlich sportlich geworden, bin Fahrrad gefahren, kilometerlange Strecken gelaufen, nicht gerannt, gegangen, habe jeden Monat eine Ausstellung besucht, bin ins Theater gegangen, habe Nachhilfeunterricht gegeben, bin verreist zu Kurzausflügen zur Familie, zu Freunden – ich höre besser auf, es erschlägt jeden Leser und Zuhörer. „Warum stresst du dich so?" wurde ich mehr als einmal gefragt. Ich stresse mich nicht, ich brauche das, nichts zu tun ist Stress für mich. Ich wusste, dass der „Nichts-vorhaben-Stress" mich eines Tages in seinen schwarzen Schlund ziehen und paralysieren würde. Es ist so weit, es zieht und zerrt mich in die Bewegungslosigkeit, die Hände verkrampfen, ich werde pummelig, ich fühle mich wie aufgeblasen und verharre erstarrt. Ich will es nicht, ich will mich aus dem Stillstand befreien, gegendrehen und langsam aus dem Schlund nach oben klettern. Ich will einfach da sein. Da sein.

14.6.5 Geschrieben am 10. November 2014

Heute habe ich mich wohlgefühlt, ich habe gefühlt!

November gehört schon immer zu meiner Lieblingsjahreszeit, wenn sie denn ist, wie sie sein sollte: grau, grau, grau, feuchter Niesel in der Luft, kahle Äste und dunkle Baumstämme gespenstisch im Nebel verharrend, dazu Stille. Doch schon lange gab es einen solchen November nicht mehr, dafür gab es einen wunderschönen Herbsttag mit Novemberelementen. Das Wunderschöne war die Laubfärbung, entlang der Autobahn säumten farbige Wälder den Weg, durchdrangen das Grau des Tages. Ich fuhr Richtung Norden, ohne Ostsee zu den stillen Jahreszeiten mag ich nicht sein. Die Stimmung, die von den farbigen, ruhigen Wäldern auf mich überging, machte mich lächeln. Musik dazu, deren Tonfolgen lieblich klangen, ergänzten mein Wohlgefühl –

und ich konnte etwas Angenehmes in mir fühlen. Und genau das Fühlen-Können gab mir Zuversicht, dass noch nicht alles in mir abgestorben ist. Ich habe schon lange Angst, nein, die Erkenntnis, dass ich nicht mehr fühlen kann. Ich kann nicht mehr weinen, lächeln, lachen – das sind über das Denken gesteuerte Reaktionen auf Situationen, die schon passen, aber tief in mir nichts zum Klingen bringen. Ich weiß nicht, ob ich in diesem Zustand bleiben will oder mich auf die Suche zum Aufschließen meiner Gefühle machen möchte. Der ruhige Zustand ohne Gefühle und Erschütterungen ist gut auszuhalten, macht stabil, ausgeglichen, anspruchslos, nur ein bisschen tot.

Die Tür zu Gefühlen zu öffnen, birgt viele Gefahren für mich. Meine Erfahrung mit ungeschützten Gefühlen ist Angst machend, denn wann immer ich mich ansatzweise meinen Gefühlen hingegeben habe, habe ich so einen übergezogen bekommen, dass ich jeder Gefühlsregung mit großem Misstrauen begegne. Meine letzten emotionalen Erschütterungen haben mich absterben lassen, haben meine Furcht vor Gefühlen verfestigt. Es ist mir nicht beschieden, mit guten, aufbauenden Gefühlen leben zu können, obwohl es schön wäre. Es ist mir nicht beschieden, dass mich eine dicke Ummantelung schützt. Trotzdem muss ich auf der Hut sein, denn ich könnte die Berührung zum Leben, zum Sein verlieren.

Ich kann genauso harmonisch und gern in eine von anderen Menschen bewohnte Wohnung kommen und mich darin heimisch machen, hineinschlüpfen in eine andere Ordnung. Ich wohne in dieser Woche in einer Wohnung, wieder allein. Zum Alleinsein hätte ich auch zu Hause in meiner Wohnung bleiben können, doch dieses Hineinschlüpfen in anderes Leben tut mir gut. Ich mochte schon als Kind „fensterln" gehen, aus der Dunkelheit in fremde Wohnungen schauen. Die Eindrücke, das Erspüren des Fremden geht mir sehr nahe, gibt mir Nähe und Verständnis. Es tut mir gut. Ich erinnere mich auch an Orte, in denen ich war, gelebt habe, emotional nahe an das Straßenpflaster, Zäune, Haustüren, leblose Gegenstände. Diese wecken gefühlsmäßige Bezüge. Meine Wohnung hängt voller Bilder, menschenleere Landschaften, Steine, Meer und Wellen, Steine am Meer. Ich liebe das Meer, und deshalb bin ich jetzt wieder hier. Allein in einer fremden Wohnung, das Meeresrauschen in der Ferne, schwarze Ruhe am Novemberabend, Stille. Warum ich den November so mag? Alles kommt zur Ruhe, die Natur verabschiedet sich vom Jahreslauf, der tief hängende Nebel erdrückt den hektischen Lärm, die umgebenden Geräusche, nur so kann sich in mir Ruhe, Ent-Spannung, Stille ausbreiten. Ich will jetzt einsam und allein sein, ich will mich auf mich besinnen, will mich hören und spüren. Ich will mich von allem „muss" zurückziehen, mir nichts vornehmen, keine Termine machen, keine Vorhaben absolvieren, nichts, vier Tage nichts, endlich austrudeln und ankommen. Zwei Jahre Ruhestand sind schon vergangen, und ich bin weder ruhig noch im Stande der Ausgeglichenheit. Ich drehe mich immer spiralförmig um den Punkt herum, auf dem ich eigentlich landen möchte.

Diesmal ist etwas anders, ich bin losgefahren mit vielen Stiften und diesem Schreibblock und nicht mit Büchern, die ich erst noch schnell lesen muss, bevor ich mich dann eventuell ans Schreiben setze. Nein, ich will zuerst schreiben, vom gelandeten Punkt aus, ohne Geräuschkulisse, ohne Musik, ohne dem eigenen Ablenkungsschweinehund nachzugeben. Es kostet mich keine Anstrengung, keine Überwindung – ich schreibe. Früher, als großes Kind, als Jugendliche habe ich gern geschrieben, habe mich in meine Aufsätze vertieft, und die Gedanken liefen aus der Hand aufs Papier. Dann habe ich mir jahrelang vorgenommen: Später schreibst du alles auf, merke dir nur alles gut. Das Gemerkte habe ich häufig kontrolliert, es war alles da. Dann habe ich mir gesagt: Du schreibst nebenbei, wann immer du Zeit hast. Ich habe viele Hefte, Blöcke, Ringbücher, Notizbücher gekauft und sie mit mir herumgeschleppt, bis ich sie dann nacheinander nebeneinander in den Bücherschrank stellte. Dort stehen sie noch, sie warten, leer. Na, hin und wieder, nein, ganz, ganz selten habe ich ein paar Seiten geschrieben, um Druck abzubauen, was auch ging. Doch das Schreiben ging nicht weiter. In Gedanken sah und sehe ich alles in filmreifer Qualität vor mir, doch fing ich an aufzuschreiben, klang alles steril, belanglos, unbedeutend, nichtssagend, stilistisch mager. Ja, und da schlichen sich die Ablenkungen, Ausflüchte, Hinderungsgründe wie „muss erst, will noch vorher, kann nicht, passt nicht" en masse ein. Und der Schweinehund, der innere, der Ablenker, der Niederdrücker, triumphierte verschlagen lächelnd. Ich lege mich nicht mit ihm an, ignoriere ihn einfach. Ich bin sowieso gespannt, wo es mich hintreiben wird.

14.6.6 Geschrieben am 11. November 2014

Heute Morgen schlug ich, noch im Bett, ein neues Buch auf, und es durchfuhr mich wie vom Blitz getroffen.

Zitat aus dem Vorwort des Buchs „Die Weisheit des Enneagramms" von Don Richard Riso und Russ Hudson aus dem Amerikanischen von Franz Janowitz, Wilhemlm Goldman Verlag, München Deuzsche Erstausgabe Oktober 2000:

„Wir alle werden von einer tiefen, inneren Rastlosigkeit angetrieben. Diese Rastlosigkeit wird uns manchmal als innere Leere bewusst, wobei wir gewöhnlich nicht sagen können, was uns eigentlich fehlt ..."

Ich habe Angst vor der inneren Leere, mich graust davor. Die Vermeidung des Leere-Gefühls macht mich ungemein aktiv, treibt mich um und hinein in ständige Vorhaben und Unternehmungen. Ich sage, ich könne einfach nicht nichts tun. Stimmt das? Ja und nein, wie alles stimmt und nicht stimmt. Es ist eine Vermeidungsstrategie, Vermeidung der Notwendigkeit, sich selbst stellen zu müssen. Wozu sollte ich mich mir selbst stellen müssen? Es ist doch alles vorbei, alles getan, wozu immer noch diese rastlose Unruhe, die Angst vor der Leere?

Das Jahr 2015

Ich schreibe meinen tabellarischen Lebenslauf, denn ich muss etwas tun. Ich werde mich auf die Suche nach Aufträgen machen und mich darum ordentlich bewerben. Daher das folgende Dokument:

Tabellarischer Lebenslauf
Berlin, 12. Januar 2015

Persönliches
Geb. am 28.08.1947 in Pulsnitz/Sa.
Familienstand: verwitwet

Beruflicher Werdegang
Sept.1970-Juli/1973 Wiss. Assistent Sektion Anglistik
Universität Potsdam
Aug. 1973-Feb. 1990 Dozentin Englisch
Sprachinstitut Berlin
Feb. 1991-Aug. 1996 Dozentin für Englisch
Pädagogica Spreenhagen bei Berlin
1996-1997 Fa. Flasen, Medizin- und Laborgeräte Sekretärin
März 1998-Feb. 2001 Academic Director
English Language Academy Berlin
März 2001-Sept. 20012 Managing Direktor ZN Deutschland
Vermarktung von ATI-Sprachtests in
Deutschland und Österreich
Seit Okt. 2012 Ruhestand

Ausbildung
Sept 1962-Juli 1966 Erweiterte Oberschule Rittersteig, Abitur
Sept 1966-Juli 1970 Studium Slawistik/Anglistik/Amerikanistik, Universität Potsdam

Qualifikationen und Kenntnisse
Diplomlehrer, Dozentin für Englisch, Suggestopädie in Sprachlehre
Sprachtestentwicklung

Fremdsprachen Englisch und Russisch

Interessen Geschichte, Kulturgeschichte, Literatur

15.1 Womit habe ich die Zeit gefüllt?

Zum Jahreswechsel mit Reisegruppe in Fulda. Kindergartenfreundin und ihren Mann in Dresden besucht. Neujahrskonzert
im Konzerthaus. Museumstag im Kunsthaus der Deutschen Bank.
Drei Tage in Warnemünde zum Arbeitstreffen lines-Gruppe und
Vorstellung des Deutschtests MOTED, katastrophal schlechtes
Wetter, einige konnten nicht anreisen. Am 13.01.2015 verstarb
mein biologischer Vater in Penzberg, eingeschlafen kurz vor seinem 86. Geburtstag, ich fuhr nicht zur Beerdigung wegen des Wetters. Kleines Theater am Südwestkorso: „Du sollst nicht lieben".
Museum, Fotografie im Ersten Weltkrieg. Zu Karens Geburtstag
in Cottbus und in der Stadthalle bei Manfred Krug & Uschi Brü-
ning, Konzert. Ganze Familie in BTU bei Kinderveranstaltung
mit Fridolin. Im Berliner Ensemble bei Kafka: „Der Prozess". Ab
Februar Beginn meiner ehrenamtlichen Tätigkeit im Kreativhaus, verantwortlich für Schulprojekte. Konzert, mit Besuchern
in Restaurants und bei mir. Wannsee, Liebermann-Villa Ausstellung – und im Haus der Wannsee-Konferenz, erschütternd, wie
fünfzehn Personen den Tod von Millionen beschließen. Komische
Oper: „Die Frau, die weiß, was sie will". Im Amtsgericht zur Erb-
ausschlagungsverhandlung von biologischem Vater. Die Familie
von Bernhards Sohn aus Dallgow zu Besuch, Essen im Goodtime.
Lunchkonzert in der Philharmonie. Mit Besuchern unterwegs in
Berlin. Remise, Vortrag über die Geschichte der Juden. Klavier-

konzert in der Hamburger Vertretung. Komische Oper: „Ball im Savoy". Oderbruch–Ausflug, Brücke–Museum. Ausflug nach Usedom mit Elisabeth zwecks Kleingartenbesichtigung. Friedrichstadtpalast: Kastelruther Spatzen, Karten von kleinem Bruder, zweite Karte nicht verkaufbar, bin in der Pause gegangen, habe denselben Rhythmus und die Lieder mit Herz, Schmerz, Tränen, Liebe, Leid nicht mehr ausgehalten. Puppentheater Firlefanz: „Die Zauberflöte", köstlich amüsant. Philharmonie: „Die vier Jahreszeiten". Klara bei mir in den Ferien. Kriminaltheater mit Klara: „Der Mörder ist immer der Gärtner". Mit Klara im Jüdischen Museum. Ostermontag in Wustermark. Artikel in „Berliner Woche" über Robert und mich und erste Bekanntschaft mit dem Kreativhaus. Bode-Museum. Mit Pierrow im Naturkundemuseum. Wintergarten, „Breakin Mozart" mit Oederaner Verwandtschaft, mit ihnen auch großer Stadtrundgang und im Marinehaus Fischessen. Bustour, Geschichte Berlins mit Birgit. Oderbruch mit Elizabeth. Kino Potsdam, Vincent van Gogh. Schulprojekt im Hotel Berlin, Großveranstaltung. Klavierkonzert im Schloss Köpenick. Martin-Gropius-Bau, Jahrhundertzeichen Tel Aviv. Berlin – Theater im Kreativhaus: „Ein Johannis Nachts-Traum" mit Birgit und Großnichte. Urlaubsreise auf Ischia mit Ines. Rob auf Ferienbesuch. In Dresden mit Cottbusern und Geraern zum Giora-Feidman-Konzert in der Semperoper. Klosterkirche Cottbus, Rob wird getauft, eigene Entscheidung im Alter von neun Jahren. Kino: „Frau in Gold". Wieder Treffen und Gespräche. Bei Schulfreundin am Dobrasee. Vortrag im Kreativhaus im Salon der Sprachen über Französisch zur Zeit Friedrichs des Großen. Ausflug mit Birgit nach Grünau an den Müggelsee. Dokumentationszentrum Bernauer Straße zur Fortbildung für Geschichtslehrer. Konzert im Nikolaisaal Potsdam. Urlaubsreise mit Wustermarker Freunden nach Polen, an die Ostseeküste nach Rewal. Auf der Rückreise Zwischenstationen in Schwedt und Hohenwutzen bei Elizabeth. Van Gogh Alive Multimediashow mit Freundinnen. Eine frühere Kollegin gab ihr Ruhestandseintrittsessen. Cottbus, Betreuung Enkelkinder, Eltern verreist. Alte Nationalgalerie, Impressionisten und Expressionisten, habe zwei Stunden für uns drei angestanden, damit wir bei den Ersten sind. Berliner Ensemble: „Woyzeck", nie wieder dieses Stück und nie wieder Kafka, albtraumhaft. Mit Ada in Wustermark. Im Juli am Bodensee zur lines-Tagung, große Autorundreise über Penzberg bei zweiter Halbschwester und Mann. Im Museum Bernried am Starnberger See, in Wolfrathshausen bei Irene, in München bei erster Halbschwester und Mann. Neue Pinakothek, abends im Freilichttheater Glyptothek zu „Oedipus", gerade beendet vor heftigem Gewitterausbruch. In Leipzig bei Partnergroßeltern. Ferienenkel, Tagesprogramme Prinzenbad, FEZ. Ausflug zum Kloster Chorin und Konzert mit Birgit. Habe 500 € gesponsert für Tanjas & Udos Silberhochzeitsreise nach Paris. Flämingausflug mit Birgit nach Belzig, Rittersteig und Burg Rabenstein. Ferienenkel aus Cottbus nacheinander, dabei FEZ, Prinzenbad, Kino, Schokowerkstatt für beide Enkelsöhne, Museum für Kommunikation. Mein Geburtstag als Picknick auf dem Spielplatz hinter dem Haus mit neunzehn aus Familie und Ehepaar–Freunde. Lange Nacht der Museen, ich habe vier geschafft und war bis drei Uhr morgens unterwegs. In Kladow im Hospiz, meinen früheren ELA-Chef besucht. Im September Urlaubsreise nach Kroatien mit Birgit, privat organisiert. Tod im Hospiz ein paar Tage nach Besuch. Komische Oper, noch einmal „Ball im Savoy", war zu gut. Oderbruch-Besuch und Unkraut rausreißen. Nikolaisaal Potsdam, Konzert. Schwester und Schwager aus München zu Besuch, zum Tanz im Café Keese. Schwester und Schwager aus Penzberg zu Besuch, Stadtrundfahrten Berlin und Potsdam. Im Stummfilmkino in Weißensee zur TV-Aufzeichnung mit Rolando Villazon. Gemäldegalerie, Botticelli. Berliner Ensemble: „Faust I und Faust II" mit Darmstädter Ehepaar–Freunden. Trinitatis Kirche bei Otto-Sinfoniker, Konzert. Martin-Gropius-Bau, Sammlung Würth und Hockney und Holbein. 16. Oktober Beisetzung auf dem Dorotheenstädtischen Friedhof von meinem ELA-Chef, Präsentation des Sohnes. Fortbildungswoche DaF, Deutsch als Fremdsprache. Bernhards Enkelsohn und Freundin zu Besuch, beim Griechen. Im Kreativahaus, Theater, „Ophelia Triptychon". Oma-Tag in Alter Nationalgalerie mit Berliner Enkel, die Gemälde abmalten und vorher auf Denkmalslöwen herumgeklettert waren. Urlaubswoche in Zempin auf Usedom mit Birgit in Ferienwohnung. Nikolaisaal, Konzert Rhonda & Filmorchester. Potsdam Museum. Hamburger Bahnhof, schlimme Ausstellung. Remise – VHS Weihnachtsmalworkshop. Cottbuser Theater: „Pippi Langstrumpf" mit Enkeln. Theater im Palais „Killerfische" mit Birgit. Tempodrom, Geschenk von Krysia für Sascha-Gammel-Vorstellung, ein paar Tage später in der Distel. Märkisches Museum: „Adolf Menzel".

Wie oft war ich zu Theatervorstellungen, zu Konzerten, in Museen und Ausstellungen, im Urlaub und mit Enkelkindern zusammen?

15.2.1 Geschriebenes Interview am 16. August 2015

So könnte ich auch das Buch schreiben, als verklausulierte Zustandswiedergabe, als Selbstfindungspunkt.

Z   Nanu, was treibt Sie an einem heißen Augustsonntag in die Uni-Bibliothek?

A   Vielleicht die Suche nach einem ruhigen, kühlen Schattenplatz. Vielleicht die Suche nach innerer Ruhe, nach Konzentration, nach Abgeschiedenheit von den Alltagseinflüssen, der Wunsch nach und die Hoffnung auf einen besonderen Sonntag.

Z   Nun, das Besondere gelingt uns gerade, wir reden miteinander., zwei völlig Unbekannte, die sich auf den ersten Blick – nun gut, das ist romantisch verklärt – beim Fast-Zusammenstoß auf der Treppenkurve sympathisch gewesen sein müssen, ansonsten hätte keiner von uns nach einem gemurmelten „Sorry" vom Gegenüber Notiz genommen. Es war das lustige Funkeln in Ihren Augen, das mich zu einer eher ungewöhnlichen Ansprache spontan verleiten ließ.

A   Und mich zu einer spontanen Antwort, als gingen Sie meine Sonntage etwas an. Tun sie auch nicht. Doch ich kann Ihnen die gleiche Frage stellen, hätte es mir als Frau jedoch verkniffen, einen wildfremden Mann anzusprechen. Da wir jetzt schon im Fluss sind, frage ich doch. Immerhin geben wir beide nicht das typische Studentenbild ab, eher Lehrkörper, aber eigentlich geht der sonntags nicht in die Bibliothek arbeiten.

Z Nicht schlecht gekontert und auf in die Offensive, gefällt mir. Wie unschwer zu erkennen ist, gehöre ich zum älteren Semester, altersmäßiger Ruhestand, doch ruhelos und beschäftigt. Ich war Journalist, sollte besser sagen bin, denn freiberuflich schreibe ich Artikel, Essays, Geschichten, heutzutage nur zu Themen, die ich mir selbst suche, die mich fesseln und in die ich mich verbeißen kann. Also keine Auftragsarbeiten mehr, kein Zeitdruck, kein vorgegebener Rahmen – halt einfach Wollens-Geschichten.

A Dieser berufliche Hintergrund erklärt natürlich Ihre forsche Ansprache und unverhohlene Neugier, berufsgeschädigt. Aber ich passe nicht in Ihre Vorhaben, ich bin keine Wollens-Geschichte, es sei denn, eine Spontan-Entdeckung aus welchem Grund auch immer – doch halt, einen kann ich mir vorstellen: mein Altersbonus. Ruhestand habe ich auch, nein, ich bin in einem solchen seit fast drei Jahren mit dem Ergebnis, dass ich keine Ruhe habe, ruhelos aktiv bin. Mein Kalender ist voller Termine, einen Tag in der Woche zwinge ich mich zum Herumhängen, Auspendeln, Nichtstun. Nein, wieder falsch, ich kann nicht nichts tun.

Z Dann ist heute „Rumhängetag"?

A Nein, der war gestern. Heute Morgen habe ich mir gesagt: Du musst irgendwohin gehen, laufen, zu Fuß gehen oder mit dem Fahrrad fahren, Schreibzeug einpacken und einen Ort der Stille und Kühle finden. Also habe ich im Internet rasch die Öffnungszeiten der Bibliotheken recherchiert. Nur diese hat sonntags geöffnet, Bibliotheksausweis habe ich sowieso, Hustenbonbons und Vorhängeschloss in die durchsichtige Tasche gepackt, mich aufgebrezelt, Mülltüten geschnappt, ordentlich getrennt entsorgt und zügig losspaziert. Auf das Fahrrad habe ich verzichtet, hatte mich zu sonntäglich herausgeputzt. So bin ich eben hier gelandet und hätte Sie glatt überrannt, mit meinen Gedanken war ich schon im 5. Stock.

Z Welch ein Zufall, ich möchte ihn Fügung nennen, zwei Ruheständler treffen aufeinander an einem untypischen Ort zu einer untypischen Zeit auf der Suche nach Mitteln gegen Ruhelosigkeit. In letzter Zeit habe ich viel über die Rolle von Zufällen nachgedacht und überlegt, ob sich nicht irre Geschichten schreiben ließen unter dem Gesichtspunkt: Was wäre wie anders gekommen, hätte nicht ... Weiter bin ich noch nicht, wollte mir heute ein paar geschichtliche Ereignisse näher anschauen wie Ursachen, Folgen und vor allem Ereignisse und Beteiligte. Das ist auch so eine Fragestellung, war es so vorherbestimmt, musste es aufgrund der Ausgangslage so kommen, und was wurde zufällig durch Unberechenbarkeiten ausgelöst? Das ist mein abstrakter Ausgangspunkt für die Recherche. Aber wenn ich mir selbst so zuhöre, denke ich, ich sollte mir besser eine Sache vornehmen. Ich werde wohl mit einer Zeittafel anfangen und gucken, was mich anguckt. Interessieren Sie sich für Geschichte?

A Da haben Sie bei mir einen Nerv getroffen. Mein erstes Vorhaben für den Ruhestand war, ich gehe wieder studieren und mache Geschichte. Ich hatte ein großes Interesse, nämlich: Wodurch sind die großen Reiche untergegangen, und warum gehen große Reiche immer unter? Ich wollte es vom Römischen Reich wissen und dann vor allem von den Reichen, die durch den 1. Weltkrieg zerfallen und untergegangen sind. Das war meine Idee, ich wollte es wissen. Nicht dass ich nicht Bücher gelesen hätte, Uni hatte sich in mir festgefressen. Dann habe ich mich also durchs Internet geklickt, um herauszufinden, wie ich als „Altersstudent" vorgehen könnte. Aber zuerst habe ich mir die historischen Fakultäten gesucht und gefunden, was sie den Studenten vermitteln. Ich hatte meine Wünsche und Ziele. Über die Details zum Auffinden der verwaltungstechnischen Erfordernisse, der Vorlesungen usw. möchte ich mich nicht näher auslassen, es hat jedenfalls etliche Stunden in Anspruch genommen. Im Endergebnis habe ich ein Formular als Gasthörer ausgedruckt, ausgefüllt und mich auf die Suche nach den Dozenten gemacht, die nämlich abzeichnen müssen, dass ich ihre Lehrveranstaltungen als Gasthörer besuchen darf. Das war ein richtig spannendes Unterfangen, denn nicht jeder Dozent ist vor Semesterbeginn so einfach auffindbar. Als ich mit meinem Unterschriftenzettel zum dritten Male bei der Sekretärin vom „Mittelalter" auftauchte, zuckte sie hilfesuchend mit den Achseln und fragte: „Wollen Sie nicht lieber stricken?" Ich fand die Antwort so originell, natürlich wollte ich nicht stricken, und da kam der Dozent eher zufällig herein.

Zu Semesterbeginn hatte ich meinen Gasthörerausweis, da alle Formalitäten erfüllt waren und die Gebühr bezahlt war.

War ich gespannt – nach 42 Jahren wieder wie ein Student an die Uni mit Schreibblock und Stift. In den Vorlesungen waren oft mehr Alte als Junge, manchmal hielt es sich die Waage.

Die Alten schrieben mit oder hörten zu, die Jungen tippten Notizen auf ihren Laptops oder Tablets oder lasen die Vorlesungen mit. Am Ende stellten die Alten mehr Fragen als die Jungen. Ich habe mich unheimlich wohlgefühlt in den alten Vorlesungssälen mit den knarrenden Tischklappen, den eingeritzten Zeichen, dem Kommen und Gemurmel vor Beginn. Einfach stillsitzen und Maulaffen feilhalten – und dabei noch Neues erfahren, Wissenslücken ergänzen, mehr oder weniger viele Erkenntnisse gewinnen.

Aus Versehen, weil ich nicht alle Abkürzungen richtig identifiziert hatte, war ich in ein Unterseminar und eine Übungsveranstaltung geraten. Du lieber Himmel, waren die Studenten, die jungen Leute, eloquent, diskutierfreudig und streitwillig. Ich habe nie etwas gesagt, dort gehörte ich wirklich nicht hin, hier waren die echten zukünftigen Historiker. Nee, mit denen konnte ich mich nicht messen, obwohl ich die Vorbereitungsliteratur immer gelesen und Unterstreichungen vorgenommen hatte. Es war selbstverständlich, dass die Literatur in Deutsch oder Englisch vorgegeben war. Und Erkenntnisgewinn, ließe sich das zusammenfassen? Was habe ich mitgenommen? Die geschichtlichen Ereignisse sind geschehen, vorbei, passiert und beschreibbar als Fakten, doch das, was sich immer wieder ändert, ist die Interpretation, die Deutung der Geschichte. Der kürzeste Abstand dürfte eine Generation sein, so circa fünfzig Jahre. Eine objektivere Geschichtsbetrachtung sei sowieso erst möglich, wenn es keine Zeitzeugen mehr gäbe, dann könne man nämlich eher emotionale Verzerrungen ausschließen. Und noch weiter: Die großen geschichtswirksamen Ereignisse sind immer nur Ergebnis einer langen Kette von unscheinbaren Veränderungen in Details, in fließenden Veränderungen. Jetzt fällt mir die früher gelernte philosophische Abstraktion dafür ein: eine Anhäufung quantitativer Veränderungen, die irgendwann zum qualitativen Sprung führt – ich weiß nicht, ob das aus den Marx/Engels- Schriften stammt, doch diese Vorstellung war in meine Ideenwelt als logisch eingegangen. Also in den Jahren, die die Geschichtsbücher nicht verzeichnen, bahnen sich Umwälzungen ein.

Faszinierend fand ich, dass die heutigen Historiker gefordert sind, sich mit den ursprünglichen Quellen auseinanderzusetzen und sich nicht auf die vorherigen Interpretationen zu verlassen und diese als richtig und selbstverständlich zu nehmen, sie sind zu lesen, deren Erkenntnisse jedoch zu hinterfragen. Das ermöglicht dann tatsächlich, die Geschichte zu verstehen, vielleicht. Irgendwie glaube ich das nicht so recht.

Jetzt habe ich lange geredet, ich sollte mal Luft holen. Das hat Ihre Frage zu meinem Geschichtsinteresse gebracht – ein Wasserfall an Sätzen

Z   Ich habe Ihnen gern zugehört, zumal ich Ansatzpunkte für mein Projekt „Zufall" sehe. Darf ich Sie fragen, ob Sie Ihr Geschichtsstudium fortgesetzt haben?

A   Im ersten Semester hatte ich mir ein Programm mit 10 Wochenstunden zusammengestellt zu verschiedenen Perioden wie Römisches Reich, Mittelalter, industrielle Revolution, 1860er-Jahre und Erster Weltkrieg. Danach habe ich dazu Ringvorlesungen gehört und bin zu Podiumsdiskussionen gewesen. Zurzeit schaue ich aufs Veranstaltungsprogramm des Tages, und wenn mich etwas anspricht, gehe ich hin. Aber wahrscheinlich werde ich doch nicht mehr Geschichte studieren. Ich möchte den Druck der schriftlichen Arbeiten nicht, ich möchte keinen akademischen Abschluss, was mich unweigerlich in ein Korsett pressen würde. Ich möchte das herausfinden, was ich wissen will, was selbst nicht ganz fassbar ist. Warum eigentlich nicht? Was will ich denn wissen?

Was verändert die Welt?

Sind Ursache und Wirkung die Triebkräfte?

Was setzt sie in Bewegung?

Welche Konstellationen von Gegebenheiten bilden eine Ursache? Oh mein Gott, ist das abstrakt. Will ich das wirklich wissen?

Z   „Nennen Sie doch mal ein Beispiel" – so hieß es früher in der Schule immer, wenn die Diskussionen zu abstrakt wurden.

Nein, Sie brauchen mir jetzt kein Beispiel zu nennen, es war nur rhetorisch gemeint. Ich finde es schon sehr interessant, womit Sie sich auseinandersetzen, und es macht mir Spaß, mich mit Ihnen zu unterhalten. Sie hatten sich auf Ihren Ruhestand vorbereitet mit der Umsetzung von Vorhaben. Auch da scheint es uns ähnlich ergangen zu sein, für mich war von Anfang an klar, dass ich weitermachen würde auf freiberuflicher Basis. Wie ich Sie verstanden habe, haben Sie etwas ganz anderes machen wollen, etwas, was Sie glauben, versäumt zu haben. Dass Sie studiert haben, davon gehe ich aus, dass es nicht Geschichte war, ist mir klar – wobei ich mein Studium mal als zukünftiger Geschichtslehrer angefangen hatte und erst im dritten Studienjahr auf Journalismus umgestiegen bin. Was haben Sie studiert? Lassen Sie mich raten, da Ihnen die Vorbereitungslektüre auf Englisch keine Mühe gemacht hat, nehme ich an, Anglistik.

A   Oh, Sie haben tatsächlich sehr genau zugehört, ja, Anglistik/Amerikanistik und Slawistik, wobei Letzteres mein Erstfach war, und das Ganze auf Gymnasiallehrer.

Z   Lehrerin habe ich mich nicht getraut zu sagen, auch hatte ich ein wenig gezweifelt, Sie haben nicht solch eine durchdringende Lehrerstimme, die immer lauter wird und irgendwann den Raum dominiert. Auch unterbrechen und korrigieren Sie mich nicht.

A   Die Lehrerklischees sind tief verhaftet in Ihnen, sind Sie nie einem weniger klischeehaften Lehrer begegnet?

Z   Wenn ich es mir recht überlege, eigentlich nicht. Die meisten Menschen, auf die ich getroffen bin, hatten eine leicht bis schwer traumatische Schulzeit und ihre Lehrerfeindbilder.

A   Dann kann ich Ihnen hier eine Ausnahme präsentieren, ich bin leidenschaftliche gern zur Schule gegangen, ich konnte mir nichts Schöneres als Schule vorstellen und bin deswegen auch Lehrer geworden, Schule war für mich Leben, wobei ich auch mit Journalismus gelieb-äugelt hatte – weil ich ganz gut schreiben konnte – und auch mit Ökonomie, aber da kannte ich keinen Beruf, und immerhin mussten wir in der 8. Klasse angeben, welche Berufslaufbahn wir einschlagen wollten. Ich hatte vorsichtshalber alle drei aufgeschrieben, wir waren doch erst vierzehn Jahre alt. Doch mit neun Jahren war mein fester Berufswunsch, Botschafter zu werden, in der Welt herumreisen, immer mal in einem anderen Land leben, andere Sprachen sprechen – das fand ich ideal für mich. Mich hat aber nie jemand gefragt, ob ich Diplomat werden wollte, später bei den Studienangeboten stand es nicht zur Auswahl, also blieb es bei fremden Sprachen und Schule, war ja kein notgedrungenes Übel.

Ist es nicht seltsam, dass man sich mit zunehmendem Alter an immer weiter zurückliegende Zeiten erinnert und dabei so genau an die Gefühle, die man dabei hatte, an die Situationen – sogar in Farbbildern! Und wenn man wissen will, wie man den gestrigen Tag verbracht hat, muss man in den Kalender schauen. Ich sage mit Absicht „man" (Im sonstigen Leben habe ich die „man"-Sätze aus meinem Wortschatz gestrichen, denn wer ist bitte „man"? Ich weiß es nicht.), weil ich mit ziemlicher Sicherheit davon ausgehe, dass es Ihnen auch so geht – Analogieschluss aus Gesprächen mit Gleichaltrigen. Irgendwie scheint es ein genetisches Alterungsprogramm zu geben, in dem die Menschen gleiche Stadien durchlaufen.

15.2.2 Ein Jahr später dieselbe Idee, 5. März 2016

Z   Warum schreiben Sie nicht Ihr Buch? Ich weiß, Sie können das, und vor allem, Sie haben etwas zu erzählen.

A   Ich weiß nicht, daran gedacht habe ich schon oft, eigentlich schon mein ganzes Leben lang, aber in den letzten Jahren am häufigsten.

Z   Und was hindert Sie daran?

A   Wenn ich das so genau wüsste und benennen könnte, würde ich es möglicherweise schaffen. Es ist nicht so, dass ich noch nichts zu Papier gebracht hätte. Zurzeit sortiere ich mein Leben nach Ereignissen. Ich habe die allgemeinen Jahreschroniken mit den weltgeschichtlichen Ereignissen aus Wikipedia entnommen und bin dabei, die zeitgleichen Ereignisse in meinem Leben zuzuordnen.

Z   Mir scheint es wie ein Laufen im Kreis, um ja das Wichtige u vermeiden.

A   Eher spiralförmig, und ja, ich glaube, das trifft es. Ich schleiche wie die Katze um den heißen Brei herum. Allerdings gehe ich manchmal in die Bibliothek, nur mit Schreibblock und Stift, setze mich an einen Arbeitstisch und schreibe einfach, ausgehend davon, wo ich gerade bin mit mir in meinem Leben, und dann treibt es mich schreibend irgendwohin.

Z   Wissen Sie, was ich befürchte? Dass es unzählige Fragmente gibt, hier ein Happen, dort eine Geschichte und keinen alles verbindenden Zusammenhang.

A   Genau so, die „Fragmente" stimmen sowohl als Bild als auch als handschriftliche Aufzeichnungen. Ich schreibe und hefte es dann in den Ordner „A. notiert", von hinten nach vorn. Wenn ich etliche Seiten in einem Anflug über mehrere Stunden geschrieben habe, sage ich mir, prima, da setzt du beim nächsten Male, nächste Woche wieder an. Doch nächste Woche passiert nichts. Ich stehe im Arbeitszimmer vor meinem Ordnerschrank und denke: aufräumen, sortieren, Leben sortieren nach Dokumenten, Dokumente sind historische Zeugnisse, also sind Dokumente äußerst wichtig. Nicht dass meine Dokumente nicht sortiert wären, sie sind es durchaus, aber nach Typ, Thema wie Arbeitsverträge und Gehaltsabrechnungen, Familienbücher, Schulzeugnisse und Abschlüsse. Ein sehr logisches System, aber nicht geeignet, um nachzuzeichnen, wie Leben vergeht. Diese Frage stelle ich mir jetzt häufig. Wie kann ich es fassen, wie kann ich herausfinden, wie, wodurch, womit, wann Leben vergeht? Dabei ist die Frage einfach zu beantworten. Ich schreibe auf, was ich jeden Tag mache – aber das ist sterbenslangweilig. Also sammle ich Lebens-Realia wie Eintrittskarten, Programmhefte, Prospekte usw., am Beginn des neuen Jahres sortiere ich aus oder hebe auf und schreibe eine Chronologie des Jahres mit den besonderen Ereignissen. Je näher die Jahre an der Gegenwart liegen, desto umfangreicher sind die Listen, es lässt sich noch nicht leicht Wichtiges von Unwichtigem trennen, aber absolut Unwichtiges lässt sich einfach rausschmeißen. Ich gehe jetzt also rückwärts über die Jahre und hefte sie ab. Eine große Kiste zur Aufbewahrung von zehn roten A$-Ordnern habe ich gekauft, noch ist sie leer. Noch ist kein Ordner fertig. Also stelle ich mir die Aufgabe, die Dokumente und Zeitzeugenpapiere den Jahren zuzuordnen, und dann glaube ich bereit zu sein, zusammenhängende Darstellungen meines Lebens zu schreiben.

Z   Ich denke nicht, dass diese Vorgehensweise unbedingt die Voraussetzung für Ihr Buch sein muss. Sie können so spannend Geschichten aus Ihrem Leben erzählen, schreiben Sie auf, was herausfließen will.

A   Daran zweifle ich, habe ich wirklich etwas zu erzählen? Allerdings denke ich wieder, dass meine Erinnerungen ein Dokumentationssteinchen eines untergegangenen Staates sind. Den Staat gab es nur 40 Jahre lang, und ich bin in ihn hineingeboren, aufgewachsen im Einklang mit meiner Umwelt, wurde erwachsen und habe angefangen, Dinge infrage zu stellen, bin aber nie kämpferisch dagegen gewesen. Im Gegenteil, ich bin ungeheuer dankbar, dass ich in der DDR aufgewachsen bin. Ich habe davon nur profitiert.

Z   Erzählen Sie davon, das ist ungeheuer interessant.

A	Was denn? Für wen denn? Doch, ich finde es schon wichtig, dass sich auch Stimmen äußern, die einfach erzählen, was wann war und wie sie es empfunden haben.
Z	Ich könnte Ihnen hundert Fragen stellen und alles aus Ihnen herausholen, wovon Sie gar nicht wissen, dass es in Ihnen ist.
A	Im Ernst?
Z	Ich will es aber nicht, es ist authentischer, wenn Sie den freien Erzählfluss laufen lassen. Sie erzählen, gut, spannend, ich höre Ihnen gern zu.
A	Dabei rede ich so selten, Wichtiges kaum.
Z	Sind Sie einsam?
A	Ich bin sehr gern allein, kann schon richtig süchtig nach Alleinsein sein. Ich bin froh, dass ich eine Wohnung allein habe, ich in jedem Zimmer etwas anderes tue. Auf dem Esstisch liegt immer etwas zu lesen, Zeitschriften, Artikel. Am liebsten esse ich Suppe oder etwas, wofür ich nur eine Hand brauche, denn zum Umblättern brauche ich die andere. Bloß nur zu essen ist mir zu langweilig. Bei Messer-und–Gabel- Gerichten will ich mich zum Nur-Essen zwingen, doch meist funktioniert das nur ein paar Minuten, dann wird das Messer abgelegt und die Zeitschrift herangezogen, Messer wieder aufgenommen. Es ist etwas beschwerlich. Bücher lese ich nur im Bett vor dem Einschlafen oder auch mal mittags auf der Couch, wenn ich vorhabe, ein wenig zu schlummern. Im Arbeitszimmer mache, tue ich immer etwas Nützliches oder Unnützes. Letztes Wochenende war ein entsetzliches. Obwohl ich Samstagabend im Theater war, „Eisler on the beach", ich den ganzen Sonntagvormittag die Familiengeschichte der Eislers nachgelesen habe, habe ich in den restlichen Zeiten sowohl Samstag als auch Sonntag durchgehangen. Ich konnte mich zu nichts aufraffen. Stand im Zimmer und wusste nicht, was ich anfangen wollte zu tun. Konnte nichts wollen.

Stand ratlos da. Vor solchen Situationen habe ich Horror. Ich weiß, dass in mir das schwarze Ungeheuer einer Depression lauert. Ich kenne es von früher, bin aus den Lebenskämpfen gestärkt hervorgegangen, bin kaum noch anfällig, denn ich kenne ja das Monster und halte es unter Verschluss. Aber ich weiß, wenn der Stein darauf nicht fest eingefügt ist und es sich zappelig bemerkbar machen kann, ist Gefahr in Verzug. Deswegen bin ich so aktiv, beschäftigt, eingedeckt mit Wochenplanaufgaben usw. usf.

Ich habe Angst, dass es mich ganz zu packen kriegt. Das will ich auf keinen Fall zulassen, die Kraft habe ich dazu, aber es gibt unberechenbare Fallen in mir, wenn sich die Türen öffnen, kann sich die Schwärze verselbstständigen. Wahrscheinlich dreht sich deshalb meine Aktivitätsspirale, Ruhe ist Gift und Futter für das Monster. Doch wenn ich mein Buch schreiben will, muss ich mich dem Monster stellen. Nur weiß ich nicht, wo es lauert und aus welcher Ecke es mich ergreifen wird. Die unberechenbaren Abgründe der Seele, die unausgesprochenen Gedanken und Empfindungen, die nie erzählten Erlebnisse, die von anderen erzählten Geschichten über mein Leben und mich – alles gekocht ergibt den Strudelsog, in den es mich hineinzieht. Doch wenn es gekocht, gefiltert, gesiebt, getrocknet und vor allem aufgeschrieben ist, wird es eine Befreiung sein, aber nur möglicherweise.

Ich weiß es nicht, werde es aber nie erfahren, wenn ich es nicht tue. Mir wird also nichts anderes übrig bleiben. Doch erst muss ich einordnen, zuordnen und erste Erinnerungsgedanken dazu schreiben, dann habe ich die Gliederung des Lebens, meines Lebens.

Es dreht sich immer wieder um dieselben Dinge

Außer gefühlsmäßig empfundener peinlicher Ereignisse gab es die viel gravierenderen und einprägsameren Situationen, in denen sich in mir ein Gefühl der Verlassenheit ausbreitete und der unwirklich besitzergreifende Wunsch, einfach nur berührt zu werden, gedrückt, umarmt und leise gestreichelt. Das Wort Sehnsucht erlangte hier Bedeutung für mich, „sich nach etwas sehnen", das von vornherein unstillbar empfunden wurde. Die verborgene Frage „Versteht mich denn keiner?" – nein, es gibt niemanden, der sich in mich hineinversetzen kann, nein, will, nein, der denkt, hier ist ein Wesen, das sich sehnt.

Habe ich dazu noch etwas zu ergänzen? Sehr gern hätte ich mir mein Aufsatzheft zurückgeholt, wir mussten sie zum Schuljahresende immer abgeben, unsere Lehrerin wollte sie sammeln und aufheben. Als ich jedoch nach Jahrzehnten unseren früheren Schuldirektor danach fragte – seine Frau, unsere Deutschlehrerin, war schon mehrere Jahre tot –, wusste es davon nichts. Schade, ich hätte gern erfahren, worüber ich damals alles nachgedacht habe, und vor allem, wie ich gedacht habe. Es ist nicht alles vergessen, ich habe die Briefe der Korrespondenz mit mir wichtigen Personen aufgehoben: einem Psychologen, meinem ehemaligen Musiklehrer und einem Schulfreund – eigentlich genannt „meine große Liebe", aber von Liebe war da nichts, nur von mir eingebildet. Und dazu ein wahnsinnig peinliches Erlebnis.

Doch da bin ich schon bei den entsetzlichen Peinlichkeiten, die öffentlich waren und mich zutiefst getroffen haben, über die ich nie mit jemandem gesprochen und einen Erklärungsversuch unternommen hätte.

Egal wie weh es tut, ich sollte es formulieren – habe ich schon!

Es tut weh, dass die Familie meines Sohnes mit mir nicht zurechtkommt. Wenn ich etwas tue, ist es immer falsch und beleidigt sie. Ich kann mich nur immer weiter zurückziehen, ich kann nicht reden.

„Bitte nicht so viele Alleingänge, ist ja schade um Deine Mühe,
wenn es dann zurückgegeben werden muss. Ausgemacht war
nach Weihnachten, Ada muss ihren Ranzen ausprobieren.
Roy kann am Mittwoch mal bei Dir reinschneien, aber ohne
Ada (erst nach Weihnachten Probe), sonst dreht uns die Klei-
ne durch – mit Weihnachten, Pierrows Geburtstag, wenn sie
den Ranzen sieht, wird sie ihn haben wollen, egal, ob er gut
ist oder nicht.
Ada hat Schwimmen, kann mittwochs also nicht kommen.
Und jetzt tippt Roy weiter: Lasst uns alle den Kindern vor
Weihnachten nicht mehr so viel zumuten, es ist jetzt schon
aufregend genug."

Doch, ich habe mich einmal geäußert, sogar mich erklärt, schriftlich, am 14. Dezember 2015

„Hallo Ihr Lieben,

Roy hat mit mir telefoniert, wir haben uns ein wenig ausein-
andergesetzt, leider musste ich abbrechen.
Es tut mir leid, dass wir so kaum eine Sprache finden und die
Missverständnisse in der Kommunikation sich wie Stolper-
steine aneinanderreihen. Wir können nur das Beste daraus
machen, d. h. ich möchte das gern, indem wir uns auf eine
klare Ausdrucksweise verständigen, es gibt ja und nein, nicht
ja und ja gemeint nein (letzteres verstehe ich nicht).
Ich bin zu Gefühlsäußerungen nicht in der Lage, ich bin ru-
hig und zurückhaltend und will niemandem etwas Böses.
Ich mag Auseinandersetzungen nicht, lieber stecke ich ein,
was ich sehr gut kann. Ich beherrsche den deutschen Small
Talk nicht und meide Situationen, die es erfordern. Lieber
ziehe ich mich zurück und lasse über mich herziehen. Ich
mag nicht im Mittelpunkt stehen. Wenn man von mir etwas
wissen will, muss man mich fragen. Ich habe ungern etwas
von mir erzählt, und wenn, hat es mir stets nur Ärger ein-
gebracht. Ich bin harmoniebedürftig und leise. Ach, Unnah-

barkeit wird mir seit frühesten Kindertagen nachgesagt, ja, ich fürchte mich vor zu naher Nähe. Wahrscheinlich sollte mein Sohn mir mal alles um die Ohren hauen, worunter er als Kind gelitten hat, damit diese unterschwellige Aufrechnerei und Aggressivität abgelassen wird, und ich sehe, worum es geht. Als verständnislose Unperson behandelt zu werden, könnte sich vielleicht ändern, ich kann mich entschuldigen, wenn ich weiß, wo ich Unrecht getan habe. Bewusst war es nicht, sonst wüsste ich darüber.

Ich mag meine Enkelkinder und habe viel Freude mit ihnen. Ich habe ihnen noch nie etwas zuleide getan und frage mich, wie man auf solch eine Idee kommen kann. Ich wünsche mir hin und wieder einen Omatag mit ihnen, das ist alles.

Mit dem Schulranzen ist alles geklärt, Ihr gebt mir Bescheid, wann Ihr Euch entschieden habt. Ich war zu voreilig und gutmeinend, wovon ich ja eigentlich weiß, etwas gut zu meinen ist immer nur schädlich. Also dafür entschuldige ich mich gern. Die Kunstbuchidee für Pierrows Geburtstag ist prima.

Habe Altes (besonders an den alten Wiederentdeckungen hatte ich Freude und erinnerte mich an meine Kinder zu Weihnachten) und Neues in einem Sammelsurium zusammengepackt, für Weihnachten für Euch alle.

Viele Grüße
Oma-Amo Angelika"

16.1 Geschrieben am 18. September 2016

Warum bin ich heute kurzentschlossen und doch zielstrebig in die Bibliothek gelaufen?

Ich bin kurz davor, dass mich eine Depression erfasst.

Aber warum, weshalb, wieso? Noch dazu bei diesem wunderschönen Septemberwetter mit Sonnenschein und Temperaturen um die zwanzig Grad Celsius. Hatte ich etwa keinen Termin im Kalender stehen? Natürlich, „Wahl". War schon wählen für das Berliner Abgeordnetenhaus, hat nur zehn Minuten gedauert, war ja vorbereitet. Das mit der Bibliothek hatte ich mir schon nach dem Aufräumen blitzartig überlegt. Flucht, Versteck, Besinnung, Reflexion.

Wieso, warum, was ist passiert? Nichts Ungewöhnliches, und letztendlich habe ich es mir selbst aufgebaut. Ich habe wahnsinnige Kreuzschmerzen, Lendenwirbelsäule. Fange ich am besten mit einem Höhepunkt des Wohlgefühls an. Nach zwei Wochen intensivster Arbeit mit täglich acht Stunden Deutschunterricht flog ich am Samstagmittag zu meiner ersten Wanderreise auf die Insel Jersey. Wie ich dazu gekommen bin, auf diese Idee? Am Karfreitag hatte ich mich mit meiner besten Grundschulfreundin, mit der ich seit fünf Jahren losen Kontakt halte nach 49 Jahren Nichts-Voneinander-Wissen, da sie nach wie vor in Cottbus wohnt und ich meine Tochter-Familie dort hin und wieder besuche und wir aus diesem Anlass heraus manchmal drei vier Stunden durch die Gegend laufen, d. h. zu Fuß gehen, verabredet. Sie läuft sowieso jedes Wochenende ihre Meile zum „Frustabbau", wie sie es bezeichnet. Langer Rede kurzer Sinn (übrigens ein Schiller-Zitat): Sie erzählte, sie mache mit einer Bekannten bereits die sechste Wanderreise, diesmal Insel Jersey. „Dort wollte ich schon immer mal hin!" Mein befreundetes Ehepaar auch, doch sie hatten diese Idee immer wieder verschoben.

Also stellte ich beim Reisebüro eine Anfrage und konnte sofort einen Platz für diese Wanderreise als Einzelreisender buchen. Meine teuerste Reise, aber ich hatte mir das Geld durch Zusatzarbeit verdient, also besser ausgeben. Ein kleines Propellerflugzeug mit noch vielen freien Plätzen flog uns auf die Insel. Ich hing nur am Fenster, sah Belgien, Frankreich, die Ärmelkanal-Küste, die Kanalinseln, das Meer. Es war so schön. Wir fuhren mit dem Reisbürobus durch die schmalen, verwinkelten Straßen im Linksverkehr zum Hotel im Westen der Insel – und ich konnte wieder nur gucken. Die Küstenlinie entlang, Ebbe – so eine bizarre Ebbe-Landschaft hatte ich noch nie gesehen. Wir waren nachmittags die ersten Gruppenankömmlinge, mein Einzelzimmer am Ende des Flures, Teekochen sofort möglich – UK! Wir machten einen ersten Erkundungsspaziergang zum Meer über den Golfplatz, dort ein Schild: „Danger – flying golf balls". Wir kauften im Supermarket Weniges nur aus Spaß ein. Zum Dinner traf die Gruppe erstmals zusammen. Dann hieß es jeden Morgen acht Uhr Frühstück, neun Uhr Abmarsch oder Abfahrt mit Rucksack, dann wandern: hoch, runter, eben, hoch, runter – fünf Tage lang bei wunderschönem Wetter. Wo wir waren, was wir gesehen haben, ist alles in meiner Prospekt- und Bildersammlung aufgehoben. Einhundert Kilometer zu Fuß kamen zusammen. Am sechsten Tag flogen wir als Letzte zurück. Wir genossen die letzten Stunden entspannt im Hotelgarten nach einer selbst gewählten Wanderung am Wasser entlang.

Am Sonntag zu Hause fühlte ich mich, wie ich mich gar nicht kannte. Ich spürte mich! Wie soll ich es nur ausdrücken? Ich war vorhanden, ich ruhte in mir, ich spürte Freude in mir. Dieses intensive Spüren war noch viele, viele Tage da. Ich weiß nicht, wann es erlosch, es verblasste wohl eher allmählich.

Was passierte, dass es nun fast ins Gegenteil abstürzt und ich am Rande des dunklen Lochs stehe und in die trudelnde Tiefe schaue?

Ich hatte mir zwei Wochen „frei" gegeben, das bedeutete, dass ich viermal die Woche ins Fitnesscenter ging, immer mit Schwimmen. Mein Geburtstag näherte sich, dieses Jahr ein Sonntag. Klimamäßig hatte sich eine Hitzewelle aufgebaut, täglich immer mehr als 30 Grad. Meine Kinderfamilien wollten am Vortag bzw. mehrere Tage vorher aus dem Urlaub kommen. Ich lud meine Freunde ein, mit denen ich einen schönen Tag in ihrem Garten und am See zugebracht hatte. Sie sagten ab, da sie an dem Tage verreisen wollten. Die Familie meines Sohnes verlängerte den Urlaub bis zum Abend des Geburtstages. Ich bestellte den Restauranttisch wieder ab. Meiner Tochter hatte ich gesagt, sie müsse ihre Familie nicht zwingen, am Sonntag nach der Rückkehr schon wieder zu verreisen. Sie kam und brachte meinen Enkelsohn für seine Ferienwoche bei Oma, wir gingen zu dritt festlich essen. Mein Bruder und seine Frau waren am Vortag in Urlaub gefahren, mit voller Absicht. Zum Kaffee, meine Tochter war schon weg, kamen mein Neffe mit Frau, Tochter und Hund und blieben zehn Minuten, aßen nichts, wollten bei der Hitze gleich wieder weg. Meine Freunde riefen nicht einmal an, erst drei Tage später. Was war noch? Eine Schulfreundin schickte eine Woche später eine SMS – ein Tropfen, zu allem immer noch ein Tröpfchen mehr. Ein der Hitze zum Opfer gefallener Geburtstag – für mich die Bedeutung eines persönlichen Fiaskos. Woher soll schon jemand wissen, wie wichtig mir mein Geburtstag ist? Das war immer der einzige Tag des Jahres, an dem sich meine Umgebung an mich erinnern und sich mit mir befassen musste. Es war erst mein Dritter in der Berliner Wohnung, den Ersten war ich verreist – mit Ansage. Zum vergangenen Jahr hatte man mich überredet – beide Kinderfamilien, Schwägerin. Ich organisierte ein Spielplatzpicknick hinter dem Haus: Neunzehn waren gekommen, alle Kinderfamilien waren gekommen mit fünf von sechs Enkelkindern (eins angeheiratet), mein befreundetes Ehepaar, Neffe mit Familie, Bruder mit Frau. Die Kinder und Erwachsenen konnten spielen, Tischtennis gab es, Fahrräder. Vom Kuchen, selbst gebacken, blieb nichts mehr nach, bei einem Catering-Service hatte ich Fingerfood bestellt. Es war rundum gelungen, allen hatte es gefallen. Sie fanden es auch gut, dass sich die Familie in der Größe traf. Das war mein 68., der 69. Dann das Fiasko. Es kann und muss einfach nur an mir liegen. Denken, nein, haben sie den Eindruck, sie wären mir egal, es wäre mir egal, ob sie kommen oder nicht? Haben sie kein Interesse an meiner Gesellschaft? Fühlen sie sich unwohl mit mir, bei mir zu sein?

Habe ich jemandem etwas darüber gesagt? Nein, den gekommenen und nicht gekommenen Gästen habe ich kein Wort gesagt. Wozu auch, ist vorbei. Ich ziehe mal wieder nur meine Konsequenzen:

Nächstes Jahr, zum 70., wird es keine Familiengeburtstagsfeier geben. Der Wochentag ist ein Montag, ich werde irgendwo anders, ganz weit weg sein. Für mich ist es emotionaler Stress, weil mir mein Geburtstag schon immer unglaublich viel bedeutet hat. Heute denke ich: Es ist besser für meine emotionale Gesundheit, wenn ich mich in mich noch weiter zurückziehe, einkapsel und mich räumlich entferne. Wahrscheinlich, nein, sicher bin ich als Mensch nicht sonderlich verständlich, nicht fassbar, nicht notwendig, nicht brauchbar für irgendeine Lücke. Sie halten mich auf Abstand, ich rede nicht, zu wenig, nichts, was sie interessiert ...

Halt, das ist meine Vermutung und Deutung, wie sehe ich mich selbst hierbei? Was mache ich denn anders? Wie kommuniziere ich? Kommuniziere ich? Worüber rede ich, und worüber rede ich nicht? Was mag ich? Was mag ich nicht?

Gleich, gleich systematisiere und analysiere ich ...

Noch mal zurück zu den letzten drei Tagen: Donnerstag und Freitag habe ich wieder gearbeitet, vormittags unterrichtet – plötzlich kann ich persönliche Erfahrungen einfließen lassen, sie hören mir zu und kommentieren! Freitagnachmittag habe ich für mein Ehrenamt den Bericht beendet – Sisyphos. Gestern, am Samstag, habe ich früh gebügelt, meine Freunde angerufen, denn eigentlich hätten wir in den vergangenen zwei Wochen etwas Kulturelles unternehmen und meinen Geburtstag nachfeiern wollen – frustrierendes Ergebnis, kein Plan für uns drei, aber zig andere Termine, Wohnung, Haushalt, Schwimmen, dann wieder zu Hause Kaffeetrinken und TV ab 15:30, dabei zweimal eingeschlafen ein paar Minuten, Abendessen. Durchgehend TV bis 22:30 – habe ich noch nie gemacht, durchgehangen, nur ferngesehen, geschlafen. Nachts, morgens schlimme Rücken- und Kreuzschmerzen. Nach dem Frühstück keine Lust zum Arbeiten, obwohl im Arbeitszimmer alles schön aufgereiht ist zum Arbeiten. Auch gestern hatte ich absolut keine Lust, nur Versicherungsunterlagen aufgeräumt, ein paar Übersichten und Handgriffe vorbereitet. Keine Lust, dabei hätte ich echt gut zu tun, und bisher habe ich mir immer und sehr gern die Wochenenden zum Arbeiten freigehalten. Was ist nur los? Ich habe keinen Termindruck, die Arbeiten schaffe ich alle noch zum Termin. Auch konzentriere ich mich gern auf das Kommende. Ich wollte mich gestern und heute einfach nicht auf das zu Erledigende stürzen, langsam abarbeiten, ich wollte mir nach der Wahl nicht etwas angucken, eine Notbehelfslösung für den Tag einfallen lassen. Da kam mir die Rettungsanker-Idee – Bibliothek und Schreibzeug, und raus mit dem Frust, aufs Papier mit den Ereignissen, die den Frustball wie einen Schneeball durch Rollen immer größer werden lassen, bis man ihn als Bauch für einen Schneemann verwenden kann. Ich war ja schon öfter zum Schreiben hier, habe Lebenskapitel aufgeschrieben, die ich nur als fragmentarisches Sammelsurium abgeheftet habe, doch diesmal habe ich sogar das Mobiltelefon abgestellt und im Garderobenschrank eingeschlossen. Ich will nicht erreicht werden!

Dabei wollten sich meine Freunde melden, falls sie eine Idee haben. Einer meiner Reisefreundinnen schulde ich ein Telefonat wegen Silvester, einer Nichte eine Treffens-Verabredung, ihr Spruch war auf dem AB, ich hätte locker gestern eine halbe Stunde später zurückrufen können, ein paar weitere Verabredungen könnte und sollte ich vereinbaren – ich habe keinen Trieb, ich hänge durch, mein Kreuz tut wahnsinnig weh, Kopfschmerzen, Übelkeit.

Es wird Zeit zur Selbstbesinnung.

Pause – Rundgang durch die Bibliotheksgänge.

Ich finde es furchtbar und unerklärlich, weshalb ich nicht systematisch an einem, meinem Buch arbeite.

Mit vierzig wollte ich erstmals ein Abrechnungsbuch über mein Leben schreiben. Jetzt habe ich mein siebzigstes Lebensjahr begonnen und von meinem Buch noch keine Spur, außer Fragmente, s. o.! Dabei hatte ich mir schon ein Konzept überlegt und begonnen, dafür zu sammeln.

Buchkonzept:
1946-2017
Das Jahr: Was sagt heute ein Lexikon über das jeweilige Jahr?
Was ging in jenem Jahr in der Verwandtschaft, den Familien vor sich?
Was ist in meiner Erinnerung verankert? Mit welchen Formulierungen hat es sich festgefressen?
Wie glaube ich, hat es mich fürs Leben geprägt?

16.2 Warum wollte ich immer mein Buch schreiben?

Um abzurechnen mit dem Verhältnis zwischen mir und meiner Umgebung.

Zu beschreiben, was ich dachte – den Dialog mit meiner inneren Stimme.

Um Zeitenläufe und Verhaltensweisen sichtbar zu machen am Subjekt, an mir und meinem begrenzten Sichtkreis und individueller Sichtweise.

Weil ich vielleicht doch etwas beizusteuern habe zum Verstehen von Wegen durch die Beschreibung meines Erkenntnisweges.

Wechselwirkung von Konkretem im Allgemeinen, von Einfluss des Allgemeinen auf Konkretes.

Ein winziges Kapitel Geschichte – als Zeitzeuge eines Staates, der nur kurze Zeit existierte.

Und verdammt noch mal, warum komme ich nicht voran?

Ich habe das Konzept, ich habe die Ideen, ich habe angefangen.

Ich habe alles im Kopf, ich habe so viel im Kopf, denke ich an eine Zeit, einen Ort, fallen mir sofort meine Gefühle und einige absurde Handlungen ein – eigentlich müsste ich meine Gehirnfestplatte nur abschreiben.

Bin ich etwa zu faul?

Habe ich Angst davor, dass mich die Gefühle überwältigen und ich mich in Träumen winde und wälze und nicht mehr herausfinde? Ja, ich habe Angst vor den seelischen Schmerzen!

Deswegen bin ich so abweisend, kommunikationsunfreundlich bis hin zu Aggressionen – es ist Selbstschutz. Ich will nicht hören, wie es jemand zerpflückt, laufend widerspricht, doch vor allem – gar nicht zuhört.

Ich kann mich nicht verständlich machen, wenn mir nicht zugehört wird. Sobald ich das Gefühl spüre, mein Gegenüber hört nicht zu, sondern will nur selbst erzählen, höre ich mitten im Satz auf zu sprechen und höre nur noch zu. Ich brauche sowieso länger als jede Gefriertruhe, um abzutauen, bevor ich anfange aufzutauen und endlich einen Einstieg finde oder ein Trittbrett.

Ich kann mich nicht an Diskussionen beteiligen, die ein Klischee ans Nächste reihen, einen Allerlei-Eintopf zusammenschmeißen und sich hochziehen. Ich muss das Thema sezieren, auf Skelett und Gelenke bringen, bevor ich es fassen kann. So lange hat niemand Geduld, will auch keiner wissen. Und bei manchen Themen bin ich so hilflos, dass ich gar nichts dazu meinen kann. Ich habe auch längst nicht zu allem eine Meinung, will auch gar nicht zu allem und jedem eine Meinung haben und sie auch noch sagen wollen. Ich liebe Abstraktionen, Wesentliches und deren Umsetzbarkeit in Konkretes. Ich bin schon ewig auf der Suche nach den Hebeln. Die Dinge sind so, wie sie sind, mich interessiert: Was bringt Veränderungen hervor? Was treibt um – an – vorbei? Ich mag mich nicht in Unwichtigem, Unabänderlichem, Oberflächlichem verzetteln und Schaum schlagen, ich will wirklich wissen – und auf diesem Wege der Suche werde ich immer hilfloser.

16.2 What I like and what I don't like

Mich in Situationen hineinbegeben, auch in unbekannte, und dann in der Situation sein.

Nicht über alles und jeden reden.

Akzeptiert werden, dass es auch andere Menschen gibt, die nicht jedes Kommunikationsklischee befolgen (ich hasse es, ich will nicht sagen, was erwartet wird, was üblich ist, das „Spiel" mitmachen).

Menschen, die immer nur über sich und ihre Probleme reden, die nicht die Möglichkeit in Betracht ziehen, dass zum Gespräch mindestens zwei unterschiedlich Denkende gehören.

Hineingezogen werden und Stellung beziehen sollen zu Dingen, zu denen ich selbst keine Beziehung habe.

Alleinsein – ja und nein.

Allgemeinplätze verabscheue ich.

Unzuverlässigkeit: ja sagen, nein meinen – hier bin ich verloren.

Planung und anschließende Organisation.

Immer etwas vorhaben – das Leben mit Inhalt füllen.

Wörterinflation mag ich nicht: genießen, entspannen.

Nichtstun ist stinklangweilig!

Beherrschtheit und Höflichkeit in jeder Lebenslage liebe ich.

Konzentration auf die Sache und nicht auf Befindlichkeiten.

Emotionsgeladenen Streit mit abstrakten Formulierungen – hasse ich.

Ungenaue, verallgemeinernde Formulierungen, die alles und nichts bedeuten können, gegen die man sich nicht zur Wehr setzen kann.

Mittelpunkts-Gehabe und Exhibitionismus.

Vereinnahmung.

Zu viel Nähe, Nähe schlechthin – ich habe kein Vertrauen, zu niemandem, zu keinem!

Vielleicht komme ich mir noch auf die Spur?

Innere Isolation trotz einer Vielzahl von aktiven Kontakten.

Schubladenverhaltensweisen, streng situationsangepasst.

Doppelvorhang.

16.3 Erfahrungen

Ich habe nie einen Menschen gehabt, der mir geholfen hat, wenn ich in absoluter Hilflosigkeit einer Lebenssituation gegenüberstand.

Hätte ich denn einen solchen Menschen gebraucht? Ja, hätte ich.

Vertrauen? Nein. Immer wenn ich jemandem vertraute, wurde ich verraten, nicht enttäuscht, tatsächlich immer verraten. Nicht in böser Absicht, nein, aus Unverständnis, aus Gutmein-Gründen, aus Oberflächlichkeit.

Letztendlich war ich immer auf mich selbst zurückgeworfen.

Es ist bestimmt für mich am besten, denn wenn ich etwas erwarte, kann ich damit rechnen, dass meine Erwartungen enttäuscht werden.

Meine Motive

Erwarte nichts.
Vertraue niemandem.
Verlass dich nur auf dich selbst.
Hilf, wenn du kannst, rechne nicht auf Hilfe.
Schick dich drein.
Freue dich über plötzliche Annäherung, halte sie nicht zu dicht, schütze dich.
Sei offen, nimm an.

Lerne endlich S E I N.

16.4 Schon 2016 geschrieben, am 11. Oktober

Es ist Sonntag und mein Lieblingswetter – grau, diesig, leichter Nieselregen in der Luft. Ich laufe dann gern durch die Stadt, mit Ziel natürlich, heute wieder die Bibliothek – zum Schreiben. Ich habe mich so darauf gefreut, obwohl ich heute gar nicht wusste, womit ich anfangen will. Trotzdem, wie süchtig bin ich losgetrabt und musste mir nicht einmal einreden, dass ich es will. Ich will es. Ein freier „unverplanter" Tag der Woche gehört mir, und dann heißt es ab in die Bibliothek. Als ob ich es nötig hätte, ich bin auch zu Hause allein, kein Mensch würde mich stören, ich kann tun und lassen, was ich will, aber wahrscheinlich würde ich dann eher das lassen, was ich will und tun, was ich genauso gut lassen könnte.

Eigentlich sollte ich endlich anfangen, mein Handgeschreibsel in den Computer eizutragen, habe mir gestern sogar schon die Vorarbeiten, vorbereiteten Dateien für Titelblatt, Inhaltskonzeption und Jahrestexte angesehen, ich brauchte mich nur hinzusetzen und abzuschreiben. Doch diese Hürde habe ich noch nicht genommen. Wahrscheinlich sollte ich mir in der Bibliothek eine Arbeitskabine mieten, mich mit Laptop und meinen Aufzeichnungen hinbegeben und im dunklen, abgeschlossenen Glaskasten mit Vor- und Rückwand einigeln und schreiben. Wahrscheinlich werde ich es noch so machen müssen, denn zu Hause fällt mir dann wieder so viel ein, was in meiner Vielzahl von Ordnern aufbewahrt ist und ich unbedingt einarbeiten will.

Wie dem auch sei, ich habe es in mir, in diesem Winterhalbjahr mein Buch zu beenden – obwohl der Anfang noch gar nicht geschrieben ist. Das heißt, nein, er ist geschrieben, es gibt viele, mehrere Anfänge und etliche Kapitel, Fragmente. Der Initialguss fehlt noch, damit die Lebensgeschichte dann einfach herausfließt. Wie viele Bücher erzählen einfach chronologisch vom Anfang bis heute, einfach, schlicht, der Reihe nach. Warum mache ich es nicht auch so? Ich will es nicht, ist mir zu einfach und für mich nicht das Wesentliche.

Ich bin heute da, ich bin so, wie ich bin und weiß nur bedingt, warum ich so bin. Wie bin ich denn heute? Ich denke, meine Gefühle sind abgestorben. Dabei schalte ich bei vielen Filmen, wenn es sich auf die katastrophalen Konflikte zuspitzt, um. Ich ertrage keine Konflikte mehr, weder eigene noch fremde. Warum nicht die eigenen? Habe ich denn überhaupt welche?

Plötzlich kann Ich jemandem die Meinung sagen, absolute Ausnahme – wenn mein Fassungsvermögen für die Situation erschöpft ist. Aber am liebsten ziehe ich mich zurück und halte mich raus. Ich will nicht zu allem und zu jedem Konflikt eine Meinung haben und diese auch noch sagen müssen. Ich bin ein guter Zuhörer, reagiere verständnisvoll und schlage auch mal eine Verhaltensmöglichkeit vor. Aber es bringt sowieso nichts, es zerrt nur an mir rum.

Ich glaube, ich denke, ich weiß, dass ich mich immer weiter zurückziehen werde und allein sein will. Ich bin auch danach inzwischen süchtig und freue mich aufs Alleinsein. Es verhilft mir zur Ausgeglichenheit, na ja, nicht immer. Was ist denn passiert, dass ich mich dort hineinmanövriere?

Viele, viele Mikroereignisse, plötzliche Gefühlsstiche, die die ersten tiefen Verwundungsnarben aufbrechen lassen, Enttäuschungen. Enttäuschungen entstehen, wenn ich plötzlich erkenne: Ich bin Auffangbecken, und nur das, für mich interessiert sich niemand. Ich komme wieder nicht zu Wort, werde unterbrochen, abgewürgt. Enttäuschungen kommen, wenn ich etwas anderes erwarte. Erwarte ich denn überhaupt noch etwas von irgendwem? Enttäuschungen treten bei mir auf, wenn etwas versprochen wird, was mir durchaus etwas bedeutet. Versprechungen haben für mich einen sehr hohen Stellenwert (wobei das Problem hier natürlich bei mir liegt, denn weshalb messe ich denn höflich gemeinten Versprechungen so viel Bedeutung bei?), ich warte dann auf die Realisierung und Umsetzungsplanung, erinnere daran – und die Reaktionen? „ach, vergessen", „ach, schon etwas anderes vor", „ach, war nicht so richtig gemeint." Das trifft mich hart, und ich höre sofort von meiner inneren Stimme: „Du bist eben doch nicht salonfähig". Und ich verstecke meine imaginären schmutzigen Hände hinter meinem Rücken, nachdem ich sie notdürftig an meiner dunklen Schürze abgewischt habe. Selbst da habe ich kürzlich schon mal zurückgeschlagen: „Sagt mir Bescheid, wenn ihr wisst, was ihr wirklich wollt." Es hatte mich eben tief getroffen.

So freunde ich mich mehr und mehr mit Einsamkeit an. Ich kann sie schon sehr mögen, ich kann sie vermissen und mich nach ihr sehnen, ich kann ihr ein Lächeln zur Begrüßung entgegenbringen, ich kann mich in ihr wohlfühlen, lange, so lange, bis dann die Depression ranschleicht und zuschlägt.

Doch ich bin emotional sehr stabil, eigentlich halb tot, ich bin eine „starke Frau" (wurde mir auch schon lobend gesagt, um einen Zusammenbruch zu verhindern, denn ich wurde zurückgestoßen, obwohl ich gar nicht davor stand), ein starker Charakter verkraftet und steht auf. Also, besser niemandem zu nahe kommen, Nähe ist Gift für mich. Nähe stürzt mich in den Strudelschlund, Nähe geht mir zu tief. Habe ich früher schon geschrieben? Na klar, als Kind viele Briefe an Ferienlagerfreundinnen, in mein Tagebuch mit Schlüsselchen, dann der Klassiker, meine Mutter hat's gesucht und gefunden, aufgebrochen, gelesen und mich angebrüllt und beschimpft und, und, und – ich habe es vernichtet und nie wieder in ein Tagebuch geschrieben.

Viele Briefe sind mir auch zum Verhängnis geworden; Freundinnen machten sich beispielsweise lustig über meinen tierischen Ernst. Meine Mutter nahm einen Brief, den ich voller Verständnis für sie und einem Hilfeangebot meinerseits zum Anlass, um mich dermaßen in Grund und Boden zu brüllen, dass ich sie von diesem Tage an nie mehr „Mutti" nannte und mich ihr nie wieder näherte.

16.6.1 Geschrieben am 20. November 2016

Heute ist Totensonntag, ich bin nicht zum Friedhof gefahren, schon wieder nicht. Seit drei Jahren, seitdem ich in Berlin wohne, fahre ich nicht mehr zum Friedhof in Falkenhain. Er hat keine Grabstelle, wurde auf der „Grünen Wiese" beigesetzt, genau wie wir es in unserem Berliner Testament festgelegt hatten. Ich will später auch auf eine „Grüne Wiese", die Eltern sind auch so beigesetzt worden, doch auf deren Friedhof gehe ich zwei-, dreimal jährlich. Dieser Friedhof ist mitten in der Stadt und historisch sehr interessant mit dem kleinen Mendelssohn-Museum. Dorthin fahre ich mit dem Fahrrad oder laufe. Er gefällt mir.

Hatte ich geschrieben, dass meine Wut auf meinen Mann so groß geworden ist, dass ich gar nicht über ihn spreche? Am 2. Dezember ist sein sechster Todestag, und ich habe Wut. Also sieht mich keiner am Totensonntag auf dem Friedhof, viele mögen es denken, ich schweige und bin nicht erreichbar.

Ich habe mich wieder in der Bibliothek eingefunden und schreibe. Viele Jahre konnte ich es nicht, mich hinsetzen und losschreiben, sehen, was aus mir herauskommt und wohin es mich treiben wird. Beim letzten Mal hatte ich mir einen Plan gemacht, eine Art zeitliche Gliederung entworfen. Doch heute habe ich den Zettel nicht mit, auch habe ich wichtige Dinge im Kopf, die ich loswerden will und muss. Hatte ich nicht letztens mich ausgiebig darüber ausgelassen, dass ich gefühlsmäßig tot sei und nichts mehr empfinden kann? Ich glaube, ganz so kann es nicht stimmen, denn ich werde von emotionalen Erschütterungen überfallen. Kürzlich war ich mit zwei Bekannten zur Entspannungskur in Tschechien. Eigentlich wollte ich nur mit Birgit fahren, denn mit Ines hatte ich dorthin schon die letzte Silvesterreise gemacht. Doch als ich Ines notgedrungen davon erzählt habe, wollte sie gern mit, Birgit hatte nichts dagegen, im Gegenteil.

So trafen wir uns in Prag auf dem Bahnhof und fuhren zu dritt weiter. Für den nächsten Morgen trafen wir uns zum Frühstück, wir machten einen gemeinsamen Stadtspaziergang und Pläne, was wir uns vielleicht alles ansehen und unternehmen wollten, wir lasen den Hotelplan. Am nächsten Morgen brachte ich den Plan mit zum Frühstück und sagte, ich hätte schon alles angekreuzt, was wir uns vorgenommen hätten. Ein Proteststöhnen: „Hier wird basisdemokratisch abgestimmt". Ich sagte, wir könnten unsere Pläne vergleichen und taten es. Es war nur eine Nicht-Übereinstimmung. Birgit machte einen Vorschlag zum Treffpunkt am Brunnen, sie würde dort sein. Ich machte meine zwei, drei Vorschläge, wieder Protestgeheul. Okay, so ging ich allein los und machte nie wieder einen Vorschlag. Ich ging drei Vormittage allein los und lief verschiedene Wanderwege durch den Wald. Die beiden unternahmen viel gemeinsam und erzählten davon, ich erzählte erst auch, dann nicht mehr. Meine Gefühle erschreckten mich, es ging mir ziemlich elendig innerlich, äußerlich war ich ausgeglichen, freundlich und redete über den üblichen Alltagsablauf der Kurbehandlungen, abends gingen wir immer Musik hören in einem der Hotels. Was hatte mich so erschüttert? Seziert habe ich die Worte und Situationen. Ich bin zu dem Schluss gekommen, dass die Dinge, die ich sage, nicht so aufgenommen werden, wie ich sie meine. Es liegt nicht an der Sprache, es liegt nicht am Nonverbalen, es liegt daran, dass es anders interpretiert wird. Also ist schweigen besser für mich, um nicht falsch verstanden zu werden. Selbst Erklärungen würden nicht helfen, ich werde eben anders wahrgenommen. Ich werde ganz anders eingeschätzt, anders, als ich bin. Es liegt daran, dass ich mich dem üblichen Kommunikationsgehabe verweigere – wenn ich verstehe, was jemand meint und bezwecken will, habe ich den Eindruck von Veralbert-Werden bis hin zu Manipuliert-werden-sollen. Mit mir muss man direkt umgehen, sagen, was man meint. Sonst fahren meine Stacheln aus, und ich lasse nichts durchscheinen, verweigere mich bis hinein ins Schweigen. Also kann im Gegenschluss meine direkte Formulierung den Eindruck von Dominanz erwecken, da ich ja nicht wie üblich vage kommuniziere. Hinzu kommt noch: Drei Alphaweibchen unterscheiden sich kaum von Alphamännchen, nur dass sie nicht zu körperlicher Gewalt greifen, ihre Waffen sind unterschwellig und gemeiner. Ich entziehe mich durch Ignorieren der unterschwelligen Botschaften und reagiere nur auf das tatsächlich Gesagte.

Ich habe es mir also selbst zuzuschreiben, weiß ich, also entziehe ich mich lieber. Eine andere Kommunikation, mit der ich ganz schwer zurechtkomme, ist es, wenn jemand Vorschläge macht, sie als nahe gelegene Absichten deklariert, doch es dann gar nicht so meint. „Wir könnten doch mal dorthin reisen, dahin fahren, jenes ansehen, dieses besuchen ..." Wir einigen uns auf etwas, verschieben anderes – dann passiert nichts, wird in letzter Minute umgeworfen bzw. abgesagt. Dieses Jahr war es besonders schlimm, mehrfach. Ich bin dann hilflos. Für mich haben gemeinsames Abwägen des Für und Wider, die Entscheidungsfindung, Planung einen anderen Stellenwert. Für mich ist es echt gemeint, nicht mal nur so eine Idee. Wahrscheinlich bin ich dadurch für meine Umwelt auch eine Belastung, wenn ich immer alles gleich so ernst nehme und glaube, es sei so gemeint, und ich solle es organisatorisch prüfen. Ich bin bei Absprachen unheimlich zuverlässig, genau und ernst. Warum kann ich nur nicht anders? Ich habe zu viele Versprechungen bekommen, die ich wortwörtlich ernst genommen habe, auf deren Erfüllung ich mich riesig gefreut oder die ich zumindest für bare

Münze genommen habe, wo ich dann in eine tiefe Enttäuschung gestürzt wurde. Ich habe mir aber nichts anmerken lassen, mir es aber auf immer und ewig gemerkt. Ich bin nachtragend! Ich vergesse so etwas nicht! Meine Freunde, die dieses Jahr sogar vergessen hatten, mir zum Geburtstag telefonisch zu gratulieren, hatten versprochen, dass wir gemeinsam eine kulturelle Veranstaltung besuchen, ich habe sie vorher zu mir zum Essen eingeladen, sie versprachen mir ein wunderbares Geburtstagsgeschenk – nichts dergleichen geschah, nichts. Es wurde eine Theaterfahrt nach Cottbus, schon zwei Jahre geplant, kurzzeitig vorgeschlagen, weil unbedingt ganz wichtig, ich erkundigte mich nach Karten. „So ist sie, wie wir sie kennen." Aber ich schrieb über das überwiegende Negative, sodass sie einen Konzertersatz fanden, aber natürlich meine Einladung nicht annahmen, sondern vorher ins Kino gingen, wohin ich nicht ging, weil ich vorher viel unterwegs war. Eigentlich habe ich gebockt, weil nichts Abgesprochenes gilt und meist etwas anderes gemacht wird. Ich werde in Zukunft viel vorsichtiger sein bei Vorschlägen und Ideen, ihre Ernsthaftigkeit in Zweifel ziehen. Ich bin eben nachtragend, aber darüber reden werde ich auf keinen Fall. Ich kann immer nur „meine Konsequenzen ziehen".

Jedenfalls hat es mich emotional schon erschüttert, weil ich die „Vagues" nicht erkannt habe, weil ich mich mal wieder wortwörtlich auf das Gesagte verlassen hatte. Wann werde ich es endlich lernen, nicht jedes Wort auf die Goldwaage zu legen? Ganz schüttelt es mich durch, wenn man sich über diese meine Eigenschaften lustig macht. Ich kann mich gut über mich selbst lustig machen, bei anderen lege ich es auf die Goldwaage.

16.6.2 Fortsetzung

Gefühle, Emotionen – ich werde mein Leben lieber anhand der Gefühlserinnerungen aufschreiben. Gefühle haben sich mit den Erlebnissen tief eingegraben. Sobald ich an einen Zeitabschnitt in meinem Leben denke, sehe ich Ereignisse und Geschehnisse vor mir, mich mitten darin und immer in der damaligen Gefühlslage. Ich weiß genau, was ich wann wobei empfunden habe und auch gedacht habe. Denken kommt von allein, von innen heraus, ich kann nicht zu meinem Hirn sagen, jetzt denke so, nein, es denkt selbst und trifft eigene Überlegungen, verknüpft unbewusst und absolut ehrlich. Das Gefühl ist ehrlich. Welche chemisch-physiologischen Prozesse dabei ablaufen – keine Ahnung. Ich sollte den Gefühlen und Empfindungen trauen, auch wenn sich einiges „wegrationalisieren" lässt, ich meine „weg-vernünfteln" lässt. Wenn ich wider besseren Gefühls mich bewusst verhalten habe, habe ich den Kürzeren gezogen.

So habe ich auch meine „innere Stimme" kennengelernt. Sie hat manches Mal mit mir gesprochen, mich zurechtgewiesen, aber trotzdem nicht immer recht gehabt, manchmal mich zu Verhaltensänderungen gebracht. Wann ich sie zum ersten Male gehört habe?

Das weiß ich noch ganz genau.

16.6.3.1 Geschrieben am 4. Dezember 2016

Immer wieder komme ich auf meine erste Lebensphase in der sächsischen Kleinstadt zurück. Durch das Erzählen kommen wieder andere Erinnerungsfetzen und die sie umgebenden Situationen hoch: Wenn ich mich hineinbegebe, habe ich das Ereignis als bereits beschrieben vor mir und denke: Sollte ich dasselbe noch einmal schreiben? Wer weiß, vielleicht stellt es sich ja beim Abschreiben heraus, dass es schon auf Papier ist mit ähnlichen oder gar denselben Worten. Vielleicht hat aber auch die Erinnerung so kräftig die Bilder ins Gehirn gestanzt, dass ich sie nach Abruf wie einen Film ablaufen lassen kann.

In den drei Stunden dazwischen schrieb ich über 1947, Pulsnitz.

16.6.3.2 Fortsetzung

Ich brauche jetzt andere Gedanken. Worüber möchte ich denn nachdenken? Worauf möchte ich mich konzentrieren?

Hier und jetzt – wie immer zum freien Schreiben in der Bibliothek. Kein Mensch weiß, wo ich bin. Wozu sollte ich es auch jemandem erzählen? Ich bin nicht erreichbar, nicht auffindbar. Einen Tag in der Woche nehme ich mir zum „Abtauchen". Das will ich, das möchte ich, das brauche ich, das darf ich – das tut mir gut, es ist für mich notwendig und wichtig. Ich fühle mich wohl hier im öffentlichen Raum, Menschen ringsum, Stille, ich bin bei mir.

Nach drei, vier Stunden spüre ich, wie das Leben der Außenwelt wieder in mich eindringt, allmählich von mir Besitz ergreift und es mich wieder hinauszieht.

Nach Hause laufen, rumgucken und schauen.

Ich glaube, ich geh jetzt. Die Sonne scheint noch ein bisschen, die Luft ist kalt und klar. Zu Hause kann ich mich wieder ordnen und sortieren.

Warum auch nicht.

Kreativer Schreibfluss braucht eine schöpferische Pause, keine Zwangsfortsetzung.

Bis nächsten Samstag, sagt mein „Abtauchplan".

16.7 Geschrieben am 6. Dezember 2016

Es ist leichter, wochentags einen Arbeitsplatz in der fünften Etage der HUUB zu bekommen als sonntags, wie es scheint.

Draußen ist es neblig, nieselig, trüb, grau – eigentlich mein Lieblingswetter. Und ich habe mich richtig toll auf die Schreibstunden in der Bibliothek gefreut, ein freier, terminloser Tag mitten in der Woche, diesen Samstag habe ich auch vorgesehen. Diese frei gehaltenen Tage geben mir inzwischen so viel, und ich bedaure, dass ich nicht schon eher wöchentlich einen Tag freigeschaufelt habe. Aber wahrscheinlich ist es erst jetzt richtig, da ich mir das Ziel 70. Geburtstag als Fertigstellungstermin gesetzt habe. Eigentlich möchte ich im April fertig sein, bevor meine große Reisesaison im 70. Lebensjahr beginnt.

Es ist nicht der erste Termin, den ich mir gesetzt habe, erstmalig wollte ich mit vierzig fertig sein unter dem Titel „Abrechnung mit 40". Ich habe nicht geschrieben. Nach der Wende habe ich mich verbissen darauf konzentriert, ein Buch zu schreiben, um Geld zu verdienen. Ich habe mich bei einer „Schule des Schreibens" angemeldet, wahnsinnig viel Geld dafür bezahlt, meine Aufgaben gemacht und eingereicht, bis ein vernichtendes Urteil zurückkam, dass mich in keiner Weise stimuliert hat, weiterzumachen. Ich war wie gelähmt. Hatte mich der Korrektor überhaupt verstanden? Hatte er nicht, als ich sein Foto sah, war ich bedient – solch ein Typ Mann lässt in mir das imaginäre Messer aufklappen: Schluss, aus, vorbei – habe nicht mehr weitergemacht. Die Lehrbroschüren habe ich abgelegt, in den Schrank gestellt – bis auf Weiteres. Die Broschüren habe ich immer noch, nie wieder reinguckt.

Jetzt habe ich ohne Vorbereitung und Lehrwerke geschrieben. Natürlich habe ich kein Geld verdient mit Schreiben, habe Unterrichtsjobs gesucht und gefunden, war im wahrsten Sinne des Wortes „Klinken putzen", „Türen klopfen" und fand Broterwerb.

Soeben war Kontrolle der HU-Ausweise im Lesesaal, wovon ich bisher fest überzeugt war, diesen zu haben, nein, es ist nur die Bibliothekskarte.

So werde ich mir demnächst ein anderes Domizil suchen, wie ganz früher meinen Lieblingsarbeitsplatz im öffentlichen Raum – die Staatsbibliothek Unter den Linden.

Ich habe heute beim Herkommen mit dem Gedanken geliebäugelt, denn die Bauarbeiten nähern sich dem Ende, das herrliche riesige Gebäude ist fast wieder freigelegt, nur der Haupteingang ist in der Dorotheenstraße, Öffnungszeiten sind nicht so lange wie in der HUUB, auch ist sonntags geschlossen. Doch ich gehe heute auf dem Nachhauseweg noch hin. Ich bin so gespannt auf meinen alten Lesesaal.

Da ich für heute wieder kein Schreibkonzept habe und wie üblich darauf warte, wo es mich hintreiben wird, schreibe ich mir alle Gedanken raus.

Ich habe ja schon viele, viele Seiten Handgeschriebenes, ich habe wertvolle Briefwechsel über die Jahrzehnte gerettet und mit mir rumgeschleppt durch zehn Umzüge, ich habe Ordner mit Erinnerungsstücken aus allen Lebensphasen, ich habe Dankschreiben von Menschen, denen ich etwas gegeben habe, ich habe Fotoalben und geerbte Uralt-Fotos, ich habe meine Lebenslinie im Kopf, habe Ereignisknoten und ausgedünnte Ereignisknötchen, und ich habe die lange Liste meiner Verdrängungskunststücke und verschwiegenen Erinnerungsstücke.

Es gibt Dinge, über die kann man einfach mit niemandem sprechen, die kann man auch nicht aufschreiben, Dinge, die passiert sind und besser nicht erinnert werden. Für diese habe ich ein Konzept, ich schweige, oder ich habe eine nichtssagende, sich herumwindende Ablenkungsgeschichte. Wenn ich nicht reden will, schweige ich, selbst wenn ich ganz konkret und nagelnd darauf angesprochen werde. Ich bin ein ausdrucksloses Gummiband, freundlich ignorierend. Kein Mensch kommt an mich ran, keiner. Meine Erfahrungen halten mich mit aller Intensität zurück, ich habe bitteres Lehrgeld dafür gezahlt, wenn ich Vertrauen zu jemandem hatte. Ich habe kein Vertrauen zu einem Menschen, zu niemandem. Ich leide nicht mehr darunter, denn ich bin emotionslos geworden, meine Gefühle sind gestorben. Ich erwarte nichts, ich will nichts von niemandem. Ich gebe jedem, was ich kann und gebe das, was ich glaube, dass es ihm gut tut und hilft. Ich erbitte nichts, ich erwarte nichts, freue mich, wenn ich an der Geste eines anderen oder an einer Bemerkung erkenne, dass er einen Bezug zu mir hat. Ich bin kalt und einsam, was nie im Zusammensein mit anderen zum Ausdruck kommt. Trotzdem kann ich bei Wenigen spüren, dass sie ratlos sind, weil sie nicht an mich rankommen. Es tut mir dann auch leid, doch ich komme nicht raus, es geht nicht. Vielleicht sollte ich aus meiner Lebensgeschichte eine Geschichte der Gefühle machen unter dem Titel „Als ich fühlte" und die Ereignisse beschreiben, in denen ich noch fühlte und mich spürte. Was sich mir jetzt schon aufdrängt ist der traurige Gedanke, dass sich viele traurige, entmutigende, verletzende Gefühle tief eingegraben haben. Ich fange trotzdem an und beginne natürlich in der sächsischen Kleinstadt, in der ich unerwünscht, ungewollt, lästig, das Licht der Welt erblickte.

16.8 Geschrieben am 7. Dezember 2016

Seit 1997 bin ich das erste Mal wieder in der Staatsbibliothek Unter den Linden. Sie ist umgebaut worden, Eingang von der Dorotheenstraße, neuer Aufgang und Zugang zum allgemeinen Lesesaal, den ich zwar wiedererkannt habe, der aber ganz anders strukturiert ist, neue Tische sowieso, Doppelreihen mit gegenüberliegenden Sitzplätzen, was mir nicht ganz so behagt, aber der Abstand ist groß, PC-Anschlüsse und Lampen am Tisch. Also könnte auch ich hierher mit Laptop gehen und meine Handschriften abtippen. Natürlich sind fast wieder alle Arbeitsplätze besetzt, doch ich hatte Glück mit einer Ecke am Mittelgang. Und hier gibt es Sessel zum Sitzen, nicht die alten, nach hinten abschüssigen Holzstühle wie in der HUUB. Die Mobiliarfarbe ist Orange, der Raum ist über fünf Stockwerke offen, drei Etagen Bücherrundläufe, dahinter ringsum Areale mit Büchern. Ich gucke mich lieber nicht so genau um, sonst fange ich womöglich wieder an, mich einzulesen und das Schreiben wieder zu verschieben. Das will ich nicht, ich will und muss schreiben, alles aus meinem Kopf abrufen, es ist alles abgespeichert – im Kopf. Wenn ich es nicht zu Papier bringe, ist es für immer verloren. Wen interessiert es schon, was ich erlebt habe? Mich interessiert es, ich finde es interessant und einmalig. Wenn ich schon nie einen Menschen hatte, den ich interessierte, der mir Wege an Kreuzungen aufzeigte, der mir in meiner Not geholfen hätte, wenn ich nach Hilfe fragte und mich öffnete, so habe ich eben geduldiges Papier, das mich annimmt, mich nicht anbrüllt, mich nicht verrät, wenn es mir zwar auch nicht helfen kann, so erwarte ich es auch nicht von ihm. Es kann mich nicht enttäuschen. Es begleitet mich durch meinen Erinnerungsfarbfilm und lässt mich an der Kreuzung stocken. Ich entscheide mich dann für einen Weg. Ich – also ein Narziss? Wer ist es nicht? Und wenn ich mir selbst genügen muss, niemandem schade, von keinem etwas erwarte, ist es gar nicht übel für mich, es bestätigt mich als Ich.

Was ist mir denn seit letztem Sonntag noch wieder eingefallen nach meiner Gefühlsentwicklungsgeschichte? Die Geschichte war natürlich nicht abgeschlossen, und ich werde immer wieder darauf zurückkommen, denn von einem neugierigen, aufgeschlossenen Kind, das seine Augen und Ohren überall hat, das tastet und erfühlt, dessen Innerstes durch Lob und Tadel berührt und erschüttert wird zu einer alten, na gut, mittelalten Frau, deren Gefühle abgestorben sind, die sich vor aufbrechenden Gefühlen der Erinnerung fürchtet, die möglichen „Gefahrensituationen" aus dem Weg geht, sich weiter zurücknimmt und ins Alleinsein inmitten vieler Menschen, die sich ruhig verhalten müssen, zurückzieht, ist es ein langer Weg.

16.9 Geschrieben am 10. Dezember 2016

Eigentlich wollte ich schon heute Morgen hierherkommen, doch da ich morgen Besuch zum 3. Advent bekomme, wir dann gemeinsam zu „Peter Pan" in die Komische Oper gehen, musste ich noch etwas einkaufen, aufräumen sowieso. Mittags hatte ich so viel Hunger, dass ich mir auch noch schnell etwas kochte, weil ich erst abends auf dem Heimweg mir für heute Kartoffelsuppenessen vorgenommen habe. Gestern habe ich bis nach ein Uhr ferngesehen, sie zeigten den Scorsese-Film über Bob Dylan von vor elf Jahren. So viel wusste ich über ihn nicht, aber ich sah viele „alte Bekannte" aus der Protestbewegung der 60er-Jahre, hörte meine damaligen sehr vertrauten Sänger Pete Seeger und Joan Baez. Dylan bekommt dieses Jahr den Nobelpreis für Literatur, er fährt nicht hin. Nach dem Film gestern verstehe ich es sogar. Er war nie derjenige, für den er gehalten wurde. Es wurden Absichten, Haltungen, Einstellungen in ihn hineingedeutet. Er war sich dieser Auslegungen und dieses Einflusses auf die Massen nie bewusst. Er wollte immer nur Musik machen, singen, seine Gedanken sprühten aus ihm heraus, er schrieb sie nieder, und eine Melodie fiel ihm ein. Er war unbeschreiblich fleißig, immer musste er seine Gedanken in eine Form gießen, sonst wäre er wahrscheinlich geplatzt und ein Hampelmann geworden. Er suchte das Leben, die Umwelt verwirbelte sich in seinem Kopf zu Formulierungen, die in ihrer Abstraktheit Raum für alle möglichen Interpretationen ließen. Jeder verstand, was ihn gerade bewegte, durch seine Lieder ausgedrückt. So fand der Zeitgeist durch ihn eine verallgemeinernde Wirkung und Deutung. Wie oft ist das so schon vorgekommen? Für mein Verständnis funktioniert es so immer. Für mich lässt es sich als philosophisches Gesetz formulieren: Was die Menschen bewusst wollen und planen, schrittweise umzusetzen beginnen, gelingt nur im kleinen Umfeld, die „Nebenwirkungen" werden immer größer und unberechenbarer sein als die ursprüngliche Absicht. Wer fällt mir sofort ein? Martin Luther – mit seinen Thesen, seinen Reden, seinen Handlungen hat er die Welt umgestürzt. Wollte er das? Nein! Er ging gegen eine Strategie vor, die der Weltordnung und vor allem seinem Glauben widersprach, er nannte es Gewissen. Ein Gewissen ist keine feste Größe, es ist erziehungsbedingt verursacht, es liegt im einzelnen Menschen. Mit der Berufung aufs Gewissen wird eine positive Verständnishaltung provoziert. Ich bin sehr skeptisch bis ablehnend, moralisch deutbare Kategorien bergen immer die gesamte Skala von ganz gut bis ganz böse, sie können nie ein Wert an sich sein. Die Fakten, die Abfolge der Ereignisse bleiben immer dieselben, doch wie sie gedeutet und bewertet werden, unterliegt völlig anderen Kategorien, die sich selbst mit den Zeiten, dem Zeitgeist, dem Verständnisstand der Gesellschaftsentwicklung ändern. Denkt nicht jeder, wenn er ins bewusste Leben tritt: „Wir sind die Guten. Bin ich froh, heute zu leben, da alles richtig und gut sich entwickelt-"

War ich froh und erleichtert, dass ich geboren worden war, nachdem der Krieg zu Ende war. Eine neue Zeit war angebrochen. Wir Kinder konnten alle zur Schule gehen, wir sollten lernen, lernen und nochmals lernen, damit wir später unsere Kraft für ein immer besseres Leben einsetzen können. Uns standen alle Wege offen, keiner war benachteiligt. Wir kannten keinen Hunger, ja, wir wurden sogar regelmäßig ermahnt, unsere Schulstullen nicht in den Papierkorb zu werfen, da ja viele Kinder in der Welt hungern müssten. Ich verstand dabei nur nicht, was wir daraus lernen sollten, außer unser Brot aufzuessen. Man konnte doch nicht ernsthaft erwarten, dass wir alle alten Stullen einsammeln und nach Afrika schicken. Gefragt habe ich nicht, lieber nicht. Ich aß meine Brote immer auf, dazu aß ich viel zu gern. Mein Bruder dagegen brachte meist seine Stullen wieder mit heim von der Schule und versteckte sie im Spielzeugschrank. Vor der Samstagkontrolle räumte ich auf, eigentlich schon freitags. Da wurde sowieso gebadet, und ich musste um fünf den Badeofen anheizen. Da warf ich dann die verschimmelten Stullen mit ins Feuer.

16.10 Denken – war das nicht schon? Ergänzungen

Als ich nach der „Wende" ein erstes Lehrbuch für Wirtschaftsenglisch in die Hand bekam und danach unterrichtete, gab es am Anfang ein Bild, kreis- oder spiralförmig, über die Wirtschaftsentwicklung. Ein Segment stellte zeichnerisch unternehmerische Menschen dar, die, von einer Idee getrieben, eine Neuerung in Bewegung setzten. Sie seien der Motor, der Antrieb der Wirtschaft und damit der Gesellschaft. Ich habe damals den Kopf geschüttelt, es kam mir so unwahrscheinlich vor, ja, sogar unglaubwürdig. War ich doch fest in der Überzeugung verwurzelt, dass objektive Gegebenheiten die Menschen zu Handlungen bewegen, eher Sachzwänge zu Ideen und deren Umsetzung führen. Es leuchtete mir völlig ein. Das Subjekt Mensch aus heiterem Himmel ohne Anlass, ohne Grund sollte plötzlich eine Idee bekommen, die ihn zum Handeln bringt. Scheint mir immer noch nicht logisch. Doch mit der Objekt-Subjekt-Dialektik, der Rolle des Einzelnen in der Geschichte, plage ich mich schon mein ganzes Leben, na, seit meiner Abiturzeit herum. Ob ich wohl jemals eine Antwort finden werde? Vielleicht gibt es gar keine, oder vielleicht geht es mal so rum und mal andersherum. Es ist wie die Frage nach der Henne und dem Ei, was war zuerst da? Allerdings, wenn ich an den Urknall denke – für den es während meiner Schulzeit noch keinen Beweis gab und der als nur eine Möglichkeit der Entstehung unserer Galaxis galt –, denke ich, es muss auch hier eine Initialzündung gegeben haben. Es ist dann nicht schwierig, die weiteren Entwicklungen nach dem Ursache- Wirkungs-Prinzip aufzurollen und zu beschreiben.

Wie dem auch sei, ich weiß es nicht. Ist es wichtig zu wissen? Für mich schon. Warum?

Um uns herum ist ein bunter mehrdimensionaler Raum, in dem sich alles bewegt. Wie finde ich Halt?

Welche Mechanismen verbergen sich hinter, unter, über, neben, vor den sich bewegenden Dingen?

Was ich damit sagen will: Wir sind umgeben von Ereignissen, Politik, wirtschaftlichen, geistigen, materiellen, kulturellen Veränderungen mit „Augenscheingültigkeit"/face validity, doch die Antriebsmechanismen sind im Dunkeln verborgen. Wollen wir verändern, denn es bedarf Änderungen, so müssen wir verstehen. Das können wir nur, wenn wir die Antriebe, die Hebel finden. „Bewusst verändern" im gesellschaftlichen Leben hat sich für mich jetzt als unmöglich erwiesen. Wie oft wollten die Menschen schon Gutes bewirken, Neues schaffen. Wenn es sich tun ließ, entpuppten sich irgendwann die Nebenwirkungen als größer und unbeherrschbarer als die beabsichtigten Ergebnisse. Und eigentlich haben die Menschen keine Einsicht in die gesellschaftlichen Veränderungsprozesse. Oder will jemand behaupten, vorausgesehen zu haben, dass es in Deutschland zum Mauerfall ohne Blutvergießen nach vierzig Jahren Zwei-Staaten-Existenz kommt? Gewiss war vielen, dass es so mit der DDR nicht weitergehen kann, doch was sich wie verändern könnte von innen heraus, war ein großes Rätsel. Ich gehörte zu denen, die auf Veränderungen von innen hoffte, denn das System erschien mir richtig – Basis war ja kein Eigentum an Produktionsmitteln, kein Eigentum an großen Ländereien. Wir sind alle nur zeitlich begrenzt auf der Erde, warum leihen wir uns nicht für unsere Lebenszeit ein Stück Natur, Erde, füllen einen Berufsplatz aus und geben dann alles wieder her? Wozu vererben? Unsere Kinder können sich genauso ihren Teil pachten, leihen, ausfüllen, von sich aus wollen sie nur selten den Platz ihrer Eltern einnehmen (aber das sehe ich so aus psychologischen Gründen).

Die Wende hat meine Utopien vernichtet, Utopien einer gerechten Gesellschaft, in der jeder nach seinen Fähigkeiten agiert und den ihm gemäßen Platz ausfüllt. Belohnung? Jedem nach seiner Leistung? Also dem Müllfahrer 1.000 Mark, dem Lehrer 600 Mark? Das war damals in den 60ern ein Schock für mich. Dem freigelassenen Strafgefangenen sofort eine Wohnung, dem Studierten jahrelange Wartezeiten. Einsicht in die Notwendigkeit? Dank Friedrich Engels für diese Definition unseres Freiheitsbegriffs. Eingesehen habe ich viel, nur frei bin ich dadurch nicht geworden. Na klar, Freiheit ist nicht losgelöst und absolut, aber so viel Einsichtigkeit lässt einen nicht fliegen. Heute fühle ich mich viel freier, ich muss nichts mehr einsehen, wenn ich es nicht will. Ich kann mich zurückziehen, meine Rente sichert mir den Lebensunterhalt gerade so, ich habe eine Mietwohnung für mich allein, ich muss niemanden um Erlaubnis oder Abstimmung bitten, ich kann tun, was mir einfällt. Ich muss mit niemandem reden, wenn mir nicht danach ist. Ich kann losfahren, wann und wohin ich will. Das Auto gibt mir eine Portion Freiheit, große Reisen plane ich mit Finanzbudget, ein kleines Polster habe ich noch.

Und gesundheitlich geht es mir so gut. Ich kann laufen, ohne zu hinken, das künstliche rechte Hüftgelenk hat mir viel Lebensqualität gebracht. Ich kann Sportkurse und Aquafit im Fitnesscenter 2- bis 3-mal die Woche betreiben, die Bewegung lässt mich unbeschwert fühlen, na, wenn ich es übertreibe, habe ich Muskelkater. Ich lerne meinen Biorhythmus kennen. Wir beide sind uns noch nicht grün mit Schlafenszeiten, Essen – ich erkenne die Wellen noch nicht, also kann ich auch noch kein Wellenreiten. Aber allein aufzuwachen und sich sagen, ich bin jetzt wach, ausgeschlafen, ich stehe auf und frühstücke mit Vergnügen und Buch – das ist schon eine Errungenschaft.

Nur Lesen – da hat es für mich den Anschein, als hätte ich früher mehr und schneller gelesen, obwohl ich weniger Zeit hatte ...

Jetzt sehe ich mehr fern, aber nicht tagsüber, nein, eigentlich doch nicht. Ich sehe immer weniger Sendungen, weil ich Probleme schon kaum noch ertragen kann. Meine Neugier ist ziemlich geschrumpft. Einige Dinge will ich einfach nicht. Ich will sie nicht, ich schalte sie nicht ein. Morgens nach anderthalb Stunden Radio und 5-mal Nachrichten und gefühlte zwanzigmal Werbung geht mir alles auf den Geist. Ich gehe ins Arbeitszimmer, schalte Klassik-Radio ein. Wenn ich denken und etwas vorbereiten möchte, lege ich CDs mit klassischer Musik ein, je nach Gusto und Thema. Möchte und kann ich mich ganz intensiv konzentrieren, dann gibt es nichts zu hören! Was habe ich denn vorzubereiten? Ich hatte Unterricht, Deutsch für Muttersprachler Nov.-De.-Jan. jeweils ein paar Tage. Ich bereite die Vorstellung meines Fachsprachentests Deutsch vor für die AKS-Tagung Anfang März. Ich möchte immer wieder Fächer aufräumen und für meine Historienkiste sortieren. Doch kaum öffne ich einen Schrank, sehe ich, wie viel es ist, und mir vergeht die Lust. Trotzdem, ich sollte es ganz langsam tun, Papier für Papier in die Hand nehmen, bewerten und vernichten oder einordnen. Ich möchte doch keinen „Saustall" hinterlassen. Wenn es mich einmal dahinrafft, soll alles aufgeräumt und sortiert sein, sodass die Kinder nicht zu viel Ärger und Belastung damit haben.

Manchmal ist es bei mir so aufgeräumt, als wäre ich gar nicht da.

Womit war 2016 ausgefüllt?

Jahreswechsel auf Silvesterreise in Marienbad mit einer Bekannten. Renaissancetheater „Der nackte Wahnsinn". Neujahrskonzert im Konzerthaus mit befreundeten Ehepaaren. Fortbildungskurs DaF, Deutsch als Fremdsprache im beruflichen Umfeld. Besucher und Gäste, Museumstage. In Cottbus zum Geburtstag meiner Tochter. Konzert im Nikolaisaal in Potsdam, Schulfreund sang im Chor, seine Frau hat uns offensichtlich ignoriert. Im Februar drei Tage in Heringsdorf in Ferienwohnung und Theater- und Ausstellungsbesuche. Lesung in Pankow von Krysa Saar. Malkurs in VHS Lichtenberg. Kammerspiele „Eisler on the Beach. Hamburger Bahnhof, Ausstellung. Zur AKS-Tagung, kein Interessent an MOFAD-Präsentation, meinem Deutschtest für andere Firma. Russisches Haus, zufällige Teilnahme an Familienkonzert. Zwei neue Verträge für Unterricht in Spandau und Erarbeitung von online-Einstufungstest für Firma. Omatage mit Pierrow und Ada einzeln. Konzert in Trinitatiskirche von Otto-Sinfonikern. Kunsthalle Weißensee, Performance und Vortrag Emerson Gallery. Chemnitzausflug mit Museumsfreundinnen zu Kunstausstellungen. Unterricht von kaufmännischem Schriftverkehr. Karfreitag in Cottbus und Besuch der Spreewaldtherme. Klavierkonzert im Schloss Friedrichsfelde. Zahnarzt, Wurzelbehandlung. Frühjahrsputz. Deutschunterricht bei drei Bildungsträgern. In Technikmuseum mit Cottbuser Familiengästen. In Spandau zum Wettkampf im Kunstrad von Enkelin Klara. Im Tierpark mit Cottbusern. Zur Lesung „Der Überläufer" mit Burghard Claußner in der Hamburger Vertretung. Drei Tage Meißen zum Jahrestreffen DML, auf der Rückfahrt in Lohmen Großcousine besucht. Im Mai Geschwistertreffen in Goslar. Kaffeebesuch im neuen Haus vom jüngsten Sohn meines Mannes zu dessen Geburtstag. Kino. Bröhan–Museum. Kunstfest in Pankow und Kontrabassauftritt meiner Berliner Enkel im Schloss Niederschönhausen. Weitere zweimal im Nikolaisaal Potsdam zu Konzerten sowie zu Gamba-Konzert im Palmensaal des Neuen Gartens. Enkelbetreuung in Cottbus. Michendorf, letzter Kunstradwettbewerb für Klara. Im Juli Goldenes Abiturtreffen in Rittersteig. Bebelplatz. Open- air-Konzert, dirigiert von Daniel Barenboim. Tausende von Menschen, mucksmäuschenstill. Hafenfest Fischerinsel und zur Führung Stadtentwicklung im Märkischen Museum. Mehrere Treffen mit Freunden und Restaurantbesuch. Fahrrad wurde gestohlen, polizeiliche Anzeige und Versicherung, Schadensmeldung. Freundin Elisabeth an der Oder besucht und Unmengen Brennnesseln aus dem Boden gezerrt. Dreimal zu Classic open air auf dem Gendarmenmarkt als Zaungast. Museumstag, Besuch am Pariser Platz 6 und Ausstellung von Graf–Kessler- Tagebüchern. Anfang August eine Woche zum Wanderurlaub auf der Kanalinsel Jersey (siehe Reisetagebuch!). Film „Vor der Morgenröte". Lange Nacht der Museen, ich habe nur zwei geschafft. Ferienenkel Rob, Prinzenbad, Computerspiele Museum, Kino, Ice Age 5. 28.08., völlig misslungener Geburtstag, worüber ich im Text geschrieben habe. Ausflug nach Germendorf mit Rob und der vierköpfigen Familie des Berliner Sohnes, die Kinder hatten unglaublich viel Freude. Ferienkinder-Wechsel zu Klara und Freundin. Renaissancetheater mit Gunther Gabriel, „I am Johnny Cash". Ausflug nach Halle Moritzburg mit zwei Museumsfreundinnen in meinem CityGo. Einschulungsfeier meiner jüngsten Enkelin Ada, Feier im Hinterhof, sehr angenehm, da extrem heißer Tag. Beim Besuch meines Versicherungsmaklers sperrte ich mich in der 11. Etage des Handelshauses in der Friedrichstraße aus, konnte nur mit Mobiltelefonanruf befreit werden. Besuch am Dobrasee bei Schulfreundin, große Radtour. Wahl September, ich fühle mich sehr deprimiert. Cantian-Stadium zum Sponsorenlauf der Grundschule der Enkel. Kauf eines neuen Fahrrads. Film „Snowden". In Potsdam zu Klaras Cellokonzert im Waisenhaussaal, davor mit Cottbuser Familie in Sanssouci. Mit Enkel Rob im Spreewaldbad, im Zoo und auf der Siegessäule und lange Fahrradtouren. Im Sylter Hof zum Brunch vom Paritätischen Wohlfahrtsverband für Ehrenamtliche. In Kapernaumkirche zum Konzert der Otto-Sinfoniker. Film „Frantz" im Kino. Im Roten Rathaus zum Festakt für Ehrenamtliche. Im Krönungskutschensaal der Hochschule für Musik zur Semestereröffnungsveranstaltung. In Fredersdorf-Vogelsdorf zur Absprache des Schulprojekts Schwarzlichttheater vom Kreativhaus, meine Ehrenamtsstätte. Alte Nationalgalerie. Brücke-Museum. Märkisches Museum, Buchvorstellung. In Marienbad mit Birgit und Ines, eine Woche – und auch hierüber habe ich mich über Kommunikationsfähigkeiten ausgelassen). Deutscher Kolonialismus, Ausstellung im DHM, sehr aufschlussreich. Schloss Trebnitz, Abschlusskonzert Bassini, Enkelkinder beim Kontrabassspielen. Ausflug in die Waldsiedlung nach Wandlitz mit der Wiener Freundin Hella. Probefahrt mit einem Jeep Renegade, Vertrag, am nächsten Tag Kündigung abgegeben. Bodemuseum. Frühstück im Hotel Kempinski mit Familien der Brüder. Abholung der Winterräder in der Werkstatt, letzter Besuch dort. Kauf eines neuen Autos Skoda „Joy" in Quarzgrau, dort Abgabe des Citigo, Verrechnung. Ausfahrt in die Döberitzer Heide, Wanderung und Karls Erdbeerhof. Ausflug nach Templin mit Birgit im neuen Auto. TiPi, „Frau Luna" mit Schwägerin. Museumstag, anschließend Maltag bei mir zu Hause mit Helga und Bettina. Rixdorfer Weihnachtsmarkt und Brauhaus Rixdorf auf Mikes Initiative. Komische Oper, „Peter Pan", mit Familie des Sohnes, vorher zu Mittag bei mir, danach Besuch des nostalgischen Weihnachtsmarkts. Französische Friedrichstadtkirche zum Weihnachtskonzert des Berliner Operettentheaters. Nicht erwähnt habe ich weitere Besucher und Restaurantbesuche sowie die Tage in der Bibliothek zum Schreiben und Denken. Doch bei diesen monatlichen Unternehmungen – wie sollte ich da Ruhe und Muße zum Schreiben finden?

Und schon schreiben wir 2017 –
geschrieben am 6. Januar

Wie habe ich mich gefreut, heute wieder in die Stabi zu gehen. Warum?

Es hatten sich einige Erkenntnisse angesammelt, die ich unbedingt loswerden möchte, bevor sie mir nicht mehr wichtig erscheinen.

Weihnachtszeit und Jahreswechsel liegen ereignisreich zurück, habe die Feiertage nacheinander in Cottbus bei Tochterfamilie und mit Partnergroßeltern verbracht, dann den zweiten Weihnachtsfeiertag mit der Familie des Sohnes bei Partnergroßeltern in Leipzig, Enkelsohn Pierrows neunter Geburtstag. Ich war zwar überall Nummer sieben, doch so hat es mir ganz gut gefallen.

Nach dem Kofferpacken zwischen den Feiertagen fuhr ich am 29. Dezember mit meinem neuen Auto, einem Skoda Fabia „Joy", nach Karlsbad, Karlovy Vary. Im Erzgebirge bei Oberwiesenthal fand ich einen weißen Winterwald vor, märchenhaft schön. Die Festtage zum Jahreswechsel waren sehr schön frostig, sonnige Spaziergänge und Ausflüge, die Winterlandschaften einfach nur traumhaft. Ich habe sie mit den Augen aufgesaugt in der Hoffnung, sie so auf den Malleinwänden wiedergeben zu können. Noch sehe ich sie vor meinem inneren Auge und im Geiste. Warte, bis der Malwunsch wieder triebhaft wird. Im Moment treibt mich der Schreibwunsch. Worüber? Die Dinge, die ich über mich erzähle und die, die ich verschweige. Wenn vier Frauen am Tisch zusammensitzen und gemeinsam unterwegs sind, wird erzählt. Es wird über Gegenwart und Vergangenheit gesprochen, die Erzählvergangenheiten liegen immer weiter zurück, Kindheit, Schulzeit, Studienzeit, Zeiten mit den kleinen Kindern, was wichtig war – was besonders war und wie der Alltag ablief, in geringem Maße. Also ich erzähle immer noch nicht die wahren Fakten in ihrer Abfolge. Ich will es nicht laut aussprechen, es war mein Leben, und wenn ich mit den anderen Leben viel weniger Gemeinsamkeiten habe, als sich allgemein vermuten lässt, gebe ich nicht zu allen Themen meinen „Senf" dazu. Hier bricht wieder die Strähne meiner persönlichen Verweigerung hervor, auch wenn ich ihren aggressiven Charakter zu mildern versuche, indem ich auch Geschichten zum Besten gebe.

Auf provozierende Bemerkungen, die mich angreifen, um mich aus der Reserve zu locken, gehe ich gar nicht ein. Die Nachwirkungen dessen, wenn ich alle meine Lebensdaten preisgebe, werden ausnehmend viel schlimmer sein, als als Person falsch beurteilt zu werden. Nur wenn ich direkt darauf angesprochen werde, dass sich meine beiden Kinder überhaupt nicht ähnlich sähen und die Frage gestellt wird, ob sie denselben Vater haben, antworte ich direkt mit Nein, sie haben verschiedene Väter. Und schon schweige ich wieder, kein warum und wieso. Bei meinen Berichten über Kindererziehung und Wohnverhältnisse fasse ich mich auch allgemein, sodass es sich keinem Familienhintergrund zuordnen lässt. Wozu auch? Es bringt mir Leid und seelische Schmerzen, dabei bin ich so froh, die vielen emotionalen Erschütterungen hinter mich gebracht zu haben. Doch die „Abdeckschicht" ist fragil und dünn. Einmal traten mir Tränen in die Augen, die ich nur mit Lächeln und Schweigen zurückhalten konnte. Über vieles kann ich nicht sprechen, es würde mich aus dem seelischen Gleichgewicht werfen, es würde mich in eine Heulspirale schicken, es würde mich in die Depression stürzen, an deren Abgrund ich sowieso stehe und die ich nur durch viele Aktivitäten und Ablenkungen im Zaum halten kann. Trotzdem habe ich in den letzten Jahrzehnten ungeheure Fortschritte erzielt, indem ich die Depression zähmen kann. Durch das Schreiben hoffe ich, mich völlig zu befreien, wenn schon nicht durch Sprechen sich Erleichterung verschaffen, dann durch Schreiben die Unabänderlichkeiten loswerden. Deshalb diszipliniere ich mich durch Konzentration auf produktive Kräfte – Schreiben, Autofahren. Mir hilft richtig gut geistige Konzentration – hätte ich mich dem nur schon viel früher hingegeben ... Immer wieder bin ich in Ablenkungsmanöver abgedriftet.

Ich muss, will, soll, darf und kann erzählen, wie mein Leben verlaufen ist. Etliche Kapitel sind bereits entstanden. Erinnerungen aus meinen ersten sechs Lebensjahren in der sächsischen Kleinstadt wurden weiter aufgewühlt, als ich am 2. Januar mit meinen beiden Großcousinen und deren Männern den Nachmittag im Hause des Märchenstädtchens verbrachte. Wir wissen alle, dass es nach und nach nacheinander zu Ende gehen wird, doch wir haben uralte Erlebnisse hervorgekramt, über längst tote Ahnen erzählt und unglaublich viel gelacht. Dieses Lachen, die lustig-ironischen Zwischenbemerkungen, die entspannte Lockerheit, nicht mehr die Tragik der einzelnen Lebensschicksale in den Mittelpunkt zu setzen, sondern alles von der spöttisch-lustigen Seite zu sehen, brachte ein ungekanntes Gefühl von Nähe und Zugehörigkeit hervor. Es war eine Nähe, die jeden in Ruhe lässt, eine Nähe mit großem Abstand, ein Verstehen, ohne zu zerreden, erkennen, ohne zu sprechen.

Es tat so gut!

Das Gefühl, nicht dazuzugehören, nirgendwo richtig hinzugehören, ist mein lebensbestimmendes Gefühl, ergänzt durch nicht angenommen werden bis hin zu abgelehnt werden, missverstanden und damit falsch eingeschätzt zu werden.

Ich spüre es wie Das-Gras-wachsen-Hören, es beschleicht mich über den ganzen Körper, es lässt mich ersterben und weiterziehen. Ich habe nicht um Anerkennung und Akzeptanz gekämpft durch Erklärung meiner Beweggründe, Hintergründe, Untergründe. Ich zog einfach weiter und baute ein neues Umfeld auf, indem ich mich auf die Dinge, die zu tun waren, konzentrierte, meine Kraft und Energie hineingab, allen das gab, was sie brauchten – ich ließ mich draußen wegen der allgegenwärtigen, drohenden Verletzungsgefahr.

Flachwurzler eben – Fragmentierung des Lebens.

Warte, bis du dran bist!

Sprich, wenn du gefragt wirst.

17.2 Geschrieben am 6. Januar 2017

Eine meiner Großcousinen fragte, ob ich denn erzähle, dass ich aus Sachsen stamme. Ohne zu überlegen, kam sofort ein klares „Nein" aus meinem Munde. Ergänzt durch die Aussage, wenn es denn nicht zu umgehen sei, sage ich es schon, freiwillig nie. Daraufhin höre ich nämlich stets: „Man hört es aber gar nicht." „Ja, es hat mich auch sehr viel Mühe gekostet, diesen Dialekt loszuwerden." Man hört bei mir auch kein berlinerisch, obwohl ich seit mehr als 45 Jahren in Berlin lebe. Nein, auch dafür habe ich keine Bemühungen unternommen, ein Mensch hört an meiner Aussprache, woher ich komme, da keinerlei Dialektfärbung erkennbar ist. Das hat mir geholfen bei meinen Schulungen in ganz Deutschland nach der Wiedervereinigung. Nie hat jemand vermutet, dass ich aus dem Osten komme, denn dort durfte man schließlich kein Englisch lernen (Zitat eines von mir oft gehörten Allgemeinplatzes). Aber das ist schon wieder eine andere Geschichte.

Genauso wie ich über meine Sachsenherkunft schweige, sage ich auch nie, dass ich von Beruf Lehrer bin oder besser war. Sofort kriege ich dann die geballte Ladung der schlechten Erfahrungen meiner Gegenüber mit Lehrern und Schule an den Kopf geknallt. Doch wenn das ausnahmsweise mal nicht passiert, dann empfinde ich es als Kompliment, wenn man mir sagt: „Das merkt man Ihnen gar nicht an." Also, wozu soll ich in Gesprächen einfließen lassen, dass ich Lehrer war?

Außerdem habe ich in 27 Jahren Lehrtätigkeit Erwachsene unterrichtet, Schüler nur im Praktikum und in meinem schlimmsten Vierteljahr nach der Wende. Kinder zu unterrichten lag mir nicht so recht, denn ich wollte Stoff, Wissen, Sprachen unterrichten und nicht Menschen bändigen und zu ihrem Wissen und Können zwingen.

Die letzten elf Jahre vor dem Beginn meines offiziellen Rentenbeginns sind ein Kapitel, über das ich erst recht gern schweige. Kein anderer im Lande hat diesen Job gemacht, Alleinstellung,

Ausnahme, Ungewöhnlichkeitsdasein. Ich erzähle höchstens, dass ich im Sprachtestwesen tätig war, selbst da hört das Durchschnittsverständnis schon auf. Würde ich detaillierter über meine Tätigkeit sprechen, könnte ich an den Augen meiner Gegenüber ablesen: „Die gibt vielleicht an." Oder: „Die muss ein Schweinegeld verdient haben." Da beides nicht zutreffend ist, schweige ich lieber. Ich bin im Ruhestand und unterrichte manchmal wieder, Erwachsene, Deutsch für Deutsche und Deutsch als Fremdsprache oder auch mal Büromanagement. Manchmal reitet mich also der Teufel. Worauf ich aber überhaupt keinen Bock habe, sind die psychologischen Befindlichkeiten der Kursteilnehmer. Dabei erwecke ich ständig den Eindruck von Vertrauenswürdigkeit und Stärke. Ich kann ihnen geben, was sie beim Lernen brauchen, ich kann ihnen helfen, ihre Unzulänglichkeiten zu akzeptieren und zu bekämpfen. Und ich kann im Unterricht schon manchmal Geschichten erzählen, die ich noch nie jemandem erzählt habe. Es fällt mir leichter, als mich mit Geschichten aus meinem Leben an Frauenrunden im Urlaub, mit Schulfreunden zu beteiligen.

So, und womit geht es jetzt weiter?

Habe ich die sächsische Kindheit endlich hinter mich gelassen?

17.3 Geschrieben am 7. Januar 2017

Auf den Wegen zur Stabi und auch sonst versuche ich, die Fragmente meiner Erinnerungen zusammenzutragen. So fallen mir diese und jene Splitter ein, ganz gewiss diejenigen, die emotionale Eindrücke hinterlassen haben. So komme ich notgedrungen wieder und wieder auf die zurückliegenden Jahre zurück und erzähle noch nicht chronologisch. Solch eine Abfolge werde ich beim Ordnen versuchen zu finden, Ereignisse, Fakten und bewegende Geschichten. In meinem Kopf ist alles noch vorhanden, ich muss es endlich zu Papier bringen, damit ich beim Sortieren den roten Faden finden kann.

Zurück zur Grundschulzeit. Fotos anzuschauen, die ich damals sorgfältig in chronologischer Ordnung in ein Album nach dem anderen geklebt und beschriftet habe, ist wie Vorhang-bei-seite-ziehen, und das Stück beginnt.

Mit der Internatszeit fiel meine sich entwickelnde Pubertät zusammen, die mich für drei, vier Jahre unerträglich für meine Umwelt, meine Mitschüler und für mich selbst machte.

Die erste Hälfte der neunten Klasse war ich noch fast normal, bis auf eine Erkältungszeit, in der ich täglich in die Poliklinik radelte und Kalziumspritzen bekam. Ich hatte ein Fahrrad von zu Hause mitgenommen.

Ich klagte über chronische Kopfschmerzen und bekam Pülverchen, von denen ich einmal so viel trank, dass ich zwei Tage durchschlief und der Arzt geholt wurde. Ich fuhr dann nicht nur einmal vierteljährlich zum Orthopäden nach Dessau mit zwei weiteren Mitschülerinnen, ich meldete mich auch bei einem Neurologen an, der begann, meinen Kopf zu röntgen, mich organisch „abzuklären".

In den Ferien zu Hause traf ich nie meine früheren Klassenkameraden der Grundschule, mich suchte auch keiner.

17.4 Geschrieben am 11. Januar 2017

Ich habe einen neuen Rucksack zum Laptoptransport bekommen und bin damit heute zur Stabi. Zuvor habe ich meinen Sohn in seinem Büro kurz besucht, Oblaten und Pierrows in Geld verwandeltes Weihnachtsgeschenk abgegeben. Draußen ist ekelhaftes Winterwetter. Mein Rucksack war sehr schwer, ich übe ...

Kurz vor zwei war ich in der Stabi, nur noch drei Schließfächer frei und kein Arbeitsplatz. Ungefähr eine halbe Stunde stand ich an der Treppenaufgangsbrüstung und arbeitete am Laptop. Dann konnte ich umziehen. Es klappt hervorragend, am Laptop zu schreiben. Ich hatte bisher Bammel, ich könne nicht gleich tippen, sondern müsse erst meine Geschichten per Hand aufschreiben. Nein, es funktioniert. Ich kann die Gedanken aus dem Kopf holen und tippen.

Ich muss mich jetzt darauf umstellen, alles bisher Geschriebene endlich einzugeben und zu ergänzen. Ich habe viel zu viele Baustellen, eigentlich soll ja mal ein ganzheitliches Lebensbild entstehen. Ich bin auf dem Wege, doch baue ich es mosaikartig auf. Ich fühle mich bereit und willig, fleißig die Gedanken aufzuschreiben. Es werden aber zwei Sammlungen herauskommen:

Ordner mit allen Dokumenten – für interessierte Nachkommen, vielleicht meine beiden Enkelsöhne, die durchaus historisches Interesse haben.

Diese Lebensgeschichte (Ich kann sie nicht mehr lesen!). Es ist keine fortlaufende Geschichte, es sind die Prägeereignisse, eingeordnet in das stinknormale Alltagsleben mit seinen routinierten Abläufen.

Beide entstehen parallel.

Sehe ich die Sammlungen in meinem Aktenschrank, brauche ich einen Motivationsschub.

Wahrscheinlich werde ich beim simultanen Bearbeiten verschiedener Baustellen bleiben, meine Kreativität entwickelt sich so am besten.

Nur nicht faul werden, nach dem Prinzip „Der Wechsel der geistigen Tätigkeiten entspannt und motiviert" soll es vorangehen.

Mein gesetztes Ziel soll diesmal verwirklicht werden.

Nur wenn ich viel tue, schaffe ich viel.

Nun gut, heute habe ich um 18:30 Uhr geendet, vier Stunden intensiv gedacht und geschrieben.

Aber was denn? Es kann doch nicht nur diese eine Seite gewesen sein!

Das war die letzte Seite, die ich aus dem Ordner meiner Handschriften abgeschrieben habe.

Wie sieht mein tabellarischer Lebenslauf aus? Eine Seite ist doch völlig ausreichend für ein Leben.

17.5 Wie verging das Jahr 2017 bis zum 70. wirklich?

Jahreswechsel in Karlsbad mit zwei Freundinnen. Neujahrskonzert im Konzerthaus. Barberini, mehrere Ausstellungsbesuche. Konzertbesuche in Potsdam und Berlin. Im Februar und März zweimal in Zingst auf dem Darß, um das Gepäck der Familie meines Sohnes zu deren Familienkur hinzubringen und abzuholen, dabei jeweils eine Hotelübernachtung und Spaziergänge am Meer. Landeswettbewerb Jugend musiziert besucht, da meine jungen Enkelkinder teilnahmen. Eine Stunde angestanden, um in einem fünfstöckigen, abrissvorbereiteten Gebäude Künstlerwerke von UrbanArt-Künstlern zu sehen, war irre beeindruckend. Abendevent in der Hamburger Vertretung. Im Mai eine 2000-km-Rundreise mit dem Auto allein, um die Orte Trier, Bad Honnef, Brüssel, Ostende, Brügge, Antwerpen und die Porta Westfalica zu sehen (in Reiseberichten habe ich darüber geschrieben). Im Mai gab es im Wintergarten-Varieté die Premiere zum Musical Zeppelin von Ralf Siegel, der dabei war (das Musical ist m. E. nie wieder irgendwo aufgeführt worden). Im Juni feierten wir die Jugendweihe meiner ältesten Enkeltochter Klara in Cottbus. Im Juni gab es die erste 70er-Geburtstagsfeier einer meiner Schulfreundinnen in Magdeburg. In Berchtesgaden hatten wir Geschwistertreffen mit meinen Brüdern und ihren Frauen (Reisebericht geschrieben). Dann fuhr ich mit dem Auto allein zum Bodensee, wo meine Reise- und Theaterfreundin hinkam und wir eine Urlaubswoche dort verbrachten (Reisebericht vorhanden). Ein Ausflugstag zur Burg Beeskow mit Freunden und die Ausstellung über Toilettenentwicklung. Konzerte auch in der Musikschule. Malworkshop im Bröhan-Museum mit Ergebnis einer persönlichen Kopie des Hagemeister-Gemäldes Seerosen. Kunstgalerien. Eine Woche Kreuzfahrt mit einer Freundin nach Norwegen über Dänemark (s. Reisericht!), meine erste und einzige Kreuzfahrt, habe sie psychologisch nicht verkraftet wegen des Umweltirrsinns. Theater im Tipi und anderes. Anfang August eine Woche in Fribourg in der

Schweiz zur IDT-Konferenz der Deutschlehrer aus aller Welt, mit Höhepunkt des Wiedersehens eines früheren Kollegen von ATI. Ende August um meinen 70. Geburtstag herum eine Woche im Seehotel Brandenburg. An meiner 70. Schlösserrundfahrt in Potsdam mit Schul- und sonstigen Freunden als Höhepunkt.

17.6 Siebzig Jahre Leben – was habe ich verstanden?

Wenn ich die Wahl gehabt hätte, hätte ich nicht geboren werden wollen. Würden nur Wunschkinder geboren, sähe die Welt vielleicht viel besser aus.

Verletzungen heilen nicht, sie vernarben und brechen immer wieder auf.

Unvergessliche Erinnerungsbruchstücke, zerfledderte Fetzen kommen immer wieder – sie sind die Prägestempel des Lebens.

Meine Prägestempel – habe ich alle erwähnt?

Pulsnitzer Kirchturm

Geburtshaus – Das Hinterhaus in Pulsnitz

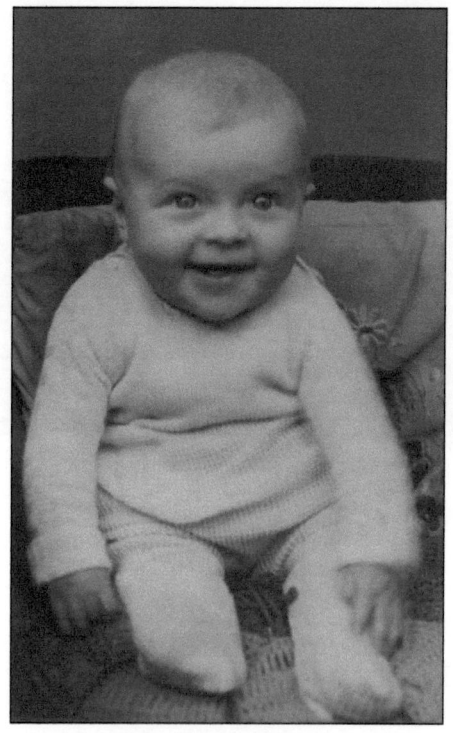

Angelika im April 1948

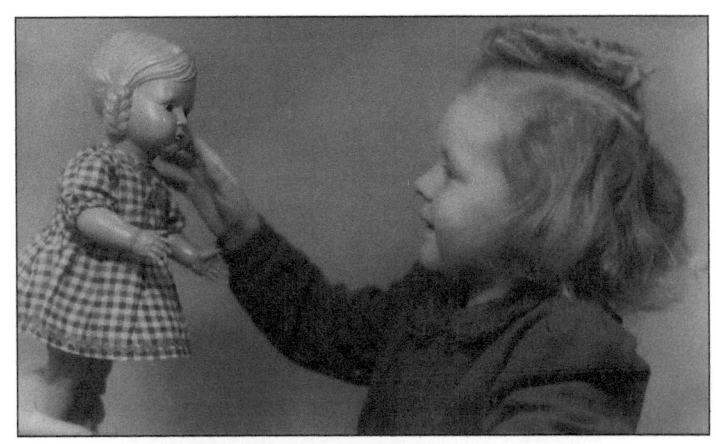

Neugier 1951

Erster Schultag 1954

Jugendweihe 1962

Abiturientin 1966

Studentin 1968

Anhang

1. 1900-1956 Erinnerungen Gerold Krause, geb. 24. Januar 1929

Schriftlich festgehaltene Erinnerungen begonnen am 5. April 1992

Meine ersten/ältesten Erinnerungen beginnen im Alter von ca. 4 Jahren. An Mutters Hand Bruder mitziehend, in den Straßen Dresdens. Größere Erlebnisse: politische Aufmärsche. Die Kommunisten schwarze Hose, Barchenthemd, blaue Schlosserjacke, Schiffermütze und rote Nelke im Knopfloch. Die SA militärisch mit Fahne, musste man grüßen, wie überhaupt Fahnen und Hymnen etwas Feierliches/Heiliges darstellten, dem man Ehrfurcht erweisen musste. Desgleichen galt auch für Trauer-Leichenzüge. Damals noch ohne Auto, mit Pferden oder nur getragen, war es für alle Passanten selbstverständlich, am Straßenrand stehenzubleiben, die Mütze/den Hut zu ziehen und den Zug vorbeizulassen und damit der/dem Verstorbenen die letzte Ehre zu erweisen. Für ein Kind große Erlebnisse!

Ab jetzt die Vorgeschichte.

Meine Mutter, Margarete Gertrud Winter, wurde am 17. Oktober 1899 als drittes Kind/zweite Tochter des Dresdner Fabrikanten Kurt Winter und Ehefrau geboren. Fabrikant insofern, als man damals schon einen größeren Handwerksbetrieb von 20-25 Mitarbeitern als Fabrik bezeichnete. Jedenfalls produzierte die Firma Sprechmaschinen, Grammophone in Möbeln. Vielleicht hast du schon mal ein solch altes Gerät irgendwo gesehen. Kurz – unsere Vorfahren waren nicht reich, aber wohlhabend, gutbürgerlicher Mittelstand. Demzufolge auch in der weiteren Verwandtschaft Anwälte und Geschäftsleute, auch zwei Juweliere in Dresden bis 1942, dann Bomben usw.

Bei Winters also genügte das Einkommen aus Haus und Firma, die Kinder nicht in die gewöhnliche Schule zu schicken, sondern alle drei besuchten eine private „Bürgerschule". Es versteht sich von selbst, dass sie zu Hause von Dienst- und Kindermädchen betreut wurden. Während der 20er-Jahre, Rezession und Börsenkrach, ging auch die Firma Bankrott. Das Haus blieb noch, aber verschuldet. Kurt, der ältere Bruder, mein Onkel, gab sein Studium der Pharmazie auf und wurde Drogist. Herta, meine Tante, heiratete fast unter ihrem Stand einen Buchhalter, der eigentlich Musiker werden wollte und neben dem Beruf als Geiger noch Kammermusik machte. Die beiden lebten in Löbau. Die Mutter begann zu kränkeln, und die Jüngste, Gertrud, meine Mutter, auch nur zur Gastgeberin und Ehe erzogen, ohne erlernten Beruf, wie damals üblich, musste zu Hause bleiben und ihre Mutter pflegen. Nach etwa zwei Jahren starb dieselbe. Gertrud musste den Haushalt führen, Dienstmädchen entfielen. Dann wurde der Vater krank. Sein Foto habe ich noch vor Augen, auch nicht groß, aber sehr dick, gezwirbelter Schnurrbart. Dazu eine Zwischenbemerkung: Mir fällt immer wieder auf, dass es in Sachsen mehr kleinwüchsige Menschen gibt als anderswo, auch ich bin ja nicht groß und trotzdem war ich die Größte in der gesamten Verwandtschaft. Jedenfalls liebte mein Großvater das Bier, sonst trank er kaum Alkohol, nur Bier. Das wurde ihm laufend ins Büro gebracht, und er trank nur die 0,33-l-Gläser, über den Tag verteilt 52 bis 54 Gläser. Er musste wegen Verfettung ein Sanatorium aufsuchen, wurde auf Nulldiät gesetzt und verstarb umgehend.

Das Haus gehörte sowieso den Banken, und Gertrud hätte beinahe nicht gewusst wohin. Das Schicksal griff ein, ihre Schwester Herta wurde krank, zwei kleine Buben waren auch da, also eine neue Aufgabe. Etwas Erfahrung in der Krankenpflege hatte sie erworben, die Kinderpflege lernte sie dort in Löbau dazu. Wie lange das alles dauerte, kann ich nicht sagen, nur: Nach überraschender Besserung starb Herta sehr schnell an der blühenden Schwindsucht. Ihr Ehemann, Albin Bär, wollte Schwägerin Gertrud gleich im Hause behalten, auch heiraten, denn es klappte ja bereits mit den Kindern, sie waren alle schon miteinander vertraut. Das wäre für ihn die praktischste Lösung gewesen, doch sie wollte nicht, ergriff die Flucht in einer Blitzaktion und ging als Gesellschafterin einer alten Dame nach Annaberg im Erzgebirge. Ein kleiner Schönheitsfehler, sie war schwanger, und so kommen wir langsam zu mir. Kuriosität: Ich habe zwei Halbbrüder, die zugleich meine Cousins sind und umgedreht, also eine ¾- Blutsverwandtschaft. Ich habe aber nie einen aus dieser Linie gesehen, mein Vater (Erzeuger) starb 1940 oder 1939 mit 47 Jahren an einer Nierenoperation.

Als die Zeit der Niederkunft nahte, ging Mutter nach Dresden zurück und brachte im Friedrichstädter Krankenhaus einen gesunden Knaben zur Welt. Nachdem Krankenhausaufenthalt zog sie zu ihrem Bruder in Untermiete und gab mich zu Pflegeeltern, da sie ja arbeiten musste.

Diese netten Leute wollten mich gerne behalten. Ich habe sie später kennengelernt und oft besucht. Kinderlos, sie kränklich, sehr liebevoll, er von Beruf Schneidermeister, wohnhaft in Weixdorf bei Dresden, er leitete die Militärschneiderei auf der Luftwaffe in Hellerau. Mutter also brauchte Arbeit, Beruf null, sie konnte nur das, was man den Mädchen in der Schule für Damen an Handarbeiten beigebracht hatte, in der Hauptsache sticken usw. Sie fand Arbeit am Alaunplatz in Dresden in einer Kunststopferei und Werkstatt für feine Handarbeiten. Das Handicap: Die Arbeiterinnen mussten im Schaufenster arbeiten, also aus Reklamegründen vor der Öffentlichkeit. Etwas anderes gab es nicht, und ohne Auswahl ist man froh, etwas Geld verdienen zu dürfen, egal wie. In dieser Zeit lernte sie ihren späteren Ehemann kennen.

Zu seiner Person: geb. 1894 in Goldberg/Schlesien, Gymnasialbildung – plötzlicher Tod des Vaters, Mutter Hausfrau, musste wieder heiraten, und er bekam zwei Stiefgeschwister dazu. Musste zu Hause raus und lernte (wegen der Wohnung) zunächst Gärtner. Der Weltkrieg begann, er wurde Soldat. Nach dem Krieg verdingte er sich in der Landwirtschaft als Aushilfsmelker, wenn er Urlaub hatte oder krank war. Mit dem verdienten Geld gelang es ihm, in Tübingen mit dem Studium der Agrarwissenschaften zu beginnen. Irgendwie schaffte er es, mit Unterbrechungen, und das Schlusssemester absolvierte er an der tierärztlichen Hochschule Berlin. Berufsausbildung fertig, dabei schon sehr alt (verhältnismäßig), keine Stellung. Da bekam er das Angebot, in Dresden bei der damaligen Gartenbauausstellung und der Errichtung des „Großen Gartens" mitzuwirken. Und ich entsinne mich, in der Kinderzeit dauernd von Neigungswinkeln und Hangbegrünung, Baumpflanzung usw. gehört zu haben. Doch so weit bin ich noch nicht.

Die beiden lernten sich kennen, für Mutter war es höchste Zeit, wenn sie noch einen Mann erwischen wollte, schon 31 Jahre. Natürlich wusste ich damals von alledem noch nichts.

Wir wohnten in Dresden, Radeberger Str. 31, Ecke Sängerstraße. Die Sängerstraße lief quer über die Bautzener zum Elbufer, immer bergab. Sonntagsspaziergänge Waldschlösschen – Weißer Hirsch – Dresdener Heide. Da es in der Nähe der Heerstraße auch Kasernen gab, so war unsere Gegend auch Wohngegend vieler Offiziere. Einige Offiziersfrauen waren mit Mutter von früher bekannt durch gemeinsame Schule usw. Bald war sie Mitglied eines „Cercels" (so nannte man die Kaffeekränzchen Frauengrüppchen damals), wie man in dieser Gesellschaftsschicht die Bezeichnung „Kaffeekränzchen" vornehmer ausdrückte. Bei diesen Treffen waren immer Kinder dabei, wurden zum Spielen in den Garten geschickt, hatten brav und still zu sein und die Mütter nicht zu stören oder gar zu blamieren. So begann also mit 4 Jahren meine gesellschaftliche Erziehung: „Gerold, gib Händchen, mache einen Diener, rede nur, wenn du gefragt wirst" usw. Mit Beginn des sechsten Lebensjahres änderte sich das etwas. „Du bist jetzt schon ein kleiner Mann, und ein feiner Mann tut dies nicht und darf das nicht". Auch den „Diener" gab es nicht mehr. „Gerold, steh ordentlich da, Hände halb geschlossen entlang der Hosennaht oder hängen lassen. Mach eine Verbeugung, warte, bis oder ob man dir überhaupt die Hand gibt." Im Laufe der Zeit wurde mir der ganze Knigge nahegebracht. „Du musst immer Gentleman sein, nie aus der Rolle fallen, korrekt und höflich, nie widersprechen." Den anderen Kindern ging es nicht viel anders. Es waren sowieso einige „von" dabei. Als ich dann in die Schule kam, bekam ich Schwierigkeiten, da mein angelernter Umgangston und der „gewöhnliche" Ton nicht so recht zusammenpassten. Doch Jugend überwindet alles, und ich musste nur aufpassen, wo ich mich gerade befand, um die verschiedenen Töne nicht zu verwechseln. Musste auch meinem Bruder Vorbild sein und wurde für dessen Fehler verantwortlich gemacht.

Zu Ostern 1935 wurde ich in die 49. Volksschule in der Tieckstraße eingeschult, und im Sommer 1935 verlor ich im Krankenhaus der Diakonissen (unterhalb Lindesches Bad) meinen Blinddarm. Dann gibt es kaum etwas Wichtiges zu erzählen, ich war ein Musterschüler, das Betragen ausgezeichnet, und wir führten alle ein ruhiges, geregeltes Leben. Nur konnten wir die Schulturnhalle 1938 nicht mehr benutzen, im Pausenhof standen die Gulaschkanonen, denn es kamen täglich neue Sudeten, deutsche Flüchtlinge, aus der Tschechei (Wird heute weitgehend verschwiegen.). Für Vater ging die Arbeit bei der Dresdner Stadtgartenverwaltung zu Ende, und er machte sein Berufsziel wahr, übernahm die Leitung eines Rittergutes in Schlesien (Niederschlesien), und zwar in Gräfenhain Kreis Rothenburg in der Oberlausitz. Das liegt/lag 22 km östlich von Muskau, dazwischen drei andere Dörfer, eines heißt/hieß Zibelle. Für Mutter eine schwierige Zeit, für sie war alles neu, musste Leitung von Küche und Keller, Milchausgabe und Hühnerhof erlernen und übernehmen. Dazu lernte sie auch noch melken, denn der dortige Berufsmelker war öfter mal im „Schulungslager" (KZ). Als kommunistischer Alkoholiker baute er oftmals großen Mist. Hatte Frau und 5-6 Kinder. Wenn er also nicht da war, gab es nur noch seinen Gehilfen, ein 16-jähriger Ukrainer. Und der konnte wirklich nicht alles allein machen. Mutter hatte für Haus und Küche 4-5 Mädchen, denn die mussten ja für 30-40 Leute kochen. Durch den Krieg war überall Personalnotstand. So waren außer den Tagelöhnern für Saat und Ernte noch auf dem Hof beschäftigt: die Melker- Familie, eine deutsch-ukrainische Familie (Volksdeutsche) sowie zwei polnische Familien und sechs männliche und vierzehn weibliche Ledige aus Polen und der Ukraine. Dazu auch französische und serbische Kriegsgefangene, die morgens kamen und abends wieder im Lager sein mussten. Am wenigsten hatte ich mit der Sache zu tun, denn mich hatte man bei einer Tante meiner Mutter in Görlitz einquartiert, um das dortige Realgymnasium zu besuchen. Damals gehörte Görlitz noch nicht zu Sachsen, es war die Hauptstadt der Region Niederschlesien, Breslau, Gesamtschlesien. Als Verwaltungseinheit war Görlitz für uns höchste Instanz. Dazu noch: Der Besitzer des Rittergutes Gräfenhain wohnte in Niesky und besaß dort die Molkerei. Er hieß Engelke. Zum Gut, 110 ha, gehörte noch ein angekaufter Bauernhof von 75 ha, genannt Vorwerk. Ein Ackerschlepper und zwei Pferdegespanne sowie ein Gespann Ochsen als Arbeitstiere. Dabei Eigenjagd, und so war der gesamte Umgang gegeben. Man traf sich bei Ausstellungen, Viehauktionen und Jagdeinladungen, dazu die Feste usw. Es waren immer dieselben Leute aus der Umgebung, die anderen Inspektoren, kleiner Landadel sowie Industrielle, die nebenbei ein Gut besaßen. Als Gastgeberin war Mutter unschlagbar, nicht nur beim Kochen, sondern auch bei der Rangordnung bei Tisch, sie improvisierte Jagdimbisse im Freien in Jagdpausen. Da wäre Vater ohne sie aufgeschmissen gewesen.

Die Dorfbeschreibung steht noch aus:

Gräfenhain, ein typisches schlesischen Reihendorf: an einer langen, geraden Straße hin und zurück die Bauernhöfe und Güter. Gräfenhain war ca. 7 km lang ohne Querstraßen, ca. 800 Einwohner. Das Rittergut etwa im Mittelpunkt, rechts vom Einfahrtstor (Tor vorn und hinten) die katholische Kirche, gegenüber die evangelische Kirche, links davon der „Dorfkrug" (Gasthof), dann die Schule. Das war's dann. Das alles erlebte ich nur an Wochenenden, in den Ferien, ich war von Montag bis Samstag in Görlitz im Hause meiner Großtante. Sie war damals schon über 70, ihr Mann noch älter. Er war Sargtischler von Beruf und selbstständiger Handwerker, damals schon im Ruhestand. An der abfallenden, am tiefsten liegenden Stelle des Untermarktes zweigt eine kleine Gasse ab (vielleicht noch?). Die Gasse heißt einfach Handwerk. Die Nummer 3 ist/war ein schmales Häuschen mit zwei normalen Fenstern zu ebener Erde als Schaufenster, dahinter war die Werkstatt. Darüber noch zwei Etagen, aber alles klein und schmal. Plumpsklo im Erdgeschoss, im ersten Stock Küche und Wohnzimmer, im zweiten Stock die Schlafzimmer. Wasserleitung nur in der Küche, sonst Waschschüsseln mit Krug. Kein Strom im Haus, nur in der Küche Gasofen und Gasbeleuchtung mit Glühstrumpf. Wer schlafen ging, runter musste, ging mit Kerze im Handleuchter. Bei den alten Leuten wohnte ich also, die sollten mich beaufsichtigen, doch weder konnten sie das noch konnten sie mir in irgendeiner Weise bei den Schularbeiten helfen, überhaupt konnten sie diese gar nicht verstehen, denn dazwischen lagen Welten. Schule hatten wir vormittags und fast immer auch nachmittags, auch noch Dienst im Deutschen Jungvolk (über 14 Jahre Hitlerjugend). Nun die Besonderheiten des Unterrichts in Kriegszeiten. Auf den Nachmittag verlegt wurden Turnen/Sport, Basteln und Werken sowie naturkundlicher Unterricht, Näheres später. Nach der Einschulung in die Grundschule 1935 lernten wir zuerst Blockschrift (konnte ich schon), dann deutsche Schrift, aber ab der 4. Klasse Lateinschrift, die wurde später abgelöst durch die deutsche Normalschrift. Außerdem hatten wir während und ab der dritten Klasse täglich eine aktuelle Stunde, um die gewaltigen wirtschaftlichen und gesellschaftlichen Veränderungen und die neue Gesetzgebung zu verarbeiten und verstehen zu lernen.

Weil es unbedingt dazugehört, auch einige Beispiele, davon wirst du nicht verschont, auch wenn ich zum Schreiben eine Woche brauche!

Was da wäre: Die absolute Durchsetzung des metrischen Systems, die Egalisierung der Flächenmaße mit allem, was dazugehört, Gewichte nur in Gramm und Kilogramm, alle Drucke nur in ATUE. Die Einführung der deutschen Industrienorm DIN. Nach dem Versailler Diktat war Deutschland zum Agrarland degradiert worden. Um eine Industrie neu aufzubauen und eine Lebensgrundlage für das Volk zu schaffen (durch Exportmöglichkeiten), war das unbedingt erforderlich. Desgleichen die Einführung des REFA-Systems. REFA hieß Reichsanstalt für Arbeitszeitenermittlung, heute Anstalt für Arbeitsstudien. Großer Widerstand der Arbeiter (Akkord ist Mord). Das System war im Grundgedanken das amerikanische Taylor-System, auf deutsche Verhältnisse übertragen. Es beschäftigt sich nicht nur mit bloßen Zeitmessungen, sondern auch mit anderen Fragen: Wie groß muss/darf eine Schaufel für Sandabtragung sein, wie lang/dick muss der Stiel sein, wie gekrümmt, um mit dem geringsten körperlichen Kraftaufwand, der geringsten Ermüdung, die größtmögliche Leistung in cbm zu erbringen? Gemessene Ladezeit plus Verteilzeit plus Erholungszeit ist Akkordzeit. Oder: Zum Montieren von LKW-Reifen ist es am günstigsten, Liliputaner/kleinwüchsige Leute einzusetzen, weil diese sich nicht zu bücken brauchen, also keine Körperverspannung bekommen. Also auch Vorbeugung gegen Berufskrankheiten. Ich habe später im Arbeitsleben selbst solche Kurse besuchen müssen, deshalb kann ich darüber reden.

Dann kam die Zeit der großen neuen Gesetze, die alle noch heute gültig sind, denen man nur da oder dort etwas dazugeben musste zur Angleichung an die veränderte Zeit oder die veränderten Verhältnisse. Das sind:

- Reichsjagdgesetz von 1937
- Reichsarbeitszeitordnung von 1938 mit Feiertagsordnung
- Reichsstraßenverkehrszulassungsordnung von 1937
- Haftpflichtversicherung für Fahrzeuge
- Gesetz zum Schutze der Jugend
- Schulpflicht/-zwang auch für fahrende Berufe: Zirkus, Binnenschiffer usw.
- Mutterschutzgesetz

und noch viele mehr, wie auch 1. Mai als Feiertag, „Tag der Arbeit".

Auf jeden Fall wurde da weit in die Zukunft gedacht und das Leben für ein Jahrtausend geordnet. Wegen des Mangels im Krieg noch Einführung der Postleitzahlen und der Sommerzeit. Auch der Schulbeginn wurde von Ostern auf den 1. September verlegt. Diese letzten drei Regelungen wurden 1945 als „Naziwerk" sofort rückgängig gemacht, etwa 1950 wieder eingeführt, da es sich als das Bessere erwiesen hatte. Bevor ich es noch vergesse, muss ich einfügen: Anweisung an alle Behörden, Schulen usw. Von Fremdwörtern ist generell Abstand zu nehmen, für jedes Fremdwort gibt es auch ein deutsches Wort, nötigenfalls schaffe man eins. Die deutsche Sprache ist auf jeden Fall reinzuhalten, eine Überfremdung auszuschließen. So gesehen haben die Nazis mehr für die deutsche Sprache getan als der alte Duden persönlich. Trotzdem zur Erinnerung: Wir schrieben noch Photographie, Guitarre, Bureau und vieles andere, inzwischen vereinfachte.

Sonst ist zur Arbeitsbeschaffung nach der „Machtergreifung" nur zu sagen: Bevor die einen Bagger kauften, erwarben sie 10.000 Schaufeln und gaben damit ebenso vielen Leuten Verdienstmöglichkeiten. Es wurde an 100 Stellen gleichzeitig losgelegt. In Norddeutschland mehrere Moore trockengelegt, der Maschsee in Hannover geschaffen, mehrere Stücke Autobahn begonnen. Man sagte später mal, das sei für die Rüstung geschehen, das ist Blödsinn. Eine Autobahn von Dresden nach Bautzen, in keiner Richtung zu einer Grenze, Betonfahrbahn für Panzer ungeeignet, die hatten noch keine gummiarmierten Ketten, die Panzer hatten kein Benzin und wurden immer per Bahn an die Einsatzorte gebracht. Die Autobahnen hatten rein zivilen Zweck und waren nötig für den wachsenden Verkehr und gaben Hunderttausenden Arbeit. Parallel dazu schafften sie Ordnung im Lande durch den Arbeitsdienst für Jugendliche beiderlei Geschlechts. Durch das Pflichtjahr für Mädchen in der Landwirtschaft oder im Haushalt brachten sie die jugendlichen Arbeitslosen von der Straße, verhalfen unterernährten Großstadtkindern durch Ferien-Landverschickung in Familien zu frischer Luft und reichlich Nahrung. Dann sammelten sie alle Penner, Alkoholiker und sonstige Arbeitsscheuen ein, steckten sie in Arbeitslager, lehrten sie durch eiserne Disziplin sich täglich zu waschen, rasieren usw. und zu arbeiten: Viele konnten nach solch einer Resozialisierung schon nach 3 bis 6 Monaten entlassen werden, und die meisten hatten in der Zeit wieder ein normales Leben erlernt, waren geheilt. Für dieses gigantische Ordnungswerk wurde Hitler in aller Welt nur gelobt, denn die anderen hatten die gleichen Probleme. Über diesen Arbeitslagern stand der Spruch: „Arbeit macht frei", sonst nirgendwo, denn jeder gestrauchelte Arbeitslose konnte durch Einfügung in die allgemeine Ordnung die Freiheit erwerben. Dann kamen die „Schulungslager". Das waren die Lager zur politischen Umschulung/Gehirnwäsche. Dort mussten die überzeugten Sozis und Kommunisten sich von Zeit zu Zeit einfinden, um sich im nationalsozialistischen Sinne umerziehen zu lassen. Diese Lager wurden ursprünglich für rein politische Umschulung auf Zeit als KZ bezeichnet. Je nach Anpassung waren manche 1- bis 2-mal, andere 10-mal dort und sogenannte Unverbesserliche dauernd. Als Drittes wurden noch Straflager errichtet. Man war der Meinung, Gefängnisse seien zu teuer, nur um die gefassten Täter leben zu lassen. Also baut man Barackenlager in der Nähe von Steinbrüchen, Sümpfen und dergleichen, damit die Gefangenen durch harte Arbeit gebessert würden und vor allen Dingen die Strafe auch als Sühne empfanden. Diese Lager also nur für Kriminelle, und wer lebenslänglich mehrfach hatte oder lebenslängliche Sicherheitsverwahrung bekam, immer von einem Zivilgericht, dem wurde seine Häftlingsnummer auf den Unterarm tätowiert zur ewigen Kenntlichmachung nach Art der mittelalterlichen Brandmarkung. Erst durch die Kriegswirren, Transportschwierigkeiten wurde alles durcheinandergebracht, die Lager vermischt, und kaum einer kannte sich aus. Nur an der Nummer und dem Zeichen auf der Sträflingskleidung konnte man sofort ablesen, was jeder war. Es gab da schwarze und rote Dreiecke, die waren politisch, die anderen weiß ich nicht mehr.

Auf jeden Fall sagt die Nummer dem Kenner, ob es ein Sittlichkeitsverbrechen, ein Raubüberfall oder was auch immer war. Von Vernichtungslagern war uns zu dieser Zeit nichts bekannt, am Anfang gab es bestimmt noch keine. Bei Fortgang des Krieges, Bombenterror, gab es riesige Versorgungsschwierigkeiten, teil wurde Nahrung zerstört, teils keine Transportmittel. Die Lager mit Tausenden von Insassen brachten ihren Nahrungsbedarf nie zusammen, denn zuerst kam die kämpfende Truppe, dann die Transportleute, Eisenbahner usw., dann die Zivilbevölkerung, Lazarette und Krankenhäuser und zuallerletzt die Lager, wenn noch etwas übrig war. Zum Ende des Krieges sah aber das ganze Volk Häftlingen ähnlich. Du brauchst nur mal einen Nachkriegsfilm zu sehen, z. B. Gert Fröbe als Otto Normalverbraucher in „Berliner Ballade" oder Filme mit der Knef oder Werner. Die Schauspieler sehen alle aus wie fett gemachte Besenstiele, dabei hat man sie vor Drehbeginn erst mit amerikanischer Verpflegung aufgepäppelt. Also Mangel an allem und jedem, und er wurde immer größer, improvisieren und organisieren war das A und O des Überlebens.

Nach diesem Zeitbildabriss wieder zu mir.

Noch eine Besonderheit, entstanden im „Dritten Reich", muss ich beschreiben. Alle Preise waren Festpreise, die Gewinnspannen vorgeschrieben. Auch z. B. gebrauchte Fahrzeuge, Auto, Motorrad usw. mussten einem amtlichen Taxator vorgeführt werden, wurden geprüft und bewertet und mit einer Taxurkunde, 5,00 RM, zum Verkauf freigegeben. Damit sollten alle Wuchergeschäfte unterbunden, Betrügereien ausgeschaltet werden. Es gab für Übertretungen sehr harte Strafen, deshalb gab es auch viele Gegner bei Händlern und Maklern, doch für die kleinen Leute war es von Vorteil, da bestand Chancengleichheit für alle. Dazu gab es bei Kriegsbeginn Rationierungen und Lebensmittelkarten. Die waren gestaffelt für Normalverbraucher – Arbeiter – Schwerarbeiter – Schwerstarbeiter, werdende und stillende Mütter, Kleinkinder, sonstige Sonderkarten, Reisemarken auf Extra-Antrag und Teilkarten für Selbstversorger (Bauern, landwirtschaftliche Arbeiter mit Deputatsanspruch), Schuhe auf Bezugsschein, Kleiderkarten (140 Punkte, 1 Taschentuch 2 Punkte, 1 Anzug 28 Punkte). Dazu z. B. Eisenscheine – ein Pferd beschlagen 10 kg, ein Fahrraddynamo 5 kg Eisenschein. Das ist nur als kleines Beispiel gedacht, es gab für alles und jedes bei Bedürfnisnachweis

Bezugsschein usw. Wir lernten in der Schule auch die Klippen der Antragsstellung, Einreichung am richtigen Ort beim richtigen Amt, um Erfolg zu haben. Diese Aufgabe fiel zu Hause mir zu, da ja das Landesamt und die Regierungsämter alle zwischen Heimat und Schule lagen.

Daneben hatte ich – mangels deutscher Vertrauensleute auf dem Gut – noch die meisten Besorgungen für den Betrieb nebenher zu machen. Die Entfernungen waren groß, und so bekam ich sogar einen Bezugsschein für ein Fahrrad. Einige Lieferfirmen und Abnehmer befanden sich in Sagan, die Werkstatt für Landmaschinen und Ersatzteile der Raiffeisen in Sorau, also entgegengesetzt meiner normalen Route. Dadurch ging mancher Schultag flöten, ich hatte einfach keine Zeit. Dazu befand sich Vaters Büchsenmacher in Görlitz, also schleppte ich schon im Alter von 12 Jahren Gewehre zur Durchsicht nach Görlitz und zurück, auch Munition usw. Bei dem Büchsenmacher war es einfach, der bekam hin und wieder eine Jagdeinladung und somit auch Fleisch, man brauchte also nicht wie sonst fast überall zu schmieren! Bei all diesen Botengängen und Besorgungen, auch im Auftrag einiger Nachbarn, ging es oft über die Grenze des Erlaubten hinaus, aber niemand machte sich Sorgen, denn ich konnte mich überall durchwinden und war noch nicht strafmündig. Außerdem trug meine Erziehung in früher Kindheit jetzt Früchte. Ich war für mein Alter viel reifer, mit 13 Jahren hatte ich ein sicheres Auftreten, und auch da man mir beigebracht hatte, keine Gefühle zu zeigen, nie laut zu lachen, nicht zu weinen, keine Umarmungen in der Öffentlichkeit, nie Überraschung zeigen, sich immer jeder Sache gewachsen zeigen, wenn möglich Überlegenheit demonstrieren, ruhig bleiben, nie überheblich wirken. Vielleicht könnte man diese Verhaltensweise als demonstrativen Stoizismus bezeichnen. Wird einem das schon von klein auf beigebracht, dann läuft das von selbst, und auch heute noch kann passieren, was will, ich kann mich innerlich voll abschotten. So kann ich Angelegenheiten abhandeln, Engagement zeigen bis zur Leidenschaft und doch mit dem Herzen ganz woanders sein. Was immer es zu Hause für Probleme gab,

Kummer oder Freude, Abschied oder Wiedersehen, äußerlich immer ohne Gefühlsregung, nur allein mit sich selbst durfte man Regungen nachgeben. So ergab es sich, dass mich fast alle Gesprächspartner, Fremde sowieso, schon mit 13 Jahren mit „Sie" anredeten, ich wirkte eben viel älter. Auch in der Schule und im Jungvolk bekam ich von vornherein bei regelmäßigen Theateraufführungen die Rollen der Gelehrten/Weisen/Professor usw. Bin kein Schauspieler, aber die Rollen brachte ich am glaubhaftesten rüber.

Die ersten zwei Jahre in der Schule in Görlitz schlug ich mich mittelprächtig durch. Wegen Lehrermangels hatten wir große Klassen, 40-44 Schüler, auch fielen viele Stunden aus, zum Teil auch wegen Fliegeralarm. Meine Lieblingsfächer: Deutsch fiel mir von selbst zu, dann Geschichte, Erdkunde (alles in Deutsch ausgedrückt, die internationalen Bezeichnungen waren abgeschafft. So gliederte sich Naturkunde – Biologie, Naturlehre – Physik, Rechnen und Raumlehre – Mathematik). Latein war das Wenigste, ebenso Chemie. Wer in dieser Richtung Berufsziele hatte, nahm Sonderunterricht. Mit Sport-Turnen hatte ich überhaupt nichts am Hut, absolut kein Ehrgeiz, kein Leistungswunsch, und wo es ging, drückte ich mich. Es genügt mir auch heute noch, zu wissen, dass ich diese oder jene Leistung bringen kann, aber kein Wunsch, im Wettkampf Ruhm zu ernten. Ob Schule –HJ – Militär, nie war ich freiwillig dabei, wenn es hieß: Fußballer oder Handballer raustreten. Immer blieb ich stehen und musste dann dort als Notnagel mitmachen, wo noch einer fehlte. Dabei war ich privat ein guter Reiter, ein schneller Radfahrer, ein guter Schwimme und Springer. Ich kletterte auf Berge und Bäume, aber für Zwangssport hatte ich nichts übrig. Später, auch nur aus Gründen, auf andere Weise Vorteile zu erwerben, boxte ich ein bisschen und spielte Gewichtheber, aber niemals, um Spitzenleistungen zu erreichen, dazu war ich zu bequem.

Jedenfalls war ich mir meiner Wichtigkeit für das Gut, für die Eltern durch meine Aufträge bewusst und kümmerte mich wenig um Verbote für Jugendliche. Ich ging also mit 12/13 ins Kino ab 14, rauchte ab 13 und hatte eine Freundin, platonisch, denn wir waren beide noch zu dumm. Doch da wir uns in der Öffentlichkeit trafen, viel Zeit miteinander verbrachten und lange Ausflüge machten, rauchte ich auch mal in der Straßenbahn – ein Stein des Anstoßes. Der blaue Brief – mir war alles wurscht, und ich wechselte nach Gräfenhain und besuchte die letzten 5 Monate die Dorfschule, vier Klassen in einem Zimmer. Neu war mir nur die gemischte Klasse: Buben und Mädchen in einer Klasse hatte ich noch nie erlebt, immer nur getrennt. Doch eines habe ich noch versäumt zu beschreiben, etwas Gravierendes, Einmaliges im deutschen Schulwesen. Es schadet nichts, wenn ich erst an dieser Stelle darauf komme, es trifft auf alle Schulen zu, wir arbeiteten alle für den Sieg, d. h. um den aufgezwungenen Krieg siegreich zu beenden, müssen alle zusammenstehen. Es ergab sich eine Hilfsaktion, wie es sie wohl kein zweites Mal in der Welt geben wird. Dass die Mädchen im Handarbeitsunterricht warme Socken für Soldaten strickten, war überall üblich, also nichts Besonderes. Fast alle Schulen betrieben eine Seidenraupenzucht für Fallschirmseide. Einige Schüler, -innen mussten täglich frische Maulbeerblätter sammeln, um die in großen Gläsern und Terrarien an Ästchen kletternden Raupen zu füttern. Im Herbst puppten die Raupen sich ein, und die Kokons wurden abgeliefert. Ab nächstes Frühjahr auf ein Neues!

Dann spielte sich je nach Jahreszeit der gesamte Nachmittagsunterricht in der Natur ab. In Grüppchen aufgeteilt, sammelten wir alle Sorten Heilkräuter. Einige Lehrer waren da versiert, wussten wann und wo was – Blätter und Blüten, dazu Himbeer-/Brombeer-/Erdbeerblätter, alles wurde auf dem Trockenboden der Schulen getrocknet, dann an Apotheken, Krankenhäuser und Lazarette oder Kinderheime geliefert. Im Herbst auch samstags klassenweise mit Milchkanne antreten, es wurden alle Sorten Beeren gesammelt, auch Pilze, meist ganztägig.

So wurden Ernährungs- und Vitaminengpässe gemildert oder beseitigt, Heiltees hergestellt, um die Volksgesundheit zu erhalten, Verwundete zu heilen, da kaum chemische Medikamente vorhanden waren. Dabei alles kostenlos!

Die Dienstpläne von Jungvolk/Hitlerjugend wurden ähnlich aufgestellt mit dem Schwerpunkt: Hilfe. Im Herbst wurden z. B. kleine Gruppen in Städten und Dörfern zu alten Leuten, Witwen und Kranken geschickt, mussten samstags und sonntags deren Holz für den Winter sägen und hacken, die Winterkohle reintragen und stapeln. Auch das war Arbeit für mehrere Wochen, geschah umsonst und war Hauptziel der NS-Volkswohlfahrt, keiner soll hungern und frieren, und wer sich nicht selbst helfen kann, dem wird geholfen. Da es überall an Transportmitteln und Arbeitern fehlte, fuhren die HJ-Buben mit Handwagen die Einkellerungskartoffeln von Haus zu Haus, trugen sie in die Keller. Eventuell erhaltene Trinkgelder wurden abgeliefert, um mit den gesammelten Beträgen andere Sozialleistungen zu bezahlen. Das soll dir nur zeigen, dass wir bereits als Kinder in die Pflicht genommen wurden, eine riesige Notzeiten-Hilfsaktion wurde vom ganzen Volk geleistet, jeder tat irgendetwas, immer freiwillig und ohne Bezahlung. Deshalb begreife ich heute noch nicht, wo die vielen sogenannten Widerstandskämpfer damals waren. Heute waren fast alle dagegen, doch damals war nichts davon zu spüren, und ohne dieses Zusammengehörigkeitsgefühl wären wir viel früher kaputt gegangen, hätten auch nicht so viele den ganzen Zusammenbruch überlebt. Doch heute darüber zu sprechen, Leistung dort anzuerkennen, wo sie war, ist nicht opportun. Alles Damalige hat schlecht zu sein, und wer das nicht begreift, ist entweder ein ewig Unverbesserlicher oder Neonazi. Ab und zu kommt mir schon die Galle hoch vor dieser Heuchelei. Wir Kleinen brauchten uns vor solchen Zeiten nicht zu fürchten, nur die großen Geschäftemacher würde es treffen, die haben deshalb auch die meiste Angst vor Linken und Rechten. Ich gehe davon aus, dass die Grundideen, die Grundgedanken jeder Ideologie, jeder Religion gut sind und auch nur das Beste wollen, auch der Marxismus-Sozialismus wie der Nationalsozialismus ist in den Grundzügen und Zielen gut. Leider sind die Ausübenden, die Interpreten der Ideen nur Menschen, und so wurde aus jeder Ideologie, aus jeder Religion ein verwässerter Abklatsch, weit weg vom Ziel. Dazu der Völkerneid: Geht es dem einen Volk besser, dann wird ein Krieg angezettelt, der Sieger hat immer recht, so einfach ist die Welt.

Nun wieder zum Persönlichen. In Gräfenhain kam auf, dass ich den Konfirmandenunterricht in Görlitz nur geschwänzt hatte. Der Pastor konfirmierte mich nur, wenn ich die Stunden nachholte, d. h. auch nach der Konfirmation noch das Ausbildungsziel erreichte. Große Versprechung von mir an Mutter, fast eingehalten. 1943 war Ostern früh, und am 7. März wurde ich konfirmiert, und bis 1. April bekam ich täglich Nachhilfeunterricht. Ansonsten wurde ich voll ins dörfliche Leben integriert. Der sonntägliche Kirchgang war obligat. Zum Gut gehörte in der Kirche ein Patronatsgestühl, das ist eine Art Loge, hatte 8 Sitzplätze und war also durch Vaters Stellung für uns benutzbar. Da konnte man auch jeden Kirchenbesucher sehen, wer fehlt, und das konnten wir uns nicht leisten. Die Kirche war früher, besonders auf Dörfern, das Kommunikationszentrum überhaupt. Dort wurden nach der Predigt alle Ereignisse im Gemeindebereich bekanntgemacht, von Geburt bis Tod, neue Verordnungen, Ackerschädlinge usw. einfach alles. Bleibt noch zu erwähnen, dass wegen des Krieges alle zweiten Feiertage wie an Ostern, Pfingsten und Weihnachten ganz entfielen, sonstige Feiertage, die auf einen Wochentag fielen, wurden immer auf den folgenden Sonntag verschoben. Damit wurde die Kontinuität der Arbeit – also keine Pause – gewährleistet. Nach dem Kirchgang hielten die Frauen/Bäuerinnen einen kurzen Tratsch ab und begaben sich dann an die Kochtöpfe. Die Männer gingen in den Krug, besprachen Saat und Ernte, Düngung, Vieh und Abgaben beim Bier und gingen erst dann zum Essen heim. Nachmittags traf sich Vater dann mit dem Lehrer, dem Tierarzt und dem Orts-Gendarm zum Billardspiel. Auch ich wurde mitgenommen und durfte am Spiel teilnehmen. Dazu gab es das Neueste zu erfahren, es waren ja alles Leute, die kraft ihres Amtes oder Berufs im Landkreis herumkamen und größere Übersicht hatten. Da war ich nur geduldeter, stiller Zuhörer, von immer noch 13 Jahren. Sonst noch Folgendes: Durch Bomben auf Großstädte wurden viele Leute, Familien geschädigt, und so wurden nicht an den Ort gebundene Soldatenfrauen mit Kindern aufs Land geschickt, um dort für ganz oder zeitweise ohne Sirenen und Angst zu leben. Auch bei uns war eine Frau aus Berlin mit drei kleinen Kindern einquartiert. Sie brachte ein Mädchen mit, das gerade sein Pflichtjahr als Küchenmädchen absolvierte. Sie hieß Margot, war 15 Jahre alt, eine kesse Berliner Göre, und sie wusste genau, wo es langgeht. Sie fand mich etwas schüchtern, war auch bereit, mir das abzugewöhnen und in Sachen Liebe Unterricht zu erteilen. Dem Angebot konnte ich nicht widerstehen und war ein gelehriger Schüler. Die nächtliche Barfuß-Schleicherei schien doch nicht ganz so unauffällig, jedenfalls kam das Verhältnis auf, beide Damen, ihre Arbeitgeberin und meine Mutter, beschlossen also, dies sei unanständig, unchristlich und absolut nicht zu dulden. Also wurde Margot nach Berlin zurückgeschickt, und ich hielt Umschau in der Nachbarschaft, denn ich war der Meinung, dass ich noch viel Übung brauchte. Da ich meine Schüchternheit gegenüber Mädchen verloren hatte, war das überhaupt kein Problem mehr. Der Bedarf an Übungspartnern bei den Mädchen war enorm, und ich hatte eigentlich nie Schwierigkeiten, lange Jahre.

Nun muss ich mit dieser Angelegenheit aufhören, sonst glaubst du noch, ich würde an Renommiersucht leiden, aber dem ist nicht so.

Am 1. April 1943 begann ich die Lehre als Autoschlosser (im Volksmund), offiziell Kraftfahrzeughandwerker, bei der Firma H. Scholid in Weißwasser. Das war von Görlitz aus nur mit dem Zug ab Muskau zu erreichen, erforderte Wohnung in Weißwasser. Dort gab es ein Jugendwohnheim der HJ für ebensolche Fälle. Es wohnten dort viele Oberschlesier, die in der Glashütte arbeiteten. Mehrbettzimmer, militärisch ordentlich, Reinigung, Bettenbau usw. selbst, auch Stubendienst, und das Ganze zum Preis von 50,00 RM monatlich. Das zahlte Vater sowieso, meinen Lehrlingslohn von 25 RM monatlich im ersten Lehrjahr durfte ich für mich behalten. Überhaupt war ich immer gut mit Geld ausgerüstet. Durch die vielen Aufträge und Besorgungen brauchte ich auch immer Fahrgelder, musste also flüssig sein.

Überhaupt galt die Devise: Von Geld spricht man nicht, das hat man eben. In der Richtung also keine Sorgen, z. B. Mädchen in Eisdiele einladen oder so. Allerdings nie ganz so öffentlich, denn es war in allen Familien so: Was nicht jedermann sehen konnte, das existierte nicht. Darum Begegnungen zwischen Jugendlichen beiderlei Geschlechts nur im Freien, möglichst in unbekannter Gegend. Also alles so heimlich wie möglich, wer erwischt wurde, hatte mehrfachen Schaden. Meldungen an Schulen, Berufsschulen, Dienststellen der HJ, im BDM, die schrieben wiederum an die Eltern. Als zu junger Jugendlicher hatte man ein schwieriges Liebesleben, hatte immer etwas zu vertuschen oder auch zu schwindeln. Überstand das erste Lehrjahr mittelmäßig, stellte trotzdem den Antrag auf vorzeitige Prüfung. Es bestand die Möglichkeit für Lehrlinge, die sich als Kriegsfreiwillige melden wollten, die Gesellenprüfung schon ein Jahr früher, also nach zwei Lehrjahren, abzulegen. Dafür musste man das Theoretische, also die Schule und Werkstattwochenbuch, ein Jahr vorher absolvieren. Um das schaffen zu können, trieben bereits geprüfte Gesellen Handel mit fertigen, für sie nicht mehr nötigen Schul- und Werkstattbüchern und -heften. Für mich kein Problem, einen solchen fertigen Kurs zu erwerben. Das Zeug war alles schon korrigiert und gab mir später die Möglichkeit, fehlerfreie Arbeiten abzuliefern. Doch noch war es nicht soweit, eben nur für die Zukunft gedacht. So verlief die Zeit. In den Ferien 1943 bekam ich ja nur noch 12 Tage Urlaub, inklusive Samstag, denn wir hatten noch die 48-Stunden-Woche, samstags bis 13 Uhr. Also verlief die Woche von 7 bis 16:30 Uhr mit Arbeit, abends Dienst HJ, 1- bis 2-mal pro Woche, Mittwochnachmittag Berufsschule, samstags bis 13 Uhr, Schluss: Sachen packen – schmutzige Wäsche, ca. 15 Uhr Abfahrt Zug nach Muskau, auf dem dort im Bahnhof eingestellten Fahrrad die 22 km nach Gräfenhain radeln und am Sonntagabend oder Montag früh um 4 Uhr in umgekehrter Richtung.

In den Ferien 1943 also zu Hause Erntehilfe. Erinnere mich deshalb so gut daran, weil ich mit anderen Helfern zwei Tage und eine Nacht auf einem Dach sitzen musste. Im Dorf waren die meisten alten Bauernhäuser strohgedeckt. Es war sehr heiß, trotzdem brach ein Brand aus. Es brannten vier Bauernhöfe ab, alles, was Beine hatte, musste helfen. Also größere Kinder und Jugendliche auf die umliegenden Dächer mit Eimern und Strohpatschen, denn es gab Wind, und die Funken flogen kilometerweit. Jeder Funke wurde sofort ausgeklopft mit nassen Lappen. Mit dem Wasser mussten wir auch noch sparsam umgehen, es gab ja keine Wasserleitung, und die Brunnen gaben wegen der Trockenheit nur wenig her, auch der Dorfteich war schon leergepumpt. Für uns war es trotzdem ein aufregender Spaß. Das Essen brachte man uns aufs Dach, und wir fühlten so richtig unsere Wichtigkeit. Auch das ging vorüber, und der Alltag hatte uns alle wieder. Doch wieder kam ein aufregendes Erlebnis auf uns zu, man hängte plötzlich (sonst verboten) amerikanische, alliierte Flugblätter am Gemeindehaus/Rathaus ans schwarze Brett. Das Wichtigste sehe ich noch vor mir, etwa Größe DIN A4, ringsum alle Befehlshaber der Alliierten: Eisenhower – Montgomery – Roosevelt – Stalin. In der Mitte der Aufruf an die deutschen Soldaten überzulaufen. Dann die charakteristischen Sätze: Es gibt mit Deutschland keinen Frieden, keinen Waffenstillstand, wir hören erst auf, wenn Deutschland total zerschlagen ist, wir werden Deutschland dem Erdboden gleichmachen, egal, wer es regiert (Hitler hatte mehrfach in Reden und Veröffentlichungen erklärt: Wenn es an mir liegt, um des Friedens willen trete ich sofort zurück.). Doch zum Flugblatt noch mehrfache Erklärungen über Radio Beromünster i. A. von BBC: „Wir wollen Deutschland restlos zerstören, nur dann kann es Frieden in der Welt geben." Dann kam noch der weltbekannte Aufruf des Ilja Ehrenburg an die Rote Armee, ich weiß den genauen Wortlaut nicht mehr, nur in etwa den Schluss: „Zerstört ihre Häuser, schändet ihre Frauen, tötet – tötet – tötet." Nach alledem Goebbels denkwürdige Rede: „Was man uns da antun will, ist der totale Krieg, für uns gibt es keine Gnade, Deutschland soll zerstört werden. Ich habe meinen Rücktritt mehrfach angeboten, die Antwort ist bekannt. Nun, deutsches Volk, frage ich euch, was wollt ihr? Man lässt uns keine Wahl, wollt ihr also auch den totalen Krieg?" Die Antwort war ein überwältigendes Ja, denn es gab keine Alternative. Es mehrten sich die Luftangriffe auf Städte und Dörfer, die bis dato verschont waren. Kleine Pulks von Flugzeugen griffen am hellen Tage an, beschossen auch mit Bordwaffen einzelne Bauern beim Pflügen. Mehrfach wurden auch Schulklassen beim Kartoffellesen beschossen, viele verletzt. So türmte also alles bei Flugzeuggeräuschen in die nächste Deckung. Alle geeigneten Keller waren sowieso als Luftschutzkeller verstärkt und abgestützt worden. An Bahnhöfen, in Parkanlagen und an allen zentralen Stellen wurden Bunker und Unterstände und Splittergräben angelegt. In größeren Bahnhöfen mit Durchgangsverkehr war es nötig, plötzlich 20.000 Reisende in Schutzräumen unterzubringen. Überall Pfeile und Hinweiszeichen für Schutzräume. Im Schutzraum gab es auch keine Nationalitätsunterschiede, der französische Kriegsgefangene durfte genauso rein wie der Ostarbeiter oder der Jude, denn alle hatten die gleiche Angst, eine Verletzung tut jedem gleich weh und muss bei jedem ohne Ansehen behandelt werden. Die Bomben fielen ohne Rücksicht auf Krankenhäuser, Kinderheime, Gefängnisse, KZs sowie Züge und Bahnhöfe, ohne Rücksicht auf Lazarettzüge. Mir kann also keiner weismachen, der Krieg wäre nur gegen Nazis gegangen, er wurde inhuman geführt, und vieles war gegen die Genfer Konvention sowie die Haager Landkriegsordnung. Nur weil es gegen Deutsche ging, war es entschuldbar und nötig, denn anders waren diese aufmüpfigen, stolzen und nicht um Gnade flehenden Leute nicht zu besiegen. Und auch hier gilt: Der Sieger hat immer recht, auch das Recht, eigene Schandtaten dem Besiegten unterzujubeln! Jedenfalls egal, wer zu jener Zeit unterwegs war und mit welchem Verkehrsmittel: Niemand konnte voraussagen, ob und wann er wo ankommen würde. Das gilt, wie das Folgende, von 1944 bis 1948, denn da konnten die Besatzungstruppen jederzeit – und sie taten es auch – Straßenpassanten und Reisende aufhalten, kurzfristig zu einer Arbeit einteilen und nach einem Tag oder einer Woche weiterreisen lassen. Für eben diese Zeit, 1944-48, brauchte man für alle Fernzüge eine Reisegenehmigung, Urlaubsschein oder Marschbefehl, sonst wurde man rausgeschmissen oder verhaftet. Reisen aus familiären Gründen wurden immer genehmigt, dazu die Reisemarken, um im Bahnhofsrestaurant eine Suppe oder eine Scheibe Brot zu kaufen. Alle Bahnhöfe wurden erst von der Bahnpolizei, Feldgendarmerie und später von den Besatzern kontrolliert. Auf jedem Bahnhof oder Vorplatz gab es Stationen des Roten Kreuzes für einen Tee oder markenfreie Gemüsesuppe und ein paar Schlafstellen für Reisende, die seit Tagen wegen kaputter Züge oder Geleise nicht weiterkamen. Dazu kamen Sanitätsstationen, Helfer mit Verbandskästen gingen Patrouille. Das Ganze später auch an Straßenkreuzungen und Landstraßen, als die Flüchtlingskolonnen und Trecks von Osten kamen. Die Züge ungeheizt, oft ohne Fenster, und jeder Platz war besetzt, auch Puffer und Bremserhäuschen (das war schon beinahe eine Luxuskabine.)

Es war eine sehr bewegte Zeit voller Gegensätze, voller Not und Elend, und doch war eine Hilfsbereitschaft und ein Zusammenhalt unter den Menschen, wie ich es später niemals mehr erlebt habe.

Jetzt bin ich schon wieder viel zu weit voraus, muss wieder zurück nach Weißwasser.

Am 5. August 1944, die Ostfront rückte näher, wurde die schlesische Jugend zur Hilfe aufgerufen, zum Bau einer Verteidigungslinie, und alle Brauchbaren auf Zeit einberufen. Auch ich war dabei, und es störte mich kaum, noch keine Prüfung machen zu dürfen. Zu Tausenden wurden wir in Güterzügen nach Osten gebracht, die Truppe mit mir kam an die Grenze des Warthegaus nach Buchenhain (Bukowina) an der Bahnstrecke Ostrow – Brotoschin – Warschau. Das Dorf Buchenhain gehörte zum Kreis Festenberg/Wartenberg. Zu 200 Mann in einer Kirche untergebracht, auf Stroh schlafend, mussten wir täglich 6–7 Stunden „schanzen"; das hieß Erdwälle aufschütten, dann vormilitärische Ausbildung. Baute also Panzergräben 4 m tief und 6 m breit über die ganze Grenzlinie. Dazu MG-Stellungen, Schützengräben von 300 m Breite schlagen. Schaufeln war mir zu primitiv, und ich meldete mich zum Holzfällen. Natürlich gab es keine Motorsägen, alles mit Handbetrieb. Dabei passierte mal ein Unfall, einer traf mit einer Axt sein Bein. Ich, dicht daneben arbeitend, leistete erste Hilfe, drückte die Arterie ab und zeigte mich, wie mir später gesagt wurde, ruhig und umsichtig. Das brachte die Oberen zur Einsicht, sie hatten eigentlich zu wenig Sanitäter, die Stationen waren zu weit entfernt. Da man mich in Aktion gesehen hatte, wurde ich zu einem Schnellkurs von 4 Stunden geschickt und kam mit einer Sanitasche, um den Bauch gebunden, zurück. Sie enthielt ein paar Verbandspäckchen, Kohletabletten, Aspirin und Ichtiolsalbe – Ende. Ich hieß ab sofort Feldscher nach den Sanitätern der alten Landsknechte. Das gefiel mir sehr gut, denn Arbeit hatte ich sonst nicht mehr. Ich saß oder stand in der Mitte der Gefolgschaft und wartete, dass jemand meine Hilfe benötigte, und sei es wegen Durchfall. Zur Verpflegung: Anders als bei der Wehrmacht erhielten wir Jugendlichen anstatt 500 g 750 g Brot täglich. Dazu ca. 30 g Marmelade, manchmal ein Stückchen Wurst und mittags ¾ l warmes Essen. Das ging bis Dezember, und ich kam ins Skilager auf die Schneekoppe, Jugendkammhaus Rübezahl. Dort eine Woche Freude im Schnee, dann ab ins sogenannte WTZ (Wehrertüchtigungslager), für vier Wochen militärische Ausbildung. Alle Ausbilder waren nicht mehr KV – kriegsverwendungsfähige Unteroffiziere und Offiziere. Die meisten arm- oder beinamputiert, die ihre Kenntnisse und Erfahrungen weitergeben mussten und somit noch sehr nützlich waren. Dazwischen waren auch ein paar Tage Urlaub, die ich in Gräfenhain, also zu Hause, verbrachte. Dort herrschte schon Aufbruchsstimmung, denn die erste Welle der Evakuierung lief an.

Vater hatte schon ein Ziel. Durch seine Verbindungen mit Landwirten in ganz Deutschland konnte er Gräfenhain verlassen und mit Gespann und Habseligkeiten nach Seifersdorf bei Radeberg fahren und das Gut der Gräfin Brühl-Renard zur Verwaltung übernehmen. Also zog die Familie nach Westen (nicht weit genug), ich wieder nach Osten, doch hatte ich meine Habseligkeiten aus Weißwasser mitgenommen und der Familie mitgegeben. In Oels bei Breslau musste ich mich wieder

melden, und das ganze WTZ-Lager wurde vom HJ-Volkssturm
übernommen, denn wir waren mittlerweile alle 16 Jahre alt geworden. Erst mal mussten wir zurück, um irgendwo zugeteilt
zu werden, alles zu Fuß, nur wenige bewaffnet, denn es gab ja
kaum noch eine Versorgung. Uniformiert waren wir mit einer
Art Vorläufer heutiger Kampfanzüge in Grau, Gebirgsjägermüt-
ze und HJ-Armbinden. Im Dienstrang war ich bis zum Oberrott-
enführer aufgestiegen, in der Dienststellung zum Scharführer.
Mit fünf Kameraden wurde ich einer Volkssturmgruppe in einem kleinen Dorf südlich von Weißwasser zugeteilt. Die hatten
schon eine Panzersperre gebaut, waren alle über 60 Jahre alt,
30 Mann stark und besaßen 11 Gewehre 98k, 15 Panzerfäuste
und an die 20 Handgranaten. Wir 6 waren mit zwei Gewehren
dazu- gestoßen, das war zu wenig. Und so sind wir beim russischen Angriff schleunigst ausgerissen. Wurden an irgendei-
nem Treffpunkt weiter hinten wieder mit den anderen Gruppen zusammengezogen und nach Dresden in Marsch gesetzt.
Dresden war zur Festung erklärt worden und sollte verteidigt
werden. Wir kamen nach Loschwitz, neben uns eine saarländi-
sche Gendarmerie-Einheit, und so bauten wir mal wieder Schüt-
zenlöcher. Es gelang mir zweimal, ½ Tag Urlaub zu bekommen,
und ich konnte die Familie in Seifersdorf besuchen, das Gut etwas kennenlernen, Beziehungen ausspielen. Da ich der Familie
viel Nutzen gebracht hatte (früher), kümmerte Vater sich jetzt
um mich, doch zuerst kam es anders. Der Bombenangriff auf
Dresden im Februar. Auch wir mussten absperren, denn der gesamte Verkehr von und nach Dresden wurde gesperrt, nur die
Truppen der Wlassow-Armee, Ukrainer, mussten und durften
mit ihren Panjewagen die Leichen sammeln. Viele wurden auf
den Heller gebracht und gleich mit Flammenwerfern vernichtet. Die offiziellen Zahlen finde ich sehr beschönigend, denn in
Dresden befanden sich zu jener Zeit viele Züge voller Flüchtlinge, die natürlich niemand vermisste.

Eine Woche danach bekam ich von der Bezirkskomman-
dantur auf Antrag des Landratsamts Radeberg einen Marschbefehl und Freistellungsbescheid für 4 Tage zur Hilfeleistung

nach Gut Seifersdorf für Dresden. Langer Rede kurzer Sinn: Ich musste mit dem Ackerschlepper des Gutes, mit ca. 20 anderen Schleppern, die für den Einsatz verpflichtet waren, Zucker aus der Zuckerfabrik Bautzen nach Dresden fahren. Vater hatte es verlangt, damit ich nicht im Schützenloch vergammeln musste. So konnte ich für Stunden zu Hause sein. Den Führerschein der Klasse 4 hatte ich in der Motor-HJ gemacht und mit 16 Jahren ausgehändigt bekommen. Der galt für Motorräder bis 250 ccm und Schlepper, Traktor. Also keine Hürden und immer ein wenig Freiheit. Die Zuckerfahrten waren nicht einfach, morgens um 3 Uhr Abfahrt, in Bautzen lange Wartezeiten zum Laden, dann 10 Tonnen auf den Anhänger, zurück nach Dresden, dort nach Weisung zum Entladeplatz, Rückkehr nach Seifersdorf. Am nächsten Morgen aufs Neue. Dann kamen der März und viele Ereignisse für mich persönlich. Mein Bruder wurde konfirmiert, ich konnte nicht daran teilnehmen, kannte den Pastor auch nur von Kurzbesuchen und war auch nur einmal in seiner Kirche zu einer Beerdigung. Auch dort durften wir das gräfliche Patronatsgestühl benutzen, es wurde sogar gewünscht. Sonst habe ich nur noch die Erinnerung: Der Pastor hatte vier Töchter, eine mit 16 Jahren – hübsch, rothaarig, mit langen Zöpfen. Auch im Pfarrhaus gab es nur ein Außenklo am Misthaufen im Hof (er betrieb eine kleine Landwirtschaft). Um das abendliche körperliche Erleichtern vor dem Zu-Bett-Gehen zu beschleunigen, ließ er die Mädels in Reihe am Misthaufen niederkauern, dann mussten sie ins Bett, und er verschloss alle Türen. Die Älteste aber, gar nicht so fromm, fand einen Weg, heimlich rauszukommen und sich das bisschen Liebe zu holen, das sie brauchte. Das nur der Kuriosität wegen, ist sonst ohne Bedeutung.

Vater hatte inzwischen mit der Firma Richter in Radeberg verhandelt, wahrscheinlich auch mit vitaminhaltigen und fettigen Argumenten. Er war Innungsmeister, und bei ihm fand die jährliche Gesellenprüfung/Notprüfung für Kriegsfreiwillige statt. Wie schon beschrieben waren meine Schulbücher usw. komplett, meine berufsfremde Zeit seit August 1944 wurde vergessen, stand sowieso in keinen Papieren. Er meldete mich als bei ihm beschäftigt, und ich wurde zur Prüfung zugelassen. Wie immer damals wurde die Prüfung auf ein Wochenende verlegt. Freitagnachmittag in der Berufsschule ca. 4 Stunden schriftlich, Samstag praktisch in der Werkstatt und Sonntagvormittag mündlich vor der Kommission. Wir waren neun Prüflinge, kamen alle durch und erhielten fast alle 2-mal die Drei, also theoretisch und praktisch. Ich selbst hätte keinen Wert darauf gelegt, aber Vater erklärte mir die Sache so. „Du kannst wissen und können, was du willst, ein Ausbund an Weisheit sein, ohne ein Stück Papier darüber bist du gar nichts. Hast du ein Papier, so sorge dafür, dass es einige Leute zu sehen bekommen, dann kannst du es getrost wegwerfen, dann will es niemand mehr sehen, dann bist du jemand, man kann bezeugen, du hattest eine Prüfung, hast bestanden." Die Erfahrung hat gezeigt, er hatte 100 % recht. Natürlich musste ich wegen der Prüfung wieder einen Freistellungsantrag bei der Truppe einreichen, wurde sofort genehmigt, die Dringlichkeit anerkannt. Keine Zeit zum Feiern, zurück zur Truppe und weiterhin Wachdienst und Bau von Panzersperren. Alle Dorfstraßen bzw. alle Dorfeingänge wurden mit Panzersperren gesichert, um dann verteidigt zu werden. Eine riesige Arbeit, und völlig umsonst. Die Arbeiter und Bauern, die die Sperren aufgebaut hatten, mussten sie später auch wieder entfernen, die Arbeit beide Male ohne Bezahlung. Dann passierte doch etwas außer der Reihe. Eine Einheit der Russen war östlich von Bautzen durch die deutschen Linien gebrochen und weit nach Westen ohne Widerstand marschiert. Aus dem Dresdener Verteidigungsgürtel wurden einige verschiedene Einheiten gelöst, um die Russen zurückzuwerfen. Auch unser Haufen war dabei. Wir wurden nach Ottendorf-Okrilla gefahren und mussten entlang der Autobahn vorrücken. Wir wurden links und rechts von einer Einheit Landsturm/Gendarmerie und verschiedenen versprengten anderen Einheiten flankiert. Es ging drunter und drüber, manchmal sahen wir Russen in 500 bis 800 Metern Entfernung. Wir schossen auch mal kräftig, und die Russen ergriffen die Flucht, konnten mangels Nachschubs wahrscheinlich nicht so viel Munition verfeuern. Jedenfalls verfolgten wir sie bis kurz vor Bautzen, dort wurde wieder eine normale Frontlinie aufgebaut, wir zurück nach Dresden, und für einige Wochen war wieder Ruhe im Lande, die Front hielt, keine weiteren Durchbrüche. Am 8. Mai mittags die Nachricht der deutschen Kapitulation. Alle freuten sich, man nahm an, es sei alles ausgestanden. Unser Chef der Kompanie, ein Leutnant der Infanterie, verwundet, rief uns zusammen und hielt eine kurze Ansprache. „Jungens, ihr habt die Möglichkeit, der Kriegsgefangenschaft zu entgehen, werft die Waffen und Ausrüstung in Teiche oder in die Elbe, jeder besorgt sich wenn möglich Zivilklamotten und versucht auf eigene Faust nach Hause zu kommen." Das war Musik für einige von uns, auch für mich, denn ich konnte in zwei Stunden bereits zu Hause sein. Andere wussten, da aus Schlesien, die Angehörigen weiß Gott wo, nicht wohin und gingen Richtung Westen. Wir glaubten alle, die Russen würden dort stehen bleiben, wo sie standen, an eine Besetzung dachten wir nicht. Jedenfalls, in Seifersdorf angekommen, das Ende des Krieges gefeiert, müde ins Bett gefallen, und am nächsten Morgen um 4 Uhr klopften Gewehrkolben gegen die Tür. Ein Blick aus dem Fenster genügte, russische Kampftruppen waren da. Natürlich bekam ich den Auftrag, die Tür zu öffnen und die Leute zu empfangen, deren Fragen zu beantworten. Das ging alles ziemlich leicht und friedlich, und wir glaubten, alles überstanden zu haben, doch weit gefehlt, das „dicke Ende" erfolgte etwa gegen 10 Uhr. Jetzt folgten der Nachschub und sonstige Etappeneinheiten, Fahrzeugkolonnen, und es begann eine Plünderungs- und Vergewaltigungsorgie, wie sie sich niemand hätte vorstellen können. Die Russen, zum größten Teil besoffen, schossen wild in der Gegend herum und führten sich auf wie die Vandalen, wegnehmen oder zerstören. Am späten Nachmittag wurde es etwas ruhiger, einige Offiziere hatten die Polen und Ostarbeiter verhört und gingen nun gezielt auf Menschenjagd. Da ich vorher ein paarmal in Uniform da war, am Vortag auch gesehen wurde, so suchten sie auch mich. Hörte von oben hinter dem Fenster, wie Vater nach mir gefragt wurde, er sagte, ich sei nicht mehr da, wäre verschwunden. Sofort schlich ich mich auf den Dachboden, der leer war, doch an den Seiten zur Mauer waren Schirmbretter zwischen den Sparren, dort verkroch ich mich, konnte aber alles hören, was drunten vor dem Haus gesprochen wurde. Das Haus wurde mehrfach durchsucht, auch auf den Speicher kamen sie, doch da er offensichtlich leer war, gingen sie gleich wieder. Vater hatte man eine Schaufel in die Hand gedrückt, er sollte sein Grab schaufeln, in Socken, denn die Stiefel, Uhr usw. hatte man ihm schon weggenommen. Er blieb fest, verriet mich nicht, durfte mit dem Schaufeln aufhören, man glaubte ihm, doch man suchte weiter. Für mich ein Signal, ungesehen zu verschwinden. Es gelang mir auch, immer entgegen der Suchtruppe das Haus in einem toten Winkel zu verlassen und mich im Obst- und Gemüsegarten zu verstecken. Da standen Himbeersträucher in Reihen, ca. 2 m hoch und sehr dicht, dort kroch ich unter, etwa 2 Stunden lang, und es wurde ca. 17 Uhr. Da tauchte ein einzelner Russe auf, so etwa Unteroffizier, aber keiner der Suchmannschaft, die woanders jemand anderen suchte. Er stand 2 m vor mir, und ich sah in die Mündung einer P08. Wollte wissen, was ich da zu suchen hätte und warum. Ich habe etwas zusammengestottert von schlafen oder so, mir war ganz anders, doch es kam noch schlechter. Er grinste mich plötzlich an und sagte: „Sag mal Kukurussa." Das gab mir einen Schock, denn ich hatte erfahren, dass deutsche SS in Russland auch verdächtige Leute so fragte, und zwar ging es dabei um das rollende R. Die Juden konnten das R nicht rollend aussprechen (sagt man). Wer also nicht konnte, der wurde erschossen. Auch ich tue mich hart, das R zu rollen, noch dazu mit trockener Kehle. So weigerte ich mich krampfhaft, denn ich glaubte sicher, er würde dann abdrücken. Schließlich verlor er die Lust an dem Spiel, zwang mich aber, mit ihm ins Haus zu gehen. Zum Glück waren die anderen Russen alle weg, und ich konnte etwas aufatmen. Mutter machte schnell etwas Verpflegung zurecht, was wir noch finden konnten, dann ging die ganze Familie zu einer entfernten Scheune mit altem Taubenschlag, und so versteckten wir uns, um in Ruhe schlafen zu können, was auch gelang. Kaum jemand schlief die ers-

ten Nächte in seinem eigenen Bett, jeder versteckte sich irgendwo. Am nächsten Morgen musste ich zunächst im Versteck
bleiben. Vater ging etwas Essbares suchen, und zwar in die Mas-
senmühle. Da gab es nur eine schmale Zufahrt in die Schlucht,
einige Bäume waren als Sperre gesprengt, und die Russen fanden diese Mühle erst ca. 6-7 Wochen später. Auch ein Feldweg
führte dort hinab, und den ging Vater, kehrte mit ein paar Bro-
ten zurück. Auch andere Leute hatten Brot geholt, und jeder
versprach, den Russen auf keinen Fall die Herkunft des Brotes
zu verraten. Vater kam jedenfalls zu mir und sagte: „Du musst
hier weg, und wir alle brauchen Brot. Ich habe ausgemacht, der
Müller hat einen KZ-Bäcker zum Backen, der braucht einen Helfer, der musst du sein, und wir alle haben Brot." In der Abend-
dämmerung ging ich zur Mühle, bekam eine Kammer, und am
nächsten Morgen um 3 Uhr stand ich mit Bruno, dem Bäcker,
in der Backstube und ließ mich einweisen. Teig abwiegen und
sonstige Hilfs- und Zuarbeiten, es ging ganz leidlich und von
Tag zu Tag besser. Wir schafften zwei Öfen täglich, an die 80
Brote, mehr Sauerteig konnten wir mangels Knetmaschine und
Geräten nicht schaffen, am Mittag war Feierabend. Dafür bekam ich das Essen, mehr wollte ich nicht. Noch zweimal wurde
nach mir geforscht, dann schlief die Suche ein, und nach ca. 6
Wochen konnte ich wieder zurück. Machte mich sofort nützlich, die Feldbestellung ging ja weiter. Doch zunächst erging ein
Aufruf, alle Geflüchteten könnten zurückkehren, ihnen gesche-
he nichts. Die Besitzerin des Gutes, Gräfin Brühl-Renard, war
mit ihrer Schwester, Gräfin Kettelhut, in einem Wagen voll Eigentum geflüchtet, aber nur bis Burg bei Freital gekommen,
nicht weit genug.

Vater hatte auch einen Eleven zur Ausbildung, Praktikum,
Agrarstudent in Seifersdorf. Er war 22 Jahre alt, sein Name Ba-
ron Ulrich von Boxberg. Er stammte aus Burg bei Freital, seinem
Vater gehörte Schloss und Gut Burg. Wir beide also erhielten den
Auftrag, die Habseligkeiten der beiden Gräfinnen zurückzuho-
len mit einem Gespann Ochsen, denn das würde uns niemand
wegnehmen. Wir fuhren also quer durch Dresden mit Ochsen-

gespann, kamen gegen Abend dort an, versorgten die Tiere und speisten am Abend. Am nächsten Morgen nahmen wir in Gesellschaft von Ulrichs Schwester Gisela das Frühstück ein. Es gab Malzkaffee, pro Person eine Scheibe Brot und einige Pellkartoffeln mi Rapsöl. So gestärkt schafften wir auch die Rückfahrt in einem Tag. Muss ich noch erwähnen, dass wir dazu eine Genehmigung/Auftrag des Bürgermeisters sowie des russischen Ortskommandanten benötigten? Ohne ein Papier/Fahrradausweis usw. ging nichts. An jeder Straßenkreuzung saß ein Russe auf Wache. Die hatten immer einen kleinen Tisch und Stuhl, Verpflegung und Radio, wenn Strom vorhanden war. Alles und jeder wurde kontrolliert. Auch fuhren einige Russen und Deutsche mit Militärlastwagen von Haus zu Haus und holten alle Radios ab. Dafür kam in jedes Dorf, Rathaus-Kommandantur, eine Lautsprecheranlage. Die spielte den ganzen Tag fröhliche Musik und Nachrichten, und keiner konnte das Gerät abstellen.

Parallel dazu hatte sich in den Gemeinden ein kommissarischer Ordnungsdienst, ein Flurschutz zur Bewachung der Felder und natürlich eine Verwaltung gebildet. Einige alte Nazi-Funktionäre machten gleich weiter als Altkommunisten, sonst wurde jeder Lehrer und Beamte gefeuert, und daraufhin klappte erst einmal gar nichts mehr. Um dem dringlichsten Bedarf abzuhelfen, durften sich Jugendliche ab 16 Jahre, die einigermaßen schreiben konnten, als Junglehrer melden und wurden nach kurzem Lehrgang gleich beschäftigt. Langsam wurde es für Frauen und Mädchen zwischen 8 und 70 Jahren ungefährlicher, sich allein auf der Straße zu bewegen. Die jeweiligen Kommandanten ließen Aushänge anbringen, das Vergewaltigen sei jetzt strafbar, und sie empfahlen allen Frauen, ein Tintenfass mitzuführen, um die Übeltäter zu erkennen und zu bestrafen. Also mit Tinte anspritzen machte die Identifizierung leichter, kein Leugnen mehr möglich. In Seifersdorf wurde eine Feldfundstation installiert. Am Ortseingang, Straße nach Lomnitz, bezogen sie ein Feld, stellten Fahrzeuge und Zelte auf, errichteten eine Viehkoppel. Sie holten aus jedem Stall eine Kuh, ca. 40 Stück, und schlachteten täglich eine davon, denn Verpflegung bekamen die Soldaten immer noch nicht, alles, was sie noch brauchten, wurde einfach genommen. Sie bewachten aber eifersüchtig ihr Dorf gegen fremde Soldaten, die ja auch auf Raubzug gingen. Sie konnten auch jederzeit Passanten aufhalten und zu irgendeiner Arbeit treiben, gar mancher kam erst nach Tagen zurück.

Dann wurden allgemeine Arbeitstrupps eingeteilt, sogar bezahlt und verpflegt. Die mussten Starkstromleitungen demontieren, aufrollen und die Masten in verladbare Stücke schneiden, das kam alles nach der SU. Ebenso auch die Bahnschienen, denn alle zweigleisigen Strecken wurden um ein Gleis erleichtert. Fabriken wurden demontiert, Maschinen und Geräte verladen, oft mitsamt den Vorarbeitern und Meistern, denn in der SU mussten sie so etwas erst lernen. Bei Zeiss-Idan (?) in Dresden nahmen und verpflichteten sie ganze Fertigungsgruppen, also alles in allem eine wilde Zeit. Lief zuerst alles ruhig weiter, so änderte sich das schlagartig, nachdem die neue Regierung fest im Sattel saß und nun auch regierte. Man beschloss die Bodenreform. Alle größeren Güter und Domänen wurden in Parzellen à 15 ha aufgeteilt und an Neubauern und Familien vergeben.Maschinen und Geräte wurden denen ebenfalls zugeteilt, was zur Folge hatte, dass die Versorgungslage erst mal vollends zusammenbrach, es gab gar nichts mehr. Alle Besitzer, Verwalter und Inspektoren waren sofort arbeitslos, sie wurden in Notquartiere gesteckt, ein Teil des Eigentums als „für sie überflüssig" beschlagnahmt. Unsere zwei Gräfinnen, beide über 70, wurden mit allen anderen Adligen in ein Sammellager nach Radebeul verbracht, um dort schnellstmöglich zu verrecken. Da wurde ich erstmals richtig wach und fragte mich: Wieso ist das, was bei den Nazis ein Verbrechen war, bei den Kommunisten eine gute Tat?

In Seifersdorf, tief unten in der Mühlbachschlucht, stand eine ehemalige Nazi-Parteischule, genannt Kreisschule. Der ursprüngliche Zweck war mir nicht bekannt, die Gebäude waren als Notquartiere für Flüchtlinge genutzt, und nun bekamen auch wir einen schulartigen Raum, ca. 40 qm groß, für uns vier Personen. Einige Möbel und das Auto wurden beschlagnahmt. Da habe ich heute noch Nachweise – amtlich. Eine Rückgabe war nicht möglich. Nebenher gingen die Kommunistenhäuptlinge bei Nacht los zum Stehlen. Im Schloss und Herrschaftsgebäude entfernten sie die Wachen, gingen mit Frau und Kindern, großen Waschkörben und Säcken, und nahmen Teppiche, Bettwäsche, Gardinen und fast alles Bewegliche mit. Sie wurden oft gesehen, waren namentlich bekannt, aber sie hatten die Macht, und Rücksichten gab es nicht. Also für alle anderen das große Schweigen, aus Angst. Es erübrigt sich wohl zu sagen, dass mit unserer Arbeitslosigkeit jegliches Einkommen entfiel. Niemand bekam auch nur einen Pfennig, von wem auch? Es gab noch keine Sozialämter, und wie wir zu Tausenden überlebten, werde ich im Folgenden beschreiben. Ein solcher Umbruch lehrt einen allerhand Erkenntnis und Charakterstudien. Die Leute in der falschen Partei, die Besiegten und Gefallenen, werden von den anderen gemieden wie die Pest, mit so jemandem gesehen zu werden könnte ja Nachteile bringen. Allerdings bildet sich unter den Abgelösten, nunmehr Ausgestoßenen, eine ganz eigene Kameradschaft aus, eine Notgemeinschaft zur Hilfe auf Gegenseitigkeit, bedingungslos, denn Nachteile befürchtet niemand, es geht ja nicht mehr tiefer. So also wandelten sich die Umgangsformen, gute Manieren in der unteren Gesellschaft bei den Parias, proletenhafter Ton in den oberen Etagen, bei den Befehlshabern.

Mutter ging zu der Zeit kaum raus, wohin auch? Vater lief und reiste besseren Zeiten hinterher, er versuchte sich irgendwo eine neue Existenz aufzubauen. Er machte nach und nach alles noch halbwegs Wertvolle auf dem schwarzen Markt zu Geld, reiste damit nach Westen und klapperte alte Bekannte ab. Brachte oft Lebensmittel, Fisch aus Bremen mit, aber keine Stellung, im Westen war auch alles überlaufen. Die Sorge, das tägliche Brot für uns drei fiel nun automatisch mir zu, und ich tat, was ich konnte, scheute kein Risiko und hatte vor nichts Hemmungen. Nun muss ich wieder persönlicher werden. Ich hatte eine Freundin, noch aus besseren Tagen, und wir verbrachten viel freie Zeit zusammen. Sie hatte gelegentlich Arbeit, meist Aus-

hilfen. Vater gefallen, Mutter drei Kinder, kleine Rente, Heimarbeit. Durchschnittsbürger. In der Kreisschule lebte auch eine
Kriegerwitwe aus Schlesien, 18-jährige Tochter, ohne Arbeit.
Diese Tochter wurde meine Kameradin, denn sie hatte das,
was meiner Freundin fehlte – Unternehmungsgeist, war bur-
schenhaft, konnte zupacken und ging mit mir auch jedes Risiko
ein. Sie musste drei Monate abstinent leben, dabei 140 Tablet-
ten Glendron (?) schlucken, um ihren Russentripper zu heilen.
Aber in der Richtung hatte ich sowieso nichts mit ihr vor, noch
nicht. Wir beide also kümmerten uns um Nahrung für unsere
Angehörigen und uns. Pilze suchen – sowieso, auch durchsuch-
ten wir jeden Wald nach Erd-, Him-, Brombeeren. Hatten alte
Fahrräder brauchbar gemacht. Milchkanne und Brotbeutel immer dabei, machten wir ganze Tagestouren, brachten immer etwas Essbares mit, auch Gestohlenes. Ich muss noch einfügen:
Für das Sammeln von Pilzen und Beeren sowie Reisig brauchte man überall Lesescheine. Also wieder ein Papier für jede Art
Waldfrüchte, für meist 0,50 RM Gebühr, auf Gemeindeämtern
erhältlich. Nicht einmal das war frei, aber immerhin legal. Haupt-
nahrung waren Kartoffeln in jeder Form, aber wir hatten trotz
Zuteilung von Einkellerungskartoffeln pro Person 3 Zentner im
Jahr, immer zu wenig. Mussten wir zwei also welche stehlen.
Kurz vor der Ernte suchten wir immer passende Felder aus, die
an den Wald grenzten, denn alle Felder wurden bewacht! Jeder
hatte einen Rucksack, einen Pflanzspaten, und so krochen wir
auf dem Bauch in den Zeilen entlang, um nicht gesehen zu werden. Wir hatten auch von irgendjemandem ein großes Stück Bienenwachs erhandelt, damit konnten wir etwas anfangen. Unser
aller Leibspeise waren Kartoffelpuffer. Die Kartoffeln wurden
geschält, Schalen gut aufgehoben, denn das gab noch mal eine
Mahlzeit. Dann Kartoffeln reiben, etwas Salz dazu, dann den
Herd, die Platte, mit Bienenwachs kurz einreiben und den Brei
löffelweise, ohne Pfanne, auf die Platte, umdrehen, und das Lu-
xusmahl war fertig und wurde vornehm zwischen Daumen und
Zeigefinger verspeist. Die gleichen Schwierigkeiten mit der Beschaffung von Feuerholz, ohne Holz keine warme Mahlzeit usw.

Also nahmen wir beide Beil und Säge, meinen Bruder und ihre Mutter (bestens zum Schmierestehen geeignet). Die platzierten wir entsprechend, um Gefahr signalisieren zu können. Die Frau konnte gut singen, nicht sehr schön, aber sehr laut, sie konnten wir nicht überhören. Wir suchten uns einen passenden Baum aus, sägten ihn ab, und zusammen schleppten wir alles heim und verteilten es. Alle anderen Bewohner machten es ähnlich, keiner hatte mehr, jeder half jedem, und keiner wurde verraten.

Das ging einige Zeit so, dann fand ich durch das Arbeitsamt Radeberg doch eine Beschäftigung. Die Glashütte wurde wieder in Betrieb genommen, ich auch eingestellt – als Kübelmacher erfolglos, dann als Maschinist an eine Gewindeglasausblasmaschine gestellt, mit gutem Erfolg. Dort war es sehr heiß, wir bekamen Schwerarbeiterkarten, konnten Lampen zweiter Wahl kaufen, bekamen monatlich eine Flasche Schnaps, aber immer zu wenig Essbares. Auf Karten gab es 1000 g Fleisch oder Wurst, 250 g Butter oder Fett, 400 g Nährmittel = Nudeln/Reis, 4-5000 g Brot und noch manchmal ein Ei, einen Hering, 250 g Quark. Das alles monatlich! Bitte nachrechnen! Nur auf Raucherkarten blieb es wie am Anfang: Männer 6, Frauen 3 Zigaretten täglich. Und wegen all der Herrlichkeiten auch noch anstehen!

Vater war eines Tages von der Reise zurück, deprimiert, krank, hatte TBC, bekam Injektionen und eine Kur in Hohwald. Schaffte es aber doch, eine kleine Wohnung zu bekommen. Wir zogen um nach Seifersdorf, Straße nach Lomnitz, letztes Haus rechts. Eine Zweieinhalbzimmerwohnung, 1. Stock, unter uns der Hausbesitzer und neben uns ein russischer Leutnant mit Frau. Die beiden waren sehr ruhig und höflich, kein Ärger. Das Frühjahr 1946 kam heran, wir lebten immer noch von Mehl- und Kartoffelsuppe mit getrockneten Pilzen, immer auf der Suche nach etwas Fett oder Fleisch. Vor Weihnachten mussten wir mit ansehen, wie auf dem Bahnhof Radeberg zwei Leute erschossen wurden, sie hatten Kartoffeln gestohlen. Die Bauern mussten im Herbst Kartoffeln abliefern, die wurden auf einem Bahnsteig im Güterbahnhof ausgeschüttet und gut bewacht, das war alles. Als sie dann erfroren waren, zu faulen begannen, versuchten es ein paar hungrige Männer – zwei tot, denn die Wachen schossen sofort. Dann kamen die Kartoffeln endlich weg, in die nächste Brennerei. Leider ist von Schnaps noch keiner satt geworden! Da lernten wir auch noch kostenlos die russische Organisation kennen, und wir fragten uns immer wieder: Wieso konnte so etwas siegen? Wahrscheinlich durch die Primitivität.

Irgendwann war ich Mitglied der SPD geworden, glaubte daran, an einer besseren Welt mitzuwirken und wollte vor allem lernen, warum alles Vorhergewesene falsch war.

Normaler Alltag, Arbeit nach Radeberg und zurück jeweils 7 km, auf Nahrungssuche, Handel oder Parteiversammlung, das wurde bewältigt. In Leipzig sollte wieder die erste Messe steigen, da musste ich dabei sein. Mit einem gleichgesinnten Kollegen, 10 Jahre älter als ich, planten wir gemeinsam die Reise. Wir hatten Fahrräder, viel Flickzeug und jeder einen Rucksack. Wenig Geld und immer Hunger, kein Urlaub. Start also für Samstag früh vorgesehen und planmäßig gestartet. Reiseproviant: einige Scheiben Brot, kalte Kartoffelpuffer und ein paar Pfund rohe Kartoffeln sowie Unternehmungsgeist. Strecke ca. 110 km, bergauf, bergab, ab und zu einen Platten, so waren wir am Nachmittag in Leipzig. Dort aufs Messeamt, Messeausweis bekommen, dann zur Zimmervermittlung, und wir bekamen ein Zimmer in einem Vorort, privat bei einer Witwe, also ein Doppelzimmer und billig. Es war schon Abend, und wir baten die Frau, uns die Hälfte unserer Kartoffeln zu kochen. Sie tat es anstandslos (jedem ging es schlecht), durfte ein paar mitessen und spendierte ein Glas Eingemachtes. So gestählt, schliefen wir gut und fest. Am Morgen Frühstück mit kalten Kartoffelpuffern und auf zur Messe per Straßenbahn. Rucksäcke und Räder durften wir bis zum Abend stehen lassen. War nicht viel los. Besichtigten bis Mittag, dann zum Völkerschlachtdenkmal, stiegen die 500 Stufen rauf, stückweise im Freien wegen Bombenschäden. Nachher wieder runter, zurückfahren, Kartoffeln essen und sich auf den Rückweg machen. Am Montag, 5 Uhr, fiel ich in mein Bett, alle Knochen taten weh, Muskelkater, und so schlief ich den ganzen Tag, machte blau. Aber trotzdem war es ein Erlebnis, einmal weg vom Alltag. Einige Zeit später, das Parteigerangel wurde heftiger, die SPD gewann immer noch Mitglieder und Sympathisanten, die Kommunisten ließen Haare. Das war nicht im Sinne Stalins. Und eines Tages propagierten Pieck und Grotewohl den Zusammenschluss zur SED. Für mich der Zeitpunkt, unter öffentlichem Protest aus der Partei auszutreten. Vorsitzender/Bürgermeister beknieten mich, dann Vater, ich möge es mir überlegen usw. Doch ich erklärte, dass dadurch für mich eine Demokratie nicht mehr sichtbar sei, wir dasselbe, wie schon mal gehabt, nur mit anderem Namen, wiederbekämen. Ich wurde mal wieder verfemt, gemieden, aber nicht gebrochen, mein Rückgrat und Dickschädel hielten das aus. Bald wurde mir auch klar, dass ich 100 Jahre alt werden könnte und doch in diesem Regime keinen Fuß mehr auf den Boden bringen würde, als unliebsamer Zeitgenosse bekannt und aktenkundig geworden, unwürdig für diesen Staat. Vorläufig zeichnete sich keinerlei Änderung ab, alles lief wie gehabt, es gab etwas regelmäßiger unsere Zuteilungen, ab und zu kam die ehemalige Reichsfilmstelle – seit 1935 reisten Vorführteams durch die Dörfer, spielten in Gasthofsälen – mit nur einem Projektionsgerät, nach Ende jeder Rolle Pause, nunmehr russische Propagandafilme. Auch alte UFA-Filme zeigte man wieder, und wir hatten jeden Monat eine Abwechslung. Sonst traf sich die Dorfjugend abends und an den Wochenenden auf dem Dorfplatz oder anderswo im Zentrum. Es wurde viel geredet, viele Parolen usw. Da hatte mir mein spektakulärer Auftritt nicht geschadet, hatte immer noch Freunde, vor allem Freundinnen, war überall dabei.

Im Frühsommer 1946 stand ich am Gartentor, als meine ehemalige Kameradin sowie eine verflossene Freundin vorbeikamen. Sie hatten beide bei verschiedenen Bauern in Lomnitz Stellungen angenommen und machten mir den Mund wässerig (Verpflegung). Die ehemalige Freundin war in der Dorfmühle beschäftigt. Der Mann war in Russland verschollen, mit einem ehemaligen Müllerknecht (und Geliebten) führte sie die Landwirtschaft und Mühle weiter. Sie suchte verzweifelt einen Kutscher für die Feldarbeit usw. Die beiden Mädchen überzeugten mich, mir das mal anzusehen, zumal in der Mühle eine Bäckerei war und der Bäcker am Samstag fürs Personal immer Hefenapfkuchen backen musste/durfte. Dass ich die Arbeit beherrschte, war den beiden Mädchen klar, und sie wollten sich sofort für mich verwenden und meinen Besuch ankündigen. Lange Rede: Ich wurde eingestellt, musste in der Glashütte kündigen, zum Bedauern des Hüttenmeisters, der mit mir zufrieden war. Aber einer Arbeit mit Kost und Logis hatte er nichts entgegenzusetzen. Dabei gab es nur 30 RM monatlichen Lohn. Wer aber von morgens 4 Uhr bis abends 6 oder 7 Uhr arbeiten durfte, konnte sowieso kein Geld ausgeben. Sogar sparen konnte man noch!

Nachdem ich die Lage der Felder kannte, lief alles ganz gut, morgens erst Futter für die Kühe mähen und reinfahren, manchmal auch schon am Abend vorher, und alles, was zwischen Saat und Ernte anfällt. Es gab einen Gemeinschaftsstall für Pferde und Kühe, sodass ich, war ich mit dem Putzen fertig, die Mädchen/Mägde, 3 an der Zahl, beim Melken half, um es nicht zu verlernen.

Anmerkung: Das Nichtnennen der verschiedenen Mädchennamen ist volle Absicht. In jedem Falle gab es Beziehungen, die sonst niemanden etwas angehen. Es handelt sich also gewissermaßen um Geheimnisse, die nicht mir allein gehören, die ich also nicht ausplaudern darf. Nun weiter im Text: Die ehemalige Freundin, auch in der Mühle beschäftigt, wollte wieder mit mir anbandeln, ich biss nicht an, denn wir hatten ja schon erlebt, dass wir längere Zeit nicht zusammen auskamen. Außerdem war es für mich nichts Neues, einmal erledigt, gab es keinen Neuanfang. Stattdessen fing ich ein Verhältnis mit der ehemaligen Kameradin an. Wir verstanden uns prächtig, trafen uns oft und fuhren auch sonntag-nachmittags zu unseren Angehörigen nach Seifersdorf, trafen uns auf dem Rückweg, gingen noch aus, Kino/Gasthaus, sonst gab es ja nichts. Die ehemalige Freundin vertrug das nicht, war eifersüchtig, wütend und kündigte, ging woanders in Stellung. Die Müllerin suchte Ersatz, und es kam ein Neuzugang, erstmals in solche Stellung, 17 Jahre alt, aus Pulsnitz. Nur kurze Zeit, die ersten Hemmungen gerade überwunden, und wir flogen aufeinander. Ich wusste es noch nicht, aber es begann das längste Liebesverhältnis meines Lebens. Nichts vorher hatte je so lange gedauert, immer ca. 2-6 Monate, die Eintagsfliegen nicht gerechnet, doch damals wusste ich das noch nicht, es begann wie immer, brachte aber einige Neuerungen mit sich. Sie tanzte sehr gern, ich konnte das nicht, habe auch heute noch kein Taktgehör und habe es auch später nie versucht. Dort musste ich es aber lernen, die immer wieder gespielten Stücke auswendig lernen, um zu wissen, was Fox oder Tango ist. Dabei durften wir die ersten Versuche nicht zusammen machen, man hätte sofort einen Tusch besorgt, und wir wären allein gewesen, das traute ich mir nicht zu. So erklärten sich einige ältere Mädchen bereit, mir das beizubringen, und im Laufe der Zeit machte ich Fortschritte – mit wackligen Knien. Zur Kirmes war es dann soweit, auch leicht angeheitert tanzten wir, wurden erwischt und mussten unser Solo hinlegen. Von außen soll es gar nicht so schlecht ausgesehen haben, aber in meinem Innern! Ich habe es jedenfalls überlebt und wurde später meist von Soli verschont. Während der Zeit fühlte ich mich rundum wohl. Wir waren täglich zusammen, die Arbeit im Stall und auf dem Feld ging flott von der Hand, und mittags sowie abends saßen wir auch gemeinsam am Tisch. Das hätte ewig so weitergehen können. Wenn du meine Meinung über Geheimnisse aufmerksam gelesen hast, so wird dir klar sein, dass ich ab sofort mit Details sehr sparsam sein werde. Ich weiß nicht, wie und was dir deine Mutter erzählt hat, sie wird vielleicht vieles anders sehen oder sehen wollen, und ich möchte keinen Ärger heraufbeschwören. Nur in Kürze ein paar Fakten. Wir waren ca. 1 ½ Jahre zusammen, ich lernte die Familie, einige Verwandte sowie viele Bekannte kennen. Die Hauptursache des Scheiterns sehe ich eigentlich immer noch in meiner Jugend. Volljährig wurden wir erst mit 21. Sie konnte jederzeit heiraten, ich durfte nicht, und eine vorzeitige Volljährigkeitserklärung durchzupauken, dauerte allgemein 2 Jahre. Jetzt wieder zurück und der Reihe nach. Wie im Vorhergehenden schon einmal beschrieben, sorgte ich mich um meine Familie. Also wer zu mir gehörte (auch heute noch), kann uneingeschränkt auf mich zählen. Mein Bruder hatte es mir nachgemacht und war vorübergehend zu einem Bauern gegangen. Er brauchte nicht mehr zu hungern, war aber für krumme Sachen ungeeignet, und freiwillig gab kein Bauer etwas her. Dabei wirtschafteten sie alle an den Bestimmungen vorbei und betrogen, wo sie konnten. Der moralische Druck schien mir nicht sehr schwer, wenn ich daran ging, die Betrüger zu betrügen oder zu bestehlen. Deshalb war es bestimmt nicht schön, aber unnatürliche Zeiten erfordern ebensolche Maßnahmen, um überleben zu können. Also hatten meine Eltern zu Weihnachten 1 Suppenhuhn sowie ein paar Kilo mehr von mir. Zu Anfang des Frühlings 1947 bemerkte die Chefin etwas, worauf sie mir nahelegte, meine Tätigkeit anderswohin zu verlegen. Das überraschte mich nicht, muss man doch bei so etwas mit allem rechnen, ich machte mir nichts daraus, denn anzuzeigen ging nicht, ich wusste von ihr ja auch zu viel. Nur hatte sie das Sagen. Mir fiel nur die Trennung im privaten Bereich schwer. Doch irgendwie waren wir zu dem Zeitpunkt auch etwas zerstritten, ich glaube, sie wollte Schluss machen, jedenfalls waren wir zwei Dickschädel. Mein neuer Arbeitsplatz: Ich entschloss mich, vorübergehend bis auf bessere Zeiten noch einmal zum Bauern zu gehen, war in Wachau, also nur wenige Kilometer in Richtung Radeberg. Da gibt es nicht viel zu erzählen, Arbeit wie gehabt, nur war der Bauer ein noch gerisseneres Schlitzohr als andere. Auch da bediente ich mich ab und zu, er wusste oder merkte es, ich wusste, dass die ganze Bauernfamilie es wusste, wir grinsten uns höflich an, und keiner konnte dem anderen an die Karre fahren, wahrhaft idyllische Zustände. An einem Sonntagnachmittag, ich war bei meinen Eltern, kam Besuch, es war deine Mutter, sie wollte mich sprechen. Wir gingen spazieren, und sie eröffnete mir ihre Schwangerschaft, auch dass sie daraufhin in der Mühle aufgehört habe und wieder in Pulsnitz lebe. So waren wir wieder zusammen, war jede freie Minute in Pulsnitz, half beim Stöckeroden, doch das kennst du ja alles.

Plötzlich änderte sich das Leben meiner Familie grundlegend. Vater hatte sich beworben und war ausgesucht worden,

das 300 ha große Gut der SMA – sowjetische Militäradminist-
ration – in Dittersbach zu übernehmen. Da es dort bessere Ra-
tionen und mehr Zigaretten gab, er einen Fahrer für Bulldog/
Büsing LKW und auch für den Opel Q4 des Kapitäns brauchte,
ging ich mit, d. h. ich kündigte in Wachau, der Bauer war froh
darüber. Auch mein Bruder ging mit, wir erhofften uns Besserung des Lebensstandards. Noch ein kleiner Nachtrag: Eines
Tages, wir rodeten gerade Kartoffeln – d. h. ich rodete und lud
auf, ca. 15 Leute klaubten sie auf, der Bauer an der Spitze –, näherte sich ein Radfahrer, stieg am Waldrand ab, und ich schaute hinüber: Richard Nitz. So wie es ging, sauste ich zu ihm, seine ersten Worte: ich sei bleich geworden wie der Tod, hätte aber
Grund zur Freude, denn ich sei Vater einer Tochter geworden.
Ich bedankte mich kurz und sagte – ich glaube, es war ein Mittwoch, aber es war ein Donnerstag –, ich könne erst am Samstag
kommen, Arbeitsdruck, gute Wünsche usw. Samstagfrüh kra-
gelte ich schnell eine Henne ab, verpackte sie, denn ich musste
der jungen Mutter etwas Kräftigendes mitbringen. Etwas später 20 kg Korn. Stolz gingen wir mit Kinderwagen spazieren.
Im November wurdest du getauft, und ich bekam anschließend
eine schwere Diphtherie mit Erstickungsgefahr. Kam ins Isolier-
krankenhaus Pirna für 6 Wochen. Deine Mutter besuchte mich
zweimal, bestimmt einmal mit dir. Bruder Waldemar fuhr euch
mit der Kutsche bis vor das Fenster des Krankenhauses, denn
ihr durftet nicht rein und ich nicht raus. Zur Entlassung, kurz
vor Weihnachten, machte man ein EKG, das war nicht gut, denn
wegen Lähmungserscheinungen wurde ich mit Strychnin behandelt, das ging aufs Herz. Man empfahl mir größte Vorsicht,
langsames Treppensteigen, kein Radfahren, also Schonung. Mittags war ich daheim zum Essen, und um 13 Uhr saß ich auf dem
Fahrrad und fuhr Richtung Pulsnitz. Irgendwie schien mir das
Verhältnis gestört, es war nicht mehr so wie sonst. Wir sprachen
über Weihnachten, wo wir es verbringen wollten. Jeder wollte
woanders hin, keiner gab nach, und ich stellte sogar ein Ultima-
tum, entweder bei mir, oder ich gehe weg. Wir waren also nicht
zusammen, sie in Pulsnitz, ich in Dittersbach. Da ein erneutes

Zusammentreffen zweier Dickschädel auch nichts geklärt hätte, schrieb ich, bat um Klärung – keine Antwort. Schrieb noch einmal Mitte Juni. Sollte ich nichts mehr hören ... Wieder keine Antwort erhalten, so war meine Entscheidung endgültig. Ich besorgte mir ein polizeiliches Führungszeugnis, gekündigt hatte ich schon, beantragte eine Reisegenehmigung nach Magdeburg. Angeblich könne ich in Magdeburg in einer Maschinenfabrik eine Stelle im Metallberuf erhalten. Alles wurde geglaubt, ich bekam die Reisegenehmigung, und mit einem Freund reiste ich am 17. Juni 1948 nach Magdeburg, weiter 15 km zu Fuß, bei Nacht durch ein Braunkohlebergwerk, und wir waren im Westen. Wurden von Polizei abgefangen, in ein Auffanglager dirigiert, zur Vernehmung durch britischen Offizier geführt und dann zum Flüchtlingsdurchgangslager Uelzen gebracht. Dort entlaust, gemessen, gewogen, registriert und 24 Stunden später auf dem Weg nach Hannover. Wir meldeten uns bei einem britischen Werbebüro am Amt für Verteidigungslasten. Wurden eingestellt zu GCL= 201 = German Civilian Organization, Kompanie 2012 Artizan Group. Kaserniert in dieser Kaserne, General Warvell Barracks am 125. Transit Camp. Also eine Handwerkerkompanie, mussten im Transit Camp die Reparaturen machen, auch Abbrüche von Häusern sowie Straßenbau. Waren also in Kasernen, aufgeteilt in Kompanien und Züge, von ehemaligen deutschen Offizieren und Unteroffizieren kommandiert, uniformiert, Arbeits- und Ausgehuniform, Schuhe, bis zum Kochgeschirr alles britisch. Nur keine Waffen, aber die lagen auch im Magazin. Im Falle eines sowjetischen Angriffs hatte Churchill vorgesorgt. Mit wechselndem Einsatz, als Elektriker/Schlosser wurde ich Fahrer und landete zur Luftbrücke Berlin auf dem Flughafen Wunstorf. Nach der Währungsreform wurden die Arbeitskompanien langsam aufgelöst, auch die unsere. Da standen wir bescheiden da, ohne Zuzugsgenehmigung, ohne Arbeit. Besorgte mir schwarz eine Schlafstelle, d. h. zur Untermiete ein Doppelzimmer mit einem Kollegen. So hatten wir wenigstens eine Adresse und bekamen Stempelgeld. Das Arbeitslosengeld betrug wöchentlich 21,60, nach 6 Monaten gab es Arbeitslosenhilfe DM 18,90, die Miete betrug 30,00 DM, bezahlt wurd 2x im Monat jeweils am 14-täglichen Zahltag. Dann begann die Hannomag wieder mit der Produktion, auch ich bekam Arbeit, erst als Maschinenarbeiter, wurde bald Automateneinrichter und damit Gruppenführer. Der Verdienst war gut, doch mein Nachholbedarf an Kleidung und Schuhen war auch groß, es ging aber rundum. Es kam auch mal vor, dass ich Freitagabend um 22 Uhr nach Schichtende direkt zum Schützenfest ging und am Montagfrüh 6 Uhr gleich von dort in der Arbeit erschien, mit Kater – ohne Geld. Dergleichen Exzesse waren aber selten. Hatte eine ausrangierte britische Militärmaschine, Matchless, für 350 Mark billig erworben und verbrauchte viel Zeit und Geld, dieselbe herzurichten. Dann, ich war gerade richtig drinnen und begann, Land zu sehen, wollte ich höher hinaus. Aus Mangel an Technikern wurde eine Möglichkeit zur Weiterbildung von Facharbeitern eingeführt. Ein Technikum, eine Art Fachhochschule, bildete Facharbeiter in zweijährigem Abendstudium aus, die Absolventen durften sich Ingenieur nennen, allerdings nicht vergleichbar einem Dipl.-Ing. HTL. Quasi also Techniker. War Feuer und Flamme, schrieb mich ein und stotterte das Schulgeld für die ersten 6 Monate ab, DM 300, damals sehr viel Geld. Gleichzeitig meldete ich mich für den Führerschein Kl. 1 und 2 an, 3 und 4 hatte ich schon. Auch dort betrug die Grundgebühr 120 DM. Beginn jeweils Mitte Juni 1952.

Nun Rückblende: Kann mich nicht mehr an den Beginn erinnern, wieso, durch wen usw. Auf jeden Fall begann ein Briefwechsel zwischen deiner Mutter und mir, etwa ab September 1951. So erfuhr ich erst da von ihrer Ehe, worüber sie sich beklagte und bereute, wollte eine Wende. Da ich zu Weihnachten sowieso meine Mutter und Bruder besuchen wollte, schrieb ich ihr auch, wir könnten uns da treffen und alles besprechen. Bei uns zu Hause war der große Krach lange vorbei. Vater im Gefängnis, wahrscheinlich schon tot. Die meisten Möbel usw. waren versteigert worden, nur die Einrichtung für ein Zimmer, 2 Betten und Kleinkram durften sie behalten. Sie wohnten in einem Zimmer in einem Privathaus. Mutter kochte in der Papierfab-

rik, und Waldemar begann, er hatte Bauschlosser gelernt, in der
Kunstseide Pirna als Betriebsschlosser. Jedenfalls kam ich früh
in Dittersbach an, und mittags war deine Mutter mit dir schon
da. Mutter besorgte bei befreundeten Bauern in der Nähe ein
Zimmer für uns drei, damit wir einen Platz zum Schlafen hatten. Wir stellten fest, dass wir uns immer noch mochten, und
sie wollte unter allen Umständen mit mir gehen (nach Hannover). In langen Gesprächen diskutierten wir die Möglichkeiten.
Ohne Papiere, Interzonenpass für sie (euch) aussichtslos, ging
es nur schwarz. Dazu musste ich erst vom Westen her Bekannte befragen und einen Übergang finden, es gab schon noch einige wenige, etwas gefährlich. Wenn man jung ist und etwas
will, redet man so lange, bis es einem leicht erscheint, so auch
hier. Silvester verbrachten wir in Pulsnitz, große Aussprache
mit Erich und Eltern Nitz. Es wurde besprochen: Du und deine
Mutter wollten mit mir gehen, dein Bruder sollte bei Erich bleiben. Sofort war unmöglich, ihr solltet oder wolltet erst in Dittersbach bleiben, bis ich von drüben aus eine Möglichkeit zum
Grenzübertritt sowie Unterkunft usw. erkundet hätte. Daraufhin bliebt ihr zwei in Dittersbach, ich reiste termingerecht zurück und musste sofort wieder arbeiten. Von da ab ging nichts
mehr wie gewünscht und erhofft. Es lief alles schief, was schief-
laufen konnte. Mein Berufsziel Technikum und Führerschein
konnte ich unter den Umständen nicht mehr verwirklichen,
und ich bemühte mich, das vorab eingezahlte Geld zurückzuerhalten. Fehlanzeige, das ging alles zu meinen Lasten, hätte das
Geld dringend gebraucht, es war aber verfallen. Dann erklärte
mir meine Wirtin, sie heirate in wenigen Wochen und brauche
das Zimmer nun selbst für die Kinder. Da ich immer noch keine Zuzugsgenehmigung für Hannover hatte – eine zu bekommen, war aussichtslos –, stand ich blöd da. In jeder freien Minute bemühte ich mich um eine Lösung. Meine Sachen stellte
ich bei einem Kollegen ein und durfte für begrenzte Zeit in seiner halb fertigen Garage auf einem Feldbett schlafen. Natürlich
ging nichts schnell genug, von Osten wurde ich auch von allen
Seiten mit Briefen bombardiert, denn deine Mutter und mei-

ne Mutter hatten auch unterschiedliche Ansichten, und Erich gab auch nicht auf und hatte euch wieder nach Pulsnitz geholt. Debakel auf der ganzen Linie, alle Wünsche und Träume zerplatzt. Ich war so verzweifelt, dass ich von niemandem etwas wissen wollte, untertauchen wollte, alle Brücken abbrechen. So bewarb ich mich in Rüsselsheim bei Opel, erhielt eine Zusage und machte mich mit kleinem Gepäck auf den Weg nach Frankfurt. Auch dort bekam ich keinen Zuzug, kein Zimmer, denn ohne Arbeit keine Wohnung, und ohne Wohnung durfte Opel mich nicht einstellen. Um im werkseigenen Jugendwohnheim unterzukommen, bedurfte es einer Zuzugsgenehmigung, und junge Ledige erhielten so etwas nie. So endete also das schiefgelaufene Experiment, auch wegen Geldmangels, in der Fremdenlegion – Ende!

Heureka, ich habe es gefunden, das Ende der Geschichte, und der Teufel soll mich holen, wenn ich jemals wieder so ein riesiges Schreiben zu Papier bringen sollte!

So verlief mein Leben, und rückblickend sehe ich alles etwas weniger krass, etwas verständnisvoller und schließe das Kapitel nun ab, mit dem alten Spruch: Sic transit Gloria mundi – über allem vergeht die Zeit!

Dein alter Vater

P.S. Als Überschrift hätte ich auch schreiben können: Erinnerungen einer verkrachten Existenz. Oder auch: Einer, der es im Leben zu nichts brachte, einfach nur gelebt hat, und über weite Strecken sehr intensiv! In chaotischen Zeiten lebt man immer intensiver, weil keiner weiß, wie lange es noch geht, ob es nicht schon der letzte Tag ist. Deshalb spart da auch keiner!

Ergänzung zu den Erinnerungen

Das Schwierigste ist wohl immer, einen passenden Anfang zu finden, also mitten hinein in das Gewesene. Aus meinen vorherigen Berichten, mündlich und schriftlich, wird dir klar geworden sein, dass mein Verhältnis zu deiner Mutter so locker oder flüchtig nicht gewesen sein kann. Für mich war sie auf jeden Fall nach meinem damaligen Verständnis meine „große Liebe". Leider waren wir beide noch nicht volljährig – erst mit 21 – und unterstanden damit immer noch der elterlichen Aufsicht und waren nicht geschäftsfähig. So musste auch mein Erziehungsberechtigter mit mir auf dem Amtsgericht in Radeberg erscheinen, um meiner Vaterschaftsanerkennung beizuwohnen und zusätzlich zu unterzeichnen. Wir lebten trotzdem in einer eheähnlichen Beziehung mit getrennter Wohnung. Das bedeutete bei unseren regelmäßigen Besuchen, meist war ich in Pulsnitz: Wir wurden nachts in ein Bett gesteckt. Andere Schlafmöglichkeiten gab es sowieso nicht, die ganze Familie in einem Zimmer, und alle fanden nichts dabei. Soweit die Einleitung. Mit der Anerkennung der Vaterschaft wurde mir auferlegt, 25 RM monatlich für 16 Jahre als Alimente an die Kindesmutter zu zahlen. Selbstverständlich tat ich es, ab deinem Geburtsmonat zahlte ich an jedem 1. des Monats das Doppelte, also 50 RM, bar auf die Hand, auf Treu und Glauben, ohne Quittung, denn Ehrlichkeit unter Liebenden war für mich selbstverständlich.

Die nächsten Monate kann ich überspringen, alles verlief ruhig, normal. Erst – wie schon geschrieben – im November (meine Diphtherie) bzw. mit meinem Krankenhausaufenthalt und danach änderte sich die Situation. Eine Entfremdung war eingetreten, für mich zunächst unerklärlich. Später habe ich alles mehrfach durch- und überdacht und bin unter Berücksichtigung aller Fakten zu einer Art Ergebnis gekommen. Deine Großmutter lernte ich als eine patente und tüchtige Frau kennen. Auch (doch) war sie sehr auf ihren Vorteil bedacht und versuchte rührig, ihre Lebensbedingungen zu verbessen, zum Wohle der Familie (Charakterbild aus meiner Sicht.). Dann deine Mutter: Sie fühlte sich gefangen, hasste nicht die Arbeit, aber das Kommandiert-Werden. Seit ihrer Schwangerschaft zu Hause verdiente sie mit Heimarbeit, Stricken, ihr Geld. Sie strickte sehr gut und schnell, war aber immer zu Hause und bekam dauernd Nebenarbeiten aufgehalst. Dies gefiel ihr nicht, sie wollte frei sein, selbstständig handeln dürfen. Außerdem war zu der Zeit ein Fräulein mit Kind sowieso ein Mensch zweiter Klasse, also nicht erstrebenswert. So erkläre ich mir also, unter welchen Voraussetzungen die späteren Geschehnisse entstehen konnten, aus einer Art Unzufriedenheit mit der Situation und dem Wunsch nach Verbesserung. Ob der sich entwickelnde Bruch allein von deiner Mutter geplant war oder auch von außen Anstöße kamen (Großmutter wahrscheinlich), weiß ich nicht, ich vermute es aber.

Das Ganze verdichtete sich also zu einem kleinen Streit, wer wo Weihnachten verbringen sollte – musste. Sie war nur für Pulsnitz, ich wenigstens teilweise für Dittersbach. Beide Dickschädel, keiner gab nach, und so trafen wir uns überhaupt nicht, jeder blieb, wo er war. Damit ich nicht auf dumme Gedanken komme und vielleicht ausgehen könnte, behielt sie meine Sonntagsausgehkleidung in Pulsnitz, weigerte sich, diese herauszugeben, und wenn sie die Sachen nicht verbrannt hat, so liegen sie heute noch dort. Also alles, was ich an Sonntagskleidung hatte, war bei ihr, dabei auch von ihr für mich gestrickte Pullover aus Fallschirmseide. Mir blieb also nur die zweite Garnitur. Weihnachten ging vorbei, im Januar traf ich sie nochmals zu einer Aussprache, zahlte die monatlichen 50 und erklärte ultimativ: Wenn sie ihre unnachgiebige Haltung nicht aufgebe, würde ich nach Westen gehen. Das schien ihr „wurscht" zu sein, ich hoffte immer noch, schrieb etwa am 10.01.1948 noch einen Brief, bat um Antwort, anderenfalls usw. Keine Antwort, und ich fuhr am 17. Januar ab. Am 20. Januar schrieb ich ihr, wo ich sei. Antwort keine. Schrieb mehrmals, hoffte ich doch auf ein Einlenken – keine Antwort. Im März erwarb ich dann zum Schwarzmarktpreis 2 Tafeln Schokolade, steckte 100 RM dazwischen und machte ein Päckchen daraus, schickte es ab, um meiner Alimenten-Pflicht nachzukommen, später dann noch einmal. Dazu jedes Mal ein gesonderter Begleitbrief. Erhielt nie eine Antwort und weiß deshalb nicht, was und wie viel angekommen ist. Das Geld machte mir da keine Sorgen, denn ab 20.01. hatte ich vollen Handwerkerlohn und lebte mietfrei und essensmäßig versorgt in einer Kaserne. Ein böswilliges Verlassen meinerseits stelle ich also heftig in Abrede. Nach etwa vier Monaten erhielt ich eine Vorladung vom Jugendamt Hannover – Alimenten-Forderung. Da wurde mir mitgeteilt, ich hätte mich der Alimenten-Pflicht entzogen, Mutter und Kind verlassen und nie einen Pfennig bezahlt (Wie viel wert hätte eine Quittung sein können!). Da ging ich auf die Barrikaden, so viel Unverfrorenheit hätte ich ihr niemals zugetraut, und ab sofort weigerte ich mich zu zahlen. Es dauerte nicht lange, und die Alimente wurde vom Lohn gepfändet. Das war zwar unbequem, aber ich hatte die Genugtuung, es nicht freiwillig zu tun, fühlte ich mich doch verschaukelt. Ende 1949 wurde die Einheit aufgelöst, meine erste Arbeitslosigkeit begann, die Pfändung ging weiter, aber nur ein sehr geringer Betrag wurde vom Stempelgeld abgezogen. So lief es einige Zeit, ich bekam wieder Arbeit, die Pfändung lief immer einige Monate hinterher, mal so, mal so. Dann plötzlich lebte, ich kann nicht mehr sagen wieso, von wem es ausging, die Korrespondenz wieder auf. Sie schrieb wöchentlich zweimal. Von „Ach, wie geht es mir so schlecht" bis hin zu Liebesschwüren hatte ich alles gesammelt. Alles Weitere, die folgende Entwicklung, kennst du aus ERINNERUNGEN.

Natürlich ist das nicht das ganze Geständnis. Es spielt noch allerhand anderes mit hinein, nur kann ich dir das nun mal nicht schreiben. Das könnte ich einem fremden Mann, auch einem Priester, jederzeit anonym erzählen als Beispiel menschlichen Verhaltens. In unserem Fall aber ist Schweigen angebrachter, für niemanden eine Blamage – Punkt.

Jedenfalls war es für mich dann eine Überraschung, als ich 1960 (?) oder 1961 (?) eine Vorladung vom Jugendamt Weilheim erhielt. Auch dort wurde mir eröffnet, ich hätte meine Alimenten-Verpflichtungen nicht erfüllt und niemals etwas bezahlt, nur einmal seien 150 DM eingegangen. Forderung von Kindesmutter vor Jugendamt Cottbus erhoben, unterschrieben. So habe ich also für die ersten Monate, eventuell sogar Jahre, dreimal bezahlt. So ist eben das Leben, Vertrauen allein ist nicht so wichtig wie Quittungen.

Mit diesem Brief will ich dich keinesfalls verärgern, niemanden anklagen oder verurteilen, denn alles ist ewig vorbei und verjährt. Nur um etwas Verständnis möchte ich bitten. Niemand tut etwas grundlos, doch wenn man die Gründe des „Täters" nicht kennt oder nur einseitig informiert ist, fällt es schwer zu urteilen, sich ein Bild zu machen.

Dein beichtender alter Vater

Rückseite:
Irgendwann muss man manches Geheimgehaltene jemandem anvertrauen. Ich dies dem Papier. Vielleicht liest du es – vielleicht auch nicht. Hoffentlich doch, denn es dient dem Verständnis, der Toleranz.

2. Die sächsische Kleinstadt Pulsnitz

Diese sächsische Kleinstadt Pulsnitz ist älter als 500 Jahre und hatte sich einen berühmten Namen gemacht durch ihre 23 bis 53 Pfefferküchlereien. Sie entstanden im Mittelalter im Zusammenhang mit der sich damals etablierenden Gewürzseefahrt. Pfeffer war das Wort für Gewürze und gab diesen speziellen Bäckereien seinen Namen, nämlich Pfefferküchlerei, in denen das ganze Jahr über Pfefferkuchen gebacken, verkauft und für die Hoch-Zeit Weihnachten gelagert wurde.

Pulsnitz wurde, wie viele andere Orte der Oberlausitz auch, am 19. Mai 1225 erstmals urkundlich erwähnt. Bereits vorher hatte sich hier eine sorbische Siedlung mit Wasserburg entwickelt. Pulsnitz wurde Sitz einer adligen Familie, die sich hier ein kleines Schloss bauen ließ.

Am 1. Januar 1558 erhielten die Pulsnitzer Bäcker erstmals das Recht, auch Pfefferkuchen zu backen.

In einem speziellen Privileg derer von Schlieben, Grundherren zu Pulsnitz, wird bestimmt, „... und soll ein Ider Meister so

viel Rockens Packen, als die gemeine Nottdurfft erfordert, Deß-
gleichen Pfefferkuchen…" Bereits 1654 wird der Name „Pfefferküchler" für die Herstellung des Pfefferkuchens urkundlich
erwähnt. Auf dem Dresdner Striezel Markt (Striezel Montag)
waren die Pfefferküchler ab 1655 mit ihren Waren vertreten.
Die Pulsnitzer Pfefferküchler blieben Privatunternehmen
bis zum Ende der DDR.

Pulsnitz (obersorbisch Połčnica) ist eine sächsische Kleinstadt im Landkreis Bautzen am westlichen Rand der Oberlausitz, etwa 10 km südlich von Kamenz und rund 25 km nordöst-
lich der Landeshauptstadt Dresden.

„Pulsnitz liegt umgeben von drei sagenumwobenen Bergen"
Dieses Gebiet zwischen Hufekreuz, Mittelmühle, Hartbach-
mühle, Mißbachs Mühle, Zillermühle, Barockschloss und Thiemens
Mühle, zwischen Klingelwiesen, Vollung, Viehbig, Schlichtigwald,
Thiemendorf, Friedersdorf, Oberlichtenau und Niederlichtenau,
auf der Oberlausitzer oder Meißner Seite der Pulsnitz gelegen,
bildet seit dem 1. Januar 2009 die neue Stadt Pulsnitz.)

International war und wurde Nürnberg zwar zur Pfeffer-
kuchenstadt stilisiert, doch östlich der Elbe war Pulsnitz einsame Spitze für Kenner und Genießer die Pfeeferkuchenstadt.
und des Auch der weltberühmte und einzigartige Dresdner
Christstollen wurde dort gebacken. Außerdem gab es in der
Stadt Blaudruckwerkstätten, Töpfereien, die Textilindust-
rie entwickelte sich in der Gründerzeit. Die Herren des Ortes
müssen „Herren" gewesen sein, die im Herrenhaus direkt am
Schlossteich vor der Holperzufahrtstraße zum Schlosstor gewohnt haben. Wer war eigentlich Schlossherr, -eigentümer,
-gründer? Wann? Der Schlossteich hieß immer Schlossteich, das
Herrenhaus immer Herrenhaus, obwohl seit Kriegsende keine
Herren, sondern eher Umsiedler, kinderreiche Familien und
ausgebombte Dresdener darin wohnten. Der Krieg hatte keine
Ruinen in der Stadt hinterlassen, hier waren keine Bomben ge-
fallen. Die einzigen Kriegsnarben im Stadtgesicht bildeten die
Stümpfe der Kastanien, die die Straße am Friedhof und an der
Post gesäumt hatten, sie waren zum Bau von Panzersperren vom

Volkssturm gefällt worden. Im Februar 1945 waren die Einwohner der Stadt in eisklarer Nacht auf die die Stadt umgebenden Hügel und Anhöhen gestiegen und hatten dem „Christbaumregen" über Dresden erstarrt zugesehen, das phosphoreszierende Licht der Bomben, das heulende und brummende Geräusch der an- und abfliegenden Bomberstaffeln hatte sie herausgetrieben.

Der Marktplatz hieß immer Markt, weil er als solcher angelegt worden war mit einem wunderschönen runden Brunnen in der Mitte, verziert mit einem kunstvoll geschmiedeten Randgitter und lebendigen Goldfischen, die zu allen Zeiten Lieblingsbeobachtungsobjekte von Kindern waren. Ein Denkmal gibt es auf dem Markt auch, an der Seite neben dem Rathaus, eine Bronzeperson, die stets unantastbar war unter welchen Machthabern auch immer, denn sie stellt den Bildhauer Ernst Rietschel dar.

Ernst Rietschel, * 15. Dezember 1804 in Pulsnitz, † 21. Februar 1861 in Dresden, vollständiger Name Ernst Friedrich August Rietschel, war einer der bedeutendsten deutschen Bildhauer des Spätklassizismus. Die von ihm geschaffenen Skulpturen, wie das Goethe-Schiller-Denkmal in Weimar oder das Lessing-Denkmal in Braunschweig, haben das Bild Deutschlands als Land der Dichter und Denker entscheidend mitgeprägt. Die Pfefferküchlerei E. C. Groschky aus Pulsnitz, deren Gründung auf einen Schwager Ernst Rietschels zurückgeht, backt und vertreibt eine nach Ernst Rietschel benannte Pfefferkuchenspezialität, den sogenannten Rietschelkuchen. Der Sitz der Pfefferküchlerei befindet sich in der Rietschelstraße 15 in Pulsnitz, deren Gründungsgebäude, das Rietschelhaus, das Geburtshaus, sich gegenüber befindet.

Ein anderer wurde mit der Verleihung seines Namens für einen dreieckigen Platz oberhalb des Marktes geehrt, Ziegenbalgplatz. Das Schild sagt: Bartholomäus Ziegenbalg, Missionar. Wer liest schon das Schild? Wen interessiert heute, wann, wo und wen Ziegenbalg missionierte? Muss man nicht darüber nachdenken, Ziegenbalg ist ein bekannter Gegenstand.

Bartholomäus Ziegenbalg (Tamil பர் த் தலோமேயூ சீகன் பால் க ; * 10. Juli 1682 in Pulsnitz; † 23. Februar 1719 im südindischen Tranquebar) war der erste deutsche evangelische Missionar in Indien. Ziegenbalg entschloss sich zu dem damals sehr ungewöhnlichen Schritt, die tamilische Sprache zu erlernen, um besser wirken zu können. Er war der Erste, der das Neue Testament (NT) und größere Teile des Alten Testaments ins Tamilische übersetzte. Auch den Lutherischen Katechismus übersetzte er und erstellte ein Tamil-Gesangbuch und weitere Schriften in Tamil. Umgekehrt übertrug Ziegenbalg Tamil-Bücher ins Deutsche.

Arg erging es namentlich der Langen Straße, die als solche mal angelegt und bezeichnet wurde. Im sehr politischen zwanzigsten Jahrhundert beschlossen die Stadtväter, die Hauptstraße mit dem Namen des Reichspräsidenten Hindenburg zu ehren. Nach dessen Tod und mit der allgemeinen Braunfärbung der Gemüter und dem gerechten Ordentlichkeits- und Pünktlichkeitssinn der deutschen Kleinstadtsachsen sollte sie den größten Namen tragen vom Gröfaz persönlich, sie hieß fortan Adolf-Hitler-Straße. Schlagartig mit Kriegsende wurde ihr ihr Taufname wieder zugeeignet, jedoch nicht für lange, dann konnte sie unter dem Rotanstrich selbstverständlich nur Stalinstraße heißen. Nach Stalins Entheiligung entschieden sich die Stadtväter nunmehr für Robert-Koch-Straße, ein Naturwissenschaftler, dessen Name der Straße hoffentlich Beständigkeit verleihen könnte, vielleicht wie die Rietschelstraße. Der „Volksmund" hatte diese lange Hauptstraße schon in „Straße der Irrungen" umbenannt, was zweifellos eine zu lang geratene Bezeichnung war und den Straßennamen-Vergebern eine geistige Dimension abverlangt hätte, die niemandem genützt oder gar jemand, dem Ironie und Satire nicht geläufig, verstanden hätte.

In der Mitte der Stadt, jedoch etwas abseits von der Hauptstraße (s. o.!) und mit Gassenzugang zum Marktplatz, das hintere Gebiet dreier Straßenzüge umfassend, erhebt sich die Kirche der Stadt.

Eine erste Kirche befand sich vermutlich am Platz des Kirchhofs vor dem Obertor und wurde im 12. oder 13. Jahrhundert errichtet. Diese Kirche, der heiligen Katharina gewidmet und 1453 als Liebfrauenkapelle bezeichnet, kam Anfang des 16. Jahrhunderts außer Benutzung und verfiel.

Im Jahr 1473 wurde eine weitere Kirche in einem bischöflichen Dokument erstmals erwähnt und laut einer Urkunde aus dem Jahr 1498 als dem heiligen Nikolaus geweiht bezeichnet. Im Dreißigjährigen Krieg fiel die Kirche einer Brandschatzung zum Opfer. Nach einem weiteren Brand im Jahr 1742 wurde das Gebäude bis 1745 wieder aufgebaut und erhielt eine neue Ausstattung. Der heutige Altar entstand 1794.

Das Äußere vermittelt noch den Eindruck einer spätgotischen Kirche, das Innere präsentiert sich vor allem im Stil des Barocks und Rokoko. Die um 1600 geschaffene Kanzel ist von besonderem kulturhistorischem Wert, evangelisch-lutherisch, schlicht, nach oben strebend, mit halbkreisförmig angelegter vierstufiger Treppe zum Hauptportal, spartanisch schön und ruhig einladend und weithin übers Land sichtbarem, mit Grünspan bedecktem Runddach von der Kuppel und mit riesengroßer Kirchturmuhr. Die Uhr ging und geht pünktlich auf die Minute genau – d. h. seit sie halbjährlich dem Gesetz der Sommerzeitumstellung unterliegt, möchte ich mich dafür nicht mehr verbürgen. Sie schlägt alle Viertelstunde, ehern, stetig, unerschütterlich. Mit dieser Uhr habe ich das Vergehen der Zeit gefressen. Ich weiß, wie lang Zeit ist, ich fühle eine Viertelstunde. Nach der vollen Stunde und den ersten fünfzehn Minuten gibt es einen hellen Schlag, der große Zeiger steht rechts auf der Ziffer 3. Nach der nächsten Viertelstunde und Zeigerstellung 6 gibt es zwei helle Schläge, nach drei Viertelstunden und auf der 9 gibt es drei helle Schläge, deswegen sagt man hier, es ist dreiviertel … Wenn beide Zeiger übereinander auf der Zwölf stehen, gibt es die höchste Anzahl an Glockenschlägen, nämlich vier helle und zwölf dunkle Töne, egal ob Mittag oder Mitternacht. Jede volle Stunde, Kleinzeigerstellung auf der entsprechenden Zahl, wird eingeleitet von vier hellen Tönen, gefolgt von dunklen bzw. mehrfach dunklen der Stunde. Ist das ein ausgeklügeltes System? So wird einem Kind das Lernen von Zeit leicht gemacht, auch wenn es nicht lesen kann. Sein Tageslauf wird an der Kirchturmuhr ausgerichtet.

Ich bin neben dem Kirchturm aufgewachsen, das Hinterhaus war vom Kirchplatz nur durch das Vorderhaus, die Hauptstraße und die gegenüberliegende Häuserreihe getrennt. Zeit hatte für mich den Klang der Kirchturmuhr, die Töne verhießen mir, Dinge zu tun oder zu lassen, sie regelten mein Gefühlsleben von klein auf. Vor Kurzem habe ich bei einem Stresstest herausgefunden, dass mein größter Stressor „Beeil dich!" heißt. Bis zu diesem Moment hätte ich es nie mit der Kirchturmuhr in Verbindung gebracht, doch ihr gebührt eindeutig das Verdienst, mich ein Leben lang zu dirigieren. Nach der Psychologie kann ich amüsiert sagen, ich wurde konditioniert wie ein pawlowscher Hund ...

3. Ereignisse auf der Weltbühne während meiner beschriebenen 70 Jahre Lebenszeit

1945 Ende des 2. Weltkrieges

Die alliierten Truppen kämpften sich weiter nach und durch Deutschland, bis sie im Lande aufeinandertrafen. Am 30. April beging Adolf Hitler Selbstmord. Bedingungslose Kapitulation der Deutschen, unterzeichnet am 8. Mai in Berlin Karlshorst. Nicht nur Deutschland stand vor einem Trümmerhaufen. 60 bis 80 Millionen Menschenleben hatte dieser Krieg gekostet.

Deutschland und Österreich wurden in Besatzungszonen für die Siegermächte USA, Frankreich, Großbritannien und die Sowjetunion aufgeteilt. Im November begannen die Nürnberger Prozesse zur Bestrafung der nationalsozialistischen Kriegsverbrecher.

Japan verzeichnete die schlimmste Katastrophe seit Menschengedenken, den Abwurf der Atombomben auf Hiroshima am 6. und am 9. August auf Nagasaki, Japan kapitulierte am 15. August. Das war das Kriegsende.

1946

Zu viele Familien hofften darauf, dass ihre Männer noch aus der Gefangenschaft zurückkehren würden. Deutschland war im Westen mit den westlichen Siegermächten dabei, eine neue Demokratie aufzubauen. In der Ostzone drückte die sowjetische Siegermacht der Politik ihren kommunistischen Stempel auf. In Berlin war es besonders kompliziert, hier hatten die Alliierten eine einzige Stadt in vier Zonen aufgeteilt.

Die ganze Welt war im Umbruch. Winston Churchill prophezeite einen „Eiserner Vorhang" zur Sowjetunion.

1947

Der Wiederaufbau in Deutschland zeigte gewaltige Unterschiede zwischen dem Ostteil und dem Westteil des Landes. Der Westen Deutschlands erhielt Unterstützung aus den USA, während der Ostteil seine Wirtschaft selbstständig aufbauen musste und Reparationsleistungen an die Sowjetunion zahlte.

1948

In Indien fiel der Pazifist Mahatma Gandhi einem Attentat zum Opfer.

Der Marshallplan trat in den Westzonen Deutschlands in Kraft. Die USA gaben Kredite und lieferten Rohstoffe. Berlin stand besonders im Interesse der Weltöffentlichkeit. Die Sowjetunion erhob Anspruch auf die gesamte Stadt. Im Westen wurde eine Währungsreform von den Westalliierten realisiert, die ausschließlich die Westzonen und die Westsektoren Berlins betraf. Das war der Auslöser für die sowjetische Besatzungsmacht, eine Blockade zu errichten, um die Versorgung Westberlins über Autobahnen und Wasserwege zu verhindern. Die Blockade verlief erfolglos, denn die die Alliierten versorgten die Stadt aus der Luft, die Luftbrücke wurde zu einem Akt der Solidarität und gleichermaßen zu einem harten Machtkampf im Kalten Krieg.

1949

Die Hoffnung auf ein einheitliches Deutschland wurde in diesem Jahr zunichte gemacht. Am 23. Mai wurde die Bundesrepublik Deutschland gegründet, und am 7. Oktober entstand die Deutsche Demokratische Republik. Sie wurde von der Westseite nicht anerkannt. Zwei Staaten auf deutschem Boden waren nicht im Sinne der Menschen und der westlichen Politik. Die Gründung der BRD verstieß gegen bestehende Verträge. Die Gründung der DDR war die Antwort darauf.

Viele Menschen gingen von Ost nach West, weil sie dort bessere Lebensbedingungen vorfanden. Die Sowjetunion schockierte die USA und die ganze Welt. Sie zündete am 29. August in Semipalatinsk ihre erste Atombombe zu Testzwecken.

1950

Die beiden deutschen Staaten entwickelten sich zusehends auseinander, wirtschaftlich und politisch. Konrad Adenauer wurde erster Bundeskanzler einer neuen Ära. Im Westen entwickelte sich die Wirtschaft erfolgreich, Lebensmittelkarten wurden abgeschafft. Der Bundesgerichtshof in Karlsruhe begann mit seiner Arbeit. Die erste Volkszählung der BRD ergab mehr als 49 Millionen Menschen. Weniger als die Hälfte zählte man in der DDR.

In der DDR wurde das Ministerium für Staatssicherheit gegründet.

Erstmals standen sich in Korea zwei politische Lager mit Waffen gegenüber. Bis heute ist Korea ein geteiltes Land.

1951

Wirtschaftswunder im Westen, Entnazifizierungsprozesse von der amerikanischen Seite, die westdeutsche Justiz hingegen gewährte Amnestien für fast 800.000 Personen. In den USA sorgte der Prozess gegen das Ehepaar Ethel und Julius Rosenberg wegen Spionage für die Sowjetunion für weltweite Schlagzeilen. Trotz der Proteste namhafter Persönlichkeiten wie Albert Einstein, Pablo Picasso, Papst Pius XII. u. a. wurde das Ehepaar in New York hingerichtet. In Westdeutschland gingen die ersten Richard-Wagner-Festspiele der Nachkriegszeit in Bayreuth über die Bühne.

1952

Das kommunistische Nordkorea und das demokratische Südkorea führten weiter Krieg. In Großbritannien bestieg Königin Elizabeth II. den Thron. Im Osten Deutschlands begann der sogenannte Aufbau des Sozialismus nach Vorbild Sowjetunion. Berlin, von vier Besatzungsmächten beherrscht und somit mit einem schwierigeren Status. Westberliner durften nur noch mit Genehmigung die DDR betreten.

Für eine beängstigende Schlagzeile im November sorgten die USA. Sie zündeten auf dem Eniwetok-Atoll im Pazifik ihre erste Wasserstoffbombe.

1953

Am 5. März starb der sowjetische Diktator Josef Stalin. Nikita Chruschtschow wurde im September offiziell Erster Sekretär der KPdSU. Die Sowjetunion bemühte sich nun um einen entspannten Kurs in der Außenpolitik.

In der DDR schufen die wirtschaftlichen Vorgaben und die staatlich beschlossenen, erhöhten Arbeitsnormen Unmut unter den Menschen. Der Aufstand am 17. Juni zeigte, dass das Volk seinen neuen, streng sowjetisierten Staat ablehnte. Der Aufstand wurde blutig niedergeschlagen, die Rote Armee leistete dabei militärische Hilfe. Die Kluft zwischen Ost und West war größer denn je.

In Korea war der Krieg zwischen dem Norden und dem Süden beendet worden. Auch hier war die Kluft zwischen den beiden Landesteilen unüberbrückbar geworden. USA-Unterstützung für Südkorea, Sowjetunion für Nordkorea.

1954

Bei der Fußball-WM in der Schweiz, beim „Wunder von Bern", besiegte Deutschland Ungarn im Endspiel mit 3:2 Toren und wurde Weltmeister.

Die ganze Welt war entsetzt, dass die USA im Pazifik eine Wasserstoffbombe gezündet hatte, deren Stärke die Hiroshima-Bombe um das 600-fache übertraf. Das Gleichgewicht der Kräfte war zu einem Gleichgewicht der Angst geworden.

In den Pariser Verträgen wurde die Wiederbewaffnung der BRD beschlossen, die den Eintritt in die NATO nach sich zog. Die USA veröffentlichten den „Communist Control Act of 1954", die schwarze Liste für unerwünschte Einwanderer von Senator Joseph McCarthy. In den USA begann die Rock'n' Roll- Ära mit Bill Haley und Elvis Presley ihren Siegeszug in die Welt.

1955

Zehn Jahre nach dem Ende des Zweiten Weltkrieges existierten zwei eigenständige Staaten auf deutschem Boden, grundverschieden. Am 6. Mai trat die Bundesrepublik der NATO bei, und die DDR wurde in den Warschauer Pakt eingebunden. Der Bundeskanzler Konrad Adenauer konnte den etwa 10.000 Kriegsgefangenen, die sich noch in sowjetischer Gefangenschaft befanden, zur Rückkehr in die Heimat verhelfen.

In den USA war der Montgomery-Bus-Boykott zu einem Wendepunkt in der Geschichte der Rassentrennung geworden. Der Oberste Gerichtshof der Vereinigten Staaten musste ein Zugeständnis zugunsten der schwarzen Bevölkerung machen und beendete damit die Diskriminierung in öffentlichen Verkehrsmitteln.

1956

Auf Initiative des sowjetischen Parteichefs Nikita Chruschtschow begann in der UdSSR der Prozess der Entstalinisierung. Nach außen vertrat das Land die Politik friedlicher Koexistenz. Innenpolitisch wurden demokratische Bestrebungen im Keim erstickt. In der georgischen Hauptstadt Tiflis kam es zu einem Massaker, bei dem die Armee eine hauptsächlich aus Schülern und Studenten bestehende Demonstration niederschlug. Auch in Polen wurde ein Aufstand niedergeschlagen. Arbeiter waren wegen der miserablen Versorgung und der anhaltenden Mangelwirtschaft auf die Straße gegangen. Die polnische Armee ging gegen ihre Landsleute brutal vor und beendete den Aufstand. Auch in Ungarn erhoben sich die Menschen gegen die kommunistische Herrschaft und die Unterdrückung durch die sowjetische Besatzung. Der Volksaufstand in Ungarn wurde durch die Rote Armee und den Einsatz von Panzern niedergeschlagen.

In der Bundesrepublik herrschte inzwischen ein Mangel an Arbeitskräften. Um das Wirtschaftswunder weiter voranzubringen, mussten ausländische Arbeiter angeworben werden. Die ersten Gastarbeiter kamen aus Italien. Der befristete Arbeitsaufenthalt war unrealistisch. Die Familien folgten und blieben.

1957

Die Konkurrenz zwischen den Großmächten gewann an Brisanz, als die Sowjetunion nicht nur mit dem Start der ersten Interkontinentalrakete aufwartete, sondern auch den ersten Satelliten namens „Sputnik" ins All schickte. Mit diesem sogenannten Sputnik-Schock löste sie den Wettlauf um wissenschaftliche Errungenschaften aus, der stellvertretend für den politischen Machtkampf ausgetragen wurde. Während die UdSSR weiter ihren Kurs der friedlichen Koexistenz vertrat, argwöhnten die USA bei allen Bestrebungen des Ostblocks eine kommunistische Unterwanderung, wie sie in der Eisenhower-Doktrin definiert worden war und wogegen sie massiv vorgingen.

Die DDR hatte mit einer beständigen Auswanderungswelle zu kämpfen, durch die sie wertvolle Arbeitskräfte verlor. Um dem entgegenzuwirken, wurde ein ungesetzliches Verlassen des Landes unter Strafe gestellt. Das Wort „Republikflucht" war geboren. Es konnte die Menschen jedoch nicht derart schrecken, dass sie nicht weiterhin zahlreich in den Westen flüchteten, wo sie die Möglichkeit für ein freiheitlich-demokratisches Leben sahen.

Das eigens zur Weltausstellung in Brüssel erbaute Atomium wurde zum Wahrzeichen der belgischen Hauptstadt.

1958

Was in der Bundesrepublik bereits 1950 vollzogen worden war, erfolgte nun auch in der DDR: Die Lebensmittelkarten wurden abgeschafft. Von einem Wirtschaftswunder konnte jedoch keine Rede sein. Die Weltwirtschaft erlebte unterdessen eine Rezession. Die Wirtschaft der BRD blieb stabil im Gegensatz zur Wirtschaft in den USA.

In Ungarn wurden die führenden Köpfe des Volksaufstandes hingerichtet nach einem spektakulären Schauprozess. Die Sowjetunion manifestierte ihre Ansprüche auf die Stadt Berlin in dem sogenannten Berlin-Ultimatum an die westlichen Besatzungsmächte, das strikt abgelehnt wurde.

Der Konkurrenzkampf um die Vormachtstellung in der Raumfahrt gipfelte in den USA mit der Gründung der Raumfahrtbehörde NASA.

In der Bundesrepublik wurde der Rock 'n' Roll-Sänger Elvis Presley mit einem großen Medienrummel empfangen. Er war gekommen, um seinen Wehrdienst bei den stationierten Kräften der US-Armee abzuleisten und wurde als Star begrüßt. Hierzulande war er längst eine Kultpersönlichkeit.

Der englische Fußballmeister Manchester United hatte den Tod von acht seiner Spieler zu beklagen, die auf tragische Weise beim Absturz eines Flugzeuges über München ums Leben kamen. Insgesamt starben 23 Insassen, nachdem die Maschine von der Startbahn in München-Riem abgekommen war.

Artur Fischer erfand den S-Dübel, der auch heute noch unter dem Namen Fischerdübel bekannt ist.

1959

Die Nachrichten wurden weltpolitisch von Kuba beherrscht. Der siegreiche Kampf der revolutionären Kräfte, unter denen auch Ernesto „Che" Guevara war, brachte Fidel Castro an die Macht. In Kuba wurden nun marxistische Lehren einer sozialistischen Politik zugrunde gelegt, die Castro über Jahrzehnte beibehielt. Kuba ist noch immer eine sozialistische Republik.

In New York stellte die Firma Mattel auf der Spielwarenmesse ein Püppchen vor, die Barbie-Puppe. Der Schriftsteller Günter Grass veröffentlichte eines der wichtigsten Werke der Nachkriegsliteratur: „Die Blechtrommel".

Das Jahrzehnt klang weltpolitisch mit einem Hoffnungsschimmer aus, Nikita Chruschtschow und der US-Vizepräsident Richard Nixon besuchten sich, um die Konfrontation im Kalten Krieg abzuschwächen.

1960

Ein besonders gutes Jahr, „Afrikajahr" zu Recht, denn insgesamt 17 afrikanische Staaten legten die weiße Kolonialherrschaft ab und wurden unabhängig. In der Sowjetunion wurde Leonid Breschnew gewählt. Nach langer Planung wurde Brasilia gegründet, die Stadt, die mit ihren Monumentalbauten Rio de Janeiro als Hauptstadt von Brasilien ablöste. Der für die Deportation der Juden zuständige SS-Obersturmbannführer Adolf Eichmann wurde in Buenos Aires vom israelischen Geheimdienst Mossad aufgegriffen und nach Israel gebracht, wo ihm der Prozess gemacht wurde. Im Hamburger Club „Indra" spielte eine Band erstmals unter dem Namen, den bald jeder kannte: The Beatles.

1961

Mit dem Jahr verbindet sich für die Deutschen die endgültige Teilung des Landes. Am 13. August begann in Berlin der Bau der Mauer, die zwischen Ost und West zu einer Grenze mit Todesfolge werden sollte.

Zwischen den USA und der Sowjetunion wurde das Kopf-an-Kopf-Rennen um die Vormachtstellung im Weltraum zur Hetzjagd. Am 12. April schickte die UdSSR das erste bemannte Raumschiff ins All, die „Wostok 1" mit Juri Gagarin an Bord. Drei Wochen später, am 5. Mai, flog der Amerikaner Alan Shepard ins Weltall, und am 6. *August* schickte die *Sowjetunion* wieder ein Raumschiff ins All, „Wostok 2". Die USA hatten seit Beginn des Jahres einen neuen Präsidenten: *John F. Kennedy.* In sein erstes Amtsjahr fiel der Beginn der Invasion in der kubanischen Schweinebucht.

1962

Fidel Castro wurde von Papst Johannes XXIII. Exkommuniziert, und im Oktober sprach der Papst vom Verständnis für Andersgläubige.

Im Norden des Landes kämpften im Februar die Menschen gegen die schwerste Sturmflut seit 100 Jahren. In Hamburg gab es 340 Todesopfer. Die Spiegel-Affäre eröffnete den Kampf für die absolute Pressefreiheit.

Die Welt entging knapp einem Atomkrieg, den die Kubakrise beinahe ausgelöst hätte durch das Bemühen der Sowjets, auf der Insel Mittelstreckenraketen zu stationieren. Der Kalte Krieg zwischen den Großmächten hatte eine neue, bedrohlichere Qualität angenommen.

1963

Im Juni bereiste Präsident John F. Kennedy Berlin und hielt eine seiner denkwürdigsten Reden, die mit den berühmten Worten endete: „Ich bin ein Berliner." Kennedy fiel im selben Jahr, am 22. November, einem Attentat zum Opfer.

In den USA ging Martin Luther King während des Marsches auf Washington mit seinen Worten „I have a Dream" in die Geschichte ein.

Ludwig Erhard wurde der zweite Kanzler der Bundesrepublik.

Deutschland bangte im Herbst 1963 um die verunglückten Bergleute in Lengede, unweit von Salzgitter.

In die internationale Kriminalgeschichte ging ein Verbrechen ein, das sich in England ereignet hatte: der legendäre Postraub. Dabei erbeutete eine 15-köpfige Bande 2,6 Millionen Pfund aus einem Postzug.

1964

Es war ein Olympisches Jahr, Innsbruck im Winter, am 6. August Olympisches Feuer in Hiroshima zur Erinnerung an den ersten Atombombenabwurf.

Der US-Präsident Lyndon B. Johnson unterzeichnete das wichtigste Dokument zur Beendigung der Rassentrennung.

In Südafrika wurde der Führer der Anti-Apartheid-Bewegung, Nelson Mandela, inhaftiert, aus der er erst 1990 auf Geheiß des amtierenden Südafrika-Präsidenten Frederik de Klerk entlassen wurde.

Ein US-amerikanischer Schwergewichtsboxer, der zum Jahrhundertsportler werden sollte, machte immer wieder Schlagzeilen: Cassius Clay, er bekannte sich später zum Islam als Muhammed Ali.

In der *UdSSR* musste Nikita Chruschtschow sämtliche Ämter niederlegen. Besonders seine politischen Alleingänge waren Auslöser für seine Entmachtung. *Leonid Breschnew* wurde neuer Parteichef, und Alexej Kossygin übernahm das Amt des Regierungschefs.

1965

Königin Elizabeth II. besuchte die Bundesrepublik Deutschland als eine versöhnliche Geste von britischer Seite. Zwischen diesem und dem letzten Besuch lagen zwei Weltkriege. Winston Churchill, der heute als der bedeutendste britische Politiker des 20. Jahrhunderts gilt, starb.

Albert Schweitzer starb 90-jährig in Lambaréné in Gabun.

Die Rede von Papst Paul VI. vor der UNO war ein Friedensappell an die Welt.

1966

Leonid Breshnew stand für politische Stabilität ohne Reformen in der UdSSR.

Die Welt wurde Zeuge der vom chinesischen Machthaber Mao Zedong eingeleiteten „Großen Proletarischen Kulturrevolution".

Rücktritt des Bundeskanzlers Ludwig Erhard. Unter dessen Nachfolger, Kurt-Georg Kiesinger, nahm die erste Große Koalition in der BRD, bestehend aus SPD und CDU/CSU, ihre Arbeit auf.

1967

Jahr des Tourismus, jedoch Israel und die arabischen Nachbarn betraf es nicht. Dort hatte am 5. Juni der „Sechstagekrieg" begonnen, als die israelische Luftwaffe einen Präventivschlag gegen Stützpunkte des ägyptischen Militärs führte.

Die Großmächte USA und Sowjetunion trafen sich im Bundesstaat New Jersey zu einer Konferenz, Fragen zur Entspannungspolitik waren das Thema.

Die Deutschen waren schockiert, als es beim Besuch des iranischen Schahs in Berlin zu einem Todesopfer kam. Bei schweren Ausschreitungen und Demonstrationen wurde der Student Benno Ohnesorg zum Opfer der polizeilichen Maßnahmen. Er starb durch einen Pistolenschuss.

Ein Todesopfer, das zu Lebzeiten schon wegen seiner charismatischen Ausstrahlung und freiheitlichen Gesinnung Berühmtheit erlangt hatte, war Che Guevara, neben Fidel Castro die wichtigste Persönlichkeit der kubanischen Revolution. Ein Angehöriger des bolivianischen Militärs erschoss Che Guevara, ohne dass eine Gerichtsverhandlung vorausgegangen war.

1968

Bürgerrechts- und Studentenbewegungen machten das Jahr nicht nur in Deutschland aus. Sie gipfelten in diesem Jahr in massiven Protesten und gingen als die „68er-Bewegung" in die Geschichte ein. In den USA war es das Aufbegehren gegen den Vietnamkrieg und die Bürgerrechtsbewegung der schwarzen Bevölkerung, die von dem Baptistenprediger Martin Luther King angeführt wurde, der am 4. April in Memphis Opfer eines Attentats wurde und starb. In der BRD protestierten Studenten gegen die Notstandsgesetze, und in der ČSSR bemühte sich die Kommunistische Partei unter Alexander Dubček um eine Liberalisierung und Demokratisierung im Lande. Diese Bemühungen manifestierten sich im „Prager Frühling", der den Einmarsch des Ostblock-Militärs, des Warschauer Paktes, nach sich zog. Eine halbe Million Soldaten waren an dieser größten Operation seit dem Ende des Zweiten Weltkrieges beteiligt. Die DDR-Truppen hielten sich an der Grenze zurück, ihre Regierung hatte aber politisch Position gegen den „Prager Frühling" bezogen. Am 23.

August hatten die einmarschierten Verbände den Aufruhr niedergeschlagen. Er hatte zwei Tage gedauert.

1969

Der SPD-Politiker und neue Bundeskanzler Willy Brandt bemühte sich um eine entspannte Außenpolitik gegenüber der
DDR und dem Ostblock.

Am 20. Juli landeten zum ersten Mal Menschen auf dem
Mond. Einen Tag später betrat ihn der erste Erdenmensch – Neil
Armstrong, der amerikanische Astronaut der Mission Apollo 11
sprach die legendären Worte: „Das ist ein kleiner Schritt für den
Menschen, ein riesiger Sprung für die Menschheit."

Die überschwängliche Hysterie, die das „Woodstock Music
and Art Festival" auslöste, ist dokumentiert.

1970

In Deutschland stand der Beginn einer neuen Entspannungspolitik zwischen der BRD und der DDR im Vordergrund. Unabhängig davon diskutierten die vier Besatzungsmächte in Berlin
über den besonderen Status der Stadt, ein Berlin-Abkommen
war geplant.

Die „Rote-Armee-Fraktion" (RAF) trat in Erscheinung. „The
Beatles" trennten sich.

1971

Nachdem in Chile Salvador Allende durch den Sieg der Partei-
envereinigung „Unidad Popular" zum Regierungschef gewählt
worden war, sollte nun die Etablierung einer Demokratie in
die Tat umgesetzt werden. Allende ließ die Kupferminen durch
eine Verfassungsänderung verstaatlichen, was einen Konflikt
mit den USA nach sich zog, die ihre Anteile gefährdet sahen.

In der DDR kam es zum zwangsweisen Rücktritt des Ersten
Sekretärs des Zentralkomitees der SED, Walter Ulbricht, mit
dessen engstirniger Politik die Genossen nicht mehr einverstanden waren. Seinen Platz nahm Erich Honecker ein.

In Ägypten begann das Jahr mit der Einweihung des Assuan-Staudammes, der den Nil zu einem riesigen See staute.

Im kanadischen Vancouver gründeten Friedensaktivisten eine Non-Profit-Organisation, die sich international mit dem Erhalt des Umweltschutzes befasst: Greenpeace.

1972

Die Beziehungen zwischen den beiden deutschen Staaten begannen sich allmählich zu normalisieren. Ein Transitabkommen und ein Grundlagenvertrag wurden unterzeichnet. Die neue Ostpolitik ließ die Idee eines vereinten Deutschlands in weite Ferne rücken, deshalb nur bedingter Zuspruch im Westen. In der DDR wurde sie auf Regierungsebene als ein politischer Sieg gewertet.

Das sportliche Ereignis des Jahres, die XX. Olympischen Spiele, die in München stattfanden, wurden zu einem politischen Massaker. Elf Sportler der israelischen Mannschaft wurden von der palästinensischen Terror-Organisation „Schwarzer September" als Geiseln genommen. Die Befreiungsaktion durch deutsche Behörden scheiterte. Alle Geiseln, fünf Terroristen und ein deutscher Polizist starben.

Schlagzeilen machte weltweit auch die Washingtoner Watergate-Affäre. Die USA-Regierung unter Richard Nixon hatte außerdem mit dem Aufbegehren der Bevölkerung gegen den Vietnam-Krieg zu tun.

1973

Nach jahrzehntelangem Krieg wurde zwischen den USA und Nordvietnam ein Waffenstillstandsabkommen unterzeichnet.

Im südamerikanischen Chile kam es im Sommer zum Ausnahmezustand, der am 11. September in einem blutigen Militärputsch gipfelte. Der Versuch Salvador Allendes, in Chile eine Demokratie zu etablieren, war fehlgeschlagen. Wirtschaftlich war das Land sehr labil aufgrund der amerikanischen und internationalen Boykotts. Das Militär unter General Augusto Pinochet übernahm die Macht im Land, das viele Chilenen wegen der zahlreichen Menschenrechtsverletzungen und der zunehmenden Folterungen verließen.

Das Jahr war außerdem gekennzeichnet von der ersten großen Ölkrise. Der Ölpreis wurde von der OPEC um 70 Prozent angehoben, die Auswirkungen waren weltweit massiv zu spüren.

Asien und Europa rückten näher zusammen: In Istanbul öffnete die Brücke über den Bosporus. In Amerika wurde das New Yorker „World Trade Center" eröffnet.

1974

Die Fußball-Weltmeisterschaft in Deutschland, die deutsche Nationalmannschaft holte den Weltmeistertitel. Namen wie Franz Beckenbauer, Sepp Meier, Uli Hoeneß u. a. schrieben Fußballgeschichte. In Kinshasa in Zaïre (Kongo) fand der legendäre Boxkampf zwischen George Foreman und Muhammad Ali um den Weltmeistertitel im Schwergewicht statt, den Ali durch einen K.o. gewann.

Nach 25 Jahren hatte es die DDR geschafft, eine umfassende internationale Anerkennung zu erlangen. Beide deutsche Staaten hatten nun jeweils ihre eigenen ständigen Vertretungen in Bonn bzw. Berlin, und die DDR hatte den Begriff der Wiedervereinigung aus ihrem öffentlichen und amtlichen Sprachgebrauch entfernt.

In der BRD wurde Helmut Schmidt zum Nachfolger Willy Brandts gewählt, der aufgrund der Spionage-Affäre „Guillaume" von seinem Amt als Bundeskanzler zurückgetreten war.

Sensationelles auf dem Gebiet der Archäologie berichtete die Presse aus China: Die Terrakotta-Armee wurde entdeckt. 7000 Tonfiguren in Lebensgröße, die ein Teil des Mausoleums des Kaisers Qin waren, bezeugen nun die vollständige Armee aus einer längst vergangenen Zeit.

1975

Von nun an war jeder in der BRD mit 18 Jahren erwachsen, zumindest volljährig und damit auch wahlberechtigt.

International war das Jahr als „Jahr der Frau" deklariert worden, so fand in Mexiko-Stadt die erste UN-Weltfrauenkonferenz statt, die u. a. die Gleichberechtigung der Frauen thematisierte.

Die Welt der Spanier veränderte sich, mit dem Tode General Francos ging eine 36-jährige Diktatur zu Ende, König Juan Carlos stand für Demokratie.

In Vietnam wurde am 30. April Saigon im Süden des Landes von den kommunistischen Nordvietnamesen eingenommen. Südvietnam kapitulierte, und der jahrzehntelange Krieg war endgültig zu Ende.

1976

Asien im Blickpunkt: Der 2. Juli gilt als die offizielle Wiedervereinigung Vietnams. Das Land war zu einer sozialistischen Republik geworden und wurde durch ein Einparteiensystem regiert. Das einstige Saigon wurde in Ho-Chi-Minh-Stadt umbenannt.

China wurde von einer schweren Naturkatastrophe heimgesucht. Südlich der Hauptstadt Peking kam es zu einem Erdbeben der Stärke 7,8. Wahrscheinlich kamen 800.000 Menschen ums Leben. Das Erdbeben wird als die verheerendste Naturkatastrophe des 20. Jahrhunderts eingestuft. Im September desselben Jahres starb in China Mao Zedong, der diktatorische, kommunistische Staatschef. Er war durch die von ihm initiierte Kulturevolution nicht nur für die wirtschaftliche Schädigung des Landes, für die Zerstörung wertvollen Kulturerbes, sondern auch für den Tod von Millionen Chinesen verantwortlich. Mit seinem Tod war die Kulturrevolution offiziell zu Ende. Nach geschätzten Angaben gaben dem Toten etwa 1,5 Millionen Menschen das letzte Geleit.

In der BRD fanden die Wahlen zum Deutschen Bundestag statt, Helmut Schmidt, SPD, wurde Bundeskanzler. Bei den Volkskammerwahlen in der DDR wurde erwartungsgemäß Erich Honecker zum Staatsratsvorsitzenden gewählt. Der DDR-Liedermacher Wolf Biermann wurde im selben Jahr aus der DDR ausgebürgert, als ihm nach einem Konzert vor der IG Metall in Köln die Wiedereinreise verweigert wurde.

1977

Ein tragisches Flugzeugunglück ereignete sich im Frühjahr über Teneriffa. Eine wegen einer Bombendrohung auf Gran Canaria umgeleitete Boeing 747 der PanAm stieß bei dichtem Nebel auf eine Boeing 747 der KLM, die ohne Starterlaubnis im Luftraum war. 583 Menschen fanden bei dieser Katastrophe den Tod. Es war das bis dahin schwerste Flugzeugunglück in der Geschichte der Luftfahrt.

In New York hielt die Nacht des 13. Juli die Menschen in Atem, die von Blitzeinschlägen und einem weitreichenden Stromausfall betroffen waren. Diese gravierende Störung hatte im Frühjahr des darauffolgenden Jahres einen spektakulären Babyboom zur Folge.

Die Terrorvereinigung „Rote-Armee-Fraktion" (RAF) organisierte sich neu. Im März kam es zur Ermordung des Generalbundesanwaltes Siegfried Buback durch die RAF. Der deutsche Arbeitgeberpräsident Hanns Martin Schleyer wurde ebenfalls von einem RAF-Kommando entführt und umgebracht.

In den USA punktete das Unternehmen Apple auf dem technischen Sektor. Der Apple II kam als erster Rechner auf den Markt, der vollständig mit einem Bildschirm und einer Tastatur ausgestattet war.

Der King of Rock 'n' Roll, Elvis Presley, starb am 26. Juni.

1978

Drei Päpste in einem Jahr: Papst Paul VI., Johannes Paul I., beide verstarben, Karol Wojtyla, Erzbischof von Krakau, wurde als Nachfolger gewählt. Er ging als Papst Johannes Paul II. in die Geschichte ein.

Sigmund Jähn, DDR-Kosmonaut, war der erste Deutsche, der, gemeinsam mit dem sowjetischen Kosmonauten Waleri Bykowski, im Rahmen der Mission Interkosmos ins All flog.

Flugzeugentführung Danzig nach Berlin – Flucht mehrerer Ostdeutscher.

1979

Die maoistisch-nationalistische Guerillabewegung „Rote Khmer",
die in Kambodscha eine Schreckensherrschaft ausübte, das
Land gewaltsam in einen Agrar-Kommunismus führen wollte
und deren Massenmorde an der Bevölkerung die Welt in Atem
gehalten hatte, wurde zu Beginn des Jahres durch die Einnahme der Hauptstadt Phnom Penh durch vietnamesische Truppen
beendet. Wenige Tage nach diesem Befreiungsschlag wurde die
Volksrepublik Kambodscha ausgerufen.

Zwischen der Volksrepublik Ungarn und Österreich war mit
Beginn des Jahres die Visa-Pflicht im Reiseverkehr aufgehoben worden, eine weitreichende Entscheidung für den Ostblock
und seine Bürger.

Mit einem selbst gebauten Heißluftballon gelang es am 16.
September zwei Familien, auf sensationelle Weise in den Westen zu flüchten.

In der Musikszene machte Elton John von sich reden, als er
bereits im Mai zu Konzerten in die Sowjetunion reiste. Er war
der erste Popstar des Westens, der in diesem Land konzertierte.

1980

Die Sowjetunion startete zur Unterstützung der kommunistisch
gesinnten Regierung Afghanistans eine Großoffensive, die international verurteilt wurde. Die USA verhängten umgehend
massive Sanktionen gegen die UdSSR. Auch an den XXII. Olympischen Sommerspielen, die in Moskau stattfanden, beteiligten
sie sich nicht. Die Bundesrepublik und Japan blieben den Spielen ebenfalls fern, um ihren deutlichen Protest gegen den Einmarsch des sowjetischen Militärs in Afghanistan zu manifestie-
ren. Insgesamt wurden die Spiele von 57 Ländern boykottiert.

Den brutalen Kriegshandlungen folgte die Ratifizierung eines Vertrages zwischen der Sowjetunion und Afghanistan, der
die Stationierung sowjetischer Soldaten rechtfertigen sollte.

Das weltberühmteste Bier- und Volksfest in München wurde am 26. September von einem Bombenattentat überschattet.

Es waren 13 Tote und 200 Verletzte zu beklagen. Unter den Opfern befand sich der rechtsradikale Attentäter.

In Karlsruhe wurde eine neue Partei gegründet, „Die Grünen". Vorrangige Programm-Themen waren Fragen des Umweltschutzes.

1981

Der 40. Präsident der USA, Ronald Reagan, ein politischer Hardliner. Nicht Entspannungspolitik, sondern Sieger aus dem Rüstungswettlauf gegen den Warschauer Pakt wollte er. Er plädierte für den Bau der Neutronenbombe.

Im Oktober kam es in Ägypten zu einem Regierungswechsel, Mohammed Hosni Mubarak übernahm als Nachfolger das Amt des ermordeten Anwar el-Sadat.

Die Sowjetunion provozierte Polen durch Manöver in Grenznähe, um ihren Druck auf das Land zur Bekämpfung der sogenannten Konterrevolution, wie die neue freie Gewerkschaft „Solidarność" von den Sowjets gewertet wurde, zu erhöhen. Es kam zum Verbot dieser Gewerkschaft, und der polnische Regierungschef Wojciech Jaruzelski verhängte das Kriegsrecht. Die Unruhen im Land nahmen zu.

Unruhig war es auch in der Bundesrepublik. Großdemonstrationen von Atomkraftgegnern waren fortwährend ein Thema der Berichterstattung. Friedlich und in polizeilicher Begleitung machten die Demonstranten ihren Unmut gegen das geplante Kernkraftwerk Brokdorf deutlich.

Erstmals wurde vom US-Seuchenschutz ein Bericht über eine Immunschwächekrankheit veröffentlicht – AIDS.

1982

Im Sommer beherrschte die NATO-Gipfelkonferenz das politische Geschehen in der Bundesrepublik. In Bonn gab es eine Friedenskundgebung riesigen Ausmaßes.

Misstrauen gegen die Politik Helmut Schmidts (SPD) war der Auslöser für den Wechsel im Bundeskanzleramt. Am 1. Oktober trat der CDU-Politiker Helmut Kohl die Nachfolge Schmidts an.

Die Fußballweltmeisterschaft in Spanien brachte in diesem Jahr einen grandiosen Sieg für Italien: Zum dritten Mal wurde das Land Weltmeister. Das Endspiel hatte Italien gegen Deutschland bestritten, und mit einem 3:1-Sieg hatte es die BRD auf den Platz des Vize-Weltmeisters verwiesen.

Besondere kulturelle Ereignisse:

Einen ersten Platz allerdings konnte Nicole beim 27. Eurovision Song Contest belegen. Im englischen Harrogate sang sie sich mit „Ein bisschen Frieden" in die Herzen der Menschen und verließ die Bühne als Siegerin. Erfolgreich war auch Michael Jackson mit seinem neuen Album „Thriller", das im November erschien. Das Ende der schwedischen Gruppe „ABBA" war für die Fans kein Grund zu Freude.

Ein Schock war der Tod der Leinwandlegende Romy Schneider, die am 29. Mai aus nicht ganz geklärten Umständen starb. Ebenso unerwartet war der Tod der Fürstin von Monaco, der früheren, amerikanischen Schauspielerin Grace Kelly, die bei einem Autounfall ums Leben kam.

1983

Der Fund der Hitler-Tagebücher ging durch die Presse. Der „Stern" gab ihn exklusiv bekannt, hatte er sie doch für 9,3 Millionen D-Mark dem Maler Konrad Kujau abgekauft. Ebenso spektakulär war die Meldung, dass es sich um eine Fälschung handelte. Kujau hatte sich bereits einen Namen als „anerkannter" Kunstfälscher gemacht.

Der Bericht des „Spiegel" über die tödliche Krankheit AIDS entsprach der Wahrheit. Das Vorhandensein der Krankheit und ihre schnelle Verbreitung hatten von nun an einen festen Platz in den Köpfen der Menschen. In Berlin war bereits am 23. September die Gründung der deutschen AIDS-Hilfe eine prompte Folge durch die bereits in Deutschland betroffenen Menschen.

Franz-Josef-Strauß, der bayerische CSU-Ministerpräsident, vermittelte mit Bürgschaft der Bundesregierung einen Milliarden-

kredit an die DDR. Ein kulturelles Geschenk folgte: Im Berliner
Palast der Republik trat Udo Lindenberg am 25. Oktober bei einem Rockkonzert auf. Er kam mit dem „Sonderzug nach Pankow", einem Lied, das zum Kult-Hit wurde.

Und in Sachen Kommunikation wurde die Welt mobiler. Das
erste Mobiltelefon kam in Amerika auf den Markt.

1984

Von den XIV. Olympischen Winterspiele im jugoslawischen Sa-
rajevo kam die DDR-Eiskunstläuferin Katarina Witt mit einer
Goldmedaille zurück. Die DDR bekam wieder einen Milliarden-
kredit. Die Bundesrepublik übernahm die Bürgschaft für diese
durch Banken finanzierte, zweite Anleihe.

Ab August festgeschriebene Anschnallpflicht in PKWs. In
der Bundesrepublik wurde das Amt des Bundespräsidenten neu
besetzt durch Richard von Weizsäcker.

Zwei extremistische Anhänger der Sikh-Religion verübten
am 31. Oktober in Indien ein Attentat auf die Ministerpräsi-
dentin Indira Gandhi, das tödlich endete. Das Attentat zog Unruhen nach sich, etwa 1.000 Menschen starben. Das Amt des
Ministerpräsidenten übernahm Rajiv Gandhi, der Sohn der ge-
töteten Politikerin.

Im Dezember kam es in der Prager Botschaft zu einem Hun-
gerstreik. 40 von 68 aus der DDR Geflüchtete wollten damit ihre
Ausreise in den Westen erzwingen.

Unfreiwillig hungerten die Menschen in Afrika, wo eine an-
haltende Dürre die Ernten vernichtet und Hungersnöte ausgelöst hatte.

1985

Den Posten als Generalsekretär der KPdSU hatte seit dem 11. März
Michail Gorbatschow inne. Mit dieser Veränderung an der Spitze
der sowjetischen Partei warfen große Ereignisse ihre Schatten voraus, er war ein Hoffnungsträger, nicht nur für das eigene Land.

In der Bundesrepublik machte Richard von Weizsäcker viel
beachtete Schlagzeilen mit seiner großen Rede am 8. Mai, dem

Tag des Endes des 2. Weltkriegs, der sich zum 40. Mal jährte. Er sprach sich zudem gegen Gewaltherrschaft jeglicher Art aus.

Ein Tauschgeschäft, das die Menschen in Ost- und Westdeutschland bewegte, war am 11. Juni der Austausch von 25 Westspionen gegen vier aus dem Osten, die auf der Glienicker Brücke in Berlin die Seiten wechselten.

Die Sportwelt entdeckte ein neues, aufstrebendes Tennis-Talent: Boris Becker. Er gewann 17-jährig als erster Deutscher das Grand-Slam-Turnier in Wimbledon.

1986

Sie hätte ein wissenschaftlicher Erfolg werden sollen, die Mission STS-51-L, zu der die US-Raumfähre „Challenger" abhob. Millionen verfolgten den Start am Bildschirm, und das Entsetzen war maßlos, als die Raumfähre kurz nach ihrem Start auseinanderbrach. Die sieben Astronauten im Innern der Fähre waren rettungslos dem Tod geweiht.

Der sowjetische Parteichef Michail Gorbatschow schlug dem Westen die Abrüstung aller Kernwaffen bis zur Jahrtausendwende vor. Auf dem 27. Parteitag der KPdSU brachte er zwei russische Vokabeln in den europäischen Sprachgebrauch ein: Glasnost (Offenheit), womit er auf mehr Presse- und Redefreiheit im Land anspielte, und Perestroika (Umgestaltung), ein Schlagwort, das eine Erneuerung der Demokratie beinhaltete.

Im Frühjahr desselben Jahres erschütterte eine Reaktorkatastrophe die Welt, als im Norden der Ukraine, in der Nähe von Kiew, im Atomkraftwerk Tschernobyl ein Reaktor explodierte. Es wurde so viel radioaktive Strahlung freigesetzt, dass davon viele europäische Länder in Mitleidenschaft gezogen wurden. Es war ein nuklearer Unfall von verheerendem Ausmaß.

1987

Dass die Neujahrsansprache des US-Präsidenten Ronald Reagan an das sowjetische Volk von Radio Moskau ausgestrahlt wurde, war eine Überraschung.

Für Berlin war das Jahr ein Grund zum Feiern. Die Stadt beging ihr 750. Jubiläum, was mit vielen Veranstaltungen jenseits und diesseits der Mauer begangen wurde. Der US-Präsident Ronald Reagan kam, in seiner Rede am Brandenburger Tor forderte er den sowjetischen Parteichef Gorbatschow auf, er möge die Mauer niederreißen lassen.

Die Mauer fiel nicht, Erich Honecker stattete der Bundesrepublik als erster DDR-Staatschef einen Besuch ab.

Auch die USA und die Sowjetunion bewegten sich ein Stück aufeinander zu. Sie unterzeichneten einen Vertrag, der den vollständigen Abbau aller nuklearen Mittelstreckenwaffen zum Inhalt hatte.

1988

In Sachen Sport verfolgten die Menschen in Calgary in Kanada die XV. Olympischen Winterspiele, mit 29 Medaillen fuhr die sowjetische Mannschaft nach Hause, die DDR räumte 25 ab (eine goldene holte Katarina Witt im Eiskunstlauf zum wiederholten Mal), und die Bundesrepublik gewann acht Medaillen. Die Bundesrepublik war Austragungsort der Fußball-Europameisterschaft.

Als erste Deutsche gewann Steffi Graf alle vier Grand-Slam-Turniere.

Und dass die UdSSR ihren Rückzug aus Afghanistan begann und wenig später auch der Erste Golfkrieg zwischen dem Iran und dem Irak beendet wurde, waren politisch gute Nachrichten.

1989

Sieht man von dem Massaker in Peking auf dem Platz des Himmlischen Friedens ab, bei dem das Militär in allen Teilen der Stadt einen Volksaufstand brutal beendete, der mehrere tausend Opfer forderte, so war das Jahr 1989 unbestritten politisch das Jahr der Deutschen und des Ostblocks.

Bereits im Januar verzichteten in Ungarn und Polen die Kommunisten auf ihren alleinigen Machtanspruch. Durch den ungarischen Abbau der Grenze zu Österreich wurde

der Eiserne Vorhang im wahrsten Sinne des Wortes löcherig. Über Ungarn setzten sich gleich danach viele DDR-Bürger in den Westen ab, und in der Prager Botschaft erzwangen sich Ausreisewillige die Genehmigung, die DDR zu verlassen. Das Eingreifen des bundesdeutschen Außenministers Hans-Dietrich Genscher war hierbei von maßgeblicher Bedeutung. In Leipzig zeigten im Oktober die Menschen ihren Unmut auf den Montags-Demonstrationen. Waren es am 2. Oktober 20.000 Teilnehmer, erhöhte sich in der Woche darauf ihre Zahl auf 70.000. Die politische Wende war unübersehbar geworden. Wieder eine Woche später nahmen bereits 120.000 Menschen an der Montags-Demonstration teil. Zwei Tage später, am 18. Oktober, trat Erich Honecker von seinen Ämtern zurück. Seine leeren Worte zum 40. Jahrestag der DDR waren ohnehin verhallt. Dem Aufruf der DDR-Künstlerverbände, sich im Sinne einer Demokratie zu einer Demonstration auf dem Berliner Alexanderplatz einzufinden, folgten mehr als 500.000 Menschen. Ausschreitungen gab es dabei kaum. Am 9. November fiel die Mauer, die 28 Jahre lang nicht nur eine Stadt, sondern ein Land getrennt hatte, denn mit dem Fall der Mauer wurde auch die innerdeutsche Grenze geöffnet.

1990

Die 90er-Jahre tragen eine Brandmarke, die der im Osten Europas sterbende Kommunismus geprägt hat. Eine starke Bewegung auf der Europakarte wurde bemerkt. Viele Länder teilten sich, andere erlangten ihre Freiheit, noch weitere führten Kriege. Die Tränen der Trauer und Verzweiflung, aber auch der Freude flossen in Strömen überall auf der Welt.

Wendepunkt in der Geschichte

Während in der Sowjetunion einzelne Staaten ihre Unabhängigkeit und ihre Abkehr vom diktatorischen Regime des Kommunismus verwirklichten, wurden die beiden deutschen Staaten wieder ein gemeinsames Land, das am 3. Oktober seine Wiedervereinigung beging. Inzwischen hatte seit dem 1. Juli die DM auch den Osten erreicht. Ungleiche Lohnanpassungen, volle Schaufenster und wenig Kaufkraft dämpften die erste Euphorie ein. Doch in allem überwog die Hoffnung auf ein friedliches Zusammenleben in einem ungeteilten Land und in einer ungeteilten Hauptstadt Berlin.

Michail Gorbatschow wurde zum Präsidenten der UdSSR gewählt, und in der noch vorhandenen DDR gab es die erste frei gewählte Volkskammer, jedoch nicht von langer Dauer. Lothar de Maizière wurde zum ersten und letzten DDR-Ministerpräsidenten gewählt. Im Juni wurde der endgültige Abriss der Mauer in Angriff genommen. Am 2. Dezember wurde bei der gesamtdeutschen Bundestagswahl Helmut Kohl als Kanzler bestätigt.

1991

In Moskau kam es im August zu einem Putsch, bei dem der Staatspräsident Michail Gorbatschow abgesetzt wurde. Funktionäre der KPdSU waren mit seiner Reformpolitik nicht einverstanden. Die Unabhängigkeit einzelner Republiken führte letztendlich zum Zerfall des sowjetischen Staatenbündnisses. Die entstandene Russische Föderation wurde von Boris Jelzin regiert.

Das Jahr 1991 war das endgültige Aus für das Bestehen der *Sowjetunion*. Einige Nachfolgestaaten bestanden als Gemeinschaft Unabhängiger Staaten (GUS) weiter, eine Vereinigung, die von Russland, der *Ukraine* und Weißrussland gegründet worden war und der noch weitere unabhängige Republiken angehörten. Vor allem die gemeinsame Basis für Wirtschaft und Sicherheit war der Auslöser für die Gründung der GUS.

Der grundlegende Wandel, der sich im Ostblock vollzog, hatte bereits im März zur Auflösung des sozialistischen Militärbündnisses, des Warschauer Paktes, geführt.

Der Zweite Golfkrieg konnte durch das Eingreifen der USA beendet werden und führte zur Befreiung Kuwaits.

1992

Am 7. Februar wurde mit dem Maastrichter Vertrag die Europäische Union endgültig Realität.

Im selben Monat sah sich der UN-Sicherheitsrat gezwungen, in die Kämpfe einzugreifen, die im auseinanderbrechenden Jugoslawien eskalierten.

Schlagzeilen machte die Rückkehr des einstigen DDR-Staatschefs Erich Honecker, der in Moskau Zuflucht in der dortigen chilenischen Botschaft gesucht hatte. Auf dem Berliner Flughafen wurde er bei seiner Ankunft verhaftet.

Der Ostteil Deutschlands war nach der Wende durchaus nicht in eine blühende Landschaft verwandelt worden. Die soziale Stimmung war angespannt und bildete einen gefährlichen Nährboden für rechtsradikale Kräfte.

1993

Während die Länder des ehemaligen Jugoslawiens ihre Souveränitätskämpfe in blutigen Massakern austrugen, wurde eigens für die dortigen Kriegsverbrecher das UN-Kriegsverbrechertribunal in Den Haag gegründet.

Friedlich hingegen ging die Neubildung von Tschechien und der Slowakei vonstatten.

Der neu gewählte US-Präsident Bill Clinton löste George H. W. Bush senior ab.

Ein gemeinsamer Binnenmarkt und ein verbündetes Auftreten gegenüber Drittländern wurden in der EU vertraglich verankert.

In Deutschland hatte die Neuaufteilung der Bezirke im Ostteil des Landes zur Wiedereinführung der Länder geführt, wie es sie vor dem Bestehen der DDR gab. Die gewachsene Bundesrepublik führte in der Folge in diesem Jahr neue Postleitzahlen ein.

1994

In Südafrika hatte eine neue Verfassung das Ende der Apartheid besiegelt und allen Menschen, unabhängig von ihrer Hautfarbe und Rassenzugehörigkeit, Gleichheit zugestanden. Wenige Tage später wurde Nelson Mandela zum ersten schwarzen Prä-

sident Südafrikas gewählt. 1993 war er mit dem Friedensnobelpreis ausgezeichnet worden.

In Schwarzafrika, das die Länder südlich der Sahara umfasst,
gab es die Stammeskämpfe der Tutsi und der Hutu. Bei diesem
Völkermord ermordeten die Hutus etwa eine Million Tutsis.

Im Sport gab es mehrere tragische Unfälle.

Der Film „Schindlers Liste" erhielt sieben Oscars.

1995

Es begann das Internationale Jahr des Gedenkens an die Opfer des Zweiten Weltkrieges. Die gegenwärtige Welt war noch
längst nicht friedlich. Im Juli ging die militärische, serbische
Eroberung in Bosnien und Herzegowina weiter. Als Massaker
von Srebrenica kam diese Eroberung der UN-Schutzzone in die
Schlagzeilen. Im August griff die NATO mit der Operation De-
liberate Force in den Bosnienkrieg ein.

Der amtierende Ministerpräsident Jitzchak Rabin, eine der
wichtigsten Persönlichkeiten, die den Friedensprozess zwischen
Israel, Palästina und den arabischen Nachbarländern voranzubringen bemüht war, wurde am 4. November auf einer Kundgebung von einem rechtsextremistischen jüdischen Fundamen-
talisten angeschossen. Zwei Tage nach dem Attentat erwiesen
Staatsmänner und Politiker dem Ermordeten das letzte Geleit.
Sie waren aus 40 Nationen angereist.

1996

Sechs Jahre nach der Wiedervereinigung der beiden deutschen
Staaten wurde vom Bundesverfassungsgericht ein schwerwiegen-
des Urteil gefällt. Die Enteignungen von Grundbesitz, die in den
Jahren 1945 bis 1949 in der sowjetischen Besatzungszone vorgenommen worden waren, waren nun im Sinne des 1990 geschlossenen Einigungsvertrages nicht mehr rückgängig zu machen.

Spektakulär war am 22. Februar die Auslieferung des milliar-
denfach verschuldeten Immobilienspekulanten Jürgen Schneider, den die USA an Deutschland auslieferte.

Erstmals glückte am schottischen Roslin Institut das Klonen eines Säugetiers. Das Schaf machte als Dolly widersprüchliche Schlagzeilen.

1997

Im Sommer waren die 99 Jahre Pacht abgelaufen, die im Jahre 1842 zwischen den Unterhändlern der britischen Krone und dem chinesischen Kaiser ausgehandelt worden waren und Hongkong unter die Kolonialherrschaft Großbritanniens gebracht hatte. Großbritannien gab Hongkong wieder an China, ohne auf seinem weiteren Anspruch zu bestehen. China übernahm am 1. Juli die Hoheit über Hongkong, gewährte eine weitgehende Autonomie.

Nicht nur durch die britische Öffentlichkeit ging ein Aufschrei des Entsetzens, als am 31. August der Tod Dianas, der Princess of Wales, von den Medien verkündet werden musste. Die Prinzessin der Herzen war in Paris bei einem Autounfall ums Leben gekommen.

1998

In Deutschland wurde die terroristische Vereinigung RAF, Rote-Armee-Fraktion, endgültig aufgelöst.

Die am 1. August in Kraft getretene neue Rechtschreibreform stieß anfangs sogar auf große Ablehnung.

Doch gravierender waren die politischen Ereignisse in Deutschland. Am 27. Oktober wurde Gerhard Schröder zum neuen Bundeskanzler gewählt. Damit waren 16 Jahre Helmut-Kohl-Regierung zu Ende. Durch die Niederlage der CDU bei der Bundestagswahl kam es zur ersten rot-grünen Koalition in der Bundesrepublik.

1999

Das angestrebte Amtsenthebungsverfahren gegen US-Präsidenten Bill Clinton wegen Meineids in der Lewinsky-Affäre begann am 7. Januar. Clinton blieb im Amt, eine Zwei-Drittel-Mehrheit wurde nicht erreicht.

Ebenfalls zu Beginn des Jahres bekannte sich der Gründer und Anführer der terroristischen Vereinigung Al-Qaida, Osama bin Laden, zu den Bombenanschlägen, die auf die US-Botschaften in Nairobi und Daressalam verübt worden waren.

In elf Ländern der Europäischen Union wurde der Euro eingeführt, zunächst als Buchgeld. In Bar bekamen ihn die Menschen erst drei Jahre später in die Hand.

Der Umzug der Bundesregierung von Bonn nach Berlin erreichte mit dem Einzug des Bundestages ins Berliner Reichstagsgebäude seinen Höhepunkt. Über Deutschland und Europa, ebenso wie in Westasien, war am 11. August eine beeindruckende, totale Sonnenfinsternis zu beobachten, ein Ereignis, das so recht zum Abschlussjahr des Jahrzehnts, des Jahrhunderts und des Jahrtausends passte. Das Millennium war schon im Vorfeld Grund für diverse Zukunftsspekulationen, von denen sich aber beispielsweise der Computerzusammenbruch großen Ausmaßes nicht bewahrheiten sollte.

Die Jahre 2000 bis 2009

Was der Nostradamus mit seiner Prophezeiung gemeint hat, werden wir nie genau erfahren.

Das XXI. Jahrhundert ist die Zeit, in der die Menschheit verstanden hat, dass sie mit offenen Augen immer mehr in die sich selbst gestellten Fallen gerät. Das Klima ändert sich drastisch, Tsunamis und Hurrikans vernichten erbarmungslos ganze Landstriche.

2000

Für die CDU war der Beginn des Jahres 2000 kein ruhmreicher, siehe Spendenaffäre!

Eine Verbindung für Autos und den Eisenbahnverkehr über den Öresund von der dänischen Hauptstadt Kopenhagen ins schwedische Malmö wurde am 1. Juli eingeweiht.

Aus Moskau kam die Meldung über den Untergang des russischen Atom-U-Bootes K-141, Kursk, das mit Marschflugkörpern bestückt war.

2001

Die Bundeswehr begann erstmals Frauen an der Waffe auszubilden. Kein zwangsweiser Beschluss, sondern ein sogenannter Sieg im Kampf um Gleichberechtigung.

In Berlin gab es einen Wechsel im Bürgermeisteramt. Eberhard Diepgen, CDU, verlor gegen Klaus Wowereit, SPD.

In den USA vereidigte man George W. Bush jr. zum neuen Präsidenten. Das Ereignis aber, das sich untrennbar mit dem Jahr 2001 verbindet, geschah am **11. September**. Ungefähr 3000 Menschen wurden Opfer der Terroranschläge, die sich in New York und Washington ereigneten. Millionen Zuschauer wurden am Bildschirm Zeuge, wie Selbstmordattentäter der islamistischen Terrororganisation Al-Qaida mit Passagierflugzeugen in das World Trade Center flogen, explodierten und in der Folge beide Türme des Bauwerkes zum Einsturz brachten. Fassungslosigkeit, Wut und maßlose Trauer waren die ersten Emotionen. Die Terroranschläge, die auch das Washingtoner Pentagon beschädigten, waren in ihrem Ausmaß ein nie dagewesener Akt menschlicher Gewalt. Dass das Weiße Haus als wahrscheinlich drittes Ziel verschont blieb, war dem mutigen Eingreifen der Passagiere eines Flugzeuges zu verdanken, die dann mit dem Flugzeug nahe Pittsburgh dennoch abstürzten.

2002

In Deutschland und in zwölf anderen EU-Ländern wurde ebenso wie in den Kleinstaaten Andorra, Monaco, San Marino, Montenegro und Vatikanstadt der **Euro als Bargeld-Zahlungsmittel** in Umlauf gebracht. Die Preise stiegen mit der neuen Währung.

Die Wasser der Elbe stiegen so gewaltig, dass sie eine Jahrhundertflut verursachten. Nicht nur die Elbe, sondern auch ihre Nebenflüsse richteten verheerende Schäden an. In Tschechien, Polen und Deutschland betrug der Schaden mehr als 20 Milliarden Euro. Betroffen war unter anderem der Dresdner Hauptbahnhof, der vollständig überflutet worden war, und Teile der Altstadt standen unter Wasser. Allein 27 Millionen Euro betrug der Schaden an der Dresdner Semperoper. In Millionenhöhe wurden auch die Verwüstungen geschätzt, mit denen die Dresdner Staatlichen Kunstsammlungen zu kämpfen hatten.

Eine faszinierende Schrägseilbrücke namens „Rama-VIII-Brücke" wurde in der thailändischen Hauptstadt Bangkok offiziell eröffnet, die mit etwas mehr als zwei Kilometern den Fluss Chao Phraya überspannt.

Entsetzen verursachte der 19-jährige Robert Steinhäuser in Erfurt mit seinem Amoklauf, währenddessen er 16 Menschen und schließlich sich selbst tötete. Zehn Minuten lang wütete er im Gutenberg-Gymnasium, in dem er einst selbst Schüler gewesen war.

2003

Die Erforschung des Weltalls musste einen schweren Schlag hinnehmen. Nach einem 16-tägigen Aufenthalt zu Forschungszwecken im All kehrte die US-Raumfähre Columbia auf die Erde zurück. Als sie in die Erdatmosphäre eintrat, zerbrach sie kurz vor ihrer Landung auf Cape Canaveral. Bei dem Unglück – die Höhe betrug etwa 60 Kilometer über Texas – starben alle Besatzungsmitglieder. Es waren fünf Männer und zwei Frauen, die auf diese Weise ihr Leben verloren.

Am 9. April marschierte das von den USA geführte Militär im Irak ein und besetzte Bagdad. Der Dritte Golfkrieg hatte begonnen. Wenige Tage vorher hatte Präsident George W. Bush den Kriegsbeginn offiziell in einer vierminütigen Rede dem amerikanischen Volk mitgeteilt. Die Regierung der Bundesrepublik Deutschland hatte sich gegen diesen Krieg ausgesprochen. In den USA stieß diese Haltung auf Unverständnis. Deutschland war nicht das einzige Land, dass sich gegen die amerikanische Kriegspolitik stellte, die Großbritannien unterstützte. Auch Frankreich, Russland und China verurteilten die Kriegshandlungen öffentlich. Am 1. Mai sah sich Präsident Bush gezwungen, mitzuteilen, dass die meisten Kämpfe beendet seien.

Viele unvorhergesehene Opfer forderte auch die Hitzewelle, die Deutschland, Frankreich, die Schweiz und auch Italien beherrschte. Bis zu 40 Grad Celsius wurden gemessen. Seit 1540 war dieser Sommer der heißeste, den Deutschland je erlebt hatte.

2004

Absturz einer ägyptischen Passagiermaschine, die nach Paris unterwegs war. Sie stürzte nach ihrem Start vom Flughafen Sharm el Sheikh ins Rote Meer. An Bord befanden sich 148 Menschen, von denen keiner überlebte.

Ein Künstler von Weltrang verließ am 28. März die Bühne für immer: der 1921 geborene Sir Peter Ustinov.

Zwei königliche Hochzeiten sorgten im Mai für mediales Aufsehen. Der dänische Kronprinz Frederik und die Australierin Mary Donaldson schlossen den Bund fürs Leben, und wenige Tage später kam es in Spanien zur Vermählung zwischen Kronprinz Felipe und der einstigen TV-Moderatorin Letizia Ortiz.

Das Ereignis, das am 26. Dezember die Welt erschütterte, war ein schweres Erdbeben der Stärke 9,1 im Indischen Ozean. Die nachfolgende Flutwelle verwüstete die Küstengebiete von Indien, Sri Lanka, Malaysia, Thailand und besonders Indonesien. Ungefähr 230.000 Menschen wurden durch die Flutwelle in den Tod gerissen. Auf einer Länge von mehr als 1000 Kilometern wurde die Grenze der indisch-australischen und der eurasischen Erdplatte von einer Reihe von Beben erschüttert.

2005

Nach einem Pontifikat von beinahe 27 Jahren starb am 2. April der 84-jährige Papst Johannes Paus II. Kardinal Joseph Ratzinger, gebürtig aus dem oberbayerischen Marktl, wurde zum Nachfolger gewählt. Ratzinger gab sich den Namen Benedikt XVI.

In der deutschen Politik zeichnete sich ebenfalls ein Wechsel ab. Der amtierende Bundeskanzler Gerhard Schröder stellte im Deutschen Bundestag die Vertrauensfrage und verlor erwartungsgemäß. Darauf kam es zur Auflösung des Deutschen Bundestages, und im Herbst wurde neu gewählt. Zwei starke Fraktionen, die SPD und die CDU/CSU, einigten sich auf eine Große Koalition. Am 22. November wurde die aus Ostdeutschland stammende Physikerin und Politikerin Angela Merkel vom Bundestag zur Kanzlerin gewählt. Sie ist die erste Frau in der Geschichte Deutschlands, die dieses Amt bekleidet.

2006

Es begann ein Jahr großer Jubiläen. Österreich beging das Mozartjahr. Der Komponist wäre 250 Jahre alt geworden. In Norwegen feierte man das Ibsenjahr. Der Dramatiker Henrik Ibsen wäre 100 Jahre alt geworden. Für die Niederlande war der 400. Geburtstag des Malers Rembrandt van Rijn ein Grund, mit vielen Ausstellungen dessen Jubiläum zu feiern.

Weniger erfreulich war die Arbeitslosenstatistik in Deutschland. Im Januar waren rund 5 Millionen Menschen ohne Job.

Doch Deutschland als gastgebendes Land der 18. Fußballweltmeisterschaft erlebte dennoch ein wahres Sommermärchen. In München wurde die WM mit einem Spiel in der Allianz-Arena gegen Costa Rica eröffnet. Die Deutschen gewannen 4:2. Die deutsche Nationalelf errang den 3. Platz in dieser Meisterschaft.

Der kommunistische, kubanische Politiker Fidel Castro, der seit 1976 Staatspräsident war, gab sein Amt vorübergehend an seinen Bruder Raúl ab.

2007

In Frankreich gab es eine sehr hohe Wahlbeteiligung bei der Präsidentschaftswahl. Nicolas Sarkozy gewann mit einer knappen Mehrheit von 53,06 Prozent.

Der Klimawandel machte sich in dem Jahr mit vielen Unwettern und extremen Wetterlagen mehr als deutlich bemerkbar. Im Januar richtet der Orkan „Kyrill" über weiten Teilen Europas enorme Schäden an. 34 Menschen wurden Opfer dieses schweren Sturms. Ein Sachschaden von ungefähr 8 Milliarden Euro entstand allein in Deutschland. Der Winter war einer der wärmsten, der je verzeichnet worden war, und ihm folgte ein Rekordfrühling, den es ebenfalls so noch nie gegeben hatte. In Mitteleuropa wurden im April Temperaturen von mehr als 30 Grad Celsius gemessen. Hingegen kam es im Mittelmeergebiet zu Überschwemmungen und zu extrem tiefen Temperaturwerten. Sommer-Unwetter in Mitteleuropa schlossen sich an. Hagelstürme in Österreich. In Wien kam der Verkehr zum Stillstand. Darauf folgte eine Hitzewelle, die auch Todesopfer forderte. Die Temperaturen erreichten mancherorts fast die 40-Grad-Marke.

2008

Aus Österreich kam eine schauerliche Geschichte ans Tageslicht. Am 29. April entdeckte man im niederösterreichischen Amstetten die über 40-jährige Elisabeth F., die von ihrem Vater 24 Jahre lang in einem Keller unbemerkt eingesperrt gewesen war. Sie war vielfach von ihrem Vater vergewaltigt worden und hatte von ihm sieben Kinder geboren. Dieser erschütternde Fall von Inzest machte wochenlang Schlagzeilen. Der Vater wurde im Jahr darauf zu einer lebenslangen Haftstrafe verurteilt.

Den Sommer dominierten die XXIX. Olympischen Spiele in Peking. Trotz der anhaltenden Kritik der Weltöffentlichkeit an den Menschenrechtsverletzungen in China sahen Millionen Menschen eine grandiose Eröffnungsfeier. Nur drei Monate zuvor war China von einem schweren Erdbeben der Stärke 7,9 heimgesucht worden, bei dem mehr als 70.000 Menschen ums Leben kamen.

Eine Sensationsmeldung kam aus den USA. Barack Obama, der erste Afroamerikaner, wurde am 4. November zum 44. Präsidenten der Vereinigten Staaten von Amerika gewählt.

2009

Barack Obama hatte viele Sympathisanten weltweit, nicht zuletzt durch seine Antrittsrede und die zuversichtlichen Worte

„Yes, we can." Und was sie alles konnten, die Amerikaner. Am 15. Januar schaffte es der Pilot des US-Airways-Fluges 1549, Chesley B. Sullenberger, die Maschine nach einem Vogelschlag auf dem New Yorker Hudson River zu wassern. Durch diese Notlandung konnten alle 155 Menschen, die sich an Bord befanden, gerettet werden.

In Deutschland kam es zu einer unerwarteten Folge der Bauarbeiten beim Ausbau der Kölner Stadtbahn. Dabei stürzte das Haus zusammen, in dem das Historische Stadtarchiv untergebracht war. Unschätzbare Dokumente gingen unter den Trümmern verloren bzw. konnten nur über einen langen Zeitraum geborgen und entsprechend aufgearbeitet werden.

Eine architektonische Meisterleistung war hingegen die Vollendung des höchsten Wolkenkratzers der Welt, des Burj Khalifa in Dubai mit einer Höhe von 828 Metern.

Der King of Pop, der US-amerikanische Sänger Michael Jackson, war unerwartet gestorben.

In seinem ersten Jahr als US-Präsident wurde Barack Obama für seine außergewöhnlichen Bemühungen in Sachen internationale Diplomatie und Zusammenarbeit zwischen den Völkern der Friedensnobelpreis verliehen.

2010

Die Erdbeben in Haiti, China und Chile, der Monsun, der weite Teile Pakistans überflutete, Tausende Brände in Russland und Hochwasser im Ostteil Deutschlands – insgesamt holte sich die Natur etwa 300.000 Menschenopfer.

Doch in Deutschland war die Love Parade in Duisburg ein weit schlimmeres Ereignis. Bei einer Massenpanik kamen mehr als 20 Menschen ums Leben, und mehr als 500 Menschen erlitten Verletzungen.

Der Golf von Mexiko wurde von der schlimmsten Ölkatastrophe in der Geschichte der USA getroffen. Die Ölplattform Deepwater Horizon des BP-Konzerns sank nach einer Explosion. Pro Minute entströmten dem Bohrloch 500 Liter Öl, das sich ins Meer ergoss.

„Wutbürger" wurde zum Wort des Jahres gekürt. Es passte zu Stuttgart 21, aus der Großbaustelle wurde eine Großdemonstration.

2011

Bei den beiden Anschlägen, die in Norwegen im Juli den skandinavischen Sommer überschatteten, wurden 80 Menschen umgebracht.

Mehr als 15.000 Menschen fielen dem Tsunami in Japan zum Opfer, der als Folge eines schweren Erdbebens das Land nördlich von Tokyo heimsuchte. Gleichermaßen kam es durch die Naturkatastrophe zu schweren Unfällen im Atomkraftwerk Fukushima, wobei auch Strahlung freigesetzt wurde.

Osama bin Laden, der Anführer der terroristischen Vereinigung Al-Qaida, war von amerikanischen Einheiten aufgespürt worden. Er wurde erschossen.

Weniger spektakulär für die Welt, aber Grund für die Deutschen, erbost zu sein, war die Plagiatsaffäre von Verteidigungsminister Karl-Theodor zu Guttenberg, der in der Folge seiner falschen Doktorarbeit seinen Rücktritt erklärte.

2012

Für mehr als 600 Menschen hatte die Kältewelle, die über Europa herrschte, tödliche Folgen. Es waren meist Obdachlose, die ihr zum Opfer fielen.

Zur selben Zeit wüteten die Deutschen mehrheitlich über ihren Bundespräsidenten Christian Wulf, der aufgrund einer Kredit- und Medienaffäre schließlich seinen Rücktritt erklärte. Zu seinem Nachfolger wurde am 18. März der ehemalige Bundesbeauftragte für die Stasi-Unterlagen, Joachim Gauck, gewählt. Er ist der 11. Bundespräsident und der Erste, der als noch verheirateter Familienvater seine Lebensgefährtin Daniela Schadt als First Lady präsentierte.

2013

Das Jahr 2013 war wie das Vorjahr geprägt von den Nachklängen des Arabischen Frühlings. In Syrien ging der Bürgerkrieg das ganze Jahr weiter, in Ägypten wurde der gewählte Staatspräsident Mohammed Mursi durch das Militär abgesetzt. Außer in Ägypten kam es im Jahresverlauf, insbesondere in der zweiten Jahreshälfte, auch in der Türkei, in Thailand und in der Ukraine zu anhaltenden Bürgerprotesten.

Aus den Enthüllungen des ehemaligen Mitarbeiters des US-Geheimdienstes NSA, Edward Snowden, resultierte die NSA-Affäre, die zu weltweiten Protesten gegen die Spionagevorkehrungen der Vereinigten Staaten führte.

In Europa war das Jahr wie die vorherigen von der Eurokrise geprägt. Besonders in den von der Krise stark betroffenen Ländern Griechenland, Spanien, Portugal, Italien und Zypern kam es zu Protesten gegen die Krisenpolitik der Europäischen Union und gegen die Politik der eigenen Regierungen.

Im Februar trat zum ersten Mal seit 1294 mit Benedikt XVI. ein Papst aus eigener Entscheidung zurück. Am 13. März wurde erstmals in der Geschichte mit Franziskus ein Lateinamerikaner zum Papst gewählt. Er proklamierte einen Kurswechsel hin zu einer Kirche, die stärker für die Armen da sein solle.

Der Bundestag wurde neu gewählt. Eine Große Koalition aus CDU und SPD, weiterhin unter der Bundeskanzlerin Angela Merkel, wurde gebildet.

2014

2014 war international ein von der Ukraine-Krise, den anhaltenden Konflikten im Nahen Osten – verschärft durch das staatenübergreifende Auftreten der gewalttätigen Organisation Islamischer Staat – sowie durch die Ebola-Fieber-Epidemie geprägtes Jahr.

2015

Das Jahr 2015 war in Europa von einer **Flüchtlingskrise** und von Terroranschlägen in Paris auf „Charlie Hebdo" im Januar und auf mehrere Orte im November geprägt.

Deutschland war durch den Germanwings-Absturz in den französischen Alpen und den VW-Abgasskandal erschüttert.

In Österreich gab es die Amokfahrt von Graz und die Flüchtlingstragödie bei Parndorf.

Das **Pariser Übereinkommen**, das die **Klimapolitik** der kommenden Jahre bestimmen sollte, wurde verabschiedet.

2015 war das Zieldatum zur Erreichung der Millenniums-Entwicklungsziele zur Reduzierung der Armut in der Welt – mit welchem Ergebnis?

2016

Geprägt war das Jahr vor allem durch verschiedene Terroranschläge, unter anderem in Brüssel, Nizza und Berlin, durch das Brexit-Referendum, die Wahl Donald Trumps zum Präsidenten der Vereinigten Staaten.

2017

International war das Jahr durch den Amtsantritt von Donald Trump als 45. Präsident der Vereinigten Staaten von Amerika und durch mehrere terroristische Anschläge in verschiedenen Städten und Ländern weltweit geprägt.

Auf europäischer Ebene führte der anlaufende Austrittsprozess zum EU-Austritt des Vereinigten Königreichs zu zäh verlaufenden Verhandlungen.

Für Deutschland war 2017 durch den Amtsantritt von Frank-Walter Steinmeier als neuer Bundespräsident, den Beschluss zur Einführung der „Ehe für alle" im deutschen Bundestag, den in Hamburg stattgefundenen G20-Gipfel sowie durch den zunächst scheiternden Versuch einer Regierungsbildung nach der Bundestagswahl im September geprägt.

In Österreich prägte das Jahr 2017 zuerst die Angelobung von Alexander Van der Bellen als Bundespräsident sowie anschließend die vorgezogene Nationalratswahl und die Angelobung der neuen Bundesregierung unter Kurz.

Die letzten beschriebenen Jahre liegen so kurz zurück, dass es nicht einfach ist, die wichtigsten Ereignisse, die später einmal in die Geschichtsbücher eingehen werden, herauszufiltern.

Täglich passieren so viele Dinge, dass man den Überblick verliert.

Was wird in der Erinnerung bleiben?

4. Anhang Rede 1982

1982. Eine Universität in den USA in Syracuse hatte eine Bitte um zwei Vorträge über die DDR an die Botschaft der DDR geschickt. Dieses Schreiben wurde an mich weitergeleitet, da ich zu diesem Zeitpunkt für ein Vierteljahr in New York an der Handelspolitischen Abteilung als Dozentin für Mitarbeiter tätig war, und gleichzeitig diente der Aufenthalt meiner Weiterbildung. Ich sagte zu.

Ich gebe meine Worte im Original vom Oktober 1982 wieder, denn genauso wie hier dargestellt habe ich die DDR „verinnerlicht".

Wenn ich diesen Vortrag nach 35 Jahren wieder lese, frage ich mich, wieso ich von der Situation so überzeugt war – und das war ich! Aus heutiger Sicht liest es sich wie Propaganda. Doch so sah für mich dieses kleine Land aus, darin war ich groß geworden und hatte von den Vergünstigungen profitiert.

German Democratic Republic

GDR

This is the official title of the state where I come from, where I live. I have been in the United States of America for almost three months by now. Whenever one gets into contact with Americans one feels how proud they are of their country, their nation, their more than 200 years long history. And indeed, your country is beautiful. In Europe a lot is different. Let us take only the dimensions, I can only hope you won't smile about the size of our country. Our geographic area occupies 41.8 thousand square miles, which makes it the 102nd country in size among the countries of the world and is approximately as large as Virginia, Tennessee, or Ohio.

Our population approaches 17 million people, that is the population of the state of New York.

Here we rank 37ᵗʰ state in the world, but we are one of the most densely populated countries in Europe with about 408 persons per square mile, roughly 8 times the U.S. figure. So, if our country is such a modest one in terms of size and population, what makes us interesting? I think, there are two things, first our economic importance – we are tenth ranking among the industrial nations of the world, and second our political significance – situated in the heart of Europe we are the place where two worlds border each other. This border having emerged after the Second World War divided one nation into two so different from one another politically as fire and water.

The difference does not consist in the geographic line which might be suggested by the words East and West Germany you use to name the two German states. By the way, those terms have been out of official and everyday political usage in both German states for more than 20 years.

Having been in your country for only three weeks I spent some very exciting hours on a whale watchers' boat near Cape Cod, a marvelous experience. I got into contact with a nice middle-aged lady. Hearing my accent, she asked me where I came from. „The GDR, German Democratic Republic" I replied. When I told her that I lived in Berlin she thoughtfully asked what that was like and if I had ever been to East Berlin. I laughed and said: „I am living in the East." I could almost watch her eyes open in surprise, her lower jaw dropping, and she murmured: „But you said democratic, and I thought …" Yes, that is the way it is, and not only a funny exclusion. I was told later by many GDR citizens working in the United States that people here often mistake the one German state for the other hearing the official names as they certainly proceed from the idea that a socialist or communist state cannot be democratic and not even call itself democratic.

My wish today is to tell you something about the historic development of the German Democratic Republic. – you need not be afraid, last month we celebrated only the 33rd anniversary of the foundation of our state, not yet 200 hundred years to bear – and about what we understand by the word 'democracy' and how it is being transferred into the concrete political structure of our socialist state and reflected in our Constitution.

The starting point is the most serious problem of our time – war. This 20th century has seen two devastating world wars, both unleashed by German imperialism, by a Germany whose leaders wanted to have a larger slice of the cake called 'world'. And after each war the cake they could eat from had become smaller. In August 1945 the highest representatives of the victory powers of the Second World War – Stalin for the Soviet Union, Truman for the United States, Churchill, later Attlee for Great Britain – met in Potsdam to discuss German's future and came to an agreement. Much has been written about it, but anyway, what has come out later was not necessarily planned for at that time. Under the terms of the Potsdam Agreement the three commanders-in-chief exercised supreme authority in their respective occupation zones. The plans for a common Allied policy and for the treatment of Germany as a single economic unity failed in the course of the years following after the war, primarily because of ever-increasing differences between the Western powers and the Soviet Union.

To stimulate economic recovery from the ravages of war, the three Western allies (France had joined them some time later) in 1948 integrated the economic administration of their respective zones of occupation. On May 23rd in 1949 the Federal Republic of Germany was proclaimed. On October 7th in 1949 our state, the German Democratic Republic was founded comprising the former Soviet occupation zone.

What important steps had been taken in the East before that foundation date?

The big industrialists, war criminals had been expropriated without compensation, their assets nationalized. An agrarian reform in 1946 transferred the land of the big landowners into the hands of small farmers and,resettlers' who had come into the country due to the changed frontiers.

In 1946 the Socialist Unity Party of Germany was founded by merger of the two working class parties having been in existence before, the Socialist Democratic Party and the Communist Party of German. The newly founded SED step by step took the leading role in the political processes in the then Soviet Zone. In 1949 the country was able and objectively in the position from then on to rule herself. A Constitution was adopted by a parliament elected at that time, named People's Chamber. The USSR and its Eastern allies immediately recognized the German Democratic Republic as a state. Apart from its socialist neighbors, however, the GDR remained largely unrecognized by the Western countries until 1972/1973. Not so the Federal Republic of Germany, it claimed sole representation for the whole of Germany though in fact not ruling us.

The Constitution of our state had been amended twice since its primary adoption due to changed domestic conditions.

Before I am going to try to illustrate how it functions practically let me quote from our Constitution:

Article 1 reads:

The German Democratic Republic is a socialist state of workers and farmers. It is the political organization of the working people … led by the working class and its Marxist/Leninist party …

Article 2 reads:

All political power in the German Democratic Republic is exercised by the working people in town and countryside.

Man is the center of all efforts of socialist society and its state …

Article 4 states:

All power serves the welfare of the people. It ensures a peaceful life, protects socialist society and guarantees a socialist way of life for the citizens, the free development of man, the preservation of human dignity, and guarantees the rights stipulated in this Constitution.

I am afraid you might think now: „Oh these terrible propaganda words, but practice …"

Your understanding of democracy proceeds from the philosophical background that true democracy can be exercised only if the three pillars of state can act independently of and control each other. So, you have the Legislation incorporated in Congress and its two houses, the Executive vested in the hands of the president and his administration, and the judiciary as the highest control organ. These bodies are independent of and at the same time dependent from each other, roughly speaking. Our understanding of democracy differs in principle from yours, that means the same word,democracy' is used in a different meaning.

The Marxist/Leninist theory of the state says that the state is the instrument of the ruling class. Consequently, under socialism the state enables the working class to exercise power together with the allied classes and strata of the population. The fact alone that state power is in the hands of the majority of the population and its representatives provides the guarantee that it is used in the interest of the majority of the people.

The supreme organ of government in the GDR is the People's Chamber. Deputies are directly elected by free, universal, and secret vote for a period of five years. The People's Chamber is the only constituent and legislative body of the GDR which decides on basic questions of state policy.

For the period 1981-1985 the political composition:

Total number of deputies	500	per cent
Socialist Unity Party	127	25.4%
Democratic Farmers' Party	52	10.4%
Christian Democratic Union	52	10.4%
Liberal Democratic Party	52	10.4%
National Democratic Party	52	10.4%
Confederation of Free German Trade Unions	68	13.6%
Women's Democratic Federation	35	7.0%
Free German Youth	40	8.0%
League of Culture	22	4.4%

The social composition:

Workers	236	47.2%
Cooperative Farmers and members of other cooperatives	52	10.4%
Intellectuals	115	23.0%
White collar-workers	89	17.8%
Craftsmen, tradesman, free-lance workers and others	8	1.6%

The executive organs of the People's Chamber and appointed and elected by it are:

The State Council

and The Council of Ministers.

Both bodies are accountable to parliament. The State Council represents the GDR internationally, whereas the Council of Ministers implements the law and is responsible for our domestic policy.

In line with the territorial structure of the GDR, local representative bodies operate as organs of state power in the regions, districts, towns, boroughs, and villages. They are also elected for a period of five years.

In western publications is often spoken of a party dictatorship' in the communist states. How do we view this point?

The leading force according to our theory of the state is indeed a party of the Marxist/Leninist type. In a properly functioning socialist society the state cannot pursue a policy independent of the leading party or even one counter to the decisions of the party. If it did it would abandon its socialist character. But the SED does not in any way implement its leading role in society by direct executive measures. The government authorities, people's assemblies and mass organizations carry out their activities in keeping with the Constitution and on the basis of laws, their own programs and statutes. The SED members represented in the aforementioned bodies may not enforce any administrative measures but only be active politically along the lines of their conviction and the objective of their party. By the way, in contrast to the U.S. parties party discipline is a thing of some importance in Europe.

I think that is enough about the political structure of our country. Let me now give you a brief survey on some historic milestones of our development.

From its outset the GDR being and developing as an antifascist democratic state it started to build socialism in 1952.

In 1953 our republic experienced a counterrevolutionary attempt which was overcome with the help of the Soviet Union.

In 1955 our own army, called National People's Army, was funded. One year later we joined the Warsaw Treaty Organization.

May I draw your attention to the fact that I do not mention parallel developments, mostly one step before but in the opposite direction in the Federal Republic.

By 1960 transformation of agriculture into collective farms had been finished.

The year 1961 will be a well-known date to you, too. In Berlin, round West Berlin the protective wall was built (See geographic position of West Berlin!). One of the results was an economic upswing in our country. It took us another ten years to build an economically strong country which could no longer be ignored on the worlds arena. Diplomatic recognition came like a wave, as we like to put it. The United States established diplomatic relations with us in 1974.

In November 1972 the Federal Republic Germany and the German Democratic Republic reached an agreement on a Basic Treaty which recognized post-war borders of the two German states and acknowledged each other's internal and external sovereignty.

In 1973 both states got admission to the United Nations Organization.

Everyday life figures:

About 90 per cent of all women go out to work. Payment depends on the job, never on the sex, that is man and woman doing the same job get the same salary. With so many women working we need and have a very good system of childcare, creches and kindergartens. School education is compulsory for 10 years, no fees are to be paid, the state cares for it. So it does for education later on, as well e. g., apprenticeships, colleges, universities. In addition, every student and apprentice is entitled to a grant from the government. Not income of the parents can provide for a place at a university or elsewhere, only intellectual performance counts.

When you go to see a doctor, he examines you, gives his diagnosis, writes a prescription. You won't hear any word of how much everything costs. With the prescription you get your medicine free of charge and/or proper treatment. Our social insurance system works that way.

We do not know inflation, either. My grandmother told me what that meant in the 1920s, and I got scared very much.

Prices for basic food, e.g., bread, milk, butter, sugar etc. have remained stable the previous 30 years.

State subsidies provide for this. But do not think that incomes were kept down, they increased. Rents are generally lower, they account for about 3 to 4 % of the family income.

In your country there are more and larger cars, the variety of goods is far larger and service better organized. American practicality is something we should learn from. Computer technologies are broader used, we have started. I would say, in general the average living standard is somewhat higher (we could argue about the terms that should be used in comparing living standards.), but we do not have and do not miss unemployment and inflation, practically nobody is living under or only at subsistence level.

Come to the German Democratic Republic and see how we live. That is the best way to learn about a different way of life. I can tell you a lot, but only personal experience would make you accept more or something of it.

I am for the first time of my life in a country of the other part of the world and in the most developed one. I would like to give you my impressions on what appeared strikingly different to me.

Not long ago your president made a speech to the nation presenting unemployment as the number one issue to be solved. We do not have unemployment, we even do not know what it is like. Our Constitution guarantees every citizen the right to work and thus everybody has got a job.

I could talk for hours telling you about our joys and sorrows, about our ups and downs, about our problems and concerns. What our people mostly want is peace, peace everywhere on our earth, our beautiful blue planet.

I am sure we agree with each other that in our world of today nothing could be worse than a nuclear catastrophe. What ca we do to prevent it?

I do not know, but one thing is we should talk, trying to understand and maybe tolerate one another. Let us live and let us accept the others' right to life.

With these words I would like to finish my lecture whose topic I feel can have been a bit one-sided, that is why I would like you very much to ask any questions you are interested in. I shall answer them – as far as I know the answer.

5. Gedichte, die keine sind

2006 An meinen Mann

Irgendwann bin ich dir verloren gegangen.
Hast Du es nicht bemerkt?
Du hast es nicht bemerkt.
Spürst Du, dass ich nicht bei Dir bin?
Du hältst mich fest,
Du berührst mich – fühlst Du mich noch?

2015 Alleinsein

Allein sein – da sein,
sich besinnen, nachsinnen,
denken – spüren.
Spuren entschlüsseln.
Steine wenden,
darunter, darüber, dahinter blicken.
Verstehend nicken,
erahnend erschrecken.
Stille sehen
Ruhe hören
Wind greifen
Niesel schmecken
Ruhig sein
Stunden verrinnen
Nicht treiben – bleiben

2015 Dichten

Gedichte? Heute? Im Alter?
Jetzt, da die Empfindungen dahingegangen mit den Jahren?
Nein, Gedichte liest heute keiner mehr.
Ja, wenn denn eine Geschichte in ihnen wär',
aber dann wären es ja Balladen.
Wozu sind Gedichte überhaupt gemacht?
Zur Wiedergabe von Gefühlen
nachvollziehbar von sehr vielen.
Wen interessieren schon meine Gefühle?
Niemanden im großen Alltagsgewühle.
Ich spüre sie nicht einmal selbst,
wahrscheinlich sind sie egal
oder nur eine Last.
Bin ich denn jemals geflogen?
Nein, ich fühlte mich immer nur betrogen.
Kein Nutzen, keine Hilfe,
nicht einmal Webegleiter
oder gar Bereiter von Glück, der trügerischen Chimäre.
Doch wenn die Welt anders wäre?
Die Welt ändere ich nicht, du nicht, niemand sonst.
Sie bewegt sich nach ihren unergründlichen Gesetzen
in zufallsgebeutelten Gemetzeln.

2015 Staunen

Staunen – was ist staunen?
Aufgerissene Augen,
offener Mund,
doch wann und wo?
Ist nicht alles gesagt und vieles getan?
Wer ist beseelt vom Wahn,
Neues zu erkennen, zu benennen?
Groß und einmalig will jeder sein,
zumindest, solange er noch klein.
Größe und Alter ziehen an.
Wünsche, Ideen pegeln sich ein und passen sich an.
Einmaligkeit schrumpft, zergeht, löst sich auf
im Meer der Möglichkeiten.
Ein Tropfen bleibt, Buchstaben
und Zahlen auf einem Grabstein, vielleicht sogar für dreißig Jahre
im Millionenfluss der Zeit.

HERZ FÜR AUTOREN A HEART FOR AUTHORS À L'ÉCOUTE DES AUTEURS MIA KAPΔIA ΓIA ΣΥΓ
HARTA FÖR FÖRFATTARE UN CORAZÓN POR LOS AUTORES YAZARLARIMIZA GÖNÜL VERELIM SZ
CUORE PER AUTORI ET HJERTE FOR FORFATTERE EEN HART VOOR SCHRIJVERS TEMOS OS AUT
HERZÖINKÉRT SERCE DLA AUTORÓW EIN HERZ FÜR AUTOREN A HEART FOR AUTHORS À L'ÉCO
RAÇÃO ВСЕЙ ДУШОЙ К АВТОРАМ ETT HJÄRTA FÖR FÖRFATTARE Á LA ESCUCHA DE LOS AUTO
AUTEURS MIA KAPΔIA ΓIA ΣΥΓΓΡΑΦΕΙΣ UN CUORE PER AUTORI ET HJERTE FOR FORFATTARE EEN
ARLARIMI HERZÖINKÉRT SERCE DLA AUTORÓW EIN HERZ FÜ
OR SCHRI ÃO ВСЕЙ ДУШОЙ К АВТОРАМ ETT HJÄRTA FÖ

Die Autorin

Angelika Winter, 1947 in Pulsnitz in Sachsen geboren, wuchs zunächst in Sachsen auf, ging zur
Grundschule in Cottbus, lernte bis zum Abitur
in einer Internatsschule. Nach ihrem Hochschulabschluss in Slawistik, Anglistik und Amerikanistik
arbeitete sie als wissenschaftliche Assistentin,
danach dreißig Jahre als Dozentin für Englisch an
verschiedenen Bildungsinstituten, war Stellver-
tretende Direktorin einer internationalen Sprachschule. Bis zum Renteneintritt leitete sie eine Firma
Sprachtests. Dieses sind die prägenden beruflichen
Entwicklungsetappen, überraschende Wendungen
zwischen den Jahren blieben nicht aus.
Sie ist verwitwet und hat zwei erwachsene Kinder.
Mit ihren autobiografischen Erinnerungen „Flachwurzler" liegt ihr erstes Buch in unserem Haus vor.